em defesa das causas perdidas

Tomada da Bastilha por cidadãos parisienses – punição de traidores.
("Prise de la Bastille par les Citoyens de Paris...; C'est ainsi que l'on punit les traîtres", gravura e aquarela, autoria desconhecida, 1789. Fonte: Library of Congress Prints and Photographs Online Catalog.)

Slavoj Žižek

em defesa das causas perdidas

Tradução: Maria Beatriz de Medina
Prefácio: Alysson Leandro Mascaro

Copyright © Slavoj Žižek, 2011
Copyright desta edição © Boitempo Editorial, 2011

Coordenação editorial
Ivana Jinkings

Editora-assistente
Bibiana Leme

Assistência editorial
Elisa Andrade Buzzo, Gustavo Assano
e Livia Campos

Tradução
Maria Beatriz de Medina

Revisão da tradução
Ronaldo Manzi

Preparação
Mariana Echalar

Revisão
Mariana Pires e Olivia Frade Zambone

Diagramação
Acqua Estúdio Gráfico

Capa
David Amiel
sobre gravura à meia-tinta "C'est ainsi qu'on se venge des traîtres", autoria desconhecida, 1789, Library of Congress Prints and Photographs Online Catalog/French Political Cartoon Collection (em primeiro plano); e gravura "Hell broke loose, or, The murder of Louis, vide, the account of that unfortunate monarch's execution", de William Dent, 1793, Library of Congress Prints and Photographs Online Catalog (em segundo plano)

Produção
Livia Campos

CIP-BRASIL. CATALOGAÇÃO-NA-FONTE
SINDICATO NACIONAL DOS EDITORES DE LIVROS, RJ

Z72d
Žižek, Slavoj, 1949-
    Em defesa das causas perdidas / Slavoj Žižek ; tradução Maria Beatriz de Medina. - São Paulo : Boitempo, 2011.

    Tradução de: In defense of lost causes
    Inclui índice
    ISBN 978-85-7559-163-5

    1. Ideologia. 2. Pós-modernismo. 3. Ciência política - Filosofia. I. Título.

10-4216.	CDD: 140
	CDD: 140
24.08.10 08.09.10	021257

É vedada, nos termos da lei, a reprodução de qualquer
parte deste livro sem a expressa autorização da editora.

Este livro atende às normas do acordo ortográfico em vigor desde janeiro de 2009.

1ª edição: janeiro de 2011; 1ª reimpressão: maio de 2011
2ª reimpressão: maio de 2012; 3ª reimpressão: março de 2015

BOITEMPO EDITORIAL
Jinkings Editores Associados Ltda.
Rua Pereira Leite, 373
05442-000 São Paulo SP
Tel./fax: (11) 3875-7250 / 3872-6869
editor@boitempoeditorial.com.br | www.boitempoeditorial.com.br
www.blogdaboitempo.com.br | www.facebook.com/boitempo
www.twitter.com/editoraboitempo | www.youtube.com/imprensaboitempo

Certa vez, numa sala onde eu estava dando uma palestra, Alain Badiou encontrava-se na plateia e seu celular (que para piorar era meu – eu havia emprestado a ele) começou a tocar de repente. Em vez de desligá-lo, ele educadamente me interrompeu e pediu que falasse mais baixo para ele poder ouvir o interlocutor com mais clareza... Se esse não foi um ato de amizade verdadeira, então não sei o que é amizade. Portanto, este livro é dedicado a Alain Badiou.

Sumário

Prefácio 11
Alysson Leandro Mascaro

Introdução: *Causa locuta, Roma finita* 19

PRIMEIRA PARTE: O ESTADO DE COISAS 27

1. Felicidade e tortura no mundo atonal 29

Humano, demasiado humano • O biombo da civilidade • Presentes e trocas • A *realpolitik* de Ulisses • O mundo atonal • Instituto Serbsky, Malibu • A Polônia como um sintoma • Feliz de torturar?

2. O mito familiar da ideologia 71

"Realismo capitalista" • A produção do casal em Hollywood... • ...e fora de Hollywood • A verdadeira esquerda de Hollywood • História e família em *Frankenstein* • Uma carta que *realmente* chegou a seu destino

3. Intelectuais radicais, ou por que Heidegger deu o passo certo (embora na direção errada) em 1933 111

Escondendo a árvore na floresta • Uma domesticação de Nietzsche • Michel Foucault e o evento iraniano • O problema de Heidegger • Diferença ontológica • O flagrante delito de Heidegger? • A repetição e o novo • De Heidegger à pulsão • A "violência divina" de Heidegger

SEGUNDA PARTE: LIÇÕES DO PASSADO 165

4. O terror revolucionário de Robespierre a Mao 167

"O que quereis?" • Afirmar o inumano • As transubstanciações do marxismo • Os limites da dialética de Mao • Revolução cultural e poder

5. O STALINISMO REVISITADO, OU COMO STALIN SALVOU
A HUMANIDADE DO HOMEM 217

A contrarrevolução cultural stalinista • Uma carta que não chegou ao destino (e desse modo talvez tenha salvado o mundo) • Kremlinologia • Da culpa objetiva à subjetiva • Shostakovitch em *Casablanca* • O carnaval stalinista... • ...nos filmes de Serguei Eisenstein • A diferença mínima

6. POR QUE (ÀS VEZES) O POPULISMO É MUITO BOM NA PRÁTICA,
MAS NÃO NA TEORIA 267

Muito bom na prática... • ...mas não na teoria • O "papel determinante da economia": Marx com Freud • Traçando a linha • O ato • O Real • A vacuidade da política da *jouissance*

TERCEIRA PARTE: O QUE SE HÁ DE FAZER? 335

7. A CRISE DA NEGAÇÃO DETERMINADA 337

O supereu humorístico... • ...e sua política de resistência • "Adeus, senhor Nômade Resistente" • Negri em Davos • Deleuze sem Negri • Governança e movimentos

8. ALAIN BADIOU, OU A VIOLÊNCIA DA SUBTRAÇÃO 379

Materialismo democrático e dialético • Respostas ao Evento • Precisamos de um mundo novo? • As lições da Revolução Cultural • Qual subtração? • Deem uma chance à ditadura do proletariado!

9. UNBEHAGEN IN DER NATUR 415

Além de Fukuyama • Do medo ao tremor • A ecologia contra a natureza • Os usos e abusos de Heidegger • O que se há de fazer?

ÍNDICE REMISSIVO 457

PREFÁCIO

No livro *Em defesa das causas perdidas*, Slavoj Žižek inscreve-se, definitivamente, como um dos grandes filósofos políticos do nosso tempo. Desde a década de 1980 um pensador de intervenção constante na cultura, na psicanálise, nos impasses políticos do presente, arguto contestador do pensamento bem-estabelecido da contemporaneidade, Žižek alcança nesta obra – fazendo a passagem entre a constatação factual e a plena intervenção política – o estágio que denota a maturidade política de um filósofo: o apontar dos caminhos. E, contra toda a cômoda visão do pensamento político atual, que ou está parada ou marca passo sem sair do lugar, o caminho apontado por ele é um passo para trás, a fim de ganhar o futuro.

Tal dinâmica peculiar de sua proposta não é um mero elogio do ontem. Trata-se, sim, de tornar problemática a afirmação do presente, bombardeando sistematicamente seus fundamentos com energias que, desde o passado, ainda não se esgotaram. Contra o pensamento confortável do presente, para Žižek, duas perspectivas de mundo restaram engajadas na busca da verdade, tanto como teorias quanto como luta concreta: o marxismo e a psicanálise. Para ambas, a relação entre teoria e prática é dialética. Marxismo e psicanálise se insurgem como críticas radicais ao presente. Em face da complacência pós-moderna, são consideradas, por muitos, causas perdidas. O pensamento social crítico pleno, vinculado às lutas sociais revolucionárias, tem-se reduzido à defensiva, mas aí não pode ficar adstrito: para sua afirmação contra a média bem-assentada da atualidade, deve-se fazer uma luta sistemática, no ataque. Žižek propõe uma ruptura teórica com o bem-estabelecido. Seu passo de vanguarda não será apenas o passo para trás: a defesa das causas perdidas é um largo passo para a frente. É contra o presente que fala Žižek. O passado é apenas um calço para firmar a caminhada do futuro.

O pensamento presente, democrático, liberal, contrário aos autoritarismos, afirmando-se em muitos casos como pós-moderno, sempre respeitador dos direitos humanos e defensor das minorias, tem se vendido como um valor muito melhor que o passado das lutas comunistas. A filosofia atual, consensual e construída nos limites internos da democracia, não apenas age no negativo, refutando o totalitarismo, mas principalmente no positivo, oferecendo sempre alternativas boas e responsáveis ao mundo. É um universo da ordem, institucionalizado e normatizado, mas tão complacente e frágil que até a exceção à norma já se encontra prevista na regra, o que só enfraquece ambas. No mundo pós-moderno, a transgressão já é imposta diretamente pela lei. Trata-se do pensamento de um mundo sem decisão. Ao se abominar a avaliação forte, fica-se tão distante de uma apreensão da verdade das coisas que até os direitos humanos são afirmados por meio de uma fragilidade essencial: não é da natureza humana que tiramos sua determinação, mas sim de uma postulação advinda de uma mera vontade axiomática. Para Žižek, as experiências de resistência atuais, como a que se extrai do lema do Fórum Social Mundial – "Um outro mundo é possível" –, relacionam-se ambiguamente com a estrutura já posta do capitalismo. O esforço por arrancar das rebarbas da reprodução capitalista algo um pouco diferente dentro do mesmo todo só demonstra que o possível tem sido utilizado, na verdade, como uma contenção das plenas possibilidades. As grandes impossibilidades é que são as atuais causas ganhas.

Defendendo as causas perdidas, Žižek se apresenta na tangente entre as duas opções filosóficas majoritárias de recusa das causas ganhas: de um lado, o existencialismo-decisionismo extremado e, de outro, o marxismo. Dessa tangente, sua opção conclusiva é o marxismo, embora boa parte da construção de sua argumentação seja feita pelo caminho existencial-decisionista. Por causa de tal balanço teórico sempre tangencial, o autor consegue também, imediatamente, a peculiar atenção de um público que não se conforma com as causas ganhas, mas que também se incomoda com os "maus hábitos" marxistas. Nisso está uma das insólitas atenções despertadas por ele no cenário mundial atual, mas também o mais interessante uso político progressista que faz de sua função de intelectual público: toma a si o papel de tornar sedutor o marxismo a partir de todos os elementos filosóficos alheios que possam lhe ser aproximados pelo plano da radicalidade, contra o convencionalismo liberal bem estabelecido.

A posição de Žižek é diferente daquela do pós-marxismo da década de 1980, que lançou pontes ao existencial-decisionista como forma de salvar algumas poucas coisas boas do marxismo restante, entregando-as à pura adoção nesse colo que era, à época, mais novo, forte e facilmente aceitável pelo público intelectual e pelo universo político. Para ele, são as coisas boas existenciais-decisionistas que vêm reforçar o marxismo, que agora inverte sua posição de adotado para adotante. Há nessa mudança uma constante tensão. Por estar sempre na tangente entre os dois mundos da crítica radical, Žižek é um pensador processual, que caminha em um fluxo de ajuste situacional, não necessariamente linear. Sua posição não se orienta apenas por conta de algumas certas *causas*: é também pelo fato de estarem atualmente *perdidas* que elas aumentam a circunstancialidade e a dinâmica dos posicionamentos žižekianos.

Os passos e suas direções

Žižek não deixa de ser, nesta obra, o provocador filosófico já conhecido do grande público, articulando Lacan, Hegel e Marx, analisando o cinema, a música, a cultura popular e os objetos de consumo. No entanto, neste livro ele consolida uma perspectiva de filosofia política que, se estava anteriormente unida por um amálgama provisório, agora ganha ares de proposição específica: a defesa das causas perdidas é um caminhar em conjunto das visões filosóficas não liberais existenciais e marxistas. Para além de Lacan e Marx, Žižek alinha Heidegger e, complementarmente, Foucault em sua empreitada política.

Para ele, nessa longa lista dos rejeitados pela filosofia democrática, liberal ou pós-moderna atual – Marx e os marxistas, Heidegger, Foucault, Schmitt –, todos dão passos certos, embora alguns na direção errada. São, como diz, os intelectuais radicais. O radicalismo é o passo certo; determinados propósitos políticos, a direção errada.

Tenho proposto nos últimos anos, em especial no livro *Filosofia do direito*[1], que se pode enquadrar a leitura da filosofia do direito e da filosofia política contemporânea a partir de três grandes horizontes: o *liberal*, o *existencial-decisionista* e o *crítico*, que podem ser lidos, especificamente para o campo do direito, como o *juspositivismo*, o *não juspositivismo* e o *marxismo*. No campo do liberalismo e do juspositivismo, sua derradeira manifestação é de caráter ético, como no caso dos pensamentos de Rawls e Habermas. No campo do não juspositivismo, fundado numa percepção do poder existencial-decisionista, são Heidegger, Gadamer, Schmitt e Foucault seus grandes teóricos. O terceiro grande campo, o da crítica, é o do marxismo.

Žižek se encaminha por reconhecer que, além do horizonte liberal, institucionalista e juspositivista, abrem-se justamente mais duas correntes do pensamento contemporâneo, e o que as unifica é o passo radical (ainda que o marxismo supere o existencial-decisionismo na orientação correta de seu passo). Heidegger é o grande pensador do passo certo na direção errada. É contundente e a princípio incômoda a apreciação žižekiana nesse sentido: "a verdade difícil de admitir é que Heidegger é 'grande' *não a despeito, mas por causa de* seu envolvimento com os nazistas, que esse engajamento é um constituinte fundamental dessa 'grandeza'". As próprias

---

[1] Alysson Leandro Mascaro, *Filosofia do direito* (São Paulo, Atlas, 2010), cap. 12.

14 / Em defesa das causas perdidas

etapas do pensamento heideggeriano são contadas de outro modo por Žižek: "quando Heidegger mais errou (seu envolvimento com o nazismo) foi quando chegou mais perto da verdade". O mesmo que vale para o Heidegger que se retirou do *Dasein* para a poesia é também válido, no critério žižekiano, para Foucault, quando ao final de sua vida abeirou-se da ética e dos direitos humanos. O arrependimento posterior desses grandes intelectuais é um ato intelectual de menor qualidade que as suas anteriores apostas corretas no extremo.

Em defesa das causas perdidas apresenta um Žižek que não afirma o pensamento de Heidegger como tem feito a tradição conservadora ou reacionária: costuma-se dizer que o combate ao comunismo é que teria dado legitimidade de objetivos ao nazismo e ao heideggerianismo, mas não aos seus meios. Para Žižek, trata-se do contrário. Os meios radicais podem ser plenos, o erro está justamente no objeto. O nazismo, querendo ser radical, na verdade nunca o foi, porque manteve intocada a estrutura social capitalista. Assim, sua coragem é má, o que vem a ser, no fundo, uma forma de covardia política. "A 'coragem' dos nazistas foi sustentada por sua covardia na hora de atacar a principal característica de sua sociedade: as relações de produção capitalistas".

É porque também somam a si a direção correta que Žižek aponta para a afirmação dos passos radicais no seio do marxismo e das lutas revolucionárias. A Revolução Francesa, que tem sido historicamente narrada pelos conservadores como um incômodo, na verdade deve ser lida como um evento inconcluso porque não levou ao limite o terror revolucionário. Žižek denuncia que a fórmula liberal e conservadora "1789 sem 1793" é a petição por uma revolução descafeinada... Por isso, deve-se afirmar que foi por carência de Robespierres, e não por excesso deles, que a Revolução Francesa fracassou. Para Žižek, é preciso afirmar o inumano. Nas equações políticas que presidem nosso tempo, do par humanismo *ou* terror, "o *terror* e não mais o humanismo é o termo positivo". Nesse momento, mais uma vez Lacan, com o inumano do próximo, e Althusser, com o anti-humanismo teórico, passam a lhe servir de fundamento filosófico.

A história do terror revolucionário, da Revolução Francesa à derrocada do bloco soviético, cobre o arco que vai de Robespierre a Mao, ambos objetos de recentes intervenções teóricas de Žižek. As transubstanciações do marxismo revelam sua face mais avançada, e também o mais alto estágio para analisar suas contradições e seus problemas. Se o extremo revolucionário foi dado sob Mao, cria-se ao marxismo o embaraço de que, na China, com a Revolução Cultural, houve solos mais férteis que os da classe operária. Tal inesperado revolucionário, que não se limita exatamente à classe, pode ser visto de modo melhor, para Žižek, na proposição de Alain Badiou de que, ao contrário do que afirmam as lutas anticapitalistas e antiglobalização atuais, o inimigo é a Democracia: "Hoje, o que impede o questionamento radical do próprio capitalismo é exatamente *a crença na forma democrática da luta contra o capita-*

lismo". Para Badiou e Žižek, embora o *econômico* seja o campo último e fundamental de batalha, o *político* é o atual espaço da intervenção revolucionária.

Žižek se aprofunda na busca e na defesa dos passos perdidos, resgatando o radical em tempos de bom-tom liberal mediano. No campo do marxismo, destrincha as mesmas contradições, surpreendendo ao alterar proposições tradicionalmente consolidadas. A respeito de Mao, para Žižek, talvez seja necessário ponderar se o radicalismo é mesmo o problema principal. O senso comum contemporâneo rejeita a Revolução Cultural porque seus propósitos socialistas podiam até ser bons, mas os meios foram péssimos. Žižek inverte a proposição: e se o radicalismo maoista foi apropriado e o erro tenha sido justamente o horizonte do que se pressupunha ser a específica forma de luta socialista que se travou contra o capitalismo? Os acertos na direção é que revelarão a salvação do passo firme. No pensamento de Žižek, a questão do radicalismo, que faz com que um liberal contemporâneo rejeite em bloco o nazismo e o socialismo, deve ser objeto de uma diferenciação substancial. O nazismo representou uma vontade autotélica de extermínio dos judeus e não pode ser considerado parte de uma estratégia racional, ao contrário da radicalidade socialista. Embora extremos, os passos se deram em direções contrárias, sendo uma delas total e absolutamente errada.

Para Žižek, comparar o radicalismo revolucionário socialista ao nazista já é, de início, um movimento pela relativização ou, até mesmo, pela absolvição do nazismo. Embora este tenha empregado muito menos agentes de repressão do que o socialismo da Alemanha Oriental, para a análise žižekiana isso não quer dizer que a natureza do socialismo seja mais repressora que a do fascismo. Pelo contrário, o nazismo era muito mais totalitário; porque contava com uma repressão conectada à própria sociedade. A repressão stalinista se dava contra um povo que utilizava, como resistência, a ideologia oficial de liberdade real, solidariedade social e verdadeira democracia que, na verdade, o Estado não praticava. Do comunismo para o nazismo, é a forma que muda: não a luta política, mas sim o conflito racial; não o antagonismo de classe, mas o corpo estranho judeu que perturba a harmonia comunitária ariana. Se o nazismo estabelece algum vínculo com o socialismo, isto se dá apenas como reação: "o nazismo *foi* uma repetição, uma cópia do bolchevismo; em termos nietzschianos, foi um fenômeno profundamente *re-ativo*".

Assim, para além de uma genérica identidade do poder, é por uma especificidade da forma que o marxismo se levanta em face de todas as radicalidades da história contemporânea. É a crítica à forma mercantil que faz o marxismo superar definitivamente o existencial-decisionismo. Como o chão de Žižek, de início, é um solo comum, será apenas em alguns momentos que ele se aproximará com mais detalhe do aparato dessas críticas da lógica marxista, que desmontam as instituições jurídicas e políticas por conta de sua natureza especificamente capitalista.

A defesa das causas perdidas é também um inventário do passado para, justamente, dele afastar o que se acusa e não é próprio, como única condição possível para extrair o que plenamente garanta o futuro. No contexto da análise do pensamento de Ernesto Laclau, Žižek dá esse passo para trás a fim de propor um outro novo à frente: "Um dos tópicos mais comuns do pós-marxismo é que, hoje, a classe operária *não é mais* o sujeito revolucionário 'predestinado', as lutas emancipadoras contemporâneas são plurais, sem um agente específico que reclame um lugar privilegiado. A maneira de responder a essa advertência é ceder ainda mais: *nunca houve* esse privilégio da classe operária, o papel estrutural fundamental da classe operária não envolve esse tipo de prioridade".

O que se há de fazer?

Repetindo ao seu modo a crucial pergunta de Lenin e do marxismo do século XX, Žižek, na parte final de *Em defesa das causas perdidas*, faz um balanço das possibilidades políticas que se apresentam ao nosso tempo. A maior parte delas encontra-se refém das próprias estruturas capitalistas, que não estão sendo postas em questão. São poucos os movimentos que, nos últimos dois séculos, restaram historicamente consagrados como plenamente libertários, como foi o caso dos sovietes – que receberam a admiração até de liberais como Hannah Arendt. Mas, com o fim do mundo estatal soviético, também sucumbiu o modelo dos sovietes. Dirá Žižek, provocativamente, que "o modelo dos conselhos do 'socialismo democrático' era apenas um duplo espectral do 'socialismo real' 'burocrático', sua transgressão inerente sem nenhum conteúdo positivo substancial próprio, isto é, incapaz de servir de princípio organizador básico e permanente de uma sociedade". O mesmo Žižek estende o problema do atrelamento ao Estado às práticas atuais de democracia direta, às culturas digitais pós-industriais, comunidades de *hackers* etc.: "todas têm de basear-se num aparelho de Estado, isto é, por razões estruturais não podem ocupar o campo todo". Mesmo querendo afastá-lo, o Estado ainda é a precondição, no campo de fundo, de várias práticas atualmente toleradas ou apontadas como libertárias.

A articulação entre democracia, populismo, excesso totalitário e ditadura do proletariado de Žižek é inovadora. Não está perfilada ao lado de Habermas, Arendt, Rorty e Giddens, mas sim problematizando experiências concretas e insólitas como as de Chávez e Morales. As forças destes advêm dos vínculos privilegiados com os despossuídos das favelas. Chávez é o presidente deles, sua legitimação está no povo, embora respeite o processo eleitoral democrático. Para Žižek, em uma avaliação que é crítica, "essa é a 'ditadura do proletariado' na forma de democracia".

A defesa das causas perdidas de Žižek revela-se, ao final, também uma escatologia. Cristianismo, marxismo e psicanálise alinham-se nessa mesma necessidade de repetição a partir do fracasso. "Isso nos leva a mais uma hipótese: necessariamente, o Evento falha da primeira vez, de modo que a verdadeira fidelidade só é possível na forma de ressurreição, como uma defesa contra o 'revisionismo'. (...) Quando surge um novo ensinamento, do cristianismo ao marxismo ou à psicanálise, primeiro há confusão, cegueira a respeito do verdadeiro alcance de seu ato; as heresias são tentativas de esclarecer essa confusão com a retradução do novo ensinamento para as coordenadas antigas, e é só contra esse pano de fundo que se pode formular o âmago do novo ensinamento".

Repetir não é provar a fraqueza do que se busca novamente, mas sim demonstrar a necessidade premente de volver ao passado para concretizar sua grandeza, buscando, no mínimo, errar menos nessa nova retomada do processo revolucionário. O potencial emancipatório que ainda não se esgotou continua a nos perseguir, e o futuro que nos persegue pode ser *o futuro do próprio passado*. A irrupção da revolução passada se deu em um momento incerto, e sua repetição presente também assim se apresentará, porque o ato revolucionário "é sempre 'prematuro'". Nunca haverá de se esperar um tempo certo para a revolução; então, para Žižek, o amanhã que é futuro do ontem pode já ser hoje.

Num tempo que naturalizou a dinâmica e o constante fluxo histórico, que considera a mudança como um cálculo da própria reprodução social, a pergunta crítica, para Žižek, é então: o que *continua igual*? "É claro que a resposta é o capitalismo, as relações capitalistas". Aí reside a matriz contra a qual há de se insurgir a radicalidade da mudança revolucionária. Sendo a mesma, cabe então, exatamente, a repetição das causas perdidas.

Com base na sua formação filosófica hegeliana, Žižek aponta a relação dialética entre senhor e escravo como exemplar da possibilidade de superação dos tempos presentes. Ilustra sua interpretação revolucionária com o Cristo: "É nesse sentido que Cristo é nosso senhor e, ao mesmo tempo, a fonte de nossa liberdade. O sacrifício de Cristo nos liberta. Como? Não como pagamento dos pecados nem como resgate legalista, mas assim como, quando tememos alguma coisa (e o medo da morte é o medo supremo que nos torna escravos), um amigo de verdade nos diz: 'Não tema, olhe, eu vou fazer. Do que você tem tanto medo? Eu vou fazer, não porque eu tenho de fazer, mas por amor a você. Eu não tenho medo!', ele faz e, dessa forma, nos liberta, demonstrando *in actu* que *pode ser feito*, que também podemos fazer, que não somos escravos...".

Para Žižek, em tempos dinâmicos que chegam até a plena manipulação tecnológica da natureza, onde a única grande estabilidade é a própria exploração capitalista, contra a qual já se luta e já se perde há tempos, trata-se de mostrar que é possível fazer a defesa das causas perdidas para agora perder melhor ou, quiçá, plenamente ganhar.

Alysson Leandro Mascaro
setembro de 2010

INTRODUÇÃO
Causa locuta, Roma finita

Roma locuta, causa finita* – palavras decisivas de autoridade que poderiam pôr fim a uma disputa, em todas as suas versões, desde "o sínodo da Igreja decidiu" até "o Comitê Central aprovou uma resolução" e, por que não?, "o povo deixou clara sua opção nas urnas"... Entretanto, a aposta da psicanálise não é o contrário desta: deixe que a própria Causa fale (ou, como disse Lacan, "Eu, a verdade, falo") e o Império (de Roma, isto é, o capitalismo global contemporâneo) desmoronará? *Ablata causa tolluntur effectus*: quando a causa está ausente, vicejam os efeitos (*les effets ne se portent bien qu'en absence de la cause***). Que tal virar o provérbio do avesso? Quando a causa intervém, os efeitos se dispersam[1]...

Entretanto, *qual* Causa deveria falar? Tudo parece ir mal para as grandes Causas hoje em dia, numa era "pós-moderna" em que, embora o cenário ideológico esteja fragmentado numa miríade de posições que brigam pela hegemonia, há um consenso subjacente: a era das grandes explicações acabou, precisamos do "pensamento fraco", oposto a todo fundamentalismo, um pensamento atento à textura rizomática da realidade; também na política, não deveríamos mais visar os sistemas que tudo explicam e os projetos de emancipação global; a imposição violenta de grandes soluções deveria abrir espaço para formas específicas de resistência e intervenção... Se a leitora sente um mínimo de simpatia por essas linhas, deveria parar de ler e largar este livro.

Até aqueles que, de resto, tendem a desdenhar a teoria pós-moderna "francesa", com seu "jargão", como exemplo de "bobajada" inclinam-se a partilhar sua aversão ao

---

* "Roma falou, causa encerrada." (N. E.)

** "Os efeitos só se comportam bem na ausência da causa." (N. E.)

[1] Essa inversão obedece à mesma lógica da correta resposta da esquerda esclarecida à infame frase de Joseph Goebbels ("Quando ouço a palavra cultura, procuro a minha arma"): "Quando ouço armas, procuro a minha cultura".

"pensamento forte" e suas explicações em grande escala. Há mesmo muita bobajada por aí hoje em dia. Não admira que nem os que popularizaram a noção de "bobajada", como Harry Frankfurt, estejam livres dela. Na complexidade sem fim do mundo contemporâneo, em que, com frequência, as coisas surgem como seu oposto – intolerância como tolerância, religião como senso comum racional e assim por diante –, é grande a tentação de reduzi-las com um gesto violento de "Chega de bobagem!" – um gesto que raramente significa mais do que uma impotente *passage à l'acte*. Esse desejo de traçar uma linha nítida de demarcação entre a fala veraz e sã e a "bobajada" só pode reproduzir como fala veraz a própria ideologia predominante. Não admira que, para o próprio Frankfurt, os exemplos de políticos "sem bobajada" sejam Harry Truman, Dwight Eisenhower e, atualmente, John McCain[2] – como se a postura de sinceridade pessoal extrovertida fosse garantia de veracidade.

O senso comum de nossa época diz que, em relação à antiga distinção entre *doxa* (opinião acidental/empírica, Sabedoria) e Verdade, ou, ainda mais radicalmente, entre conhecimento positivo empírico e Fé absoluta, hoje é preciso traçar uma linha entre o que se pode pensar e o que se pode fazer. No nível do senso comum, o máximo a que se pode chegar é ao liberalismo conservador esclarecido: obviamente, não há alternativas viáveis ao capitalismo; ao mesmo tempo, deixada por sua própria conta, a dinâmica capitalista ameaça solapar seus próprios fundamentos. Isso diz respeito não só à dinâmica econômica (a necessidade de um aparelho de Estado forte para manter a própria competição do mercado etc.), como também, e ainda mais, à dinâmica político-ideológica. Os democratas conservadores inteligentes, de Daniel Bell a Francis Fukuyama, têm consciência de que o capitalismo global contemporâneo tende a solapar suas próprias condições ideológicas (o que Bell chamou há muito tempo de "contradições culturais do capitalismo"): o capitalismo só pode vicejar em condições de estabilidade social básica, de confiança simbólica intacta, de indivíduos que não só aceitam a própria responsabilidade por seu destino, como também confiam na "justiça" básica do sistema; esse pano de fundo ideológico tem de ser mantido por um forte aparelho cultural e educacional. Nesse horizonte, a resposta, portanto, não é nem o liberalismo radical à Hayek, nem o conservadorismo grosseiro, nem muito menos o apego aos ideais do Estado de bem-estar social, mas sim uma mistura de liberalismo econômico com um espírito de comunidade minimamente "autoritário" (a ênfase na estabilidade social, nos "valores" etc.) que contrabalance os excessos do sistema; em outras palavras, o que os sociais-democratas da Terceira Via, como Blair, vêm desenvolvendo.

Esse, portanto, é o limite do senso comum. O que jaz além envolve um Salto de Fé, fé em Causas perdidas, Causas que, vistas de dentro do espaço da sabedoria

---

[2] Veja a entrevista intitulada "Demokratie befordert Bullshit", *Cicero*, mar. 2007, p. 38-41.

cética, só podem parecer malucas. E este livro fala de dentro desse Salto de Fé – mas por quê? O problema, naturalmente, é que, numa época de crise e ruptura, a própria sabedoria empírica cética, restrita ao horizonte da forma dominante de senso comum, não pode dar respostas, e é *preciso* arriscar o Salto de Fé.

Essa mudança é a mudança de "falo a verdade" para "a própria verdade fala (em/através de mim)" (como no "matema" de Lacan sobre o discurso do analista, em que o agente fala na posição da verdade), até o ponto em que posso dizer, como Meister Eckhart: "É verdade, e a própria verdade o diz"[3]. No nível do conhecimento positivo, é claro que nunca é possível (ter certeza de que se conseguiu) atingir a verdade; só se pode aproximar-se dela interminavelmente, porque a linguagem, em última análise, é sempre autorreferencial, não há como traçar uma linha definitiva de separação entre sofisma, exercícios sofísticos e a própria Verdade (é esse o problema de Platão). A aposta de Lacan aqui é aquela de Pascal: a aposta da Verdade. Mas como? Não correndo atrás da verdade "objetiva", mas agarrando-se à verdade a respeito da posição da qual se fala[4].

Restam somente duas teorias que ainda indicam e praticam essa noção engajada de verdade: o marxismo e a psicanálise. Ambas são teorias de luta, não só teorias sobre a luta, mas teorias que estão, elas mesmas, engajadas numa luta: sua história não consiste num acúmulo de conhecimentos neutros, pois é marcada por cismas, heresias, expulsões. É por isso que, em ambas, a relação entre teoria e prática é propriamente dialética; em outras palavras, é de uma tensão irredutível: a teoria não é somente o fundamento conceitual da prática, ela explica ao mesmo tempo por que a prática, em última análise, está condenada ao fracasso – ou, como disse Freud de modo conciso, a psicanálise só seria totalmente possível numa sociedade que não precisasse mais dela. Em seu aspecto mais radical, a teoria é a teoria de uma prática fracassada: "É por isso que as coisas deram errado...". Costumamos esquecer que os cinco grandes relatos clínicos de Freud são basicamente relatos de um sucesso parcial e de um fracasso definitivo; da mesma forma, os maiores relatos históricos marxistas

---

[3] Do sermão "Jesus Entered", traduzido em Reiner Schuermann, *Wandering Joy* (Great Barrington, Massachusetts, Lindisfarne Books, 2001), p. 7.

[4] Então, o que significa esse Salto de Fé em relação a tomar partido em questões políticas específicas? Não se fica reduzido a apoiar as costumeiras posturas liberais de esquerda, com a condição de que "elas ainda não são a Coisa Real", que o Grande Passo ainda está por vir? Aí reside uma questão fundamental: não, não é esse o caso. Mesmo que não pareça haver espaço, no interior da constelação existente, para atos emancipatórios radicais, o Salto de Fé nos liberta para uma atitude totalmente impiedosa e aberta diante de todas as alianças estratégicas possíveis: permite-nos romper o círculo vicioso da chantagem liberal esquerdista ("Se você não votar em nós, a direita limitará o aborto, imporá leis racistas...") e lucrar com a velha perspicácia de Marx de que muitas vezes os conservadores inteligentes veem mais (e têm mais consciência dos antagonismos da ordem existente) do que os progressistas liberais.

22 / Em defesa das causas perdidas

de eventos revolucionários são descrições de grandes fracassos (da Guerra dos Camponeses Alemães, dos jacobinos na Revolução Francesa, da Comuna de Paris, da Revolução de Outubro, da Revolução Cultural Chinesa...). Esse exame dos fracassos nos põe diante do problema da fidelidade: como redimir o potencial emancipatório de tais fracassos evitando a dupla armadilha do apego nostálgico ao passado e da acomodação demasiado escorregadia às "novas circunstâncias".

Parece que o tempo das duas teorias acabou. Como Todd Dufresne explicou recentemente, nenhum personagem da história do pensamento humano errou mais do que Freud a respeito de todos os fundamentos de sua teoria[5] – com exceção de Marx, acrescentariam alguns. E, na verdade, na consciência liberal, os dois surgem agora como os maiores "parceiros de crime" do século XX: previsivelmente, em 2005, o infame *O livro negro do comunismo*, que lista todos os crimes comunistas[6], veio seguido do *Le livre noir de la psychanalyse* [O livro negro da psicanálise], que lista todos os erros teóricos e fraudes clínicas da psicanálise[7]. Dessa forma negativa, pelo menos, a solidariedade profunda entre o marxismo e a psicanálise é exibida para todos verem.

Ainda assim, há sinais que perturbam essa complacência pós-moderna. Recentemente, ao comentar a crescente repercussão do pensamento de Alain Badiou, Alain Finkelkraut caracterizou-o como "a mais violenta filosofia, sintomática do retorno da radicalidade e do colapso do antitotalitarismo"[8]: uma admissão honesta e surpresa do fracasso do longo e árduo trabalho de todos os tipos de "antitotalitaristas", defensores de direitos humanos, combatentes de "antigos paradigmas esquerdistas", desde os *nouveaux philosophes* franceses até os defensores de uma "segunda modernidade". O que deveria estar morto, descartado, totalmente desacreditado, está voltando de forma violenta. Pode-se entender o desespero deles: como é que esse tipo de filosofia pode voltar em sua forma mais violenta depois de eles explicarem, durante décadas, não só em tratados especializados, mas também nos meios de comunicação de massa, a quem quisesse ouvir (e a muitos que não queriam), os perigos dos totalitários "mestres-pensadores"? Será que ainda não entenderam que o tempo dessas utopias perigosas acabou? Ou estamos lidando com alguma estranha cegueira inerradicável, uma constante antropológica inata, uma tendência a sucumbir à tentação totalitária? Nossa proposta é inverter o ponto de vista: como o próprio Badiou poderia explicar a seu modo platônico inigualável, as verdadeiras ideias são eternas,

---

5 Ver Todd Dufresne, *Killing Freud: 20th Century Culture & the Death of Psychoanalysis* (Londres, Continuum, 2004).

6 *Le livre noir du communisme* (Paris, Robert Laffont, 2000). [Ed. bras.: *O livro negro do comunismo: crimes, terror e repressão*, Rio de Janeiro, Bertrand Brasil, 1999.]

7 *Le livre noir de la psychanalyse: vivre, penser et aller mieux sans Freud* (Paris, Les Arènes, 2005).

8 Citado em Eric Aeschimann, "Mao en chair", *Libération*, 10 jan. 2007.

indestrutíveis, retornam sempre que são proclamadas mortas. Para Badiou, basta *afirmar* mais uma vez essas ideias com clareza e o pensamento antitotalitário surge em todo o seu infortúnio, como aquilo que realmente é: um exercício sofista sem valor, uma pseudoteorização dos temores e instintos de sobrevivência mais vis e oportunistas, um modo de pensar que é não só reacionário, como também profundamente *reativo*, no sentido que Nietzsche dá à palavra.

Ligada a isso, uma luta interessante vem acontecendo ultimamente (não só) entre lacanianos (não só) na França. Essa luta diz respeito à situação do "Um" como o nome de uma subjetividade política, uma luta que levou muitas amizades pessoais ao rompimento (por exemplo, entre Badiou e Jean-Claude Milner). A ironia é que essa luta está acontecendo entre ex-maoistas (Badiou, Milner, Lévy, Miller, Regnault, Finkelkraut) e entre intelectuais "judeus" e "não judeus". A pergunta é: o nome do Um é resultado de uma luta política contingente ou está, de algum modo, enraizado numa identidade específica mais substancial? A posição dos "maoistas judeus" é que "judeus" é um desses nomes que representam aquilo que resiste à tendência global de hoje de superar todas as limitações, inclusive a própria finitude da condição humana, na "desterritorialização" e na "fluidificação" capitalistas radicais (tendência que chega à apoteose no sonho gnóstico-digital de transformar os próprios seres humanos em *softwares* virtuais que possam recarregar a si mesmos de um *hardware* para outro). A palavra "judeus", portanto, representa a *fidelidade* mais básica ao que se é. Nessa linha, François Regnault afirma que a esquerda contemporânea exige dos judeus (muito mais do que de outros grupos étnicos) que "produzam em vista do seu nome"[9] – uma referência à máxima ética de Lacan que diz "não produza em vista do seu desejo"... É preciso lembrar aqui que a mesma mudança da política emancipatória radical para a fidelidade ao nome judeu já é perceptível no destino da Escola de Frankfurt, principalmente nos últimos textos de Horkheimer. Os judeus aqui são a exceção: do ponto de vista multiculturalista liberal, todos os grupos podem afirmar sua identidade, exceto os judeus, cuja própria autodeterminação se iguala ao racismo sionista... Em contraste com essa abordagem, Badiou e outros insistem na fidelidade ao Um que surge e é constituída pela própria luta política de/para nomear e, como tal, não pode fundamentar-se em nenhum conteúdo específico determinado (como raízes étnicas ou religiosas). Desse ponto de vista, a fidelidade ao nome "judeu" é o anverso (o reconhecimento silencioso) da derrota das lutas emancipatórias autênticas. Não admira que quem exige fidelidade ao nome "judeus" também é quem nos adverte contra os perigos "totalitários" de qualquer movimento emancipatório radical. Sua política consiste em aceitar a fundamental finitude e limitação de nossa situação, e a Lei

---

[9]   François Regnault, *Notre objet a* (Paris, Verdier, 2003), p. 17.

24 / Em defesa das causas perdidas

Judaica é o marco definitivo dessa finitude, por isso que, para eles, todas as tentativas de superar a Lei e tender ao Amor abrangente (desde o cristianismo até o stalinismo, passando pelos jacobinos franceses) têm de acabar em terror totalitário. Para explicar sucintamente, a única solução verdadeira da "questão judaica" é a "solução final" (a aniquilação deles), porque os judeus, *qua objet a*, são o maior obstáculo à "solução final" da própria História, à superação das divisões na unidade e na flexibilidade abrangentes.

Mas não seria antes o caso de, na história da Europa moderna, os que defendem a luta pela universalidade serem exatamente os judeus ateus, de Espinosa a Marx e Freud? A ironia é que, na história do antissemitismo, os judeus representam ambos os polos: ora representam o apego teimoso à sua forma de vida específica que os impede de se tornarem cidadãos integrais do Estado em que vivem, ora representam um cosmopolitismo universal, "sem teto" e sem raízes, indiferente a qualquer forma étnica particular. A primeira coisa a lembrar, portanto, é que essa luta é (também) *inerente* à identidade judaica. E hoje, talvez, essa luta judaica seja nossa principal luta: a luta entre a fidelidade ao impulso messiânico e a "política do medo" *reativa* (no sentido preciso nietzschiano) que se concentra em preservar a identidade particular de alguém.

O papel privilegiado dos judeus no estabelecimento da esfera do "uso público da razão" baseia-se em sua subtração de todo poder estatal; essa posição de "parte de uma não parte" de toda comunidade orgânica de Estado-nação, e não a natureza universal-abstrata de seu monoteísmo, torna-os a encarnação imediata da universalidade. Não admira, portanto, que com o estabelecimento do Estado-nação judaico surgisse uma nova imagem do judeu: um judeu que resiste à identificação com o Estado de Israel, que se recusa a aceitar o Estado de Israel como seu verdadeiro lar, o judaico que se "subtrai" desse Estado e que o inclui entre os Estados dos quais insiste em manter distância, vivendo em seus interstícios; e é *esse* estranho judeu que é o objeto do que só se pode chamar de "antissemitismo sionista", um excesso estrangeiro que perturba a comunidade do Estado-nação. Esses judeus, os "judeus dos próprios judeus", dignos sucessores de Espinosa, são hoje os únicos judeus que continuam a insistir no "uso público da razão", recusando-se a submeter seu raciocínio ao domínio "privado" do Estado-nação.

Este livro está despudoradamente comprometido com o ponto de vista "messiânico" da luta pela emancipação universal. Não admira, portanto, que, para os partidários da *doxa* "pós-moderna", a lista de Causas perdidas defendidas aqui deva parecer um espetáculo de horrores com seus piores pesadelos encarnados, um depósito de fantasmas do passado a cujo exorcismo dedicaram suas energias. A política de Heidegger como caso extremo de um filósofo seduzido pela política totalitária, o terror revolucionário desde Robespierre até Mao, o stalinismo, a ditadura do proletariado... Em cada caso, a ideologia predominante não só despreza a causa como oferece um substituto, uma versão "mais suave": não o envolvimento intelectual totalitário, mas intelectuais que investigam os problemas da globalização e lutam na esfera pública pelos direitos humanos e pela tolerância, contra o racismo e o sexismo; não o terror estatal revolucionário, mas a multiplicidade descentralizada e auto-organizada; não a ditadura do proletariado, mas a colaboração entre múltiplos agentes (iniciativas da sociedade civil, dinheiro privado, regulamentação do Estado...). A verdadeira meta da "defesa das causas perdidas" não é defender, como tal, o terror stalinista etc., mas tornar problemática a tão facilzinha alternativa democrático-liberal. Os compromissos políticos de Foucault e, especialmente, de Heidegger, embora aceitáveis em sua motivação básica, eram claramente "passos certos na direção errada"; o infortúnio do destino do terror revolucionário nos põe diante da necessidade – não de rejeitar o terror *in toto*, mas – de reinventá-lo; a crise ecológica iminente parece oferecer uma oportunidade única de *aceitar* uma versão reinventada da ditadura do proletariado. O argumento, portanto, é que, embora esses fenômenos sejam, cada um a seu modo, monstruosidades e fracassos históricos (o stalinismo foi um pesadelo que talvez tenha provocado mais sofrimento humano do que o fascismo; as tentativas de impor a "ditadura do proletariado" produziram uma paródia ridícula de um regime em que exatamente o proletariado foi reduzido ao silêncio etc.), *essa não é toda a verdade*: houve, em cada um deles, um momento redentor que se perde na rejeição democrático-liberal – e é fundamental isolar esse momento. É preciso ter cuidado para não jogar fora o bebê com a água suja do banho; embora fiquemos tentados a inverter a metáfora e afirmar que é a crítica democrático-liberal que quer fazer isso (ou seja, jogar fora a água suja do terror, mas manter o bebê puro da democracia socialista autêntica), esquecendo, com isso, que a água era pura originalmente e que toda sujeira que está nela veio do bebê. Em vez disso, o que se deve fazer é jogar fora o bebê, antes que ele estrague a água cristalina com suas excreções, de modo que, parafraseando Mallarmé, "rien que l'eau n'aura eu lieu dans le bain de l'histoire"*.

Portanto, nossa defesa das Causas perdidas não está envolvida com nenhum tipo de jogo desconstrutivo, no estilo de "em primeiro lugar, toda Causa tem de ser perdida para exercer sua eficiência enquanto Causa". Ao contrário, o objetivo é deixar para trás, com toda a violência necessária, o que Lacan chamou zombeteiramente de "narcisismo da Causa perdida", e aceitar com coragem a concretização total de uma Causa, inclusive o risco inevitável de um desastre catastrófico. Badiou estava certo quando propôs a máxima "mieux vaut un désastre qu'un désêtre"** a respeito da desintegração dos regimes comunistas. Melhor um desastre por fideli-

---

*   "Nada além da água terá tido lugar no banho da história." (N. E.)
** "Mais vale um desastre que um deixar-de-ser." (N. E.)

dade ao Evento do que um não-ser por indiferença ao Evento. Parafraseando a memorável frase de Beckett, à qual voltarei várias vezes adiante, depois de errar pode-se continuar e errar melhor, enquanto a indiferença nos afunda cada vez mais no lamaçal do Ser imbecil.

Há alguns anos, a revista *Premiere* noticiou uma pesquisa engenhosa sobre como os finais mais famosos de filmes de Hollywood foram traduzidos para algumas das principais línguas além do inglês. No Japão, o "Frankly, my dear, I don't give a damn!" [Francamente, querida, não dou a mínima] de Clark Gable para Vivien Leigh, em *E o vento levou*, foi traduzido por: "Temo, querida, que haja um leve desentendimento entre nós" – uma deferência às famosas cortesia e etiqueta japonesas. Por sua vez, os chineses (da República Popular da China) traduziram o "This is the beginning of a beautiful friendship!" [Este é o início de uma bela amizade] de *Casablanca* por: "Nós dois agora constituiremos uma nova célula da luta antifascista!", já que, muito acima das relações pessoais, a prioridade era a luta contra o inimigo.

Embora o presente volume talvez pareça ceder várias vezes a declarações excessivamente confrontadoras e "provocativas" (o que hoje poderia ser mais "provocativo" do que mostrar simpatia ou compreensão, ainda que mínimas, pelo terror revolucionário?), ele na verdade pratica um deslocamento na linha dos exemplos citados em *Premiere*: se a verdade é que não dou a mínima para o meu adversário, digo que há um leve desentendimento; se o que está em jogo é um novo campo de luta político-teórica em comum, talvez pareça que estou falando de amizades e alianças acadêmicas... Nesses casos, cabe à leitora deslindar as pistas que estão na sua frente.

PRIMEIRA PARTE

O estado de coisas

1
FELICIDADE E TORTURA
NO MUNDO ATONAL

Humano, demasiado humano

Em contraste com a oposição simplista entre mocinhos e bandidos, os filmes de espionagem com pretensões artísticas exibem toda a "complexidade psicológica realista" dos personagens do "nosso" lado. Entretanto, longe de sinalizar uma opinião equilibrada, esse conhecimento "honesto" do nosso próprio "lado negro" representa o seu oposto, a afirmação oculta de nossa supremacia: somos "psicologicamente complexos", cheios de dúvidas, enquanto nossos adversários são máquinas de matar, fanáticos e unidimensionais. Aí reside a mentira de *Munique*, de Steven Spielberg: ele quer ser "objetivo", mostrar a ambiguidade e a complexidade moral, as dúvidas psicológicas, a natureza problemática da vingança do ponto de vista israelense, mas o que o seu "realismo" faz é redimir ainda mais os agentes do Mossad: "Vejam, eles não são apenas assassinos frios, mas seres humanos com dúvidas – *eles* têm dúvidas, já os terroristas palestinos...". Não há como não simpatizar com a hostilidade com que os agentes do Mossad sobreviventes, que realmente mataram por vingança, reagiram ao filme ("Não havia dúvidas psicológicas, simplesmente fizemos o que tínhamos de fazer"), porque há muito mais honestidade em sua postura[1].

Assim, a primeira lição parece ser que o modo apropriado de combater a demonização do Outro é subjetivá-lo, ouvir sua história, entender como ele percebe a

---

[1] Há, contudo, um detalhe engenhoso no filme, um detalhe que constitui o exemplo perfeito do "sujeito suposto saber": para descobrir onde estão os mandantes dos atentados de Munique (e executá-los), os agentes do Mossad recorrem a um misterioso grupo francês, uma espécie de grande família que leva uma vida rústica e comum numa grande casa de campo, com galinhas e crianças correndo pelo jardim, mas cujos membros homens, de modo nunca explicado, parecem saber tudo sobre o submundo dos terroristas e dos espiões.

situação – ou, como disse um partidário do diálogo no Oriente Médio: "O inimigo é alguém cuja história não ouvimos"[2]. Pondo em prática esse nobre lema de tolerância multicultural, as autoridades da Islândia impuseram recentemente uma forma inigualável de encenar essa subjetivação do Outro. Para combater a xenofobia crescente (resultado do número cada vez maior de trabalhadores imigrantes), assim como a intolerância sexual, elas organizaram as chamadas "bibliotecas vivas": integrantes de minorias étnicas e sexuais (homossexuais, imigrantes do leste da Europa e negros) recebem uma família islandesa e simplesmente conversam com ela, explicando-lhe sua maneira de viver, suas práticas cotidianas, seus sonhos etc.; desse modo, o estrangeiro exótico, visto como uma ameaça a nossa maneira de viver, surge como alguém por quem podemos sentir empatia, que possui um mundo complexo próprio...

Entretanto, há um limite óbvio nesse procedimento. Dá para imaginar receber um brutamontes nazista para nos contar sua história? Estamos dispostos a afirmar que Hitler era um inimigo porque sua história não foi ouvida? Um jornalista sérvio noticiou recentemente o estranho caso do político que, depois de muitas conversas difíceis na mansão de Slobodan Milošević, convenceu-o a entregar-se à polícia e ir para a cadeia. Milošević concordou, mas depois pediu que lhe permitissem subir ao primeiro andar da mansão para resolver um assunto. O negociador, com medo de que o outro se suicidasse, exprimiu suas dúvidas, mas Milošević acalmou-o, dizendo que prometera à esposa, Mira Markovic, que lavaria o cabelo antes de sair. Esse detalhe de sua vida pessoal "redime" os horrores resultantes do reinado de Milošević, torna-o "mais humano"? Podemos imaginar Hitler lavando o cabelo de Eva Braun; e nem é preciso imaginar, porque já sabemos que Heydrich, o arquiteto do Holocausto, gostava de tocar os últimos quartetos de cordas de Beethoven à noite com os amigos. Recordemos as linhas "pessoais" que costumam concluir a apresentação de um escritor na contracapa dos livros: "Nas horas vagas, X gosta de brincar com seu gato e cultivar tulipas..." – esse complemento que "humaniza" o escritor é ideológico em seu aspecto mais puro, sinal de que ele é "tão humano quanto nós". (Fiquei tentado a sugerir, para a capa de um de meus livros: "Nas horas vagas, Žižek gosta de navegar na internet em busca de pornografia infantil e ensinar o filhinho a arrancar pernas de aranhas...".)

Nossa experiência mais elementar de subjetividade é a "riqueza de nossa vida interior": é isso o que "realmente sou", em contraste com as determinações e os mandatos simbólicos que assumo na vida pública (pai, professor, filósofo). Aqui, a primeira lição da psicanálise é que essa "riqueza de nossa vida interior" é funda-

---

[2] Epígrafe de "Living Room Dialogues on the Middle East", citado em Wendy Brown, *Regulating Aversion* (Princeton, Nova Jersey, Princeton University Press, 2006).

mentalmente falsa: um biombo, um distanciamento falso, cuja função, aliás, é salvar as aparências, tornar palpável (acessível a meu narcisismo imaginário) minha verdadeira identidade sociossimbólica. Portanto, uma das maneiras de praticar a crítica da ideologia é inventar estratégias para desmascarar essa hipocrisia da "vida interior" e de suas emoções "sinceras", da maneira encenada sistematicamente por Lars von Trier em seus filmes:

> Meu primeiro filme, *Orchidégartneren* [O jardineiro das orquídeas], começava com uma legenda que afirmava que o filme era dedicado a uma menina que tinha morrido de leucemia, com as datas de seu nascimento e morte. Isso foi totalmente inventado! E manipulador e cínico, porque percebi que, se começasse um filme assim, o público o levaria muito mais a sério.[3]

Há muito mais do que manipulação aqui: em sua trilogia feminina (*Ondas do destino*, *Dançando no escuro* e *Dogville*), Lars von Trier provoca nosso ser mais profundo, causando simpatia automática pela imagem arquetípica suprema da mulher vitimizada, que tem um coração de ouro e sofre. Por meio de sua "manipulação", ele exibe a mentira dessa simpatia, o prazer obscuro que obtemos ao ver a vítima sofrer e, portanto, perturba nossa autossatisfação. Todavia, isso significa que a minha "verdade" está simplesmente na minha identidade simbólica, ofuscada pela minha "vida interior" imaginária (como parece indicar a leitura simplista de Lacan que opõe o sujeito do significante ao eu imaginário)?

Vamos considerar um homem que, lá no fundo, cultiva fantasias sádicas, mas em sua vida pública é educado, segue as regras etc.; quando entra na internet para expressar essas fantasias numa sala de chat, digamos que está mostrando sua verdade sob o disfarce de uma ficção. Mas aqui, ao contrário, não seria o caso de a *persona* educada ser a verdade e as fantasias sádicas servirem de defesa? Como numa versão nova da antiga piada judaica: "Você é bem-educado, então por que age como se fosse bem-educado?". Então, a internet, onde supostamente expressamos nossas verdades mais profundas, não seria realmente o lugar da encenação de fantasias defensivas que nos protegem da normalidade banal que é a nossa verdade[4]?

É preciso distinguir dois casos aqui. Ser um executivo violento que sente que, lá no fundo, essa violência é apenas uma máscara pública e que seu verdadeiro Eu se revela em suas meditações (e imagina seus amigos dizendo aos outros: "Não se engane com a sua violência nos negócios, na verdade ele é uma pessoa muito fina e gentil...") não é o mesmo que ser uma pessoa que é educada nas interações reais com os outros, mas dá vazão a suas fantasias violentas na internet. O local da identificação subjetiva muda: no caso da internet, eu acho que sou realmente uma

---

[3] *Von Trier on von Trier* (Londres, Faber and Faber, 2003), p. 252.
[4] Como (quase) sempre acontece, devo essa questão a Eric Santner.

pessoa bem-educada que só está brincando com fantasias violentas, enquanto como empresário *new-age* penso que estou apenas representando um papel público nos negócios e que minha verdadeira identidade é meu Eu interior iluminado pela meditação. Em outras palavras: em ambos os casos, a verdade é uma ficção, mas essa ficção se localiza de maneira diversa. No caso da internet, é imaginável que, em algum momento, vou "tirar a máscara" e explodir, isto é, realizar minhas fantasias violentas na vida real, – essa explosão encenará efetivamente "a verdade do meu Eu". No caso do empresário *new-age*, minha verdade é minha *persona* pública e, aqui, "tirar a máscara", encenar meu eu *new-age* na realidade, ou seja, *realmente* abandonar minhas características de empresário, envolveria uma mudança real da posição subjetiva. Nos dois casos, portanto, "tirar a máscara" funciona de maneira diferente. No caso da internet, é o gesto que Hitler fez ao tomar medidas antissemitas reais (concretizando as fantasias antissemitas), um ato falso, enquanto no caso do empresário *new-age* seria um ato verdadeiro.

Para resolver essa aparente contradição seria preciso reformular os dois casos em termos da tríade Imaginário-Simbólico-Real de Lacan: não estamos lidando com dois elementos, mas com três. As fantasias sórdidas com que brinco na internet não têm o mesmo *status* do meu "verdadeiro Eu", que se revela em minhas meditações: as primeiras pertencem ao Real, o segundo pertence ao Imaginário. A tríade, portanto, é I-S-R. Ou, mais exatamente, no caso da internet, minha *persona* pública bem-educada é o Simbólico-Imaginário *versus* o Real das minhas fantasias, enquanto no caso do executivo *new-age*, minha *persona* pública é o Real-Simbólico *versus* meu "verdadeiro Eu" Imaginário[5]. (E, para dar um passo teórico crucial, para que essa tríade funcione, é preciso acrescentar um quarto termo: nada mais, nada menos que o âmago vazio da subjetividade: o "sujeito barrado" lacaniano ($) não é a minha identidade Simbólica, nem meu "verdadeiro Eu" Imaginário, nem o âmago Real obsceno das minhas fantasias, mas sim o recipiente vazio que, como um nó, amarra as três dimensões juntas.)

É esse "nó" complexo que explica um personagem trágico bastante conhecido da época da Guerra Fria: aqueles esquerdistas ocidentais que enfrentavam heroicamente, com total sinceridade, a histeria anticomunista em seus países. Dispunham-se até a irem presos por suas convicções comunistas e pela defesa da União

---

[5] Para esclarecer melhor essas distinções, comparemos dois exemplos político-ideológicos. No primeiro caso, sou um funcionário público comunista que segue o ritual ideológico com certa distância íntima, convencido de que participo apenas de um jogo superficial que não diz respeito ao meu verdadeiro Eu ("A vida está em outro lugar", como explicou Milan Kundera). No segundo caso, como num romance de Eric Ambler, sou casado com uma mulher rica e, para incomodar seus parentes e amigos conservadores, começo a ler literatura comunista e a fingir, de modo provocador, que acredito nela; todavia, caio aos poucos em meu próprio jogo e realmente me torno comunista...

Soviética. Não é a própria natureza ilusória de sua crença que torna essa postura subjetiva tão tragicamente sublime? A realidade miserável da União Soviética stalinista torna ainda mais majestosa a beleza frágil dessa convicção íntima. Isso nos leva a uma conclusão radical e inesperada: não basta dizer que tratamos aqui de uma convicção ética tragicamente mal colocada, com uma confiança cega que evita que se tenha de enfrentar a realidade miserável e aterrorizante do ponto de referência ético. E se, ao contrário, essa cegueira, esse gesto violento de recusar-se-a-ver, esse desmentido-da-realidade, essa atitude fetichista de "eu sei muito bem que as coisas são horríveis na União Soviética, mas ainda assim acredito no socialismo soviético" for a parte constituinte mais profunda de *toda* postura ética? Kant já tinha plena consciência desse paradoxo quando desenvolveu sua noção de entusiasmo pela Revolução Francesa em *O conflito das faculdades* (1795). O verdadeiro significado da Revolução não reside no que realmente aconteceu em Paris – que em boa parte foi aterrorizante e incluiu explosões de paixões assassinas –, mas na reação entusiasmada que os fatos de Paris geraram aos olhos dos observadores simpatizantes de toda a Europa.

> A Revolução recente de um povo que é rico em espírito pode fracassar ou ter sucesso, pode acumular misérias e atrocidades, mas ainda assim desperta no coração de todos os espectadores (que nela não estejam pessoalmente envolvidos) uma tomada de posição de acordo com os desejos [*eine Teilnehmung dem Wunsche nach*] que beira o entusiasmo e, como sua própria expressão não estava livre de perigo, só pode ter sido causada por alguma disposição moral da raça humana.[6]

O Evento real, a dimensão do Real, não estava na realidade imediata dos eventos violentos em Paris, mas no modo como essa realidade surgia diante dos olhos dos observadores e na esperança que despertava neles. A realidade do que aconteceu em Paris pertence à dimensão temporal da história empírica; a imagem sublime que gerou entusiasmo pertence à Eternidade... E, *mutatis mutandis*, o mesmo se aplica aos admiradores ocidentais da União Soviética. A experiência soviética de "construção do socialismo num só país" com certeza "acumulou misérias e atrocidades", mas ainda assim despertou entusiasmo no coração dos espectadores (que nela não estavam pessoalmente envolvidos).

A pergunta aqui é: *toda* ética tem de basear-se num gesto de desmentido fetichista como esse? Até a ética mais universal não estaria obrigada a traçar uma linha divisória e ignorar algum tipo de sofrimento? E os animais chacinados para o nosso consumo? Quem seria capaz de continuar comendo costeletas de porco depois de visitar uma fazenda industrial em que os porcos são meio cegos, não conseguem

---

6 Immanuel Kant, "The Conflict of Faculties", em *Political Writings* (Cambridge, Cambridge University Press, 1991), p. 182. [Ed. port.: *O conflito das faculdades*, Lisboa, Ed. 70, 1993.]

caminhar direito e são engordados apenas para serem mortos? E que tal, digamos, a tortura e o sofrimento de milhões de pessoas, dos quais temos conhecimento, mas preferimos ignorar? Imagine o efeito sobre um de nós caso fôssemos forçados a assistir a um único *snuff movie* do que acontece milhares de vezes por dia em todo o planeta: tortura violenta (por exemplo, olhos arrancados e testículos esmagados)? Continuaríamos a viver do mesmo jeito de sempre? Sim – se de algum modo formos capazes de esquecer (suspender a eficiência simbólica) do que testemunhamos.

Assim, mais uma vez, *toda* ética tem de basear-se num gesto de desmentido fetichista como esse[7]? Sim, toda ética, *com exceção da ética da psicanálise*, que é um tipo de antiética: ela se concentra exatamente no que o entusiasmo ético padrão exclui, ou seja, a Coisa traumática que nossa tradição cristã chama de "próximo". Freud teve boas razões para relutar em endossar a injunção "Amai o próximo!" – a tentação de resistir aqui é a domesticação ética do Próximo. Foi isso que Emmanuel Levinas fez com sua noção do Próximo como o ponto abissal do qual emana o chamado da responsabilidade ética: com isso, ele ofuscou a monstruosidade do Próximo, a monstruosidade em razão da qual Lacan aplicou ao próximo o termo Coisa (*das Ding*), usado por Freud para designar o maior objeto de nossos desejos em sua intensidade e impenetrabilidade insuportáveis. É preciso entender nesse termo todas as conotações da ficção de terror: o Próximo é a Coisa (má) que se oculta potencialmente por trás de cada rosto humano comum, como o herói de *O iluminado**, de Stephen King, um gentil escritor fracassado que se transforma aos poucos numa fera assassina e, com um sorriso cruel, começa a massacrar sua família inteira.

Quando Freud e Lacan insistem na natureza problemática da injunção judaico-cristã básica de "amar o próximo", eles não defendem somente a questão crítico-ideológica padrão de que toda noção de universalidade é tingida por nossos valores particulares e, assim, provoca exclusões secretas. Eles defendem a questão muito mais forte da incompatibilidade do Próximo com a própria dimensão de universalidade. O que resiste à universalidade é a dimensão propriamente *inumana* do Próximo. Isso nos leva de volta à pergunta-chave: *toda* ética universalista tem de basear-se num gesto de desmentido fetichista como esse? A resposta é: toda ética que permaneça "humanista" (no sentido de evitar o âmago inumano de ser-humano [*being-human*]), que desminta a dimensão abissal do Próximo. "Homem", "pessoa humana", é uma máscara que esconde a subjetividade pura do Próximo.

---

[7] Até a solução apresentada pela exceção óbvia, a ética budista de solidariedade para com todos os seres vivos, está mais para uma espécie de indiferença universalizada: aprender a se afastar do excesso de empatia (e, com isso, pode-se cair facilmente no extremo oposto da compaixão universal, na defesa de uma atitude militar impiedosa, como mostra convenientemente o destino do zen-budismo).

* São Paulo, Objetiva, 1999. (N. E.)

Consequentemente, quando alguém afirma que o Próximo é a "Coisa" impenetrável que foge a qualquer tentativa de nobilitação, de transformação em semelhante amistoso, isso não significa que o derradeiro horizonte da ética seja a deferência para com essa alteridade insondável que subverte qualquer universalidade abrangente. Acompanhando Alain Badiou, podemos afirmar que, ao contrário, *somente* uma ética "inumana", uma ética que se endereça a um sujeito inumano e não a uma pessoa igual a nós, pode sustentar a verdadeira universalidade. O mais difícil para o entendimento comum é perceber essa inversão dialético-especulativa da singularidade do sujeito *qua* Coisa-Próximo em universalidade, não a universalidade "geral" padrão, mas a singularidade universal, a universalidade baseada na singularidade subjetiva extraída de todas as propriedades particulares, um tipo de curto-circuito direto entre o singular e o universal, contornando o particular.

Deveríamos louvar o gênio de Walter Benjamin, que brilha no próprio título de uma de suas primeiras obras: "Sobre a linguagem em geral e sobre a linguagem humana em particular"*. A questão aqui não é que a linguagem humana seja uma variedade de alguma linguagem universal "enquanto tal", que inclua também outras variedades (a linguagem dos deuses e dos anjos, a linguagem dos animais, a linguagem de outros seres inteligentes aí pelo espaço, a linguagem de computador, a linguagem do DNA?): não existe realmente nenhuma linguagem que não seja a linguagem humana; mas, para compreender essa linguagem "particular", é *preciso* introduzir uma diferença mínima, concebê-la com relação à lacuna que a separa da linguagem "enquanto tal" (a estrutura pura da linguagem desprovida das insígnias da finitude humana, das paixões eróticas e da mortalidade, das lutas pela dominação e da obscenidade do poder)[8]. Essa diferença mínima entre a linguagem inumana e a linguagem humana é claramente platônica. E se tivermos de inverter a relação-padrão: o anverso de Deus ser totalmente humano em Cristo é que *nós seres humanos não somos*? Eis como G. K. Chesterton começou *The Napoleon of Nothing Hill*: "A raça humana, à qual pertencem tantos leitores meus..." – o que não significa naturalmente que alguns de nós não sejam humanos, mas que há um âmago inumano em todos nós, ou que somos "não totalmente humanos".

O biombo da civilidade

A maneira predominante de manter distância da proximidade invasiva do Próximo "inumano" é a boa educação – mas o que é a boa educação? Há uma história

---

* Em *Sobre arte, técnica, linguagem e política*, Lisboa, Relógio d'Água, 1997. (N. E.)

[8] Habermas não percebe essa lição benjaminiana e faz exatamente o que *não* se deve fazer: postula diretamente a "linguagem em geral" ideal – universais pragmáticos – como norma da linguagem existente na realidade.

comum e amena que brinca com as segundas intenções da sedução: um rapaz e uma moça se despedem tarde da noite diante da casa dela; hesitante, ele diz: "Você se incomodaria se eu entrasse para tomar um cafezinho?", e ela responde: "Sinto muito, hoje não dá, estou menstruada...". A versão bem-educada seria aquela em que a moça diria: "Tenho boas notícias, não estou mais menstruada. Venha, entre!", e o rapaz responde: "Sinto muito, não estou com vontade de tomar café...". Entretanto, somos imediatamente confrontados com a ambiguidade da boa educação: há uma dimensão inconfundível de violência humilhante na resposta bem-educada do rapaz, como explicou John Lennon em sua "Working Class Hero": "You must learn how to smile as you kill" [É preciso aprender a sorrir ao matar].

A ambiguidade da boa educação é mais bem apresentada nas obras-primas de Henry James: nesse universo em que o *tato* reina supremo, em que a explosão visível das emoções é considerada o máximo da vulgaridade, tudo é dito, as decisões mais dolorosas são tomadas, as mensagens mais delicadas são transmitidas; entretanto, tudo acontece sob o disfarce da conversa formal. Mesmo quando chantageio minha parceira, faço-o com um sorriso bem-educado, oferecendo-lhe chá com bolinhos... Então, se a abordagem direta e violenta erra o âmago do Outro, será que as manobras cheias de tato conseguem atingi-lo? Em seu *Minima moralia*, Adorno ressaltou a total ambiguidade do tato, já claramente perceptível em Henry James: a consideração respeitosa pela sensibilidade do outro, a preocupação em não violar sua intimidade, pode transformar-se facilmente na insensibilidade violenta pela dor do outro[9]. O mesmo espírito, porém elevado ao nível do absurdo, foi exibido pelo marechal de campo von Kluge, comandante do Grupo de Exércitos do Centro da frente russa. Em janeiro de 1943, um grupo de oficiais alemães de Smolensk, onde ficava o quartel-general do Grupo de Exércitos, planejou matar Hitler em sua visita seguinte; a ideia era que, durante a refeição no rancho, duas dúzias de oficiais puxassem suas pistolas ao mesmo tempo e atirassem nele, para assim tornar a responsabilidade coletiva e também garantir que os guarda-costas de Hitler não conseguissem impedir que pelo menos algumas balas atingissem o alvo. Infelizmente, von Kluge vetou o plano, embora fosse antinazista e quisesse ver Hitler morto. Seu argumento foi que, pelos princípios do corpo de oficiais alemães, "não é digno matar um homem durante o almoço"[10].

---

[9] Ver Theodor W. Adorno, *Minima moralia* (Frankfurt, Suhrkamp, 1997), p. 38-41. [Ed. bras.: *Minima moralia*: reflexões a partir da vida danificada, 2. ed., São Paulo, Ática, 1993.]

[10] Michael Baigent e Richard Leigh, *Secret Germany* (Londres, Arrow Books, 2006), p. 14. Essa relutância bem-educada não é o anverso da cena memorável de *O ovo da serpente*, filme de Ingmar Bergman (sob outros aspectos, um fracasso) em que um grupo de brutamontes nazistas se aproxima do dono de uma boate judaica e pergunta, com toda a educação, "O senhor poderia tirar os óculos, para que não se quebrem?"? E quando ele obedece, os nazistas o agarram violentamente pelo cabelo e batem sua cabeça numa mesa até transformá-la numa massa sangrenta.

Como tal, a boa educação se aproxima da civilidade. Numa cena de *Separados pelo casamento*, o nervoso e zangado Vince Vaughn repreende Jennifer Anniston: "Você queria que eu lavasse a louça e vou lavar a louça, então qual é o problema?". E ela responde: "Não quero que você lave a louça. Quero que você *queira* lavar a louça!". É a reflexividade mínima do desejo, sua demanda "terrorista": quero não só que você faça o que quero, como também que o faça como se realmente quisesse fazê-lo; quero regular não só o que você faz, como também os seus desejos. A pior coisa que você pode fazer, pior ainda do que não fazer o que quero que faça, é fazer o que quero que faça sem querer fazê-lo... E isso nos leva à civilidade: um ato de civilidade é exatamente fingir que quero fazer o que o outro me pede para fazer, de modo que minha complacência ao desejo do outro não exerça pressão sobre ele. O filme *Borat* é mais subversivo não quando o herói é simplesmente rude e ofensivo (aos nossos olhos e ouvidos ocidentais, pelo menos), mas, ao contrário, quando tenta desesperadamente ser bem-educado. Em um jantar formal num ambiente de classe alta, ele pergunta onde fica o banheiro, volta de lá com os excrementos cuidadosamente embrulhados num saco plástico e pergunta em voz baixa à anfitriã onde deve colocá-los. Essa é uma metáfora modelar de um gesto político verdadeiramente subversivo: levar aos que estão no poder um saco de excrementos e perguntar-lhes educadamente como se livrar dele.

Num artigo curto e perspicaz sobre a civilidade, Robert Pippin examina o enigmático *status* intermediário dessa noção que designa todos os atos ostentatórios da atitude subjetiva básica de respeito pelos outros como agentes livres e autônomos, iguais a nós, da atitude benevolente de transcender o estrito cálculo utilitário ou "racional" de custos e benefícios nas relações com os outros e confiar neles, tentar não humilhá-los e assim por diante[11]. Embora seja superior à gentileza ou à generosidade quando medida pelo grau do caráter obrigatório (não se pode obrigar ninguém a ser generoso), ela é distintamente inferior a uma obrigação moral ou legal. É isso que está errado nas tentativas politicamente corretas de moralizar ou mesmo punir de forma direta os modos de comportamento que pertencem basicamente à civilidade (como, por exemplo, ofender os outros com obscenidades vulgares do linguajar etc.): elas solapam potencialmente o precioso "terreno intermediário" da civilidade, que faz a mediação entre as fantasias privadas e descontroladas e as formas estritamente reguladas do comportamento intersubjetivo. Em termos mais hegelianos, o que se perde na punição da incivilidade é a "substância ética" enquanto tal: em contraste com leis e regulamentos normativos explícitos, a civilidade, por definição, é "substancial", é algo sentido como sempre-já dado,

---

[11] Ver Robert Pippin, "The Ethical Status of Civility", em *The Persistence of Subjectivity* (Cambridge, Cambridge University Press, 2005), p. 223-38.

nunca imposto/instituído como tal[12]. E é por isso que a civilidade faz parte de todos os paradoxos dos "estados-que-são-essencialmente-subprodutos": ela não pode ser encenada de propósito; caso o seja, temos todo o direito de dizer que é uma falsa civilidade, não uma forma verdadeira. Pippin está certo ao vincular o papel fundamental da civilidade nas sociedades modernas ao surgimento do indivíduo livre e autônomo, não só no sentido de que a civilidade é a prática de tratar os outros como sujeitos iguais, livres e autônomos, mas ainda de um modo muito mais refinado: a frágil teia da civilidade é a "substância social" dos indivíduos livres e independentes, é seu próprio modo de (inter)dependência. Se essa substância se desintegrar, o próprio espaço social da liberdade individual é foracluído.

A noção propriamente marxista da "base" (em contraste com a "superestrutura") não deveria ser entendida como um fundamento que determina e, portanto, restringe o alcance de nossa liberdade ("achamos que somos livres, mas na verdade somos determinados pela base"); deve-se, isso sim, concebê-la como a própria base (estrutura, terreno, espaço) *de* e *para* a nossa liberdade. A "base" é uma substância social que sustenta nossa liberdade – nesse sentido, as regras da civilidade não restringem nossa liberdade, mas oferecem o único espaço dentro do qual ela pode vicejar; a ordem legal imposta pelos aparelhos de Estado é a base das nossas trocas no livre-mercado; as regras gramaticais são a base indispensável do nosso pensamento livre (para "pensar com liberdade", temos de praticar cegamente essas regras); o hábito como "segunda natureza" é a base da cultura; o coletivo de crentes é a base, o único terreno em que o sujeito cristão pode ser livre, e assim por diante. Também é assim que se deve entender o infame apelo marxista por uma "liberdade real e concreta", oposta à "liberdade (burguesa) abstrata e meramente formal": essa "liberdade concreta" não restringe o conteúdo possível ("só se pode ser verdadeiramente livre quando se apoia o nosso lado, o comunista"); a questão é, antes, que

---

[12] A visão politicamente correta encena uma estranha inversão do ódio racista à Alteridade; ela representa um tipo de negação/superação da rejeição e do ódio abertamente racistas ao Outro, da percepção do Outro como o Inimigo que constitui uma ameaça ao nosso modo de vida. Na visão politicamente correta, a violência do Outro contra nós, por mais deplorável e cruel que seja, é sempre uma *reação* contra o "pecado original" da *nossa* rejeição e opressão (do homem branco, imperialista, colonialista) da Alteridade. Nós, homens brancos, somos responsáveis e culpados, o Outro apenas reage como uma vítima; nós temos de ser condenados, o Outro tem de ser compreendido; nosso domínio é o da moral (condenação moral), enquanto o dos outros envolve a sociologia (explicação social). Naturalmente é fácil discernir, por trás da máscara de extrema auto-humilhação e admissão de culpa, que essa postura de verdadeiro masoquismo ético repete o racismo em sua própria forma: embora negativo, o famoso "fardo do homem branco" ainda está aí – nós, homens brancos, somos os sujeitos da História, enquanto os outros, em última análise, reagem às nossas (más) ações. Em outras palavras, é como se a verdadeira mensagem da culpa admitida pelos moralistas politicamente corretos fosse: se não podemos mais ser o modelo de democracia e de civilização para o resto do mundo, pelo menos podemos ser o modelo do Mal.

"base" deveríamos assegurar para a liberdade. Por exemplo, embora no capitalismo os operários sejam formalmente livres, não há uma "base" que lhes permita concretizar sua liberdade enquanto produtores; embora haja liberdade "formal" de expressão, organização etc., a base dessa liberdade é restringida.

A questão teórica da civilidade é que a subjetividade livre tem de ser sustentada pelo fingimento. Entretanto, ao contrário do que se poderia esperar, não se trata de fingir que se está realizando um ato livre quando simplesmente se está fazendo o que se é pressionado ou obrigado a fazer (a forma mais elementar disso é, naturalmente, o ritual do *potlatch*, a troca de presentes nas sociedades "primitivas"). A civilidade se relaciona com o conjunto de regras não escritas que *de fato* restringem minha liberdade, ao mesmo tempo em que mantêm sua aparência? Imaginemos uma situação em que, para ser bem-educado e não humilhar o outro, formulo minha ordem (já que estou em posição de autoridade diante dele, de modo que ele tem de obedecer às minhas ordens) como um pedido gentil: "Você talvez possa me fazer a bondade de..." (Na mesma linha, quando pessoas famosas ou poderosas recebem um desconhecido, uma das formas bem-educadas de fazê-lo é fingir que é ele que está lhes fazendo um favor: "Obrigado pela gentileza de me visitar...".) Entretanto, essa não é a verdadeira civilidade: civilidade não é simplesmente a obrigação disfarçada de ato livre, mas é, sim, o seu exato oposto, isto é, *o ato livre disfarçado de obrigação*. Voltando ao exemplo: o verdadeiro ato de civilidade de alguém que está em posição de poder seria fingir que está simplesmente fazendo o que tem de fazer quando, na realidade, é um ato de generosidade de sua parte. Portanto, a liberdade é sustentada por um paradoxo que inverte a definição espinosana de liberdade como necessidade concebida: a liberdade é que é uma necessidade fingida.

Para falar em termos hegelianos, a liberdade é sustentada pela substância ética de nosso ser. Numa sociedade dada, algumas características, atitudes e normas de vida não são mais percebidas como ideologicamente marcadas, elas parecem "neutras", como uma forma de vida não ideológica, baseada no senso comum; a ideologia é a posição explicitamente postulada ("marcada", no sentido semiótico) que se destaca de/contra esse pano de fundo (como zelo religioso extremado, dedicação a alguma orientação política etc.). A questão hegeliana aqui é que a ideologia *par excellence* (e em seu aspecto mais efetivo) é precisamente essa neutralização de algumas características no pano de fundo aceito espontaneamente; essa é a "coincidência (dialética) dos opostos": a concretização de uma noção (a ideologia, nesse caso) coincide com (ou, mais exatamente, aparece como) seu oposto (como não ideologia). E, *mutatis mutandis*, o mesmo acontece com a violência: a violência sociossimbólica não adulterada aparece como seu oposto, como a espontaneidade do meio em que vivemos, do ar que respiramos.

Essa noção de civilidade está no âmago dos impasses do multiculturalismo. Há alguns anos, na Alemanha, houve um debate sobre *Leitkultur* (a cultura dominante): contra o multiculturalismo abstrato, os conservadores insistiam que todo Estado se baseia num espaço cultural predominante que os membros de outras culturas que vivem nesse mesmo espaço deveriam respeitar. Embora os esquerdistas liberais tenham tachado essa noção de racismo disfarçado, é preciso admitir que é, no mínimo, uma descrição adequada dos fatos. O respeito aos direitos e às liberdades individuais (ainda que à custa dos direitos do grupo), a emancipação total das mulheres, a liberdade de religião (e de ateísmo), a liberdade de orientação sexual, a liberdade de atacar publicamente a tudo e a todos são elementos constituintes centrais da *Leitkultur* liberal ocidental, e isso pode ser usado como resposta àqueles teólogos muçulmanos que protestam contra o tratamento que recebem nos países ocidentais, mas aceitam como normal que, por exemplo, na Arábia Saudita seja proibido praticar publicamente religiões que não sejam o islamismo. Deveriam aceitar que a mesma *Leitkultur* que permite sua liberdade religiosa no Ocidente exija seu respeito a todas as outras liberdades. Para sermos sucintos: a liberdade dos muçulmanos é parte integrante da liberdade de Salman Rushdie de escrever o que quiser – eles não podem escolher a parte da liberdade ocidental que lhes serve. A resposta ao argumento crítico padrão de que o multiculturalismo ocidental não é verdadeiramente neutro, que privilegia valores específicos, é que se deveria aceitar, sem nenhuma vergonha, o seguinte: a própria abertura universal está enraizada na modernidade ocidental.

E para evitar qualquer mal-entendido, o mesmo se aplica ao cristianismo. Em 2 de maio de 2007, *L'Osservatore Romano*, o jornal oficial do Vaticano, acusou o comediante italiano Andrea Rivera de "terrorismo" porque criticou o papa. Como apresentador de um concerto de rock realizado e transmitido pela televisão para festejar o 1º de Maio, Rivera atacou a posição do papa a respeito da evolução ("O papa diz que não acredita em evolução. Concordo; de fato, a Igreja nunca evoluiu"). Também criticou a Igreja por se recusar a dar um enterro católico a Piergiorgio Welby, vítima de distrofia muscular que fez campanha pela eutanásia e morreu em dezembro de 2006, depois que um médico concordou em desligar o respirador ("Não suporto o fato de o Vaticano negar um enterro a Welby, mas isso não aconteceu nem com Pinochet nem com Franco"). Eis a reação do Vaticano: "Isso também é terrorismo. É terrorismo fazer ataques à Igreja. É terrorismo atiçar a raiva cega e irracional contra alguém que sempre fala em nome do amor, do amor à vida e do amor ao homem." É o igualar subjacente da crítica intelectual com os ataques terroristas físicos que viola brutalmente a *Leitkultur* europeia ocidental, que insiste na esfera universal do "uso público da razão", na qual se pode criticar e questionar tudo. Aos olhos da nossa *Leitkultur* compartilhada, as declarações de Rivera são totalmente aceitáveis.

Aqui a civilidade é fundamental: a liberdade multicultural também só funciona se sustentada pelas regras da civilidade, que nunca são abstratas e estão sempre embutidas numa *Leitkultur*. Dentro da nossa *Leitkultur*, "terrorista" não é Rivera, mas *L'Osservatore Romano*, que tacha as objeções simples e sensatas de Rivera de expressões de "raiva cega e irracional". A liberdade de expressão funciona quando todos os lados seguem as mesmas regras de civilidade não escritas que dizem que tipo de ataque é inadequado, embora não legalmente proibido; a civilidade diz quais características de um "modo de vida" étnico ou religioso específico são aceitáveis e quais não são. Se todos os lados não compartilharem ou não respeitarem a mesma civilidade, então o multiculturalismo se transforma em ignorância ou ódio mútuo legalmente regulamentado.

Uma das denominações lacanianas para essa civilidade é "Significante-Mestre", o conjunto de regras fundadas apenas em si mesmas ("é assim porque é, porque é o nosso costume") – e essa dimensão do Significante-Mestre é cada vez mais ameaçada em nossas sociedades.

Presentes e trocas

Então, o que é um Significante-Mestre? A propósito dos exames escolares, Lacan ressaltou um fato estranho: tem de haver uma lacuna, um retardo mínimo, entre o procedimento de medir minhas qualificações e o ato de anunciar o resultado (as notas). Em outras palavras, mesmo que eu saiba que dei respostas corretas às questões da prova, continua a existir um elemento mínimo de insegurança, de acaso, até o anúncio do resultado; essa lacuna é a lacuna entre o constatativo e o performativo, entre *medir* os resultados e *tomar nota* deles (registrá-los) no sentido total do ato simbólico. Toda a mística da burocracia, em seu aspecto mais sublime, depende dessa lacuna: conhecemos os fatos, mas nunca podemos ter certeza total de como esses fatos serão registrados pela burocracia. O mesmo acontece nas eleições: no processo eleitoral, o momento de contingência, de acaso, de "loteria", é fundamental. Eleições totalmente "racionais" não seriam eleições, mas um processo objetivado e transparente.

As sociedades tradicionais (pré-modernas) resolveram esse problema invocando uma fonte transcendental que "verificava" o resultado, conferindo-lhe autoridade (Deus, rei...). Aí reside o problema da modernidade: as sociedades modernas percebem-se como autônomas e autorreguladas, isto é, não podem mais confiar numa fonte de autoridade externa (transcendental). Mas, ainda assim, o momento do risco tem de continuar funcionando no processo eleitoral, e é por isso que os comentaristas gostam de falar da "irracionalidade" das votações (nunca se sabe para que lado os votos vão virar nos últimos dias antes das eleições...). Em outras palavras, a democracia não funcionaria se fosse reduzida a uma pesquisa de opinião permanente, totalmente mecanizada e quantificada, desprovida de seu caráter "performativo". Como ressaltou Claude Lefort, a votação tem de permanecer como um ritual (de sacrifício), como uma autodestruição e um renascimento ritualísticos da sociedade[13]. A razão para isso é que esse risco não deveria ser transparente, ele deveria ser minimamente exteriorizado/reificado: a "vontade do povo" é o nosso equivalente ao que os antigos concebiam como a vontade imponderável de Deus ou as mãos do Destino. O que as pessoas não podem aceitar como escolha arbitrária direta, como resultado de uma contingência pura, elas podem fazê-lo quando esse risco diz respeito a um mínimo do "real" – Hegel sabia disso há muito tempo, esse é todo o sentido de sua defesa da monarquia. Por fim, mas não sem importância, o mesmo acontece no amor: tem de haver nele um elemento da "resposta do Real" ("fomos feitos um para o outro"), porque não consigo aceitar que minha paixão dependa de um processo puramente aleatório[14].

É somente contra esse pano de fundo que se pode localizar adequadamente a função do Mestre. O Mestre é aquele que recebe presentes de tal maneira que sua aceitação do presente é percebida pelo sujeito que o dá como sua própria recompensa. Como tal, o Mestre, portanto, é correlato ao sujeito pego no movimento duplo do que Freud chamou de *Versagung* (renúncia): o gesto por meio do qual o sujeito dá o que lhe é mais precioso e, em troca, transforma-se ele mesmo em objeto de troca é correlato ao gesto de dar no próprio ato de receber. A recusa da troca pelo Mestre é correlata à troca redobrada, autorreflectida, do lado do sujeito que troca (que dá o que lhe é mais precioso) e é trocado.

É claro que o truque no capitalismo é que essa assimetria se oculta na aparência ideológica de troca equivalente: a não troca dupla é disfarçada de troca livre. É por isso que, como estava claro para Lacan, a psicanálise, não só como teoria, mas acima de tudo como prática intersubjetiva específica, como forma inigualável de vínculo social, só poderia surgir na sociedade capitalista, em que as relações intersubjetivas são mediadas pelo dinheiro. O dinheiro – o pagamento do analista – é necessário para mantê-lo fora de circulação, para evitar que ele se envolva no imbróglio de paixões que gerou a patologia do paciente. É por isso que o psicanalista não é uma figura de Mestre, mas antes uma espécie de "prostituta da mente", que recorre ao dinheiro pela mesma razão que algumas prostitutas gostam de ser pagas para que possam ter sexo sem envolvimento pessoal, mantendo distância – encontramos aqui a função do dinheiro em seu aspecto mais puro.

Há semelhanças entre o tratamento analítico e o ritual do *potlatch*. Marcel Mauss, em seu "Essai sur le don"[15], foi o primeiro a descrever a lógica paradoxal do *potlatch*, da troca recíproca de presentes. É claro que o presente e a troca se opõem em sua

---

[13] Ver Claude Lefort, *Essais sur le politique* (Paris, Seuil, 1986).

[14] Ver Slavoj Žižek, *Looking Awry* (Cambridge, Massachusetts, MIT Press, 1991).

[15] Ver Marcel Mauss, "Essai sur le don", em *Sociologie et anthropologie* (Paris, PUF, 1973). [Ed. bras.: *Sociologia e antropologia*, São Paulo, CosacNaify, 2005.]

lógica imanente: o verdadeiro presente, por definição, é um ato de generosidade, dado sem expectativa de receber algo em troca, enquanto a troca é necessariamente recíproca, isto é, dou uma coisa esperando outra de volta. O *potlatch* é um curto-circuito (interseção) dos dois conjuntos: uma troca na forma de seu oposto, dois atos voluntários de presentear (e a questão, naturalmente, é que esses atos não são secundários com relação à troca, mas a precedem e a fundamentam). O mesmo acontece no tratamento psicanalítico, em que o analista não é pago pelo trabalho que faz num conjunto de trocas equivalentes (esse tanto pela interpretação de um sonho, esse tanto pela resolução de um sintoma etc., com a possibilidade irônica de um desconto especial: "Pague três interpretações de sonhos e leve uma de graça..."); no momento em que a relação começa a funcionar assim, não estamos mais no discurso do analista (vínculo social). Mas o analista também não recupera a saúde mental do paciente de graça, por bondade de coração: os atos do analista nada têm a ver com bondade, com ajuda ao próximo – mais uma vez, no momento em que o paciente percebe que o analista age por bondade, isso pode levar a uma crise psicótica e desencadear uma crise paranoica. Assim, do mesmo modo que no *potlatch*, a troca entre analista e analisando é entre dois excessos incomensuráveis: o analista é pago por nada, como presente, seu preço é sempre exorbitante (é típico o paciente oscilar entre as queixas de que o preço é alto demais e os ataques de gratidão excessiva: "Como posso lhe pagar pelo que fez por mim...") *e* o paciente recebe alguma ajuda, uma melhora de seu estado, como subproduto não intencional. Como Lacan deixa claro, aqui o problema subjacente é como determinar o preço do que não tem preço.

Como então resolver o enigma do *potlatch*? A solução de Mauss é um X místico que circula na troca. Claude Lévi-Strauss reduziu a mística ao seu "âmago racional": a reciprocidade, a troca como tal – o significado da troca recíproca de presentes é a *própria troca* como encenação do vínculo social[16]. Entretanto, falta algo na solução lévi-straussiana[17]. Foi Pierre Bourdieu[18] que fez aqui a pergunta "marxista" fundamental sobre por que (nas palavras de Marx) "a economia política realmente analisou, embora de forma incompleta, o valor e sua magnitude, e descobriu o que está por trás dessas formas. Mas nunca, nem uma vez sequer, perguntou por que o trabalho é representado pelo valor de seu produto e o tempo de trabalho pela magnitude desse valor"[19]. Se o âmago secreto do *potlatch* é a reciprocidade da troca, por

---

[16] Ver Claude Lévi-Strauss, "Introduction à l'oeuvre de Marcel Mauss", em Marcel Mauss, cit.

[17] Jean-Pierre Dupuy, *Avions-nous oublié le mal? Penser la politique après le 11 septembre* (Paris, Bayard, 2002).

[18] Ver Pierre Bourdieu, *Esquisse d'une théorie de la pratique* (Genebra, Droz, 1972). [Ed. port.: *Esboço de uma teoria da prática*, Oeiras, Celta, 2006.]

[19] Karl Marx, *Capital* (Harmondsworth, Penguin, 1990), v. 1, p. 167. [Ed. bras.: *O capital*, São Paulo, Civilização Brasileira, 2008, v. 1.]

que essa reciprocidade não é afirmada diretamente, por que assume a forma "mistificada" de dois atos consecutivos, cada um deles encenado como demonstração livre e voluntária de generosidade? Encontramos aqui os paradoxos da escolha forçada, da liberdade de fazer o que é necessário, em seu aspecto mais elementar: tenho de fazer livremente o que esperam que eu faça. (Se, ao receber o presente, eu o devolver imediatamente a quem o dá, essa circulação direta representaria um gesto extremamente agressivo de humilhação, assinalaria que *recusei* o presente do outro; é só lembrar daqueles momentos embaraçosos em que pessoas idosas esquecem e nos dão de novo o presente do ano anterior...) Entretanto, a solução marxista de Bourdieu ainda é demasiado vulgar: ele evoca "interesses" econômicos ocultos. Foi Marshall Sahlins que propôs uma solução diferente e mais pertinente: a reciprocidade da troca é, em si, totalmente ambígua; em seu aspecto mais fundamental, é *destrutiva* do laço social, é a lógica da vingança, dente por dente[20]. Para encobrir esse aspecto da troca, para torná-la benevolente e pacífica, é preciso *fingir* que o presente de cada pessoa é livre e vale por si só. Isso nos leva ao *potlatch* como "pré-economia da economia", seu nível zero, isto é, a troca como relação recíproca de dois gastos não produtivos. Se o presente pertence ao Mestre e para o Servo é troca, o *potlatch* é a troca paradoxal entre Mestres. Portanto, o *potlatch* é, ao mesmo tempo, o nível zero da civilidade, o ponto paradoxal em que a civilidade contida e o consumo obsceno se sobrepõem, o ponto em que é bem-educado comportar-se de forma mal-educada.

A realpolitik *de Ulisses*

O lado oculto e obsceno que persegue a dignidade do Significante-Mestre desde o seu princípio, ou a aliança secreta entre a dignidade da Lei e a sua transgressão obscena, foi delineado com clareza pela primeira vez por Shakespeare, em *Troilo e Créssida*, sua peça mais estranha, de fato uma obra pós-moderna *avant la lettre*. Em seu influente *A tragédia shakesperiana*, que determinou as coordenadas da leitura acadêmica tradicional de Shakespeare, A. C. Bradley, o grande hegeliano inglês, fala de:

> uma certa limitação, uma supressão parcial daquele elemento na mente de Shakespeare que o une aos poetas místicos e aos grandes músicos e filósofos. Em uma ou duas de suas peças, principalmente *Troilo e Créssida*, tomamos consciência, de forma quase dolorosa, dessa supressão; sentimos uma atividade intelectual intensa, mas ao mesmo tempo uma certa frieza e rigidez, como se alguma força em sua alma, ao mesmo tempo a mais elevada e a mais doce, ficasse algum tempo em suspensão. Em

---

[20] Ver Marshall Sahlins, *Stone Age Economics* (Berlim e Nova York, Walter De Gruyter, 1972).

outras peças, notadamente em *A tempestade*, temos permanentemente consciência da presença desse poder.[21]

Há verdade nessa percepção: é como se, em *Troilo*, não houvesse lugar para a qualidade redentora da bem-aventurança e do *páthos* metafísico que, de certo modo, cancela os fatos horríveis e ridículos que acontecem. A primeira dificuldade é como classificar *Troilo*: embora se possa argumentar que é a peça mais sombria de Shakespeare, ela costuma ser considerada comédia – corretamente, já que lhe falta um *páthos* trágico digno[22]. Em outras palavras, se *Troilo* é comédia, então, pela mesma razão, todos os bons filmes sobre o Holocausto também são comédias: é blasfêmia afirmar que o sofrimento dos prisioneiros nos campos de concentração era trágico; esse sofrimento era tão aterrorizante que eles ficavam privados da própria possibilidade de exibir a grandeza trágica. *Troilo* desempenha o mesmo papel estrutural na obra de Shakespeare que *Così fan tutte* nas óperas de Mozart: o desespero é tão completo que a única maneira de superá-lo é recuando para a magia dos contos de fadas (*A tempestade* e outras peças tardias de Shakespeare; a *Flauta mágica*, de Mozart).

Muitas peças de Shakespeare recontam uma grande história já conhecida (a de Júlio César, a dos reis ingleses); o que faz de *Troilo* uma exceção é que, ao recontar uma história conhecida, ela desloca a ênfase para personagens que, no original, eram menores e marginais: *Troilo* não trata basicamente de Aquiles e Heitor, Páris e Agamenon; o casal romântico não é Helena e Páris, mas Créssida e Troilo. Nesse sentido, pode-se dizer que *Troilo* prefigura um dos procedimentos pós-modernos paradigmáticos, o de recontar uma história clássica conhecida do ponto de vista de um personagem marginal. *Rosencrantz e Guildenstern estão mortos*, de Tom Stoppard, faz isso com *Hamlet*, enquanto em *Troilo* é o próprio Shakespeare que executa a mudança. Esse deslocamento também solapa o procedimento-padrão de Shakespeare em suas crônicas sobre a realeza, que consiste em completar as "grandes" cenas dos reis representadas de forma majestosa com cenas que mostram pessoas comuns e apresentam o ponto de vista cômico do senso comum. Nas crônicas sobre a realeza, esses interlúdios cômicos fortalecem as cenas nobres pelo contraste; em *Troilo*, todos, até o mais nobre dos guerreiros, são "contaminados" pelo ponto de vista ridículo que nos faz vê-los como cegos e estupidamente patéticos ou envolvidos em intrigas impiedosas. O "operador" desse desfazer da dimensão trágica, o agente

---

[21] A. C. Bradley, *Shakespearean Tragedy* (Londres, Macmillan, 1978), p. 150. [Ed. bras.: *A tragédia shakesperiana*, São Paulo, WMF Martins Fontes, 2009.]

[22] Nessa mesma linha, ficamos tentados a afirmar que, das grandes tragédias de Shakespeare, somente *Macbeth* e *Otelo* são realmente tragédias: *Hamlet* já é um melodrama meio cômico e *Rei Lear* atravessa o limiar e é totalmente comédia (comparável a *Tito Andrônico*, outra comédia magnífica).

46 / Em defesa das causas perdidas

isolado cujas intervenções solapam sistematicamente o *páthos* trágico, é Ulisses – o que pode surpreender, dada a sua primeira intervenção no ato I, no conselho de guerra, quando os generais gregos (ou "grecianos", como diz Shakespeare, no que hoje poderíamos chamar de "modo Bush") tentam explicar o fracasso da tentativa de ocupar e destruir Troia depois de oito anos de luta. Ulisses intervém como representante da posição tradicional dos "antigos valores" e situa a verdadeira causa do fracasso dos gregos no abandono da ordem hierárquica centralizada, na qual cada indivíduo está em seu lugar apropriado:

> A característica do governo foi negligenciada:
> E, vede, quantas tendas grecianas estão
> Vazias nesta planície, tantas facções vazias.
> [...] Oh, quando se abala o grau,
> Que é a escada para todos os altos desígnios,
> Então a iniciativa adoece! Como poderiam existir as comunidades,
> Os graus das escolas e as irmandades nas cidades,
> O comércio pacífico em costas divisíveis,
> A primogenitura e o direito de nascença,
> A prerrogativa da idade, das coroas, dos cetros, dos louros,
> Se não pelo grau, no lugar autêntico?
> Tirai apenas o grau, desafinai essa corda,
> E, ouvi, que discórdia se segue! as coisas encontram-se
> Em mera oposição: as águas fechadas
> Elevarão o fundo acima das margens
> E transformarão em mingau esse globo sólido:
> A força será senhora da imbecilidade,
> E o filho rude causará a morte do pai.
> A força deveria estar certa; ou melhor, certa e errada,
> Entre cujo choque sem fim reside a justiça;
> Se perdem-se os nomes, perde-se também a justiça.
> Então toda coisa inclui-se no poder [...].*

---

* "The specialty of rule hath been neglected:/ And, look, how many Grecian tents do stand/ Hollow upon this plain, so many hollow factions./ [...] O, when degree is shaked,/ Which is the ladder to all high designs,/ Then enterprise is sick! How could communities,/ Degrees in schools and brotherhoods in cities,/ Peaceful commerce from dividable shores,/ The primogenity and due of birth,/ Prerogative of age, crowns, sceptres, laurels,/ But by degree, stand in authentic place?/ Take but degree away, untune that string,/ And, hark, what discord follows! each thing meets/ In mere oppugnancy: the bounded waters/ Should lift their bosoms higher than the shores/ And make a sop of all this solid globe:/ Strength should be lord of imbecility,/ And the rude son should strike his father dead./ Force should be right; or rather, right and wrong,/ Between whose endless jar justice resides,/ Should lose their names, and so should justice too./ Then every thing includes itself in power [...]" (I, 3). (N. T.)

Felicidade e tortura no mundo atonal / 47

O que então causa essa desintegração que termina no horror democrático de todos participando do poder? Mais adiante na peça, quando quer convencer Aquiles a voltar para a batalha, Ulisses utiliza a metáfora do tempo como força destruidora que solapa aos poucos a ordem hierárquica natural: com o passar do tempo, nossas antigas façanhas serão esquecidas, nossa glória será ensombrecida por novos heróis – logo, se quer continuar brilhando com a sua glória de guerreiro, volte para a batalha:

> O tempo, meu senhor, tem uma bolsa nas costas,
> Na qual põe esmolas para o esquecimento,
> Um monstro bem grande de ingratidões:
> Esses restos são as boas façanhas passadas; que são devoradas
> Assim que são feitas: esquecidas assim
> Que são feitas: a perseverança, meu caro senhor,
> Mantém a honra a brilhar: ter feito é pender
> Bem para fora da moda, como uma armadura enferrujada
> Em zombaria monumental. [...]
> Oh, que a virtude não busque
> Remuneração pela coisa que foi;
> Pois beleza, inteligência,
> Berço elevado, vigor dos ossos, merecimento em serviço,
> Amor, amizade, caridade, estão todos sujeitos
> Ao tempo invejoso e caluniador.*

Aqui, a estratégia de Ulisses é profundamente ambígua. Na primeira abordagem, ele apenas reafirma sua argumentação sobre a necessidade de "graus" (hierarquia social ordenada) e retrata o tempo como a força corrosiva que destrói os antigos valores verdadeiros – um motivo arquiconservador. Entretanto, numa leitura mais atenta, fica claro que Ulisses impõe à argumentação uma virada cínica e singular: como lutaremos contra o tempo para manter vivos os antigos valores? Não nos apegando diretamente a eles, mas complementando-os com a *realpolitik* obscena da manipulação cruel, do logro, do jogar um herói contra o outro. É somente esse lado oculto sórdido, essa desarmonia obscura, que pode sustentar a harmonia

---

* "Time hath, my lord, a wallet at his back,/ Wherein he puts alms for oblivion,/ A great-sized monster of ingratitudes:/ Those scraps are good deeds past; which are devour'd/ As fast as they are made, forgot as soon/ As done: perseverance, dear my lord,/ Keeps honour bright: to have done, is to hang/ Quite out of fashion, like a rusty mail/ In monumental mockery. [...]/ O, let not virtue seek/ Remuneration for the thing it was;/ For beauty, wit,/ High birth, vigour of bone, desert in service,/ Love, friendship, charity, are subjects all/ To envious and calumniating time" (III, 3). (N. T.)

48 / Em defesa das causas perdidas

(Ulisses joga com a inveja de Aquiles, refere-se à rivalidade – as próprias atitudes que servem para desestabilizar a ordem hierárquica, já que assinalam que não se está satisfeito com o lugar subordinado que se tem no corpo hierárquico). A manipulação secreta da inveja, isto é, a violação das próprias regras e valores que Ulisses louva na primeira fala, é necessária para contrabalançar os efeitos do tempo e sustentar a ordem hierárquica dos "graus". Essa seria a versão de Ulisses para os famosos versos de Hamlet: "O tempo está desconjuntado; Oh, maldito incômodo,/ que eu tenha nascido para consertá-lo!"*– a única maneira de "consertá-lo" é contrabalançar a transgressão da Antiga Ordem com sua *transgressão inerente*, com o crime cometido secretamente para servir à Ordem. O preço que pagamos por isso é que a Ordem que sobrevive é uma zombaria de si mesma, uma imitação blasfema da Ordem.

É por isso que a ideologia não é simplesmente uma operação de fechamento, que traça a linha entre o incluído e o excluído/proibido, mas sim a regulação constante do não fechamento. No caso do casamento, a ideologia não só proíbe os casos extraconjugais, como sua atividade fundamental é regular essas transgressões inevitáveis (por exemplo, o famoso conselho do padre católico ao marido promíscuo: "Se você tem mesmo necessidades que sua mulher não pode satisfazer, visite discretamente uma prostituta, fornique e arrependa-se, mas não se divorcie"). Dessa maneira, a ideologia sempre admite o fracasso do fechamento e depois segue regulando a permeabilidade da troca com seu exterior.

Hoje, entretanto, em nosso mundo "pós-moderno", essa dialética da Lei e de sua transgressão inerente sofre uma virada a mais: cada vez mais a transgressão é imposta diretamente pela própria Lei.

O mundo atonal

Por que o *potlatch* nos parece tão misterioso ou sem sentido? A característica básica de nosso mundo "pós-moderno" é que ele tenta dispensar a agência do Significante-Mestre: a "complexidade" do mundo deveria ser afirmada de maneira incondicional, todo Significante-Mestre que se dispusesse a impor-lhe alguma ordem deveria ser "desconstruído", dispersado, "disseminado": "A desculpa moderna da 'complexidade' do mundo [...] na verdade não passa de um desejo generalizado de atonalidade"[23]. O exemplo perspícuo de Badiou para esse mundo "atonal" é a visão politicamente correta da sexualidade promovida pelos estudos de gênero, com sua rejeição obsessiva da "lógica binária": esse é um mundo matizado e ramificado de

---

* "The time is out of joint; O cursed spite,/ That ever I was born to set it right!" (N. T.)

[23] Alain Badiou, *Logiques des mondes* (Paris, Seuil, 2006), p. 443.

práticas sexuais múltiplas que não tolera nenhuma decisão, nenhuma instância do Dois, nenhuma avaliação (no sentido forte nietzschiano). Essa suspensão do Significante-Mestre deixa, como única agência de interpelação ideológica, o abismo "inominável" da *jouissance*: a principal injunção a regular nossa vida na "pós-modernidade" é "Goze!" – perceba seu potencial, goze de todas as maneiras, dos prazeres sexuais intensos ao sucesso social e à autorrealização espiritual.

Entretanto, longe de nos liberar da pressão da culpa, essa dispensa do Significante-Mestre tem um preço, o preço assinalado pela qualificação de Lacan do comando do supereu: "Nada força ninguém a gozar, exceto o supereu. O supereu é o imperativo da *jouissance* – Goze!"[24]. Em resumo, o declínio do Significante-Mestre expõe o sujeito a todas as armadilhas e duplos sentidos do supereu: a própria injunção de gozar, em outras palavras, a mudança (muitas vezes imperceptível) da permissão de gozar para a injunção (obrigação) de gozar sabota o gozo, de modo que, paradoxalmente, quanto mais alguém obedece ao comando do supereu, mais se sente culpado. Essa mesma ambiguidade afeta a própria base da sociedade "permissiva" e "tolerante": "Vemos dia a dia que essa tolerância não passa de um fanatismo, já que tolera apenas a sua própria vacuidade"[25]. E, de fato, toda decisão, todo envolvimento determinado, é potencialmente "intolerante" para com todos os outros.

Em seu *Logique des mondes*, Badiou elabora a noção de mundos "atonais" (*monde atone*)[26], mundos em que falta um "ponto" ou, em lacanês, o *point de capiton*, o "ponto do acolchoado", a intervenção do Significante-Mestre que impõe ao mundo o princípio de "ordenamento", o ponto de uma decisão simples ("sim ou não") em que a multiplicidade confusa se reduz violentamente a uma "diferença mínima". Ninguém fez uma descrição mais concisa desse ponto do que John F. Kennedy: "A essência da maior das decisões permanece impenetrável para o observador; muitas vezes, na verdade, até para quem toma a decisão". Esse gesto que nunca pode ser fundado totalmente em razões é o do Mestre – ou, como explica G. K. Chesterton a sua maneira inimitável: "O propósito da mente aberta, assim como da boca aberta, é fechar-se sobre algo sólido".

Se a luta contra um mundo procede por meio do solapamento de seu "ponto", da característica que o sutura numa totalidade estável, como proceder quando vivemos num mundo atonal (como é o caso hoje), um mundo de multiplicidades sem uma tonalidade determinada? A resposta é: opondo-se a ele de modo a obri-

---

[24] Jacques Lacan, *On Feminine Sexuality: The Seminar, Book XX* (Nova York, Norton, 1998), p. 3. [Ed. bras.: *O seminário, livro 20: mais, ainda*, 2. ed., Rio de Janeiro, Jorge Zahar, 1993.]

[25] Alain Badiou, *Logiques des mondes*, cit., p. 533.

[26] Ibidem, p. 442-5.

gá-lo a "tonalizar-se", a admitir abertamente o tom secreto que sustenta sua atonalidade. Por exemplo, quando se enfrenta um mundo que se mostra tolerante e pluralista, disseminado, sem centro, é preciso atacar o princípio estruturador subjacente que sustenta essa atonalidade, digamos, as restrições secretas da "tolerância" que excluem como "intolerantes" algumas questões importantes, ou as qualificações secretas que excluem como uma "ameaça à liberdade" as questões relativas aos limites da liberdade existente.

O paradoxo, o sinal de cumplicidade oculta entre os fundamentalismos religiosos de hoje e o universo "pós-moderno" que rejeitam com tanta ferocidade é que o fundamentalismo também pertence ao "mundo atonal" – e é por isso que um fundamentalista não *acredita*, ele *sabe* diretamente. Em outras palavras, tanto o cinismo cético-liberal quanto o fundamentalismo têm em comum uma característica subjacente básica: a perda da capacidade de acreditar, no sentido estrito da palavra. Para ambos, as afirmações religiosas são afirmações quase empíricas de conhecimento direto: os fundamentalistas aceitam-nas como tais, já os cínicos céticos zombam delas. O que é impensável para eles é o ato "absurdo" de uma decisão que determina cada crença autêntica, uma decisão que não pode ser fundamentada na cadeia de "razões", no conhecimento positivo: a "hipocrisia sincera" de alguém como Anne Frank que, diante da depravação aterrorizante dos nazistas, num verdadeiro ato de *credo qua absurdum*, afirmava sua crença na bondade fundamental de todos os seres humanos. Não admira então que os fundamentalistas religiosos estejam entre os *hackers* digitais mais apaixonados, sempre dispostos a combinar a religião com as descobertas mais recentes da ciência: para eles, as afirmações religiosas e as afirmações científicas pertencem à mesma modalidade de conhecimento positivo. (Nesse sentido, o *status* dos "direitos humanos universais" também é de pura crença: não podem ser fundamentados em nosso conhecimento da natureza humana, são um axioma postulado por decisão nossa.) A ocorrência da palavra "ciência" no próprio nome de algumas seitas fundamentalistas (Ciência Cristã, Cientologia) não só é uma piada obscena como indica essa redução da crença ao conhecimento positivo. Aqui, o caso do sudário de Turim é sintomático: sua autenticidade seria terrível para todo crente verdadeiro (a primeira coisa que se deveria fazer seria analisar o DNA das manchas de sangue e assim resolver empiricamente a questão de quem era o pai de Jesus...), enquanto o verdadeiro fundamentalista adoraria essa oportunidade.

Encontramos o mesmo fenômeno em algumas formas de islamismo contemporâneo: centenas de livros de cientistas "demonstram" como os últimos avanços científicos confirmam as ideias e injunções do Corão: a proibição divina do incesto é confirmada pelo recente conhecimento genético a respeito das crianças defeituosas nascidas da cópula incestuosa e assim por diante. (Alguns chegam ao ponto de afirmar que aquilo que o Corão apresenta como um artigo de fé que deve ser aceito por causa da sua origem divina afinal não é demonstrado como verdade científica, portanto reduzindo o próprio Corão a uma versão mítica inferior daquilo que adquiriu formulação apropriada na ciência contemporânea[27].) O mesmo acontece com o budismo, no qual muitos cientistas diversificam o motivo do "Tao da física moderna", isto é, de que modo a visão científica contemporânea da realidade como um fluxo dessubstancializado de eventos oscilantes acabou confirmando a antiga ontologia budista[28]... Portanto, somos impelidos a tirar a seguinte conclusão paradoxal: na oposição entre os humanistas seculares tradicionais e os fundamentalistas religiosos, são os humanistas que representam a crença, enquanto os fundamentalistas representam o conhecimento. Em resumo, o verdadeiro perigo do fundamentalismo não está no fato de ameaçar o conhecimento científico secular, mas no fato de ameaçar a própria crença autêntica.

O que não deveríamos esquecer aqui é como a oposição entre conhecimento e fé reflete aquela entre o constatativo e o performativo: a fé (ou melhor, a confiança) é o ingrediente básico do discurso como meio da ligação social, da participação engajada do sujeito nessa ligação, enquanto a ciência, exemplarmente em sua formalização, reduz a linguagem ao registro neutro. Não podemos esquecer que a ciência, para Lacan, tem o *status* de "conhecimento no real": a linguagem da ciência não é a linguagem do engajamento subjetivo, mas sim a linguagem privada de sua dimensão performativa, a linguagem dessubjetivada. A predominância do discurso científico, portanto, provoca o recuo, a suspensão potencial da própria função simbólica como metáfora constitutiva da subjetividade humana. A autoridade paterna baseia-se irredutivelmente na fé, na confiança na identidade do pai: temos pais (como funções simbólicas, como o Nome-do-Pai, a metáfora paterna) e como não *sabemos* diretamente quem é nosso pai, temos de aceitar *sua palavra* e *confiar* nele. Para explicar de maneira mais enfática, no momento em que sei com certeza científica quem é meu pai, a paternidade deixa de ser a função que fundamenta a Confiança simbólico-social. No universo científico, não há necessidade dessa fé, a verdade pode ser determinada pela análise do DNA... Portanto, a hegemonia do discurso científico suspende potencialmente toda a rede de tradição simbólica que sustenta as identificações do sujeito. Em termos políticos, a mudança é do Poder fundamentado na autoridade simbólica tradicional para a biopolítica.

---

[27] Ver Fethi Benslama, *La psychanalyse à l'épreuve de l'Islam* (Paris, Aubier, 2002), p. 77-85.

[28] Um dos ridículos excessos dessa *joint venture* entre o fundamentalismo religioso e as abordagens científicas acontece hoje em Israel, onde um grupo religioso convencido da verdade literal da profecia do Velho Testamento que diz que o Messias virá quando nascer um bezerro totalmente vermelho vem gastando uma quantidade enorme de energia para produzir tal bezerro a partir de manipulações genéticas.

O caráter "sem mundo" do capitalismo está vinculado a esse papel hegemônico do discurso científico na modernidade, uma característica claramente identificada já por Hegel, que escreveu que, para nós, modernos, a arte e a religião não obedecem mais ao respeito absoluto: podemos admirá-las, mas não nos ajoelhamos mais diante delas, na realidade nosso coração não está mais com elas – hoje, somente a ciência (conhecimento conceitual) merece esse respeito. A "pós-modernidade" como o "fim das narrativas grandiosas" é um dos nomes dessa situação difícil em que a multiplicidade de ficções locais viceja contra o pano de fundo do discurso científico como única universalidade remanescente privada de sentido. E é por isso que a política defendida hoje por muitos esquerdistas, a de contrabalançar o efeito devastador da modernização capitalista desse mundo em dissolução com a invenção de novas ficções, imaginando "mundos novos" (como o lema de Porto Alegre: "Outro mundo é possível!"), é inadequada ou, pelo menos, profundamente ambígua, pois tudo depende de como essas ficções se relacionam com o Real subjacente do capitalismo: simplesmente o *complementam* com a multiplicidade imaginária, como fazem as "narrativas locais" pós-modernas, ou *perturbam* seu funcionamento? Em outras palavras, a tarefa é produzir *uma ficção simbólica (uma verdade) que intervenha no Real*, que cause uma mudança dentro dele[29].

Somente a psicanálise pode revelar o contorno completo do impacto fragmentador da modernidade (em seus dois aspectos: a hegemonia do discurso científico e o capitalismo) na maneira como nossa identidade é fundamentada performativamente em identificações simbólicas, na maneira como contamos com a ordem simbólica para abastecer o horizonte que nos permite localizar cada experiência numa totalidade significativa. O anverso necessário da modernidade é a "crise do sentido", a desintegração do vínculo, e até da identidade, entre Verdade e Significado. Como na Europa a modernização se espalhou durante séculos, tivemos tempo de nos acomodar a esse rompimento, suavizar seu impacto fragmentador por meio do *Kulturarbeit*, da formação de novos mitos e narrativas sociais, enquanto algumas outras sociedades (as muçulmanas são um bom exemplo) foram expostas diretamente a esse impacto, sem um anteparo ou retardo temporal, de modo que

---

[29] Podemos ver também como estão errados os que criticaram Lacan por fetichizar o Simbólico numa Ordem quase transcendental: como já estava claro para Lacan em 1938, quando escreveu seu *Complexes familiaux*, a própria origem da psicanálise está ligada à crise e à desintegração do que, na época, chamou de "imagem paterna" – ou, como explicou décadas depois, o sujeito da psicanálise não é senão o sujeito cartesiano da ciência moderna. E para os que leram errado esse diagnóstico, como se fosse a preconização – ou pelo menos saudades – dos bons tempos em que a autoridade paterna ainda era inconteste e totalmente funcional, recordemos que, para Lacan, a crise da autoridade paterna que deu origem à psicanálise (ou seja, é a principal condição histórica de seu surgimento) é *stricto sensu* sintomal: o ponto único de exceção que nos permite formular a lei universal subjacente.

seu universo simbólico foi perturbado de maneira muito mais violenta – elas perderam seu solo (simbólico) sem ter tido tempo para estabelecer um novo equilíbrio (simbólico). Não admira então que a única maneira que algumas dessas sociedades encontraram para evitar o desmoronamento total foi erigir, em pânico, o escudo do "fundamentalismo", a reafirmação incestuosa-delirante-psicótica da religião como visão direta do Real divino, com todas as consequências apavorantes que essa reafirmação traz consigo, até o retorno com força total da divindade do supereu obsceno que exige sacrifícios. A ascensão do supereu é outra característica que a permissividade pós-moderna e o novo fundamentalismo partilham; o que os distingue é o lugar do gozo exigido: o nosso na permissividade, o do próprio Deus no fundamentalismo.

De todos os lados, na direita e na esquerda, abundam queixas de que, em nossas sociedades pós-modernas, compostas de hedonistas solipsistas, os laços sociais estão se desintegrando progressivamente: somos cada vez mais reduzidos a átomos sociais, como exemplifica o indivíduo solitário ligado na tela do computador que prefere as trocas virtuais aos contatos com pessoas de carne e osso, o sexo cibernético ao contato corporal etc. Entretanto, esse mesmo exemplo torna visível o que está errado no diagnóstico dos laços sociais suspensos: para que um indivíduo mergulhe no espaço virtual, o grande Outro tem de estar lá, mais poderoso do que nunca sob o disfarce do próprio ciberespaço, essa forma diretamente universalizada de socialidade que nos permite nos conectar com o mundo inteiro enquanto estamos sentados sozinhos diante de uma tela.

Pode parecer que hoje a doxa de Lacan ("não existe grande Outro") perdeu seu gume subversivo e tornou-se um lugar-comum globalmente reconhecido – todo mundo parece saber que não existe "grande Outro", no sentido de um conjunto substancial e compartilhado de costumes e valores, aquilo que Hegel chamou de "Espírito objetivo" (a substância social dos costumes) desintegra-se em "mundos" (ou estilos de vida) particulares cuja coordenação é regulada por regras puramente formais. É por isso que não só os comunitaristas mas até os esquerdistas liberais defendem a necessidade de criar novos laços de solidariedade e outros valores comuns. Entretanto, o exemplo do ciberespaço mostra claramente como o grande Outro está mais presente do que nunca: o atomismo social só pode funcionar quando é regulado por algum mecanismo (aparentemente) neutro – os solipsistas digitais precisam de uma maquinaria global muito complexa para poder perseverar em seu isolamento esplêndido.

Não foi Richard Rorty o filósofo paradigmático desse Outro sem um vínculo privilegiado com os outros? Seu grande Outro é o conjunto de regras públicas neutras que permitem a cada um dos indivíduos "contar sua própria história" de sonhos e sofrimentos. Essas regras garantem que o espaço "privado" das idiossincrasias pessoais, imperfeições, fantasias violentas etc. não transborde numa dominação direta dos outros. Recordemos um dos últimos rebentos da liberação sexual: a "masturbate-a-thon", uma maratona de masturbação em que centenas de homens e mulheres se satisfazem com fins beneficentes, levantando recursos para entidades destinadas à saúde sexual e reprodutiva e, como explicam os organizadores, aumentando a consciência e dissipando a vergonha e os tabus que persistem em torno dessa forma de atividade sexual tão comum, natural e segura. A postura ideológica por trás da noção da maratona masturbatória é marcada por um conflito entre forma e conteúdo: ela constrói um coletivo de indivíduos dispostos a *dividir* com outros o egoísmo solipsista de seu prazer estúpido. Entretanto, essa contradição é mais aparente do que real. Freud já conhecia a ligação entre narcisismo e imersão na multidão, descrita mais exatamente pela expressão californiana "sharing an experience" [compartilhar uma experiência]. E o que é fundamental é o pacto simbólico subjacente que permite aos masturbadores reunidos "compartilhar um espaço" sem invadir o espaço dos outros. Quanto mais nos queremos atomistas, mais necessitamos de alguma imagem do grande Outro para regulamentar a distância que mantemos dos outros. Talvez isso explique a impressão estranha, mas adequada, que é difícil evitar quando encontramos um verdadeiro solipsista hedonista: apesar de sua indulgência irrestrita para com as idiossincrasias pessoais, ele nos parece estranhamente impessoal; o que lhe falta é a própria sensação de "profundidade" de uma pessoa.

O que falta então ao laço social de hoje, senão o grande Outro[30]? A resposta é clara: um pequeno outro que incorporasse, representasse o grande Outro – alguém que não seja simplesmente "como os outros", mas que incorpore diretamente a autoridade. Em nosso universo pós-moderno, todo pequeno outro é "finitizado" (percebido como falível, imperfeito, "meramente humano", ridículo), inadequado para dar corpo ao grande Outro – e, dessa maneira, preserva a pureza do grande Outro sem as manchas de seus fracassos. Quando, daqui a uma década mais ou menos, o dinheiro finalmente se tornar um ponto de referência puramente virtual, não mais materializado num objeto particular, essa desmaterialização tornará absoluto seu poder fetichista: a própria invisibilidade o tornará todo-poderoso e onipresente. Sendo assim, a tarefa da política radical não é denunciar a inadequação de qualquer pequeno outro para representar o grande Outro (essa "crítica" só reforça o domínio do grande Outro sobre nós), mas solapar o próprio grande Outro e, dessa maneira, desamarrar o laço social que o grande Outro sustenta. Hoje, todos se queixam da dissolução dos laços sociais (e, portanto, do obscurecimento de seu domínio sobre nós, que é mais forte do que nunca), porém o verdadeiro trabalho de desamarrá-los ainda está à nossa frente, e é mais urgente do que nunca.

---

[30] Devo essa ideia a Alenka Zupančič, de Liubliana.

A noção-padrão de angústia dada por Lacan é que, como único afeto que não mente, ela testemunha a proximidade do Real, a inexistência do grande Outro; essa angústia tem de ser enfrentada pela coragem, tem de levar ao ato propriamente dito que, aliás, remove o real da situação. Entretanto, há outro modo de angústia predominante hoje: a angústia causada pela claustrofobia do mundo atonal que não tem nenhum "ponto" estruturante, a angústia do "Narciso patológico", frustrado pelo fato de estar preso no espelhamento competitivo sem fim de seus companheiros (a-a'-a''-a'''...) da série de "pequenos outros", dos quais nenhum serve de representante do "grande Outro"[31]. A raiz dessa claustrofobia é que a falta de representantes incorporados do grande Outro, ao invés de abrir o espaço social, privando-o de qualquer figura de Mestre, torna o invisível "grande Outro", o mecanismo que regula a interação dos "pequenos outros", muito mais difuso.

Instituto Serbsky, Malibu

Com essa mudança para o "mundo atonal", a solidariedade obscena entre a Lei e seu lado oculto do supereu é suplantada pela solidariedade oculta entre a permissividade tolerante e o fundamentalismo religioso. Um escândalo recente em Malibu expôs não só o pacto obsceno entre a abordagem "terapêutica" biopolítica e a reação fundamentalista a ela, como também o preço ético catastrófico que temos de pagar por esse pacto.

Nos bons tempos soviéticos, o Instituto Serbsky, em Moscou, era a capitânia psiquiátrica do controle político punitivo; seus psiquiatras desenvolveram métodos medicamentosos dolorosos para fazer os detidos falarem e extrair depoimentos que eram usados em investigações de segurança nacional. Como esteio da capacidade dos psiquiatras de encarcerar pessoas, inventou-se um transtorno mental político que se chamava *vilotekuschaia* ("esquizofrenia preguiçosa"). Os psiquiatras descreviam os sintomas da seguinte maneira: a pessoa podia parecer bastante normal na maior parte do tempo e de repente apresentar um caso grave de "inflexibilidade de convicções", ou "exaustão nervosa causada pela busca da justiça", ou "tendência a litígios", ou "ilusões reformistas". O tratamento compreendia injeções intravenosas de drogas psicotrópicas, ministradas de forma tão dolorosa que os pacientes caíam inconscientes. A crença predominante era que a pessoa tinha de ser *insana* para se opor ao comunismo. Essa abordagem psiquiátrica das posições politicamente problemáticas é coisa do passado? Infelizmente não: hoje, não só o Instituto Serbsky prospera satisfeito na Rússia de Putin, como também, como indica o caso recente de Mel Gibson, em breve abrirá uma filial em Malibu! Eis a descrição do próprio Gibson do que lhe aconteceu na sexta-feira, 28 de julho de 2006:

---

[31] Devo essa ideia a Glyn Daly, da Universidade de Northampton.

Estava dirigindo quando não deveria e fui parado por policiais do condado de Los Angeles. O policial que efetuou a prisão só estava cumprindo seu dever e foi sorte minha ter sido preso antes que acabasse machucando outras pessoas. Agi como alguém totalmente descontrolado quando fui preso e disse coisas que não acredito que sejam verdadeiras e que são desprezíveis.

Consta que Gibson disse: "Judeus de m... Os judeus são responsáveis por todas as guerras do mundo", e perguntou a um policial: "Você é judeu?". Gibson pediu desculpas, mas suas desculpas foram rejeitadas pela Liga Antidifamação. Eis o que Abraham Foxman, diretor da Liga, escreveu:

> As desculpas de Mel Gibson são insuficientes e não demonstram arrependimento. Não são desculpas adequadas porque não tocam na essência de sua intolerância e de seu antissemitismo. Com essa arenga ele finalmente revela seu verdadeiro eu e mostra que seus protestos, durante o debate sobre o filme *A paixão de Cristo*, de que é uma pessoa tolerante e amorosa, eram fingidos.

Mais tarde, Gibson apresentou desculpas mais substanciais e anunciou por um porta-voz que se submeteria a um tratamento para o abuso de álcool. E acrescentou: "Qualquer tipo de ódio vai contra a minha fé. Não estou apenas pedindo perdão. Gostaria de dar um passo a mais e me encontrar com os líderes da comunidade judaica, com quem posso ter uma conversa de homem para homem para esclarecer o caminho adequado para a cura". Gibson disse que está "no processo de compreender de onde vieram essas palavras cruéis entre as bravatas de bêbado". Dessa vez, Foxman considerou sinceras as desculpas:

> Há dois anos, o agente dele me disse que ele queria se encontrar comigo e chegar a um entendimento. Não há roteiro, não há currículo. Precisamos ter uma conversa profunda. É terapia, e o passo mais importante em qualquer terapia é admitir que se tem um problema, e esse passo ele já deu.

Por que perder tempo precioso com um incidente tão vulgar? Para um observador das tendências ideológicas dos Estados Unidos, esses fatos têm uma dimensão pesadelar: a hipocrisia dos dois lados, a dos fundamentalistas cristãos antissemitas e a dos sionistas, reforçando uma a outra, é assustadora. Em termos políticos, a reconciliação entre Gibson e Foxman indica um pacto obsceno entre os fundamentalistas cristãos antissemitas e os sionistas agressivos, que se expressa no apoio crescente dos fundamentalistas ao Estado de Israel (lembremos a afirmação do pastor Pat Robertson de que o ataque cardíaco de Sharon foi castigo divino pela evacuação de Gaza). O povo judeu pagará caro por esses pactos com o demônio – pode-se imaginar a força que o antissemitismo ganhará com o oferecimento de Foxman? "Agora, se eu criticar os judeus, vou ser obrigado a me submeter a tratamento psiquiátrico..."

O que está por trás da reconciliação final é, obviamente, uma obscena troca de favores. A reação de Foxman à explosão de Gibson não foi excessivamente severa e exigente; pelo contrário, tirou Gibson da enrascada com uma enorme facilidade. Aceitou a recusa de Gibson de assumir a total responsabilidade por suas palavras (suas observações antissemitas): não eram realmente dele, era uma patologia, uma força desconhecida que assumiu o controle sob a influência do álcool. Entretanto, a resposta à pergunta de Gibson ("De onde vieram essas palavras cruéis?") é ridiculamente simples: são parte integrante de sua identidade ideológica, moldada em grande parte (até onde se sabe) por seu pai. O que sustentou as observações de Gibson não foi loucura, mas uma ideologia bem conhecida (o antissemitismo).

Em nossa vida cotidiana, o racismo funciona como uma disposição espontânea que se esconde sob a superfície à espera de um "lembrete" a que possa se agarrar para colori-lo a seu modo. Li recentemente *Man Is Wolf to Man* [O homem é o lobo do homem], as lembranças da sobrevivência milagrosa de Janusz Bardach (um judeu polonês) em Kolima, o pior campo stalinista em sua pior época, quando as condições eram especialmente desesperadoras (durante a Segunda Guerra Mundial)[32]. Foi libertado no início de 1945, em consequência de uma anistia que celebrou a vitória sobre a Alemanha, mas não pôde sair da região. Assim, para passar o tempo e ganhar algum dinheiro, aceitou emprego num hospital. Lá, a conselho de um colega médico, criou um método extremo para fornecer vitaminas e nutrientes aos prisioneiros doentes e famintos. O hospital do campo tinha um estoque excedente de sangue humano para transfusões que seria jogado fora; Bardach reprocessou-o, enriqueceu-o com vitaminas tiradas de ervas locais e vendeu-o de volta ao hospital. Quando as autoridades souberam, ele quase voltou para a prisão: proibiram-no de praticar o que chamaram de "canibalismo organizado". Mas ele encontrou um jeito de continuar, substituindo o sangue humano por sangue de veados mortos pelos inuítes que viviam ali perto, e logo o negócio progrediu... Naturalmente, a associação racista imediata que fiz foi: "Típico de judeus! Mesmo que estejam no pior *gulag*, assim que conseguem um mínimo de liberdade e de espaço de manobra já começam a negociar – e com sangue humano!".

O que está em jogo é muito mais grave quando esse lado oculto e obsceno é institucionalizado, como no caso da pedofilia dos padres católicos, fenômeno inscrito no próprio funcionamento da Igreja como instituição sociossimbólica. Portanto, a questão não é o inconsciente "privado" dos indivíduos, mas o "inconsciente" da própria instituição; não algo que acontece porque a Igreja tem de se acomodar à realidade patológica da vida libidinal para sobreviver, mas antes uma

---

[32] Janusz Bardach e Kathleen Gleeson, *Man Is Wolf to Man* (Londres, Scribner, 2003).

parte inerente da maneira como a instituição se reproduz[33]. Esse inconsciente institucional nada tem a ver com nenhum tipo de "inconsciente coletivo" junguiano, com nenhuma substância espiritual que abranja os indivíduos; seu *status* é inteiramente não psicológico, estritamente discursivo, correlato ao "grande Outro" como sistema "reificado" de coordenadas simbólicas. Trata-se do conjunto de proposições e exclusões indicado pelo discurso público. Consequentemente, a resposta à relutância da Igreja a admitir seus crimes deve ser que são realmente crimes e que, se não participar totalmente da investigação, a Igreja será cúmplice *a posteriori* do fato; além disso, a Igreja *como tal*, como instituição, deve ser obrigada a reconhecer a maneira como cria sistematicamente as condições para que tais crimes ocorram. Não admira que, na Irlanda contemporânea, quando as crianças pequenas têm de sair sozinhas, seja comum as mães completarem a advertência tradicional – "Não fale com estranhos!" – com uma nova e mais específica – "...nem com padres!".

Consequentemente, Gibson não precisa de terapia; não basta simplesmente admitir que "tem um problema" e deixar de assumir a responsabilidade pelo que disse, perguntando-se como sua explosão se liga ao catolicismo e funciona como seu lado oculto e obsceno. Quando se ofereceu para tratar a explosão de Gibson como um caso de patologia individual que precisa de uma abordagem terapêutica, Foxman não só cometeu o mesmo erro dos que querem reduzir os casos de pedofilia a patologias individuais, como, pior ainda, contribuiu para ressuscitar o tratamento de atitudes políticas e ideológicas problemáticas como fenômenos que exigem intervenção psiquiátrica criado pelo Instituto Serbsky. Assim como a crença predominante por trás das medidas do Instituto Serbsky era que a pessoa tinha de ser *insana* para ser contra o comunismo, o oferecimento de Foxman significa que a pessoa tem de ser insana para ser antissemita. Essa saída fácil nos permite evitar a questão principal, ou seja, que, precisamente, o antissemitismo de nossas sociedades ocidentais era, e é, não uma ideologia exibida por dementes, mas um ingrediente de atitudes ideológicas espontâneas de pessoas perfeitamente *sãs*, de nossa própria *sanidade* ideológica. Eis, então, aonde chegamos hoje: a uma triste escolha entre Gibson e Foxman, entre a intolerância obscena das crenças fundamentalistas e a desqualificação não menos obscena das crenças problemáticas como casos de doença mental que exigem terapia.

---

[33] É também por isso que não basta afirmar que, se as ânsias sexuais dos padres não encontram vazão legítima, têm de explodir de forma patológica: permitir que os padres católicos se casem não resolveria, não resultaria em padres que fizessem seu serviço sem assediar meninos, já que a pedofilia é gerada pela instituição católica do sacerdócio como "transgressão inerente", como seu complemento secreto e obsceno.

A Polônia como um sintoma

Essa cumplicidade oculta entre o "mundo atonal" pós-moderno e a reação fundamentalista a ele explode quando uma sociedade entra em crise com a sua identidade simbólica. Um escândalo que ficou conhecido como "Oleksygate" abalou a Polônia em março de 2007, quando se divulgou a gravação de uma conversa particular. Soube-se que Josef Oleksy, ex-primeiro-ministro e um dos principais personagens da Aliança da Esquerda Democrática (SLD, ex-comunistas), fizera observações desdenhosas sobre os políticos de seu partido, chamando-os de "monte de perdedores e de vigaristas", gabando-se cinicamente de que o SLD introduzira o capitalismo na Polônia e afirmando que os líderes do SLD não davam a mínima para a Polônia, só se importavam com sua sobrevivência e riqueza pessoal. O dado verdadeiramente chocante nessas gravações é certa coincidência: Oleksy usou exatamente as mesmas palavras dos adversários de direita anticomunistas do SLD, que se recusavam a admitir sua legitimidade, afirmando que o SLD era um partido sem programa adequado, que não passava de uma rede de vigaristas da ex-*nomenklatura* que corria atrás de seus próprios interesses comerciais. Essa dura caracterização externa era agora confirmada como cínica autodesignação interna do próprio SLD... Sinal seguro de que a primeira tarefa da esquerda nos Estados pós-comunistas é rejeitar todos os vínculos com os partidos da "esquerda" ex-comunista, que, via de regra, são os partidos do grande capital.

A contrapartida desse escândalo é o fato de a Polônia distinguir-se como o primeiro país ocidental onde a reação antimodernista venceu, surgindo efetivamente como uma força hegemônica: a reivindicação de proibição total do aborto, de "purificação" anticomunista, de exclusão do darwinismo do ensino primário e secundário e até a ideia esquisita de abolir o posto de Presidente da República e proclamar Jesus Cristo Rei Eterno da Polônia, e assim por diante, vêm juntas numa proposta abrangente de efetuar um rompimento claro e constituir uma nova república polonesa, inequivocamente baseada em valores cristãos antimodernistas. Entretanto, essa reação é realmente tão perigosa que a esquerda deve aceitar a chantagem liberal: "Chegou a hora de todos nós unirmos forças, impedir essa ameaça e reafirmar a modernização liberal e secular"? (Coisa, aliás, que só pode nos fazer recordar dos evolucionistas social-democratas, que afirmavam que, em países ainda não totalmente desenvolvidos, a esquerda deveria primeiro apoiar o projeto burguês de Estado democrático moderno e só na "segunda fase" passar à política radical propriamente dita, à superação do capitalismo e da democracia burguesa... É bom lembrar que Lenin era totalmente contrário a essa abordagem "em estágios", reinstituída mais tarde no stalinismo com a distinção escolástica entre os estágios "inferior" e "superior" do comunismo.)

60 / Em defesa das causas perdidas

A tarefa da esquerda, ao contrário, é mais do que nunca "subtrair-se" do campo inteiro da oposição entre a modernização liberal e a reação antimodernista[34]. Apesar da busca zelosa do projeto positivo de impor valores cristãos estáveis à vida social, não se deve nunca esquecer que a reação fundamentalista antimodernista é um fenômeno profundamente *reativo* (no sentido nietzschiano): em seu âmago, não há uma política positiva, que busque ativamente um novo projeto social, mas uma política de medo, cuja força motivadora é a defesa contra a ameaça percebida. Eis aqui, reduzida a seus contornos mais elementares, a visão conservadora de nossa difícil situação, cuja característica central é que "a cultura secular progressista eliminou as crenças tradicionais":

> Para preencher essa perda de espiritualidade, milhões de europeus adotaram o conceito secular de "relativismo". De acordo com esse modo de pensar, não há verdade absoluta, não há certo e errado determinados. Tudo é "relativo". O que está errado aos meus olhos pode não estar errado aos seus olhos. Por essa lógica, até atos odiosos podem ser explicados, portanto não deveriam – e de fato não podem – ser condenados. Em outras palavras, não se deveria fazer nenhum julgamento definitivo sobre o comportamento porque sempre há circunstâncias atenuantes para justificar o fato de não se assumir nenhuma posição.
>
> A aceitação ampla do relativismo tornou a Europa fraca, confusa e caótica. Os governos socialistas ou quase socialistas cuidam agora das necessidades de vida de seus cidadãos, permitindo a muitos europeus viver inteiramente isolados em si. Quando isso acontece com alguém, é difícil animá-lo para uma causa maior. Portanto, não vale a pena lutar por nada além do bem-estar imediato. O único credo é a crença na gratificação pessoal.[35]

Como unir essa oposição (entre tradicionalismo e relativismo secular) à outra grande oposição ideológica em que se baseia toda a legitimidade do Ocidente e de sua "guerra ao terror": a oposição entre os direitos individuais democrático-liberais e o fundamentalismo religioso incorporado primeiramente no "islamo-fascismo"? Aqui reside a incoerência sintomática dos neoconservadores norte-americanos: enquanto, na política nacional, privilegiam a luta contra o secularismo liberal (aborto, casamentos homossexuais etc.), e sua luta é a chamada "cultura da vida" contra a "cultura da morte", nos assuntos internacionais eles privilegiam os valores diametralmente opostos da "cultura da morte" liberal. Uma forma de resolver esse dilema é a solução linha-dura fundamentalista cristã, articulada nas obras de Tim LaHaye *et consortes*: subordinar inequivocamente a segunda oposição à primeira. O título de um dos romances mais recentes de LaHaye indica essa direção: *The Europe*

---

[34] O caso da Turquia contemporânea é muito importante para o entendimento adequado da globalização capitalista: o proponente político da globalização é o partido islamita dominante "moderado" do primeiro-ministro Erdogan.

[35] Bill O'Reilly, *Culture Warrior* (Nova York, Broadway Books, 2006), p. 175-6.

Conspiracy [A conspiração da Europa]. Nesse relato, o verdadeiro inimigo dos Estados Unidos não é o terrorismo muçulmano, que seria apenas um fantoche manipulado secretamente por secularistas europeus, estes sim as verdadeiras tropas do Anticristo que pretendem enfraquecer os Estados Unidos e criar a Nova Ordem Mundial sob o domínio das Nações Unidas. Contrário a esse ponto de vista minoritário, está o ponto de vista democrático-liberal predominante, que vê o principal inimigo em todos os tipos de fundamentalismo e percebe o fundamentalismo cristão norte-americano como uma versão nativa e deplorável do "islamo-fascismo".

A natureza reativa do fundamentalismo religioso é perceptível em sua posição reflexiva oculta. Vamos dar uma olhada nessa reflexividade em seu aspecto (artístico) mais elevado, na obra de Andrei Tarkovsky. O próprio Tarkovsky, e não somente os heróis de seus (últimos) filmes, representa o imediatismo recuperado da crença autêntica, oposta à dúvida e à distância autodestrutiva do intelectual ocidental. Mas e se a constelação for mais complexa? O principal personagem dessa crença direta é Stalker – para citar o próprio Tarkovsky:

> Muitas vezes me perguntam o que essa Zona representa. Só há uma resposta possível: a Zona não existe. O próprio Stalker inventou sua Zona. Ele a criou para que pudesse levar até lá pessoas muito infelizes e impor-lhes a ideia de esperança. O quarto dos desejos também é criação de Stalker, mais uma provocação ao mundo material. Essa provocação, formada na mente de Stalker, corresponde a um ato de fé.[36]

Mas e se aceitarmos literalmente a afirmativa de que Stalker inventou a Zona? E se Stalker, longe de acreditar diretamente, manipula, finge crer, para fascinar os intelectuais que leva à Zona, despertando neles a possibilidade da crença? E se, longe de ser um crente direto, ele assume o papel de um sujeito suposto a crer aos olhos dos observadores intelectuais decadentes? E se a posição verdadeiramente ingênua for a do espectador intelectual, a de seu fascínio pela crença ingênua de Stalker? E se o mesmo se aplicar ao próprio Tarkovsky, que, longe de ser o crente ortodoxo autêntico em contraste com o ceticismo ocidental, desempenha esse papel para fascinar o público intelectual ocidental[37]? John Gray está certo então quando diz que "os fundamentalistas religiosos se veem como se tivessem o remédio para as doenças do mundo moderno. Na realidade, são os sintomas da doença que pretendem curar"[38].

Nos termos de Nietzsche, eles são os supremos niilistas, já que a própria forma de sua atividade (mobilização midiática espetacular etc.) destrói sua mensagem.

---

[36] Citado em Antoine de Baecque, *Andrei Tarkovski* (Paris, Cahiers du Cinema, 1989), p. 110.

[37] Em outras palavras, e se Tarkovsky está fazendo a mesma coisa que Nemanja (Emir) Kusturica, em nível diferente? Kusturica representa para o Ocidente o balcânico perfeito, preso num ciclo autêntico de violência apaixonada, enquanto Tarkovsky representa o papel da espiritualidade russa autenticamente ingênua.

[38] John Gray, *Straw Dogs* (Londres, Granta, 2003), p. 18. [Ed. bras.: *Cachorros de palha*, Rio de Janeiro, Record, 2005.]

62 / Em defesa das causas perdidas

Em *Os cantos de Maldoror*, Lautréamont (Isidore Ducasse), um dos primeiros expoentes do modernismo literário iniciante, lançou *Poesias**, uma estranha reafirmação da moralidade tradicional. Portanto, logo no início da modernidade artística, ele encena a paradoxal inversão final: quando todas as fontes de transgressão se exaurem, a única maneira de romper o cansaço sufocante dos últimos homens é propor as próprias atitudes tradicionais como a maior das transgressões. E o mesmo serve para nossa cultura popular:

> O que acontecerá quando ficarmos sem novos vícios? Como a saciedade e a ociosidade serão rompidas quando o sexo intrigante, as drogas e a violência não venderem mais? Nesse momento, podemos ter certeza de que a moralidade voltará à moda. Talvez não estejamos longe da época em que a "moralidade" será comercializada como um novo tipo de transgressão.[39]

Aqui, temos de ser muito precisos: essa inversão não é igual àquela, descrita por Chesterton, em que a própria moralidade surge como a maior das transgressões, ou a lei e a ordem como o maior dos crimes (universalizados). Aqui, em contraste com o modelo de Chesterton, a unidade abrangente não é a do crime, mas a da lei: não é a moralidade que é a maior transgressão, mas é a transgressão que é a injunção "moral" fundamental da sociedade contemporânea. A verdadeira inversão, portanto, deveria ocorrer *dentro* dessa identidade especulativa de opostos, da moralidade e de sua transgressão: tudo o que se tem a fazer é passar a unidade abrangente desses dois termos da moralidade para a transgressão. E, como essa unidade abrangente tem de aparecer como o seu oposto, precisamos, portanto, completar a passagem de uma sociedade em que domina a Lei, sob o disfarce de uma transgressão permanente, para uma sociedade em que domina a transgressão, sob o disfarce de uma nova Lei[40].

---

* Em *Os cantos de Maldoror, Poesias e Cartas – Obra completa*, São Paulo, Iluminuras, 1997. (N. E.)

[39] John Gray, *Straw Dogs*, cit., p. 165-6.

[40] Essa inversão é homóloga àquela que caracteriza a dialética hegeliana da necessidade e da contingência. Numa primeira abordagem, parece que a unidade abrangente é a necessidade, isto é, a própria necessidade postula e medeia a contingência como campo externo em que esta se expressa/se atualiza; a própria contingência é necessária, resulta da autoexteriorização e da automediação da necessidade nocional. Entretanto, é fundamental complementar essa unidade com a unidade oposta, com a contingência como unidade abrangente de si e da necessidade: a própria elevação da necessidade a princípio estruturador do campo contingente da multiplicidade é um ato contingente, pode-se quase dizer: o resultado da luta contingente ("aberta") pela hegemonia. Essa passagem corresponde à passagem de S a \$, de Substância a Sujeito. O ponto de partida é uma multiplicidade contingente; com sua automediação ("auto-organização espontânea"), a contingência engendra/postula sua necessidade imanente, do mesmo modo que a Essência é resultado da automediação do Ser. Assim que surge a Essência, retroativamente ela "postula seus próprios pressupostos", isto é, supera seus pressupostos em momentos subordinados de autorreprodução (o Ser é transubstanciado em Aparência); essa postulação, entretanto, é retroativa.

Feliz de torturar?

Essa elevação da própria transgressão a uma injunção moral tem um nome preciso: *felicidade como dever supremo*. Não admira que, na última década, o estudo da felicidade tenha surgido como disciplina científica autônoma: hoje há "professores de felicidade" nas universidades, institutos de "qualidade de vida" vinculados a elas e numerosos artigos de pesquisa sobre o assunto; e há até um *Journal of Happiness Studies* [Revista dos estudos da felicidade]. Ruut Veenhoven, seu editor-chefe, escreveu: "Agora podemos mostrar quais comportamentos são arriscados no que diz respeito à felicidade, da mesma maneira que a pesquisa médica nos mostrou o que faz mal à saúde. Finalmente seremos capazes de mostrar que tipo de estilo de vida combina com que tipo de pessoa"[41].

Essa nova disciplina tem dois ramos. De um lado, há uma abordagem mais sociológica, com base em dados coletados em centenas de pesquisas que medem a felicidade em diferentes culturas, profissões, religiões, grupos sociais e econômicos. Não se pode reprovar essas pesquisas por terem um viés cultural: elas sabem muito bem que a noção do que constitui felicidade depende do contexto cultural (só nos países ocidentais individualistas a felicidade é vista como reflexo da realização pessoal). Também não se pode negar que os dados coletados costumam ser interessantes: a felicidade não é o mesmo que satisfação com a própria vida (várias nações apresentam satisfação baixa ou mediana com a vida, mas têm, ao mesmo tempo, porcentagens elevadas de pessoas muito felizes); as nações mais felizes (em sua maioria, ocidentais e individualistas) tendem a apresentar os níveis mais altos de suicídio; e, é claro, a inveja tem papel fundamental, pois o que conta não é tanto o que se tem, mas o que os outros têm (as classes médias são muito menos satisfeitas que os pobres, pois tomam como referência os muito ricos, a cuja renda e posição social se sentem muito pressionados a equiparar-se; os pobres, por sua vez, têm como referência a classe média, que está mais ao seu alcance).

Do outro lado, há uma abordagem mais psicológica (ou melhor, neurocientífica), que combina a pesquisa científica cognitivista com incursões ocasionais pela sabedoria meditativa *new-age*: a medição exata dos processos cerebrais que acompanham as sensações de felicidade, satisfação etc. A combinação de ciência cognitiva e budismo (que não é nova, seu último grande proponente foi Francisco Varela) recebe aqui uma torção ética: o que se oferece sob o disfarce de pesquisa científica é uma nova moralidade que ficamos tentados a chamar de *biomoralidade* – a verdadeira contrapartida da biopolítica atual. E não foi o próprio Dalai Lama que escreveu: "O propósito da vida é ser feliz"[42]? Mas *isso não é verdade para a psicanálise,*

---

[41] Ver Michael Bond, "The Pursuit of Happiness", *New Scientist*, 4 out. 2003.

[42] "Foreword by the Dalai Lama", em Mark Epstein, *Thoughts Without a Thinker* (Nova York, Basic Books, 1996), p. xiii. [Ed. bras.: *Pensamentos sem pensador*, Rio de Janeiro, Gryphus, 2001.]

devemos acrescentar. Na descrição de Kant, o dever ético funciona como um intruso traumático que, de fora, perturba o equilíbrio homeostático do sujeito, exercendo uma pressão insuportável sobre o sujeito que o força a agir "para além do princípio do prazer", ignorando a busca dos prazeres. Para Lacan, exatamente a mesma descrição serve para o desejo, e é por isso que o gozo não é algo que ocorre naturalmente no sujeito, como concretização de seu potencial íntimo, mas é sim o conteúdo de uma injunção traumática do supereu[43].

Em consequência, se nos apegamos até o fim ao "princípio do prazer", é difícil abandonarmos uma conclusão radical. Thomas Metzinger, o filósofo da inteligência artificial, considera que a subjetividade artificial é possível, sobretudo no sentido de uma biorrobótica híbrida e, consequentemente, de uma questão "empírica, não filosófica"[44]. Ele enfatiza o caráter eticamente problemático dessa subjetividade: "Não está nada claro se a forma biológica de consciência, criada até aqui pela evolução em nosso planeta, é uma forma de vivência *desejável*, um verdadeiro *bem em si mesmo*"[45]. Essa característica diz respeito à dor e ao sofrimento conscientes: [A evolução] criou um oceano de sofrimento e confusão que se expande onde antes não havia nada. Como não só o simples número de sujeitos conscientes individuais, mas também a dimensionalidade de seus espaços de estado fenomenal crescem continuamente, esse oceano também está se aprofundando[46].

E é razoável esperar que novas formas de consciência artificialmente geradas criem novas formas "mais profundas" de sofrimento... Deveríamos ter o cuidado de observar que essa tese ética não é uma idiossincrasia de Metzinger como pessoa privada, mas uma implicação consistente de seu arcabouço teórico: no momento em que se endossa a naturalização total da subjetividade humana, o esquivamento da dor e do sofrimento só pode aparecer como a principal referência ética. A única coisa que se deveria acrescentar é que, caso se siga até o fim essa linha de raciocínio, tirando todas as consequências do fato de que a evolução "criou um oceano de

---

[43] A "busca da felicidade" é um elemento tão fundamental do "sonho (ideológico) norte-americano" que tendemos a esquecer a origem contingente dessa expressão: "Consideramos estas verdades evidentes por si sós, que todos os homens foram criados iguais, que são dotados pelo Criador de alguns Direitos inalienáveis, que entre eles estão a Vida, a Liberdade e a busca da Felicidade". De onde vem essa "busca da felicidade" um tanto esquisita do famoso trecho inicial da Declaração de Independência dos Estados Unidos? A fonte é John Locke, que afirmava que todos os homens possuíam os direitos naturais da vida, da liberdade e da propriedade; esta última foi substituída por "busca da felicidade" durante as negociações para a redação da Declaração *como forma de negar aos escravos negros o direito à propriedade*.

[44] Thomas Metzinger, *Being No One:* The Self-Model Theory of Subjectivity (Cambridge, Massachusetts, MIT Press, 2004), p. 620.

[45] Idem.

[46] Ibidem, p. 621.

sofrimento e confusão que se expande onde antes não havia nada", deve-se também renunciar então à própria subjetividade humana: teríamos tido muito menos sofrimento se tivéssemos permanecido como animais... E, para ir ainda mais longe, se os animais tivessem permanecido como plantas, se as plantas tivessem permanecido como células isoladas, se as células tivessem permanecido como minerais.

Uma das grandes ironias de nossa triste condição é que essa mesma biomoralidade, concentrada na felicidade e na prevenção do sofrimento, é invocada hoje como princípio subjacente da justificativa da tortura: devemos torturar, impor dor e sofrimento, para impedir mais sofrimento. Ficamos verdadeiramente tentados a mais uma vez parafrasear De Quincey: "Quanta gente começou cometendo um pequeno ato de tortura e terminou abraçando como causa a luta contra a dor e o sofrimento!". Definitivamente, isso serve para Sam Harris, cuja defesa da tortura em *A morte da fé* se baseia na distinção entre o estado imediato de ficar impressionado com o sofrimento dos outros e a noção abstrata do sofrimento dos outros: é muito mais difícil para nós torturar uma única pessoa do que lançar a grande distância uma bomba que causaria a mais dolorosa das mortes em milhares de pessoas. Portanto, estamos todos presos num tipo de ilusão ética, paralela às ilusões perceptivas. A principal causa dessas ilusões é que, embora nosso poder de raciocínio abstrato tenha se desenvolvido imensamente, as reações ético-emocionais permanecem condicionadas por reações instintivas e milenares de simpatia pelo sofrimento e pela dor testemunhados diretamente. É por isso que, para a maioria de nós, atirar em alguém à queima-roupa é muito mais repulsivo do que apertar um botão que matará mil pessoas ausentes:

> Dado o que muitos de nós acreditam sobre as exigências da guerra ao terrorismo, a prática de tortura, em certas circunstâncias, pareceria não só permissível como necessária. Ainda assim, em termos éticos, ela não parece mais aceitável do que antes. A razão disso, creio eu, é tão neurológica quanto a que dá origem à ilusão da Lua. [...] Talvez esteja na hora de pegar nossos governantes e exibi-los ao céu.[47]

Não admira que Harris esteja se referindo a Alan Dershowitz e sua legitimação da tortura[48]. Para suspender essa vulnerabilidade evolucionária condicionada à exibição física do sofrimento dos outros, Harris imagina uma "pílula da verdade" ideal, uma tortura efetiva equivalente ao café descafeinado ou à *diet coke*:

> uma droga que gerasse tanto os instrumentos de tortura quanto o instrumento de sua total ocultação. A ação da pílula seria uma paralisia transitória e um tipo de sofrimento transitório ao qual nenhum ser humano se submeteria voluntariamente uma segunda

---

[47] Sam Harris, *The End of Faith* (Nova York, Norton, 2005), p. 199. [Ed. bras.: *A morte da fé*, São Paulo, Companhia das Letras, 2009.]

[48] Ibidem, p. 192-3.

vez. Imagine como nós torturadores nos sentiríamos se, depois de dar essa pílula aos terroristas presos, cada um deles se deitasse para um aparente cochilo de uma hora e, ao acordar, confessasse imediatamente tudo o que soubesse sobre o funcionamento de sua organização. Não ficaríamos tentados a chamá-la de "pílula da verdade", afinal?[49]

As primeiras linhas – "uma droga que gerasse tanto os instrumentos de tortura quanto o instrumento de sua total ocultação" – apresentam a lógica tipicamente pós-moderna do laxante de chocolate; a tortura imaginada aqui é como café desca-feinado: obtemos os mesmos resultados sem ter de sofrer seus desagradáveis efeitos colaterais. No Instituto Serbsky de Moscou, a supramencionada instituição psiquiá-trica da KGB, inventou-se exatamente essa droga para torturar dissidentes: uma injeção na região cardíaca do prisioneiro que retardava os batimentos cardíacos e causava uma angústia aterrorizante. Para quem o visse, o prisioneiro parecia estar apenas cochilando, embora de fato estivesse vivendo um pesadelo.

Entretanto, existe aqui uma possibilidade muito mais inquietante: a proximida-de (do sujeito torturado) que causa simpatia e torna a tortura inaceitável não é a mera proximidade física, mas sim, em seu aspecto mais fundamental, a proximidade do Próximo, com todo o peso judaico-cristão-freudiano da palavra, a proximidade da Coisa que, não importa a que distância esteja fisicamente, por definição está sem-pre "perto demais". O que Harris visa com sua "pílula da verdade" imaginária não é nada mais que *a abolição da dimensão do Próximo*. O sujeito torturado não é mais o Próximo, mas um objeto cuja dor é neutralizada, reduzida a uma propriedade que tem de ser tratada segundo um cálculo utilitário racional (um tanto de dor é tolerável se impede um volume de dor muito maior). O que desaparece aqui é o abismo da infinidade que pertence a um sujeito. Assim, é importante que o livro que defende a tortura seja um livro intitulado *A morte da fé* – não no sentido óbvio ("Sabe, é só a nossa crença em Deus, a injunção divina de amar o próximo, que em última análise nos impede de torturar os outros!"), mas num sentido muito mais radical. O outro sujeito (e, em última análise, o sujeito como tal) é, para Lacan, não algo diretamente dado, mas um "pressuposto", *algo presumido, um objeto de crença* – como posso chegar à certeza de que o que vejo na minha frente é outro sujeito e não uma máquina biológica sem nenhuma profundidade?

Entretanto, há uma explicação popular e aparentemente convincente para os que estão preocupados com a recente prática norte-americana de torturar prisio-neiros suspeitos de terrorismo. É a seguinte: "Para que tanta confusão? Os Estados Unidos só estão admitindo (meio) abertamente que não só torturam o tempo todo, como todos os outros Estados torturam e torturaram o tempo todo. Pelo menos agora existe menos hipocrisia...". A isso devemos retorquir com uma pergunta sim-

---

[49] Ibidem, p. 197.

Felicidade e tortura no mundo atonal / 67

ples: "Se é só isso que os maiores representantes dos Estados Unidos estão queren-do dizer, *por que estão contando*? Por que não continuam a torturar em silêncio, como fizeram até agora?". Ou seja, o que é próprio da fala humana é a lacuna irre-dutível entre o conteúdo enunciado e o ato de enunciação: "Você diz isso, mas por que agora está dizendo abertamente?". Vamos imaginar um casal cujo convívio se baseia no acordo tácito de que podem ter casos extraconjugais discretos; se, de re-pente, o marido conta abertamente à mulher que está tendo um caso, ela terá boas razões para entrar em pânico: "Se é apenas um caso, por que está me contando? Deve ter algo a mais!"[50]. O ato de relatar algo publicamente nunca é neutro e afeta o próprio conteúdo relatado.

O mesmo acontece com a recente admissão pública de tortura: em novembro de 2005, o vice-presidente Dick Cheney disse que derrotar terroristas significava que "também temos de trabalhar [...] um pouco no lado negro [...]. Muito do que é pre-ciso fazer aqui terá de ser feito em silêncio, sem nenhuma discussão" – ele não falou como um Kurtz ressuscitado? Assim, quando ouvimos pessoas como Dick Cheney fazerem suas declarações obscenas sobre a necessidade da tortura, deveríamos per-guntar: "Se vocês só querem torturar secretamente alguns suspeitos de terrorismo, então por que estão dizendo isso publicamente?". Ou seja, a pergunta que se deve fazer é: O que mais está oculto nessa declaração que fez o declarante enunciá-la?

Pudemos notar (mais do que) um vislumbre do que há por trás disso quando, em meados de março de 2007, a confissão de Khalid Sheikh Mohammed dominou as manchetes da mídia. A ofensa moral pela extensão de seus crimes se misturou à dú-vidas. Podemos confiar em sua confissão? E se ele confessou mais do que fez, seja pelo desejo vaidoso de ser lembrado como uma grande mente terrorista, seja pela disposi-ção de confessar qualquer coisa para não ser mais submetido ao afogamento e outras "técnicas aperfeiçoadas de interrogatório"? O que atraiu muito menos a nossa aten-ção foi o simples fato de que, pela primeira vez, a tortura foi *normalizada*, apresen-tada como algo aceitável. As consequências éticas e legais disso dão o que pensar.

Com toda a grita provocada pelo horror dos crimes de Mohammed, falou-se muito pouco sobre o destino que nossas sociedades reservam aos seus piores crimi-nosos: julgamento e punição severa. É como se, pela natureza de seus atos (*e pela natureza do tratamento ao qual foi submetido pelas autoridades norte-americanas*), Mohammed não merecesse o mesmo tratamento reservado até ao mais depravado assassino de crianças, ou seja, ser julgado e punido de acordo. É como se *não só os próprios terroristas, como também os que lutam contra eles tivessem de agir numa zona cinzenta da legalidade, usando meios ilegais*. Portanto, temos *de fato* criminosos "le-

---

[50] Um exemplo mais vulgar: se um adolescente declarasse publicamente, em sala de aula: "Eu me masturbo regularmente", a reação chocada da turma seria: "Todos nós também, e todos sabemos, então por que está dizendo isso em público?".

gais" e "ilegais": os que serão tratados segundo procedimentos legais (com advogados etc.) e os que estarão fora da legalidade. O julgamento e a punição legais de Mohammed perderam o sentido; nenhum tribunal que funcione dentro do arcabouço do nosso sistema legal pode tratar de detenções ilegais, confissões obtidas sob tortura etc.

Esse fato diz mais do que pretende. Ele coloca Mohammed, quase literalmente, na posição do morto-vivo, no lugar daquilo que o filósofo político italiano Giorgio Agamben chama de *homo sacer*: legalmente morto (privado de um *status* legal determinado), embora biologicamente ainda vivo. E as autoridades norte-americanas, tratando-o dessa maneira, também estão numa posição intermediária, que é a contrapartida do *homo sacer*: atuando como poder legal, seus atos não são mais protegidos nem restringidos pela lei; operam num espaço vazio que é sustentado pela lei, mas não é regulamentado pelo Estado de direito.

Assim, de volta ao contra-argumento "realista": a "guerra ao terror" *é* suja, ficamos numa situação em que a vida de milhares depende das informações que se pode tirar dos prisioneiros. (Por acaso, a tortura de Mohammed *não* foi um caso de "tique-taque do relógio" evocado pelos defensores da tortura como razão para a sua legitimação: a confissão de Mohammed não salvou nenhuma vida.) Contra esse tipo de "honestidade", deveríamos nos apegar à aparente hipocrisia. Posso muito bem imaginar que, numa situação muito específica, eu recorreria à tortura; entretanto, nesse caso, é fundamental que eu *não* eleve essa opção desesperada a um princípio universal. Levado pela urgência violenta e inevitável do momento, eu simplesmente *torturaria*. Só dessa maneira, na própria impossibilidade de elevar o que tive de fazer a um princípio universal, mantenho a noção adequada do horror do que fiz.

De certo modo, os que não defendem diretamente a tortura, mas aceitam-na como tópico legítimo de debate, são mais perigosos do que os que a apoiam explicitamente. A moralidade nunca é uma questão apenas de consciência individual. Ela só prospera quando sustentada pelo que Hegel chamou de "espírito objetivo", o conjunto de regras não escritas que formam o pano de fundo da atividade de todos os indivíduos e nos dizem o que é aceitável e o que é inaceitável. Por exemplo, um sinal de progresso em nossas sociedades é o fato de não ser preciso argumentar contra o estupro: é "dogmaticamente" claro para todos que está errado estuprar e todos sentimos que até argumentar contra o estupro é demasiado. Se alguém defendesse a legitimidade do estupro, seria um triste sinal ter de argumentar contra ele – pareceria simplesmente ridículo. O mesmo deveria ser verdade no caso da tortura.

É por isso que as maiores vítimas da tortura publicamente admitida somos todos nós, o público informado. Deveríamos todos ter consciência de que uma parte preciosa de nossa identidade coletiva perdeu-se irrecuperavelmente. Estamos no meio de um processo de corrupção moral: os que estão no poder tentam literalmente quebrar uma parte da nossa coluna vertebral ética, amolecer e desfazer a realização que, com justiça, é a maior da civilização, o crescimento de nossa sensibilidade moral espontânea.

Em nenhuma outra parte isso fica mais claro do que num detalhe importante da confissão de Mohammed. Consta que os agentes que o torturaram se submeteram ao afogamento forçado e só conseguiram suportá-lo de dez a quinze segundos, dispondo-se a confessar tudo e mais alguma coisa depois disso; já Mohammed conquistou a relutante admiração de todos por aguentar dois minutos e meio, o máximo que alguém já resistiu, pelo que conseguiam se lembrar. Temos consciência de que a última vez em que tais afirmativas fizeram parte do discurso público foi lá no fim da Idade Média, quando a tortura ainda era um espetáculo público, um modo honrado de testar o valor do inimigo capturado, que conquistava a admiração da multidão caso suportasse a dor com dignidade? Precisamos mesmo desse tipo de ética primitiva do guerreiro?

Temos consciência do que há no fim dessa estrada? Na quinta temporada do seriado *24 horas*, quando ficou claro que a mente criadora por trás da trama terrorista era ninguém menos que o próprio presidente dos Estados Unidos, muitos esperaram ansiosamente para ver se Jack Bauer aplicaria no presidente – "o homem mais poderoso da Terra", "o líder do mundo livre" (e outros títulos à moda de Kim Jong-Il) – seu tratamento-padrão para terroristas que não querem revelar um segredo que pode salvar milhares de vidas. Ele *torturará* o presidente?

Infelizmente, os autores não se arriscaram a dar esse passo redentor. Mas nossa imaginação pode ir ainda mais além e fazer uma modesta proposta no estilo de Jonathan Swift: e se parte do procedimento para testar os candidatos à presidência dos Estados Unidos incluísse a tortura pública, por exemplo o afogamento forçado dos candidatos no gramado da Casa Branca, transmitido ao vivo para milhões? Os qualificados para o cargo de líder do mundo livre seriam os que aguentassem mais que os dois minutos e meio de Mohammed.

2

O MITO FAMILIAR DA IDEOLOGIA

Numerosos tratados foram escritos sobre a noção do Real histórico nos termos de uma narrativa familiar como operação ideológica fundamental: uma história dos conflitos de forças sociais maiores (classes etc.) é estruturada nas coordenadas de um drama de família. É claro que essa ideologia encontra sua expressão mais clara em Hollywood, como a maior das máquinas ideológicas: num produto hollywoodiano típico, tudo, do destino dos cavaleiros da Távola Redonda à Revolução de Outubro e aos asteroides que se chocam contra a Terra, é transposto para uma narrativa edipiana. (Um deleuziano não resistiria à tentação de ressaltar que a principal justificativa teórica dessa "familiarização" é a psicanálise, que faz dela a principal máquina ideológica.)

"Realismo capitalista"

Nosso primeiro passo deveria ser analisar essa narrativa familiar no nível mais elementar e *kitsch*. Aqui serve de exemplo Michael Crichton, atual sucessor de Arthur Hailey, o primeiro grande escritor do "realismo capitalista" (cujos *best-sellers* lá na década de 1960 – *Hotel, Aeroporto, Automóvel** – sempre focavam um local de produção ou organização complexa específicos, misturando a trama melodramática com longas descrições das funções do local, num reflexo inesperado dos clássicos stalinistas de fins da década de 1920 e da década de 1930, como *Cimento***, de Gladkov)[1]. Crichton acrescentou ao gênero um toque de *techno-thriller* pós-mo-

---

* *Hotel*, Rio de Janeiro, Nova Fronteira, 1965; *Aeroporto*, São Paulo, Círculo do Livro, 1973; *Automóvel*, São Paulo, Círculo do Livro, 1971. (N. E.)

** São Paulo, Unitas, 1933. (N. E.)

[1] A essa série, pode-se acrescentar *Exodus*, de Leon Uris, como exercício de "realismo sionista". [Ed. bras.: *Exodus*, Rio de Janeiro, Record, 1997.]

72 / Em defesa das causas perdidas

derno, de acordo com a política do medo hoje predominante: ele é o maior romancista do medo – medo do passado (*Jurassic Park*, *Devoradores de mortos*), do futuro nanotecnológico (*Presa*), da força econômica do Japão (*O sol nascente*), do assédio sexual (*Revelação*), da tecnologia robótica (*Westworld – Onde ninguém tem alma*), da indústria médica (*Coma*), das invasões alienígenas (*O enigma de Andrômeda*), das catástrofes ecológicas (*Estado de medo*)*. *Estado de medo*, seu livro mais recente, traz um último acréscimo inesperado a essa série de forças sombrias que se escondem entre nós, prontas a criar o caos: os inimigos mais ferozes dos Estados Unidos são nada mais, nada menos que os próprios ambientalistas[2].

Como notaram muitos críticos, os livros de Crichton não são romances, na verdade; mais parecem esboços inacabados, propostas de roteiro de filmes. Entretanto, é exatamente essa característica que torna sua obra interessante para a análise da ideologia contemporânea: a própria falta de qualidade estilística, o modo totalmente "transparente" de escrever permitem que as fantasias ideológicas subjacentes sejam encenadas em seu aspecto mais puro e embaraçosamente dessublimado, aliás, de forma nua. Serve aqui de exemplo *Presa*[3], em que uma experiência com nanotecnologia, num laboratório no deserto de Nevada, dá horrivelmente errado: uma nuvem de nanopartículas – milhões de microrrobôs –, escapa. A nuvem, visível aos observadores como um enxame preto, é autossustentável, autorreprodutora, inteligente e aprende com a experiência, evoluindo a cada hora. Todo esforço para destruí-la fracassa[4]. Ela foi programada para tornar-se predadora; os seres humanos são sua presa. Só um punhado de cientistas presos no laboratório pode deter a liberação dessa peste mecânica no mundo indefeso... Como sempre acontece em histórias desse tipo, essa "trama principal" (a catástrofe que ameaça aniquilar a própria humanidade) é combinada a uma "trama secundária", um conjunto de relações e tensões dentro do grupo de cientistas, cujo centro é um casal perturbado que inverteu os papéis. Jack, o narrador do romance, era gerente de uma divisão de programas de computador de ponta numa empresa de tecnologia de meios de comunicação, antes de se tornar bode expiatório de um colega corrupto e ser demi-

---

* *O parque dos dinossauros*, Porto Alegre, L&PM, 2009; *Devoradores de mortos*, Porto Alegre, L&PM, 2008; *Presa*, Rio de Janeiro, Rocco, 2003; *O sol nascente*, Rio de Janeiro, Rocco, 1993; *Revelação*, Rio de Janeiro, Rocco, 1994; *Westworld – Onde ninguém tem alma*, Estados Unidos, 1973, 88 min.; *Coma*, Estados Unidos, 1978, 113 min.; *O enigma de Andrômeda*, Rio de Janeiro, Rocco, 1998; *Estado de medo*, Rio de Janeiro, Rocco, 2005. (N. E.)

[2] Crichton já recorreu a inversão semelhante em *Revelação*, um romance sobre assédio sexual em que uma mulher assedia um homem.

[3] Michael Crichton, *Prey* (Nova York, Avon Books, 2003).

[4] Numa leitura marxista vulgar, fica-se tentado a ver nesse medo que o coletivo sente das nanopartículas que se organizam sem o controle dos criadores humanos um deslocamento do medo que sente da consciência de classe dos operários (ou de outros grupos oprimidos).

tido; virou "dono de casa", enquanto sua esposa, Júlia, é a vice-presidente *workaholic* da Xymos, empresa de nanotecnologia dona do laboratório no deserto de Nevada onde acontece a catástrofe; lasciva, manipuladora e fria, ela é uma nova versão da raposa de *Revelação*. No início do romance, Jack cuida dos três filhos, compara as fraldas descartáveis Pampers com a Huggies com outro pai no supermercado e tenta controlar a desconfiança de que a esposa tem um caso.

Longe de constituir uma mera subtrama de interesse humano, é em torno dessa trama familiar que realmente gira o romance: a nuvem de nanopartículas deve ser concebida como uma materialização das tensões da família. A primeira coisa que não poderia deixar de chamar a atenção de quem conhece Lacan é que esse enxame lembra o que Lacan, no *Seminário XI*, chamou de "lamela": parece indestrutível em sua infinita plasticidade, sempre volta a se juntar e é capaz de se metamorfosear numa miríade de formas; nela, a animalidade pura e má se sobrepõe à insistência cega da máquina. A lamela é uma entidade que consiste em pura superfície, sem a densidade da substância; é um objeto infinitamente plástico, capaz não só de mudar de forma incessantemente, como também de transpor-se de um meio a outro – imagine "algo" que primeiro é ouvido como um som agudo e depois surge como um corpo monstruosamente distorcido. A lamela é indivisível, indestrutível e imortal, ou, mais exatamente, é não morta, no sentido que adquire a palavra na ficção de terror: não a sublime imortalidade espiritual, mas a imortalidade obscena dos "mortos-vivos", que, depois de cada aniquilação, recompõem-se e prosseguem desajeitados suas atividades. Como explica Lacan, a lamela não existe, insiste: é irreal, uma entidade de puro semblante, uma multiplicidade de aparências que parecem envolver um vazio central; sua condição é puramente fantasmática. Essa insistência cega e indestrutível da libido é o que Freud chamou de "pulsão de morte", e é preciso não esquecer que, paradoxalmente, "pulsão de morte" é a denominação freudiana de seu oposto, do modo como a imortalidade surge dentro da psicanálise: a denominação do misterioso excesso de vida, da ânsia "não morta" que persiste além do ciclo (biológico) de vida e morte, de geração e corrupção. Freud iguala a pulsão de morte à chamada "compulsão de repetir", a ânsia desconhecida de repetir experiências passadas dolorosas que parecem crescer mais do que as limitações naturais do organismo por ela afetado e insistir mesmo além da morte desse organismo. Como tal, a lamela é "o que é subtraído do ser vivo em virtude do fato de estar sujeito ao ciclo de reprodução sexuada"[5]: ela precede a diferença sexual, multiplica-se e reproduz-se por autodi-

---

[5] Jacques Lacan, *The Four Fundamental Concepts of Psycho-Analysis* (Harmondsworth, Penguin, 1979), p. 198. [Ed. bras.: *O seminário, livro 11*: os quatros conceitos fundamentais da psicanálise, Rio de Janeiro, Zahar, 1988.]

74 / Em defesa das causas perdidas

visão assexuada[6]. No clímax do romance, Jack toma Júlia nos braços sem saber que ela já foi contaminada pelo enxame e vive em simbiose com as nanopartículas, recebendo delas um poder de vida sobre-humano.

> Abracei-a com força. A pele de seu rosto começou a tremer, a vibrar rapidamente. Então, os traços pareceram crescer e inchar, enquanto ela gritava. Achei que seus olhos pareciam assustados. O inchaço continuou e começou a romper-se em rios e arroios.
>
> Então, numa súbita precipitação, Júlia desintegrou-se literalmente diante de meus olhos. A pele do rosto e do corpo inchados explodiu para longe em torrentes de partículas, como areia soprada de uma duna. As partículas saltaram para longe, seguindo o arco de um campo magnético, na direção dos cantos da sala.
>
> Senti seu corpo cada vez mais leve em meus braços. As partículas continuavam a fluir para longe, numa espécie de som breve, para todos os cantos do quarto. E quando terminou, o que restava, o que eu ainda tinha nos braços, era uma forma pálida e cadavérica. Os olhos de Júlia estavam afundados no rosto. A boca estava fina e rachada, a pele era translúcida. O cabelo estava sem cor e quebradiço. As clavículas projetavam-se do pescoço ossudo. Parecia estar morrendo de câncer. A boca se abriu. Ouvi palavras débeis, pouco mais que um sopro. Inclinei-me, virei o ouvido na direção da boca para escutar. "Jack", sussurrou ela, "isso está me comendo"[7].

Então a separação se desfaz, as partículas voltam para Júlia e revitalizam-na:

> As partículas nas paredes se soltaram mais uma vez. Agora pareciam esticar-se de volta, retornando ao rosto e ao corpo dela [...]. E, de repente, num *movimento rápido*, todas as partículas voltaram, e Júlia estava cheia, bela e forte como antes, e empurrou-me para longe com um olhar de desprezo [...][8].

No confronto final, temos ambas as Júlias lado a lado: a Júlia luminosa, composta pelo enxame, e a Júlia real e exausta.

> Júlia veio rodopiando pelo ar em minha direção, girando como um saca-rolhas – e agarrou-se à escada a meu lado. Só que não era Júlia, era o enxame, e por um momento o enxame desorganizou-se o bastante para que eu visse através dela; eu podia ver as partículas giratórias que a compunham. Olhei para baixo e vi a Júlia real, mortalmente pálida, em pé e olhando para mim; seu rosto era uma caveira. Nisso, o enxame ao meu lado ficou com aparência sólida, como eu o vira ficar sólido antes. Parecia Júlia.[9]

---

[6] Não admira que o primeiro clímax do romance aconteça quando um grupo de cientistas combatentes destrói o enxame ao entrar numa caverna escondida no deserto, o lugar do Mal onde o enxame se regenera. Do mesmo modo, em *Devoradores de mortos*, um grupo de guerreiros vikings penetra na caverna de uma tribo de neandertais canibais para matar a matriarca.

[7] Michael Crichton, *Prey*, cit., p. 468-9.

[8] Ibidem, p. 471.

[9] Ibidem, p. 476.

Aqui, não falamos de ciência, nem mesmo de ciência problemática, mas de um dos roteiros de fantasia fundamentais, ou, mais exatamente, o roteiro da própria desintegração do vínculo entre fantasia e realidade, de modo que temos as duas, fantasia e realidade, a Júlia-enxame e a Júlia "real", lado a lado, como na cena maravilhosa do início de *Brazil*, de Terry Gilliam, em que, num restaurante caro, a comida é servida de tal maneira que, no prato propriamente dito, vem um bolinho do tipo empada com a mesma aparência (e provavelmente o mesmo gosto) de excremento, enquanto acima do prato pende uma foto colorida que mostra o que se está "realmente comendo", ou seja, um bife suculento e bem preparado...

É assim que se deve ler *Presa*: nele, todas as especulações (pseudo)científicas sobre nanotecnologia são um pretexto para contar a história de um marido reduzido ao papel doméstico, frustrado pela raposa ambiciosa que é a esposa. Não admira que, no fim do romance, o autor recrie um casal "normal": ao lado de Jack está Mae, uma cientista chinesa, passiva e compreensiva, silenciosa e fiel, sem a agressividade e a ambição de Júlia.

A produção do casal em Hollywood...

Uma variação do mesmo motivo, o impasse da autoridade paterna e sua restauração, perpassa secretamente todos os principais filmes de Steven Spielberg: *ET*, *Império do Sol*, *Jurassic Park*, *A lista de Schindler*... É preciso lembrar que o menininho para quem ET aparece foi abandonado pelo pai (como ficamos sabendo logo no início), de modo que, em última análise, ET é uma espécie de "mediador evanescente", que traz um pai novo (o cientista bom que, na última cena do filme, é visto abraçando a mãe); quando o pai novo chega, ET pode partir e ir para "minha casa". *Império do Sol* fala de um menino que é abandonado pela família na China dilacerada pela guerra e sobrevive graças à ajuda de um pai substituto (interpretado por John Malkovich). Na primeira cena de *Jurassic Park*, vemos a figura paterna (interpretada por Sam Neill) ameaçar de brincadeira as duas crianças com um osso de dinossauro; esse osso é nitidamente a minúscula mancha-objeto que depois explode em dinossauros gigantescos, de modo que é possível arriscar a hipótese de que, no universo fantasmático do filme, a fúria destrutiva dos dinossauros apenas materializa a raiva do supereu paterno. Um detalhe quase imperceptível que aparece mais adiante, no meio do filme, confirma essa leitura. Neill e as duas crianças, perseguidos pelos monstros, refugiam-se dos dinossauros carnívoros e assassinos numa árvore gigantesca, onde, cansadíssimos, adormecem; na árvore, Neill perde o osso de dinossauro que estava enfiado em seu cinto, e é como se essa perda acidental tivesse um efeito mágico: antes de adormecer, Neill se reconcilia com as crianças, demonstrando afeição e carinho por elas. É significativo que os dinossauros que se aproximam da árvore na manhã seguinte e acordam o grupo adormecido são do tipo herbívoro e bondoso... *A lista de Schindler*, em seu nível mais básico, é uma releitura de *Jurassic Park* (e, no mínimo, pior que o original), em que os nazistas são os monstruosos dinossauros, Schindler (no começo do filme) é a figura paterna cínica, gananciosa e oportunista, e os judeus do gueto são as crianças ameaçadas (sua infantilização no filme é espantosa). A história que o filme conta é a redescoberta gradual do dever paterno de Schindler para com os judeus e sua transformação em pai carinhoso e responsável. E não seria *A guerra dos mundos* o último capítulo dessa saga? Tom Cruise faz um pai operário divorciado que negligencia os dois filhos; a invasão dos alienígenas reacende nele o instinto paterno devido e ele se redescobre um pai carinhoso. Não admira que, na última cena, ele finalmente tenha o reconhecimento do filho que o desprezou durante o filme todo. Portanto, à moda das histórias do século XVIII, o filme poderia ter o seguinte subtítulo: "Uma história de como um pai trabalhador finalmente se reconcilia com o filho"... É fácil imaginar o filme *sem* os alienígenas sedentos de sangue, de modo que o que resta, de certo modo, é aquilo de que ele "realmente trata": a história de um pai operário divorciado que luta para recuperar o respeito dos filhos. Aí reside a ideologia do filme: entre os dois níveis da história (o nível edipiano da autoridade paterna perdida e recuperada e o nível espetacular do conflito com os alienígenas invasores), há uma assimetria óbvia, já que o nível edipiano é aquilo de que a história "realmente trata", enquanto o exterior espetacular é apenas sua extensão metafórica. Há um detalhe interessante na trilha sonora do filme que deixa claro o predomínio da dimensão edipiana: os ataques dos alienígenas são acompanhados do som aterrorizante de uma nota grave única de trombone, que lembra estranhamente o som grave de contrabaixo e trompete do canto budista tibetano, a voz do pai mau, moribundo e sofredor (em claro contraste com o "belo" fragmento de cinco notas melodiosas que identifica os alienígenas "bons" de *Contatos imediatos de terceiro grau*, de Spielberg).

Não admira então que a mesma chave revele o motivo subjacente do maior sucesso de todos os tempos no cinema, *Titanic*, de James Cameron. *Titanic* é mesmo um filme sobre a catástrofe do navio que bateu num *iceberg*? É preciso ficar atento ao momento exato em que ocorre o desastre: ele acontece quando os dois jovens amantes (Leonardo Di Caprio e Kate Winslet) voltam ao convés do navio logo depois de consumar o encontro amoroso. Mas isso não é tudo: se fosse tudo, a catástrofe poderia ser simplesmente a punição do Destino pela transgressão dupla (ato sexual ilegítimo e transgressão das divisões de classe). O mais importante é que, no convés, Kate diz apaixonadamente ao amante que, quando o navio atracar em Nova York na manhã seguinte, ela partirá com ele, preferindo a vida de pobreza cheia de um amor verdadeiro à vida falsa e corrupta dos ricos; *neste* momento o navio bate contra o *iceberg*, para *impedir* o que, sem dúvida, seria o *verdadeiro* desastre, ou seja, a vida do casal em Nova York. Pode-se adivinhar com certeza que o sofrimento da vida cotidiana logo destruiria o amor dos dois. O acidente, portanto, acontece para salvar o amor, para manter a ilusão de que, se não tivesse acontecido, eles viveriam "felizes para sempre"...

Mas isso não é tudo. Há outra pista nos momentos finais de Di Caprio. Ele está morrendo congelado na água fria, enquanto Winslet flutua em segurança num pedaço de madeira; sabendo que vai perdê-lo, ela grita: "Nunca deixarei você partir!", ao mesmo tempo em que o afasta com as mãos. Por quê? Porque ele já cumpriu seu propósito. Afinal, por trás da história de amor, *Titanic* conta outra história, isto é, a de uma menina mimada da alta sociedade que passa por crise de identidade: ela está confusa, não sabe o que fazer com ela mesma; e Di Caprio, muito mais que seu amante, é uma espécie de "mediador evanescente", cuja função é restaurar seu senso de identidade e objetivo na vida, sua autoimagem (de modo bastante literal: ele desenha a imagem dela); terminado o serviço, ele pode desaparecer. É por isso que suas últimas palavras, antes de desaparecer no gelado Atlântico Norte, não são palavras de um amante que parte, mas a última mensagem de um pregador, que diz a ela como viver sua vida, ser honesta e fiel a ela mesma e assim por diante. Isso significa que o marxismo hollywoodiano superficial de Cameron (o privilégio demasiado óbvio que concede à classe baixa e a representação caricaturada do egoísmo e do oportunismo cruéis dos ricos) não pode nos enganar: por trás dessa simpatia pelos pobres, há outra narrativa, o mito profundamente reacionário – desenvolvido pela primeira vez por completo em *Capitães corajosos**, de Kipling – do jovem rico em crise cuja vitalidade é restaurada pelo breve contato íntimo com a vigorosa vida dos pobres. O que se esconde por trás da compaixão pelos pobres é sua exploração vampiresca.

O clímax ridículo desse procedimento hollywoodiano que consiste em exibir grandes eventos históricos como pano de fundo para a formação de um casal é *Reds*, de Warren Beatty, em que Hollywood deu um jeito de reabilitar a própria Revolução de Outubro, talvez o fato histórico mais traumático do século XX. Como, exatamente, a Revolução de Outubro é mostrada no filme? O casal John Reed e Louise Bryant estão numa profunda crise afetiva; o amor reacende quando Louise vê John num palanque fazendo um apaixonado discurso revolucionário. O que se segue então é que eles fazem amor, em cenas intercaladas com outras cenas arquetípicas da revolução, algumas das quais reverberam, de maneira demasiado patente, no ato de amor; por exemplo, quando John penetra Louise, há um corte para uma rua onde uma multidão sombria de manifestantes cerca e para um bonde "fálico" e penetrante... Tudo isso tendo como trilha sonora a "Internacional"... No clímax orgástico, quando o próprio Lenin surge falando para uma sala cheia de

---

*   Rio de Janeiro, Brasil-América, 1955 (Clássicos Ilustrados). (N. E.)

delegados, ele é mais um sábio professor que supervisiona a iniciação amorosa do casal do que um frio líder revolucionário. Até a Revolução de Outubro é aceitável, desde que sirva para reconstruir um casal...

Podemos nos perguntar até que ponto essa fórmula hollywoodiana que consiste em criar um casal como primeiro plano para grandes épicos históricos é usada também em outras culturas? Vamos dar uma olhada nos sucessores da própria Revolução de Outubro. Há surpresas à nossa espera[10].

Vejamos o infame *A queda de Berlim*, de Chiaureli (1948), caso supremo do épico de guerra stalinista, a história da vitória dos soviéticos sobre a Alemanha de Hitler. O filme começa em 1941, pouco antes do ataque alemão à URSS; o herói, operário siderúrgico stakhanovista apaixonado pela professorinha local, mas tímido demais para abordá-la diretamente, ganha o Prêmio Stalin e é recebido pelo próprio em sua dacha. Após as congratulações oficiais, numa cena que foi cortada depois de 1953 e acabou perdida, Stalin observa uma inquietação nervosa no herói e pergunta-lhe o que há de errado. O herói conta a Stalin seus problemas amorosos e Stalin lhe dá conselhos: recite-lhe poesia, é assim que se conquista o coração de uma moça etc. Ao voltar para casa, o herói consegue seduzir a moça, mas assim que a leva nos braços para o pasto (para fazer amor, muito provavelmente), as bombas dos aviões alemães começam a cair: é 22 de junho de 1941. Na confusão que se segue, a moça é aprisionada pelos alemães e levada para um campo de trabalhos forçados perto de Berlim, enquanto o herói entra para o Exército Vermelho e luta na linha de frente para ter seu amor de volta. No fim do filme, quando a alegre multidão de prisioneiros do campo libertado pelo Exército Vermelho se mistura aos soldados russos, um avião pousa num campo próximo e Stalin em pessoa desce e caminha na direção da multidão, que o saúda com alegria. Nesse mesmo instante, como que mais uma vez mediado pela ajuda de Stalin, o casal se reencontra: a moça nota o herói na multidão; antes de abraçá-lo, ela se aproxima de Stalin e pergunta se pode lhe dar um beijo... É verdade, não fazem mais filmes assim! *A queda de Berlim* é de fato a história de um casal que se reencontra: a Segunda Guerra Mundial serve de obstáculo a ser superado para que o herói possa chegar à amada, como o dragão que o cavaleiro tem de matar para conquistar a princesa aprisionada no castelo. O papel de Stalin é o do mágico casamenteiro que leva sabiamente o casal ao reencontro...

---

[10] De fato, não tão surpreendentes quando nos lembramos do fascínio stalinista pelo modo como Hollywood organizou a fábrica de sonhos da produção cinematográfica. Boris Shumyatsky, chefe da produção cinematográfica soviética na década de 1930, visitou Hollywood e, impressionado, planejou construir uma Hollywood soviética no mar da Crimeia. Infelizmente, a descoberta no final da década de que ele era um agente imperialista impediu a execução desse nobre plano; em vez disso, o próprio Shumyatsky é que foi executado.

A mesma chave interpretativa serve para a ficção científica de catástrofe. Num exemplo recente da série de filmes sobre catástrofes cósmicas, *Impacto profundo*, de Mimi Leder (1998), um cometa gigantesco ameaça atingir a Terra e extinguir qualquer forma de vida por milênios; no fim do filme, a Terra é salva pela ação heroica e suicida de um grupo de astronautas munidos de armas atômicas; somente um pequeno fragmento do cometa cai no oceano, a leste de Nova York, e provoca uma onda colossal, de centenas de metros de altura, que lava todo o litoral nordeste dos Estados Unidos, inclusive Nova York e Washington. Essa Coisa-cometa também cria um casal, mas um casal inesperado: o casal incestuoso formado por uma jovem repórter de TV, obviamente neurótica e sexualmente inativa (Tea Leoni), e seu pai promíscuo (Maximilian Schell), que se divorciou da mãe e se casou com uma moça da mesma idade da filha. Fica claro que o filme é de fato um drama sobre esse relacionamento pai-filha protoincestuoso e não resolvido: é óbvio que o cometa ameaçador dá corpo à raiva autodestrutiva da heroína, que é solteira e tem uma fixação paterna clara e traumática. Pasma com o novo casamento do pai, ela não consegue aceitar o fato de que ele a abandonou por sua colega. O presidente (interpretado por Morgan Freeman, numa linha politicamente correta), que anuncia num comunicado à Nação a catástrofe avultante, age como a contrapartida ideal do pai real e obsceno, como uma figura paterna carinhosa (sem esposa visível!) que, significativamente, dá a ela um papel privilegiado na entrevista coletiva, permitindo-lhe fazer a primeira pergunta. O vínculo do cometa com o lado negro e obsceno da autoridade paterna torna-se visível na maneira como a heroína entra em contato com o presidente: em sua investigação, ela descobre um escândalo financeiro iminente (grandes gastos ilegais do governo) ligados a "Elle"; naturalmente a primeira coisa que lhe ocorre é que o próprio presidente está envolvido num escândalo sexual e que "Elle" seria sua amante; depois descobre a verdade: "E. L. E." é o código das medidas de emergência que devem ser tomadas caso um acidente capaz de provocar a extinção total da vida ameace a Terra, e o governo vinha secretamente utilizando a verba para construir um abrigo subterrâneo gigantesco, no qual 1 milhão de norte-americanos conseguiriam sobreviver à catástrofe.

Portanto, o cometa que se aproxima é claramente o substituto metafórico da infidelidade paterna, da catástrofe libidinal da filha, que enfrenta o fato de o pai obsceno ter escolhido outra moça em vez dela. Toda a maquinaria do desastre global é posta em funcionamento para que a jovem esposa do pai o abandone e este volte (não para a esposa, mãe da heroína, mas...) para a filha: o ponto alto do filme é a cena em que a heroína reencontra o pai, que espera sozinho, em sua luxuosa casa à beira-mar, a onda iminente. Ela o vê caminhando na praia; eles fazem as pazes e se abraçam, aguardando em silêncio a onda; quando esta se aproxima e já lança sua grande sombra sobre eles, ela se aproxima do pai e diz baixinho "Papai!", como se buscasse proteção nele, reconstituindo a cena de infância da menininha abrigada no abraço amoroso do pai. Um segundo depois, ambos são varridos pela onda gigantesca. O desamparo e a vulnerabilidade da heroína nessa cena não devem nos enganar: ela é o espírito mau que, na maquinaria libidinal subjacente da narrativa do filme, puxa as cordinhas; e essa cena, em que encontra a morte no abraço protetor do pai, é a concretização de seu maior desejo... Estamos aqui no extremo oposto de *O planeta proibido*: em ambos os casos, trata-se da relação incestuosa entre pai e filha, mas enquanto em *O planeta proibido* o monstro destruidor materializa o desejo de morte incestuoso do *pai*, em *Impacto profundo* ele materializa o desejo de morte incestuoso da *filha*. A cena à beira-mar – em que a onda gigantesca carrega para longe pai e filha abraçados – tem de ser lida contra o pano de fundo do motivo-padrão hollywoodiano do casal que faz amor na praia (que se tornou famoso com *A um passo da eternidade*, de Fred Zinneman), acariciado pelas ondas (Burt Lancaster e Deborah Kerr): em *Impacto profundo* o casal é verdadeiramente incestuoso, por isso a onda é enorme e destrutiva, não é o vaivém tranquilizador das marolinhas.

É bastante interessante que outra variação do tema do cometa gigantesco que ameaça a Terra, *Armageddon*, grande sucesso de público em 1998, também fale da relação incestuosa entre pai e filha. Aqui, contudo, o pai (Bruce Willis) é que é excessivamente apegado à filha: a força destruidora do cometa dá corpo à fúria *dele* por causa dos casos de amor da filha com homens da mesma idade dela. É significativo que o desenlace também seja mais "positivo", em vez de autodestrutivo: o pai se sacrifica para salvar a Terra, isto é, apaga-se efetivamente (no nível da economia libidinal subjacente) para abençoar o casamento da filha com o jovem namorado.

...e fora de Hollywood

Surpreendente mesmo é que seja frequente encontrar versões do mesmo mito familiar até por trás de filmes de arte feitos longe de Hollywood. Comecemos com *A vida dos outros*, de Florian Henckel von Donnersmarck (2006), muitas vezes comparado de modo favorável a *Adeus, Lenin*, de Ulrich Becker – dizem que é a correção necessária a *Adeus, Lenin* com sua *Ostalgie* sentimental, pois dá uma ideia da maneira como o terror da Stasi penetrava todos os poros da vida privada. Mas será que é isso mesmo?

Olhando com mais atenção, vemos surgir uma imagem quase invertida: como acontece com muitas representações da dureza dos regimes comunistas, *A vida dos outros* omite o verdadeiro horror da situação na própria tentativa de retratá-lo. Como? Em primeiro lugar, o que desencadeia os acontecimentos do filme é o corrupto ministro da Cultura, que quer se livrar de Georg Dreyman, o maior dramaturgo da Alemanha Oriental, para poder levar adiante, sem obstáculos, seu caso com a companheira de Dreyman, a atriz Christa-Maria. Dessa maneira, o horror inscrito na própria estrutura do sistema é relegado a efeito de um capricho pessoal. A questão que se perde é que, mesmo sem a corrupção pessoal do ministro, apenas com burocratas dedicados e empenhados, o sistema não seria menos terrível.

O escritor do qual o ministro quer tirar a mulher é idealizado da maneira oposta: se é tão bom escritor assim, honesto e ao mesmo tempo sinceramente dedicado ao sistema comunista, íntimo das figuras principais do regime (ficamos sabendo que Margot Honecker, esposa do líder do partido, presenteou-o com um livro de Soljenitsyn, estritamente proibido para pessoas comuns), como é que não entrou em conflito muito antes com o regime? Como é que não foi considerado pelo regime nem um pouco problemático, com seus excessos ainda assim tolerados em virtude da fama internacional, como aconteceu com escritores famosos da Alemanha Oriental, de Bertolt Brecht a Heiner Müller e Christa Wolf? É impossível não lembrar aqui a piada sobre a vida debaixo de um regime comunista duro: destas três características – honestidade pessoal, apoio sincero ao regime e inteligência –, só era possível combinar duas, nunca as três. Quem fosse honesto e apoiasse o regime não seria lá muito inteligente; quem fosse inteligente e apoiasse o regime não seria honesto; quem fosse honesto e inteligente não apoiaria o regime. O problema de Dreyman é que ele combina de fato essas três características.

Em segundo lugar, no começo do filme, durante uma recepção, um dissidente enfrenta o ministro de modo direto e agressivo, sem nenhuma consequência; se isso era possível, o regime seria mesmo tão terrível assim? Por fim, é Christa-Maria que cede e trai o marido, o que mais tarde a leva a cometer uma fuga suicida do apartamento e ser esmagada sob as rodas de um caminhão, enquanto na maioria avassaladora de casos reais em que um cônjuge traía o outro e o espionava era o marido que se tornava "IM", *informelle Mitarbeiter* (colaborador informal), da Stasi[11].

A história de amor mais extraordinária da Guerra Fria foi a de Vera Lengsfeld e Knud Wollenberger, que se casaram e tiveram dois filhos na hoje defunta República Democrática Alemã (RDA). Depois da queda do Muro, Vera, dissidente da RDA, teve acesso a seu arquivo na Stasi e descobriu que Knud, informante da Stasi sob o codinome Donald, casara-se e vivera com ela por ordem do patrão para poder dedurar suas atividades. Ao saber disso, ela se divorciou imediatamente e eles nunca mais se falaram. Mais tarde, Knud mandou-lhe uma carta, explicando que queria protegê-la e que sua traição foi na verdade um ato de amor. Quando ele estava prestes a morrer de Parkinson, Vera anunciou que o perdoava... Não admira que

---

[11] Numa suprema virada irônica, a exceção é Gerd Wiesler, o ator que representou o herói do filme, um agente da Stasi cujo dever é plantar os microfones e escutar tudo que o casal faz: ele descobriu que a esposa tinha dado informações a seu respeito na RDA.

82 / Em defesa das causas perdidas

Hollywood esteja pensando em fazer um filme com Meryl Streep no papel de Vera[12]. A traição como ato de amor: a fórmula já foi proposta por John Le Carré em sua obra-prima, *Um espião perfeito**.

A única maneira de explicar a mudança em *A vida dos outros* é lembrando uma estranha subcorrente da história: em contradição gritante com os fatos conhecidos, a razão dessa bizarra distorção da realidade não seria a subcorrente homossexual secreta do filme? Fica claro que, enquanto espiona o casal, Gerd Wiesler sente-se libidinalmente atraído por Dreyman, efetivamente obcecado por ele – é essa afeição que aos poucos o leva a ajudar Dreyman. Depois de *die Wende*, o processo de mudança da Alemanha Oriental para o capitalismo, Dreyman descobre o que aconteceu ao ler os arquivos; em seguida, retribui em termos amorosos, inclusive seguindo Wiesler, que agora trabalha como carteiro. A situação, portanto, inverte-se de fato: a vítima observada é agora o observador. Na última cena do filme, Wiesler vai a uma livraria (a lendária *Karl-Marx-Buchhandlung*, na Stalin Allee, é claro), compra o novo romance do escritor, *Sonata para um homem honesto*, e descobre que é dedicado a ele (designado por seu pseudônimo na Stasi). Assim, cedendo a uma ironia um tanto cruel, o final de *A vida dos outros* remete ao famoso final de *Casablanca*: o proverbial "começo de uma bela amizade" entre Dreyman e Wiesler, agora que o invasivo obstáculo feminino foi convenientemente descartado: um verdadeiro gesto de sacrifício cristológico. Não admira que seu nome seja Christa-Maria!

Em contraste com esse idílio, o próprio aspecto de comédia leve e nostálgica de *Adeus, Lenin* é uma fachada que cobre a realidade subjacente e muito mais dura (assinalada logo no início pela invasão violenta da Stasi no lar da família depois que o marido foge para o Ocidente). A lição, portanto, é muito mais desesperançada do que em *A vida dos outros*: em última análise, nenhuma resistência heroica ao regime da RDA era sustentável, a única maneira de sobreviver era fugir para a loucura, desligar-se da realidade.

É claro que isso não significa de modo algum que *Adeus, Lenin* não tenha suas próprias falhas. Aqui, pode ser útil a comparação com outro *thriller* político recente: *Guerrilha sem face*, de John Malkovich. Em ambos os filmes, a violência é emoldurada pelo amor: o amor do filho pela mãe (*Adeus, Lenin*), o amor de um homem

---

12   Roger Boyes, "Final Forgiveness for Spy Who Betrayed his Wife to the Stasi", *The Times*, 6 jan. 2007. Há um mistério na prisão de Vera, na RDA, que hoje é fácil de explicar: "Enquanto tomavam nossas impressões digitais, tínhamos de nos sentar num pedaço de pano. Depois ele era colocado num vidro hermeticamente fechado, porque eles queriam ter o nosso cheiro. Pode me dizer por quê?". Agora sabemos: a Stasi usava cães para acompanhar o movimento dos dissidentes que tentavam fugir; dando-lhes o pano para cheirar, eles podiam seguir o rastro.

*   Rio de Janeiro, Record, 1986. (N. E.)

por uma mulher (*Guerrilha sem face*). Em ambos os casos, a função do amor é, *stricto sensu*, ideológica: ele disfarça e, portanto, domestica, torna tolerável o confronto com o Real da violência brutal e traumática – a violência do regime da RDA, assim como de seu colapso e da dominação ocidental, ou a violência do terror revolucionário implacável do Sendero Luminoso. Embora tanto *Lenin* quanto *Guerrilha* confrontem um passado político recente e "radical", é significativo que o primeiro tenha sido um grande sucesso e o segundo, um fracasso.

Adeus, Lenin conta a história de um filho cuja mãe, que acredita honestamente na RDA, sofre um ataque cardíaco na noite confusa das manifestações que acompanharam o aniversário de quarenta anos do país, em 1991; ela sobrevive, mas o médico avisa ao filho que qualquer experiência traumática pode provocar sua morte. Assim, com ajuda de um amigo, o filho encena para a mãe, presa no apartamento, a tranquila continuação da RDA: toda noite, com ajuda de um videocassete, eles passam noticiários falsos da RDA na TV etc. Perto do fim do filme, o herói diz que o jogo foi longe demais – a ficção encenada para a mãe moribunda tornou-se uma RDA alternativa, reinventada como deveria ter sido... Aí reside a questão política mais importante, além daquela bastante tediosa da *Ostalgie* (que não é a verdadeira saudade da RDA, mas a encenação de um afastamento real, de um distanciamento, de uma destraumatização): esse sonho da "RDA alternativa" seria inerente à própria RDA? No último noticiário fictício da TV, quando o novo líder da RDA (o primeiro astronauta do país) decide abrir as fronteiras, permitindo que os cidadãos da Alemanha Ocidental fujam do terrorismo consumista, do racismo e da luta desesperançada pela sobrevivência, fica claro que é real a necessidade de um escape utópico *como esse*. Para falar francamente, embora a *Ostalgie* seja bastante praticada na atual Alemanha sem causar nenhum problema ético, não conseguimos imaginar (pelo menos por enquanto) uma prática pública da nazinostalgia – "Adeus, Hitler", em vez de "Adeus, Lenin". Isso não confirmaria o fato de que ainda temos consciência do potencial emancipador do comunismo, por mais distorcido e frustrado que fosse, mas completamente inexistente no fascismo? A epifania quase metafísica no final do filme (quando a mãe, em seu primeiro passeio na rua, vê-se frente a frente com uma estátua de Lenin sendo transportada de helicóptero e cujos braços estendidos parecem dirigir-se a ela/interpelá-la diretamente) deve ser levada mais a sério do que seria a princípio.

O ponto fraco do filme (como em *A vida é bela*, de Roberto Benigni) é que ele sustenta uma ética que consiste em proteger as ilusões: manipula a ameaça de um segundo enfarte como um meio de nos chantagear e nos forçar a aceitar a necessidade de proteger a fantasia de alguém como o mais alto dever ético. Aqui, o filme não endossa inopinadamente a tese de Leo Strauss sobre a necessidade da "mentira nobre"? Mas será mesmo que o potencial emancipador do comunismo é apenas uma "mentira nobre", que deve ser encenada e mantida por crentes ingênuos, uma men-

84 / Em defesa das causas perdidas

tira que na verdade só mascara a violência impiedosa do domínio comunista? Aqui, a mãe é o "sujeito suposto crer": através dela, *outros* sustentam suas próprias crenças. (A ironia é que a mãe é quem costuma ser a que cuida e trata, protegendo os filhos da realidade cruel.) Aqui, não é a mãe de *Adeus, Lenin* que faz a lei em nome do pai (ausente)? Então, já que, para Lacan, aí reside a gênese da homossexualidade masculina, a verdadeira pergunta é: por que o herói não é gay, como deveria ser?

Em contraste com *Adeus, Lenin*, *Guerrilha sem face* não vê um potencial redentor na figura do Mal, pelo qual é estranhamente fascinado; o filme deveria ser interpretado como mais uma versão da viagem de Conrad ao "coração das trevas", exemplificada aqui pela crueldade e pela impiedade excessivas do movimento Sendero Luminoso, que, assim nos dizem, não demonstrava interesse em conquistar a opinião pública por meio de programas ideológicos, apenas travava sua campanha assassina. Rejas, o investigador de polícia "honesto e liberal" e herói do filme, divide-se entre a corrupção dos que estão no poder e o Mal absoluto da Revolução. Essa divisão é aquela entre forma e conteúdo: Rejas apoia a *forma* da ordem democrática existente. Embora critique o conteúdo atual (o presidente corrupto e estuprador etc.), ele rejeita a "transgressão" revolucionária da forma, o "salto de fé" para a dimensão inumana.

Entretanto, o enigma que o filme aborda é duplo: não em primeiro lugar o enigma do "Mal radical" do Sendero Luminoso, mas o enigma do objeto de amor de Rejas: como é possível que uma bailarina culta, bonita e de classe média seja membro "fanático" do Sendero Luminoso? Por que, no fim, Yolanda rejeita totalmente Rejas? Como se explica a lacuna que separa essa mulher bela e sensível da revolucionária fanática e sem misericórdia que explode no fim? Aí reside o que ficamos tentados a chamar de estupidez constitutiva do filme (e do romance em que se baseia): anunciado como uma tentativa de "entender" o fenômeno do Sendero Luminoso, trata-se exatamente de uma defesa contra tal entendimento, uma tentativa de perpetuar o "enigma" que ele enfrenta. Não admira que, em última análise, *Guerrilha sem face* – que se orgulha de ser anti-Hollywood – baseie-se na fórmula hollywoodiana básica da "produção do casal".

A verdadeira esquerda de Hollywood

Se até as produções marginais não hollywoodianas são determinadas pelo tema da família, então onde encontrar as verdadeiras exceções à regra?

Em março de 2005, o próprio Vaticano fez uma declaração divulgadíssima, acusando com termos fortes *O código da Vinci**, de Dan Brown, de ser um livro baseado em mentiras, que dissemina falsos ensinamentos (por exemplo, que Jesus se casou

---

* São Paulo, Sextante, 2004. (N. E.)

com Maria Madalena e teve descendentes – a verdadeira identidade do Graal seria a vagina de Maria Madalena!), e principalmente lamentando a popularidade do livro entre a geração mais jovem, que busca orientação espiritual. O absurdo dessa intervenção do Vaticano, sustentada por uma saudade mal disfarçada dos velhos tempos em que ainda funcionava o infame índex, não deveria nos cegar para o fato de que, embora a forma esteja errada (quase se suspeita de uma conspiração entre o Vaticano e os editores para dar um novo incentivo às vendas do livro), o conteúdo está basicamente certo. *O código da Vinci* propõe de fato uma reinterpretação *new-age* do cristianismo nos termos do equilíbrio dos princípios masculino e feminino, isto é, a ideia básica do romance é a reinscrição do cristianismo numa ontologia sexuada pagã: o princípio feminino é sagrado, a perfeição reside na união harmoniosa dos princípios masculino e feminino... Aqui, o paradoxo que se deve aceitar é que, nesse caso, toda feminista deveria apoiar a Igreja: *somente* por meio da suspensão "monoteísta" do significante feminino, da polaridade dos opostos masculino e feminino, é que surge o espaço para aquilo que, em termos gerais, chamamos de "feminismo" propriamente dito, para o surgimento da subjetividade feminina. A feminilidade expressa na afirmação do "princípio feminino" cósmico é sempre, ao contrário, um polo subordinado (passivo, receptivo), oposto ao "princípio masculino" ativo.

É por isso que livros de suspense como *O código da Vinci* são um dos principais indicadores das mudanças ideológicas contemporâneas: o herói procura um antigo manuscrito que revela um segredo demolidor, capaz de minar os próprios fundamentos do cristianismo (institucionalizado); o fio "criminal" é dado pelas tentativas desesperadas e implacáveis da Igreja (ou de alguma facção linha-dura dentro dela) de suprimir esse documento. Esse segredo diz respeito à dimensão feminina "reprimida" do divino: Cristo casou-se com Maria Madalena, o Graal é na verdade o corpo feminino... Essa revelação seria mesmo tão surpreendente assim? A ideia de que Jesus fez sexo com Maria Madalena não seria, ao contrário, uma espécie de segredo obsceno e declarado do cristianismo, um segredo de polichinelo cristão? A verdadeira surpresa seria dar um passo a mais e afirmar que na verdade Maria Madalena era um travesti, de modo que a amante de Jesus fosse um lindo efebo!

O interesse do romance (e, contra a rejeição suspeitamente apressada do filme, é preciso dizer que essa afirmação vale ainda mais para o filme) reside numa característica que, de maneira surpreendente, faz eco a *Arquivo X*, no qual o fato de acontecer "por aí" tanta coisa que se supõe guardar a verdade (alienígenas que invadem a Terra etc.) preenche o vazio, isto é, a verdade muito mais patente de que nada (nenhuma relação sexual) acontece entre os dois agentes, Mulder e Scully. Em *O código da Vinci*, a vida sexual de Cristo e Maria Madalena é o excesso que inverte (encobre) o fato de que a vida sexual de Sophie, a heroína e última descendente de Cristo, é inexistente: *ela* é como uma Maria contemporânea, virginal, pura, assexuada; não há sinal de sexo entre ela e Robert Langdom.

86 / Em defesa das causas perdidas

O trauma dela é ter testemunhado a cena fantasmática primordial da cópula dos pais, esse excesso de *jouissance* que a "neutralizou" sexualmente: é como se, numa espécie de *loop* temporal, ela estivesse presente no ato de sua própria concepção, de modo que, para ela, *todo* sexo é incestuoso e, portanto, proibido. Aqui entra Robert, que, longe de ser um amante, age como um "analista selvagem" cuja tarefa é construir um arcabouço narrativo, um mito, que permitirá que ela rompa esse cativeiro fantasmático, *não* recuperando sua heterossexualidade "normal", mas aceitando sua assexualidade e "normalizando-a" como parte da nova narrativa mítica. Nesse sentido, *O código da Vinci* pertence à série que estamos analisando: na verdade não é um filme sobre religião, sobre o segredo "reprimido" do cristianismo, mas sim sobre uma moça frígida e traumatizada que é redimida, libertada de seu trauma, dotada de um arcabouço mítico que lhe permite aceitar inteiramente sua assexualidade.

O caráter mítico dessa solução surge com clareza quando contrastamos Robert, como seu proponente, a Sir Leigh, a contrapartida da Opus Dei no filme (e no romance): ele quer revelar o segredo de Maria Madalena e assim salvar a humanidade da opressão do cristianismo oficial. O filme rejeita esse passo radical e opta por uma solução ficcional de compromisso: o que importa não são os fatos (o DNA que comprovaria o vínculo genealógico entre Sophie, Maria Madalena e Cristo), mas no que Sophie acredita – o filme opta pela ficção simbólica, ao invés dos fatos genealógicos. O mito de ser descendente de Cristo cria, para Sophie, uma nova identidade simbólica: no fim, ela surge como líder de uma comunidade. É nesse nível do que acontece na vida terrena que *O código da Vinci* se conserva cristão: na pessoa de Sophie, ele encena a passagem do amor sexual ao *ágape* dessexualizado como amor político, amor que serve de união do coletivo. Não há nada de "pré-freudiano" nessa solução; ela só parece pré-freudiana quando se aceita a crua versão normativa e heterossexual da psicanálise segundo a qual, para a mulher, tudo o que não for desejo heterossexual "normal" é patológico. Para o freudiano verdadeiro, ao contrário, "não há relação sexual", não há padrão de normalidade, apenas o impasse inevitável, e a posição assexuada de retirar-se do comércio entre os sexos é um *sinthoma* (o "nó" sintomal que mantém o sujeito unido) tão adequado para lidar com esse impasse quanto qualquer outra posição[13].

---

[13] A leitura que Hegel faz de *Antígona* costuma ser criticada por ignorar a dimensão potencialmente incestuosa do apego de Antígona pelo irmão como razão oculta para que ela o eleve a exceção (recordemos os versos escandalosos, tão embaraçosos que os comentaristas, a começar por Goethe, costumam considerá-los uma interpolação posterior, em que se diz que só pelo irmão ela faria o que faz, pondo em risco a própria vida para garantir um funeral adequado, nunca pelos pais nem pelos filhos). Embora essa suspeita de apego incestuoso possa soar deslocada numa família comum, Hegel deveria lembrar-se que estamos tratando aqui da família do próprio Édipo, o local do incesto paradigmático. Entretanto, o que deveria nos fazer desconfiar dessa crítica é que a mesma ignorância é compartilhada por Lacan em sua leitura detalhada de *Antígona*: embora insista

Apesar desse deslocamento interessante da fórmula-padrão hollywoodiana, é claro que seria ridículo afirmar que *O código da Vinci* pertence à esquerda de Hollywood. É preciso procurar a verdadeira esquerda de Hollywood em outro lugar. Mas onde? *300*, de Zack Snyder, que conta a saga dos trezentos soldados espartanos que se sacrificaram nas Termópilas para deter a invasão do exército persa de Xerxes, foi acusado de mostrar o pior tipo de militarismo patriota, com alusões claras às tensões recentes com o Irã e aos acontecimentos no Iraque. Mas será que é isso mesmo? Ao contrário, o filme deveria ser totalmente redimido dessas acusações.

Há duas questões fundamentais para afirmar. A primeira diz respeito à própria história: trata-se da história de um país pequeno e pobre (Grécia), invadido pelo exército de um Estado muito maior (Pérsia), bem mais desenvolvido na época, que possuía uma tecnologia militar avançada – ou os elefantes gigantes e as flechas de fogo dos persas não eram uma versão antiga do armamento *high-tech*? Quando o último grupo sobrevivente de espartanos e o rei Leônidas são mortos por milhares de flechas, eles não estariam de certo modo sendo bombardeados até a morte por tecnossoldados que operam armas sofisticadas a distâncias seguras, como os soldados norte-americanos de hoje, que com o toque de um botão lançam foguetes de navios de guerra a quilômetros de distância no Golfo Pérsico? Além disso, as palavras de Xerxes quando tenta convencer Leônidas a aceitar o domínio persa não lembram, de certo modo, as palavras de um fundamentalista muçulmano fanático (ele tenta seduzir Leônidas, prometendo-lhe paz e prazeres sensuais caso se una ao império global persa)? Tudo o que pede dele é o gesto formal de ajoelhar-se e reconhecer a supremacia persa; se os espartanos fizerem isso, terão autoridade suprema sobre toda a Grécia. Não parece o que o presidente Reagan exigiu do governo sandinista nicaraguense? Tudo o que tinham de fazer era dizer: "Ei, tio!" para os Estados Unidos... E a corte de Xerxes não é representada como uma espécie de paraíso multicultural de diversos estilos de vida? Não participam todos das orgias, raças diferentes, lésbicas e gays, aleijados etc.? Os espartanos, com sua disciplina e seu espírito de sacrifício, não estariam muito mais próximos de algo como o Talibã, que defende o Afeganistão contra a ocupação dos Estados Unidos (ou de uma tropa de elite da Guarda Revolucionária iraniana, disposta a se sacrificar em caso de uma invasão norte-americana)? Historiadores perspicazes já notaram o paralelo. A citação a seguir vem da contracapa de *Fogo persa*, de Tom Holland:

---

no papel fundamental da "exceção fraternal" de Antígona, ele nunca se aventura em especulações sobre essa dimensão incestuosa. Então, o que acontece aqui? Lévi-Strauss menciona em algum lugar uma tribo cujos integrantes acreditam que todos os sonhos têm significado sexual, exceto os de conteúdo sexual explícito. Exatamente o mesmo acontece com Antígona: para o verdadeiro freudiano, esse apego tão forte entre irmã e irmão assinalaria um desejo incestuoso – com exceção, naturalmente, do caso de Antígona, uma vez que a família já *está* marcada pelo incesto.

No século V a.C., uma superpotência global estava decidida a levar a verdade e a ordem a dois Estados considerados terroristas. A superpotência era a Pérsia, incomparavelmente rica em ambição, ouro e homens. Os Estados terroristas eram Atenas e Esparta, cidades excêntricas de uma região atrasada, pobre e montanhosa: a Grécia.[14]

O investimento racista ocidental na batalha das Termópilas é evidente: em geral, é considerada a primeira vitória decisiva do Ocidente livre contra o Oriente despótico – não admira que Hitler e Goering tenham comparado a derrota alemã em Stalingrado, em 1943, à morte heroica de Leônidas nas Termópilas. Entretanto, é por essa mesma razão que deveríamos inverter o ponto de vista. Os racistas culturais do Ocidente gostam de afirmar que, se os persas tivessem conseguido dominar a Grécia, hoje haveria minaretes em toda a Europa. Essa afirmativa estúpida está duplamente errada: não só não haveria islamismo no caso de derrota dos gregos (já que não teria existido o pensamento grego antigo nem o cristianismo, dois pressupostos históricos do islamismo) como, e ainda mais importante, hoje *há* minaretes em muitas cidades europeias, e o tipo de tolerância multicultural que tornou isso possível foi exatamente o resultado da vitória grega sobre os persas.

As principais armas gregas contra a supremacia militar avassaladora de Xerxes foram a disciplina e o espírito de sacrifício, e, para citar Alain Badiou:

> Precisamos de uma disciplina popular. Eu diria até [...] que "os que nada têm só têm sua disciplina". Os pobres, aqueles sem meios financeiros nem militares, os que não têm poder, tudo o que têm é sua disciplina, é sua capacidade de agir em conjunto. Essa disciplina já é uma forma de organização.[15]

Nesta época atual de permissividade hedonista fazendo as vezes de ideologia dominante, chegou a hora de a esquerda (re)apropriar-se da disciplina e do espírito de sacrifício: não há nada inerentemente "fascista" nesses valores.

Mas até essa identidade fundamentalista dos espartanos é ambígua. Uma declaração programática, quase no fim do filme, define a pauta grega como "contra o reinado da mística e da tirania, rumo ao futuro brilhante", especificada como o domínio da liberdade e da razão – o que soa como um programa básico do Iluminismo, até com um toque comunista! Recordemos também que, no início do filme, Leônidas rejeita terminantemente a mensagem dos "oráculos" corruptos, segundo os quais os deuses proibiam a expedição militar para deter os persas; como ficamos sabendo depois, os "oráculos" que supostamente recebiam a mensagem divina em transe extático haviam sido pagos pelos persas, tal como o "oráculo"

---

[14] Tom Holland, *Persian Fire* (Londres, Little, Brown, 2005). [Ed. bras.: *Fogo persa*: o primeiro império mundial, Rio de Janeiro, Record, 2008.]

[15] Filippo Del Lucchese e Jason Smith, "We Need a Popular Discipline: Contemporary Politics and the Crisis of the Negative", entrevista com Alain Badiou, Los Angeles, 2 jul. 2007 (não publicada).

tibetano que, em 1959, transmitiu ao Dalai Lama a mensagem para deixar o Tibete e que, como sabemos hoje, estava na folha de pagamento da CIA!

Mas o que dizer do absurdo aparente da ideia de dignidade, liberdade e razão sustentada pela disciplina militar extrema, que inclui a prática de rejeitar as crianças fracas? Esse "absurdo" é simplesmente o preço da liberdade – a liberdade não é gratuita, como explica o filme. A liberdade não é algo dado, é reconquistada por meio de uma luta intensa, em que é preciso estar disposto a arriscar tudo. A implacável disciplina militar espartana não é simplesmente o oposto externo da "democracia liberal" ateniense, mas sua condição inerente, é ela que lança seus fundamentos: o sujeito livre da Razão só pode surgir por meio da autodisciplina implacável. A verdadeira liberdade não é liberdade de escolha realizada a uma distância segura, como escolher entre bolo de morango e bolo de chocolate; a verdadeira liberdade se sobrepõe à necessidade, a verdadeira escolha livre é feita quando essa escolha põe em jogo a própria vida – e é feita simplesmente porque "não se pode agir de outro modo". Quando o país está sob ocupação estrangeira e alguém é chamado pelo líder da resistência a participar da luta contra os ocupantes, a razão avançada não é: "Você é livre para escolher", mas: "Não está vendo que essa é a única coisa que você pode fazer se quiser manter a dignidade?". Não admira que todos os radicais igualitários do século XVIII, de Rousseau aos jacobinos, imaginassem a França republicana como a nova Esparta: há um âmago emancipatório no espírito espartano de disciplina militar que sobrevive mesmo quando desconsideramos toda a parafernália histórica do domínio de classes, da exploração e do terrorismo impiedosos contra os escravos etc. Não admira também que nos anos difíceis do "comunismo de guerra" o próprio Trotski chamasse a União Soviética de "Esparta proletária".

Mais importante ainda, talvez, seja o aspecto formal do filme: foi todo realizado num galpão em Montreal e todo o cenário e muitas pessoas e objetos foram criados digitalmente. O caráter artificial do cenário parece contagiar os próprios atores "reais", que muitas vezes parecem personagens de história em quadrinhos trazidos à vida (o filme se baseia no romance em quadrinhos *300 de Esparta**, de Frank Miller). Além disso, a natureza artificial (digital) do cenário cria um clima claustrofóbico, como se a história não se passasse na realidade "real", com seus horizontes abertos infindáveis, mas num "mundo fechado", numa espécie de mundo em relevo de um espaço fechado. Em termos estéticos, estamos muito à frente das séries *Guerra nas estrelas* e *O senhor dos anéis*: embora nessas séries muitos objetos e pessoas também tenham sido criados digitalmente, ainda assim a impressão que se tem é de *atores e objetos* (elefantes, Yoda, orcs, palácios etc.) *digitais* (e reais) *colo-*

---

* São Paulo, Devir, 2006. (N. E.)

cados num mundo aberto e "real"; em *300*, ao contrário, todos os personagens principais são *atores "reais" colocados contra um cenário artificial*, uma combinação que produz um mundo "fechado" muito mais estranho, uma mistura "ciborgue" de pessoas reais integradas a um mundo artificial. Foi só em *300* que a combinação de atores e objetos "reais" com o ambiente digital chegou perto de criar um espaço estético autônomo verdadeiramente novo.

A prática de misturar artes diferentes, incluir numa forma artística referências a outra, tem uma longa tradição, principalmente com relação ao cinema; muitos retratos de Hopper, em que ele mostra uma mulher diante de uma janela aberta, olhando para fora, são claramente mediados pela experiência do cinema (oferecem uma tomada sem sua contratomada). O que torna *300* admirável é que nele (não pela primeira vez, é claro, mas de um modo artisticamente muito mais interessante do que, digamos, em *Dick Tracy*, de Warren Beatty) uma forma de arte tecnicamente muito desenvolvida (o cinema digitalizado) faz referência a uma forma menos desenvolvida (os quadrinhos). O efeito produzido é o da "realidade verdadeira" perdendo sua inocência, surgindo como parte de um universo artificial fechado, o que é uma representação perfeita da nossa difícil situação socioideológica.

Portanto, os críticos que afirmaram que a "síntese" das duas formas de arte em *300* é um fracasso estão errados porque estão certos: é claro que a "síntese" fracassa, é claro que o universo que vemos na tela é perpassado por uma inconsistência e um antagonismo profundos, mas esse mesmo antagonismo é que é uma indicação de verdade.

História e família em Frankenstein

Entretanto, há uma questão mais fundamental que se deve levantar a propósito do mito familiar como ferramenta interpretativa. Parece óbvio que a primeira tarefa da crítica da ideologia seja, naturalmente, tratar a narrativa familiar como um mito ideológico que deve ser abordado como o texto explícito de um sonho, que deve ser decifrado como a luta verdadeira ofuscada pela narrativa familiar. E se aqui, todavia, seguirmos até o fim a homologia com a lógica freudiana dos sonhos, tendo em mente que o verdadeiro foco do sonho, seu "desejo inconsciente", não é o pensamento onírico, mas algo que paradoxalmente se inscreve num texto onírico por meio dos próprios mecanismos de transposição do pensamento onírico para o texto onírico? Em outras palavras, o desejo inconsciente no sonho não é simplesmente o cerne que nunca aparece diretamente, que é distorcido pela tradução no texto onírico manifesto, e sim o próprio princípio dessa distorção. Eis a formulação insuperável que Freud faz desse paradoxo:

> Os pensamentos oníricos latentes são o material que o trabalho onírico transforma em sonho manifesto. [...] A única coisa essencial nos sonhos é o trabalho onírico, que in-

fluenciou o material do pensamento. Não temos o direito de ignorá-lo em nossa teoria, ainda que possamos desprezá-lo em algumas situações práticas. A observação analítica mostra ainda que o trabalho onírico nunca se restringe a traduzir esses pensamentos no modo de expressão arcaico ou regressivo que nos é familiar. Além disso, regularmente ele toma posse de outra coisa que não faz parte dos pensamentos latentes da véspera e que é a verdadeira força motivadora da construção do sonho. Esse acréscimo indispensável [*unentbehrliche Zutat*] é o desejo igualmente inconsciente para cuja realização o conteúdo do sonho recebe nova forma. O sonho, portanto, pode ser qualquer tipo de coisa, desde que só levemos em conta os pensamentos que representa: um aviso, uma intenção, uma preparação, e assim por diante; mas é sempre também a realização de um desejo inconsciente e, quando considerado como produto do trabalho onírico, é somente isso. O sonho, portanto, nunca é simplesmente uma intenção ou um aviso, mas sempre uma intenção etc., traduzida no modo arcaico de pensamento com a ajuda do desejo inconsciente e transformada para realizar esse desejo. Essa característica, a realização do desejo, é invariável; as outras podem variar. Ela pode, de sua parte, ser mais uma vez um desejo e, nesse caso, o sonho, com a ajuda do desejo inconsciente, representará como realizado um desejo latente da véspera.[16]

Vale analisar todos os detalhes desse trecho maravilhoso, desde o mote implícito inicial ("o que é suficientemente bom para a prática – ou seja, a busca do significado dos sonhos – não é suficientemente bom para a teoria") até o redobrar do desejo na conclusão. Naturalmente, a ideia principal é a "triangulação" de pensamentos oníricos latentes, conteúdo manifesto do sonho e desejo inconsciente, a qual limita o alcance – ou melhor, solapa-o diretamente – do modelo hermenêutico da interpretação dos sonhos (o caminho desde o conteúdo onírico manifesto até o significado oculto, o pensamento onírico latente), que segue de volta o caminho da formação do sonho (a transposição do pensamento onírico latente para o conteúdo onírico manifesto por meio do trabalho onírico). O paradoxo é que esse trabalho onírico não é simplesmente um processo de mascaramento da "verdadeira mensagem" do sonho: o verdadeiro âmago do sonho, seu desejo inconsciente, inscreve-se somente por e nesse próprio processo de mascaramento, de modo que, assim que retraduzimos o conteúdo onírico em pensamento onírico nele expresso, perdemos a "verdadeira força motivadora" do sonho; em resumo, é o processo de mascarar-se que inscreve no sonho seu verdadeiro segredo. Portanto, é preciso virar do avesso a noção-padrão da penetração cada vez mais funda no âmago do sonho: não é que, partindo do conteúdo onírico manifesto, penetremos primeiro no segredo do primeiro nível, o pensamento onírico latente, e depois, dando um passo adiante e mais profundo, no âmago onírico inconsciente, o desejo inconsciente.

---

[16] Sigmund Freud, *Introductory Lectures on Psychoanalysis* (Harmondsworth, Penguin, 1973), p. 261-2.

O desejo "mais fundo" está localizado na própria lacuna entre o pensamento onírico latente e o conteúdo onírico manifesto[17].

Um exemplo perfeito dessa lógica na literatura é *Frankenstein**, de Mary Shelley. Uma crítica marxista muito comum sobre o romance é que ele se concentra na densa rede da família e da sexualidade e oblitera (ou melhor, reprime) a verdadeira referência histórica: a história é eternizada como um drama familiar, as tendências sócio-históricas mais amplas (desde a "monstruosidade" do terror revolucionário até o impacto das revoluções científica e tecnológica) são refletidas/encenadas de maneira distorcida, como os problemas de Victor Frankenstein com o pai, a noiva e a progênie monstruosa... Embora tudo isso seja verdade, uma simples experiência mental mostra as limitações dessa abordagem: imaginemos a mesma história (dr. Frankenstein e seu monstro) contada como a história de um cientista e seu experimento, sem o melodrama familiar que a acompanha (o monstro como obstáculo ambíguo à consumação do matrimônio: "Estarei lá em sua noite de núpcias" etc.); o que teremos é uma história empobrecida, privada da dimensão que explica seu extraordinário impacto libidinal. Assim, para usar termos freudianos, é verdade que a narrativa explícita é como um texto onírico que se refere, de maneira codificada, ao referente verdadeiro, o "pensamento onírico" (a dimensão sócio-histórica mais ampla), refletindo-o de um modo distorcido; entretanto, é por meio dessa própria distorção, desse mesmo deslocamento, que o "desejo inconsciente" do texto (a fantasia sexualizada) se inscreve.

A noção romântica de monstruosidade tem de ser entendida contra o pano de fundo da distinção, elaborada por Samuel Taylor Coleridge, entre imaginação e fantasia: a imaginação é uma força criativa que gera corpos orgânicos e harmoniosos, enquanto a fantasia representa uma montagem mecânica de partes que não se encaixam, de modo que o produto é uma monstruosa combinação à qual falta qualquer unidade harmoniosa. Em *Frankenstein*, história de um monstro, essa questão da monstruosidade não se limita ao conteúdo narrativo; de certo modo, ela transborda e inunda outros níveis. Há nela três níveis de monstruosidade/fantasia:

1. Em primeiro lugar, e mais óbvio, o monstro reanimado por Victor é mecanicamente composto de partes, não é um organismo harmonioso.

---

[17] Um procedimento semelhante age na dimensão metafórica da linguagem cotidiana. Digamos que eu seja um editor que queira criticar o manuscrito a mim apresentado; em vez de dizer de forma grosseira que "o texto tem de ser reescrito para que desapareçam pelo menos as partes mais estúpidas", insinuo ironicamente que "o texto talvez precise de uma fumigação". Essa substituição metafórica não faz uma referência muito mais ameaçadora a germes e insetos, a matar etc.?

* São Paulo, Companhia das Letras, 1994. (N. E.)

O mito familiar da ideologia / 93

2. Em segundo lugar, como pano de fundo social do romance, a agitação social e a revolução aparecem como uma decomposição monstruosa da sociedade: com o advento da modernidade, a sociedade harmoniosa tradicional é substituída por uma sociedade industrializada em que as pessoas interagem mecanicamente como indivíduos, seguem seus interesses egoístas, não sentem mais que pertencem a um Todo mais amplo e, às vezes, explodem em rebeliões violentas. As sociedades modernas oscilam entre a opressão e a anarquia: a única unidade que pode ocorrer nelas é a unidade artificial imposta pelo poder violento.

3. Por fim, há o romance propriamente dito, uma composição monstruosa, desajeitada, incoerente de partes, modos narrativos e gêneros diferentes.

A esses três, deve-se acrescentar um quarto nível de monstruosidade, o das interpretações provocadas pelo romance: o que significa o monstro, o que ele representa? Pode significar a monstruosidade da revolução social, dos filhos que se rebelam contra os pais, da produção industrial moderna, da reprodução assexuada, do conhecimento científico. Obtemos, portanto, uma miríade de significados que não formam um todo harmonioso, apenas coexistem lado a lado. A interpretação da monstruosidade acaba então numa monstruosidade (fantasia) de interpretações.

Como encontrar nosso caminho *nessa* monstruosidade? É fácil mostrar que o verdadeiro foco de *Frankenstein* é a "monstruosidade" da Revolução Francesa, sua degeneração em terror e ditadura. Mary e Percy Shelley eram estudiosos ardentes da literatura e das polêmicas relativas à Revolução Francesa. Victor cria seu monstro em Ingolstadt, a mesma cidade que Barruel – historiador conservador da Revolução cujo livro Mary leu repetidas vezes – cita como fonte da Revolução Francesa (foi em Ingolstadt que a sociedade secreta dos Illuminati planejou a revolução). A monstruosidade da Revolução Francesa foi descrita por Edmund Burke exatamente nos termos de um Estado morto e revivido como um monstro:

> da tumba da monarquia assassinada da França ergueu-se um espectro vasto, tremendo, sem forma, num disfarce muito mais terrível do que todos os que já dominaram a imaginação, e subjugou a fortitude do homem. Indo diretamente para o seu fim, sem medo do perigo, sem ser contido pelo remorso, desdenhando todas as máximas comuns e todos os meios comuns, esse fantasma horrendo dominou os que não podiam acreditar que fosse possível que existisse.[18]

Além disso, *Frankenstein* é dedicado a William Godwin, pai de Mary, conhecido pelas ideias utópicas a respeito da regeneração da raça humana. Godwin alimen-

---

[18] Edmund Burke, *Letters on the Proposals for Peace with the Regicide Directory of France*, Carta I (1796), em *The Works and Correspondence of the Right Honorable Edmund Burke* (nova edição, Londres, 1852), v. 5, p. 256.

tou esperanças milenares em *An Enquiry Concerning the Principles of Political Justice* (1793) [Investigação sobre os princípios da justiça política], em que exultava com nada mais, nada menos que o surgimento de uma nova raça humana. Essa raça, que surgiria assim que a superpopulação fosse cientificamente controlada, seria produzida por engenharia social, não por intercurso sexual. No romance, Victor diz: "Uma nova espécie me abençoaria como sua fonte e criador; muitas naturezas felizes e excelentes deveriam a mim sua existência. Nenhum pai poderia exigir a gratidão do filho de modo tão completo como eu mereceria a deles."

A associação simbólica entre Godwin e monstros foi forjada em 1796-1802, quando a reação conservadora contra ele chegou ao ápice. Naqueles anos, usavam-se frequentemente demônios e imagens grotescas para reduzir a importância das teorias de Godwin sobre a regeneração utópica da humanidade. Os conservadores retratavam Godwin e seus textos como um monstro nascente que tinha de ser pisoteado, do contrário a Inglaterra seguiria o caminho da França revolucionária. Horace Walpole chamou Godwin de "um dos maiores monstros exibidos pela história". Em 1800, [o periódico] *Antijacobin Review*, que comandara o ataque a William Godwin e Mary Wollstonecraft, chamou os discípulos do casal de "crias do monstro".

Frankenstein não aborda diretamente seu verdadeiro foco; em vez disso, conta a história como um drama familiar despolitizado ou um mito de família. As personagens do romance encenam no nível da psicologia pessoal polêmicas políticas mais antigas. Na década de 1790, escritores como Edmund Burke tinham chamado a atenção para o monstro coletivo e parricida, isto é, o regime revolucionário da França; depois da revolução, Mary Shelley reduz esse simbolismo à dimensão doméstica. Seu romance reencena o tropo do monstro, mas do ponto de vista de narradores isolados e subjetivos, presos a suas próprias lutas parricidas. Dessa maneira, o romance pode manter à distância, invisível, seu verdadeiro tema. Como observamos, essa é também a crítica marxista mais comum a respeito de *Frankenstein*: ele se concentra na densa rede de família e sexualidade a fim de obliterar (ou melhor, reprimir) sua verdadeira referência histórica.

Mas por que *Frankenstein* tem de encobrir seu verdadeiro referente histórico? Porque a relação com o foco/tema verdadeiro (a Revolução Francesa) é profundamente ambígua e contraditória e a forma do mito familiar possibilita neutralizar essa contradição, evocar todas essas atitudes incompatíveis como partes da mesma história. Não só *Frankenstein* é um mito no sentido dado por Lévi-Strauss, uma solução imaginária de contradições reais, como também devemos seguir Lévi-Strauss quando ele afirma que a análise de Freud do mito de Édipo é outra versão do mito de Édipo, que deve ser tratada da mesma maneira como se trata o mito original: as novas variações do mito tentam deslocar e resolver de outra forma a contradição que o mito original tentou resolver. No caso de *Frankenstein*, portanto, é preciso tratar como parte do mesmo mito, como uma nova variação, as versões cinematográficas (são mais de cinquenta) e a maneira como transformam a história original. Eis as principais:

1. *Frankenstein* (o clássico mais conhecido de James Whale, de 1931, com Boris Karloff como o monstro): sua principal característica é que deixa de fora a subjetivização do monstro (o monstro nunca tem permissão para contar a história na primeira pessoa, permanece como o Outro monstruoso).

2. Em *A verdadeira história de Frankenstein* (1973), Frankenstein cria um rapaz bonito e o educa para a sociedade, mas o corpo da criatura começa a corromper-se, fazendo-o voltar-se contra o seu criador.

3. Em *A noiva de Frankenstein* (1985), depois de abandonar a malograda criatura original, Frankenstein cria uma bela mulher e educa-a para ser a sua companheira perfeita; mas ela também foge do seu controle.

4. Em *Frankenstein de Mary Shelley*, de Kenneth Branagh, depois que o monstro mata a noiva de Victor, este, num ato de desespero, remonta-*a* e reanima-*a* (o ponto culminante da cena é quando Victor sai dançando com a esposa reanimada).

5. Por fim, embora não haja referência direta a *Frankenstein*, em *Blade Runner*, de Ridley Scott (1982), o tenente Deckard, da polícia, é designado para caçar e eliminar um grupo de "replicantes", criaturas super-humanas produzidas geneticamente para o trabalho escravo, que se rebelaram contra seus criadores e estão escondidas em Los Angeles. O confronto entre Deckard e "Batty", o líder replicante, remete obviamente ao conflito entre Frankenstein e o monstro; aqui, no ato de reconciliação final, Batty salva Deckard da morte certa.

O que esses filmes têm em comum é que todos reproduzem a proibição básica do romance original: nenhum deles aborda diretamente a questão política (a "monstruosidade" da rebelião social); todos contam a história pelo arcabouço das relações familiares/amorosas. Então, em que consiste a atitude contraditória do romance para com seu tema central?

O tema da monstruosidade da revolução é um elemento conservador e a forma do romance (a confissão do personagem principal na hora da morte) está claramente relacionada a um gênero conservador popular na época de Shelley, em que, depois de forçados a enfrentar os resultados catastróficos dos sonhos de liberdade e irmandade universais, os ex-radicais arrependidos renunciam ao comportamento reformista. Entretanto, Shelley faz algo que um conservador jamais faria: na parte central do livro, ela avança um passo e dá a palavra diretamente ao monstro, que pode contar a história de seu ponto de vista. Esse passo expressa a atitude liberal de liberdade de expressão em seu aspecto mais radical: é preciso ouvir o ponto de vista de todos. Em *Frankenstein*, o monstro não é uma Coisa, um objeto horrível que ninguém ousa confrontar; ele é inteiramente *subjetivizado*. Mary Shelley entra na mente do monstro e pergunta como é ser rotulado, definido, oprimido, excomungado e até fisicamente distorcido pela sociedade. Portanto, permite que o supremo criminoso se apresente como a suprema vítima. O assassino monstruoso revela-se um indivíduo profundamente ferido e desesperado, que anseia por companhia e amor.

Assim, é fundamental ver *em que* consiste a história do próprio monstro. Ele nos conta que sua identidade rebelde e assassina foi aprendida, não é inata. Em contradição direta com a tradição burkiana do monstro como o mal encarnado, a criatura diz a Frankenstein: "Eu era bom e benevolente; o sofrimento fez de mim um demônio". Surpreendentemente, o monstro revela que é um rebelde muito filosófico: explica suas ações em termos republicanos tradicionais. Afirma ter sido levado à rebelião pelos erros da ordem dominante. Seus superiores e protetores se esquivaram de suas responsabilidades para com ele, empurrando-o para a insurreição. Os monstros não se rebelam porque foram contaminados pelos males da filosofia radical e sem Deus, mas porque foram oprimidos e maltratados pela ordem reinante. A fonte de Mary Shelley foi um estudo de sua própria mãe, *An Historical and Moral View of the Origin and Progress of the French Revolution* (1794) [Visão histórica e moral da origem e do progresso da Revolução Francesa], em que Mary Wollstonecraft, depois de concordar com os conservadores burkianos que os rebeldes são monstros, insiste resolutamente que esses monstros são produto social. Não são mortos-vivos nem espectros que se ergueram dos túmulos da monarquia assassinada. Ao contrário, são produto da opressão, do desgoverno e do despotismo do *Ancien Régime*. As classes inferiores são levadas à rebelião, voltam-se contra seus opressores de maneira parricida. É aqui que o romance se aproxima mais da política: o monstro elabora uma crítica radical da opressão e da desigualdade: "Ouvi falar da divisão da propriedade, da riqueza imensa e da pobreza miserável, das classes, da origem e do sangue nobre". Ele fala à moda dos radicais da época revolucionária:

> Soube que as posses mais estimadas pelas criaturas de seu gênero eram a origem elevada e pura, unida às riquezas. O homem pode ser respeitado com uma dessas aquisições apenas, mas sem nenhuma delas era considerado, exceto em ocasiões raríssimas, vagabundo, escravo, condenado a dissipar suas forças para lucro de uns poucos escolhidos.

Aqui, Mary Shelley efetivamente desenvolve a "dialética do Esclarecimento" 150 anos antes de Adorno e Horkheimer. Ela vai muito além das advertências conservadoras usuais de que o progresso científico e político se transforma em pesadelo, caos e violência, de que o homem deveria manter a devida humildade em face do mistério da criação e não tentar tornar-se senhor da vida, a qual deveria permanecer como prerrogativa divina.

O monstro é um puro sujeito do Iluminismo: depois da reanimação, ele é um "homem natural", sua mente é uma *tabula rasa*. Deixado só, abandonado pelo criador, tem de reencenar a teoria iluminista do desenvolvimento: precisa aprender tudo do zero, através da leitura e da experiência. Seus primeiros meses são de fato a realização de uma espécie de experimento filosófico. O fato de falhar moralmente, de transformar-se em monstro vingador e assassino, não é uma condenação dele, mas da sociedade da qual se aproxima com a melhor das intenções e com a necessidade de amar e ser amado. Seu triste destino ilustra perfeitamente a tese de Rousseau de que o homem é bom por natureza e a sociedade é que o corrompe.

O próprio medo do progresso não é necessariamente um tema conservador. Recordemos que, na Inglaterra de Mary Shelley, os "luditas", gangues de operários desesperados, destruíam máquinas industriais em protesto contra a perda de empregos e a grande exploração que elas significavam para eles. Além disso, as feministas leram *Frankenstein* não como uma advertência conservadora contra os perigos do progresso, mas como uma crítica protofeminista dos perigos do conhecimento e da tecnologia masculinos que visam dominar o mundo e controlar a própria vida humana. Esse medo ainda está em nós: o medo de que os cientistas criem uma nova forma de vida ou de inteligência artificial que saia do controle e se volte contra nós.

Há, finalmente, uma ambiguidade fundamental que está no próprio tema da rebelião do filho como uma monstruosidade: que rebelião é essa no romance? Trata-se de uma dupla rebelião: o primeiro a se rebelar contra a ordem paterna é o próprio Victor; em seguida, o monstro se rebela contra o filho rebelde. Victor se rebela contra a ordem paterna propriamente dita: a criação do monstro é reprodução assexuada, não a sucessão normal de gerações numa família.

Isso nos leva à noção freudiana do *Unheimliche* (o estranho). Qual é a coisa mais *unheimlich* para nós, a que está mais próxima e é, ao mesmo tempo, objeto de nojo e horror? O *incesto*: o sujeito incestuoso está literalmente em casa, não precisa procurar parceiros sexuais fora *e* engaja-se numa atividade secreta que inspira medo e vergonha em todos nós. Não admira então que haja insinuações de incesto duas vezes em *Frankenstein*. Walton escreve suas cartas (e, no fim do romance, decide voltar) não para a esposa, mas para a irmã; na primeira edição do romance, a noiva de Victor é sua meia-irmã. (Assim, quando o monstro está realmente "lá na noite de núpcias" e mata a noiva, impede, no último instante, a consumação de uma união incestuosa.)

A ânsia de Walton e de Victor de sair de casa e envolver-se num ato transgressor e arriscado é, portanto, mais ambígua do que parece: ambos o fazem não por alguma aspiração blasfema e patológica, mas para fugir da opressão incestuosa do lar. Tinha de haver alguma coisa errada em casa. Percy, o marido de Mary, descreveu o que havia de errado no famoso soneto "England in 1819":

Um rei velho, louco, cego, desprezado e moribundo,
Príncipes, resíduos da raça obtusa, que fluem
Pelo desdém público – lama de uma fonte lamacenta,
Governantes que não veem, não sentem, não sabem,
Mas como sanguessugas se agarram ao país que desfalece,
Até largarem, cegos de sangue, sem um golpe,
Um povo faminto e apunhalado no campo inculto,
Um exército que, liberticida e vítima,
Como espada de dois gumes, faz de todos que domina,
Leis douradas e sanguíneas que tentam e chacinam,
Religião sem Cristo, sem Deus – um livro selado,
Um Senado – o pior estatuto do Tempo não revogado,
São túmulos, dos quais um Fantasma glorioso pode
Explodir, para iluminar o dia tempestuoso.*

É claro que um conservador responderia que esse fantasma que pode explodir do túmulo "para iluminar o dia tempestuoso" talvez não seja nada glorioso, mas sim um fantasma da vingança assassina, como o monstro de Frankenstein. Isso nos leva à contradição de Mary Shelley: a contradição entre "opressão e anarquia", entre o lar sufocante e opressivo e as consequências assassinas de tentar fugir dele. Incapaz de resolver essa contradição, e não querendo enfrentá-la diretamente, ela só pôde contá-la como um mito familiar.

A lição de todos esses impasses não é que se deve contornar o mito familiar e voltar-se diretamente para a realidade social. O que se deve fazer é algo muito mais difícil: destruir *por dentro* o mito familiar. Um depoimento importante sobre a luta para atingir esse objetivo é a carta de Kafka ao pai.

Uma carta que realmente *chegou a seu destino*

O Prêmio Darwin de 2001 para o ato mais estúpido do ano foi conferido postumamente a uma pobre mulher da Romênia rural que acordou durante seu cortejo fúnebre. Depois de se arrastar para fora do caixão e perceber o que estava acontecendo, ela fugiu, cega de terror; foi atropelada por um caminhão numa estrada movimentada e morreu na hora. Assim, puseram-na de volta no caixão e o cortejo

---

* "An old, mad, blind, despised, and dying king,/ Princes, the dregs of their dull race, who flow/ Through public scorn – mud from a muddy spring,/ Rulers who neither see, nor feel, nor know,/ But leech-like to their fainting country cling,/ Till they drop, blind in blood, without a blow,/ A people starved and stabbed in the untilled field,/ An army, which liberticide and prey/ Makes as a two-edged sword to all who wield,/ Golden and sanguine laws which tempt and slay,/ Religion Christless, Godless – a book seal'd,/ A Senate – Time's worst statute unrepealed,/ Are graves, from which a glorious Phantom may/ Burst, to illumine our tempestuous day." (N. T.)

fúnebre continuou... Esse não é o maior exemplo do que chamamos de destino – de uma carta que chega a sua destinação?

Uma carta também pode chegar a seu destino exatamente na medida em que o destinatário se recusa a recebê-la. É o que acontece perto do fim de *Troilo e Créssida*, a já mencionada obra-prima negligenciada de Shakespeare, quando Troilo, o amante enganado, rasga e joga fora a carta em que sua Créssida tenta explicar o flerte com Diomedes. Nunca saberemos o que havia na carta, embora a cena não deixe de despertar nossas esperanças melodramáticas: Créssida se redimirá, "esclarecerá tudo"? A força dessa esperança explica o fato de que, durante todo o século XVIII, a peça que se costumava encenar era a versão revisada de Dryden, de 1679, em que Créssida é totalmente redimida: ficamos sabendo que ela tramou com o pai a fuga para voltar para Troia e para Troilo e que a aparente rendição a Diomedes foi apenas um artifício para permitir isso. E se Shakespeare quisesse afirmar uma tese, e não só manter em suspenso nossa curiosidade, recusando-se a divulgar o conteúdo da carta? E se a carta *tencionasse* ser rejeitada? A cena à qual a carta se refere aconteceu antes, quando Créssida depois de ter passado sua primeira (e única) noite com Troilo, foi entregue aos gregos pelo próprio pai, como parte de uma negociação fria, em troca de um guerreiro troiano que havia sido capturado pelos gregos. No acampamento grego, ela foi dada a Diomedes como butim; na barraca, ela flerta com ele, oferecendo-se desavergonhadamente sob os olhos de Troilo, que foi levado até lá por Ulisses. Quando Diomedes sai da barraca, ela reflete em voz alta:

> Troilo, adeus! Um olho ainda te olha,
> Mas com meu coração o outro olho tem de enxergar.
> Ah, nosso pobre sexo! Essa falha em nós encontro:
> O erro do olhar dirige a mente.
> O que o erro conduz tem de errar. Oh, então concluo:
> As mentes desviadas pelos olhos estão cheias de torpeza.*

Aqui, a principal pergunta que se deve fazer é: e se Créssida soubesse o tempo todo que era observada por Troilo e só fingisse que estava pensando em voz alta? E se toda a cena de sedução, a tentativa desavergonhada de despertar o desejo de Diomedes, fosse *encenada para o olhar de Troilo*? Não esqueçamos que Créssida anuncia sua natureza dividida já no primeiro encontro ansioso dos amantes, quando do avisa ominosamente Troilo:

---

* "Troilus, farewell! One eye yet looks on thee,/ But with my heart the other eye doth see./ Ah, poor our sex! This fault in us I find:/ The error of our eye directs our mind./ What error leads must err. O then conclude:/ Minds swayed by eyes are full of turpitude" (V, 2). (N. T.)

100 / Em defesa das causas perdidas

Tenho um tipo de eu [que] está contigo –
Mas um eu cruel, que por si partirá
Para ser o tolo de outro.*

Ela prevê, portanto, a amarga declaração dele depois de assistir ao seu flerte com Diomedes, de que nela não há "regra na própria unidade". Esse estranho deslocamento interno de Créssida é mais complexo do que parece: parte dela o ama, mas essa parte é "cruel" e, com a mesma necessidade com que a ligava a Troilo, logo a empurrará para outro homem. A grande lição é que, às vezes, para interpretar uma cena ou uma fala, o principal é *identificar o verdadeiro destinatário*. Num dos melhores romances de Perry Mason, o advogado testemunha um interrogatório de um casal em que o marido conta ao policial, com uma inesperada riqueza de detalhes, o que aconteceu, o que viu e o que acha que aconteceu. Por que esse excesso de informações? A solução: o casal cometeu o crime e, como o marido sabia que ele e a esposa logo seriam presos como suspeitos do assassinato e separados, ele aproveitou a oportunidade para contar à esposa a história (falsa) que ambos tinham de sustentar – o verdadeiro destinatário da falação interminável, portanto, não era o policial, mas a esposa[19].

E assim chegamos à carta de Franz Kafka ao pai, em que ele articula a crise da autoridade paterna com toda a sua ambiguidade. Não admira que a primeira impressão que se tem ao ler essa carta é que falta alguma coisa, a virada final na linha da parábola da Porta da Lei ("Essa porta estava aqui só para você..."): a demonstração de terror e raiva do pai está aqui só para você, você investiu nela, você a sustenta... Podemos muito bem imaginar o Hermann Kafka real como um cavalheiro gentil e bondoso, genuinamente surpreso com o papel que desempenhava na imaginação do filho[20].

---

* "I have a kind of self [that] resides with you –/ But an unkind self, that itself will leave/ To be another's fool" (III, 2). (N. T.)

19 Entre 1937 e 1938, enquanto aguardava sua execução na prisão de Lubianka, em Moscou, Nikolai Bukharin escreveu proliferamente e concluiu quatro manuscritos substanciosos (livros sobre filosofia marxista, socialismo e cultura, um romance e um livro de poemas; milagrosamente, os manuscritos sobreviveram e os três primeiros já estão disponíveis em inglês). A chave dessa obra extraordinária é o contexto em que foi escrita e seu destinatário: Bukharin sabia que logo seria executado e os livros não seriam publicados, por isso deu os manuscritos aos carcereiros para que fossem entregues a Stalin (que os preservou). Embora escritos como livros dirigidos ao público em geral, o verdadeiro destinatário, portanto, era somente uma pessoa, o próprio Stalin, a quem Bukharin, nesse último gesto desesperado, tentou fascinar com seu brilho intelectual.

20 Devo a instigação para essa leitura de Kafka à palestra de Avital Ronell, feita em 10 de agosto de 2006, em Sass Fee. A carta de Kafka ao pai está disponível em inglês na internet, em <http://www.kafka-franz.com/KAFKA-letter.htm>. [Ed. bras.: *Carta ao pai*, São Paulo, Companhia das Letras, 1997.]

Como diríamos no estilo californiano, Kafka tinha um grave problema de atitude em relação ao pai. Quando se identificou como "Lowy", assumindo o sobrenome da mãe, Kafka colocou-se numa série que inclui Adorno (que também trocou o sobrenome do pai, Wiesengrund, pelo da família da mãe), para não citar Hitler (que era Schickelgruber) – ambos pouco à vontade para assumir o papel de portador do sobrenome paterno. É por isso que um dos pontos importantes da carta de Kafka ao pai é a afirmação de que poderia aceitar (a pessoa de) seu pai, estabelecer com ele uma relação não traumática, caso ele fosse seu amigo, irmão, chefe, até mesmo sogro, mas não seu pai...

O que incomoda Kafka é a presença excessiva do pai: ele está vivo demais, é obscenamente invasivo demais. Entretanto, essa presença excessiva do pai não é um fato direto: só aparece como tal contra o pano de fundo da suspensão da função simbólica do pai. Essa "demasiedade" do pai (como diria Eric Santner) é, em última análise, a demasia da própria vida, a característica humilhante do excesso de vitalidade do pai que solapa sua autoridade. Vejamos como Kafka vê o gosto do pai pelas "expressões indecentes": "o senhor [as] profere na voz mais alta possível, rindo delas como se tivesse dito algo muito bom, quando na verdade foi só uma pequena obscenidade banal (ao mesmo tempo, mais uma vez, isso para mim era uma manifestação humilhante de sua vitalidade)."

Mais uma vez é preciso ter em mente a ordem de causalidade apropriada: não é que a vitalidade excessiva do pai solape sua autoridade simbólica; na verdade é o contrário, ou seja, o próprio fato de Kafka se incomodar com a vitalidade excessiva do pai já pressupõe o fracasso da autoridade simbólica.

Qual é a verdadeira função do Nome-do-Pai? É exatamente permitir ao sujeito "matar simbolicamente" o pai, ser capaz de *abandonar* o pai (e o círculo familiar mais próximo) e fazer livremente seu próprio caminho no mundo. Sendo assim, não admira que a relutância de Kafka a assumir o Nome-do-Pai seja a própria indicação de que não é capaz de romper com o pai: o que a carta de Kafka ao pai testemunha é um sujeito condenado a permanecer para sempre à sombra do pai, preso a ele num impasse libidinal. Longe de lhe permitir evitar o controle do pai, a recusa de Kafka a aceitar o nome do pai é o sinal mais claro de seu aprisionamento.

Não sendo de modo algum uma vítima passiva do terror do pai, Kafka dirigia o jogo (lembremos que, no longo debate entre o Padre e o homem do campo que se segue à parábola sobre a Porta da Lei, em *O processo*, o Padre afirma que o homem do campo está em posição superior e que o guardião da porta é na verdade seu subordinado). A prova? Se em algum momento existiu uma lembrança de proteção, foi o incidente que ocorreu quando Kafka tinha dois meses de idade, que ele afirma ser a única coisa da infância da qual tem "lembrança direta" (e apela para o pai, que também deveria se lembrar dele). Esse acidente foi (re)construído depois, provavelmente pelo que os pais contaram a Franz – mas para encobrir o quê, poderíamos perguntar? Assim como a cena primária do Homem dos Lobos, trata-se de uma fantasia retroativa:

> Só há um episódio dos primeiros anos do qual tenho uma lembrança direta. O senhor também deve se lembrar. Certa noite eu não parava de pedir água, não porque estava com sede, tenho certeza, mas provavelmente em parte para incomodar, em parte para me divertir. Depois que várias ameaças vigorosas não surtiram efeito, o senhor me tirou da cama, me levou até o *pavlatche* [em tcheco, a longa varanda do pátio interno das casas antigas de Praga] e me deixou algum tempo lá, sozinho, de camisola, do lado de fora, com a porta fechada. Não vou dizer que foi errado; talvez não houvesse mesmo outro jeito de ter paz e silêncio naquela noite; mas menciono isso como típico de seus métodos de criar filhos e de seus efeitos sobre mim. Ouso dizer que fui bastante obediente dali em diante naquela época, mas isso me causou danos internos. O que para mim era algo automático, aquele pedido de água sem sentido, e depois o terror extraordinário de ser levado para fora foram duas coisas que eu, sendo minha natureza o que era, jamais pude ligar de modo adequado entre si. Mesmo anos depois sofri com a ideia torturante de que o homem imenso, meu pai, a suprema autoridade, viria quase sem razão nenhuma me tirar da cama à noite e me levar para o *pavlatche*, e que, portanto, no que lhe dizia respeito, eu não significava absolutamente nada.

A gorgolejante cadeia significante da criança que pretende provocar o pai é como os suaves sons obscenos na linha telefônica do Castelo ou os cantos dos fuzileiros norte-americanos... Há, portanto, um vínculo oculto entre o balbuciar pré-simbólico e "subversivo" da criança e o Poder inacessível que aterroriza o herói kafkiano, entre supereu e isso.

A verdadeira censura subjacente ao pai não diz respeito ao poder nem à demonstração arrogante de autoridade, mas sim à sua *impotência*, à sua *falta* de autoridade simbólica. As aterrorizantes explosões de raiva (*Wuten*) do pai não são outros tantos sinais de impotência básica, sinais de que a autoridade fria e eficiente falhou? O próprio pai explicou seu "temperamento imperioso" como "devido ao problema nervoso do coração" – não exatamente um sinal de poder, mas, como é óbvio para o próprio Kafka, um método de manipulação barata, digno dos covardes: "a doença cardíaca nervosa é um meio para o senhor exercer sua dominação com mais vigor, já que a sua lembrança sufoca necessariamente a mínima oposição dos outros". Eis outra exibição ritual de poder do pai: "Também era terrível quando o senhor corria em volta da mesa, gritando, agarrando alguém, obviamente não tentando agarrar de fato, mas fingindo..." – uma exibição de poder ridícula e autossolapante. Além disso, que tipo de pai se sente tão ameaçado pelo filho de dois meses a ponto de tomar a medida absurdamente excessiva de levá-lo para fora do apartamento? Uma figura verdadeiramente autoritária resolveria o problema com um olhar firme e frio... (Aliás, numa família patriarcal padrão, como era com certeza a família de Kafka, o primeiro sinal de falta de autoridade já não é o fato de o pai, e não a mãe, ter respondido à criança?) É igualmente claro que a descrição da "dominação intelectual" do pai é sustentada pelo temor mal disfarçado de que essa fraude óbvia, essa aparência de autoridade, exploda feito um balão, desnudando a estupidez do pai...

> De sua poltrona, o senhor dominava o mundo. Sua opinião estava certa, todas as outras eram malucas, selvagens, *excêntricas*, anormais. Na verdade, sua autoconfiança era tão grande que o senhor nem precisava ser coerente, mas mesmo assim nunca deixava de estar certo. Às vezes acontecia de o senhor não ter opinião nenhuma sobre algum assunto e, como consequência, toda opinião concebível a respeito dele estaria necessariamente errada, sem exceção. O senhor era capaz, por exemplo, de menosprezar os tchecos, depois os alemães e em seguida os judeus, e mais ainda, não só seletivamente, mas em todos os aspectos, e afinal não restava ninguém a não ser o senhor. Para mim, o senhor assumiu a característica enigmática que têm todos os tiranos cujos direitos se baseiam em sua pessoa e não na razão.

Não admira que a "sensação exclusiva de culpa" de Kafka tenha sido substituída pela "percepção de nosso desamparo, do senhor e meu".

Portanto, temos de ser muito precisos quando tratamos da questão da autoridade paterna: não se deve confundir autoridade com presença dominadora e violentamente invasiva. Ou seja, um modo de entender a perplexidade de Kafka diante do pai é interpretá-la como a experiência da lacuna, do contraste, entre o personagem ridículo, pretensioso e impotente que é a realidade do pai e o poder imenso que ele exerce mesmo assim: "Como pode um personagem tão patético ainda assim exercer tanto poder?". A resposta então seria a rede sociossimbólica que investe de poder uma pessoa empírica, e a lacuna seria a da castração simbólica. Pelos rituais tradicionais de investidura, conhecemos os objetos que não só "simbolizam" o poder, como também põem o sujeito que os obtém na posição de efetivamente *exercer* o poder – se um rei tem o cetro nas mãos e usa a coroa, suas palavras serão aceitas como as palavras de um rei. Essas insígnias são externas, não fazem parte da minha natureza: eu as visto, uso-as para exercer o poder. Como tais, elas me "castram": introduzem uma lacuna entre o que sou imediatamente e a função que exerço (isto é, nunca estou inteiramente no nível da minha função). Entretanto, essa *não* é a maneira como Kafka vivencia o pai; o problema de Kafka é que a presença corporal do pai perturba a eficácia da função simbólica paterna. Em outras palavras, a presença excessiva, imponente e quase espectral do pai, cujo impacto excede a realidade imediata da pessoa, não é o excesso de autoridade simbólica além da realidade imediata, mas é o excesso da obscenidade fantasmática do Real. Em termos freudianos, o problema do pai de Kafka é que, aos olhos de Franz, ele "regrediu" de agência da Lei simbólica para "pai primordial [*Ur-Vater*]".

Há duas formas do Mestre, o Mestre simbólico público e o Perverso Mágico secreto que de fato puxa as cordinhas e trabalha na calada da noite. Quando o sujeito é dotado de autoridade simbólica, ele age como apêndice de seu título simbólico, ou seja, é o grande Outro, a instituição simbólica, que age por meio dele: basta citarmos aqui um juiz, que pode ser uma pessoa miserável e corrupta, mas no momento em que veste seu traje e outras insígnias, suas palavras são as palavras da própria Lei. Por outro lado, o Mestre "invisível" (cujo caso exemplar é a figura antissemita do "judeu", que é invisível aos olhos do público, mas puxa as cordinhas da vida social) é uma espécie de duplo estranho da autoridade pública: tem de agir nas sombras, irradiando uma onipotência espectral, fantasmagórica. A desintegração da autoridade simbólica patriarcal, do Nome-do-Pai, dá origem a uma nova figura de Mestre, que é ao mesmo tempo nosso colega comum, nosso "próximo", nosso duplo imaginário e, por essa mesma razão, fantasmaticamente dotado de outra dimensão do Gênio Mau. Em termos lacanianos: a suspensão do Eu ideal, da característica de identificação simbólica, isto é, a redução do Mestre a um ideal imaginário, necessariamente dá origem a seu anverso monstruoso, à imagem do supereu como Gênio Mau onipotente que controla nossa vida. Nessa imagem, o Imaginário (semblante) e o Real (de paranoia) se sobrepõem, em razão da suspensão da eficiência simbólica adequada.

A Lei kafkiana não é proibitiva, não é nem sequer invasiva ou impositiva; a mensagem que repete para o sujeito é: "Você está livre para fazer o que quiser! Não me peça ordens!" – que é naturalmente a fórmula perfeita do supereu. Não admira que a mensagem do pai de Kafka ao filho fosse: "Faça o que quiser. No que me diz respeito, você é livre. É maior de idade, não tenho conselhos a lhe dar...". A série de "métodos retóricos" do pai enumerados por Kafka – "ofensas, ameaças, ironia, riso desdenhoso e, estranhamente, autopiedade" – é a descrição mais concisa da ambiguidade do supereu. Definitivamente, o pai de Kafka era um *rematado patife*, se é que já houve um, um personagem do qual emanava uma "orgia de malícia e prazer rancoroso". (O vínculo aqui é entre Kafka e David Lynch, ou seja, as figuras de autoridade terrorista, excessivas e meio palhaças, de *Veludo azul*, *Coração selvagem*, *Duna*, *A estrada perdida...*)

O truque básico do supereu consiste em repreender o sujeito por não atender a suas elevadas expectativas, ao mesmo tempo em que sabota os esforços do sujeito (ou expressa uma descrença zombeteira nas capacidades do sujeito e depois ri de seu fracasso). Kafka notou com clareza esse paradoxo na exigência do pai de que se tornasse uma pessoa autônoma que tivesse sucesso por seus próprios meios:

> Mas não era de modo algum o que o senhor queria; afinal de contas, a situação se tornara bem diferente em consequência de todo o seu esforço, e não houve oportunidade para ninguém se distinguir como o senhor. Em primeiro lugar, essa oportunidade teria de ser criada com violência e revoluções, significaria romper com o lar (supondo que alguém tivesse determinação e força para fazê-lo e que mamãe, por sua vez, não trabalhasse contra, por outros meios). Mas o que o senhor queria não era de modo algum o

que chamava de ingratidão, extravagância, desobediência, traição, loucura. E assim, enquanto, de um lado, o senhor me tentava com exemplos, histórias e humilhações, por outro, me proibia com a mais absoluta severidade.

Esse é o supereu obsceno em seu contraste com o Nome-do-Pai: a própria injunção "seja autônomo", em seu modo de operação, sabota a meta; a própria injunção "seja livre!" amarra o sujeito para sempre no círculo vicioso da dependência.

Podemos recontar nesses mesmos termos do supereu a observação supostamente feita por Brecht sobre os acusados nos julgamentos de Moscou, na década de 1930: "Se são inocentes, merecem mais ainda ser fuzilados". Essa declaração é totalmente ambígua; pode ser lida como a declaração-padrão do stalinismo radical (a própria insistência na inocência individual, a recusa a sacrificar-se pela Causa, é testemunha da culpa que reside em privilegiar a individualidade em detrimento dos interesses maiores do partido) ou como seu oposto, de um modo radicalmente antistalinista: se estavam em condições de conspirar e levar a cabo a execução de Stalin e seu séquito e eram "inocentes" (isto é, não aproveitaram a oportunidade), mereceram de fato morrer por não terem nos livrado de Stalin. A verdadeira culpa dos acusados, portanto, é que, em vez de rejeitar o arcabouço ideológico do próprio stalinismo e agir sem piedade contra Stalin, apaixonaram-se narcisicamente por sua vitimização e declararam inocência ou se encantaram com o supremo sacrifício que faziam pelo partido confessando crimes que não cometeram. Assim, a maneira propriamente dialética de entender a imbricação desses dois significados seria começar pela primeira leitura, seguida da reação moralista do senso comum a Brecht: "Mas como pode afirmar algo tão impiedoso? Uma lógica dessas, que exige um autossacrifício cego aos caprichos acusadores do Líder, só pode funcionar num universo totalitário criminoso e aterrorizante! Longe de aceitar tais regras, o dever de todo sujeito ético não seria combater esse universo por todos os meios possíveis, inclusive a remoção física (assassinato) da liderança totalitária?". "Logo você vê que, se são inocentes, os acusados merecem mais ainda ser fuzilados – eles *estavam* efetivamente em condições de organizar uma conspiração para nos livrar de Stalin e de seus capangas, e perderam essa oportunidade única de poupar a humanidade de crimes terríveis!" Mais uma vez, essa é a lógica distorcida do supereu em seu aspecto mais puro: quanto mais se é inocente, mais se é culpado, porque a própria inocência (inocência aos olhos de quem? Com relação a quê? Com relação ao poder criminoso obsceno) é prova da culpa (da cumplicidade com esse poder)...

Embora Freud use três palavras distintas para a agência que força o sujeito a agir de modo ético – ele fala em eu ideal [*Idealich*], ideal do eu [*Ich-Ideal*] e supereu [*Überich*] –, via de regra ele funde as três; com frequência usa a expressão *Ichideal oder Idealich* [ideal do eu ou eu ideal], e o título do capítulo III de *O eu e o isso** é

---

* Publicado no Brasil como *O ego e o id e outros trabalhos*, Rio de Janeiro, Imago, 2006. (N. E.)

"O eu e o supereu [ideal do eu]". Lacan, entretanto, introduz uma distinção precisa entre essas três palavras: o "eu ideal" representa a autoimagem idealizada do sujeito (a maneira como eu gostaria de ser, como gostaria que os outros me vissem); o ideal do eu é a agência cujo olhar tento impressionar com a minha imagem do eu, é o grande Outro que me observa e me força a dar o que tenho de melhor, é o ideal que tento seguir e concretizar; e o supereu é essa mesma agência em seu aspecto vingador, sádico, punitivo. Claramente, o princípio estruturador subjacente dessas três palavras é a tríade Imaginário-Simbólico-Real de Lacan: o eu ideal é imaginário, o que Lacan chama de "pequeno outro", a imagem dupla idealizada do meu eu; o ideal do eu é simbólico, o ponto da minha identificação simbólica, o ponto no grande Outro do qual me observo (e me julgo); o supereu é real, é a agência cruel e insaciável que me bombardeia com exigências impossíveis e zomba das tentativas fracassadas de cumpri-las, a agência a cujos olhos vou ficando mais culpado quanto mais tento suprimir meus esforços "pecaminosos" e atender a suas exigências.

O que se segue dessas distinções precisas é que, para Lacan, o supereu "nada tem a ver com a consciência moral, na medida em que diz respeito a suas exigências mais obrigatórias"[21]. O supereu, ao contrário, é a agência antiética, a estigmatização de nossa traição ética. Então, qual dos outros dois *é* a agência ética propriamente dita? Deveríamos, como propõem alguns psicanalistas norte-americanos, definir o ideal do eu "bom" (moderado-racional, preocupado) contra o supereu "mau" (excessivo-irracional, cruel, que provoca angústia), tentando levar o paciente a livrar-se do supereu "mau" e seguir o ideal do eu "bom"? Lacan se opõe a esse caminho fácil; para ele, a única agência apropriada é a quarta, que falta na lista tripartite de Freud, aquela que Lacan às vezes chama de "lei do desejo": a agência que nos manda agir em conformidade com o nosso desejo. Aqui, a lacuna entre essa "lei do desejo" e o ideal do eu (a rede de normas e ideais sociossimbólicos que o sujeito interioriza no decorrer de sua educação) é fundamental. Para Lacan, o ideal do eu, essa agência aparentemente benévola que nos leva ao crescimento moral e à maturidade, nos força a trair a "lei do desejo" ao adotarmos as exigências "sensatas" da ordem sociossimbólica existente. O supereu, com seu sentimento de culpa excessivo, é apenas o anverso necessário do ideal do eu: ele exerce sua pressão insuportável sobre nós em nome de nossa traição à "lei do desejo". Em resumo, para Lacan, a culpa que experimentamos sob pressão do supereu não é ilusória, mas real – "a única coisa da qual se pode ser culpado é de ter cedido terreno com relação ao desejo", e a pressão do supereu demonstra que efetivamente *somos* culpados de trair nosso desejo.

De volta a Kafka: ele formula essa mesma noção a propósito das reações do pai às suas tentativas de casar-se:

---

[21] Jacques Lacan, *The Ethics of Psychoanalysis* (Londres, Routledge, 1992), p. 310. [Ed. bras.: *O seminário, livro 7*: a ética da psicanálise, Rio de Janeiro, Zahar, 1997.]

A ideia fundamental por trás de ambas as tentativas de casamento era bastante sensata: montar casa, tornar-me independente. Uma ideia que atrai o senhor, só que na realidade sempre acaba como aquela brincadeira infantil em que uma criança segura ou até agarra a mão da outra e grita: "Ah, vai embora, vai embora, por que não vai embora?".

Portanto, o que o pai impedia era o casamento de Kafka: nesse caso, o pai não agiu como fiador do casamento, como agente da autoridade simbólica (ver a tese de Lacan de que a relação sexual harmoniosa só pode acontecer sob a cobertura do Nome-do-Pai), mas como obstáculo do supereu, como o que Freud, na análise de "O homem de areia"*, de E. T. A. Hoffmann, chama de *Liebesstörer*, o obstáculo que perturba/impede a relação de amor. Encontramos aqui o paradoxo do supereu em seu aspecto mais puro: o pai que impede a relação de amor é exatamente o pai obsceno que nos manda "fazer", nos entregar à promiscuidade sexual sem restrições; inversamente, o pai que abre espaço para a relação de amor é aquele que é a agência da proibição, da Lei simbólica. Ou seja, o desejo por parte de Kafka de ter um pai adequado não é o desejo masoquista de subordinar-se à autoridade; ao contrário, é o desejo de ter liberdade e autonomia. O paradoxo, portanto, é que *libertar-se* do pai significa *assumir o nome do pai*, o que os deixa no mesmo nível: "Com certeza o casamento é a garantia da forma mais aguda de autolibertação e independência. Eu teria uma família, em minha opinião a mais elevada que se pode ter, e assim também a mais elevada que o senhor conseguiria". A opção que Kafka enfrentava era entre as duas maneiras de escapar do pai, os dois modos de independência: casamento ou escrita, *le père ou pire*, o pai ou o "quase nada" do escrever:

em minha escrita, e em tudo ligado a ela, fiz algumas tentativas de independência, tentativas de fuga, com um mínimo de sucesso; não avançarão muito mais; muita coisa me confirma isso. Ainda assim, meu dever, ou melhor, a essência da minha vida, é cuidar delas, não deixar que nenhum perigo que eu possa evitar, na verdade nenhuma possibilidade de tal perigo, se aproxime delas. O casamento traz a possibilidade de tal perigo.

E, continua ele, o resultado final é certo:

Devo renunciar. A comparação com o pássaro na mão e os dois voando tem aqui apenas uma aplicação remota e candente. Em minha mão nada tenho, tudo voa e, ainda assim – pois assim é decidido pelas condições da batalha e pelas exigências da vida –, tenho de escolher o nada.[22]

---

* Em *Contos fantásticos do século XIX*, São Paulo, Companhia das Letras, 2004. (N. E.)

[22] E personagens como o "odradek", um objeto parcial na linha do posterior "inominável" de Beckett, que também é definido como "vergonha do pai"? Num parêntese em sua carta ao pai, Kafka identifica-se com Josef K., de *O processo*: "Perdi a autoconfiança no que diz respeito ao senhor e, em seu lugar, desenvolveu-se uma sensação ilimitada de culpa. (Numa recordação dessa falta de limites, certa vez escrevi primorosamente sobre alguém: 'Ele teme que a vergonha lhe sobreviva'.)" Entretanto, em "Odradek", a vergonha é do pai, e é o próprio odradek que sobrevive ao pai como vergonha objetivada deste último.

108 / Em defesa das causas perdidas

Portanto, a auto-humilhação de Kafka, que inclui a identificação excrementícia ("E assim, se o mundo só consistisse no senhor e em mim, noção que eu muito me inclinava a ter, então essa pureza do mundo chegou ao fim com o senhor e, em virtude de seus conselhos, a imundície começou comigo"), é profundamente enganosa: é fácil discernir na afirmação de Kafka de que ele é "o resultado de sua criação e de minha obediência" o estratagema de negar o envolvimento libidinal de alguém com seu triste destino. A estratégia é clara aqui: *assumo por vontade própria minha imundície para que meu pai continue puro.* Ela é especialmente clara quando temos em mente quando exatamente essa autoidentificação com "imundície" ocorre: no ponto exato (e mais traumático) em que Kafka conta os (raros) momentos em que o pai lhe ofereceu conselhos "realistas"/obscenos de como lidar com o sexo (faça discretamente, divirta-se, não leve nada muito a sério, não caia de amores pela primeira moça que se oferecer, lembre-se de que todas são umas putas, só as use e siga em frente...). Por exemplo, Kafka recorda uma "breve discussão" que se seguiu ao anúncio de seus "últimos planos de casamento":

> O senhor me disse algo assim: "Provavelmente ela vestiu uma blusa enfeitada, e nisso essas judias de Praga são muito boas, e é claro que, na mesma hora, você decidiu se casar com ela. E o mais depressa possível, em uma semana, amanhã, hoje. Não consigo entender você: afinal de contas, você é um homem adulto, mora na cidade e não sabe o que fazer, a não ser casar com a primeira moça que aparece. Você não sabe fazer mais nada além disso? Se está com medo, eu vou com você". O senhor deu mais detalhes e foi mais claro, mas não consigo mais me lembrar dos detalhes, talvez também tudo tenha ficado meio vago diante dos meus olhos, quase prestei mais atenção a mamãe que, embora concordasse inteiramente com o senhor, pegou algo da mesa e saiu da sala. Raramente o senhor me humilhou com palavras de modo mais profundo e me mostrou com mais clareza o seu desprezo.

O "significado real" desse conselho era claro para Kafka: "O que o senhor me aconselhou a fazer era, na sua opinião e mais ainda na minha, naquela época, a coisa mais imunda possível". Para Kafka, esse deslocamento da "imundície" para o filho fazia parte da estratégia do pai para manter-se puro; e é nesse ponto que acontece a identificação do próprio Kafka com a "imundície":

> Portanto, o senhor ficou ainda mais puro, ergueu-se ainda mais alto. A ideia de que o senhor poderia ter dado a si mesmo um conselho semelhante antes de seu casamento era para mim totalmente impensável, assim como toda e qualquer mancha de imundície terrena no senhor. E foi o senhor que me empurrou para essa imundície, como se eu estivesse predestinado a ela, com algumas palavras francas. E assim, se o mundo só consistisse no senhor e em mim (noção que eu muito me inclinava a ter), então essa pureza do mundo chegou ao fim com o senhor e, em virtude de seus conselhos, a imundície começou comigo.

Mais uma vez, é aqui que Kafka trapaceia: a luta desesperada para manter o pai puro não é do pai, mas *dele*; é para o próprio Kafka que, qualquer ideia de que o pai tenha seguido conselho semelhante (e, consequentemente, tenha vivido na "imundície") é "totalmente impensável", o que significa: inteiramente catastrófica, foracluída de seu universo.

Segue-se uma conclusão estranha, mas crucial: a prosopopeia do pai. Na resposta do pai, imaginada por Kafka, o pai imputa a Kafka o fato de que, fizesse ele o que fizesse (ou seja, quer apoiasse, quer se opusesse aos seus planos de casamento), tudo sairia pela culatra e seria distorcido por Kafka para tornar-se um obstáculo. O pai evoca aqui a lógica muito comum da proibição (paterna) e sua transgressão: "Minha aversão ao seu casamento não o teria impedido; ao contrário, teria sido um incentivo a mais para que desposasse a moça, pois isso tornaria completa a 'tentativa de fuga', como você diz".

Aqui é necessário ser muito preciso e evitar confundir esse emaranhado da lei com sua transgressão (a lei sustentada pela obrigação oculta de sua própria transgressão) com o supereu propriamente dito como seu oposto (quase) simétrico. De um lado, a injunção oculta (não articulada): "Goze! Viole a lei!" reverbera na proibição explícita; de outro (muito mais interessante e desconfortável), a injunção oculta (não articulada) de fracassar reverbera na obrigação permissiva explícita: "Seja livre! Goze!".

O último parágrafo rompe o círculo vicioso de acusações mútuas e é, portanto, titubeantemente "otimista", permitindo um espaço mínimo de trégua e um pacto simbólico.

> Minha resposta a isso é que, afinal de contas, toda essa réplica – que em parte também pode voltar-se contra o senhor – não vem do senhor, vem de mim. Nem mesmo a sua desconfiança dos outros é tão grande quanto a minha autodesconfiança, que o senhor criou em mim. Não nego certa justificativa para essa réplica, que em si contribui com um novo material para a caracterização do nosso relacionamento. Naturalmente, as coisas não podem se encaixar realmente do modo como a evidência se dá em minha carta; a vida é mais do que um quebra-cabeça chinês. Mas com a correção feita por essa réplica – correção que não posso nem quero desenvolver em detalhes –, em minha opinião, conseguiu-se algo que se aproxima tanto da verdade que pode nos tranquilizar um pouco e tornar mais fáceis nossa vida e nossa morte.

O que temos aqui, de fato, é uma espécie de (auto)análise pontuada pela intervenção imaginada do pai (do analista), a qual produz a conclusão: é como se o fluxo longo e divagador de Kafka provocasse finalmente a intervenção do analista e, em reação a ela, Kafka (o analisando) encenasse por fim a mudança de sua posição subjetiva, assinalada pela afirmação óbvia, mas não menos esquisita, de que "toda essa réplica – que em parte também pode voltar-se contra o senhor – não vem do senhor, vem de mim". Fica claro o paralelo com a conclusão da parábola da

Porta da Lei, quando dizem ao homem do campo que "essa porta estava aqui só para você": aqui também Kafka aprende que todo o espetáculo das explosões do pai etc. "estavam aqui só para ele". Portanto, a carta ao pai *realmente* chega ao destino, porque o verdadeiro destinatário era o próprio escritor...

Dessa maneira, a identificação subjetiva de Kafka passa – minimamente, mas de um modo que muda tudo – do "quase nada" de ser a imundície (do pai) para o "nada": se tudo isso "vem de mim", minha nulidade não pode mais ser imundície (do outro). O passo que conclui a carta, portanto, é o que vai da morte à sublimação: a escolha de Kafka do nada como lugar, a redução de sua vida ao mínimo, onde "nada exceto o lugar tem lugar", para parafrasear Mallarmé, cria espaço para a sublimação criativa (literatura). Parafraseando mais uma vez o mote de Brecht em *A ópera dos três vinténs*, o que é a imundície de envolver-se em pequenas transgressões sexuais comparada à pureza imunda de escrever, da literatura como "litturaterre" (trocadilho de Lacan), com o lixo que envilece a superfície da Terra?

3
INTELECTUAIS RADICAIS, OU POR QUE HEIDEGGER DEU O PASSO CERTO (EMBORA NA DIREÇÃO ERRADA) EM 1933

Escondendo a árvore na floresta

Em "O sinal da espada partida", de G. K. Chesterton (um dos contos de *A inocência do padre Brown*[1]), quando o padre explica o mistério ao seu companheiro Flambou, ele começa com "o que todo mundo sabe":

> Arthur Saint Clare era um grande general inglês. [Todo mundo] sabe que, depois de campanhas esplêndidas, mas cautelosas, tanto na Índia como na África, ele estava no comando contra o Brasil quando Olivier, o grande patriota brasileiro, deu seu ultimato. [Todo mundo] sabe que, naquela ocasião, Saint Clare, com uma tropa muito pequena, atacou Olivier, com uma tropa enorme, e foi capturado depois de uma heroica resistência. E [todo mundo] sabe que, depois de capturado, e para a repulsa do mundo civilizado, Saint Clare foi enforcado na árvore mais próxima. Depois que os brasileiros se retiraram, foi encontrado ali balançando, com a espada quebrada pendurada no pescoço.

Entretanto, o padre Brown nota que algo não se encaixa nessa história que todo mundo conhece: Saint Clare, que sempre fora um comandante prudente, mais conhecido pelo senso do dever do que pela ousadia, fez um ataque idiota que terminou em desastre; Olivier, que era magnânimo como um cavaleiro andante e sempre libertava os prisioneiros, matou cruelmente Saint Clare. Para explicar o mistério, o padre Brown evoca uma metáfora:

> "Onde o sábio esconde a folha? Na floresta. Mas o que ele faz se não houver floresta? Planta uma floresta para escondê-la", disse o padre com voz sombria. "Um pecado pavoroso. [...] E se um homem tivesse que esconder um cadáver, faria um campo de cadáveres para escondê-lo" [...].

---

[1] Disponível em: <http://books.eserver.org/fiction/innocence/brokensword.html>. [Ed. port.: *A inocência do padre Brown*, Porto, Europa-América, 1990.]

O desenlace baseia-se na hipótese do lado negro e corrupto do herói inglês:

[sir Arthur Saint Clare] era um homem que lia a sua Bíblia. Esse era o seu problema. Quando é que as pessoas vão entender que é inútil um homem ler a sua Bíblia, a menos que leia também a Bíblia dos outros? O impressor lê uma Bíblia atrás de erros de impressão. O mórmon lê a sua Bíblia e encontra a poligamia; o cientista cristão lê a dele e descobre que não temos braços nem pernas. Saint Clare era um antigo soldado protestante anglo-indiano. [...] É claro que encontrou no Velho Testamento tudo o que queria: luxúria, tirania, traição. Ah, ouso dizer que ele era honesto, como dizem. Mas de que adianta o homem ser honesto em sua adoração da desonestidade?

Na selva brasileira, logo antes da batalha fatal, o general enfrentou um problema inesperado: o major Murray, jovem oficial que o acompanhava e adivinhara a verdade horrenda; enquanto caminhavam lentamente pela mata, ele matou Murray com seu sabre. Mas o que faria com esse corpo sobre o qual teria de dar uma explicação? "Ele poderia tornar o cadáver menos inexplicável. Poderia criar um monte de cadáveres para cobrir aquele. Em vinte minutos, oitocentos soldados ingleses marchavam para a morte." Entretanto, tudo deu errado para o general: os soldados ingleses que sobreviveram adivinharam o que ele fizera: foram eles que mataram o general, não Olivier. Este (a quem os sobreviventes se renderam) libertou-os generosamente e bateu em retirada com seus soldados; então os sobreviventes julgaram Saint Clare e o enforcaram, e depois, para salvar a glória do Exército inglês, encobriram seu ato com a história de que Olivier o matara.

A história termina no espírito dos bangue-bangues de John Ford, que preferem uma lenda heroica à verdade (recordemos o discurso final de John Wayne aos jornalistas sobre o general impiedoso, interpretado por Henry Fonda, em *Sangue de heróis*): "Milhões que nunca o conheceram vão amá-lo como a um pai, esse homem que foi tratado como esterco pelos últimos que o conheceram. Será um santo, e nunca se dirá a verdade a seu respeito, porque eu finalmente me decidi".

Qual é a lição hegeliana dessa história, então? É que a simples leitura cínico-denunciadora deveria ser rejeitada? É que o próprio olhar que reduz a corrupção do general à verdade de sua personalidade é vil e cruel? Hegel descreveu há muito tempo essa armadilha como a da Bela Alma, cujo olhar reduz todas as grandes façanhas heroicas aos motivos vis e privados de quem as realiza:

Nenhum herói é herói para o seu pajem; não, porém, porque o herói não seja herói, mas porque o pajem é o pajem, com quem o herói tem de conviver não como herói, mas como homem que come, bebe e se veste, que, em resumo, surge como indivíduo privado com certas necessidades pessoais e ideias próprias. Do mesmo modo, não há ato em que esse processo de julgamento não possa opor o aspecto pessoal da individualidade ao aspecto universal do ato e desempenhar o papel de pajem "moral" diante do agente.[2]

---

[2] G. W. F. Hegel, *Phenomenology of Spirit* (Oxford, Oxford University Press, 1977), p. 404. [Ed. bras.: *Fenomenologia do espírito*, 5. ed., Petrópolis, Vozes, 2008.]

Seria o padre Brown, se não esse tipo de "pajem moral" do general, estão um cínico que sabe que a verdade desagradável tem de ser encoberta em nome do bem público? A sagacidade teológica de Chesterton é perceptível na maneira como distribui a responsabilidade pela queda gradual do general: não é a traição da fé cristã cometida pelo general mediante sua corrupção moral em razão da predominância de motivos materialistas vis. Chesterton é bastante sábio para mostrar a causa da queda moral do general como inerente ao cristianismo: o general "era um homem que lia a sua Bíblia. Esse era o seu problema". A leitura específica – nesse caso, protestante – é que foi apontada como a responsável. Não se pode dizer o mesmo da tentativa de Heidegger (e também de Adorno, Horkheimer e até Agamben) de jogar a culpa das catástrofes ético-políticas do século XX em toda a tradição da "metafísica ocidental", com sua razão instrumental etc. etc., levando linearmente "de Platão à OTAN" (ou melhor, ao *gulag*)? Sloterdijk escreveu o seguinte a respeito da problematização global esquerdista da "civilização ocidental": "Por meio das formas irrestritas de crítica cultural – digamos, a redução de Auschwitz a Lutero e Platão ou a criminalização da civilização ocidental em sua totalidade –, tenta-se borrar os traços que denunciam quão perto estamos de um sistema classista e genocida"[3].

Aqui, a única coisa que deveríamos acrescentar é que o mesmo se aplica a Heidegger e a outros ex-fascistas: eles também esconderam o cadáver nazista numa montanha de cadáveres chamada metafísica ocidental... E, da mesma maneira, não deveríamos rejeitar como generalização demasiado apressada a noção popular liberal segundo a qual filósofos que se intrometem na política acabam sempre conduzido ao desastre? De acordo com essa noção, desde Platão, ou eles erram fragorosamente ou acertam... quando apoiam tiranos. O motivo, assim diz a história, é que os filósofos tentam impor seus conceitos à realidade, violando-a; não admira que, de Platão a Heidegger, todos sejam resolutamente antidemocráticos (com exceção de alguns empiristas e pragmáticos) e desdenhem o "povo" como vítima de sofistas, à mercê de uma pluralidade contingente... Assim, quando ouvem marxistas defendendo Marx, afirmando que suas ideias não foram fielmente concretizadas pelo stalinismo, os que se agarram a esse senso comum retrucam: "Graças a Deus! Seria ainda pior se fossem totalmente concretizadas!". Heidegger, pelo menos, dispôs-se a verificar as consequências de sua experiência catastrófica e admitir que os que pensam ontologicamente têm de errar onticamente, que a lacuna é irredutível, que não há "política filosófica" propriamente dita. Portanto, parece que G. K. Chesterton tinha toda a razão ao propor ironicamente a criação de um "corpo especial de policiais, policiais que sejam também filósofos":

---

[3] Peter Sloterdijk, *Zorn und Zeit* (Frankfurt, Suhrkamp, 2006), p. 260.

Seu serviço é vigiar o começo dessa conspiração, não apenas num sentido criminal, mas também num sentido controvertido. [...] O trabalho do policial filosófico [...] é ao mesmo tempo mais ousado e mais sutil que o do detetive comum. O detetive comum vai a tabernas prender ladrões; nós vamos a saraus artísticos procurar pessimistas. O detetive comum descobre num diário ou caderno de registros que um crime foi cometido. Nós descobrimos num livro de sonetos que um crime será cometido. Temos de rastrear a origem daqueles pensamentos pavorosos que acabam por levar o homem ao fanatismo intelectual e ao crime intelectual.[4]

Pensadores tão diferentes quanto Popper, Adorno e Levinas também não adotam uma versão levemente revista dessa ideia, em que o crime político é chamado de "totalitarismo" e o crime filosófico é condensado na noção de "totalidade"? Uma estrada retilínea leva da noção filosófica de totalidade ao totalitarismo político, e a tarefa da "polícia filosófica" é perceber, num livro de diálogos de Platão ou num tratado sobre o contrato social de Rousseau, que um crime político será cometido. O policial político comum vai a organizações secretas prender revolucionários; o policial filosófico vai a simpósios de filosofia procurar proponentes da totalidade. O policial antiterrorismo tenta chegar aos que se preparam para explodir prédios e pontes; o policial filosófico tenta prender os que estão prestes a desconstruir as bases morais e religiosas de nossas sociedades[5]...

Essa é a posição de "sabedoria": o sábio sabe que não deve "impor" a realidade, que um tiquinho de corrupção é a melhor defesa contra a grande corrupção. O cristianismo, nesse sentido, é uma forma de antissabedoria *par excellence*: uma aposta maluca na Verdade, em contraste com o paganismo que, em última análise, conta com a sabedoria ("Tudo volta ao pó, a Roda da Vida gira para sempre..."). A limitação fatídica dessa postura de sabedoria reside no formalismo pertencente à noção de equilíbrio, de evitar os extremos. Quando ouvimos frases do tipo "não precisamos do controle total do Estado nem do liberalismo/individualismo totalmente não regulado, e sim da medida certa entre esses dois extremos", o problema com que deparamos de imediato é *a medida dessa medida*; o ponto de equilíbrio é sempre pressuposto em silêncio. Suponhamos que alguém diga: "Não precisamos nem de respeito demasiado pelos judeus nem do Holocausto nazista, mas da medida certa intermediária, algumas cotas em universidades e a proibição de judeus ocuparem cargos públicos, para impedir sua influência excessiva"; na verdade, não podemos dar uma resposta num nível puramente formal. Aqui, temos o formalismo da sabe-

---

[4] G. K. Chesterton, *The Man Who Was Thursday* (Harmondsworth, Penguin, 1986), p. 44-5. [Ed. port.: *O homem que era quinta-feira*, Porto, Europa-América, 2007.]

[5] A mesma ideia já fora formulada por Heinrich Heine em sua *Contribuição à história da religião e filosofia na Alemanha* (São Paulo, Iluminuras, 1991), de 1834, embora como fato positivo e admirável: "Anotai isso, orgulhosos homens de ação, sois apenas os escudeiros inconscientes dos intelectuais que, muitas vezes na mais humilde reclusão, tramaram meticulosamente cada façanha vossa" (citado em Dan Hind, *The Threat to Reason*, Londres, Verso, 2007, p. 1).

doria: a verdadeira tarefa é transformar a própria medida e não apenas oscilar entre os extremos da medida.

No em geral admirável *Holy Terror* [Terror Santo], Terry Eagleton parece cair na mesma armadilha quando desenvolve a dialética do *pharmakos*, do excesso do Sagrado, do Terror Santo como excesso do Real que deveria ser respeitado, satisfeito, mas mantido à distância. O Real é ao mesmo tempo gerador e destrutivo: destrutivo se tiver rédeas soltas, mas também quando é negado, já que a própria negação libera a fúria que o imita – mais um caso de coincidência dos opostos. Aqui, Eagleton percebe como *pharmakos* a liberdade como tal, que se torna destrutiva quando incontida. Entretanto, essa forma de sabedoria não chega perto demais de uma forma conservadora de sabedoria? Não é uma suprema ironia que, aqui, Eagleton, provavelmente o crítico mais arguto e perspicaz do pós-modernismo, exiba seu próprio viés pós-modernista secreto ao endossar um dos grandes temas pós-modernos, o da Coisa Real da qual é preciso manter uma distância adequada? Não admira que Eagleton professe simpatia por conservadores como Burke e sua crítica da Revolução Francesa: não porque era injusta etc., mas porque expunha a violência fundadora excessiva da ordem legal, trazendo à luz e reencenando o que deveria permanecer oculto a todo custo – essa é a função dos mitos tradicionais. A rejeição desses mitos, a confiança na Razão pura que critica a tradição acaba, portanto e necessariamente, na loucura e na orgia destrutiva da Desrazão[6].

Como fica Lacan em relação a essa questão complexa, designada pela cansativa e estúpida expressão "papel social dos intelectuais"? É claro que a teoria de Lacan pode ser usada para lançar uma nova luz sobre numerosos fenômenos político-ideológicos, trazendo para primeiro plano a economia libidinal oculta que os sustenta; mas aqui fazemos uma pergunta mais básica e ingênua: a teoria de Lacan implica uma postura política exata? Alguns lacanianos (e não só lacanianos), como Yannis Stavrakakis, pretendem demonstrar que a teoria lacaniana embasa diretamente a política democrática. Os termos são bem conhecidos: "não há grande Outro" significa que a ordem sociossimbólica é incoerente, não há garantia total e a democracia é a forma de integrar no edifício do poder essa falta de fundamento maior. Na medida em que todas as visões orgânicas de um Todo harmonioso da sociedade baseiam-se numa fantasia, a democracia, portanto, parece representar a postura política que "atravessa a fantasia", isto é, que renuncia ao ideal impossível de uma sociedade não antagônica.

Aqui, o teórico político que nos serve de principal referência é Claude Lefort, que foi influenciado por Lacan e usa termos lacanianos em sua definição de democracia: a democracia aceita a lacuna entre o simbólico (o lugar vazio do poder) e o

---

[6] Terry Eagleton, *Holy Terror* (Oxford, Oxford University Press, 2005), p. 50-1.

real (o agente que ocupa esse lugar), e postula que nenhum agente empírico se encaixa "naturalmente" no lugar vazio do poder. Os outros sistemas são incompletos, têm de cair em acomodações, em solavancos ocasionais, para funcionar; a democracia eleva a incompletude a um princípio, institucionaliza o solavanco regular sob o disfarce de eleição. Em resumo, S(O barrado) é o significante da democracia. Aqui, a democracia vai além da panaceia "realista" segundo a qual, para realizar uma determinada visão política, é preciso levar em conta as circunstâncias concretas e imprevisíveis e dispor-se a fazer concessões, a dar espaço aos vícios e imperfeições de todos – a democracia transforma a própria imperfeição em conceito. Entretanto, é preciso não esquecer que o sujeito democrático, que surge de uma abstração violenta de todas as suas raízes e determinações particulares, é o sujeito barrado lacaniano, $, que como tal é estranho ao/incompatível com o gozo.

> Para nós, a democracia como lugar vazio significa: o sujeito da democracia é um sujeito barrado. Nossa pequena álgebra nos permite perceber de imediato que isso deixa de fora o pequeno (*a*), ou seja, tudo o que depende da particularidade dos gozos. O sujeito barrado vazio da democracia acha difícil ligar-se a tudo o que acontece, forma-se, treme em tudo o que designamos com essa letrinha confortável, o pequeno (*a*). Dizem que, uma vez que haja o espaço vazio, todos, caso respeitem a lei, podem trazer suas tradições e seus valores. [...] Entretanto, o que sabemos é que, efetivamente, quanto mais a democracia é vazia, mais é um deserto de gozo e, correlativamente, mais o gozo se condensa em certos elementos. [...] quanto mais o significante é "esvaziado", como dizem alguns, mais o significante é purificado, mais se impõe na forma pura da lei, da democracia igualitária, da globalização do mercado, [...] mais a paixão aumenta, mais o ódio se intensifica, os fundamentalismos se multiplicam, a destruição se amplia, os massacres sem precedentes acontecem e catástrofes inauditas ocorrem.[7]

Isso significa que o espaço vazio democrático e o discurso da plenitude totalitária são estritamente correlatos, dois lados da mesma moeda: não faz sentido jogar um contra o outro e advogar uma democracia "radical" que evitaria esse complemento desagradável. Assim, quando os esquerdistas deploram o fato de que hoje só a direita tem paixão, só ela consegue propor um novo imaginário mobilizador, e que a esquerda só se dedica à administração, o que não veem é a necessidade estrutural do que percebem como mera fraqueza tática da esquerda. Não admira que o projeto europeu, amplamente debatido hoje, não consiga despertar paixões: em última análise, é um projeto de administração, não de compromisso ideológico. A única paixão é a reação da direita contra a união da Europa; nenhuma das tentativas da esquerda de infundir paixão política na noção de uma Europa unida (como a iniciativa de Habermas e Derrida no verão de 2003) conseguiu ganhar impulso.

---

[7] Jacques-Alain Miller, *Le neveau de Lacan* (Paris, Verdier, 2003), p. 146-7. [Ed. bras.: *O sobrinho de Lacan*, Rio de Janeiro, Forense Universitária, 2005.]

A razão desse fracasso é que o apego "fundamentalista" à *jouissance é o anverso, o complemento fantasmático, da própria democracia.*

O que fazer, então, quando se deduzem as consequências desse *Unbehagen* na democracia? Alguns lacanianos (e não exclusivamente lacanianos) pretendem atribuir a Lacan a posição de crítico interno da democracia, de provocador que levanta questões desagradáveis sem propor um projeto político positivo. Aqui, a política como tal é desvalorizada como domínio de identificações simbólicas e imaginárias, já que o eu, por definição, envolve um falso reconhecimento, uma forma de autocegueira. Lacan, portanto, é um provocador, na tradição que vai de Sócrates a Kierkegaard, e percebe as ilusões e os pressupostos metafísicos ocultos da democracia. A maior defensora dessa segunda posição é Wendy Brown, que, embora não seja lacaniana, desenvolve uma crítica nietzschiana muito importante e perspicaz a respeito da politicamente correta política da vitimização, do basear a identidade de alguém na ofensa.

Uma domesticação de Nietzsche

Brown lê a política pós-moderna da identidade baseada nas injustiças cometidas contra grupos específicos (o trinômio sexo-gênero-raça) como expressão da relação ambígua com o arcabouço igualitário liberal-democrático dos direitos humanos: o indivíduo sente-se traído (no que diz respeito a mulheres, negros, homossexuais... A retórica liberal universalista não cumpre o que promete, mascara a exclusão e a exploração contínuas), embora ainda assim permaneça profundamente apegado a esses mesmos ideais. Numa análise refinada, Brown demonstra que a noção de ofensa moral surge para encontrar uma acomodação precária entre uma série de atitudes incoerentes e opostas (sadismo e masoquismo, apego e rejeição, culpar o outro e sentir-se culpado). Ela lê a política moralizante "não só como sinal de adesão obstinada a uma certa equação da verdade aliada à impotência, ou como representação da vontade ferida, mas também como sintoma de uma narrativa histórica rompida para a qual ainda não forjamos alternativas"[8]. "Quando o *télos* do bem some, mas o anseio por ele permanece, é que a moralidade parece degenerar em moralismo na política."[9] Depois da desintegração das narrativas de progresso grandiosas e abrangentes da esquerda, quando a atividade política se dissolveu numa multiplicidade de questões de identidade, o excesso que vai além dessas lutas específicas só encontra vazão numa ofensa moralista e impotente.

Entretanto, Brown dá aqui um passo adiante crucial e leva até o fim todos os paradoxos da democracia, de forma mais radical do que fez Chantal Mouffe com

---

[8] Wendy Brown, *Politics out of History* (Princeton, New Jersey, Princeton University Press, 2001), p. 22-3.

[9] Ibidem, p. 28.

seu "paradoxo democrático". Já em Espinosa e Tocqueville, ficou claro que a democracia em si é incipiente – vazia, sem um princípio firme – e precisa de um conteúdo antidemocrático para preencher sua forma; como tal, ela é, na verdade, constitutivamente "formal". O conteúdo antidemocrático é fornecido pela filosofia, pela ideologia, pela teoria – não admira que a maioria dos grandes filósofos, de Platão a Heidegger, desconfiassem da democracia, isso quando não eram simplesmente antidemocráticos:

> E se a política democrática, a mais ateórica de todas as formas políticas, exigir paradoxalmente a teoria, exigir uma antítese de si mesma, tanto na forma quanto na substância da teoria, para satisfazer sua ambição de produzir uma ordem livre e igualitária?[10]

Brown desenvolve todos os paradoxos a partir desse fato de que a "democracia exige, para sua saúde, um elemento não democrático": a democracia precisa de um fluxo permanente de autoquestionamento antidemocrático *para permanecer viva como democracia*. A cura dos males da democracia é homeopática:

> Se, como indicam as reflexões de Espinosa e Tocqueville, as democracias tendem ao investimento em princípios que são uma antítese à democracia, então o exame crítico desses princípios e das formações políticas animadas por eles é fundamental para o projeto de refundar ou recuperar a democracia.[11]

Brown define a tensão entre política e teoria como a tensão entre a necessidade política de fixar um sentido, de "costurar" a deriva textual num princípio formal que só pode nos guiar na ação, e a "desconstrução" permanente da teoria, que nem sequer pode ser recuperada num novo programa positivo:

> Entre as práticas humanas, a política é peculiarmente ateórica, porque os lances pelo poder que a constituem estão necessariamente em atrito com o projeto teórico de abrir o significado, de "fazer deslizar o significado", nas palavras de Stuart Hall. O poder discursivo funciona ao ocultar os termos de sua fabricação e, portanto, sua maleabilidade e contingência; o discurso fixa o significado ao naturalizá-lo, senão deixa de ter influência num discurso. Essa fixação ou naturalização dos sentidos é o dialeto necessário em que ocorre a política. Até a política do deslocamento desconstrutivo implica essa normatividade, pelo menos provisoriamente.[12]

As análises teóricas que desenterram a natureza contingente e inconsistente e a falta de fundamento definitivo de todos os construtos normativos e projetos políticos "são realizações antipolíticas, na medida em que desestabilizam o sentido sem propor códigos ou instituições alternativos. Mas cada uma delas também pode ser essencial para sustentar o regime democrático existente, rejuvenescendo-o"[13].

---

[10] Ibidem, p. 122.
[11] Ibidem, p. 128.
[12] Ibidem, p. 122-3.
[13] Ibidem, p. 128.

É, portanto, como se Brown propusesse um tipo de "crítica da razão desconstrutora (antidemocrática)" kantiana, distinguindo o uso legítimo do ilegítimo: é legítimo usá-la como corretivo negativamente regulador, como provocação etc., mas é ilegítimo usá-la como princípio constitutivo a ser aplicado diretamente à realidade como programa ou projeto político. Brown percebe o mesmo vínculo ambíguo na relação entre Estado e povo: assim como a democracia precisa da antidemocracia para rejuvenescer, o Estado precisa da resistência do povo para rejuvenescer.

> Somente através do Estado o povo se constitui como povo; somente na resistência ao Estado o povo permanece povo. Portanto, assim como a democracia exige a crítica antidemocrática para permanecer democrática, o Estado democrático talvez exija também a resistência democrática, em vez da vassalagem, se não quiser tornar-se a morte da democracia. Do mesmo modo, a democracia pode exigir da teoria que forneça críticas insalubres e ideais inalcançáveis.[14]

Aqui, todavia, nesse paralelo entre os dois pares democracia/antidemocracia e Estado/povo, a argumentação de Brown se enreda numa estranha dinâmica sintomal de inversões: enquanto a democracia precisa da crítica antidemocrática para permanecer viva, para descartar as falsas certezas, o Estado democrático precisa da resistência democrática do povo, *não* da resistência antidemocrática. Será que Brown não confundiu duas (ou melhor, toda uma série de) resistências ao Estado democrático: a resistência antidemocrática "elitista" dos teóricos (Platão-Nietzsche-Heidegger) e a resistência democrático-popular contra o caráter insuficientemente democrático do Estado? Além disso, cada um desses dois tipos de resistência não é acompanhado de seu duplo negro e sombrio: o elitismo cínico e brutal que justifica os que estão no poder, as explosões violentas da ralé? E se os dois se derem as mãos e tivermos *resistência antidemocrática do próprio povo* ("populismo autoritário")?

Além disso, Brown não despreza com facilidade demais os teóricos antidemocráticos que, como Nietzsche, propõem críticas "insalubres" à democracia? Como reagir à chegada de um regime que pretende "pô-las" em prática, como o nazismo? Não é simples demais livrar Nietzsche da responsabilidade, afirmando que os nazistas distorceram suas ideias? É claro que distorceram, mas o stalinismo também distorceu Marx, pois toda teoria muda (é "traída") em sua aplicação prática política, e a questão hegeliana que deve ser levantada aqui é que, em tais casos, a "verdade" não está simplesmente do lado da teoria – e se a tentativa de aplicar uma teoria tornar visível o conteúdo objetivo dessa teoria, oculto ao olhar do próprio teórico?

O ponto fraco da descrição de Brown talvez seja o fato de ela localizar o ingrediente não democrático que mantém viva a democracia apenas nos teóricos "malucos" que questionam suas bases a partir de premissas "insalubres" – mas e os elementos não democráticos muito *reais* que sustentam a democracia? Não reside aí a

---

[14] Ibidem, p. 137.

120 / Em defesa das causas perdidas

principal premissa da análise de Foucault (principal referência de Brown) do poder moderno: o poder democrático tem de ser sustentado por uma rede complexa de mecanismos controladores e reguladores? Em suas *Notas para uma definição de cultura**, T. S. Eliot, o "nobre conservador" arquetípico, argumentou de forma convincente que uma classe aristocrática forte é ingrediente necessário para uma democracia factível: os valores culturais mais elevados só podem prosperar se forem transmitidos por um meio familiar e grupal complexo e contínuo. Assim, quando Brown afirma que "a democracia exige a crítica antidemocrática para permanecer democrática", um conservador liberal concordaria profundamente com seus alertas contra a "deMAIScracia": deveria haver certa tensão na oposição entre o Estado e a democracia, o Estado não deveria simplesmente dissolver-se na democracia, deveria manter o excesso de poder incondicional *sobre* o povo, o Estado firme de direito, para evitar sua própria dissolução. Se o Estado, por mais democrático que seja, não for sustentado por esse espectro do exercício incondicional do poder, não terá autoridade para funcionar: o poder é, por definição, em excesso, senão não é poder.

A pergunta aqui é: quem complementa quem? A democracia é um complemento do poder estatal fundamentalmente não democrático ou a teoria não democrática é um complemento da democracia? Em que ponto o predicado troca de lugar com o sujeito? Além disso, em relação ao "deter o deslizamento do significado", a teoria não democrática, via de regra, não articula seu horror à democracia exatamente porque a vê como "sofista" demais (para Platão...), envolvida demais no deslizamento do sentido, de modo que a teoria, longe de repreender a democracia pela fixidez do sentido, quer impor desesperadamente uma ordem estável à vida social? E, além disso, esse "deslizamento incessante de sentido" já não é uma característica da própria economia capitalista, que, em sua dinâmica contemporânea, leva a novas alturas a velha descrição de Marx de seu poder de dissolver todas as identidades fixas?

Portanto, a lógica "homeopática" evocada por Brown é ambígua. De um lado, o remédio contra a democracia petrificada é a crítica teórica antidemocrática que abala suas certezas e a rejuvenesce. Mas há, ao mesmo tempo, a homeopatia oposta: como se costuma dizer, o único remédio verdadeiro contra os males democráticos óbvios é mais democracia. Essa defesa da democracia é uma variação do famoso dito de Churchill de que a democracia é o pior de todos os sistemas, com a única ressalva de que não há outro melhor: o projeto democrático é inconsistente, em sua própria noção de "projeto inacabado", mas esse mesmo "paradoxo" é sua força, é a garantia contra a tentação totalitária. A democracia inclui sua imperfeição em seu próprio conceito, e é por isso que a única cura contra as deficiências democráticas é mais democracia.

Portanto, todos os perigos que se escondem na democracia podem ser entendidos como fundados nessas inconsistências constitutivas do projeto democrático,

---

* São Paulo, Perspectiva, 1988. (N. E.)

como maneiras de lidar com essas inconsistências, mas com o risco de, sem querer, ao tentar nos livrar das imperfeições da democracia, de seus ingredientes não democráticos, perdermos a própria democracia – basta recordarmos simplesmente que o apelo populista à expressão direta da vontade geral do povo, acima de todos os interesses particulares e conflitos mesquinhos, acaba sufocando a própria vida democrática. De um modo hegeliano, ficamos tentados, portanto, a classificar a versão de Brown como o agravamento extremo do "paradoxo democrático", a ponto de ser inconsistente consigo mesmo. Então, qual seria a (re)solução dessa oposição entre "tese" (Lacan como teórico da democracia) e "antítese" (Lacan como seu crítico interno)? Sugerimos que é o gesto arriscado – porém necessário – de tornar problemática a própria noção de "democracia", mover-se para outro lugar, ter a coragem de elaborar um projeto positivo e *viável* "além da democracia".

Brown não seria demasiado anietzschiana em sua redução de "Nietzsche" a uma correção provocadora da democracia que, por meio do exagero, torna visíveis as inconsistências e os pontos fracos do projeto democrático? Quando proclama que o projeto antidemocrático implícito (e também explícito) de Nietzsche é "inviável", ela também não passa por cima do fato de que foram projetos políticos muito reais que recorreram diretamente a Nietzsche, até e inclusive o nazismo, e que o próprio Nietzsche recorria constantemente aos fatos políticos reais à sua volta, como, por exemplo, a "revolta escrava" da Comuna de Paris, que ele achou tão demolidora[15]? Brown, portanto, faz uma *domesticação* de Nietzsche, a transformação de sua teoria num exercício de "transgressão inerente": provocações que não são realmente "a sério", mas visam, por meio de seu caráter "provocador", nos despertar do sono dogmático-democrático e, portanto, contribuir para a revitalização da própria democracia... É assim que o *establishment* gosta de seus teóricos "subversivos": varejeiras inofensivas que nos picam e assim nos despertam para as inconsistências e imperfeições do empreendimento democrático. Que Deus não permita que levem o projeto a sério e tentem *vivê-lo*...

Michel Foucault e o evento iraniano

Um dos principais clichês antitotalitários é o dos "intelectuais" (no sentido infame que Paul Johnson dá à palavra) seduzidos pelo toque "autêntico" dos espetáculos e explosões violentas, apaixonados pelo exercício impiedoso do poder que supre o pulso fraco de sua existência – a longa linha que vai de Platão e Rousseau

---

[15] Via de regra, Nietzsche é estranhamente descontextualizado/desistoricizado pelos mesmos autores que se mostram tão ansiosos para contextualizar/historicizar Lacan, assim como outros para demonstrar seu viés metafísico e repressor: na paradigmática leitura que Deleuze faz de Nietzsche, essa dimensão desaparece totalmente (embora muitas vezes os mesmos autores entrem em detalhes minuciosos sobre o antissemitismo de Wagner, o grande adversário de Nietzsche, situando-o em seu contexto histórico...).

a Heidegger, sem mencionar a lista-padrão dos fantoches do stalinismo (Brecht, Sartre...). A medíocre defesa lacaniana a essa acusação seria ressaltar que o mínimo que se pode dizer da psicanálise lacaniana é que ela nos torna imunes a tais "tentações totalitárias": nenhum lacaniano jamais cometeu a mancada política de ser seduzido pela miragem da revolução totalitária...

Entretanto, em vez dessa saída fácil, deveríamos aceitar de forma bastante heroica o "fardo do intelectual branco". Vamos abordá-lo em seu aspecto mais problemático. Os contornos do debate sobre o *status* do envolvimento nazista de Heidegger (foi apenas um erro passageiro, sem nenhuma importância teórica, ou fundou-se em seu próprio pensamento? Contribuiu para a guinada de seu pensamento depois?) lembram estranhamente o rápido envolvimento de Michel Foucault a favor da revolução iraniana[16]. Como as linhas a seguir deixariam de lembrar um paralelo impressionante com Heidegger?

> Muitos estudiosos de Foucault veem esses textos [sobre o Irã] como aberração ou produto de um erro político. Sugerimos que os textos de Foucault sobre o Irã tinham, de fato, estreita relação com seus textos teóricos gerais a respeito do discurso do poder e dos riscos da modernidade. Também defendemos que a experiência de Foucault no Irã causou impacto duradouro em sua obra posterior e que não se pode entender a guinada súbita de seus textos na década de 1980 sem reconhecer a importância do episódio iraniano e sua preocupação mais geral com o Oriente.[17]

Em ambos os casos, deveríamos inverter a narrativa-padrão segundo a qual o envolvimento errôneo despertou o pensador para as limitações da posição teórica anterior e compeliu-o a radicalizar seu pensamento, a encenar uma "guinada" que impediria esses erros de voltar a ocorrer (a mudança de Heidegger para a *Gelassenheit*, a de Foucault para a estética do eu): o envolvimento iraniano de Foucault, tal como o envolvimento nazista de Heidegger, foi em si (em sua forma) um gesto apropriado, a melhor coisa que já havia feito; o único problema é que (quanto ao conteúdo) era um compromisso na direção errada.

Em vez de criticar Foucault pela "mancada", seria melhor ler a guinada na direção de Kant, alguns anos depois, como reação a esse envolvimento fracassado. Foucault estava interessado na noção de entusiasmo, como Kant a desenvolve a propósito da Revolução Francesa (em *O conflito das faculdades*, que já citamos no capítulo 1): como já observamos, para Kant a verdadeira importância da Revolução não estava no que realmente aconteceu em Paris – muitas coisas aterrorizantes,

---

[16] É claro que o paralelo tem seus limites, e o mais óbvio é que o envolvimento iraniano de Foucault foi percebido como um gesto solitário e idiossincrásico, fora do consenso democrático-liberal hegemônico, enquanto o engajamento nazista de Heidegger seguiu a tendência dominante entre os intelectuais conservadores radicais na Alemanha.

[17] Janet Afary e Kevin B. Anderson, *Foucault and the Iranian Revolution* (Chicago, The University of Chicago Press, 2005), p. 3-4.

explosões de paixão assassina –, mas na reação entusiasmada que os fatos geraram nos observadores solidários da Europa inteira... Foucault não propôs uma espécie de metateoria de seu próprio entusiasmo pela revolução iraniana de 1978-79? O que importa não é a realidade miserável que se seguiu aos levantes, os confrontos sangrentos, as novas medidas opressoras etc., mas o entusiasmo que os fatos no Irã provocaram no observador externo (ocidental), confirmando sua esperança na possibilidade de uma nova forma de coletivo político espiritualizado.

O Irã foi para Foucault, então, o objeto da "autenticidade interpassiva", o Outro Lugar mítico onde o autêntico acontece – Cuba, Nicarágua, a Bolívia hoje... – e do qual os intelectuais ocidentais têm uma necessidade inexaurível? Aliás, pode-se redimir da mesma maneira não só o entusiasmo provocado pela Rússia stalinista em muitos intelectuais e artistas ocidentais nas décadas de 1930 e 1940, como também o entusiasmo inspirado pela Revolução Cultural maoista naqueles que até então eram críticos acerbos do stalinismo: o importante não foi a violência e o terror brutais na China, mas o entusiasmo que o espetáculo despertou entre os observadores ocidentais... (E, por que não?, pode-se afirmar o mesmo em relação ao fascínio que a Alemanha nazista exerceu sobre alguns observadores ocidentais nos quatro primeiros anos do governo de Hitler, quando o desemprego caiu rapidamente e tudo mais!)

Entretanto, o problema dessa leitura é que, em sua interpretação dos eventos iranianos, Foucault coloca esse ponto de vista ao contrário e contrapõe o entusiasmo dos envolvidos à visão fria do observador externo, que percebe o contexto causal mais amplo, a inter-relação de classes e seus interesses, e assim por diante. Essa passagem do entusiasmo provocado no observador externo para o entusiasmo dos envolvidos é fundamental; como *pensar* o vínculo entre esses dois lugares de entusiasmo, o dos participantes diretos e o dos observadores externos e desmotivados (desinteressados)? A única solução é "desconstruir" o próprio imediatismo da experiência vivida pelos participantes diretos: e se esse imediatismo já for encenado para um observador, para o olhar de um Outro imaginado? E se, na experiência de vida mais íntima, eles já se imaginam observados? Nessa linha, em seu último texto sobre o Irã ("É inútil revoltar-se?"*, de maio de 1979), Foucault contrapõe a realidade histórica de um processo complexo de transformações sociais, culturais, econômicas, políticas etc. ao evento mágico da revolta que, de algum modo, suspende a rede da causalidade histórica, à qual é irredutível: "O homem em revolta é, em última análise, inexplicável. Deve haver um desenraizamento que interrompa o desdobrar da história e sua longa série de razões que expliquem que um homem "realmente" prefira o risco da morte à certeza de ter de obedecer"[18].

---

* *Ditos e escritos*, 2. ed., Rio de Janeiro, Forense Universitária, v. 5, 2006. (N. E.)

[18] Citado em Janet Afary e Kevin B. Anderson, *Foucault and the Iranian Revolution*, cit., p. 263.

124 / Em defesa das causas perdidas

Devemos estar atentos à conotação kantiana dessas proposições: a revolta é um ato de liberdade que suspende momentaneamente o nexo da causalidade histórica, isto é, na revolta transpira a dimensão numenal. É claro que o paradoxo é que essa dimensão numenal coincide com seu oposto, com a superfície pura do fenômeno: o númeno não aparece somente, o numenal é o que, no fenômeno, é irredutível à rede causal da realidade que gerou o fenômeno; em resumo, o *númeno é o fenômeno enquanto fenômeno*. Há um vínculo claro entre esse caráter irredutível do fenômeno e a noção deleuziana do evento como fluxo do devir, como um surgimento na superfície que não pode ser reduzido às suas causas "corpóreas". A resposta de Deleuze aos críticos conservadores que condenam os resultados reais, sofridos e até apavorantes dos levantes revolucionários é que eles continuam cegos à dimensão do devir.

> Está na moda hoje condenar os horrores da revolução. Isso não é novo; o romantismo inglês está impregnado de reflexões sobre Cromwell muito parecidas com as reflexões atuais sobre Stalin. Dizem que as revoluções fracassam. Mas vivem confundindo duas coisas diferentes, a maneira como as revoluções terminam historicamente e o devir revolucionário do povo. Os dois dizem respeito a dois conjuntos diferentes de pessoas. A única esperança do homem está no devir revolucionário: a única maneira de perder a vergonha ou reagir ao que é intolerável.[19]

Deleuze refere-se aqui às explosões revolucionárias de um modo estritamente paralelo ao de Foucault:

> O movimento iraniano não vivenciou a "lei" das revoluções que, dizem alguns, faria a tirania que secretamente já os habitou reaparecer por trás do entusiasmo cego das massas. O que constituiu a parte mais interna da revolta e vivida mais intensamente alcançou, de forma não mediada, um tabuleiro de xadrez político já demasiadamente povoado, mas esse contato não é identidade. A espiritualidade dos que caminhavam para a morte não tem nenhuma similaridade com o governo sangrento do clero fundamentalista. Os clérigos iranianos querem legitimar seu regime pelo significado que teve a revolta. Isso não é diferente de desacreditar o fato da revolta com base em que, hoje, há um governo de mulás. Em ambos os casos, há "medo", medo do que acabou de acontecer no outono passado no Irã, algo cujo exemplo o mundo não via há muito tempo.[20]

Aqui, Foucault é efetivamente deleuziano: o que lhe interessa não são os eventos iranianos no nível da realidade social concreta e suas interações causais, mas a superfície eventual, a virtualidade pura da "fagulha da vida" que só explica a singularidade do Evento. O que ocorreu no Irã no interstício de duas épocas de realidade social não foi a irrupção do Povo como entidade substancial com um conjunto de propriedades,

---

[19] Gilles Deleuze, *Negotiations* (Nova York, Columbia University Press, 1995), p. 171. [Ed. bras.: *Conversações*, São Paulo, Editora 34, 2008.]

[20] Citado em Afary e Anderson, *Foucault and the Iranian Revolution*, cit., p. 265.

mas o evento de um povo-devir. A questão, portanto, não é a mudança das relações de poder e dominação entre agentes sociopolíticos reais, a redistribuição do controle social etc., mas o próprio fato de transcender – ou melhor, cancelar momentaneamente – esse mesmo domínio, o surgimento de um domínio totalmente diferente de "vontade coletiva" como puro evento-sentido, em que todas as diferenças são obliteradas e se tornam irrelevantes. Um evento desses não só é novo em relação ao que aconteceu antes, como também é novo "em si" e, portanto, permanece novo para sempre[21].

Entretanto, aqui, em seu aspecto mais sublime, as coisas começam a se complicar. Foucault tem de admitir que essa divisão era interna aos próprios indivíduos envolvidos:

> Tomemos o ativista de algum grupo político. Quando participava de alguma dessas manifestações, era duplo: tinha o cálculo político, o que era isso ou aquilo, e ao mesmo tempo era um indivíduo envolvido naquele movimento revolucionário, ou melhor, aquele iraniano que se erguera contra o rei. E as duas coisas não entravam em contato, ele não se erguia contra o rei porque o partido tinha feito este ou aquele cálculo.[22]

E a mesma divisão abrange todo o corpo social: no nível da realidade, é claro que havia múltiplos agentes, interações complexas entre as classes, a sobredeterminação de lutas incompatíveis; todavia, no nível do evento revolucionário propriamente dito, tudo isso era "superado" numa "vontade coletiva absoluta" que unia todo o corpo social contra o Xá e sua claque. Não havia divisão dentro do corpo social, nenhuma "luta de classes"; todos, dos fazendeiros pobres aos estudantes, do clero aos capitalistas desapontados, todos queriam a mesma coisa:

> A vontade coletiva é um mito político com o qual juristas e filósofos tentam analisar ou justificar instituições etc. É uma ferramenta teórica: ninguém jamais viu a "vontade coletiva" e, pessoalmente, achava que a vontade coletiva era como Deus, como a alma, algo que ninguém jamais encontraria. Não sei se concordam comigo, mas em Teerã, e por todo o Irã, encontramos a vontade coletiva de um povo.[23]

Foucault opõe aqui revolta a revolução: "revolução" (no sentido moderno europeu) designa a reinscrição de uma revolta no processo de cálculo político-estratégico; revolução é o processo pelo qual a revolta é "colonizada pela *realpolitik*".

> A "revolução" deu legitimidade a esses levantes, separou as formas boas das más e definiu suas leis de desenvolvimento. [...] Até a profissão de revolucionário foi definida.

---

[21] Entretanto, esse momento mágico de unidade entusiástica da vontade coletiva não será um caso exemplar do que Lacan chama de identificação imaginária? É aqui, a propósito desse caso, que se pode observar, no aspecto mais puro, a mudança do ensinamento de Lacan: enquanto o Lacan da década de 1950 sem dúvida nenhuma desdenharia essa unidade entusiástica como reconhecimento falso e imaginário da sobredeterminação simbólica, o Lacan tardio perceberia nela a irrupção do Real.

[22] Citado em Afary e Anderson, *Foucault and the Iranian Revolution*, cit., p. 256.

[23] Ibidem, p. 253.

126 / Em defesa das causas perdidas

> Ao repatriar assim a revolta no discurso da revolução, diziam, o levante surgiria em toda a sua verdade e continuaria até a sua verdadeira conclusão.[24]

Não admira que Foucault compare o surgimento da vontade coletiva com duas coisas numenais de Kant (Deus, alma). Quando o numenal surge, é sob a aparência do maior dos horrores, como Foucault bem sabe:

> Nesse estágio, o mais importante e o mais atroz se misturam – a esperança extraordinária de transformar novamente o Islã numa grande civilização viva e várias formas de xenofobia violenta, assim como apostas globais e rivalidades regionais. E o problema do imperialismo. E a subjugação das mulheres, e assim por diante.[25]

> O que deu intensidade ao movimento iraniano foi um registro duplo. De um lado, a vontade coletiva que se exprimiu politicamente com muito vigor e, de outro, o desejo de uma mudança radical da vida cotidiana. Mas essa dupla afirmação só pode basear-se em tradições, em instituições que carregam a pecha de chauvinismo, nacionalismo, exclusividade, que têm uma atração muito forte sobre os indivíduos. Para enfrentar tão temível poder armado, não é possível sentir-se sozinho nem partir do nada.[26]

A imagem, assim, fica desfocada. Em primeiro lugar, Foucault recua do apoio generalizado à revolta iraniana (sustentado pela esperança de que uma sociedade totalmente diferente surgirá dela, rompendo o espaço da modernidade europeia e seus impasses) para valorizar apenas o momento entusiástico da própria revolta: os liberais europeus que querem desacreditar os eventos iranianos porque terminaram numa teocracia opressora movem-se no mesmo nível do próprio clero, que reivindica a revolta para justificar seu domínio; ambos tentam reduzir o Evento a um fator de uma luta política com interesses estratégicos. Então, num passo mais sutil e surpreendente, Foucault percebe *outra* ambiguidade que não pode ser reduzida à diferença entre o nível da revolta pura e o nível da inter-relação sociopolítica múltipla: "chauvinismo", "xenofobia violenta", "subjugação das mulheres" etc. não são sinais de contaminação do Evento pela realidade sociopolítica, são forças inerentes ao próprio Evento, isto é, sua mobilização deu ao Evento a força para opor-se ao regime político opressor e evitar enredar-se no jogo do cálculo político. É esse mesmo embasamento nos motivos racistas, antifeministas etc. "mais vis" que deu à revolução iraniana o poder para avançar além de uma mera luta pragmática pelo poder. Nos termos de Badiou, o Evento autêntico torna-se, portanto, indistinguível do pseudoevento.

Não estamos às voltas aqui com um tipo de tríade hegeliana em que a oposição externa é internalizada gradualmente, refletida em si mesma? Em primeiro lugar, a oposição externa da revolução iraniana em si (um evento único) e a maneira como

---

[24] Ibidem, p. 264.
[25] Ibidem, p. 265.
[26] Ibidem, p. 260.

aparece aos olhos europeus é internalizada nos dois aspectos dos eventos: o lado da luta pragmática pelo poder e o lado do Evento político-espiritual único. Finalmente, esses dois aspectos são identificados como forma e conteúdo do mesmo evento: a ideologia misógina opressora, o antissemitismo etc. são o único material ideológico à disposição dos iranianos capaz de sustentar a elevação propriamente metafísica do Evento – o Evento transforma-se em característica puramente formal, indiferente ao seu conteúdo histórico específico. Em outras palavras, Foucault termina num ponto em que, de fato, deveria ser feita a pergunta normalmente dirigida a Badiou: por que então a "revolução" nazista de Hitler também não é um Evento? Ela não tem as mesmas características que Foucault atribui à revolução iraniana? Não temos aqui também a unidade espiritual do povo, não dividido em subgrupos particulares separados por interesses, uma unidade pela qual os indivíduos se dispõem a sacrificar-se? E, como no caso do Irã, esse espírito de unidade não era sustentado pelos elementos "mais vis" da tradição (racismo etc.)?

Nesse ponto, o único passo que falta é abandonar essa forma – não admira então que, depois da experiência iraniana, Foucault tenha recuado para a questão do cuidado do eu, da estética da existência (e, politicamente, tenha apoiado diversas iniciativas em prol dos direitos humanos, o que faz dele, na França, o queridinho dos "novos filósofos" humanitários e neoliberais). Aqui, só podemos arriscar a hipótese de que a raiz conceitual desse impasse foucaultiano seja sua noção fundamental de *dispositivo*. À primeira vista, pode parecer que o grande Outro de Lacan é o primo pobre da noção de *dispositivo* de Foucault, que é muito mais produtiva para a análise social. Entretanto, há o impasse do *dispositivo* em relação à condição do sujeito: primeiro (em sua história da loucura), Foucault tendeu a excluir do *dispositivo* o núcleo resistente da subjetividade; depois, mudou sua posição para o oposto, para a inclusão radical da subjetividade resistente (o próprio poder gera resistência etc., temas de *Vigiar e punir**); finalmente, tentou delinear o espaço do "cuidado do eu", que permite ao sujeito articular, pela autorreferência, seu próprio "modo de vida" dentro de um *dispositivo* e, portanto, recuperar um mínimo de distância dele. O sujeito aqui é sempre uma curva, uma perturbação do *dispositivo*, o famoso grão de areia que atrapalha o bom funcionamento. No "grande Outro" de Lacan, o ponto de vista é totalmente oposto: a própria "postulação" do grande Outro é um gesto subjetivo, isto é, o "grande Outro" é uma entidade virtual que só existe por meio do pressuposto do sujeito (esse momento não existe na noção althusseriana dos "Aparelhos Ideológicos do Estado", que enfatiza a "materialidade" do grande Outro, sua existência material em instituições ideológicas e práticas ritualizadas; o grande Outro de Lacan, ao contrário, é, em última análise, virtual e, como tal, "imaterial" em sua dimensão mais básica).

---

*   33. ed., Petrópolis, Vozes, 2007. (N. E.)

128 / Em defesa das causas perdidas

Mas voltemos ao Irã. O tropeço de Foucault não significa de modo algum que a revolução iraniana foi um pseudoevento (no sentido dado por Badiou) comparável à "revolução" nazista: foi um Evento autêntico, uma *abertura* momentânea que liberou forças de transformação social sem precedentes, um momento em que "tudo parecia possível". Para perceber essa dimensão, basta seguir de perto as mudanças e os retrocessos dos acontecimentos, o fechamento gradual dos múltiplos modos de auto-organização da multidão que protestava quando o novo clero islâmico tomou o poder político. Não houve nada comparável com os meses efervescentes depois da queda do xá – a atividade constante e frenética, os debates, os planos utópicos etc. – na Alemanha depois da tomada do poder pelos nazistas (embora tenha *havido* algo comparável nos primeiros anos depois da Revolução de Outubro). Não devemos entender essa diferença qualitativa como algo que só diz respeito ao nível formal dos eventos (ou, pior ainda, ao nível psicológico-grupal, como se a explosão iraniana fosse mais "sincera" do que a nazista); sua dimensão crucial era a do conteúdo sociopolítico: o que fez da explosão iraniana um Evento foi o surgimento momentâneo de algo novo, que dizia respeito à luta para formular uma alternativa à opção entre a democracia liberal ocidental e a volta à tradição pré-moderna. A "revolução" nazista *nunca* foi "aberta" nesse sentido autêntico.

Foucault também tinha toda a razão quando enfatizou o potencial do islamismo xiita para servir de vetor ideológico do movimento democrático-igualitário: a oposição entre sunitas e xiitas, em termos políticos, é entre organização hierárquica do Estado e abertura igualitária do evento. Em contraste com o judaísmo e o cristianismo, as outras duas religiões do Livro, o islamismo exclui Deus do domínio da lógica paterna: Alá não é pai, nem mesmo um pai simbólico; Deus, como Um, não é nascido nem gera criaturas: *não há lugar para uma Sagrada Família no islamismo.* É por isso que o islamismo enfatiza tanto o fato de o próprio Maomé ser órfão; é por isso que, no islamismo, Deus intervém exatamente nos momentos de suspensão, recuo, fracasso, "blecaute" da função paterna (quando a mãe ou o filho são abandonados ou ignorados pelo pai biológico). Isso significa que Deus permanece totalmente no domínio do Real impossível: Ele é o Real impossível além do pai, de modo que há um "deserto genealógico entre o homem e Deus"[27]. (Esse era o problema do islamismo para Freud, já que toda a sua teoria da religião se baseia no paralelo entre Deus e o pai.) Ainda mais importante é que isso inscreve a política no âmago do Islã, já que o "deserto genealógico" torna impossível embasar a comunidade nas estruturas da paternidade ou outros laços baseados no sangue: "o deserto entre Deus e Pai é o lugar onde o político se institui"[28]. Com o islamismo, não é mais possível fundamentar a comunidade ao modo de *Totem*

---

[27] Fethi Benslama, *La psychanalyse à l'épreuve de l'Islam* (Paris, Aubier, 2002), p. 320.
[28] Idem.

*e tabu**, por meio do assassinato do pai e da culpa subsequente que une os irmãos – daí a realidade inesperada do islamismo. Esse problema está no âmago da famosa (e infame) *umma*, a "comunidade de crentes" muçulmana; ele explica a superposição do religioso e do político (a comunidade deve basear-se diretamente na palavra de Deus) e também o fato de o Islã estar "na sua melhor forma" quando embasa a formação de uma comunidade "a partir do nada", no deserto genealógico, como fraternidade revolucionária e igualitária – não admira que o islamismo faça sucesso quando a juventude se vê privada da rede de segurança tradicional oferecida pela família.

Isso também nos obriga a restringir e limitar a homologia entre o envolvimento de Foucault com a revolução iraniana e o comprometimento de Heidegger com o nazismo: Foucault estava *certo* ao envolver-se, percebeu *corretamente* o potencial emancipador dos eventos; todas as insinuações dos críticos liberais de que foi outro capítulo da triste saga dos intelectuais radicais ocidentais, que projetam suas fantasias numa zona de turbulência estranha e exótica e, com isso, podem satisfazer *simultaneamente* seus desejos emancipadores *e* sua secreta ânsia "masoquista" por disciplina rígida e opressão, erram o alvo. Mas onde está o erro? Podemos afirmar que Foucault agiu corretamente pela razão errada: a maneira como teorizou e justificou seu envolvimento é enganosa. O arcabouço em que Foucault trabalha a análise da situação iraniana é a oposição entre o Evento revolucionário, o entusiasmo sublime do povo unido, em que todas as diferenças internas são temporariamente suspensas, e o domínio pragmático da política de interesses, dos cálculos estratégicos de poder etc. – oposição que, como já vimos, lembra diretamente a distinção de Kant entre o numenal (ou, para ser mais exato, o sublime que evoca a dimensão numenal) e o fenomenal. Nossa tese aqui é muito precisa: esse arcabouço geral é "abstrato" demais para explicar as várias modalidades de entusiasmo coletivo – para fazer a distinção, digamos, entre o entusiasmo nazista do povo unido na rejeição aos judeus (cujo efeito foi indubitavelmente real), o entusiasmo do povo unido contra o regime comunista estagnado ou o entusiasmo propriamente revolucionário. A diferença é simplesmente que os dois primeiros não são Eventos, são meros pseudoeventos, porque lhes falta o momento de abertura verdadeiramente utópica. Essa diferença é estritamente imanente à unidade entusiástica: só no último caso o denominador comum dessa unidade foi a "parte de parte alguma", os "oprimidos", os incluídos na sociedade sem lugar apropriado dentro dela e, como tais, servindo de "singularidade universal", personificando diretamente a dimensão universal.

É também por isso que a oposição entre entusiasmo numenal e interesses estratégicos específicos não cobre o campo todo; se assim fosse, ficaríamos presos para sempre na oposição entre explosões emancipadoras e o sóbrio "dia seguinte", quan-

---

* Rio de Janeiro, Imago, 2005. (N. E.)

do a vida volta ao seu curso pragmático normal. Desse ponto de vista restrito, toda tentativa de evitar e/ou adiar esse retorno sóbrio ao curso normal das coisas equivale ao terror, à inversão do entusiasmo em monstruosidade. E se, todavia, é *isso* que realmente está em jogo no verdadeiro processo emancipador: nos termos de Jacques Rancière, como unir o político e a polícia, como transformar a explosão política emancipadora em regulação concreta do policiamento? O que pode ser mais sublime do que a criação de um novo "território libertado", de uma ordem positiva do ser que foge ao domínio da ordem existente?

É por isso que Badiou está certo quando nega a condição de Evento ao entusiasmo que se seguiu ao colapso dos regimes comunistas. Quando o regime de Milošević foi finalmente derrubado na Sérvia, nos últimos meses de 2001, muitos marxistas do Ocidente perguntaram: "E os mineiros de carvão, cuja greve levou à interrupção do fornecimento de eletricidade e, desse modo, derrubou efetivamente Milošević? Não foi um movimento genuíno de trabalhadores, manipulado depois pelos políticos, que eram nacionalistas ou tinham sido corrompidos pela CIA?". A mesma questão sintomática surge a propósito de cada novo levante social: em cada caso, essas pessoas identificam algum movimento operário que, supostamente, demonstrou um verdadeiro potencial revolucionário ou, pelo menos, socialista, mas foi primeiro explorado e depois traído pelas forças pró-capitalistas e/ou nacionalistas. Dessa maneira, podemos continuar sonhando que a Revolução está ali na esquina: só precisamos de uma liderança autêntica que consiga organizar o potencial revolucionário dos trabalhadores. A crer neles, o Solidarność era originalmente um movimento socialista-democrático dos trabalhadores, "traído" mais tarde por seus líderes, corrompidos pela Igreja e pela CIA... É claro que há um grão de verdade nessa abordagem: a maior ironia da desintegração do comunismo foi que as grandes revoltas (Alemanha Oriental em 1953, Hungria em 1956, Solidariedade na Polônia) foram originalmente levantes *operários* que só depois abriram caminho para os movimentos "anticomunistas" padrões; antes de sucumbir ao inimigo "externo", o regime recebeu o sinal de falsidade daqueles mesmos que esses "Estados de camponeses e operários" evocavam como sua própria base social. Entretanto, esse fato também demonstra como faltava à revolta dos trabalhadores qualquer compromisso socialista substancial: em todos os casos, depois de eclodir, o movimento caiu suavemente sob a hegemonia da ideologia "burguesa" padrão (liberdade política, propriedade privada, soberania nacional etc.).

O problema de Heidegger

Como fica então a situação do envolvimento de Heidegger? Em contraste com o de Foucault, não foi apenas um erro, mas um erro baseado em sua filosofia? Há algo profundamente sintomático na compulsão de muitos críticos democrático-liberais em demonstrar que a filiação nazista de Heidegger não foi um mero tropeço temporário e estava em consonância com os próprios fundamentos de seu pensamento: é como se essa consonância nos permitisse considerar Heidegger teoricamente irrelevante e, assim, evitar o esforço de *pensar* com e por Heidegger, de enfrentar as incômodas questões que ele levanta contra princípios básicos da modernidade, como o "humanismo", a "democracia", o "progresso" etc. Quando Heidegger some do quadro, podemos nos concentrar tranquilamente em nossas preocupações habituais com os problemas éticos suscitados pela biogenética, com a necessidade de acomodar a globalização capitalista dentro de uma vida comunitária significativa; enfim, podemos evitar, com toda a segurança, o confronto com o que é realmente novo na globalização e nas descobertas da biogenética e continuar a medir esses fenômenos de acordo com os antigos padrões, na esperança louca de encontrar uma síntese que nos permita ficar com o que há de melhor nos dois mundos.

Mas é claro que isso não significa de modo algum que devemos reabilitar a defesa mais comum do episódio nazista de Heidegger, que previsivelmente segue mais uma vez a fórmula da chaleira emprestada: (1) Heidegger nunca foi um nazista de verdade, só fez algumas concessões superficiais para salvar tanto quanto possível a autonomia da universidade e, quando percebeu que a tática não funcionaria, demitiu-se e retirou-se da vida pública; (2) Heidegger foi um nazista sincero e dedicado por algum tempo, porém não só recuou ao perceber seu erro, como também foi exatamente seu conhecimento a respeito do poder nazista que lhe permitiu ter uma noção do niilismo da tecnologia moderna como desdobramento da vontade-de-poder incondicional; (3) Heidegger era nazista e não há como censurá-lo por sua escolha, pois no início da década de 1930 isso era perfeitamente legítimo e compreensível. Essa última posição é a de Ernst Nolte e vale a pena recordar aqui o livro que escreveu sobre Heidegger e que trouxe novo alento ao debate interminável sobre "Heidegger e política" – longe de desculpar a infame opção política de Heidegger em 1933, ele a justifica ou, pelo menos, desdemoniza, tornando-a uma opção viável e significativa. Contra os defensores padronizados de Heidegger, cujo mantra é que o envolvimento do filósofo com o nazismo foi um erro pessoal sem consequências fundamentais para seu pensamento, Nolte aceita a afirmação básica dos críticos de Heidegger de que a opção nazista está inscrita em seu pensamento — mas com uma diferença: em vez de problematizar o pensamento de Heidegger, Nolte legitima sua escolha política como uma opção justificável no fim da década de 1920 e início da de 1930, dado o caos econômico e a ameaça do comunismo.

> Na medida em que resistiu à tentativa de solução [comunista], Heidegger estava historicamente certo, como muitos outros. Ao comprometer-se com a solução [nacio-

nal-socialista], talvez tenha se tornado um "fascista", mas de modo algum isso o tornou historicamente errado desde o princípio.[29]

E eis como Mark Wrathall formula a segunda posição:

A obra de Heidegger no pós-guerra avançou um pouco na direção da superação da ingenuidade política que o levou ao envolvimento desastroso com o nacional-socialismo. Ele o fez, em primeiro lugar, sendo muito mais claro do que antes sobre os perigos do mundo moderno – perigos que o levaram a pensar que precisávamos da revelação de um novo mundo. Depois que conseguiu articular o perigo da modernidade em termos de tecnologia, ficou claro que o nacional-socialismo era apenas outro movimento tecnológico moderno (ainda que empregasse a tecnologia com fins reacionários).[30]

Esse trecho diz muito mais do que aparenta à primeira vista; a palavra-chave é o inócuo "apenas outro": a premissa subjacente não será que "até o melhor projeto político, a tentativa mais radical de se opor ao niilismo, continuou a ser apenas outro movimento niilista preso à tecnologia"? Não há nenhum horror ao nazismo aqui, o nazismo é "apenas outro" da série, a diferença é ontologicamente insignificante (e é por isso que, para Heidegger, a vitória dos Aliados na Segunda Guerra Mundial na verdade não decidiu nada). Aqui entra a referência de Heidegger aos famosos versos de Hölderlin: "Onde cresce o perigo, aquilo que nos pode salvar [*das Rettende*] também cresce..." – para superar o perigo, é preciso levá-lo ao extremo. Em resumo, para chegar à verdade ontológica, Heidegger teve de errar onticamente. Assim, quando Wrathall escreve, a propósito do envolvimento de Heidegger com o nazismo: "É desconcertante, para dizer o mínimo, que Heidegger, que pretendia ter uma visão única do movimento da história do mundo, se mostrasse tão terrivelmente cego para a importância dos eventos que se desenrolavam diante de seus olhos"[31], um heideggeriano poderia facilmente inverter esse argumento: a cegueira "ôntica" para a verdade do regime nazista era uma condição positiva da sua visão "ontológica". Entretanto, quando os defensores de Heidegger afirmam que a familiaridade com o exercício nazista do poder permitiu-lhe exatamente ter uma ideia do niilismo da tecnologia moderna como desdobramento da vontade-de-poder incondicional, essa linha de defesa não soa meio parecida com a atitude da famosa prostituta que virou pregadora e, depois da conversão, passou a atacar os pecados carnais, afirmando que sabe por experiência própria como são destrutivos? Steve Fuller escreve:

Ironicamente, a estatura intelectual de Heidegger pode ter sido até *auxiliada* pela prática consagrada de "aprender com o adversário", em que os vitoriosos se entregam depois da

---

[29] Ernst Nolte, *Martin Heidegger: Politik und Geschichte im Leben und Denken* (Berlim, Propylaen, 1992), p. 296. Aliás, a mesma linha de defesa do envolvimento de Heidegger com o nazismo já fora proposta por Jean Beaufret numa carta publicada em 1963. (Ver Emmanuel Faye, *Heidegger. L'introduction du nazisme dans la philosophie*, Paris, Albin Michel, 2005, p. 502.)

[30] Mark Wrathall, *How to Read Heidegger* (Londres, Granta, 2005), p. 87.

[31] Ibidem, p. 86.

guerra. Nesse aspecto, o "gênio" político de Heidegger pode residir no fato de ele ter permanecido ao lado dos nazistas o tempo suficiente para que os americanos o descobrissem durante a desnazificação, mas sem ser considerado um criminoso de guerra intocável cujas obras teriam de ser banidas. Como antinazistas empenhados, confortavelmente instalados em países aliados, os rivais existencialistas de Heidegger nunca passaram por um exame tão intenso nem adquiriram depois tamanha mística de perigo e profundidade.[32]

Há verdade nessas frases, mas ela é mais complexa do que a mera sorte de ter conseguido a justa medida na profundidade de seu envolvimento com o nazismo: a verdade difícil de admitir é que Heidegger é "grande" *não a despeito, mas por causa de* seu envolvimento com os nazistas, que esse engajamento é um constituinte fundamental dessa "grandeza". Imagine um Heidegger sem esse episódio ou um Heidegger que, depois da Segunda Guerra Mundial, fizesse o que muitos de seus colegas esperavam dele, ou seja, que renunciasse publicamente ao envolvimento com o nazismo e pedisse desculpas por ele. Isso não teria obstruído o radicalismo de sua visão? Não o restringiria às preocupações políticas humanitárias que tanto desprezava? Miguel de Beistegui faz uma observação perspicaz sobre a ambiguidade fundamental da desilusão de Heidegger com o nazismo: foi sua "resignação e desilusão com o que, até o fim de sua vida, e com um toque de pesar por não tê-lo visto desenvolver seu potencial, ele chamou de 'o movimento'"[33]. Entretanto, não é essa a razão por que o fato de Heidegger ter se afastado posteriormente dos compromissos políticos também não pode ser concebido apenas nos termos da sua visão a respeito do niilismo da política contemporânea? Beistegui termina o livro com a seguinte afirmativa:

> [Heidegger] não será pego duas vezes [acreditando no poder redentor do envolvimento político]: depois de queimar os dedos na política e perder as ilusões com a incapacidade do nazismo de executar um projeto de importância ôntico-destinal, suas esperanças se voltaram para os recursos ocultos do pensamento, da arte e da poesia, todos considerados como se tivessem um poder histórico e destinal muito maior que o da política.[34]

Mas a recusa de Heidegger de ser pego duas vezes num ato de envolvimento político, e queimar os dedos outra vez, não seria o modo negativo de seu apego melancólico e contínuo ao "movimento" nazista? (A recusa de envolver-se novamente com a política assemelha-se então à do amante desapontado que, depois do fracasso de uma relação, rejeita o amor como tal e evita qualquer relacionamento posterior, confirmando assim, de modo negativo, o apego duradouro ao relacionamento fracassado.) A premissa dessa recusa não é que o nazismo continuou a ser para Heidegger, até o fim de sua vida, o único compromisso político que ao menos

---

[32] Steve Fuller, *Kuhn vs. Popper* (Cambridge, Icon Books, 2006), p. 191.
[33] Miguel de Beistegui, *The New Heidegger* (Londres, Continuum, 2005), p. 7.
[34] Ibidem, p. 175-6.

tentou resolver o problema certo, de modo que o fracasso do nazismo é o fracasso do político como tal? Nunca passou pela mente de Heidegger propor – digamos, de um modo liberal – que o fracasso do movimento nazista foi apenas o fracasso de um certo tipo de envolvimento que conferia ao político a tarefa de executar "um projeto de importância ontodestinal", de modo que a lição que se deveria tirar era simplesmente um envolvimento político mais *modesto*. Em outras palavras, e se alguém concluir, a partir do fracasso da experiência política de Heidegger, que é preciso renunciar à expectativa de que o envolvimento político tenha consequências ontológicas destinais e que se deve participar da política "meramente ôntica" que, longe de obscurecer a necessidade de reflexão ontológica mais profunda, precisamente abre espaço para ela? E se até o último Heidegger, que manifestou suas dúvidas quanto à democracia ser ou não a ordem política que melhor se adequava à essência da tecnologia moderna, não tivesse ainda aprendido a lição principal do período nazista, já que continuou agarrado à esperança de encontrar um envolvimento político (ôntico) que se adequasse ao (estivesse no nível do) projeto ontológico da tecnologia moderna? (É claro que a nossa premissa é que o envolvimento liberal não é a única alternativa: Heidegger estava certo em duvidar da democracia liberal; o que ele se recusava a considerar era o envolvimento esquerdista radical.)

Aí reside a importância do vínculo entre Heidegger e Hannah Arendt: o que está em jogo na difícil relação entre eles não são as idiossincrasias de sua ligação pessoal, mas a aversão altamente condenada de Heidegger ao liberalismo e à democracia (liberal), que ele considerou "inautênticos" até morrer. Arendt não só se opunha a Heidegger no duplo eixo mulher *versus* homem e judeu "cosmopolita" *versus* alemão "provinciano", como também foi (o que é muito mais importante) *a primeira heideggeriana liberal*, a primeira a tentar conciliar as ideias de Heidegger com o universo democrático-liberal. É claro que, numa leitura mais atenta, é fácil discernir o que permitiu a Arendt defender o liberalismo e ao mesmo tempo manter a fidelidade básica às ideias de Heidegger: a postura antiburguesa, o desdém crítico pela política como política de "interesses de grupo", como expressão da sociedade competitiva e consumista da burguesia. Ela sentia a mesma insatisfação dos conservadores com relação à falta de heroísmo e à orientação utilitário-pragmática da sociedade burguesa:

> Simplesmente rotular como irrupções de niilismo essa insatisfação violenta com a época anterior à guerra e com as tentativas subsequentes de restaurá-la (de Nietzsche a Sorel e Pareto, de Rimbaud e T. E. Lawrence a Juenger, Brecht e Malraux, de Bakunin e Nechaiev a Aleksander Blok) é deixar de ver que a repugnância pode ser justificada numa sociedade totalmente permeada pelo ponto de vista ideológico e pelos padrões morais da burguesia.[35]

---

[35] Hannah Arendt, *The Origins of Totalitarianism* (Nova York, Harcourt Brace Jovanovich, 1973), p. 328. [Ed. bras.: *Origens do totalitarismo*, São Paulo, Companhia das Letras, 2007.]

A oposição que Arendt mobiliza aqui é entre *citoyen* e *bourgeois*: o primeiro vive na esfera política do compromisso público pelo bem comum, da participação nos assuntos públicos, enquanto o segundo é o utilitário egoísta que está totalmente mergulhado no processo de produção e reduz todas as outras dimensões da vida ao papel de permitir o funcionamento suave desse processo. Em termos aristotélicos, é a oposição entre *praxis* e *poiesis*, entre o exercício "elevado" das virtudes na vida pública e a instrumentalidade "reles" do trabalho – oposição que reverbera não só na distinção de Habermas entre a ação comunicativa e a atividade instrumental, mas também na noção de Evento de Badiou (e em sua negação concomitante de que possa ocorrer um Evento no domínio da produção). Recordemos como Arendt descreve, em termos badiouanos, a suspensão da temporalidade como característica ontológica que define a ação política ôntica: a ação, como capacidade do homem de começar algo novo, "do nada", não redutível a uma reação estratégica calculada para uma situação dada, ocorre na *lacuna* não temporal entre passado e futuro, no hiato entre o fim da velha ordem e o início da nova, que na história é exatamente o momento da revolução[36]. É claro que essa oposição levanta uma questão fundamental, formulada por Robert Pippin:

> como Arendt pode separar o que admira na cultura burguesa – o constitucionalismo, a afirmação dos direitos humanos fundamentais, a igualdade perante a lei, a insistência numa zona privada da vida humana, livre da política, a tolerância religiosa – e condenar aquilo de que discorda – o secularismo, o pressuposto cínico da generalidade do interesse próprio, a influência perversora do dinheiro sobre os valores humanos, as tendências despolitizadoras e a ameaça que representa para a tradição e a noção de lugar?[37]

Em outras palavras, esses não são dois lados do mesmo fenômeno? Não admira então que, quando Arendt é pressionada a dar os contornos do autêntico "cuidado do mundo" como prática política que não seria contaminada pelo cálculo de interesses, utilitário e pragmático, tudo o que consegue evocar são formas de auto-organização em situações revolucionárias, desde a antiga tradição norte-americana de reuniões de todos os cidadãos no salão da prefeitura até os conselhos revolucionários da revolução alemã. Não que ela não esteja politicamente justificada ao evocar esses exemplos; o problema é que são "utópicos", não podem ser conciliados com a ordem política democrático-liberal à qual ela permanece fiel. Em outras palavras, em relação à democracia liberal Arendt não seria vítima da mesma ilusão dos comunistas democráticos que, dentro do "socialismo real", lutavam por sua instanciação verda-

---

[36] Hannah Arendt, *On Revolution* (Londres, Penguin, 1990), p. 205. [Ed. bras.: *Da revolução*, São Paulo, Ática, 1995.]

[37] Robert Pippin, *The Persistence of Subjectivity* (Cambridge, Cambridge University Press, 2005), p. 165.

136 / Em defesa das causas perdidas

deiramente democrática? Arendt também está certa quando ressalta (implicitamente contra Heidegger) que o fascismo, apesar de ser uma reação à banalidade burguesa, permanece como sua negação inerente, isto é, permanece dentro do horizonte da sociedade burguesa: o verdadeiro problema do nazismo não é que ele foi "longe demais" no húbris subjetivista-niilista de exercer o poder total, mas *não foi longe o bastante*, ou seja, sua violência foi uma encenação impotente que, em última análise, se manteve a serviço da mesma ordem que desprezava. (Entretanto, Heidegger também estaria certo por rejeitar a política aristotélica de Arendt como não sendo suficientemente radical para romper o espaço niilista da modernidade europeia.)

Arendt, portanto, estaria justificada contrapondo-se à versão demasiado fácil de Pippin de um hegelianismo político contemporâneo; a afirmação básica dele é que, embora do ponto de vista atual a noção de Hegel de um Estado racional naturalmente não funcione mais, suas limitações são evidentes, e essas mesmas limitações deveriam ser abordadas à maneira hegeliana:

> Num sentido bastante óbvio e nos termos históricos que teria de aceitar como pertinentes à sua própria filosofia, ele estava errado. Nenhuma dessas realizações institucionais parecem hoje tão estáveis, tão racionais, nem mesmo tão responsivas às reivindicações dos sujeitos livres quanto Hegel afirmou, ainda que tais críticas tantas vezes sejam feitas em nome dessa liberdade. Mas a natureza do erro, afirmo, também é hegeliana, é uma questão de ser incompleta, não de estar totalmente equivocada.[38]

Em resumo, é uma questão de *Aufhebung*, da autocrítica e da autossuperação imanentes dessas soluções, não de sua rejeição sumária... Entretanto, o que não deixa de saltar aos olhos é o caráter "formalista" do enunciado de Pippin: ele não dá nenhum exemplo concreto que o torne operante. A questão é, naturalmente, até que ponto temos de nos aprofundar nesse *Aufhebung* se quisermos trazer para as condições de hoje o projeto de Hegel de um Estado racional de liberdade: com que "profundidade" a irracionalidade se inscreve na sociedade burguesa atual, de modo que a crítica ainda possa ser formulada como defesa da sociedade burguesa? Temos de permanecer no capitalismo ou podemos arriscar um passo além? Entretanto, não são essas as preocupações de Heidegger: seu passo fundamental a respeito deste momento histórico crítico é enfatizar a mesmice subjacente das escolhas (ideológicas, políticas, econômicas...) que enfrentamos:

> do ponto de vista da origem onto-histórica, não há diferença *real* nem *fundamental* entre a doutrina cristã e o bolchevismo, entre o biologismo e o imperialismo do nazismo e as forças do capital (que, hoje, impregnam todas as esferas da vida) e entre o vitalismo e o espiritualismo. Acredito que seja esse o ponto forte e, ao mesmo tempo, o extraordinário ponto fraco e a limitação da posição de Heidegger. Afinal, de um lado, permite-nos criar continuidade e cumplicidade onde achávamos que havia incompa-

---

[38] Ibidem, p. 22.

tibilidade, e transferir o peso da diferença para outro terreno (o do "significado" ou da "verdade" de ser); de outro, todavia, ao revelar essas diferenças como pseudodiferenças, ele também neutraliza as decisões e as escolhas que elas costumam exigir, apagando, portanto, o espaço tradicional da política e da ética.[39]

Infelizmente, a solução de Beistegui para esse impasse continua excessivamente presa ao senso comum, ou seja, uma abordagem equilibrada que leva em conta as exigências legítimas dos dois níveis:

qualquer que seja nosso compromisso com a desconstrução da metafísica e com a luta por novas possibilidades de pensamento e ação além dela, ou talvez à sua margem, continuamos dentro do arcabouço técnico e metafísico e, assim, temos de manter o compromisso de levar a sério e discriminar as muitas diferenças, escolhas e situações que enfrentamos no nível histórico, político, religioso e artístico. [...] A relação livre com a tecnologia advogada por Heidegger pode, afinal de contas, implicar também uma participação ativa nos processos intrametafísicos, e não apenas a reflexão sobre sua essência. Afinal, dentro da tecnologia há diferenças importantes e para as quais não podemos – nem devemos – ficar cegos. Com um olho crítico e o outro desconstrutivo, estaremos mais bem equipados para navegar pelas águas tantas vezes traiçoeiras de nosso tempo.[40]

Mas e se houver uma discordância fundamental entre o ontológico e o ôntico, de modo que, como explica Heidegger, os que alcançam a verdade ontológica têm de errar no ôntico? E se, caso quisermos ver com o olho ontológico, o olho ôntico tiver de ficar cego?

Diferença ontológica

Quando Heidegger fala de inverdade-ocultação-recuo como inerentes ao próprio evento-verdade, ele tem em mente dois níveis diferentes:

1. De um lado, o modo como o homem, quando envolvido em assuntos do mundo interior, esquece o horizonte de sentido em que vive e esquece até esse esquecimento (é exemplar aqui a "regressão" do pensamento grego que ocorre com o surgimento dos sofistas: o que era um confronto com as próprias bases de nosso Ser transforma-se num jogo frívolo com linhas diferentes de argumentação, sem nenhuma relação inerente com a Verdade).

2. De outro lado, a maneira como esse próprio horizonte de sentido, na medida em que é um Evento monumental, eleva-se contra o pano de fundo – e assim o oculta – do Mistério imponderável de seu surgimento, da mesma maneira que a clareira no meio da floresta é cercada pela espessura escura do bosque.

---

[39] Miguel de Beistegui, *The New Heidegger*, cit., p. 182.
[40] Idem.

138 / Em defesa das causas perdidas

A mesma ambiguidade se repete com relação à Terra como aquilo que resiste, que se mantém para sempre obscuro e insondável. "Sempre há algo que resiste a nossas práticas e as sustenta, e esse algo é muito real"[41]. Assim, de um lado, a Terra designa o que resiste à totalidade significativa de um mundo histórico:

> Quando o mundo luta para crescer de volta para dentro da terra, encontra resistência. No processo, a terra aparece, de modo determinado, nos termos da resistência que o mundo encontra. Ao construir a catedral, descobrimos modos específicos em que nossas práticas são limitadas e restringidas. [...] Nossos mundos, e consequentemente nossas relações significativas com as coisas, sempre se baseiam em algo que não pode ser explicado nos termos da estrutura inteligível predominante do mundo.[42]

Por outro lado, o mais impenetrável é *a estrutura básica do próprio mundo*. Por exemplo, quando argumentamos que a modernização do Japão foi desejável porque provocou um produto interno bruto maior e uma renda *per capita* mais alta, a pergunta fundamental que deveria ser feita é:

> Mas o que está em questão é exatamente por que alguém deveria ter apenas essas preferências; para quem preferisse o ritmo e o estilo de vida japonês pré-moderno ao aumento da renda *per capita*, o argumento de que o Japão deveria se modernizar para aumentar a renda média não é convincente. [...] Assim, parece que a força do impulso para criar um mundo novo e destruir o antigo depende de que algo suma de vista, isto é, que se torne tão evidente por si mesmo que não se submeta mais a questionamentos, ou seja, o desejo do próprio mundo novo. Esse desejo é uma coisa terrena: afasta e abriga o mundo que sustenta. [...] Nosso mundo é sustentado por nossas preferências mais básicas – o gosto pela eficiência e pela flexibilidade – que em boa parte sumiram de vista.[43]

A Terra, portanto, é o abismo impenetrável do ôntico que recua da revelação ontológica ou o horizonte dessa própria revelação, invisível por conta de sua auto-evidência excessiva – não a vemos como tal porque ela é o próprio meio através do qual vemos tudo. É preciso dar o passo propriamente hegeliano para identificar os dois níveis: o Além e a tela-obstáculo que distorce nosso acesso ao Além. Assim, não se trata simplesmente de erro ou confusão de Heidegger (que seria resolvido ou corrigido com a introdução de outra distinção nocional: uma palavra para a Terra como escuridão daquilo que resiste à revelação, outra para a invisibilidade do próprio horizonte da revelação). É a oscilação entre os dois níveis que define a Terra.

Isso significa também que a diferença ontológica não é "máxima", entre todos os seres, o gênero mais elevado, e algo diferente/a mais/além, mas antes "mínima", o mínimo do mínimo de uma diferença não entre seres, mas entre o mínimo de um

---

[41] Mark Wrathall, *How to Read Heidegger*, cit., p. 82.
[42] Ibidem, p. 79-80.
[43] Ibidem, p. 81-2.

ente e o vazio, o nada. Na medida em que é fundada na finitude dos seres humanos, a diferença ontológica é o que torna impossível a totalização de "Todos os seres" – a diferença ontológica significa que o campo da realidade é finito. Nesse sentido preciso, a diferença ontológica é "real/impossível": para usar a determinação de antagonismo de Ernesto Laclau, nela a *diferença externa sobrepõe-se à diferença interna*. A diferença entre os seres e seu Ser é, ao mesmo tempo, a diferença entre os próprios seres, ou seja, a diferença entre seres/entes e sua Abertura, seu horizonte de sentido, sempre interfere também no campo dos próprios seres, tornando-o incompleto/finito. Aí reside o paradoxo: *a diferença entre os seres em sua totalidade e seu Ser "deixa de lado a diferença" precisamente e reduz o Ser a outro ente "mais elevado".* O paralelo entre as antinomias de Kant e a diferença ontológica de Heidegger encontra-se no fato de que, em ambos os casos, a lacuna (fenomenal/numenal; ôntica/ontológica) deve referir-se ao não Todo do próprio domínio ôntico-fenomenal. Entretanto, a limitação de Kant foi não ter conseguido assumir inteiramente esse paradoxo da finitude como constitutivo do horizonte ontológico: em última análise, ele reduziu o horizonte transcendental ao modo como a realidade parece a um ser finito (homem), estando ela toda localizada num terreno mais amplo e abrangente de realidade numenal.

Aqui, há um vínculo óbvio com o Real lacaniano, que, no nível mais radical, é o X desmentido, devido ao qual nossa visão da realidade é anamorficamente distorcida: ele é a Coisa à qual o acesso direto não é possível *e*, ao mesmo tempo, o obstáculo que impede esse acesso direto, a Coisa que foge à nossa compreensão *e* a tela distorcedora que nos faz deixar de ver a Coisa. Em termos mais exatos, o Real, em última análise, é a própria mudança de ponto de vista, do primeiro para o segundo lugar de observação. Recordemos a conhecida análise de Adorno a respeito do caráter antagônico da noção de sociedade: numa primeira abordagem, a cisão entre as duas noções de sociedade (a noção individualista-nominalista anglo-saxã e a noção organicista durkheimiana de sociedade como totalidade que preexiste aos indivíduos) parece irredutível; parece que estamos lidando com uma verdadeira antinomia kantiana, que não pode ser resolvida com uma "síntese dialética" mais elevada e eleva a sociedade a Coisa-em-si inacessível. Entretanto, numa segunda abordagem devemos apenas observar como essa antinomia radical, que parece impedir nosso acesso à Coisa, *já é a própria Coisa* – a característica fundamental da sociedade de hoje *é* o antagonismo inconciliável entre a Totalidade e o indivíduo. Isso significa que, em última análise, a condição do Real é puramente paralática e, como tal, não substancial: não tem em si nenhuma densidade substancial, é apenas a lacuna entre dois pontos de vista, perceptível apenas na passagem de um ao outro. O Real paralático, portanto, opõe-se à noção-padrão (lacaniana) do Real como aquilo que "sempre volta a seu lugar", ou seja, como aquilo que continua o mesmo em todos os universos (simbólicos) possíveis; o Real paralático é antes aquele que explica a própria *multiplicidade* de aparências do mesmo Real subjacente – não é o núcleo rígido que persiste como o Mesmo, mas o osso duro do conflito que pulveriza a mesmice numa miríade de aparências. Num primeiro passo, o Real é o núcleo rígido impossível que não podemos confrontar diretamente, só pela lente de uma miríade de ficções simbólicas, de formações virtuais. Num segundo passo, esse mesmo núcleo rígido é puramente virtual, na verdade inexistente, um X que só pode ser reconstruído retroativamente a partir da miríade de formações simbólicas que é "tudo o que realmente há".

Parece que Heidegger não se dispôs a extrair todas as consequências desse significado duplo e necessário de "desocultamento", o que, para sermos francos, o obrigaria a aceitar que, em última análise, a "diferença ontológica" não passa de uma fenda na ordem ôntica (aliás, num paralelo exato com o reconhecimento fundamental de Badiou de que o Evento, em última análise, não passa de uma torção da ordem do Ser). Essa limitação do pensamento de Heidegger tem uma série de consequências filosóficas e ético-políticas. Filosoficamente, leva à noção de destino histórico de Heidegger, que permite horizontes diferentes da revelação do Ser, destino que não pode nem deve ser influenciado de modo algum por ocorrências ônticas nem depender delas. Ético-politicamente, explica a indiferença (não somente ética, mas propriamente ontológica) de Heidegger para com o Holocausto, seu nivelamento a apenas mais um caso de descarte tecnológico da vida (no episódio infame da conferência sobre técnica): admitir a condição extraordinária/excepcional do Holocausto seria o mesmo que reconhecer nele um trauma que abala as próprias coordenadas ontológicas do Ser. Essa indiferença faz dele um nazista?

O flagrante delito de Heidegger?

Há dois seminários de Heidegger que perturbam claramente a imagem oficial do filósofo que só se acomodou exteriormente ao regime nazista para salvar tanto quanto possível a autonomia da universidade: *Über Wesen und Begriff von Natur, Geschichte und Staat* (*Sobre a essência e a noção de natureza, história e Estado*, inverno de 1933-34, protocolo conservado no Deutsches Literaturarchiv, Marbach am Neckar); e *Hegel, über den Staat* (*Hegel, sobre o Estado*, inverno de 1934-35, protocolo também conservado no Deutsches Literaturarchiv). É significativo que o primeiro *não* esteja incluído na *Gesamtausgabe* [Obra completa] oficial da Klostermann Verlag, fato que torna problemática a designação de "obra completa". Esses dois seminários são o mais perto que se pode chegar do famoso flagrante delito, já que encenam exatamente o que, de acordo com a *doxa* heideggeriana oficial, não aconteceu, não podia nem deveria ter acontecido: o apoio total ao nazismo formulado e baseado no mais profundo projeto filosófico de Heidegger. (Não obstante, é errado um filósofo investir demais na busca por flagrantes delitos: eles só confirmam o que já está na estrutura formal do pensamento.) Entretanto, não devemos nos desencorajar e cair na condenação liberal mais comum: o erro de Heidegger não é tão fácil de localizar quanto parece. A atmosfera das referências políticas de Heidegger, em seus textos e cursos a partir da década de 1930 (os exemplos que usa etc.), é sinistra, como seria de esperar; basta recordar o início do parágrafo que questiona o ser do Estado: "O Estado – ele *é*. Em que consiste seu ser? Em que a polícia do Estado prende um suspeito [...]?"[44]. Mesmo o exemplo que usa para ilustrar o que Hegel quis dizer com a afirmação sobre a identidade especulativa do racional e do real é sinistro: "O tratado de Versalhes é real, mas não racional"[45].

O ponto de partida de Heidegger é uma defesa de Hegel contra a famosa afirmação de Carl Schmitt de que Hegel morreu em 1933, quando Hitler assumiu o poder: "Dizem que Hegel morreu em 1933, muito pelo contrário: foi só então que ele começou a viver"[46]. Por quê? Heidegger endossa a tese de Hegel sobre o Estado como forma mais elevada de vida social. "A mais elevada realização do ser humano ocorre no Estado"[47]. Ele até "ontologiza" diretamente o Estado, definindo a relação entre o povo e o Estado em termos de diferença ontológica: "O povo, o existente, tem uma relação totalmente determinada com seu ser, com o Estado"[48].

Entretanto, logo fica claro que Heidegger só precisa de Hegel para afirmar o "Estado total" nazista emergente contra a noção liberal do Estado como meio de regular a interação da sociedade civil; ele se refere em termos aprovadores à utilização de Hegel da limitação do Estado "externo", do "Estado de necessidade", do "Estado de Entendimento", do sistema da sociedade civil[49]: "[...] não podemos compreender o que Hegel entende por liberdade se a tomamos como determinação essencial de um eu singular. [...] A liberdade só é real onde há uma comunidade de 'eus', de sujeitos"[50]. Mas, por "liberdade", Hegel *também* entende o seguinte: ele insiste no princípio "moderno" do "direito infinito" do indivíduo. Para Hegel, a sociedade civil é *a* grande conquista moderna, a condição da liberdade real, a "base material" do reconhecimento mútuo, e seu problema é exatamente como *unir* a unidade do Estado e a mediação dinâmica da sociedade civil sem restringir os direitos dessa sociedade civil. O jovem Hegel, principalmente em *System der Sittlichkeit*, ainda estava fascinado pela *pólis* grega como unidade orgânica de indivíduo e sociedade: ali, a substância social ainda não se opõe aos indivíduos como legalidade fria, abstrata, objetiva, imposta de fora, mas como unidade viva de "costumes", de uma vida ética coletiva, em que os indivíduos estão "à vontade" e a reconhecem como sua

---

[44] Martin Heidegger, *Introduction to Metaphysics* (New Haven, Connecticut, Yale University Press, 2000), p. 27. [Ed. bras.: *Introdução à metafísica*, 4. ed., Rio de Janeiro, Tempo Brasileiro, 1999.]
[45] Emmanuel Faye, *Heidegger*, cit., p. 358.
[46] Ibidem, p. 333.
[47] Ibidem, p. 247.
[48] Ibidem, p. 217.
[49] Ibidem, p. 382.
[50] Ibidem, p. 367.

142 / Em defesa das causas perdidas

própria substância. Desse ponto de vista, a legalidade fria e universal é uma regressão da unidade orgânica dos costumes: a regressão da Grécia para o Império Romano. Embora Hegel tenha aceitado logo que a liberdade subjetiva da modernidade tem de ser aceita, que a unidade orgânica da *pólis* perdeu-se para sempre, ainda assim ele insistia na necessidade de algum tipo de volta à unidade orgânica renovada, a uma nova *pólis* que trouxesse, como contrapartida para os indivíduos, uma noção mais profunda de solidariedade social e unidade orgânica acima e além da interação "mecanicista" e da competição individualista da sociedade civil.

O passo fundamental de Hegel rumo à maturidade ocorre quando ele realmente "abandona o paradigma da *pólis*"[51] por meio da reconceituação do papel da sociedade civil. Em primeiro lugar, a sociedade civil para Hegel é o "Estado de Entendimento", o Estado reduzido ao aparato policial que regula a interação caótica dos indivíduos, cada um obedecendo a seus interesses egoístas; essa noção individualista-atomista da liberdade e a noção de ordem legal imposta aos indivíduos como limitação externa da liberdade são estritamente correlatas. Surge, portanto, a necessidade de passar desse "Estado de Entendimento" para o verdadeiro "Estado da Razão", em que as disposições subjetivas dos indivíduos se harmonizam com o Todo social, em que os indivíduos reconhecem como deles a substância social. O passo fundamental ocorre quando Hegel desenvolve inteiramente o papel mediador da sociedade civil: o "sistema de dependência multilateral", cuja forma final moderna é a economia de mercado, sistema em que o particular e o universal são separados e opostos, em que todo indivíduo só busca atingir suas metas privadas, em que a unidade social orgânica se decompõe em interação mecânica externa, que em si já é a conciliação entre o particular e o universal sob o disfarce da famosa "mão invisível" do mercado, em nome do qual cada indivíduo, ao buscar a realização de interesses privados à custa dos outros, contribui para o bem-estar de todos. Assim, não se tem simplesmente de "superar" a interação mecânica/externa da sociedade civil numa unidade orgânica mais elevada: a sociedade civil e sua desintegração têm um papel mediador importantíssimo, de modo que a verdadeira conciliação (que não elimina a liberdade subjetiva moderna) deveria reconhecer que essa desintegração em si já é o seu oposto, uma força de integração. A conciliação, portanto, é radicalmente *imanente*: implica uma mudança de ponto de vista sobre o que vem primeiro como desintegração. Em outras palavras, na medida em que a sociedade civil é a esfera da alienação, da separação entre a subjetividade que persiste em sua individualidade abstrata e a ordem social objetiva que se opõe a ela como necessidade externa que limita a liberdade, os recursos da conciliação deveriam encontrar-se *nessa mesma esfera (no que, nessa esfera, aparece "à*

---

[51] Jean-François Kervégan, "La vie éthique perdue dans ses extrêmes...", em Olivier Tinland (org.), *Lectures de Hegel* (Paris, Livre de Poche, 2005), p. 283.

primeira vista como o menos espiritual, o mais alienante: o sistema de necessidades"[52]), e não na passagem para outra esfera "mais elevada". Mais uma vez, a estrutura dessa conciliação no Hegel maduro é a mesma da piada de Rabinovitch: "Há duas razões para a sociedade moderna conciliar-se consigo mesma. A primeira é a interação dentro da sociedade civil..." "Mas essa interação é a luta constante, é o próprio mecanismo de desintegração, de competição impiedosa!" "Ora, essa é a segunda razão, já que essa mesma luta e essa mesma competição tornam os indivíduos totalmente interdependentes e, portanto, geram o vínculo social supremo...".

Portanto, todo o ponto de vista muda: não é mais o fato de o *Sittlichkeit* orgânico da *pólis* se desintegrar sob a influência corrosiva da individualidade abstrata moderna em seus múltiplos modos (economia de mercado, protestantismo etc.) e essa unidade dever ser restaurada num nível mais elevado: o ponto principal das análises de Hegel sobre a Antiguidade, cujo melhor exemplo são as leituras repetidas de *Antígona*, é que a própria *pólis* grega já estava marcada e retalhada por antagonismos imanentes fatais (público-privado, masculino-feminino, humano-divino, homens livres-escravos etc.), o que desvirtua sua unidade orgânica. O individualismo universal abstrato (cristianismo), longe de provocar a desintegração da unidade orgânica grega, foi, ao contrário, o primeiro passo necessário para a verdadeira conciliação. Quanto ao mercado, longe de ser simplesmente uma força corrosiva, é a sua interação que constitui o processo de mediação que forma a base da verdadeira conciliação entre o universal e o particular: a competição de mercado realmente une as pessoas, enquanto a ordem orgânica as divide.

A melhor indicação dessa mudança do Hegel maduro diz respeito à oposição entre costumes e lei: para o jovem Hegel, a transformação dos costumes em lei institucionalizada é um passo regressivo da unidade orgânica para a alienação (a norma não é mais sentida como parte da minha natureza ética substancial, mas como força externa que restringe a minha liberdade), enquanto para o Hegel maduro essa transformação é um passo adiante fundamental, que amplia e sustenta o espaço da liberdade subjetiva moderna[53]. É em total oposição a essas ideias hegelianas que Heidegger desenvolve a noção de "Estado total":

---

[52] Ibidem, p. 291.

[53] É claro que o problema aqui é se a dinâmica do mercado realmente cumpre o que promete. Ela não gera a desestabilização permanente do corpo social, principalmente aumentando as distinções de classe e dando origem a uma "turba" sem condições básicas de vida? Aqui, a solução de Hegel foi muito pragmática: ele optou por medidas paliativas secundárias, como a expansão colonial e sobretudo o papel mediador dos Estados [*Stände*]. Hoje, duzentos anos depois, o dilema de Hegel ainda é o nosso. O sinal mais claro desse limite histórico de Hegel é o uso duplo que ele faz da palavra *Sitten* (costumes, ordem ética social): ela representa a unidade orgânica imediata que tem de ser superada (o antigo ideal grego) e a unidade orgânica mais elevada que deveria se concretizar no Estado moderno.

Estamos falando de um Estado *total*. Esse Estado não é um domínio particular (entre outros), não é um aparelho que está ali para proteger a sociedade (do próprio Estado), domínio com o qual só algumas pessoas têm de tratar.[54]

[...] as pessoas, portanto, desejam e amam o Estado como seu próprio modo e maneira de ser enquanto pessoas. As pessoas são dominadas pela luta, pelo *eros*, pelo Estado.[55]

É claro que esse Eros implica personificação: o amor é sempre amor pelo Um, pelo Líder:

O Estado-Führer – aquele que temos – significa a concretização do desenvolvimento histórico: a realização das pessoas no Führer.[56]

É somente a vontade do líder que transforma os outros em seus seguidores, e a comunidade surge dessa relação. O sacrifício e o serviço dos seguidores originam-se nessa ligação viva, não na obediência à restrição das instituições.[57]

O líder tem algo a ver com a vontade do povo; essa vontade não é a soma das vontades singulares, mas um Todo de autenticidade primordial. A questão da consciência-da-vontade de uma comunidade é um problema em todas as democracias e só pode ser resolvida de modo proveitoso quando se reconhece a vontade do líder e a vontade do povo em sua essencialidade. Nossa tarefa, hoje, é organizar a relação básica de nosso ser comunal na direção dessa realidade de povo e líder, em que, como sua realidade, os dois não podem ser separados. Só quando se afirma esse esquema básico em seu aspecto essencial por meio da aplicação é que é possível a verdadeira liderança.[58]

É claro que isso, mais uma vez, é totalmente oposto a Hegel, para quem a cabeça do Estado racional não deveria ser um líder, mas um rei. Por quê? Vamos dar uma olhada na famosa (e infame) dedução de Hegel sobre a necessidade racional da monarquia hereditária: a cadeia burocrática de conhecimento tem de ser completada pela decisão do rei como "objetividade completamente concreta da vontade", que "reabsorve em seu único eu toda particularidade, reduz o sopesar de prós e contras entre os quais nos deixamos oscilar perpetuamente, para lá e para cá, e dizendo 'Eu quero' toma sua decisão e, assim, dá início a toda atividade e realidade"[59]. É por isso que "a concepção do monarca" é, "de todas as concepções, a mais difícil para o raciocínio, isto é, para o método de reflexão empregado pelo Entendimento"[60].

---

[54] Emmanuel Faye, *Heidegger*, cit., p. 376.
[55] Ibidem, p. 221.
[56] Ibidem, p. 247.
[57] Ibidem, p. 240.
[58] Ibidem, p. 238.
[59] G. W. F. Hegel, *Elements of the Philosophy of Right* (Cambridge, Cambridge University Press, 1991), § 279. [Ed. bras.: *Princípios da filosofia do direito*, São Paulo, Martins, 2003.]
[60] Idem.

No parágrafo seguinte, Hegel elabora ainda mais essa necessidade especulativa do monarca:

> Esse eu supremo em que a vontade do Estado se concentra, quando assim tomado em abstração, é um eu único e, portanto, individualidade imediata. Daí seu caráter "natural" estar implícito em sua própria concepção. O monarca, por conseguinte, é caracterizado essencialmente como esse indivíduo, em abstração de todas as suas outras características, e esse indivíduo é elevado à dignidade da monarquia de maneira imediata e natural, isto é, por meio de seu nascimento no curso da natureza.[61]

O momento especulativo que o Entendimento não consegue apreender é "a transição do conceito da autodeterminação pura para o imediatismo do Ser e, portanto, para o terreno da Natureza"[62]. Em outras palavras, embora possa apreender bem a mediação universal de uma totalidade viva, o Entendimento não consegue apreender que *essa totalidade, para realizar-se, tem de adquirir existência real sob a aparência de singularidade "natural" imediata*[63]. A palavra "natural" aqui deveria ter todo o seu peso: da mesma maneira que, no final da *Lógica*, a automediação completa da Ideia liberta-se da Natureza, desmorona no imediatismo exterior da Natureza, a automediação racional do Estado tem de adquirir existência real numa vontade determinada como diretamente natural, não mediada, *stricto sensu* "irracional".

Enquanto fitava Napoleão passar a cavalo pelas ruas de Jena depois da batalha de 1807, Hegel observou que era como se visse ali o Espírito do Mundo a cavalgar. As consequências cristológicas dessa observação são óbvias: o que aconteceu no caso de Cristo foi que o próprio Deus, o criador de todo o nosso universo, caminhava por aí como indivíduo comum. Esse mistério da encarnação é perceptível em níveis diferentes, até na avaliação especulativa dos pais a propósito dos filhos: "Nosso amor anda por aí!", o que representa a inversão hegeliana de reflexão determinada em determinação reflexiva – assim como no caso do rei, quando o súdito o vê passear: "Nosso Estado anda por aí". Aqui, a evocação da determinação reflexiva feita por Marx (na famosa nota de rodapé do capítulo 1 do *Capital*) também é inadequada: os indivíduos pensam que tratam alguém como rei porque é rei em si, enquanto na verdade só é rei porque o tratam assim. O ponto fundamental, contudo, é que essa "reificação" da relação social numa pessoa não pode ser despre-

---

[61] Ibidem, § 280.

[62] Idem.

[63] Aqui, os marxistas que escarneceram de Hegel não pagaram o preço dessa negligência sob o disfarce do líder que, mais uma vez, não só incorporava diretamente a totalidade racional, como a incorporava inteiramente, como uma figura do Conhecimento total, e não só como uma questão idiota de pôr os pingos nos "is"? Em outras palavras, o Líder stalinista *não* é um monarca, o que o torna muito pior...

zada como simples "percepção falsa e fetichista"; o que esse desprezo deixa de lado é o que podemos chamar talvez de "performativo hegeliano": é claro que o rei é "em si" um indivíduo miserável, é claro que ele só é rei na medida em que seus súditos o tratam como rei; a questão, entretanto, é que a "ilusão fetichista" que sustenta a veneração do rei tem em si uma dimensão performativa – *a própria unidade do nosso Estado, aquela que o rei "incorpora", só se concretiza na pessoa de um rei*. É por isso que não basta insistir na necessidade de evitar a "armadilha fetichista" e fazer a distinção entre a pessoa contingente do rei e aquilo que ele representa: o que o rei representa só vem a ser em sua pessoa, assim como o amor do casal só se realiza nos filhos (pelo menos de certo ponto de vista tradicional).

Até aqui, Hegel parece dizer o mesmo que Heidegger; entretanto, há uma diferença muito importante, esclarecida no Adendo ao parágrafo 280:

> *Adendo*: Costuma-se alegar contra a monarquia que ela torna o bem-estar do Estado dependente do acaso, porque, insiste-se, o monarca pode ser mal preparado, pode talvez não merecer a posição mais elevada do Estado, e não faz sentido que tal estado de coisas exista porque se supõe que seja racional. Mas tudo isso se baseia num pressuposto negativo, ou seja, que tudo depende do caráter específico do monarca. Num Estado completamente organizado, é apenas uma questão do ponto culminante da decisão formal (e baluarte natural contra a paixão; portanto é errado exigir qualidades objetivas do monarca); ele só tem de dizer "sim" e pôr os pingos no "is", porque o trono deveria ser tal que o que importa em quem o ocupa não seja o seu caráter específico. [...] Numa monarquia bem organizada, o aspecto objetivo pertence somente à lei, e o papel do monarca é apenas apor à lei o subjetivo "eu quero".[64]

O que falta em Heidegger é essa redução da função do monarca à função puramente formal de pôr os pingos nos "is", isto é, a separação entre o que, hoje, chamaríamos de aspectos "constatativos" e "performativos" (ou, em termos lacanianos, a cadeia de conhecimento e o Significante-Mestre): o "aspecto objetivo" de governar um Estado, o conteúdo das leis e das medidas (a cargo da burocracia especializada) e sua transformação numa decisão "subjetiva" do Estado a ser encenada. Seu conceito de Líder confunde exatamente as duas dimensões que Hegel se esforça para manter separadas. Outro paradoxo da noção de monarquia de Hegel é que o rei é a exceção constitutiva que, como tal, garante a igualdade legal universal de todos os outros sujeitos; não admira que, em contraste com Hegel, Heidegger rejeite explicitamente a igualdade em favor da "hierarquia de graus" imposta pelo Líder: "À dominação pertence o poder, que cria uma hierarquia de graus por meio da imposição da vontade daquele que governa, na medida em que é realmente poderoso, isto é, na medida em que dispõe daqueles sob seu domínio"[65].

---

[64] G. W. F. Hegel, *Elements of the Philosophy of Right*, cit., § 280, adendo.
[65] Emmanuel Faye, *Heidegger*, cit., p. 239.

Heidegger, *com a devida vênia* dos que o acusam de não considerar os aspectos "cruéis" da vida grega antiga (escravidão etc.), chama a atenção abertamente para o modo como "posição e domínio" fundam-se diretamente na revelação do ser, constituindo, portanto, um fundamento ontológico direto das relações sociais de dominação:

> Se as pessoas hoje, de tempos em tempos, pretendem ocupar-se, de maneira talvez demasiado ávida, com a pólis dos gregos, não deveriam suprimir-lhe esse lado; não sendo assim, o conceito de pólis torna-se facilmente inócuo e sentimental. O que tem posição mais elevada é o que é mais forte. Assim o Ser, lógos, como harmonia reunida, não está facilmente à disposição de todos os homens pelo mesmo preço, mas está oculto, como oposto àquela harmonia que é sempre a mera equalização, a eliminação da tensão, o nivelamento.[66]

Quem, então, é o inimigo dessa ordem hierárquica? A cabeça de Jano do igualitarismo não hierárquico, com seus dois rostos, o individualismo liberal-burguês e o igualitarismo comunista, fundados na espiritualidade "judaico-cristã", que é, portanto, a fundação e a origem comum de ambos os ramos opostos da política moderna:

> Fiel ao seu estilo, a dominação *judaico-cristã* faz jogo duplo, assumindo ao mesmo tempo o lado da "ditadura do proletariado" e o da luta cultural democrático-liberal; por algum tempo, esse jogo duplo continuará a ocultar nossa perda já presente de raízes e a incapacidade de tomarmos decisões essenciais.[67]

E aqui Heidegger dá até um passo além contra a *doxa* democrático-liberal – na alternativa entre comunismo e liberalismo, o liberalismo democrático "inglês" é o mais perigoso: "A forma cristã-burguesa de 'bolchevismo' inglês é a mais perigosa. Sem a sua extinção, a era moderna continuará a ser mantida."[68]

A desconfiança em relação à democracia é característica constante do pensamento de Heidegger, mesmo depois do *Kehre*; encontramo-lo em suas palestras de 1936-37 sobre Nietzsche (quando escreveu que "a Europa sempre quer agarrar-se à 'democracia' e não quer ver que, para ela, essa seria uma morte fatídica"[69]), assim como na entrevista à revista *Spiegel* publicada postumamente, em que manifestou a dúvida de que a democracia fosse a forma política que mais se ajustasse à tecnologia moderna.

---

[66] Martin Heidegger, *Introduction to Metaphysics*, cit., p. 102.

[67] Emmanuel Faye, *Heidegger*, cit., p. 457.

[68] Ibidem, p. 467.

[69] Martin Heidegger, *Gesamtausgabe* (Frankfurt, Klostermann, 2001, v. 43) e *Nietzsche: Der Wille zur Macht als Kunst* (Frankfurt, Klostermann, 1985), p. 193. [Ed. bras.: *Nietzsche*, Rio de Janeiro, Forense Universitária, 2007, 2 v.].

148 / Em defesa das causas perdidas

A repetição e o novo

Assim, voltamos à noção de Chesterton de que se deve esconder um corpo numa pilha de cadáveres: quando acusamos todo o edifício filosófico de Heidegger de "fascista", nós mascaramos nossa própria incapacidade de identificar um (*único*) cadáver, a característica ideológica singular que deu o toque fascista a todas as outras, construindo uma *pilha* de cadáveres chamada "pensamento fascista de Heidegger". Dessa maneira, cedemos demais ao inimigo: não há nada "inerentemente fascista" nas noções de decisão, repetição, assunção do próprio destino e assim por diante (ou, mais próximo da política "ordinária", nas noções de disciplina de massa, sacrifício do individual em prol do coletivo etc.). Em resumo, não deveríamos permitir que o inimigo definisse o campo de batalha e o que está em jogo, de modo que acabamos nos opondo abstratamente a ele, apoiando uma cópia negativa do que ele quer. Para ser claro e brutal até o fim, temos algo a aprender com a resposta que Hermann Goering deu, no início da década de 1940, a um nazista fanático que lhe perguntou por que ele estava protegendo da deportação um judeu famoso: "Nesta cidade, decido eu quem é judeu!" (resposta, aliás, já atribuída a muitos outros personagens alemães que protegeram alguns judeus privilegiados, de Bismarck a Karl Lüger). Nesta cidade, somos nós que decidimos o que resta, logo deveríamos simplesmente ignorar as acusações liberais de "inconsistência". Por exemplo, na resenha que fez sobre o filme *Os diários de motocicleta*, que conta a história de Guevara, Paul Berman afirmou criticamente:

> o filme todo, por seu conceito e tom, exsuda um culto cristológico do martírio, um culto de adoração da pessoa espiritualmente superior que se volta para a morte – exatamente o tipo de adoração que a Igreja Católica da América Latina promoveu durante vários séculos, com consequências infelizes. No filme, a rebelião contra o catolicismo reacionário é uma expressão do catolicismo reacionário. As igrejas tradicionais da América Latina estão cheias de estátuas de santos ensanguentados pavorosos. E a atração masoquista dessas estátuas é exatamente o que vemos nas muitas vezes em que o filme mostra o jovem Che pondo os bofes para fora por causa da asma e nadando na água fria para se testar.[70]

A isso deve-se simplesmente responder: é verdade, mas e daí? Por que a política revolucionária não deveria apoderar-se do culto católico do martírio? E não deveríamos ter medo de ir até o (que para muitos liberais seria o) fim e dizer o mesmo sobre Leni Riefenstahl. Sua obra parece prestar-se a uma leitura teleológica que avança rumo à negra conclusão. Começou com *Bergfilme*, que louvava o heroísmo e o esforço físico nas condições extremas do alpinismo; continuou com dois documentários nazistas que louvavam as formas política e desportiva da disciplina física,

---

[70] Disponível em: <http://www.slate.com/id/2107100>.

da concentração e da força de vontade; então, depois da Segunda Guerra Mundial, ela redescobriu seu ideal de beleza física e de gracioso autodomínio numa tribo africana, os nubas, registrados em seus álbuns de fotografias; finalmente, nas últimas décadas, aprendeu a difícil arte do mergulho em águas profundas e começou a fazer documentários sobre a estranha vida nas profundezas escuras do mar.

Portanto, parece que temos aqui uma trajetória clara do cume até as profundezas: começamos com indivíduos que lutam no topo das montanhas e descemos aos poucos até alcançar a luta amorfa pela própria vida no fundo do mar. O que ela encontrou lá embaixo não é seu objeto principal, a própria vida eterna obscena e irresistível, aquilo que ela sempre buscou? E isso também não se aplica à sua personalidade? De fato, o temor dos fãs de Leni parecia não ser mais "Quando ela vai morrer?", mas "Será que ela vai morrer *algum dia*?" – embora racionalmente soubéssemos que ela morreria em breve, nós não acreditávamos nisso, pois estávamos secretamente convencidos de que viveria para sempre, de modo que sua morte foi uma legítima surpresa.

Essa continuidade costuma sofrer uma torção "protofascista", como no caso exemplar do famoso ensaio de Susan Sontag sobre Riefenstahl, "Fascinante fascismo"*. A ideia aqui é que até seus filmes anteriores e posteriores ao nazismo articulam uma visão da vida que é "protofascista": o fascismo de Riefenstahl é mais profundo que a louvação direta da política nazista, já reside na estética pré-política da vida, no fascínio por belos corpos exibindo movimentos disciplinados... Talvez esteja na hora de problematizar esse *tópos*. Tomemos *Das blaue Licht*: não é possível ler esse filme de maneira diametralmente oposta? Não seria Junta, a moça solitária e selvagem da montanha, uma excluída que quase se torna vítima de um *pogrom* dos aldeões de um modo que só pode nos lembrar os massacres antissemitas? Talvez não seja por acaso que Béla Balázs, amante de Riefenstahl à época e corroteirista do filme, fosse marxista...

O problema aqui é muito mais geral, vai muito além de Riefenstahl. Tomemos o seu exato oposto, Arnold Schoenberg: na segunda parte de *Harmonia***, seu principal manifesto teórico, escrito em 1911, ele elabora a oposição à música tonal em termos que, superficialmente, quase lembram os panfletos antissemitas que vieram depois: a música tonal tornou-se um mundo "doentio", "degenerado", que precisava de uma limpeza; o sistema tonal rendeu-se à "procriação consanguínea e [ao] incesto"; os acordes românticos, como o de sétima menor, eram "hermafroditas", "errantes" e "cosmopolitas"... Nada mais fácil do que afirmar que essa atitude apocalíptica messiânica faz parte da mesma "situação espiritual" que deu origem à "solução final". Entretanto, é exatamente essa a conclusão que se deve *evitar*: o que torna o nazismo repulsivo não é a retórica da solução final *como tal*, mas a torção concreta que dá a ela.

---

* Em *Sob o signo de Saturno*, 2. ed., Porto Alegre, L&PM, 1986. (N. E.)
** São Paulo, Editora Unesp, 2001. (N. E.)

Outra questão popular nesse tipo de análise, mais próxima de Riefenstahl, é o suposto caráter "protofascista" da coreografia de massa que exibe movimentos disciplinados de milhares de corpos (desfiles, apresentações em massa nos estádios etc.); quando se vê o mesmo fenômeno no socialismo, tira-se imediatamente a conclusão de que há uma "solidariedade mais profunda" entre esses dois "totalitarismos". Esse procedimento, verdadeiro protótipo do liberalismo ideológico, erra o alvo: não só essas apresentações de massa não são inerentemente fascistas, como nem sequer são "neutras", já que aguardam apropriação da esquerda ou da direita; foi o nazismo que as roubou do movimento operário, seu criador, e apropriou-se delas. Nenhum dos elementos "protofascistas" é fascista *de per si*; o que os torna "fascistas" é apenas a articulação específica ou, para usar os termos de Stephen Jay Gould, todos esses elementos são "ex-aptados" pelo fascismo. Em outras palavras, não há "fascismo *avant la lettre*", porque *é a própria letra (a nominação) que forma, a partir do conjunto de elementos, o fascismo propriamente dito.*

Na mesma linha, deveríamos rejeitar radicalmente a noção de que a disciplina (do autocontrole ao treinamento do corpo) seja uma característica "protofascista"; o próprio predicado "protofascista" deveria ser abandonado: é um caso exemplar de pseudoconceito cuja função é obstruir a análise conceitual. Quando dizemos que o espetáculo organizado de milhares de corpos (ou, digamos, a admiração por esportes que exigem esforço intenso e autocontrole, como o alpinismo) é "protofascista", não dizemos estritamente nada, só exprimimos uma associação vaga que mascara nossa ignorância. Assim, três décadas atrás, quando os filmes de kung fu eram populares (Bruce Lee e outros), não era óbvio que se tratava de uma genuína ideologia de jovens da classe operária cujo único meio de conseguir sucesso era o treinamento disciplinado de sua única posse, o corpo? A espontaneidade e a atitude de "deixa para lá", permitindo liberdades excessivas, pertencem aos que podem pagar – os que não têm nada têm apenas a disciplina. A forma "ruim" da disciplina física, se é que isso existe, não é o treinamento coletivo, mas sim a corrida e a musculação como parte do mito *new-age* de concretização do potencial interior do eu – não admira que a obsessão pelo corpo seja parte quase obrigatória da passagem dos ex-radicais esquerdistas para a "maturidade" da política pragmática: de Jane Fonda a Joschka Fischer, o "período de latência" entre as duas fases foi marcado pelo foco no próprio corpo.

Assim, voltando a Riefenstahl, isso não significa que se deva considerar seu envolvimento com o nazismo um episódio limitado e infeliz. O verdadeiro problema é manter a tensão que atravessa sua obra: a tensão entre a perfeição artística de seus procedimentos e o projeto ideológico que os "cooptou". Por que o seu caso seria diferente do de Ezra Pound, W. B. Yeats e outros modernistas de tendência fascista que há muito tempo se tornaram parte de nosso cânone artístico? Talvez a busca da "verdadeira identidade ideológica" de Riefenstahl seja enganosa: não há essa identidade, ela era genuinamente inconsistente, levada daqui para lá quando foi pega num campo de forças conflituoso.

Para voltar a Heidegger, ele não estava "totalmente errado" em seu envolvimento com o nazismo; a tragédia é que ele estava *quase certo*: desenvolveu a estrutura de um ato revolucionário e em seguida distorceu-o, dando-lhe uma torção fascista. Heidegger estava mais perto da verdade exatamente onde mais errou, nos textos do fim da década de 1920 até meados da década de 1930. Nossa tarefa, portanto, é repetir Heidegger e recuperar a dimensão/o potencial perdido de seu pensamento. Em 1937-38, Heidegger escreveu:

> O que é conservador permanece atolado no historiográfico; só o que é revolucionário chega às profundezas da história. Aqui, revolução não significa apenas mera subversão e destruição, mas uma sublevação e uma recriação do costumeiro, de modo que o começo possa ser reestruturado. E porque o original pertence ao começo, a reestruturação do começo nunca é a imitação ruim do que veio antes; é inteiramente outra e, todavia, a mesma.[71]

Em si, essa não é uma descrição totalmente pertinente da revolução, na linha benjaminiana? Recordemos o exemplo dado por Walter Benjamin: a Revolução de Outubro repetiu a Revolução Francesa, redimindo seu fracasso, desenterrando e repetindo o mesmo impulso. Já para Kierkegaard, repetição é "memória invertida", um movimento para a frente, a produção do Novo, e não a reprodução do Velho. "Não há nada de novo sob o sol" é o contraste mais forte com o movimento de repetição. Assim, não só a repetição é o (um dos modos de) surgimento do Novo, como *o Novo só pode surgir pela repetição*. Naturalmente, a chave desse paradoxo é o que Deleuze chama de diferença entre o virtual e o real (e que podemos estabelecer também, por que não?, como diferença entre Espírito e Letra). Tomemos um grande filósofo como Kant; há dois modos de repeti-lo: ou nos apegamos à letra e elaboramos mais ou mudamos seu sistema, seguindo o espírito dos neokantianos (até e inclusive Habermas e Luc Ferry), ou tentamos recuperar o impulso criativo que o próprio Kant traiu na realização de seu sistema (isto é, nos ligar ao que já estava "em Kant mais do que o próprio Kant", mais do que o sistema explícito, seu núcleo excessivo). Da mesma maneira, há dois modos de trair o passado. A verdadeira traição é um ato ético-teórico da mais alta fidelidade: é preciso trair a letra de Kant para permanecer fiel a (e repetir) o "espírito" de seu pensamento. É exatamente quando se permanece fiel à letra de Kant que na verdade se trai o núcleo de seu pensamento, o impulso criativo por trás dele. É preciso levar esse paradoxo à conclusão: não só é possível permanecer realmente fiel a um autor traindo-o (a letra real de seu pensamento), mas, num nível mais radical, a afirmativa inversa aplica-se mais ainda: só se pode trair verdadeira-

---

[71] Martin Heidegger, *Gesamtausgabe* (Frankfurt, Klostermann, 2001, v. 45) e *Grundprobleme der Philosophie* (Frankfurt, Klostermann, 1984), p. 41.

mente um autor repetindo-o, permanecendo fiel ao núcleo de seu pensamento. Quando não repetimos um autor (no sentido kierkegaardiano autêntico da palavra), mas apenas o "criticamos", seguimos noutra direção, viramo-lo ao contrário etc., isso significa efetivamente que, sem saber, nós permanecemos em seu horizonte, em seu campo conceitual[72]. Quando descreve sua conversão ao cristianismo, G. K. Chesterton afirma: "[...] tentei estar dez minutos à frente da verdade. E descobri que estava dezoito anos atrás"[73]. O mesmo não se aplica ainda mais aos que, hoje, tentam desesperadamente alcançar o Novo seguindo a última "pós"-moda e, portanto, condenam-se a ficar para sempre dezoito anos atrás do verdadeiramente Novo?

Em seus comentários irônicos sobre a Revolução Francesa, Marx contrapõe o entusiasmo revolucionário ao efeito sóbrio da "manhã seguinte": o resultado real da sublime explosão revolucionária, do Evento de liberdade, igualdade e fraternidade, é o mesquinho universo utilitário/egoísta do cálculo de mercado. (Aliás, essa lacuna não é ainda maior no caso da Revolução de Outubro?) Entretanto, não se deve simplificar Marx: a questão para ele não é a ideia tirada do senso comum de que a realidade vulgar do comércio é a "verdade" do teatro do entusiasmo revolucionário. Na explosão revolucionária como Evento, vê-se brilhar outra dimensão utópica, a dimensão da emancipação universal que é precisamente o excesso traído pela realidade de mercado que toma conta do "dia seguinte"; como tal, esse excesso não é simplesmente abolido, desprezado por ser considerado irrelevante, mas é, por assim dizer, *transposto para o Estado virtual*, e continua a assombrar o imaginário emancipador como um sonho à espera de ser realizado. O excesso de entusiasmo revolucionário para além de sua própria "base social real" ou substância é, portanto, literalmente, o excesso de um efeito-atributo para além de sua própria causa substancial, um Evento espectral que aguarda sua incorporação apropriada.

Somente a repetição faz surgir a diferença pura. Em sua famosa análise em *Ser e tempo**, quando Heidegger descreve a estrutura ex-estática da temporalidade do

---

[72] A fidelidade autêntica é a fidelidade ao próprio vazio – ao próprio ato de perda, de abandonar/apagar o objeto. Por que, para começar, os mortos deveriam ser objeto de apego? O nome dessa fidelidade é pulsão de morte. Com relação aos mortos, talvez devêssemos afirmar como os cristãos, contra o trabalho do luto e contra o apego melancólico aos mortos que voltam como fantasmas: "Que os mortos enterrem seus mortos". A restrição óbvia a essa afirmação é: o que faremos quando justamente os mortos se recusarem a continuar mortos e a viver em nós, perseguindo-nos com sua presença espectral? Aqui, ficamos tentados a afirmar que a dimensão mais radical da pulsão de morte freudiana nos dá a chave para ler essa afirmação cristã: o que a pulsão de morte tenta obliterar não é a vida biológica, mas a vida após a morte – ela se empenha em matar o objeto perdido uma segunda vez, não no sentido do luto (aceitar a perda pela simbolização), mas no sentido mais radical de obliterar a própria textura simbólica, a letra em que sobrevive o espírito do morto.

[73] G. K. Chesterton, *Orthodoxy* (São Francisco, Ignatius Press, 1995), p. 16. [Ed. bras.: *Ortodoxia*, São Paulo, Mundo Cristão, 2008.]

* Bragança Paulista e Petrópolis, Ed. Universitária São Francisco e Vozes, 2008. (N. E.)

Dasein como o movimento circular que vai do futuro ao presente, passando pelo passado, não basta entender isso como um movimento em que eu, partindo do futuro (as possibilidades diante de mim, meus projetos etc.), volto ao passado (analiso a textura da situação histórica em que fui "lançado", em que me encontro) e, daí, engajo-me no presente para realizar meus projetos. Quando caracteriza o próprio futuro como "tendo-sido" (*gesewene*) ou, mais exatamente, algo que é "como tendo-sido" (*gewesende*), Heidegger localiza o próprio futuro no passado – não, naturalmente, no sentido de que vivemos num universo fechado em que cada possibilidade futura já está contida no passado, de modo que só podemos repetir, realizar, o que já está presente na textura herdada, mas no sentido muito mais radical de "abertura" do próprio passado: o passado não é simplesmente "o que houve", ele contém potenciais ocultos, não realizados, e o futuro autêntico é a repetição/recuperação *desse* passado, não do passado como foi, mas daqueles elementos do passado que o próprio passado, em sua realidade, traiu, sufocou, deixou de realizar. É nesse sentido que deveríamos hoje "repetir Lenin": escolher Lenin como herói (parafraseando Heidegger) não para segui-lo e fazer o mesmo hoje, mas para repeti-lo/recuperá-lo no sentido exato de trazer à luz os potenciais não realizados do leninismo.

E não devíamos ter medo de conceber nesses termos a questão delicadíssima da relação de Heidegger com o nazismo. Embora seja verdade que, em contraste com o "socialismo realmente existente", não se fale de "fascismo realmente existente" (já que não vivenciamos o fascismo "real" como traição do potencial emancipador inerente), há, ainda assim, um filósofo que *se engajou* justamente num tipo de crítica do "nazismo realmente existente" em nome de seu verdadeiro potencial (sua "grandeza interior"), traído pela realidade tecnológico-racista niilista: ninguém menos que o próprio Heidegger, é claro. Depois do tão discutido desapontamento com a realidade do regime nazista em 1934, o esforço de Heidegger, durante a década de 1930, foi efetivamente resgatar essa "grandeza interior" traída, o potencial histórico mundial do movimento nazista – nisto reside a maior aposta política das intermináveis variações de Heidegger sobre a questão de Hölderlin e o destino da Alemanha[74].

---

[74] E a insistência de Heidegger em suas raízes étnicas? Embora sempre enfatize sua germanidade para além do papel inigualável da língua alemã, de certo modo ele teve de trair suas raízes: todo o seu pensamento é marcado pela tensão entre os gregos e os alemães. As raízes alemãs tinham de referir-se à origem grega; as duas não podiam unir-se simplesmente numa história linear do desenvolvimento da metafísica ocidental. As raízes alemãs têm seu próprio conteúdo, irredutível à origem grega (ver, por exemplo, em *Unterwegs zur Sprache*, a análise do *Geist* [espírito] como "chama que se acende sozinha", abrindo caminho para a noção idealista alemã da subjetividade autopostulada; Heidegger ressalta que *não* encontramos essa noção de Espírito nos gregos); ainda assim, o grego continua a ser uma língua *estrangeira* a ser decifrada.

Segundo as memórias de um membro importante do movimento estudantil alemão do final da década de 1960[75], um grupo de manifestantes visitou Heidegger em 1968 e este manifestou toda a sua simpatia e apoio aos estudantes, afirmando que estavam fazendo o que tentara fazer em 1933, como reitor em Freiburg, embora numa posição política diferente. Não devemos desdenhar essa afirmativa como uma ilusão hipócrita de Heidegger. O que Heidegger procurava no nazismo (para evitar mal-entendidos: não só por algum erro acidental de avaliação pessoal, mas por falhas em seu próprio edifício teórico) era o Evento revolucionário, de modo que até algumas medidas que impôs na universidade de Freiburg durante seu breve mandato de reitor são testemunha da intenção de encenar ali um tipo de "revolução cultural" (reunir os estudantes com operários e soldados – o que, em si, não é uma medida fascista, mas algo que os maoistas tentaram fazer na Revolução Cultural). Ficamos tentados a aplicar a Heidegger o comentário sarcástico de André Gide sobre Théophile Gautier: em 1933, ele teve um papel fundamental na política acadêmica alemã, só que não era digno do papel.

De Heidegger à pulsão

Embora a hipersensibilidade quase fóbica de Heidegger à moralidade possa ser facilmente explicada pela admissão implícita de seu comportamento eticamente repulsivo e pela falta de atitudes éticas elementares, a insistência de seus adversários nessas mesmas características em Heidegger como pessoa é falsa – como se, demonstrando a falta de ética pessoal de Heidegger, fosse possível evitar a dura tarefa de enfrentar as questões levantadas pelo pensamento de Heidegger. Ainda assim, há algo perturbador na famosa alergia de Heidegger a qualquer menção a considerações morais; em sua leitura de Platão, no seminário de 1931-32, ele chega ao ponto de tentar purgar o platônico *to agathon* de qualquer vínculo com a bondade moral mediante uma habilidosa referência a um dos usos cotidianos da exclamação "bom!": "'Bom!' significa 'será feito!', 'está decidido!'. Não tem nada a ver com o sentido de bondade *moral*; a ética arruinou o sentido básico dessa palavra". Podemos facilmente imaginar Heydrich exclamando, ao final da conferência de Wahnsee: "Bom!", no sentido platônico "autêntico" da palavra ("Será feito! Está decidido!")... O fato de que há aqui um problema filosófico real pode ser demonstrado pela leitura atenta do seminário de Heidegger sobre as "Indagações filosóficas sobre a natureza da liberdade humana"*, de Schelling, em que Heidegger tem de admitir uma dimensão do Mal radical que não pode ser historicizada, isto é, reduzida ao

---

[75] Informação pessoal do professor Wolfgang Schirmacher, Nova York/Saas Fee.

* *Investigações filosóficas sobre a essência da liberdade humana e os assuntos com ela relacionados*, Lisboa, Ed. 70, 1993. (N. E.)

niilismo da tecnologia moderna. É de Bret Davis o mérito de ter analisado em detalhes esse impasse do pensamento de Heidegger.

Em sua leitura atenta de Heidegger, Derrida tentou demonstrar como o "Espírito" (*Geist*) é o ponto sintomal não desconstruído do edifício filosófico de Heidegger[76]; Bret Davis fez o mesmo com a noção de Vontade[77]. Aos poucos vem emergindo dos estudos de Heidegger o consenso de que não há duas, mas três fases distintas em seu pensamento: a primeira fase da analítica do *Dasein* (*Ser e tempo*); a fase intermediária da afirmação da historicidade heroica (da conferência "O que é metafísica?" até o manuscrito *Vom Ereignis*, texto importantíssimo publicado na *Introdução à metafísica*); e a última fase, do recuo do niilismo tecnológico para a poesia e o pensamento, sob o signo da *Gelassenheit*. Na primeira fase, Heidegger ignora o fenômeno da Vontade; na segunda, ele o afirma com vigor e bem além de seu envolvimento com o nazismo (no manuscrito de *Vom Ereignis*, que costuma ser lido como o começo do Heidegger tardio, ele ainda fala da "vontade do *Ereignis*"); na última fase, como resultado do confronto com Nietzsche, a vontade é postulada, ao contrário, como o próprio núcleo da subjetividade moderna e, portanto, como aquilo que tem de ser superado para que a humanidade deixe para trás o niilismo que ameaça sua própria essência. Por meio de uma análise detalhada e perspicaz, Davis mostra como essa divisão tripartite não é evidente por si só: embora não seja tematizada explicitamente, a vontade não só já se esconde no fundo da cena na primeira fase, como, de modo muito mais fundamental, persiste até o fim, surgindo misteriosamente em formas inesperadas.

Discordo de Davis na maneira de interpretar essa estranha persistência da Vontade, que continua a perseguir Heidegger mesmo quando sua superação se torna o verdadeiro foco de seu pensamento. Sob clara influência de seu profundo conhecimento acerca do zen-budismo japonês, Davis lê essa persistência como sinal da "*Gelassenheit* como projeto inacabado": isso indica basicamente que Heidegger não conseguiu "desconstruir" completamente a vontade, de modo que cabe a nós, que continuamos seu caminho, terminar o serviço e verificar todas as consequências da *Gelassenheit*. Entretanto, nossa opinião é que a persistência da Vontade mesmo no Heidegger tardio, tão brilhantemente percebida por Davis, demonstra na verdade a insuficiência da análise crítica que Heidegger faz da subjetividade moderna – não no sentido de que "Heidegger não foi suficientemente longe e, portanto, ficou marcado pela subjetividade", mas no sentido de que ele deixou de ver o núcleo não metafísico da própria subjetividade moderna: a dimensão mais fundamental do abismo da subjetividade não pode ser apreendida pela lente da noção de subjetivi-

---

[76] Ver Jacques Derrida, *Of Spirit: Heidegger and the Question* (Chicago, The University of Chicago Press, 1991). [Ed. bras.: *Do espírito*, Campinas, Papirus, 1990.]

[77] Ver Bret W. Davis, *Heidegger and the Will* (Evanston, Illinois, Northwestern University Press, 2007).

dade como atitude de dominação tecnológica[78]. Em outras palavras, ela é o *sintoma* da *Gelassenheit*, um sinal da limitação dessa noção, não apenas de nossa incapacidade de desenvolver inteiramente seu potencial[79].

Davis propõe a distinção entre:

(1) o que Heidegger chama de "a vontade" da subjetividade, o (des)afinamento fundamental que surgiu e predominou numa época histórica específica da metafísica, e (2) o que temos chamado (interpretando e completando Heidegger) de "querer-originário", o excesso dissonante não histórico que persegue a essência propriamente dita do não querer.[80]

Heidegger aborda diretamente essa questão na leitura de um fragmento de Anaximandro sobre ordem e desordem, em que considera a possibilidade de que:

[o ente] possa insistir [*bestehen*] em sua duração apenas para ficar mais presente, no sentido de perdurar [*Beständigen*]. Aquilo que permanece persiste [*beharrt*] em seu estar presente. Dessa maneira, separa-se de sua duração transitória. Atinge a postura intencional de persistência, não se preocupando mais com o que mais está presente. Enrijece – como se fosse esta a única maneira de durar – e visa somente a continuação e a subsistência.[81]

A tese de Davis é que esse "durar rebelde" se refere ao querer-originário não histórico, ao querer que não se limita à época da subjetividade moderna e sua vontade de poder e pertence ao próprio núcleo do Ser. É também por isso que Davis está certo ao rejeitar a leitura que Hannah Arendt faz dessa "ânsia de persistir", reduzindo-a à noção teológica tradicional de uma "rebelião proposital contra a 'ordem' da Criação como tal"[82]: esse querer-originário não é o recuo egoísta que uma criatura particular faz da Ordem global para dentro de si, ele é uma "perversão" inscrita nessa mesma Ordem: "Não há um problema do 'querer' que é um aspecto inerradicável da finitude inerradicável do homem? O problema do 'querer', mesmo que não o de suas determinações/exacerbações históricas específicas nas épocas da metafísica, não permaneceria até no outro começo?"[83].

O que Heidegger viu claramente é o que os grandes místicos da Renânia (Eckhart, Böhme) também viram: a fórmula do mal como distância ou Queda da bondade

---

[78] Ver Slavoj Žižek, *The Ticklish Subject* (Londres, Verso, 1999), cap. 1. [Ed. port.: *O sujeito incômodo*, Lisboa, Relógio d'Água, 2009.]

[79] Para evitar a impressão de que negligenciamos o modo como a noção de Vontade sustenta não só o impulso tecnológico de controle e dominação como também o espírito militarista de luta e sacrifício, recordamos que o *Gelassenheit* não nos protege de modo algum do envolvimento militar e tecnológico mais devastador: aqui, o destino do zen-budismo no Japão fala altíssimo.

[80] Bret W. Davis, *Heidegger and the Will*, cit., p. 303.

[81] Martin Heidegger, *Gesamtausgabe: Holzwege* (Frankfurt, Klostermann, 1977), v. 5, p. 355.

[82] Hannah Arendt, *The Life of the Mind* (San Diego, Harcourt Brace, 1978), p. 194. [Ed. bras.: *A vida do espírito*, Rio de Janeiro, Civilização Brasileira, 2009.]

[83] Bret W. Davis, *Heidegger and the Will*, cit., p. 282.

divina não basta; a pergunta que se deve fazer é: como essa distância pode ocorrer? A única resposta coerente é: tem de haver uma "inversão" do próprio Deus, uma luta, uma dissonância, já no próprio âmago da Origem divina. Do mesmo modo, Heidegger baseia o excesso de subjetividade, sua tendência niilista ao esquecimento do Ser, numa luta/discórdia no interior do próprio Ser. Davis tira a mesma conclusão das oscilações que Heidegger manifesta na leitura do *Tratado sobre a liberdade,* de Schelling:

> [o Mal radical é exposto mais brutalmente] não na tecnologia *desfiguradora e sem rosto* dos campos de extermínio, mas sim no fato de que é possível [...] para uma pessoa olhar de frente para outra e, sentindo com clareza o recuo da interioridade, puxar o gatilho intencionalmente ou apontar o dedo na direção das câmaras de gás. A maldade dessa *desfiguração cara a cara* – essa vontade de poder má que quer o assassinato do Outro como *Outro*, em outras palavras, que quer manter o reconhecimento do Outro exatamente para sentir o prazer diabólico de aniquilar sua alteridade – excede de forma radical o mal das maquinações calculistas da tecnologia.
> [...] A redução impensada do Outro a uma peça da engrenagem da maquinação tecnológica ainda não é a vontade de poder má que mantém o reconhecimento da alteridade do Outro exatamente para sentir o prazer diabólico de vencer sua resistência e testemunhar sua dor. Esse fato terrível do mal não pode ser explicado tecnologicamente.
> A história da metafísica de Heidegger, que avança para culminar na vontade tecnológica de querer [...] passa pelo abismo dessa vontade de poder má. Depois de Heidegger, portanto, temos de voltar atrás para pensar o excesso dissonante originário do querer-originário como o potencial de raiz, não só da vontade tecnológica de querer, desfiguradora e sem rosto, como também dessa vontade de poder má, desfiguradora e cara a cara. Além disso, na medida em que a liberdade humana não poderia ser separada da responsabilidade com relação a essa vontade má e não tecnológica de poder, o limite do pensamento de Heidegger sobre o mal também marcaria o limite de seu pensamento sobre a liberdade humana.[84]

É aí, então, que Heidegger estava errado na inserção infame do Holocausto na mesma série da exploração agrícola da natureza:

> O que aqui é "escandalosamente inadequado" é que o pensamento de Heidegger parece incapaz de marcar a diferença essencial entre a redução das hortaliças à reserva constante para a produção e consumo de alimentos e o enfileiramento de pessoas para serem sistematicamente assassinadas.[85]

E o que pensar do contra-argumento em defesa de Heidegger segundo o qual não é ele, mas a própria tecnologia moderna que reduz hortaliças e seres humanos ao mesmo nível de objetos disponíveis/descartáveis? A resposta é óbvia: Heidegger está simplesmente (e crucialmente) *errado* ao reduzir o Holocausto a uma produ-

---

[84] Ibidem, p. 297-8.
[85] Ibidem, p. 297.

ção tecnológica de cadáveres; em eventos como o Holocausto, há um elemento crucial da vontade de humilhar e ferir o outro. A vítima é tratada como objeto de modo reflexivo, para humilhá-la mais, em contraste óbvio com as hortaliças produzidas industrialmente, em que essa intenção de ferir está ausente – na agricultura industrializada, a hortaliça *é* simplesmente reduzida a objeto da manipulação tecnológica.

É também por isso que a noção de trauma não tem lugar em seu universo: em termos heideggerianos, o conceito de trauma, de encontro traumático, não designa precisamente o ponto impensável em que a invasão ôntica se torna tão excessivamente poderosa que estilhaça o próprio horizonte ontológico que dá as coordenadas dentro das quais a realidade se revela a nós? É por isso que o encontro traumático provoca a "perda da realidade", que tem de ser entendida no sentido filosófico forte de perda do horizonte ontológico – no trauma, ficamos momentaneamente expostos à coisa ôntica "crua", ainda não coberta/filtrada pelo horizonte ontológico. É claro que é isso que acontece quando assistimos a algo como o Holocausto: o eclipse do próprio Mundo. É preciso entender essa afirmativa em seu aspecto mais literal: um ato de completo Mal ameaça a própria revelação do Mundo.

A solução de Davis – "distinguir claramente [...] a necessidade ontológica da errância e o excesso desmedido de 'deixar-se perder'"[86] – chega perigosamente perto da distinção demasiado simples entre o nível "normal" e ontologicamente necessário de Mal e o "excesso" ôntico além desse nível "normal" (algo parecido com a antiga distinção de Herbert Marcuse entre a repressão libidinal "necessária" e a repressão excessiva desnecessária). O problema dessa solução é que ela erra duplamente o alvo. Em primeiro lugar, erra obviamente a questão principal de Heidegger, que é, ao contrário, que o verdadeiro excesso é o "mal" ontológico do niilismo tecnológico; comparado a ele, os excessos "ônticos" são um contratempo menor, de modo que é possível até arriscar uma paráfrase heideggeriana de Brecht: "O que é a matança de milhares de inimigos comparada à redução tecnológica do próprio homem a objeto de manipulação tecnológica?". Em segunda lugar, erra a dimensão já isolada pelos místicos alemães de Eckhart em diante: o próprio mal humano básico, "excessivo" e não histórico (a intenção de ferir e humilhar o outro) não é uma simples queda da essência ontológica do homem, mas tem de basear-se nessa essência ontológica.

Aqui, duas outras perguntas (interligadas) têm de ser feitas. A primeira, ingênua, porém necessária: em última análise, quando o Mal se funda nas convoluções do próprio Ser, isso não absolve o homem da responsabilidade pelo Mal concreto? Em outras palavras, a pergunta é "se Heidegger, ao atribuir a origem do mal a uma negatividade do próprio ser, justifica implicitamente o mal como erro ontologicamente necessitado"[87]. A segunda, mais ontologicamente fundamental: essa luta no âmago do Ser faz parte de

---

[86] Ibidem, p. 299.
[87] Ibidem, p. 289.

sua Harmonia, no sentido de que o ser é a própria concórdia oculta dos polos que lutam, ou é uma discórdia mais radical, algo que descarrila a própria Harmonia do Ser? Ou, como diz Davis: "Ser uma fuga em cujo final toda dissonância é necessariamente harmonizada? Ou o mal persegue o dom de ser como seu excesso dissonante não superável?"[88]. Entretanto, contra a afirmativa de Davis de que a primeira opção "traz de volta o pensamento de Heidegger à sistematicidade do idealismo"[89], seria preciso insistir que, ao contrário, é no "paganismo" pré-moderno (pré-idealista) que o horizonte último é a maior Harmonia das forças em combate, e que a "subjetividade", em seu aspecto mais fundamental, designa precisamente um "excesso dissonante" que não pode ser cooptado numa Harmonia mais elevada da ordem substancial do Ser.

Para responder a essas perguntas, não é suficiente pensar "com Heidegger contra Heidegger", isto é, levar até o fim o "projeto inacabado de Heidegger". Em outras palavras, aqui a crítica imanente não basta; é preciso abandonar a premissa básica de Heidegger de uma inversão diabólica da "fuga do ser". Voltemos à leitura que Heidegger faz de Anaximandro. Para alguém minimamente versado em Freud e Lacan, não há como a leitura do "transtorno" de Anaximandro não lembrar a *pulsão* freudiana: sua formulação descreve perfeitamente o "grude", a fixação da pulsão num determinado ponto impossível em torno do qual ela circula, obedecendo a uma "compulsão de repetir-se". Em seu aspecto mais elementar, a pulsão é um "durar rebelde" que descarrila o fluxo "natural". E se, *stricto sensu*, não houver mundo, nenhuma revelação de ser, antes desse "grude"? E se não houver *Gelassenheit* perturbada pelo excesso de querer, e se for esse mesmo grude em excesso que abre espaço para a *Gelassenheit*? E se for somente contra o pano de fundo desse grude que o ser humano consegue experimentar-se como finito/mortal, em contraste com o animal, que é simplesmente mortal?

O fato primordial, pois, não é a fuga do ser (ou a paz interior da *Gelassenheit*), que pode então ser perturbada/pervertida pelo surgimento do querer-originário; o fato primordial é esse próprio querer-originário, sua perturbação da fuga "natural". Em outras palavras ainda: para o ser humano ser capaz de recuar da imersão no mundo cotidiano para a paz interior da *Gelassenheit*, antes essa imersão tem de ser rompida pelo "grude" excessivo da pulsão.

Podemos extrair disso duas outras consequências. A primeira é que a finitude humana se iguala estritamente ao infinito: a "imortalidade"/infinitude obscena da pulsão que insiste "além da vida e da morte". A segunda: o nome desse excesso diabólico de querer que "perverte" a ordem de ser é o sujeito. O sujeito, portanto, não pode ser reduzido a uma época do Ser, a subjetividade moderna curvada sobre a dominação tecnológica – por trás dele há um sujeito "não histórico".

---

[88] Ibidem, p. 294.
[89] Idem.

A "violência divina" de Heidegger

Se há uma proposição contra a qual está voltada toda a nossa leitura é a noção de que "Heidegger abandonou sua paixão romântica pela luta, pelas façanhas e pelos sacrifícios políticos míticos em favor de uma forma mais gentil e receptiva de abertura para a terra e o céu, para mortais e divindades"[90]. Um subtítulo para este capítulo poderia ser: "Cuidado com a abertura gentil"!

O que isso significa em relação às três fases do pensamento de Heidegger é que há um rompimento potencial que leva a outra dimensão na fase 2, que se perde na fase 3: quando Heidegger mais errou (seu envolvimento com o nazismo) foi quando chegou mais perto da verdade. Longe de resolver as incoerências da fase 2, a fase 3 propõe um novo paradigma que as torna invisíveis. Em contraste com essa afirmação do Heidegger tardio a respeito da *Gelassenheit* ainda verde, deve-se procurar novas aberturas no próprio Heidegger da violência, das façanhas políticas e dos sacrifícios. No nível da análise textual, Gregory Fried[91] já fez um bom trabalho preparatório com uma leitura profunda e pertinente de toda a obra de Heidegger através da lente interpretativa da referência ao *polemos* (luta; em alemão, *Krieg*, *Kampf* ou, predominantemente em Heidegger, *Auseinandersetzung*) de Heráclito, a partir de seu famoso Fragmento 53: "A guerra é pai de todos e rei de todos: revela os deuses de um lado e os seres humanos de outro, de um lado faz escravos, do outro, homens livres"[92].

Como sabe todo intérprete de Heráclito, esse fragmento deve ser lido como a inversão da visão religiosa do universo gerado e governado por uma potência divina: para alguém como Hesíodo, Deus (Zeus) "pai e rei de todos é"! Se substituirmos Zeus por luta (guerra), temos um mapa geral totalmente diferente do universo: não um todo hierárquico cujas tensões e lutas locais são controladas pela força paterna do Um divino e avassalador, mas o processo contínuo da própria luta como a realidade final, como o processo do qual surgem todos os entes, assim como sua ordem (temporária). Não é só que cada identidade estável de cada ente seja apenas temporária, que mais cedo ou mais tarde todas desapareçam, se desintegrem, voltem ao caos primordial; essa mesma identidade (temporária) surge por meio da luta, isto é, a identidade estável é algo que se deve conquistar pela prova da luta,

---

[90] Mark Wrathall, *How to Read Heidegger*, cit., p. 87.

[91] Ver Gregory Fried, *Heidegger's Polemos: From Being to Politics* (New Haven, Connecticut, Yale University Press, 2000).

[92] Aliás, o próprio início do fragmento em grego, com o verbo no fim (à maneira grega), lembra estranhamente o que todo amante da cultura popular atual conhece como modo Yoda, por causa do gnomo heraclitiano de *Guerra nas estrelas*, que diz frases profundas deslocando os verbos para o fim – de modo que, em seu linguajar, o início do fragmento (*polemos panton men pater esti*) seria traduzido por: "A guerra, pai de todos é...".

que se afirma no confronto com o(s) outro(s)... Talvez isso pareça familiar? Pode-se teimar que sim; quando Heidegger, na leitura do fragmento, insiste que a "luta citada aqui é a luta originária, pois, para começar, ela permite aos que lutam originar-se"[93], não temos aqui menos o costumeiro *Heidegger com Hitler* e mais o inesperado *Heidegger com Stalin*? Também para Stalin, a natureza e a história são um grande processo contínuo de eterna "luta entre opostos".

> Ao contrário da metafísica, a dialética sustenta que as contradições internas são inerentes a todas as coisas e fenômenos da natureza, pois todos têm seus lados positivo e negativo, passado e futuro, algo que morre e algo que se desenvolve; e que a luta entre esses opostos, a luta entre o velho e o novo, entre o que está morrendo e o que está nascendo, entre o que desaparece e o que se desenvolve, constitui o conteúdo interno do processo de desenvolvimento, o conteúdo interno da transformação das mudanças quantitativas em qualitativas.
>
> O método dialético, portanto, sustenta que o processo de desenvolvimento do inferior para o superior ocorre não como um desenrolar harmonioso de fenômenos, mas como uma revelação das contradições inerentes às coisas e aos fenômenos, como uma "luta" de tendências opostas que funciona com base nessas contradições.[94]

Até a "luta de classes" já está em Heráclito, sob o disfarce da luta que "de um lado faz escravos, do outro, homens livres". Segundo algumas fontes, um dos visitantes de Heidegger nos últimos anos da Segunda Guerra Mundial ficou surpreso ao ver em sua escrivaninha alguns livros sobre filosofia marxista; ele respondeu que, como a União Soviética ia vencer a guerra, estava se preparando para desempenhar seu papel na nova sociedade... Apócrifa ou não, é visível a lógica interna dessa anedota, que reside na reverberação inesperada entre o superior e o inferior, a beleza e a precisão concisas da antiga sabedoria de Heráclito e a brutalidade simples da "visão de mundo" dialético-materialista de Stalin.

O outro trecho grego fundamental sobre violência ao qual Heidegger volta várias vezes é o famoso coro de *Antígona* sobre o caráter "estranho/demoníaco" do homem. Na leitura que faz desse coro na *Introdução à metafísica*, Heidegger desenvolve a noção de violência "ontológica" que pertence a todo gesto inicial do novo Mundo comunal de um povo, realizado por poetas, pensadores e estadistas:

> A violência costuma ser vista em termos do domínio em que a acomodação e a ajuda mútua convergentes estabelecem o padrão do *Dasein* e, do mesmo modo, toda violência é considerada necessariamente apenas perturbação e ofensa. [...] O violento, o criativo que parte para o não dito, que invade o impensado, que força o que nunca aconteceu e faz surgir o que não é visto – esse violento se destaca em ousadia em todas as épocas.

---

[93] Martin Heidegger, *Introduction to Metaphysics*, cit., p. 47.

[94] Joseph Stalin, "Dialectical and Historical Materialism (Sept. 1938)". Disponível em: <http://www.marxists.org/reference/archive/stalin/works/1938/09.htm>.

[...] Portanto, quem comete a violência não conhece bondade nem conciliação (no sentido mais comum), apaziguamento nem tranquilização mediante sucesso ou prestígio e sua confirmação. [...] Para alguém assim, o desastre é o Sim mais profundo e amplo ao Avassalador. [...] A de-cisão essencial, quando é executada e quando resiste à prisão sempre premente no cotidiano e no costumeiro, tem de usar violência. Esse ato de violência, essa partida decidida pelo caminho rumo ao Ser dos seres, move a humanidade para além da intimidade do que está mais diretamente próximo e do que é usual.[95]

Como tal, o Criador é "hupsipólis apólis" (*Antígona*, verso 370): fica de fora e acima da *pólis* e de seu *éthos*, não é limitado por nenhuma regra de "moralidade" (que é apenas uma forma degenerativa de *éthos*); somente como tal pode fundar uma nova forma de *éthos*, do Ser comunal na *pólis*... É claro que o que reverbera aqui é a questão da violência "ilegal" que funda o próprio estado de direito, desenvolvido ao mesmo tempo de forma diferente por Walter Benjamin e Carl Schmitt[96]. O que explica o caráter arrepiante desses trechos é que, aqui, Heidegger não oferece simplesmente uma nova variação de sua figura retórica padronizada de inversão ("A essência da violência nada tem a ver com violência ôntica, sofrimento, guerra, destruição etc.; a essência da violência reside no caráter violento da própria imposição/fundação do novo modo da própria Essência – revelação do Ser comunal"); aqui, Heidegger (de maneira implícita, porém clara) lê essa violência essencial como algo que funda – ou, pelo menos, abre espaço para – as explosões de violência ôntica... Os críticos liberais de Heidegger gostam de demorar-se nessas frases, enfatizando como, ao suspender até os mais ínfimos critérios morais, ele legitima a violência "ôntica" mais brutal do criador-estadista e, assim, abre caminho para o envolvimento com o nazismo e o apoio a Hitler como um desses criadores-estadistas que, ficando de fora e acima do espaço comunal da moribunda República de Weimar, estilhaçou destemidamente suas coordenadas e, portanto, fundou de maneira violenta um novo Ser comunal, o da Alemanha novamente desperta na revolução nacional-socialista...

Entretanto, o que ficamos tentados a acrescentar aqui é que, no caso do nazismo (e do fascismo em geral), a constelação da violência é antes o contrário: por mais maluco e de mau gosto que possa parecer, o problema de Hitler é que *ele não foi suficientemente violento*, sua violência não foi suficientemente "essencial". O nazismo não foi suficientemente radical, não ousou perturbar a estrutura básica do espaço social capitalista moderno (e por isso teve de se concentrar em um inimigo externo inventado, os judeus).

---

[95] Martin Heidegger, *Introduction to Metaphysics*, cit., p. 115-28.

[96] Num movimento-padrão, é claro que Heidegger se apressa a acrescentar que a primeira vítima dessa violência é o próprio Criador, que tem de ser apagado com o advento da nova Ordem que ele funda; esse apagamento pode assumir formas diferentes, desde a destruição física – de Moisés e Júlio César em diante, sabemos que o personagem fundador tem de ser morto – até a queda na loucura, como no caso de Hölderlin.

É por isso que é preciso contrapor-se ao fascínio por Hitler declarando que, naturalmente, ele foi um homem mau, responsável pela morte de milhões – mas que, definitivamente, tinha coragem e buscou o que queria com vontade de ferro... A questão é que não só isso é eticamente repulsivo, como está simplesmente *errado*: não, Hitler *não* "teve a coragem" de mudar realmente as coisas; ele *não* agiu realmente, todas as suas ações foram fundamentalmente *reações*, isto é, ele agiu de modo que nada realmente mudasse, encenou o grande espetáculo da Revolução para que a ordem capitalista sobrevivesse. Caso se queira mesmo apresentar um ato que foi verdadeiramente ousado, para o qual verdadeiramente era preciso "ter a coragem" de tentar o impossível, mas que ao mesmo tempo foi um ato horrível e causou sofrimento além da compreensão, pode-se citar a coletivização forçada de Stalin no final da década de 1920 na União Soviética; mas, mesmo aí, cabe a mesma acusação: o paradoxo da "revolução stalinista" de 1928 foi que, em toda a sua violenta radicalidade, *ela não foi radical o bastante* para transformar de fato a substância social. Sua destrutividade brutal tem de ser lida como um impotente *passage à l'acte*. Longe de simplesmente representar o forçamento total do Real inominável em nome da Verdade, o "totalitarismo" stalinista designa antes a atitude de "pragmatismo" absolutamente implacável, de manipulação e sacrifício de todos os "princípios" em nome da manutenção do poder.

Desse ponto de vista, a ironia em Hitler foi que seus gestos grandiosos de desprezo pela autocomplacência burguesa etc. estiveram, em última análise, a serviço da continuidade dessa complacência: longe de efetivamente perturbar a tão desdenhada ordem burguesa "decadente", longe de despertar os alemães da imersão em sua degenerescência, o nazismo foi um sonho que lhes permitiu continuar chapinhando nela e adiar o despertar; na verdade, a Alemanha só despertou com a derrota de 1945. A preocupação que a noção de "coragem" de Badiou (da qual se necessita para praticar a fidelidade ao Evento) provoca em mentes liberais é: como distinguir a coragem "boa" (propriamente eventual) da "má" – os nazistas que defenderam Berlim no inverno de 1944-45 ou os terroristas muçulmanos que se explodem em ataques suicidas também não são verdadeiramente corajosos? Ainda assim, é preciso insistir que não existe "coragem má": a coragem má é sempre uma forma de covardia. A "coragem" dos nazistas foi sustentada por sua covardia na hora de atacar a principal característica de sua sociedade: as relações de produção capitalistas; a "coragem" dos terroristas baseia-se no "grande Outro", do qual sentem que são os instrumentos. A verdadeira coragem do ato é sempre a coragem de aceitar a inexistência do grande Outro, isto é, de atacar a ordem existente no ponto do nó de seu sintoma.

Voltando mais uma vez a Heidegger: o que isso significa é que a violência de Hitler, mesmo em seu aspecto mais aterrorizante (o assassinato de milhões de judeus) era demasiado "ôntica", isto é, era também um impotente *passage à l'acte* que revelava a incapacidade do movimento nazista de ser realmente "*apólis*", de questionar-confrontar-estilhaçar as coordenadas básicas do ser comunal burguês. E se o próprio envolvimento de Heidegger com o nazismo também fosse lido como um *passage à l'acte*: uma explosão violenta que testemunha sua incapacidade de resolver o impasse teórico em que se encontrava? A questão de como seu compromisso com o nazismo se relaciona com sua filosofia deveria então ser rearticulada: não é mais uma questão de *adequatio* (correspondência) entre o pensamento de Heidegger e seus atos políticos, mas de impasse teórico inerente (que, em si, nada tem a ver com o nazismo), e a *passagem* violenta como única maneira de escapar dele.

É assim que se deve também reenquadrar o antigo dilema: o que veio antes, a Palavra ou o Ato? Logicamente, tudo começou com a Palavra; o Ato que se seguiu foi uma explosão descontrolada, que testemunhou o impasse da Palavra. E o mesmo acontece com o Ato por excelência, o ato divino da Criação: ele também assinala o impasse dos raciocínios de Deus. Em resumo, aqui também o aspecto negativo da prova ontológica se mantém: o fato de que Deus criou o mundo não mostra Sua onipotência e Seu excesso de bondade, mas Suas limitações debilitantes.

SEGUNDA PARTE

Lições do passado

4

O TERROR REVOLUCIONÁRIO DE ROBESPIERRE A MAO

"O que quereis?"

Em *Logiques des mondes*, Alain Badiou[1] elabora a Ideia eterna da política da justiça revolucionária em vigor desde os antigos "legistas" chineses até Lenin e Mao, passando pelos jacobinos. Esta consiste em quatro momentos: *voluntarismo* (a crença de que se pode "mover montanhas", ignorando leis e obstáculos "objetivos"); *terror* (a vontade impiedosa de esmagar o inimigo do povo); *justiça igualitária* (de imposição brutal e imediata, sem nenhuma compreensão das "circunstâncias complexas" que supostamente nos obrigam a avançar passo a passo); e, por fim, mas não de somenos importância, *confiança no povo*. Basta recordar aqui dois exemplos: o próprio Robespierre, com sua "grande verdade" ("a característica do governo popular é ter confiança no povo e ser severo consigo mesmo"), e a crítica de Mao a *Problemas econômicos do socialismo na URSS**, de Stalin, em que qualifica o ponto de vista stalinista de "quase totalmente errado. O erro básico é desconfiar dos camponeses"[2].

Na história europeia moderna, os primeiros a praticar plenamente a política da justiça revolucionária foram os jacobinos, durante a Revolução Francesa[3]. Em 1953, quando Chu En-Lai, primeiro-ministro chinês, esteve em Genebra para ne-

---

[1]   Ver Alain Badiou, *Logiques des mondes* (Paris, Seuil, 2006), introdução.

*   São Paulo, Anita Garibaldi, 1985. (N. E.)

[2]   É claro que a armadilha está na ambiguidade da palavra "povo": o povo em que se deve confiar é aquele composto de indivíduos "empíricos" ou estamos nos referindo *ao* Povo, em nome do qual se pode transformar o terror do povo contra os inimigos do povo em terror contra os próprios indivíduos do povo?

[3]   É claro que seus elementos já eram perceptíveis nos revolucionários "milenaristas" anteriores (dos hussitas tchecos a Thomas Münzer) e na Commonwealth de Cromwell.

168 / Em defesa das causas perdidas

gociar o fim da Guerra da Coreia, um jornalista francês lhe perguntou o que achava da Revolução Francesa; ele respondeu: "Ainda é cedo demais para dizer". De certa forma, estava certo: com a desintegração das "democracias populares" no fim da década de 1990, a luta pelo significado histórico da Revolução Francesa reacendeu-se. Os revisionistas liberais tentaram impor a noção de que o falecimento do comunismo em 1989 ocorreu na hora certa: marcou o fim da era que começou em 1789, o fracasso final do modelo revolucionário-estadista que entrou em cena pela primeira vez com os jacobinos.

Em nenhum momento o ditado "toda história é uma história do presente" foi mais verdadeiro que no caso da Revolução Francesa: sua recepção historiográfica sempre espelhou fielmente as guinadas e viradas das lutas políticas. A marca que identifica os conservadores de todo tipo é sua clara rejeição: a Revolução Francesa foi uma catástrofe desde o começo, um produto da mente ímpia moderna, e deve ser interpretada como uma punição divina à má conduta da humanidade, portanto, qualquer vestígio seu deveria ser apagado o mais completamente possível. A atitude liberal típica é diferente: sua fórmula é "1789 sem 1793". Ou seja, o que os liberais sensíveis querem é uma revolução descafeinada, uma revolução que não cheire a revolução. Assim, François Furet e outros tentam privar a Revolução Francesa da condição de evento fundador da democracia moderna, relegando-a à categoria de anomalia histórica: havia uma necessidade histórica de afirmar os princípios modernos de liberdade pessoal etc., mas, como mostra o exemplo inglês, poder-se-ia conseguir o mesmo com muito mais eficiência e de modo mais pacífico... Os radicais, ao contrário, são possuídos pelo que Alain Badiou chama de "paixão pelo Real": quem diz A – igualdade, direitos humanos e liberdade – não deveria esquivar-se das consequências e reunir coragem para dizer B – o terror necessário para realmente defender e afirmar A[4].

E o mesmo serve para a recordação de Maio de 68. Dias depois do segundo turno das eleições presidenciais de maio de 2007, Nicolas Sarkozy formulou o exorcismo do fantasma de Maio de 68 como a escolha que o eleitorado devia fazer: "Nessa eleição, saberemos se a herança de Maio de 68 deve ser perpetuada ou extinta de uma vez por todas. Quero virar a página de Maio de 68". Embora devamos defender a memória de 68, não devemos nos esquecer de que é o conteúdo dessa memória que está em jogo na luta ideológica, como ressaltaram recentemente Daniel Bensaïd e Alain Krivine: "Há o Maio deles e o nosso"[5]. O discurso liberal predominante apropriou-se dos eventos de Maio de 68 como se fossem o início do fim da esquerda tradicional, como uma explosão de energia e criatividade juvenis, como

---

[4] David Andress faz uma descrição histórica equilibrada do Terror em *The Terror: Civil War in the French Revolution* (Londres, Little, Brown, 2005). [Ed. bras.: *O terror: guerra civil e a Revolução Francesa*, Rio de Janeiro, Record, 2009.]

[5] Ver "De quoi Mai est-il coupable?", *Libération*, 3 maio 2007.

"entrada atrasada da França na modernidade hedonista". Para a esquerda, ao contrário, Maio de 68 foi o momento único de uma greve geral que paralisou a França e evocou o espectro da desintegração do poder estatal, o momento de unificação entre a contestação estudantil e os protestos operários, parte de um movimento maior que abrangeu os movimentos estudantis dos Estados Unidos, da Alemanha e da Itália.

Entretanto, é muito fácil dizer que a esquerda de hoje deveria simplesmente continuar nesse caminho. Alguma coisa, algum tipo de ruptura histórica, aconteceu de fato em 1990: todos, inclusive a "esquerda radical" contemporânea, sentem-se mais ou menos envergonhados do legado de terror revolucionário deixado pelos jacobinos e de seu caráter centralizado no Estado, de modo que a *doxa* atual é que a esquerda, se pretende recuperar a eficácia política, deveria reinventar-se por inteiro e finalmente abandonar o chamado "paradigma jacobino". Nesta era pós-moderna de "propriedades emergentes", de interação caótica de múltiplas subjetividades, de interação livre ao invés de hierarquia centralizada, de multiplicidade de opiniões em vez de uma única Verdade, a ditadura jacobina não é fundamentalmente "do nosso agrado" (a palavra "agrado" deveria receber aqui todo o seu peso histórico, como uma palavra que capta uma disposição ideológica básica). Pode-se imaginar algo mais estranho ao nosso universo de liberdade de opinião, de competição de mercado, de interação nômade e pluralista etc. e tal, do que a política de Robespierre da Verdade (com V maiúsculo, é claro), cujo objetivo proclamado é "pôr o destino da liberdade de volta nas mãos da verdade"? Essa Verdade só pode ser imposta de maneira terrorista:

> Se a mola principal do governo popular em tempos de paz é a virtude, em meio à revolução é ao mesmo tempo a virtude e o terror: a virtude, sem a qual o terror é fatal; o terror, sem o qual a virtude é impotente. O terror nada mais é do que a justiça imediata, severa, inflexível; é, portanto, uma emanação da virtude. Menos do que um princípio especial, é consequência do princípio geral da democracia aplicado às necessidades mais prementes de nosso país.[6]

Essa linha de argumentação chega ao clímax na identificação paradoxal dos opostos: o terror revolucionário "supera" a oposição entre punição e clemência; a punição justa e severa dos inimigos *é* a forma mais elevada de clemência, de modo que, no terror, rigor e caridade coincidem: "Punir os opressores da humanidade é clemência; perdoá-los é barbaridade. O rigor dos tiranos tem rigor somente como princípio; o rigor do governo republicano vem da caridade"[7].

Ainda temos ouvidos para tal "coincidência de opostos" revolucionária – de punição e caridade, de terror e liberdade? A imagem popular de Robespierre é a

---

[6] Maximilien Robespierre, *Virtue and Terror* (Londres, Verso, 2007), p. 115. [Ed. bras.: *Virtude e terror*, Rio de Janeiro, Zahar, 2008.]

[7] Ibidem, p. 117.

de uma espécie de Homem-Elefante às avessas: enquanto este tinha um corpo terrivelmente deformado que escondia uma alma gentil e inteligente, Robespierre era uma pessoa gentil e educada que escondia uma determinação fria como o gelo, como revelavam seus olhos verdes. Como tal, Robespierre serve perfeitamente aos liberais antitotalitários de hoje, que não precisam mais retratá-lo como um monstro cruel, de sorriso mau e desdenhoso, como no caso dos reacionários do século XIX: hoje, todos estão dispostos a reconhecer sua integridade moral e sua devoção total à causa revolucionária, já que o problema, a fonte de todos os problemas, é a sua própria pureza, como indica o título de sua mais recente biografia, *Pureza fatal*, escrita por Ruth Scurr[8]. E, para que ninguém se confunda, Antonia Fraser extrai em sua resenha "uma lição arrepiante para nós, hoje": como pessoa, Robespierre era honesto e sincero, mas os "derramamentos de sangue causados por esse homem 'sincero' com certeza nos advertem de que a crença em nossa própria retidão, com a exclusão de tudo mais, pode ser tão perigosa quanto a motivação mais cínica de um tirano deliberado"[9]. Felizes somos nós, que estamos nas mãos de cínicos manipuladores da opinião pública, não de fundamentalistas muçulmanos dispostos a dedicar-se inteiramente a seus projetos... Haverá melhor prova da miséria ético-política de nossa época, cujo tema que mais mobiliza é a incerteza da virtude?

O que devem fazer com isso então os que permanecem fiéis ao legado da esquerda radical? No mínimo, duas coisas. Primeiro, o passado terrorista tem de ser aceito como *nosso*, mesmo que seja – ou justamente porque é – criticamente rejeitado. A única alternativa à morna posição defensiva de sentir-se culpado diante dos críticos liberais ou de direita é: temos de fazer o trabalho crítico melhor do que os adversários. Mas não só: não devemos permitir que os adversários determinem os termos e o tema da luta. Isso significa que a autocrítica impiedosa deveria vir de mãos dadas com a admissão intrépida do que ficamos tentados a chamar, parafraseando a avaliação que Marx fez a respeito da dialética de Hegel, de "âmago racional" do terror jacobino:

> A dialética materialista assume, sem alegria específica, que, até agora, nenhum sujeito político foi capaz de chegar, sem momentos de terror, à eternidade da verdade que ela desenvolvia. Afinal, como perguntou Saint-Just: "O que querem os que não querem Virtude nem Terror?" Sua resposta é bem conhecida: querem corrupção — outro nome para a derrota do sujeito.[10]

Ou, como escreveu Saint-Just mais sucintamente: "O que produz o bem geral é sempre terrível"[11]. Essas palavras não deveriam ser interpretadas como uma ad-

---

8   Ruth Scurr, *Fatal Purity* (Londres, Chatto and Windus, 2006). [Ed. bras.: *Pureza fatal*, Rio de Janeiro, Record, 2009.]

9   Antonia Fraser, "Head of the Revolution", *The Times*, 22 abr. 2006, *Books*, p. 9.

10   Alain Badiou, *Logiques des mondes*, cit., p. 98.

11   Louis-Antoine-Léon Saint-Just, *Œuvres choisies* (Paris, Gallimard, 1968), p. 330.

vertência contra a tentação de impor o bem geral à sociedade de forma violenta, mas, ao contrário, como verdade amarga que deve ser totalmente endossada.

Outro ponto fundamental que não devemos esquecer é que, para Robespierre, o terror revolucionário é o oposto da guerra: ele era pacifista, não por hipocrisia ou sensibilidade humanitária, mas porque sabia muito bem que a guerra *entre* nações, via de regra, serve para ofuscar a luta revolucionária *dentro* de cada nação. O discurso "Da guerra", de Robespierre, tem hoje uma importância especial: ali ele se mostra como um verdadeiro amante da paz que denuncia impiedosamente o chamado patriótico à guerra – ainda que a guerra seja formulada como uma defesa da revolução –, pois é uma tentativa dos que querem uma "revolução sem revolução" de desviar a radicalização do processo revolucionário. Sua postura, portanto, é o oposto daqueles que precisam da guerra para militarizar a vida social e assumir um controle ditatorial sobre ela[12]. E foi por isso que Robespierre também denunciou a tentação de exportar a revolução para outros países, "libertando-os" à força:

> Os franceses não são afligidos pela mania de tornar todas as nações livres e felizes contra a sua vontade. Os reis todos poderiam ter vegetado ou morrido impunes em seus tronos manchados de sangue se tivessem sido capazes de respeitar a independência do povo francês.[13]

Às vezes o terror revolucionário jacobino é justificado (em parte) por ser o "crime fundador" do universo burguês da lei e da ordem, no qual os cidadãos podem perseguir seus interesses em paz, mas devemos rejeitar essa afirmativa por duas razões. Não só ela está factualmente errada (muitos conservadores acertaram quando ressaltaram que é possível chegar à lei e à ordem burguesas sem excessos terroristas, como foi o caso da Grã-Bretanha – embora Cromwell deva ser lembrado...), como, muito mais importante do que isso, o Terror revolucionário de 1792 a 1794 não foi um caso daquilo que Walter Benjamin e outros chamaram de violência fundadora do Estado, mas um caso de "violência divina"[14]. Os interpretadores de Benjamin se perguntam o que significaria de fato "violência divina": seria apenas mais um sonho de evento "puro" acalentado pela esquerda que na verdade nunca ocorre? Aqui é preciso lembrar a referência de Friedrich Engels à Comuna de Paris como exemplo de ditadura do proletariado: "Recentemente, o filisteu social-democrata encheu-se mais uma vez de saudável terror pelas palavras: ditadura do proletariado.

---

[12] E tinha razão: como sabemos hoje, em seus últimos dias de liberdade, o rei Luís XVI tramou com forças estrangeiras para iniciar uma grande guerra entre a França e as potências europeias na qual o rei posaria de patriota, liderando o Exército francês, e depois negociaria uma paz honrosa para a França, recuperando assim toda a sua autoridade; em resumo, o "gentil" Luís XVI estava disposto a afundar a Europa numa guerra para salvar o trono...

[13] Maximilien Robespierre, *Virtue and Terror*, cit., p. 94.

[14] Ver Walter Benjamin, "Critique of Violence", em *Selected Writings*, v. 1, 1913-1926 (Cambridge, Massachusetts, Harvard University Press, 1996).

172 / Em defesa das causas perdidas

Ora, muito bem, cavalheiros, querem saber como é essa ditadura? Vejam a Comuna de Paris. Aquilo foi a ditadura do proletariado"[15].

Mutatis mutandis, devemos repetir o mesmo a propósito da violência divina: "Ora, muito bem, cavalheiros teóricos críticos, querem saber como é essa violência divina? Vejam o Terror revolucionário de 1792 a 1794. Aquilo foi a violência divina". (E a série pode continuar: o Terror Vermelho de 1919...) Ou seja, devemos identificar sem temor a violência divina com fenômenos históricos que existiram concretamente, evitando assim qualquer mistificação obscurantista. Quando os que estão fora do campo social estruturado atacam "cegamente", exigindo *e* encenando a justiça/vingança imediata, isso é "violência divina" – recordemos o pânico que tomou o Rio de Janeiro há cerca de uma década, quando multidões desceram das favelas para a parte rica da cidade e começaram a saquear e a queimar supermercados: *isso* foi "violência divina"... Como os gafanhotos na Bíblia, punição divina aos atos pecaminosos dos homens, ela ataca do nada, é um meio sem fim. Ou como disse Robespierre no discurso em que exigiu a execução de Luís XVI: "Os povos não julgam do mesmo modo que os tribunais; eles não dão vereditos, eles lançam raios; eles não condenam reis, eles jogam-nos no vazio; e essa justiça vale tanto quanto a dos tribunais"[16].

A "ditadura do proletariado", portanto, é outro nome para a "violência divina" benjaminiana que está fora da lei, é uma violência exercida como vingança/justiça brutal – mas por que "divina"? "Divina" indica a dimensão do "inumano"; deve-se então postular uma dupla igualdade: violência divina = terror inumano = ditadura do proletariado. A "violência divina" benjaminiana deveria ser concebida como divina no sentido exato do antigo mote latino *vox populi, vox dei*: não no sentido perverso de que "agimos como meros instrumentos da Vontade do Povo", mas como pressuposto heroico da solidão de uma decisão soberana. É uma decisão (matar, arriscar ou perder a própria vida) tomada em absoluta solidão, sem nenhuma cobertura do grande Outro. Embora seja extramoral, não é "imoral", não dá licença ao agente apenas para matar com algum tipo de inocência angelical. O mote da violência divina é *fiat institia, pereat mundus*: é pela *justiça*, ponto de não distinção entre justiça e vingança, que o "povo" (a parte anônima de parte alguma) impõe seu terror e faz as outras partes pagarem o preço – o Juízo Final da longa história de opressão, exploração, sofrimento – ou como disse de maneira pungente o próprio Robespierre:

---

[15] Friedrich Engels, introdução (1891) a Karl Marx, *The Civil War in France*, em *Marx/Engels/Lenin on Historical Materialism* (Nova York, International Publishers, 1974), p. 242. [Ed. bras.: *A guerra civil na França*, São Paulo, Global, 1986.]

[16] Maximilien Robespierre, *Virtue and Terror*, cit., p. 59.

O que quereis vós, que gostaríeis que a verdade fosse impotente nos lábios dos representantes do povo francês? A verdade sem dúvida tem seu poder, tem sua raiva, seu próprio despotismo; tem tons comoventes e outros terríveis, que ressoam com força tanto nos corações puros quanto nas consciências culpadas, e que a inverdade não pode mais imitar, assim como Salomé não pode imitar os trovões do céu; mas acusai dela a natureza, acusai o povo, que a quer e ama.[17]

E isso que Robespierre mira em sua famosa acusação aos moderados de que o que eles realmente desejam é uma "revolução sem revolução": eles desejam uma revolução privada do excesso em que democracia e terror coincidem, uma revolução que respeita as regras sociais, subordinada a normas preexistentes, uma revolução em que a violência é privada da dimensão "divina" e, portanto, reduz-se a uma intervenção estratégica que serve a metas precisas e limitadas:

Cidadãos, quereis uma revolução sem revolução? Que espírito de perseguição é esse que veio emendar, por assim dizer, aquele que rompeu nossas correntes? Mas que julgamento seguro se pode fazer dos efeitos que decorrerão dessas grandes comoções? Quem pode determinar, depois do fato, o ponto exato em que as ondas de insurreição popular deverão quebrar-se? A esse preço, que povo jamais se livrará do jugo do despotismo? Pois, embora seja verdade que uma grande nação não pode erguer-se num movimento simultâneo e a tirania só pode ser atingida pela fração de cidadãos mais próximos dela, como estes ousarão jamais atacá-la se, depois da vitória, delegados de regiões remotas os considerarem responsáveis pela duração ou pela violência do tormento político que salvou a pátria? Deviam ser considerados justificados por procuração tácita de toda a sociedade. Os franceses amigos da liberdade que se encontravam em Paris em agosto passado agiram nessa qualidade, em nome de todos os departamentos. Deviam ser plenamente aprovados ou repudiados. Torná-los criminalmente responsáveis por algumas desordens aparentes ou reais, inseparáveis de tão grande abalo, seria puni-los por sua devoção.[18]

Essa lógica revolucionária autêntica já pode ser percebida no nível das figuras de retórica: Robespierre gosta de inverter o procedimento comum de evocar primeiro uma posição aparentemente "realista" e em seguida mostrar sua natureza ilusória – ele costuma apresentar uma posição ou uma situação como um exagero absurdo, uma ficção, e em seguida lembrar que, numa primeira abordagem, o que parece ficção é realmente a própria verdade: "Mas o que estou dizendo? O que acabei de apresentar como uma hipótese absurda é na verdade uma realidade muito segura". É essa postura revolucionária radical que também permite a Robespierre denunciar a preocupação "humanitária" com as vítimas da "violência divina" revolucionária: "Uma sensibilidade que lamenta quase exclusivamente os inimigos da liberdade me

---

[17] Ibidem, p. 130.
[18] Ibidem, p. 43.

parece suspeita. Parai de sacudir diante de mim a túnica ensanguentada do tirano, ou acreditarei que desejais pôr Roma a ferros"[19].

Afirmar o inumano

A análise crítica e a aceitação do legado histórico dos jacobinos sobrepõem-se na pergunta que realmente deve ser feita: a realidade (muitas vezes deplorável) do terror revolucionário nos obriga a rejeitar a própria ideia de Terror ou há uma maneira de *repeti-la* hoje, numa constelação histórica diferente, de redimir seu conteúdo virtual de sua realização? Afirmamos aqui que isso *pode* e *deve* ser feito e a maneira mais concisa de repetir o evento designado pelo nome "Robespierre" é passar do terror humanista (de Robespierre) para o terror anti-humanista (ou melhor, inumano).

Em *Le siècle*, Alain Badiou detecta um sinal da regressão política ocorrida no fim do século XX na passagem de "humanismo *e* terror" para "humanismo *ou* terror"[20]. Em 1946, Maurice Merleau-Ponty escreveu *Humanismo e terror**, uma defesa do comunismo soviético que implicava uma espécie de aposta pascaliana e anunciava o tropo que Bernard Williams chamou mais tarde de "sorte moral": o presente terror será retroativamente justificado caso a sociedade que dele surgir for verdadeiramente humana; hoje, tal conjunção de terror com humanismo é impensável, o ponto de vista liberal predominante substitui "e" por "ou": ou humanismo ou terror... Mais exatamente, há quatro variações desse tema: humanismo *e* terror, humanismo *ou* terror, cada um deles em sentido "positivo" ou "negativo". "Humanismo e terror", no sentido positivo, é o que dizia Merleau-Ponty: ele sustenta o stalinismo (a geração forçada – "terrorista" – do Novo Homem) e já é claramente perceptível na Revolução Francesa, na conjunção que Robespierre faz da virtude com o terror. Essa conjunção pode ser negada de duas maneiras. Ela pode implicar a escolha "humanismo *ou* terror", isto é, o projeto humanista-liberal em todas as suas versões, desde o humanismo dissidente anti-stalinista até e inclusive os atuais neo-habermasianos (como Luc Ferry e Alain Renaut, na França) e outros defensores dos direitos humanos *contra* o terror (totalitário, fundamentalista). Ou pode manter a conjunção "humanismo *e* terror", mas no modo negativo: todas aquelas orientações filosóficas e ideológicas, desde Heidegger e os cristãos conservadores até os defensores da espiritualidade oriental e da ecologia extrema, que percebem o terror como a verdade – a derradeira consequência – do próprio projeto humanista, de seu húbris.

---

[19] Ibidem, p. 47.
[20] Ver Alain Badiou, *The Century* (Cambridge, Polity, 2007). [Ed. bras.: *O século*, Aparecida, Ideias e Letras, 2007.]
* Rio de Janeiro, Tempo Brasileiro, 1968. (N. E.)

Há, porém, uma quarta variação, geralmente deixada de lado: a escolha "humanismo *ou* terror", em que o *terror* e não mais o humanismo é o termo positivo. É uma posição radical difícil de manter, mas talvez seja a nossa única esperança: ela não chega à loucura obscena de busca clara de uma "política terrorista e inumana", mas algo muito mais difícil de imaginar. No pensamento "pós-desconstrucionista" contemporâneo (caso alguém arrisque essa designação ridícula que soa como paródia de si mesma), o termo "inumano" ganhou um novo peso, sobretudo com a obra de Agamben e Badiou. A melhor maneira de abordá-lo é pela relutância de Freud em endossar a injunção "Amai o próximo!" – a tentação a que se deve resistir aqui é o embelezamento ético do próximo, que já se nota na obra de Emmanuel Levinas. Num paradoxo propriamente dialético, o que Levinas deixa de levar em conta, com toda a sua louvação da Alteridade, não é certa Mesmice subjacente a todos os seres humanos, mas a própria Alteridade radicalmente "inumana": a Alteridade do ser humano reduzido à inumanidade, a Alteridade exemplificada pela imagem aterrorizante do *Muselmann*, o "morto-vivo" dos campos de concentração. Num nível diferente, o mesmo acontece com o comunismo stalinista. Na narrativa stalinista padrão, até os campos de concentração eram locais de luta contra o fascismo, onde comunistas presos organizavam redes de resistência heroica – num universo assim, é claro que não há lugar para a experiência-limite do *Muselmann*, do morto-vivo privado da capacidade de envolvimento humano. Não admira que os stalinistas se mostrassem tão ansiosos para "normalizar" os campos e transformá-los em apenas mais um local de luta antifascista, acusando os *Muselmänner* de simplesmente serem fracos demais para suportar a luta.

É contra esse pano de fundo que se pode entender por que Lacan fala do núcleo *inumano* do próximo. Voltando à década de 1960, época do estruturalismo, Louis Althusser lançou o famoso "anti-humanismo teórico", permitindo e até exigindo que fosse completado pelo *humanismo prático*. Na prática, devemos agir como humanistas, respeitando e tratando os outros como pessoas livres, plenas de dignidade, criadoras de seu mundo. Entretanto, na teoria, devemos ter sempre em mente que o humanismo é uma ideologia, a maneira como vivenciamos espontaneamente nossas dificuldades, e que o verdadeiro conhecimento dos seres humanos e de sua história não deveria tratar os indivíduos como sujeitos autônomos, mas como elementos de uma estrutura que segue suas próprias leis. Em contraste com Althusser, Lacan faz a passagem do *anti-humanismo* teórico para o *prático*, isto é, para uma ética que vai além da dimensão do que Nietzsche chamou de "humano, demasiado humano" e enfrenta o núcleo inumano da humanidade. Isso significa não só uma ética que não nega mais, mas uma ética não teme levar em conta a monstruosidade latente de ser humano, a dimensão diabólica que explodiu em fenômenos geralmente dissimulados pelo nome-conceito "Auschwitz" — uma ética que ainda seria possível depois de Auschwitz, para parafrasear Adorno. Para Lacan, essa dimensão inumana é, ao mesmo tempo, o fundamento último da ética.

Em termos filosóficos, essa dimensão "inumana" pode ser definida como a do sujeito subtraído de todas as formas de "individualidade" ou "personalidade" humanas (e é por isso que, na cultura popular contemporânea, uma das figuras exemplares do sujeito puro é o não humano, o alienígena, o ciborgue, que demonstra mais fidelidade à sua missão, mais dignidade e liberdade do que a sua contrapartida humana, desde o androide interpretado por Rutger Hauer em *Blade Runner* até o personagem de Schwarzenegger em *Exterminador do futuro*). É contra o pano de fundo dessa questão da aceitação soberana da morte que deveríamos reler a reviravolta retórica que se costuma citar como prova da manipulação "totalitária" do público por parte de Robespierre[21]. Essa reviravolta ocorreu no meio do discurso de Robespierre na Assembleia Nacional em 11 de Germinal do Ano II (31 de março de 1794); na noite anterior, Danton, Camille Desmoulins e outros tinham sido presos, de modo que muitos membros da Assembleia estavam compreensivelmente temerosos de que sua vez chegaria também. Robespierre tratou o momento diretamente como crucial: "Cidadãos, chegou a hora de falar a verdade". Então evoca o medo que paira no salão: "Querem [*on veut*] fazer-vos temer os abusos de poder, do poder nacional que exercestes [...]. Querem fazer-nos temer que o povo caia vítima dos Comitês [...]. Temem que os prisioneiros estejam sendo oprimidos [...]"[22].

A oposição aqui é entre o impessoal (os instigadores do medo não são personificados) e o coletivo assim pressionado, que passa de maneira quase imperceptível da segunda pessoa do plural "vós" (*vous*) para a primeira "nós" (Robespierre inclui-se galantemente no coletivo). Entretanto, a formulação final introduz uma torção de mau agouro: não é mais "querem fazer-vos/fazer-nos temer", mas "temem", o que significa que o inimigo que provoca o medo não está mais fora de "vós/nós", membros da Assembleia, ele está aqui, entre nós, entre o "vós" a que Robespierre se dirige, corroendo nossa unidade de dentro. Nesse exato momento, Robespierre, num verdadeiro golpe de mestre, assume a subjetivação total – aguardando um instante para que seja sentido o efeito agourento de suas palavras, ele continua na primeira pessoa do *singular*: "Digo que quem treme neste momento é culpado; pois a inocência nunca teme o exame público"[23].

O que pode ser mais "totalitário" do que essa ciranda de "vosso próprio medo de serdes culpados vos torna culpados", estranha versão distorcida pelo supereu do famoso "a única coisa a temer é o próprio medo"? Ainda assim, é preciso ir além da rejeição fácil da estratégia retórica de Robespierre como estratégia de "culpabilização terrorista" e discernir o momento da verdade: não há espectadores inocentes

---

[21] Ver a análise detalhada de Claude Lefort, "The Revolutionary Terror", em *Democracy and Political Theory* (Minneapolis, Minnesota, University of Minnesota Press, 1988), p. 50-88.

[22] Citado em ibidem, p. 63.

[23] Citado em ibidem, p. 65.

nos momentos cruciais da decisão revolucionária porque em tais momentos, a própria inocência – eximir-se da decisão, prosseguir como se a luta a que se assiste não lhe dissesse realmente respeito – *é* a maior traição. Ou seja, o medo de ser acusado de traição *é* a minha traição, porque, mesmo que eu "não faça nada contra a revolução", esse mesmo medo, o fato de ter surgido em mim, demonstra que a minha posição subjetiva é externa à revolução, que vivencio a "revolução" como força externa que me ameaça.

Mas o que acontece em seguida, nesse discurso inigualável, é ainda mais revelador: Robespierre vai direto à questão delicada que surge necessariamente na mente do público: como ele tem certeza de que não será o próximo acusado? Ele não é o senhor livre do coletivo, o "eu" fora do "nós" – afinal de contas, ele era íntimo de Danton, uma figura poderosa que agora está presa; e se, amanhã, sua proximidade com Danton for usada contra ele? Em resumo, como pode ter certeza de que o processo que deflagrou não o engolirá? É aqui que sua posição atinge sublime grandeza: ele aceita totalmente que o perigo que hoje ameaça Danton o ameace amanhã. A razão por que se mostra tão sereno, por que não tem medo do destino, não é o fato de que Danton era um traidor e ele, Robespierre, é puro, a encarnação direta da Vontade do povo, mas sim que ele, Robespierre, *não tem medo de morrer* – sua eventual morte será um mero acidente sem nenhum significado: "O que o perigo significa para mim? Minha vida pertence à Pátria; meu coração está livre de medo; e se eu tiver de morrer, morrerei sem arrependimento e sem ignomínia"[24].

Por conseguinte, na medida em que a mudança do "nós" para o "eu" pode ser efetivamente determinada como o momento em que a máscara democrática cai e Robespierre se afirma abertamente como Mestre e Senhor (até aqui, seguimos a análise de Lefort), e a própria palavra "Senhor" tem de receber aqui todo o seu peso hegeliano: o Senhor é a imagem da soberania, daquele que não teme morrer, que está disposto a arriscar tudo. Em outras palavras, o significado principal da primeira pessoa do singular ("eu") de Robespierre é: eu não tenho medo de morrer. É simplesmente isso que lhe dá autoridade e não algum tipo de acesso direto ao grande Outro, isto é, ele não afirma ter acesso direto à Vontade do povo, que falaria por meio dele. É contra esse pano de fundo que devemos lembrar a mensagem de Mao Tsé-tung às centenas de milhões de oprimidos, uma mensagem de coragem simples e comovente, isto é, não tenham medo das grandes potências: "A grandeza não é algo que deve ser temido. O grande será derrubado pelo pequeno. O pequeno se tornará grande". A mesma mensagem de coragem sustenta a sua famosa (e infame) postura diante da possibilidade de uma nova guerra atômica mundial:

---

[24] Citado em ibidem, p. 64.

178 / Em defesa das causas perdidas

Somos firmemente a favor da paz e contra a guerra. Mas se os imperialistas insistirem em iniciar outra guerra, não devemos ter medo dela. Nossa atitude diante dessa questão é a mesma que temos diante de qualquer transtorno: em primeiro lugar, somos contra; em segundo lugar, não temos medo. A Primeira Guerra Mundial foi seguida do nascimento da União Soviética, com uma população de 200 milhões de pessoas. A Segunda Guerra Mundial foi seguida do surgimento do campo socialista, com uma população conjunta de 900 milhões de pessoas. Se os imperialistas insistirem em iniciar uma terceira guerra mundial, é certo que várias outras centenas de milhões de pessoas se voltarão para o socialismo, e então não haverá muito espaço na Terra para os imperialistas [...].[25]

É muito fácil descartar essas linhas, considerando-as uma postura vazia de um líder disposto a sacrificar milhões de pessoas para alcançar suas metas políticas (extensão *ad absurdum* da impiedosa decisão de deixar 10 milhões de pessoas morrerem de fome no final da década de 1950) – o outro lado dessa atitude desdenhosa é a mensagem básica: "não devemos ter medo". Esta não é a *única* atitude correta diante da guerra: "em primeiro lugar, somos contra; em segundo lugar, não temos medo"? (Aqui a lógica do argumento de Mao é muito precisa: o seu "embora sejamos contra a guerra, não temos medo dela" inverte a verdadeira atitude dos imperialistas, que é "embora sejamos a favor da guerra, temos medo dela" – os imperialistas são escravos nietzschianos, precisam da guerra, mas temem perder os bens a que estão apegados, enquanto os proletários são os verdadeiros Senhores aristocráticos que não querem a guerra (não precisam dela), mas não a temem, porque não têm nada a perder...) O argumento de Mao prossegue até a terrível conclusão:

Os Estados Unidos não podem aniquilar a nação chinesa com seu pequeno arsenal de armas atômicas. Mesmo que as bombas atômicas norte-americanas fossem tão poderosas que, se fossem lançadas na China, fizessem um buraco até o fundo da terra ou a explodissem, isso dificilmente significaria alguma coisa para o universo como um todo, embora pudesse ser um evento importante para o sistema solar.[26]

Obviamente há uma "loucura inumana" nesse argumento: o fato de que a destruição do planeta Terra "dificilmente significaria alguma coisa para o universo como um todo" não é um mau consolo para a extinção da humanidade? O argumento só funciona se, de modo kantiano, pressupormos um sujeito transcendental puro não afetado pela catástrofe, sujeito que, embora inexistente na realidade, *sirva* de ponto de referência virtual. Recordemos o sonho funesto de Husserl, em *Meditações cartesianas**, em que o *cogito* transcendental não seria afetado por um flagelo

---

[25] Mao Tsé-tung, *On Practice and Contradiction* (Londres, Verso, 2007), p. 109. [Ed. bras.: *Sobre a prática e a contradição*, Rio de Janeiro, Zahar, 2008.]

[26] Ibidem, p. 87

* Porto, Rés, 1987. (N. E.)

que aniquilasse a humanidade: a propósito desse exemplo, é fácil tentar ganhar pontos com o pano de fundo autodestrutivo da subjetividade transcendental e com o fato de Husserl deixar de lado o paradoxo do que Foucault chamou em *As palavras e as coisas** de "duplo empírico-transcendental", do vínculo que prende para sempre o eu transcendental ao eu empírico, de modo que o aniquilamento deste último, por definição, leva ao desaparecimento do primeiro. Mas e se, mesmo admitindo inteiramente essa dependência como um fato (e nada mais do que isso: um fato nu de ser), insistíssemos na verdade de sua negação, na verdade da afirmação da independência do sujeito em relação aos indivíduos empíricos como seres vivos? Che Guevara seguiu essa mesma linha de pensamento quando, no meio da tensão insuportável provocada pela crise dos mísseis em Cuba, defendeu a intrépida abordagem de aventurar-se numa nova guerra mundial que implicava (no mínimo dos mínimos) a aniquilação total do povo cubano: ele elogiou a disposição heroica do povo cubano de correr o risco de seu próprio fim.

Mais uma vez, há definitivamente algo de terrível nessa atitude – todavia, esse terror nada mais é do que a condição da liberdade. Foi assim que o sacerdote zen Yamamoto Jocho descreveu a atitude adequada ao guerreiro: "Todo dia, sem falha, deve considerar-se morto. Há um antigo ditado que diz: 'Sai de sob o beiral e serás um homem morto. Cruza o portão e o inimigo estará à espera'. Não é uma questão de tomar cuidado. É considerar-se morto com antecedência"[27]. É por isso que, de acordo com Hillis Lory, na Segunda Guerra Mundial muitos soldados japoneses encenaram o próprio funeral antes de partir para o campo de batalha:

> Muitos soldados desta guerra estão tão decididos a morrer no campo de batalha que realizam seu próprio funeral público antes de partir para o *front*. Para os japoneses, não há nada de ridículo nisso. Ao contrário, isso é admirado como o espírito do verdadeiro samurai, que vai para a batalha sem pensar em voltar.[28]

É claro que essa autoexclusão preventiva do domínio dos vivos transforma o soldado num personagem propriamente sublime. Em vez de desprezar essa característica como parte do militarismo fascista, o que se deveria fazer é afirmá-la como também constitutiva da posição revolucionária radical, que, como explicou Sêneca há muito tempo em *Édipo*, exige que o sujeito "busque uma maneira de perambular por aí sem se misturar com os mortos, mas já afastado dos vivos"[29].

Num *flashback* do filme *Os suspeitos*, de Bryan Singer, o misterioso Keyser Soeze volta para casa e encontra a mulher e a filhinha sob a mira das armas dos membros

---

*   7. ed., São Paulo, Martins Fontes, 1995. (N. E.)

[27]   Citado em Brian Daizen Victoria, *Zen War Stories* (Londres, Routledge, 2003), p. 132.

[28]   Ibidem, p. 106-7.

[29]   Em latim: "quaeratur via *qua* nec sepultis mixtus et vivis tamen exemptus erres" (Sêneca, *Œdipus*, 949-51). [Ed. bras.: *Édipo*, Belo Horizonte, UFMG, 1982.]

de uma quadrilha rival. Ele mata ambas e depois declara que perseguirá os integrantes da gangue sem nenhuma piedade, indo atrás de pais, parentes e amigos para matar todos... Numa situação de decisão forçada, o sujeito-Soeze escolhe a louca e impossível opção de atacar – de certo modo – a si mesmo, aquilo que lhe é mais precioso, e esse ato, longe de representar um caso de agressão impotente voltada contra si, muda as coordenadas da situação em que o sujeito se encontra: livrando-se do objeto precioso cuja posse fazia o inimigo acuá-lo, o sujeito ganha espaço para o ato livre. É claro que o preço dessa liberdade é terrível: a única maneira de o sujeito neutralizar a culpa de sacrificar seu(s) objeto(s) mais precioso(s) é transformar a si mesmo em rei dos "mortos-vivos", é renunciar a todas as idiossincrasias e prazeres pessoais e dedicar a vida a destruir todos os que o forçaram a realizar o ato de sacrifício. Essa posição "inumana" de liberdade absoluta (em minha solidão, sou livre para fazer o que quiser, ninguém tem domínio sobre mim), quando coincide com a sujeição absoluta à Missão (o único propósito da minha vida é realizar a vingança), é talvez o que caracteriza o sujeito revolucionário em seu íntimo.

Outra dimensão "inumana" da dupla Virtude-Terror promovida por Robespierre é a rejeição do hábito (no sentido da intervenção de concessões realistas). Toda ordem legal (ou toda ordem de normatividade explícita) tem de basear-se numa complexa rede "reflexiva" de regras informais que nos dizem como nos relacionar com as normas explícitas, como aplicá-las: até que ponto devemos entendê-las literalmente, como e quando temos permissão e até somos incitados a desprezá-las e assim por diante – esse é o domínio do hábito. Conhecer os hábitos de uma sociedade é *conhecer as metarregras de como aplicar as normas explícitas*: quando usá-las ou não; quando violá-las; quando não aceitar o que é oferecido; quando somos efetivamente obrigados a fazer alguma coisa, mas temos de fingir que fazemos por livre escolha (como no caso do *potlatch*). Consideremos o oferecimento bem-educado que é feito para ser recusado: é "hábito" recusar esses oferecimentos e quem os aceita comete uma gafe vulgar. O mesmo acontece com muitas situações políticas em que há opção, *desde que façamos a escolha certa*: somos solenemente lembrados de que podemos dizer não, mas espera-se que rejeitemos esse oferecimento e digamos sim com entusiasmo. No caso de muitas proibições sexuais, a situação é o oposto, isto é, o "não" explícito funciona de fato como a injunção implícita: "Faça, mas com discrição!". Medidos contra esse pano de fundo, personagens igualitário-revolucionários como Robespierre e John Brown são (pelo menos potencialmente) *personagens sem hábitos*: recusam-se a levar em conta os hábitos que qualificam o funcionamento de uma norma universal.

> É tal o domínio natural do hábito que vemos convenções as mais arbitrárias, às vezes até instituições as mais defeituosas, como medidas absolutas da verdade ou da falsidade, da justiça ou da injustiça. Nem sequer nos ocorre que a maioria delas ainda está inevitavelmente ligada aos preconceitos com os quais o despotismo nos alimentou. Curvamo-nos durante tanto tempo ao seu jugo que temos dificuldade para nos erguer aos princípios

eternos da razão; tudo o que se refere à fonte sagrada de toda lei parece-nos assumir um caráter ilegal, e a própria ordem da natureza parece-nos desordem. Os movimentos majestosos de um grande povo, os fervores sublimes da virtude costumam parecer, aos nossos tímidos olhos, um vulcão em erupção ou a derrubada da sociedade política; e certamente um de nossos incômodos, e não o menor, é essa contradição entre a fraqueza de nossa moral, a corrupção de nossa mente e a pureza de princípios e a energia de caráter exigidas pelo governo livre ao qual ousamos aspirar.[30]

Quebrar o jugo do hábito significa: se todos os homens são iguais, então todos os homens têm de ser tratados de fato como iguais; se os negros também são seres humanos, eles deveriam ser imediatamente tratados como tais. Recordemos os primeiros estágios da luta contra a escravidão nos Estados Unidos, que, mesmo antes da Guerra Civil, culminou num conflito armado entre o gradualismo dos liberais compassivos e a figura inigualável de John Brown:

Os afro-americanos eram caricaturas de gente, eram caracterizados como bufões e menestréis, eram a vítima das piadas da sociedade americana. E, em sua maioria, até os abolicionistas, por mais que fossem contra a escravidão, não viam os afro-americanos como iguais. A maioria deles, e os afro-americanos se queixavam disso o tempo todo, dispunha-se a trabalhar pelo fim da escravidão no Sul, mas não se dispunha a trabalhar para acabar com a discriminação no Norte. [...] John Brown não era assim. Para ele, praticar o igualitarismo era o primeiro passo para acabar com a escravidão. E os afro-americanos que tiveram contato com ele logo perceberam isso. Ele deixava bem claro que não via diferença, e não deixou claro pelo que disse, deixou claro pelo que fez.[31]

Por essa razão, John Brown é um personagem político importantíssimo na história dos Estados Unidos: com seu "abolicionismo radical" fervorosamente cristão, foi quem chegou mais perto de levar a lógica jacobina à paisagem política norte-americana: "Jim Brown considerava-se um igualitário total. E para ele era muito importante praticar o igualitarismo em todos os níveis. [...] Ele deixava bem claro que não via diferença, e não deixou claro pelo que disse, deixou claro pelo que fez"[32].

Até hoje, muito depois de abolida a escravidão, Brown é a figura polarizadora da memória coletiva norte-americana; os brancos que o apoiam são ainda mais valiosos – entre eles, surpreendentemente, Henry David Thoreau, o grande adversário da violência: contra a visão generalizada de Brown como tolo, insano e sedento de sangue, Thoreau pintou o quadro de um homem inigualável, que abraçou uma causa como nenhum outro; chega ao ponto de comparar a execução de Brown (considera

---

[30] Maximilien Robespierre, *Virtue and Terror*, cit., p. 103.
[31] Margaret Washington, em: <http://www.pbs.org/wgbh/amex/brown/filmmore/reference/interview/washington05.html>.
[32] Idem.

que este foi morto antes de sua morte real) com a de Cristo[33]. Thoreau descarrega sua fúria nas fileiras dos que demonstraram desprezo por John Brown: eles não conseguiram entender Brown por causa de suas posturas concretas e existências "mortas"; não estão vivos de verdade, só um punhado de homens pode dizer que viveu.

Entretanto, é esse mesmo igualitarismo consistente que constitui a limitação da política jacobina. Recordemos a ideia fundamental de Marx a respeito da limitação "burguesa" da lógica da igualdade: as desigualdades capitalistas ("exploração") não são "violações sem princípios do princípio de igualdade", mas absolutamente inerentes à lógica de igualdade, são o resultado paradoxal de sua realização consistente. Aqui, o que temos em mente não é apenas o velho e tedioso tema de que as trocas do mercado pressupõem sujeitos formalmente/legalmente iguais que se encontram e interagem no mercado; o ponto fundamental da crítica de Marx aos socialistas "burgueses" é que a exploração capitalista não envolve nenhum tipo de troca "desigual" entre o trabalhador e o capitalista – essa troca é totalmente igualitária e "justa", o operário recebe idealmente (em princípio) o valor total da mercadoria que vende (sua força de trabalho). É claro que os revolucionários burgueses radicais sabem dessa limitação; entretanto, a maneira como tentam contrabalançá-la é pela imposição "terrorista" direta de mais e mais igualdade *de facto* (salários iguais, acesso igual à assistência médica...), que só pode ser imposta por meio de novas formas de desigualdade formal (vários tipos de tratamento preferencial aos desprivilegiados). Em resumo, o axioma da "igualdade" significa igualdade insuficiente (continua a ser a forma abstrata da desigualdade real) ou demasiada (igualdade "terrorista" imposta); é uma noção formalista em sentido dialético estrito, isto é, sua limitação é exatamente que a sua forma não é suficientemente concreta, mas um mero recipiente neutro de algum conteúdo que foge a essa forma.

O problema aqui não é o terror como tal – nossa tarefa hoje é exatamente reinventar o terror emancipatório. O problema é outro: o "radicalismo excessivo" ou "extremismo" político igualitário deveria ser lido como um fenômeno de *deslocamento* político-ideológico, como indicador de seu oposto, da limitação, da recusa de ir realmente "até o fim". O que foi o recurso dos jacobinos ao "terror" radical senão uma espécie de encenação histérica que comprova a incapacidade de abalar os próprios fundamentos da ordem econômica (propriedade privada etc.)? E não acontece o mesmo com os chamados "excessos" da correção política? Também não demonstram que evitam perturbar a causa efetiva (econômica e outras) do racismo e do sexismo? Talvez tenha chegado a hora então de problematizar o topos-padrão, comum a praticamente todos os esquerdistas "pós-modernos", segundo o qual o "totalitaris-

---

[33] Ver Henry David Thoreau, *Civil Disobedience and Other Essays* (Nova York, Dover, 1993). [Ed. bras.: *Desobediência civil*, Rio de Janeiro, Zahar, 2008.]

mo" político resulta, de certa forma, do predomínio da produção material e da tecnologia sobre a comunicação intersubjetiva e/ou a prática simbólica, como se a raiz do terror político fosse o fato de que o "princípio" da razão instrumental, da exploração tecnológica da natureza, se estendesse também à sociedade, de modo que as pessoas são tratadas como matéria-prima a ser transformada em Novos Homens. E se o que acontece for o exato *oposto*? E se o "terror" político indicar justamente que a esfera da produção (material) é *negada* em sua autonomia e *subordinada* à lógica política? Todo "terror" político, dos jacobinos à Revolução Cultural maoista, não pressupõe a extinção da produção propriamente dita, sua redução ao terreno da batalha política? Em outras palavras, esse ponto de vista pós-moderno não passa de fato do abandono da descoberta fundamental de Marx de que a luta política é um espetáculo que, para ser decifrado, tem de ser reportado à esfera da economia ("se o marxismo teve algum valor analítico para a teoria *política*, não foi por insistir que o problema da liberdade estava contido nas relações sociais implicitamente declaradas 'apolíticas' – isto é, naturalizadas – no discurso liberal?"[34]).

É nesse nível que se deveria buscar o momento decisivo do processo revolucionário: digamos, no caso da Revolução de Outubro, não a explosão de 1917-18 ou a guerra civil que veio em seguida, mas a intensa experimentação do início da década de 1920, as tentativas (desesperadas, muitas vezes ridículas) de inventar novos rituais de vida cotidiana: como substituir o casamento e os rituais fúnebres pré-revolucionários? Como organizar as interações mais simples nas fábricas, nos prédios de apartamentos? Foi nesse nível do que ficamos tentados a chamar de "terror concreto" da imposição de uma nova ordem à realidade cotidiana – ao contrário do "terror abstrato" da "grande" revolução política – que os jacobinos e as revoluções soviética e chinesa acabaram fracassando – não por falta de tentativas nessa direção, com certeza. Os jacobinos atingiram sua melhor forma não nas atitudes teatrais do Terror, mas nas explosões utópicas de imaginação política a propósito da reorganização do cotidiano: estava tudo lá, proposto no decorrer da atividade frenética condensada em poucos anos, da organização das mulheres aos lares comunitários onde os velhos poderiam passar seus últimos anos com paz e dignidade[35]. Aqui, a dura consequência que se deve aceitar é que esse excesso de democracia igualitária acima e além do procedimento democrático só pode "institucionalizar-se" sob o disfarce de seu oposto, como *terror* democrático-revolucionário.

---

[34] Wendy Brown, *States of Injury* (Princeton, New Jersey, Princeton University Press, 1995), p. 14.

[35] E a tentativa bastante ridícula de Robespierre de impor uma nova religião cívica que louvava um Ser Supremo? O próprio Robespierre formulou sucintamente a principal razão de sua oposição ao ateísmo: "O ateísmo é aristocrático" (Maximilien Robespierre, *Œuvres complètes*, Paris, Ernest Leroux, 1910-67, v. 10, p. 195). Para ele, o ateísmo era a ideologia dos aristocratas cínico-hedonistas que haviam perdido toda noção de missão histórica.

184 / Em defesa das causas perdidas

As transubstanciações do marxismo

Na história moderna, a política do terror revolucionário lança sua sombra sobre o período que vai de Robespierre a Mao ou, em termos mais gerais, até a desintegração do bloco comunista em 1990 – o último capítulo foi a Revolução Cultural maoísta.

É óbvio que o contexto sócio-histórico mudou radicalmente entre a Revolução Francesa e a Revolução Cultural; em termos platônicos, o que une as duas é apenas e exatamente a mesma Ideia "eterna" de Justiça revolucionária. No caso de Mao, a questão é se é possível considerá-lo legitimamente marxista, já que a base social da revolução maoísta não foi a classe operária.

Uma das armadilhas mais tortuosas que espreitam os teóricos marxistas é a busca do momento da Queda, aquele em que as coisas tomaram o rumo errado na história do marxismo: seria já o Engels tardio, com seu entendimento mais positivista e evolucionário do materialismo histórico? Seria o revisionismo e a ortodoxia da Segunda Internacional? Seria Lenin[36]? Ou seria o próprio Marx, com suas últimas obras, depois de abandonar o humanismo juvenil (como afirmaram alguns "marxistas humanistas" décadas atrás)? Todo esse tropo tem de ser rejeitado: aqui não há oposição, a Queda tem de inscrever-se na própria origem. (Dito em termos mais enfáticos, essa busca do intruso que contaminou o modelo original e deu início à degeneração só pode reproduzir a lógica do antissemitismo.) Isso significa que, mesmo quando – ou melhor, especialmente quando – submetemos o passado marxista a uma crítica impiedosa, primeiro é preciso reconhecê-lo como "nosso", assumir toda a responsabilidade por ele, não rejeitar confortavelmente o lado "mau" atribuindo-o a um elemento estranho (o "mau" Engels que era estúpido demais para entender a dialética de Marx, o "mau" Lenin que não percebeu o âmago da teoria de Marx, o "mau" Stalin que estragou os planos nobres do "bom" Lenin e assim por diante).

A primeira coisa que devemos fazer é endossar inteiramente o deslocamento na história do marxismo que se concentra em duas grandes passagens (ou melhor, cortes violentos): a passagem de Marx a Lenin, assim como a passagem de Lenin a Mao. Em cada caso, há um deslocamento da constelação original: do país mais avançado (como Marx esperava) para um país relativamente atrasado – a revolução "aconteceu no país errado"; dos operários para os camponeses (pobres) como principais agentes revolucionários. Da mesma maneira que Cristo precisou da "traição" de Paulo para que o cristianismo surgisse como Igreja universal (recordemos que, entre os doze

---

[36] Nessa mesma linha, alguns marxistas ocidentais atribuíram o stalinismo ao "modo de produção asiático", vendo-o como uma nova forma de "despotismo oriental". A ironia é que, para os russos tradicionais, a verdade era o contrário: "Foi sempre uma fantasia ocidental ver Lenin e Stalin como déspotas 'orientais'. Os grandes tiranos russos dos séculos XVIII e XX eram ocidentalizantes" (Lesley Chamberlain, *The Philosophy Steamer*, Londres, Atlantic Books, 2006, p. 270).

apóstolos, Paulo ocupou o lugar do traidor Judas, substituindo-o!), Marx precisou da "traição" de Lenin para que fosse encenada a primeira revolução marxista: a necessidade interna do ensinamento "original" é submeter-se e sobreviver a essa "traição"; sobreviver a esse ato violento que é ser arrancado de seu contexto original e ser lançado num ambiente estranho, onde é preciso se reinventar – *só dessa maneira nasce a universalidade.*

Assim, a propósito da segunda transposição violenta, a de Mao, é muito fácil condenar sua reinvenção do marxismo como teoricamente "inadequada", como um retrocesso em relação aos padrões de Marx (é fácil mostrar que falta aos camponeses a subjetividade proletária insubstancial), mas é igualmente fácil nublar a violência do corte e aceitar a reformulação de Mao como uma continuação lógica ou uma "aplicação" do marxismo (baseando-se, como costuma acontecer, na simples expansão metafórica da luta de classes: "a luta de classes predominante hoje não é mais entre capitalistas e proletariado em cada país, é o Terceiro Mundo contra o Primeiro Mundo, são nações burguesas contra nações proletárias"). Aqui, a realização de Mao é tremenda: seu nome representa a mobilização política de centenas de milhões de camadas anônimas do Terceiro Mundo cujo trabalho fornece a "substância" invisível, o pano de fundo do desenvolvimento histórico – a mobilização de todos aqueles que até um poeta da "alteridade" como Levinas tachou de "perigo amarelo", como vemos em seu texto, talvez o mais estranho, "O debate russo-chinês e a dialética" (1960), um comentário sobre o conflito sino-soviético: "O perigo amarelo! Ele não é racial, é espiritual. Não envolve valores inferiores; envolve uma estranheza radical, um estranho para o peso de seu passado, de onde não filtra nenhuma voz ou inflexão familiar, um passado lunar ou marciano"[37].

Isso não lembra a insistência de Heidegger, durante toda a década de 1930, de que a tarefa principal do pensamento ocidental, hoje, seria defender as rupturas gregas, o gesto criador do "Ocidente", a superação do universo "asiático", pré-filosófico e mítico, para lutar contra a nova ameaça "asiática" – o maior adversário do Ocidente seria "o mítico em geral e o asiático em particular"[38]? É *essa* "estranheza radical" asiática que é mobilizada, politizada, pelo movimento comunista de Mao Tsé-tung. Na *Fenomenologia do espírito*, Hegel apresenta sua famosa noção do sexo feminino como "a eterna ironia da comunidade": o sexo feminino "muda por intriga o fim universal do governo em fim privado, transforma sua atividade universal em obra de algum indivíduo específico e converte a propriedade universal do Estado em posse e ornamento da família"[39]. Ao contrário da ambição masculina, a

---

[37] Emmanuel Levinas, *Les imprévus de l'histoire* (Paris, Fata Morgana, 1994), p. 172.
[38] Martin Heidegger, *Schelling's Treatise on Human Freedom* (Athens, Ohio, Ohio University Press, 1985), p. 146.
[39] G. W. F. Hegel, *Fenomenologia do espírito*, cit.

186 / Em defesa das causas perdidas

mulher quer o poder para promover seus limitados interesses familiares ou, pior ainda, seus caprichos pessoais, porque é incapaz de perceber a dimensão universal da política de Estado. Como não lembrar aqui a declaração de F. W. J. Schelling de que "o princípio que funciona e nos sustenta com sua ineficácia é o mesmo que nos consumiria e destruiria com sua eficácia"[40]? Um poder que, quando mantido em seu devido lugar, pode ser benigno e pacificador, transforma-se em seu oposto radical, na fúria mais destruidora, assim que intervém num nível mais alto, num nível que não é o dele: *a mesma* feminilidade que, dentro do círculo fechado da vida familiar, é o verdadeiro poder do amor protetor, transforma-se em frenesi obsceno quando exibido no nível dos negócios públicos e estatais... Em resumo, é aceitável que uma mulher proteste contra o poder estatal público em nome dos direitos da família e dos laços de sangue, mas pobre da sociedade cujas mulheres se empenhem diretamente em influenciar as decisões relativas aos assuntos de Estado, manipulando seus fracos parceiros masculinos, efetivamente emasculando-os... Não há algo semelhante no terror provocado pela possibilidade do despertar das massas asiáticas anônimas? Está bem que protestem contra o destino e nos permitam ajudá-las (por meio de atividade humanitária em grande escala), mas não que se "empoderem", para horror dos liberais solidários – sempre dispostos a ajudar a revolta dos pobres e despossuídos, desde que se mantenham os bons modos...

Bourdieu's Secret Admirer in the Caucasus [O admirador secreto de Bourdieu no Cáucaso], de Georgi M. Derluguian, conta a história extraordinária de Musa Shanib, da Abcázia, principal pensador dessa região turbulenta, cuja carreira foi de intelectual soviético dissidente a respeitado professor de filosofia, passando por reformador político democrático e líder de guerra fundamentalista muçulmano, uma carreira marcada por uma estranha admiração pelo pensamento de Pierre Bourdieu[41]. Há duas maneiras de abordar uma figura como essa. A primeira reação é considerá-lo uma excentricidade local, tratá-lo com ironia benevolente: "Bourdieu? Que escolha estranha... Vai saber o que essa figura folclórica vê em Bourdieu...!". A segunda reação é afirmar diretamente o alcance universal da teoria: "Veja como a teoria é universal – qualquer intelectual, de Paris à Chechênia e à Abcázia, pode debater os conceitos de Bourdieu...". É claro que a verdadeira tarefa é evitar essas duas opções e afirmar a universalidade da teoria como resultado de muito trabalho teórico e luta, uma luta que não é externa à teoria: a questão não é (só) que Shanib teve de trabalhar muito para romper as restrições do contexto local e entender Bourdieu; essa apropriação de Bourdieu por um intelectual abcázio também afeta a substância

---

[40] F. W. J. Schelling, *Die Weltalter. Fragmente. In den Urfassungen von 1811 und 1813* (org. Manfred Schroeter, Munique, Biederstein, 1979), p. 13.

[41] Georgi M. Derluguian, *Bourdieu's Secret Admirer in the Caucasus* (Chicago, The University of Chicago Press, 2005).

da própria teoria, transpondo-a para um universo diferente. Lenin, *mutatis mutandis*, não fez algo parecido com Marx? A mudança de Mao relativamente a Lenin *e* Stalin diz respeito à relação entre a classe operária e o campesinato. Mas Lenin e Stalin tinham profundas suspeitas a respeito do campesinato, consideravam que uma das principais tarefas do poder soviético era romper sua inércia: desenraizar seu grande apego à terra, "proletarizá-los" e, assim, expô-los inteiramente à dinâmica da modernização – em claro contraste com Mao que, como observamos, destacou em suas notas críticas aos *Problemas econômicos do socialismo na URSS* (de 1958) que "o ponto de vista de Stalin [...] está quase totalmente errado. O erro básico é desconfiar dos camponeses". As consequências teóricas e políticas dessa mudança são propriamente destruidoras: provocam nada menos que a reelaboração completa da noção hegeliana proposta por Marx de que a posição do proletariado é de "subjetividade insubstancial", dos que são reduzidos ao abismo de sua subjetividade.

Como bem sabem os que ainda se recordam de seu marxismo, o ponto central ambíguo de sua estrutura teórica diz respeito à premissa de que o próprio capitalismo cria as condições de sua transcendência por meio da revolução proletária. Como devemos ler isso? Devemos lê-lo de maneira evolucionária linear: a revolução deve ocorrer quando o capitalismo tiver desenvolvido todo o seu potencial e exaurido todas as suas possibilidades, ponto mítico em que enfrenta o antagonismo ("contradição") central em sua forma mais nua e pura? Basta acrescentar o aspecto "subjetivo" e enfatizar que a classe operária não deveria apenas esperar sentada pelo "momento certo", mas "educar-se" por meio da longa luta? Como também se sabe, a teoria de Lenin sobre o "elo mais fraco da corrente" é uma espécie de solução negociada: embora aceitasse que a primeira revolução pudesse ocorrer não no país mais desenvolvido, mas num país onde os antagonismos do desenvolvimento capitalista são mais exarcebados, ainda que ele seja menos desenvolvido (a Rússia, que combinava pequenas e modernas ilhas de indústrias capitalistas com atraso agrário e governo autoritário pré-democrático), ele via a Revolução de Outubro como um rompimento arriscado que só poderia ser bem-sucedido se fosse acompanhado de uma revolução em grande escala na Europa Ocidental (nesse sentido, todos os olhos estavam voltados para a Alemanha). O abandono radical desse modelo só aconteceu com Mao, para quem a revolução proletária deveria ocorrer na parte menos desenvolvida do globo, entre as grandes massas de camponeses e operários empobrecidos do Terceiro Mundo, e até entre a "burguesia patriota", exposta aos abalos secundários da globalização capitalista, organizando sua fúria e seu desespero. Numa inversão total (perversão até) do modelo de Marx, a luta de classes é assim reformulada como luta entre as "nações burguesas" do Primeiro Mundo e as "nações proletárias" do Terceiro Mundo. Aqui, o paradoxo é propriamente dialético, talvez na maior aplicação do ensinamento de Mao sobre as contradições: o próprio subdesenvolvimento (e, portanto, a "imaturidade" para a revolução) torna um país "maduro" para a revolução. Entretanto, como essas condições econômicas "imaturas" não permitem a construção do socialismo propriamente pós-capitalista, o correlato necessário é a afirmação da "primazia da política sobre a economia": o sujeito revolucionário vitorioso não age como instrumento da necessidade econômica, liberando um potencial cujo maior desenvolvimento é frustrado pelas contradições capitalistas; ele é antes o agente voluntarista que age *contra* a necessidade econômica "espontânea", impondo sua visão sobre a realidade por meio do terror revolucionário.

Não devemos esquecer aqui a lição fundamental da "universalidade concreta" hegeliana: a necessidade universal não é uma força teleológica que, de fora, puxa as cordinhas e comanda o processo, garantindo um resultado feliz; ao contrário, essa necessidade universal é sempre retroativa, surge da contingência radical do processo e assinala o momento da auto-*Aufhebung* da contingência. Devemos dizer, portanto, que, depois de ocorrida a passagem (contingente) do leninismo para o maoismo, esta não pode parecer senão como "necessária", isto é, podemos (re)construir a "necessidade interna" do maoismo como "estágio" seguinte do desenvolvimento do marxismo. Para entender essa conversão da contingência em necessidade, devemos deixar para trás o tempo histórico linear padrão, estruturado como realização das possibilidades (no instante temporal X, a história pode seguir por múltiplas direções possíveis, e o que acontece em seguida é a concretização de uma das possibilidades); mas o que esse tempo linear é incapaz de perceber é o paradoxo de uma emergência real contingente que cria retroativamente sua própria possibilidade: só quando a coisa acontece conseguimos "ver" como isso foi possível. O debate bastante cansativo sobre a origem do maoismo (ou do stalinismo) gira em torno de três opções principais: (1) os anticomunistas "duros" e os defensores "duros" do stalinismo afirmam que há uma lógica imanente direta que leva de Marx a Lenin e de Lenin a Stalin (e depois de Stalin a Mao); (2) os críticos "brandos" afirmam que a virada stalinista (ou, antes dela, a leninista) é uma das possibilidades históricas presentes na estrutura teórica de Marx – poderia ter resultado em outra coisa, mas ainda assim a catástrofe stalinista se inscreve como opção na própria teoria original; (3) finalmente, os defensores da pureza do "ensinamento original de Marx" rejeitam o stalinismo (e até o leninismo) como simples distorção ou traição, insistindo no rompimento radical entre os dois: Lenin e/ou Stalin simplesmente "sequestraram" a teoria de Marx e usaram-na com propósitos totalmente diversos dos de Marx. Devemos rejeitar essas três versões por se basearem na mesma noção historicista-linear subjacente de temporalidade e optar por uma quarta, que vai além da falsa pergunta "Até que ponto Marx foi responsável pela catástrofe stalinista?" e diz que Marx *é* inteiramente responsável, mas *retroativamente*, isto é, aplica-se a Stalin o mesmo que a Kafka na famosa formulação de Borges: ambos criaram os próprios antecessores.

Esse é o movimento da "universalidade concreta", essa "transubstanciação" radical pela qual a teoria original tem de se reinventar num novo contexto: só ao sobreviver a esse transplante ela pode surgir como efetivamente universal. E é claro que

O terror revolucionário de Robespierre a Mao / 189

a questão não é que tratamos aqui do processo pseudo-hegeliano de "alienação" e "desalienação", de como a teoria original é "alienada" e depois tem de incorporar o contexto estrangeiro, reapropriá-lo, subordiná-lo: o que essa noção pseudo-hegeliana deixa de lado é o modo como esse transplante violento num novo contexto afeta radicalmente a própria teoria original, de modo que, quando essa teoria "volta a si mesma em sua alteridade" (reinventa-se no contexto estrangeiro), sua substância muda; ainda assim, essa mudança não é apenas a reação ao choque externo, ela continua a ser a transformação inerente da *mesma* teoria de superação do capitalismo. É assim que o capitalismo é uma "universalidade concreta": a questão não é isolar o que todas as formas particulares de capitalismo têm em comum, suas características universais comuns, mas perceber essa matriz como força positiva em si, como algo que todas as formas reais específicas tentam neutralizar, cujo efeito destrutivo tentam restringir.

Os limites da dialética de Mao

O sinal mais confiável do triunfo ideológico do capitalismo é o quase desaparecimento do termo nas últimas duas ou três décadas: na década de 1980, "praticamente ninguém, com exceção de alguns marxistas supostamente arcaicos (uma 'espécie em extinção'), referia-se ao capitalismo. O termo foi simplesmente riscado do vocabulário de políticos, sindicalistas, escritores e jornalistas – sem mencionar os cientistas sociais, que o relegaram ao esquecimento histórico"[42]. Mas e a onda do movimento antiglobalização dos últimos anos? Ela não contradiz esse diagnóstico? De jeito nenhum: um exame atento logo mostra que esse movimento também sucumbe à "tentação de transformar a crítica do próprio capitalismo (centrada em mecanismos econômicos, formas de organização do trabalho e extração de lucro) numa crítica ao 'imperialismo'"[43]. Dessa maneira, quando se fala de "globalização e seus agentes", o inimigo é exteriorizado (geralmente na forma de um antiamericanismo vulgar). Desse ponto de vista, a principal tarefa hoje é combater o "império americano", e qualquer aliado serve, desde que seja antiamericano; assim, o desenfreado capitalismo "comunista" chinês, o violento antimodernismo islamicista e o regime obsceno de Lukashenko na Bielo-Rússia (ver a visita de Chávez à Bielo-Rússia em julho de 2006) podem parecer irmãos-em-armas, progressistas e antiglobalistas... O que temos aqui, portanto, é outra versão da mal-afamada noção de "modernidade alternativa": em vez da crítica ao capitalismo como tal, em vez do confronto com seus mecanismos básicos, temos a crítica do "excesso" imperialista,

---

[42] Luc Boltanski e Eve Chiapello, *The New Spirit of Capitalism* (Londres, Verso, 2005), p. ix. [Ed. bras.: *O novo espírito do capitalismo*, São Paulo, WMF Martins Fontes, 2009.]

[43] Ibidem, p. xvii.

com a ideia (tácita) de mobilização dos mecanismos capitalistas dentro de outro arcabouço mais "progressista".

É assim que devemos abordar aquela que é provavelmente a contribuição central de Mao à filosofia marxista, sua elaboração da noção de contradição: não se deve vê-la como uma regressão filosófica sem valor (que, como se pode facilmente demonstrar, baseia-se numa noção vaga de "contradição" que significa apenas "luta de tendências opostas"). A tese principal de seu grande texto "Sobre a contradição" – a respeito das duas facetas da contradição, "a contradição principal e a não principal num processo, e os aspectos principal e não principal da contradição" – merece uma leitura atenta. A crítica de Mao aos "marxistas dogmáticos" é que eles "não entendem que é exatamente na particularidade da contradição que reside a universalidade da contradição":

> Por exemplo, na sociedade capitalista as duas forças em contradição, o proletariado e a burguesia, formam a contradição principal. As outras contradições, como aquelas entre a classe feudal remanescente e a burguesia, entre a pequena-burguesia camponesa e a burguesia, entre o proletariado e a pequena burguesia camponesa, entre os capitalistas não monopolistas e os capitalistas monopolistas, entre a democracia burguesa e o fascismo burguês, entre os países capitalistas e entre o imperialismo e as colônias, são todas determinadas ou influenciadas por essa contradição principal.
>
> Quando o imperialismo começa uma guerra de agressão contra um país desse tipo, todas as suas várias classes, exceto alguns traidores, podem se unir temporariamente numa guerra nacional contra o imperialismo. Em tal época, a contradição entre o imperialismo e o país concernente torna-se a contradição principal, enquanto todas as contradições entre as várias classes dentro do país (inclusive a que era a contradição principal entre o sistema feudal e as grandes massas do povo) são relegadas temporariamente a uma posição secundária e subordinada.[44]

Essa é a tese fundamental de Mao: a contradição principal (universal) não se sobrepõe à contradição que deveria ser tratada como dominante numa situação particular; a dimensão universal literalmente *reside* nessa contradição particular. Em cada situação concreta, uma contradição "particular" diferente é predominante, no sentido exato de que, para vencer a batalha pela solução da contradição principal, deve-se tratar como predominante uma contradição específica, à qual todas as outras lutas devem ser subordinadas. Na China sob ocupação japonesa, a unidade patriótica contra os japoneses seria a característica predominante, caso os comunistas quisessem vencer a luta de classes; *nessas condições, todo foco direto na luta de classes prejudica a própria luta de classes*. (Talvez resida aí a característica principal do "oportunismo dogmático": insistir na centralidade da contradição principal no momento errado.)

---

[44] Mao Tsé-tung, *On Practice and Contradiction*, cit., p. 87. [Ed. bras.: *Sobre a prática e a contradição*, Rio de Janeiro, Zahar, 2008.]

A outra tese fundamental diz respeito ao *aspecto* principal de uma contradição; por exemplo, com relação à contradição entre as forças produtivas e as relações de produção:

> as forças produtivas, a prática e a base econômica desempenham, geralmente, o papel principal e decisivo; quem quer que o negue não é um materialista. Mas também se deve admitir que, em certas condições, aspectos como relações de produção, teoria e superestrutura manifestam-se, por sua vez, no papel principal e decisivo. Quando é impossível que as forças produtivas se desenvolvam sem mudança nas relações de produção, então a mudança nas relações de produção desempenha o papel principal e decisivo.[45]

O interesse político em jogo nesse debate é decisivo: o objetivo de Mao é afirmar o papel fundamental, na luta política, daquilo que a tradição marxista costuma chamar de "fator subjetivo" – a teoria, a superestrutura. Foi isso que, de acordo com Mao, Stalin negligenciou:

> Stalin [em *Os problemas econômicos do socialismo na URSS*], do início ao fim, nada diz sobre a superestrutura. Não se preocupa com pessoas; considera coisas, não pessoas. [...] [Fala] somente das relações de produção, não da superestrutura, da política ou do papel do povo. Não se pode chegar ao comunismo a menos que haja um movimento comunista.[46]

Alain Badiou, aqui como verdadeiro maoista, aplica isso à constelação contemporânea, evitando o foco na luta anticapitalista, e até ridicularizando sua principal forma atual (o movimento antiglobalização), e definindo a luta emancipatória em termos estritamente políticos como luta contra a democracia (liberal), forma político-ideológica hoje predominante. "Hoje, o inimigo não se chama Império nem Capital. Chama-se Democracia."[47] Hoje, o que impede o questionamento radical do próprio capitalismo é exatamente *a crença na forma democrática da luta contra o capitalismo*. Hoje, a postura de Lenin contra o "economismo", assim como contra a política "pura", é crucial no que diz respeito à atitude dividida da esquerda (do que resta dela) em relação à economia: de um lado, os "políticos puros" abandonam a economia como lugar de luta e intervenção; de outro, os "economistas", fascinados pelo funcionamento da economia global contemporânea, impedem qualquer possibilidade de intervenção política propriamente dita. Com relação a essa divisão, hoje, mais do que nunca, deveríamos voltar a Lenin: sim, a economia é o terreno fundamental, aí será decidida a batalha, temos de romper o feitiço do capitalismo global, *mas* a intervenção deveria ser propriamente *política* e não econômica. Hoje, quando todo mundo é "anticapitalista" – até os filmes de conspiração "crítico-sociais" de Hollywood, em que o inimigo são as grandes empresas em

---

[45] Ibidem, p. 92.

[46] Ibidem, p. 117-8.

[47] Alain Badiou, "Prefazione all'edizione italiana", em *Metapolitica* (Nápoles, Cronopio, 2002), p. 14.

sua busca impiedosa por lucro (de *Inimigo do Estado* a *O informante*) –, o significante "anticapitalismo" perdeu o ferrão subversivo. O que se deveria problematizar é o oposto autoevidente desse "anticapitalismo": a confiança na democracia dos norte-americanos honestos, que frustra a conspiração. *Este* é o núcleo duro do universo capitalista global, seu verdadeiro Significante-Mestre: a própria democracia[48].

O aprofundamento da noção de contradição que Mao faz em "Pelo tratamento correto das contradições no seio do povo" (1957) também não pode ser reduzido a sua característica mais conhecida, a questão de senso comum de distinção das contradições antagônicas e não antagônicas:

> As contradições entre nós e o inimigo são contradições antagônicas. Nas fileiras do povo, as contradições entre trabalhadores são não antagônicas, enquanto aquelas entre as classes exploradas e exploradoras têm um aspecto não antagônico e outro antagônico. [...] [Sob] a ditadura democrática do povo, dois métodos diferentes, um ditatorial e outro democrático, devem ser usados para resolver os dois tipos de contradição que diferem em natureza: aquelas entre nós e o inimigo e aquelas no seio do povo.[49]

Sempre se deve ler essa distinção com seu complemento mais "agourento", o aviso de que os dois aspectos podem se sobrepor: "Em circunstâncias ordinárias, as contradições no seio do povo não são antagônicas. Mas se não forem tratadas adequadamente, ou se relaxarmos a vigilância e baixarmos a guarda, o antagonismo pode surgir". O diálogo democrático, a coexistência pacífica de orientações diferentes no interior da classe trabalhadora, não é algo simplesmente dado, um estado de coisas natural, é algo conquistado e mantido com vigilância e luta. Aqui também a luta tem prioridade sobre a unidade: o próprio espaço de unidade tem de ser conquistado pela luta.

Então o que faremos com essas elaborações? É necessário ser muito preciso ao diagnosticar, no próprio nível abstrato da teoria, onde Mao está certo e onde está errado. Estava certo ao rejeitar a noção mais comum de "síntese dialética" como "conciliação" dos opostos, como unidade mais elevada que abrange a luta destes; estava errado ao formular essa rejeição, essa insistência na prioridade da luta, da divisão, acima de qualquer síntese ou unidade, em termos de uma ontologia-cosmologia geral da "eterna luta dos contrários" – é por isso que ele ficou preso na

---

[48] E as declarações mais recentes de Toni Negri e Michael Hardt não são uma espécie de confirmação inesperada dessa ideia de Badiou? Seguindo uma necessidade paradoxal, seu próprio (concentrar-se no) anticapitalismo levou-os a admitir a força revolucionária do capitalismo, de modo que, como explicaram recentemente, não é mais preciso combater o capitalismo porque em si ele já está gerando o potencial comunista – o "tornar-se comunista do capitalismo", para usar termos deleuzianos...

[49] Mao Tsé-tung, *On Practice and Contradiction*, cit., p. 131 e 137.

noção simplista e propriamente *não dialética* da "infinidade má" da luta. Aqui, Mao regride claramente às "sabedorias" pagãs primitivas de que toda criatura, toda forma determinada de vida, mais cedo ou mais tarde chega a seu fim: "Uma coisa destrói a outra, as coisas surgem, desenvolvem-se e são destruídas, por toda parte é assim. Se não forem destruídas por outras, então se destroem". Nesse nível, deve-se dar a Mao o que lhe é devido: ele vai nessa direção até o fim, aplicando esse princípio ao próprio comunismo (ver a citação abaixo, em que ele dá um gigantesco "salto adiante" ontológico, indo da divisão do núcleo atômico em prótons, antiprótons etc. à inevitável divisão do comunismo em estágios):

> Não acredito que o comunismo não será dividido em estágios e não haverá mudanças qualitativas. Lenin disse que todas as coisas podem ser divididas. Deu o átomo como exemplo e disse que não só o átomo, como também o elétron, podem ser divididos. Antes, entretanto, sustentava-se que não poderia ser dividido; o ramo das ciências dedicado a dividir o núcleo atômico ainda é muito novo, tem só vinte ou trinta anos. Nas últimas décadas, os cientistas separaram o núcleo atômico em seus constituintes, como prótons, antiprótons, nêutrons, antinêutrons, mésons e antimésons.[50]

Ele chega a dar um passo além e ultrapassa a própria humanidade, prevendo, de um modo protonietzschiano, a "superação" do homem:

> A vida da dialética é o movimento contínuo rumo aos opostos. A humanidade também terá finalmente o seu fim. Quando os teólogos falam sobre o Juízo Final, são pessimistas e aterrorizam o povo. Dizemos que o fim da humanidade produzirá algo mais avançado do que a humanidade. A humanidade ainda está em sua infância.[51]

Além disso, ele prevê a ascensão de (alguns) animais ao nível de consciência (que hoje consideramos exclusivamente humano):

> No futuro, os animais continuarão a se desenvolver. Não acredito que só os homens podem ter duas mãos. Os cavalos, as vacas, as ovelhas não podem evoluir? Só os macacos evoluem? Além disso, será possível que, de todos os macacos, só uma espécie evolua e todas as outras sejam incapazes de evoluir? Daqui a 1 milhão de anos, 10 milhões de anos, os cavalos, vacas e ovelhas ainda serão os mesmos de hoje? Acho que continuarão a mudar. Cavalos, vacas, ovelhas e insetos, todos mudarão.[52]

Duas coisas devem ser acrescentadas a esse "ponto de vista cósmico". Em primeiro lugar, é preciso lembrar que Mao se dirige ao círculo interno de ideólogos do partido. É isso que explica o tom de quem divide um segredo que não deve vir a público, como se estivesse divulgando um "ensinamento secreto" – e, de fato, as especulações de Mao refletem de modo bastante fiel o chamado "biocosmismo", a estranha com-

---

[50] Ibidem, p. 183.
[51] Ibidem, p. 182.
[52] Ibidem, p. 176.

binação de materialismo vulgar com espiritualidade gnóstica que formava uma ideologia paralela oculta, o obsceno ensinamento secreto do marxismo soviético. Ocultado das vistas do público durante o período principal do Estado soviético, o biocosmismo só foi abertamente propagado na primeira e nas últimas duas décadas do domínio soviético; suas principais teses eram: os objetivos da religião (paraíso coletivo, superação de todo sofrimento, imortalidade individual total, ressurreição dos mortos, vitória sobre o tempo e a morte, conquista do espaço para muito além do sistema solar) podem realizar-se na vida terrena por meio do desenvolvimento da ciência e da tecnologia modernas; no futuro, não somente a diferença sexual será abolida, com o surgimento de pós-humanos castos que usarão a reprodução biotécnica direta, como também será possível ressuscitar todos os mortos do passado (determinando sua fórmula biológica a partir de seus restos mortais e, em seguida, recriando-a – ainda nem se ouvira falar de DNA...), apagando assim, portanto, todas as injustiças passadas, "desfazendo" a destruição e o sofrimento passados. Nesse brilhante futuro biopolítico comunista, não só os seres humanos, como também os animais, todos os seres vivos, participariam de uma Razão diretamente coletivizada do cosmo... O que quer que se diga contra a crítica impiedosa de Lenin à "construção de Deus" (*bogogradi-telk'stvo*) de Máximo Gorki, a deificação direta do homem, não se deve esquecer que o próprio Gorki colaborou com os biocosmistas. É interessante observar as semelhanças entre esse "biocosmismo" e a tecnognose contemporânea.

Em segundo lugar, para Mao esse "ponto de vista cósmico" não é apenas uma limitação filosófica irrelevante; ele tem consequências ético-políticas precisas. Quando rejeita com arrogância a ameaça da bomba atômica, Mao não está subestimando o alcance do perigo – ele sabe muito bem que uma guerra desse tipo pode levar à extinção da humanidade como tal, e assim, para justificar sua atitude desafiadora, tem de adotar o "ponto de vista cósmico" no qual o fim da vida na Terra "dificilmente significaria alguma coisa para o universo como um todo". Esse "ponto de vista cósmico" também fundamenta a atitude desdenhosa de Mao diante do custo humano exigido por empreitadas econômicas e políticas. Caso se dê crédito à mais recente biografia de Mao[53], ele provocou a maior fome da história exportando comida para a Rússia a fim de comprar armas atômicas e convencionais: 38 milhões de pessoas morreram de fome ou trabalhando como escravas entre 1958 e 1961. Supostamente, Mao sabia muito bem o que acontecia e disse: "Talvez metade da China tenha de morrer". Essa é a atitude instrumental em seu aspecto mais radical: matar como parte da tentativa impiedosa de atingir uma meta, reduzindo as pessoas a meios descartáveis. E não devemos esquecer que o Holocausto nazista *não*

---

[53] Jung Chang e Jon Halliday, *Mao: The Unknown Story* (Nova York, Knopf, 2005). É claro que essa obra é tendenciosíssima e foi alvo de críticas duras: ver, em especial, Andrew Nathan, "Jade and Plastic", *London Review of Books*, 17 nov. 2005.

foi a mesma coisa: o assassinato de judeus não fazia parte de uma estratégia racional, mas era autotélica, um excesso "irracional" meticulosamente planejado (basta recordar a deportação dos últimos judeus das ilhas gregas, em 1944, logo antes da retirada alemã, ou o uso maciço de trens para transportar judeus, em vez de material bélico, ainda em 1944). É por isso que Heidegger estava errado quando reduziu o Holocausto à produção industrial de cadáveres: ele *não* era isso, o comunismo stalinista é que ficaria mais bem caracterizado dessa forma[54].

A consequência conceitual dessa "infinidade má" que pertence ao evolucionismo vulgar é que Mao rejeita constantemente a "negação da negação" como lei dialética universal. Assim, a polêmica explícita com Engels (aliás, seguindo Stalin, que também não menciona a "negação da negação" entre as "quatro características principais da dialética marxista", em "Sobre o materialismo histórico e dialético"):

> Engels falou das três categorias, mas, de minha parte, não acredito em duas delas. (A unidade dos opostos é a lei mais básica, a transformação mútua de qualidade em quantidade e vice-versa é a unidade dos opostos qualidade e quantidade, e a negação da negação simplesmente não existe.) [...] Não existe nada do tipo negação da negação. Afirmação, negação, afirmação, negação... no desenvolvimento das coisas, cada elo da cadeia de eventos é tanto afirmação quanto negação. A sociedade escravocrata negou a sociedade primitiva, mas, em relação à sociedade feudal, ela constituiu, por sua vez, a afirmação. A sociedade feudal foi a negação em relação à sociedade escravista, mas, por sua vez, a afirmação em relação à sociedade capitalista. A sociedade capitalista foi a negação em relação à sociedade feudal, mas, por sua vez, é afirmação em relação à sociedade socialista.[55]

Numa linha parecida, Mao rejeitou, de forma mordaz, a categoria da "síntese dialética" dos opostos, promovendo sua própria versão de "dialética negativa"; em última análise, toda síntese era para ele o que Adorno, em sua crítica a Lukács, chamou de *erpresste Versöhnung* (reconciliação forçada), no máximo uma pausa momentânea na luta constante, que ocorre não quando os opostos se unem, mas quando um lado simplesmente vence o outro:

> O que é síntese? Todos testemunharam o modo como dois opostos, o Kuomintang e o Partido Comunista, foram sintetizados no continente. A síntese aconteceu assim: os exércitos deles vieram e nós os devoramos, comemos pedaço por pedaço. [...] Uma coisa come a outra, o peixe grande come o pequeno, eis a síntese. Nos livros, nunca foi explicada assim. Também nunca expliquei assim em meus livros. Por sua vez, Yang Hsien-chen acredita que dois se combinam num só e que a síntese é o laço indissolúvel

---

[54] Heidegger também estava errado em sua carta a Marcuse quando comparou o Holocausto à deportação de alemães da Europa Oriental em 1946 e 1947; Herbert Marcuse estava correto quando respondeu: a diferença entre o destino dos judeus e dos alemães da Europa Oriental, naquele momento, era a linha tênue que separava o barbarismo da civilização.

[55] Mao Tsé-tung, *On Practice and Contradiction*, cit., p. 181.

entre dois opostos. Que laços indissolúveis há no mundo? As coisas podem ser atadas, mas no fim têm de se separar. Não há nada que não possa ser separado.[56]

(Observe-se, mais uma vez, o tom de quem divide um segredo que não deve vir a público, a lição realista e cruel que solapa o feliz otimismo público...) Isso estava no centro do famoso debate sobre o Um e o Dois (o Dois se une no Um ou o Um se divide em Dois?), no fim da década de 1950: "Em qualquer coisa dada, a unidade dos opostos é condicional, temporária e transitória, portanto relativa, enquanto a luta dos opostos é absoluta". Isso nos leva àquilo que ficamos tentados a chamar de injunção ético-política de Mao – parafraseando as últimas palavras de *O inominável*, de Beckett, "no silêncio você não sabe, você precisa continuar cortando, não posso continuar, vou continuar cortando"[57]. O paradoxo da política radical de Mao de continuar dividindo eternamente e nunca chegar ao ponto final da paz é que ela se junta a seu oposto, a revisão social-democrata de direita cujo criador, Bernstein, propôs a notória fórmula: "O objetivo não é nada, o movimento é tudo".

Então, onde é que Mao deixa a desejar? Na maneira como *opõe* sua injunção de cortar, de dividir, à síntese dialética.

Quando Mao se refere zombeteiramente à "sintetização" como a destruição do inimigo ou sua subordinação, o erro está na própria atitude zombeteira – ele não vê que essa *é* a verdadeira síntese hegeliana... Afinal de contas, o que é a hegeliana "negação da negação"? Em primeiro lugar, a velha ordem é negada no interior de sua forma político-ideológica; depois, essa própria forma tem de ser negada. Os que vacilam, os que temem dar o segundo passo e superar a própria forma, são os que (para repetir Robespierre) querem a "revolução sem revolução" – e Lenin demonstra toda a força de sua "hermenêutica da suspeita" ao discernir as diferentes formas desse recuo. A verdadeira vitória (a verdadeira "negação da negação") ocorre quando o inimigo fala a nossa língua. Nesse sentido, a verdadeira vitória é uma vitória na derrota: ocorre quando a mensagem específica de alguém é aceita como arcabouço universal até mesmo pelo inimigo. Por exemplo, no caso da ciência racional contra a crença, a verdadeira vitória da ciência acontece quando a Igreja começa a defender-se com a linguagem da ciência. Ou, na política contemporânea do Reino Unido, como observaram muitos comentaristas perspicazes, a revolução Thatcher foi em si caótica, impulsiva, marcada por contingências imprevisíveis, e somente o governo da "Terceira Via" de Blair foi capaz de *institucionalizá-la*, estabilizá-la em novas formas institucionais, ou, em hegelianês, de elevar (o que primeiro parecia) uma contingência, um acidente histórico, a necessidade. Nesse sentido,

---

[56] Ibidem, p. 179-80.
[57] Samuel Beckett, *Trilogy* (Londres, Calder, 2003), p. 418.

Blair repetiu o thatcherismo, elevando-o a conceito, da mesma maneira que, para Hegel, Augusto repetiu César, superando-transformando um nome pessoal (contingente) em conceito, título. Thatcher não era thatcherista, era apenas ela mesma; foi Blair (mais do que John Major) que, na verdade, forjou o thatcherismo como noção. A ironia dialética da história é que somente um inimigo político-ideológico (nominal) pode nos fazer esse favor, pode nos elevar a conceito – o instigador empírico tem de ser derrubado (Júlio César teve de ser assassinado, Thatcher teve de ser deposta de forma desonrosa).

Essa é a lição surpreendente das últimas décadas, a lição da Terceira Via instituída pela social-democracia da Europa ocidental, mas também a lição dos comunistas chineses que presidiram o que foi provavelmente a evolução mais explosiva de capitalismo em toda a história humana: *podemos fazer melhor*. Recordemos a descrição marxista a respeito da superação do capitalismo: o capitalismo deflagrou a dinâmica avassaladora da produtividade que se autoaprimora; no capitalismo, "tudo o que é sólido se desmancha no ar", o capitalismo é o maior revolucionador da história da humanidade; por outro lado, essa dinâmica capitalista é impulsionada por seu próprio obstáculo ou antagonismo interno: o maior limite do capitalismo (da produtividade capitalista que se autoaprimora) é o próprio Capital, isto é, o desenvolvimento incessante e o revolucionamento de suas próprias condições materiais, a dança louca da espiral incondicional de produtividade, em última análise, não passam de uma *fuite en avant* desesperada para fugir de suas contradições inerentes e debilitantes... O erro fundamental de Marx foi concluir, a partir dessas noções, que seria possível uma nova ordem social mais elevada (o comunismo), uma ordem que não só manteria, como também elevaria a um nível mais alto e libertaria de forma total e efetiva o potencial da espiral ascendente de produtividade, sem que esta se frustrasse com as crises econômicas socialmente destrutivas. Em resumo, o que Marx não viu foi que, para usar termos derridianos padrões, esse obstáculo/antagonismo inerente como "condição de impossibilidade" do desdobramento total das forças produtivas é, ao mesmo tempo, sua "condição de possibilidade": se abolirmos o obstáculo, a contradição inerente do capitalismo, não teremos o impulso totalmente desatado, finalmente livre dos grilhões, mas perderemos justamente essa produtividade que parecia ao mesmo tempo gerada e sufocada pelo capitalismo, pois ela simplesmente se dissipa... E é como se essa lógica do "obstáculo como condição positiva" que está por trás do fracasso das tentativas socialistas de superar o capitalismo voltasse agora com força total no próprio capitalismo: este só pode vicejar totalmente não no reinado irrestrito do mercado, mas apenas quando um obstáculo (desde a intervenção mínima do estado do bem-estar social até e inclusive o domínio político direto do Partido Comunista, como acontece na China) restringe seu desregrado comportamento destrutivo.

198 / Em defesa das causas perdidas

Assim, ironicamente, *esta* é a "síntese" de capitalismo e comunismo no sentido de Mao: numa espécie inigualável de justiça poética em escala histórica, foi o capitalismo que "sintetizou" o comunismo maoista. A nova característica principal da China nos últimos anos foi o surgimento de um movimento operário em grande escala que protesta contra as condições de trabalho, que são o preço que a China está pagando para se tornar rapidamente a primeira potência industrial do mundo, movimento esse que sofreu repressão violenta – uma nova prova, se ainda for necessária, de que a China hoje é o Estado capitalista ideal: liberdade para o capital, com um Estado encarregado de fazer o "serviço sujo" e controlar os trabalhadores. A China, como superpotência emergente do século XXI, parece incorporar assim um novo tipo de capitalismo: indiferença pelas consequências ecológicas, desdém pelos direitos dos trabalhadores, tudo subordinado ao impulso impiedoso de desenvolver-se e tornar-se a nova força mundial. A grande pergunta é: o que farão os chineses com a revolução biogenética? Não é seguro apostar que se lançarão na manipulação genética irrestrita de plantas, animais e seres humanos, contornando todos os nossos preconceitos e limitações morais "ocidentais"?

Esse é o preço máximo que se paga pelo erro teórico cometido por Mao quando rejeita a "negação da negação", não conseguindo entender que a "negação da negação" não é uma acomodação entre uma posição e sua negação excessivamente radical, mas, ao contrário, a única negação verdadeira[58]. E por ser incapaz de formular teoricamente essa negação autorreferencial da própria forma é que Mao se enreda na "infinidade má" da negação sem fim, das cisões em dois, da subdivisão... Em hegelianês, a dialética de Mao permanece no nível do Entendimento, das oposições nocionais fixas, pois é incapaz de formular a autorreferência propriamente dialética das determinações nocionais. Foi esse "erro grave" (para usar uma expressão stalinista) que levou Mao, quando este teve coragem suficiente para extrair todas as consequências de sua postura, à conclusão propriamente sem sentido de que, para revigorar a luta de classes, é preciso abrir diretamente o campo ao inimigo:

> Deixem que defendam o capitalismo. A sociedade é muito complexa. Se alguém só defende o socialismo e não o capitalismo, não seria simples demais? Não nos faltaria a unidade dos opostos e não seríamos apenas unilaterais? Pois que o façam. Que nos ataquem loucamente, que se manifestem nas ruas, que peguem em armas para revoltar-se – aprovo todas essas coisas. A sociedade é muito complexa, não há uma única comuna, um único *hsien*, um único departamento do Comitê Central que não se possa dividir em dois.[59]

---

[58] Não admira então que, ao descrever o "método democrático de resolver as contradições em meio ao povo", Mao seja obrigado a lembrar justamente sua própria versão da "negação da negação", sob o disfarce da fórmula "unidade-crítica-unidade": "partindo do desejo de unidade, resolvendo contradições por meio de crítica ou luta, e chegando a uma nova unidade com uma nova base. Em nossa experiência, esse é o método correto de resolver contradições em meio ao povo".

[59] Mao Tsé-tung, *On Practice and Contradiction*, cit., p. 172-3.

Essa noção de dialética oferece a matriz básica da política de Mao, sua oscilação repetida entre a abertura "liberal" e o expurgo "linha dura": primeiro, que as famosas "cem flores se abram", de modo que os inimigos realizem e exprimam inteiramente suas tendências reacionárias ocultas; depois, quando a posição verdadeira de todos estiver claramente articulada, dedique-se à luta impiedosa. Mais uma vez, o erro de Mao aqui é não prosseguir na direção da "identidade de opostos" propriamente hegeliana e reconhecer *sua própria essência* na força que a revolução combate e tenta aniquilar, como no caso de *O homem que era quinta-feira*, de G. K. Chesterton, em que o chefe da polícia secreta encarregado de organizar a busca ao líder anarquista e esse líder misterioso são, no fim, a mesma pessoa (o próprio Deus, aliás). E o próprio Mao, em última análise, não desempenha papel semelhante, o de um Deus secular que é ao mesmo tempo o maior rebelde contra si mesmo? O que essa identidade chestertoniana do bom Deus com o Rebelde anarquista encena é a lógica do *carnaval* social levado ao extremo da autorreflexão: as explosões anarquistas não são uma transgressão da Lei e da Ordem; em nossas sociedades, o anarquismo já *está* no poder mascarado de Lei e de Ordem – nossa Justiça é uma caricatura de Justiça, o espetáculo da Lei e da Ordem é um carnaval obsceno. Essa questão fica clara no poema político "A máscara da anarquia", de Shelley, talvez o maior da língua inglesa, que descreve o desfile obsceno dos personagens do poder:

E muito mais Destruições brincaram
Nessa farsa medonha,
Todas disfarçadas até os olhos
De bispos, advogados, nobres ou espiões.

Por último veio a Anarquia: ela cavalgava
Um cavalo branco, manchado de sangue;
Era pálida até os lábios,
Como a Morte no Apocalipse.

E usava coroa real;
E em sua mão brilhava o cetro;
Na testa, essa marca vi –
"SOU DEUS, E REI, E LEI!"*

---

*   "And many more Destructions played/ In this ghastly masquerade,/ All disguised, even to the eyes,/ Like Bishops, lawyers, peers, or spies.// Last came Anarchy: he rode/ On a white horse, splashed with blood;/ He was pale even to the lips,/ Like Death in the Apocalypse.// And he wore a kingly crown;/ And in his grasp a sceptre shone;/ On his brow this mark I saw – / 'I AM GOD, AND KING, AND LAW!'". (N. E.)

É difícil de assumir essa identidade, mesmo no cinema. Embora *V de vingança* tenha sido elogiado (por nada mais, nada menos que Toni Negri, entre outros) e, mais ainda, criticado pela postura "radical" – e até pró-terrorista –, o filme não leva a lógica até o fim: esquiva-se de deduzir as consequências dos paralelos entre Sutler e V, o ditador totalitário e o rebelde terrorista-anarquista. Ficamos sabendo que o partido *Norsefire* é o instigador do terror que ele próprio combate – mas e a identidade de Sutler com V? Em ambos os casos, nunca vemos o verdadeiro rosto deles (a não ser o assustado Sutler, bem no final, quando está prestes a morrer): só vemos Sutler em telas de TV, e V é especialista em manipulação de telas. Além disso, o cadáver de V é posto num trem cheio de explosivos, numa espécie de funeral viking, o que lembra estranhamente o nome do partido dominante: *Norsefire* [fogo nórdico]. Do mesmo modo, quando V prende e tortura Evey para que ela aprenda a dominar o medo e seja livre, isso não é um paralelo do que Sutler fez com toda a população inglesa, aterrorizando-a para que se liberte e se revolte? Mas o filme não deduz a importante lição chestertoniana sobre a *identidade* de V com Sutler[60].

Revolução cultural e poder

Essa passagem hegeliano-chestertoniana da transgressão criminosa da Lei e da Ordem para a Lei e a Ordem propriamente ditas não é a mais elevada transgressão criminosa encenada diretamente por Mao? É por isso que, embora tenha posto em marcha e secretamente controlado o carnaval autodestrutivo, Mao ficou livre do processo: em momento nenhum houve uma ameaça séria de que pudesse ser ritualmente deposto, tratado como "ontem rei, hoje mendigo"; ele não era o Mestre tradicional, mas o "Senhor do Desgoverno":

> Na Idade Média europeia, era costume nas grandes famílias escolher um "Senhor do Desgoverno". Esperava-se que a pessoa escolhida presidisse as festas que invertiam ou parodiavam por alguns instantes a hierarquia social e econômica convencional. [...] Quando o breve reinado do desgoverno acabava, restaurava-se a ordem costumeira das coisas: os Senhores do Desgoverno voltavam a suas ocupações braçais, enquanto seus superiores na escala social reassumiam sua condição habitual. [...] [Às] vezes a ideia do Senhor do Desgoverno vazava do terreno da festa para o terreno da política. [...] [Os] aprendizes tomavam o poder dos mestres das guildas durante um ou dois dias temerários, [...] os papéis sexuais invertiam-se por um dia e as mulheres assumiam os ares e as tarefas normalmente associados aos homens apenas.
>
> Os filósofos chineses também adoravam os paradoxos da condição social invertida, a maneira como a espiritualidade ou a vergonha podiam murchar a pretensão e levar a mudanças súbitas de percepção. [...] A terrível realização de Mao foi apoderar-se dessas

---

[60] Há uma leve sugestão nesse sentido no meio do filme, mas fica inexplorada.

ideias dos antigos filósofos chineses, combiná-las a elementos tirados do pensamento socialista ocidental e usar ambos emparelhados para prolongar o conceito limitado de desgoverno numa aventura longa e arrastada de sublevação. Para Mao, não se podia permitir que os antigos mestres e senhores voltassem; ele sentia que não eram seus superiores e que a sociedade se libertaria com a remoção deles. Também achava que a ordem costumeira das coisas não devia ser restaurada.[61]

Entretanto, essa "terrível realização" não é o gesto elementar de todo verdadeiro revolucionário? Por que fazer uma revolução se não achamos que "a ordem costumeira das coisas não devia ser restaurada"? O que Mao fez foi privar a transgressão de seu caráter lúdico e ritualizado, levando-a a sério: a revolução não é apenas uma válvula de escape temporária, uma explosão carnavalesca que deve vir seguida de um processo rumo à sobriedade. Seu problema era exatamente a ausência da "negação da negação", o fracasso das tentativas de transpor a negatividade revolucionária e chegar a uma ordem positiva verdadeiramente nova: todas as estabilizações temporárias da revolução foram apenas outras tantas restaurações da ordem antiga, de modo que a única maneira de manter viva a revolução era a "infinidade espúria" da negação interminavelmente repetida, que chegou ao ápice na Grande Revolução Cultural. Em *Logiques des mondes*, Badiou detalhou duas atitudes subjetivas que contrabalançam um evento: o "sujeito reativo" e o "sujeito obscuro"[62]. Na medida em que alguém se dispunha a aceitar o risco de designar obscenamente a reintrodução do capitalismo na China como um tipo de evento, pode-se afirmar que a Revolução Cultural e o revisionismo identificado pelo nome "Deng Xiaoping" representam, respectivamente, os sujeitos obscuro e reativo: Deng organizou o renascimento do capitalismo na China comunista, enquanto a Revolução Cultural visava sua aniquilação total e, como tal, é exatamente o que Badiou chama de *un désastre obscur*. O próprio Badiou admite que o resultado final da Revolução Cultural foi negativo:

> tudo começou quando, entre 1966 e 1968, saturando *no real* as hipóteses anteriores, os estudantes universitários e os secundaristas da Guarda Vermelha, e depois os trabalhadores de Xangai, prescreveram para as décadas vindouras a *realização afirmativa* desse começo, do qual eles mesmos, já que sua fúria se manteve presa àquilo contra o qual se levantavam, exploraram apenas a face de pura negação.[63]

Deveríamos dar mais um passo aqui: e se a Revolução Cultural foi "negativa" não só no sentido de limpar a área e abrir caminho para um novo começo, mas *negativa em si*, negativa como indicação de sua *impotência* de gerar o Novo? Isso

---

[61] Jonathan Spence, *Mao* (Londres, Weidenfeld and Nicolson, 1999), p. xii–xiv. [Ed. bras.: *Mao*, Rio de Janeiro, Objetiva, 2000.]

[62] Alain Badiou, *Logiques des mondes*, cit., p. 62-70.

[63] Ibidem, p. 543-4.

202 / Em defesa das causas perdidas

nos leva de volta ao principal ponto fraco do pensamento e da política de Mao. Muitos comentaristas fizeram observações irônicas sobre a aparente deselegância estilística dos títulos dos livros e dos artigos comunistas soviéticos, como o caráter tautológico, o uso repetido da mesma palavra (como "dinâmica revolucionária nos primeiros estágios da Revolução Russa" ou "contradições econômicas no desenvolvimento da economia soviética"). Mas e se essa tautologia indicar a percepção da lógica da traição, mais bem explicada pela clássica advertência de Robespierre aos oportunistas dantonianos: "Quereis uma revolução sem revolução"? A repetição tautológica, então, assinala a ânsia de repetir a negação, de relacioná-la com ela mesma – a verdadeira revolução é a "revolução com revolução", revolução que, em seu curso, revoluciona os próprios pressupostos iniciais. Hegel teve um pressentimento dessa necessidade quando escreveu: "É uma loucura moderna alterar um sistema ético corrupto, sua constituição e sua legislação, sem mudar a religião, fazer uma revolução sem reforma"[64]. Com isso, ele anunciou a necessidade de uma revolução cultural como condição para o sucesso da revolução social. Sendo assim, eis como deveria ser nossa versão da admoestação de Robespierre: "O que quereis é uma revolução sem reforma!". Portanto, o problema das tentativas revolucionárias até agora não é que foram "demasiado extremas", mas *não foram radicais o suficiente*, não questionaram seus próprios pressupostos. Num ensaio maravilhoso sobre *Chevengur*, a grande utopia camponesa de Platonov, escrito em 1927 e 1928 (logo antes da coletivização forçada), Fredric Jameson descreve os dois momentos do processo revolucionário. Começa com o gesto de negatividade radical:

esse primeiro momento de redução do mundo, de destruição dos ídolos e de arredamento do mundo antigo com violência e dor, é em si a precondição para a reconstrução de outra coisa. O primeiro momento de imanência absoluta é necessário, a lousa vazia da absoluta imanência ou ignorância camponesa, antes que novas sensações e sentimentos nunca sonhados possam vir a ser.[65]

Segue-se então o segundo estágio, a invenção de uma vida nova – não só a construção da nova realidade social em que nossos sonhos utópicos se realizariam, mas a (re)construção desses próprios sonhos:

um processo que seria simples e enganoso demais chamar de reconstrução ou construção utópica, já que envolve de fato, em primeiro lugar, o próprio esforço de encontrar um modo de começar a imaginar a Utopia. Talvez, num tipo mais ocidental de linguagem psicanalítica [...], devêssemos pensar o novo início do processo utópico como um tipo de

---

[64] G. W. F. Hegel, *Enzyklopädie der philosophischen Wissenschaften* (Hamburgo, Franz Heiner, 1959), p. 436. [Ed. bras.: *Enciclopédia das ciências filosóficas*, São Paulo, Loyola, 1995.]

[65] Fredric Jameson, *The Seeds of Time* (Nova York, Columbia University Press, 1994), p. 89. [Ed. bras.: *As sementes do tempo*, São Paulo, Ática, 1997.]

desejo de desejar, um aprendizado do desejar, a invenção do desejo chamado Utopia em primeiro lugar, junto com novas regras para fantasiar ou devanear tal coisa – um conjunto de protocolos narrativos sem precedentes em nossas instituições literárias anteriores.[66]

Aqui, a referência à psicanálise é fundamental e muito precisa: numa revolução radical, as pessoas não apenas "realizam seus velhos sonhos (emancipatórios etc.)", como têm de reinventar o próprio modo de sonhar. Não é essa a fórmula exata do vínculo entre a pulsão de morte e a sublimação? Aí reside a necessidade da Revolução Cultural, claramente percebida por Mao: como explicou Herbert Marcuse em outra fórmula circular maravilhosa da mesma época, a *liberdade* (de restrições ideológicas, do modo de sonhar predominante) *é a condição da libertação*, isto é, se mudarmos apenas a realidade para realizar nossos sonhos e não mudarmos esses próprios sonhos, mais cedo ou mais tarde recuaremos à velha realidade. Aqui entra em ação uma "postulação de pressupostos" hegeliana: o trabalho duro da libertação forma retroativamente seus próprios pressupostos.

É apenas essa referência ao que acontece *depois* da revolução, à "manhã seguinte", que nos permite distinguir explosões libertárias patéticas de sublevações revolucionárias verdadeiras: as primeiras perdem a energia quando é preciso começar o trabalho prosaico de reconstrução social; nesse momento, instala-se a letargia. Recordemos, em contraste, a imensa criatividade dos jacobinos pouco antes da queda, as numerosas propostas de uma nova religião civil, de defesa da dignidade dos velhos etc. Aí reside também o interesse de ler os relatórios sobre a vida cotidiana na União Soviética no início da década de 1920, onde se encontra uma ânsia entusiástica por inventar regras novas para a existência no dia a dia: quais são as novas regras do namoro, como comemorar um aniversário[67]...?

Nesse ponto, a Revolução Cultural fracassou redondamente. É difícil não ver ironia no fato de Badiou, que se opõe terminantemente à noção do ato como negativo, situar a importância histórica da Revolução Cultural maoista exatamente no gesto negativo de assinalar "o fim do Estado-partido como produção central de atividade política revolucionária" – é aí que ele deveria ter sido coerente e negado a condição eventual da Revolução Cultural: longe de ser um Evento, foi a demonstração suprema do que Badiou gosta de chamar de "mórbida pulsão de morte". Destruir monumentos antigos não era a verdadeira negação do passado, mas era antes um impotente *passage à l'acte* que comprovava o fracasso da tentativa de livrar-se do passado.

---

[66] Ibidem, p. 90.

[67] O fato de Che Guevara ter abandonado todas as funções oficiais, até mesmo a cidadania cubana, em 1965, para dedicar-se à revolução mundial – esse gesto suicida de cortar os vínculos com o universo institucional – foi realmente um *ato*? Ou foi uma fuga da tarefa impossível de construção positiva do socialismo, de fidelidade às *consequências* da revolução, ou seja, uma admissão implícita de fracasso?

204 / Em defesa das causas perdidas

Assim, há de certa forma uma espécie de justiça poética no fato de o resultado final da Revolução Cultural de Mao ter sido a explosão inaudita da dinâmica capitalista na China atual. Ou seja, com o desdobramento total do capitalismo, sobretudo do "capitalismo tardio" de hoje, é o modo de vida "normal" predominante que, de certa forma, se torna "carnavalizado", com autorrevolucionamentos, reversões, crises e reinvenções constantes. Brian Massumi formulou com clareza esse impasse, que se baseia no fato de que o capitalismo contemporâneo já ultrapassou a lógica da normalidade totalizante e adotou a do excesso errático:

> quanto mais variado, e até errático, melhor. A normalidade começa a perder o controle. As regularidades começam a se afrouxar. Esse afrouxamento da normalidade faz parte da dinâmica do capitalismo. Não é uma simples liberação. É a forma de poder do próprio capitalismo. Não é mais o poder institucional disciplinador que define tudo, é o poder do capitalismo de produzir variedade, porque os mercados se saturaram. Produza variedade e você produzirá um nicho de mercado. As mais estranhas tendências afetivas são aceitáveis, desde que paguem. O capitalismo começa a intensificar ou diversificar o afeto, mas só para extrair mais-valia. Sequestra o afeto para intensificar o potencial de lucro. Literalmente, valoriza o afeto. A lógica capitalista da produção de mais-valia começa a controlar o campo relacional que também é o domínio da ecologia política, o campo ético da resistência à identidade e aos caminhos previsíveis. Isso é muito perturbador e confuso, porque me parece que há um certo tipo de convergência entre a dinâmica do poder capitalista e a dinâmica da resistência.[68]

Portanto, além de todas as zombarias baratas e analogias superficiais, *há* uma homologia estrutural profunda entre o autorrevolucionamento maoista permanente, a luta contínua contra a petrificação das estruturas do Estado e a dinâmica inerente do capitalismo. Ficamos tentados aqui a parafrasear Brecht mais uma vez, em seu "o que é um assalto a banco comparado à fundação de um novo banco?": o que são as explosões violentas e destrutivas de um guarda vermelho na Revolução Cultural comparadas à verdadeira Revolução Cultural, a dissolução permanente de todas as formas de vida necessárias à reprodução capitalista? Hoje, a própria tragédia do Grande Salto Adiante repete-se como farsa do Grande Salto Adiante capitalista rumo à modernização, cujo velho lema "uma ferraria em cada aldeia" ressurge como "um arranha-céu em cada rua".

O reinado do capitalismo global contemporâneo é que é o verdadeiro Senhor do Desgoverno. Não admira, portanto, que, para restringir o excesso de desintegração social causado pela explosão capitalista, as autoridades chinesas louvem as religiões e as ideologias tradicionais que sustentam a estabilidade social, do budismo ao confucionismo, isto é, as mesmas ideologias que foram alvo da Revolução Cultural. Em abril de 2006, Ye Xiaowen, a maior autoridade religiosa na China, disse à agência de

---

[68] Brian Massumi, "Navigating Movements", em Mary Zournazi (org.), *Hope* (Nova York, Routledge, 2002), p. 224.

notícias Xinhua que "a religião é uma das forças importantes das quais a China tira seu vigor", e destacou o budismo pelo "papel inigualável na promoção de uma sociedade harmoniosa", fórmula social oficial para combinar a expansão econômica com o desenvolvimento e a assistência social; na mesma semana, a China sediou o Fórum Budista Mundial[69]. O papel da religião como força estabilizadora contra a turbulência capitalista é oficialmente sancionado, portanto; o que incomoda as autoridades chinesas no caso de seitas como a Falun Gong é apenas sua independência em relação ao controle estatal. (É por isso também que se deve rejeitar o argumento de que a Revolução Cultural fortaleceu as atitudes socialistas do povo e, portanto, ajudou a restringir os piores excessos desintegradores do desenvolvimento capitalista atual: ao contrário, ao solapar ideologias estabilizadoras tradicionais como o confucionismo, ela deixou o povo bem mais vulnerável aos efeitos estonteantes do capitalismo.)

É contra esse pano de fundo que se deve ler a recente campanha da China para ressuscitar o marxismo como ideologia efetiva do Estado (literalmente centenas de milhões de dólares norte-americanos foram investidos nessa aventura). Quem vê essa operação como uma ameaça à liberalização capitalista, um sinal de que os linhas-duras querem reafirmar sua hegemonia, errou o alvo. Por mais paradoxal que pareça, esse retorno do marxismo é sinal do triunfo definitivo do capitalismo, sinal de sua profunda e total *institucionalização*. (As medidas legais recentes que garantem a propriedade privada, saudadas pelo Ocidente como um passo importantíssimo rumo à estabilidade legal, fazem parte do mesmo impulso.) Ou seja, que tipo de marxismo se mostra adequado para a China de hoje? A ênfase é na distinção entre marxismo e "esquerdismo": marxismo não é a mesma coisa que "esquerdismo", termo que remete a qualquer conversa sobre libertação de trabalhadores, de sindicatos livres a superação do capitalismo. Com base na tese marxista do desenvolvimento das forças de produção como fator básico do progresso social, a principal tarefa das forças progressistas é definida como criação de condições para a "modernização" rápida e contínua, evitando ao mesmo tempo todas as formas de instabilidade, tanto as causadas pelo "esquerdismo" quanto pelo "direitismo" (campanhas pela democracia pluripartidária etc.), que trariam o caos e, assim, atrapalhariam o próprio processo de modernização. A conclusão é óbvia: na China de hoje, só o papel de liderança do Partido Comunista pode sustentar a transformação rápida das condições de estabilidade social – o termo (confucionista) oficial é que a China deveria tornar-se uma "sociedade harmoniosa".

Consequentemente, para usar os velhos termos maoistas, embora possa parecer que o inimigo principal é a ameaça "burguesa", a "contradição principal" é, aos olhos da elite governante, aquela entre a ordem "harmoniosa" existente (de-

---

[69] Ver o relatório "Renewed Faith", *Time*, 8 maio 2006, p. 34-5.

senvolvimento capitalista desregrado sustentado pelo domínio do Partido Comunista) e a ameaça de revoltas de operários e camponeses – e é por isso que o fortalecimento recente do aparelho opressor (formação de unidades especiais de polícia de choque para esmagar a agitação popular etc.) é a expressão social real do que, na ideologia, aparece como um ressurgimento do marxismo. O problema desse ressurgimento é que, para usar os termos de Kant, ele subordina totalmente o marxismo ao "uso privado da razão". Para Kant, o espaço público da "sociedade civil mundial" designa o paradoxo de uma singularidade universal, de um sujeito singular que, numa espécie de curto-circuito, contornando a mediação do particular, participa diretamente do universal. É isso que Kant, no famoso trecho de "O que é o esclarecimento?*, quer dizer quando fala de "público" como oposto a "privado": "privado" não são os laços individuais de alguém, opostos aos laços comunitários, mas a própria ordem comunal-institucional da identificação específica desse alguém; enquanto "público" é a universalidade transnacional do exercício da razão:

> O uso público da razão deve sempre ser livre, e somente ele pode trazer esclarecimento aos homens. O uso privado da razão, por outro lado, muitas vezes pode ser bastante restrito sem atrapalhar particularmente o progresso do esclarecimento. Entendo por uso público da razão o uso que se faz dela como um acadêmico diante do público leitor. Chamo de uso privado aquele que se faz dela num cargo ou posto civil específico que se lhe é confiado.[70]

Portanto, o paradoxo da fórmula: "Pensa livremente, mas obedece!", de Kant, é que participamos da dimensão universal da esfera "pública" exatamente como indivíduo singular, extraído da identificação comunal substancial ou até oposto a ela – só se é realmente universal quando se é radicalmente singular, nos interstícios das identidades comunais. Voltando à China contemporânea: a forma artificialmente ressuscitada do marxismo é um caso exemplar de uso *privado* da razão: o marxismo é mobilizado, não em razão de sua verdade universal inerente, mas para legitimar o interesse do Estado chinês atual em manter o poder do Partido Comunista e, portanto, garantir a estabilidade num período de desenvolvimento econômico rápido – esse uso do marxismo é "objetivamente cínico", sem nenhum valor cognitivo. A tragédia é que o Estado chinês, mais cedo ou mais tarde, enfrentará os limites da fórmula "capitalismo com valores confucianos" e, nesse momento, só o irrestrito "uso público da razão" será capaz de cumprir a tarefa de inventar novas soluções. Não admira que na China atual as duas expres-

---

* Kant usa a palavra alemã *Aufklärung*; discute-se se a tradução correta para o português é "esclarecimento" ou "iluminismo". O texto citado existe em português com as duas traduções. (N. T.)

[70] Immanuel Kant, "What Is Enlightenment?", em Isaac Kramnick (org.), *The Portable Enlightenment Reader* (Nova York, Penguin, 1995), p. 5.

sões, "intelectual público" e "sociedade civil", sejam vistas de modo muito negativo pelos olhos oficiais: embora não sejam explicitamente proibidas, todo intelectual sabe que é melhor evitá-las se quiser continuar em bons termos com os que estão no poder. (Quase) tudo é permitido – nos debates acadêmicos fechados, desde que não cheguem ao público em geral.

A situação paradoxal do marxismo chinês contemporâneo é condicionada pelo fato de que, na verdade, a China, no século XXI, não é mais um Estado totalitário, mas o que alguns chamariam de Estado autoritário: há debates públicos apaixonados, defendem-se abertamente opiniões diferentes sobre questões básicas, mas dentro de limites muito precisos (não se pode questionar diretamente o monopólio político do Partido Comunista); embora se possa chamar a atenção para os problemas ambientais, fica-se obrigado a fazê-lo sob grandes restrições, evitando tópicos delicados como a gigantesca represa do rio Amarelo; embora se possa escrever sobre as terríveis condições de vida dos trabalhadores braçais não especializados, só se deve tratá-la como anomalia local e nunca propor a formação de organizações de defesa dos trabalhadores, como sindicatos independentes; e muitas vezes se é obrigado a usar uma linguagem codificada, por exemplo, formulando uma crítica ao socialismo como defesa de uma orientação socialista contra outra.

Então, como os principais teóricos comunistas reagem quando confrontados com a contradição demasiado óbvia: um Partido Comunista que ainda se legitima em termos marxistas, mas renuncia à premissa básica do marxismo, a da auto-organização operária como força revolucionária para derrubar o capitalismo? É difícil evitar a impressão de que todos os recursos da lendária polidez chinesa foram mobilizados: considera-se má-educação levantar diretamente essas questões (ou insistir nelas). Esse recurso à polidez é necessário, já que é a única maneira de combinar o que não pode ser combinado: impor o marxismo como ideologia oficial e proibir aberta e simultaneamente seus axiomas centrais provocaria o colapso de todo o edifício ideológico, deixando-o, assim, sem significado. O resultado, portanto, é que, embora certas coisas sejam claramente proibidas, essa proibição não pode ser afirmada em público, e ela mesma é proibida: não só é proibido levantar a questão da auto-organização dos operários contra a exploração capitalista como sendo uma das doutrinas centrais do marxismo, como ainda é proibido afirmar publicamente que é proibido levantar essa questão. (O que se costuma ouvir de teóricos é a admissão em particular de que é claro que isso é contraditório, mas que ainda assim esse edifício ideológico contraditório *funciona*, e funciona de maneira espetacular: é a única maneira de garantir o crescimento econômico rápido e a estabilidade da China. Precisaríamos acrescentar que esse é o "uso privado da razão" em seu aspecto mais puro?)

Esse paradoxo se reflete lindamente no título de um relatório recente sobre a China: "Até o que é segredo é segredo na China"[71]. Muitos intelectuais incômodos que noticiam a opressão política, as catástrofes ambientais, a pobreza rural etc. (por exemplo, uma chinesa que enviou ao marido, que mora no exterior, recortes de um jornal local) sofrem anos de prisão por trair segredos de Estado. Entretanto, "muitas leis e regulamentos que formam o regime de segredo do Estado são eles mesmos confidenciais, tornando difícil para os indivíduos saber como e quando os descumpriram". O segredo da própria proibição serve a dois propósitos diferentes, que não devem ser confundidos. Seu papel comumente admitido é o de universalizar a culpa e o medo: quem não sabe o que é proibido não pode nem sequer saber que está violando a proibição, o que torna todos potencialmente culpados o tempo todo.

É claro que aqui as coisas são bem mais precisas: com exceção do auge dos expurgos stalinistas, quando de fato todos podiam ser considerados culpados, agora todos *realmente* sabem quando estão fazendo algo que incomoda aos que estão no poder. A função de proibir as proibições, portanto, não é dar origem a medos "irracionais", mas deixar os potenciais dissidentes (os que acham que podem continuar a atividade crítica, já que não estão desrespeitando nenhuma lei, apenas fazendo o que a lei lhes garante – liberdade de opinião etc.) saberem que, se irritarem demais os que estão no poder, podem ser punidos segundo o capricho destes: "Não nos provoque, podemos fazer o que quisermos com você, aqui nenhuma lei o protege!". Na ex-Iugoslávia, o infame Artigo 133 do Código Penal sempre podia ser invocado para processar escritores e jornalistas. Ele criminalizava qualquer texto que apresentasse incorretamente as realizações da revolução socialista ou *pudesse provocar tensão e descontentamento no público* em virtude da forma como tratasse tópicos políticos, sociais ou outros. É óbvio que esta última categoria não só é infinitamente plástica como convenientemente autorreferente: o próprio fato de alguém ser acusado pelos que estão no poder não deixa óbvio que "*provocou tensão e descontentamento no público*"? Naqueles anos, lembro-me de ter perguntado a um político esloveno como ele justificava essa lei. Ele apenas sorriu e, com uma piscadinha, disse: "Ora, precisamos ter alguma ferramenta para, quando quisermos, impor disciplina àqueles que nos incomodam...".

Mas há outra função igualmente fundamental no proibir proibições: a de *manter as aparências*, e todos sabemos como as aparências eram importantes no stalinismo: o regime stalinista reagia com pânico total sempre que havia uma ameaça de perturbação das aparências (digamos, a notícia na mídia pública de algum acidente que deixasse claro o fracasso do regime: não havia histórias sinistras na mídia soviética, nenhuma notícia sobre crimes ou prostituição, muito menos sobre protestos

---

[71] Ver "Even What's Secret Is a Secret in China", *The Japan Times*, 16 jun. 2007, p. 17.

operários ou outros tipos de manifestação pública). É por isso que essa proibição da proibição está longe de se limitar aos regimes comunistas: ela também está no capitalismo "permissivo" de hoje. O chefe "pós-moderno" insiste que não é o senhor, mas apenas o coordenador de nossos esforços criativos conjuntos, o primeiro dentre iguais; não deve haver formalidade entre nós, devemos chamá-lo pelo apelido, ele nos conta piadas sujas... mas, enquanto isso, ele *continua a ser o senhor*. Num vínculo social desse tipo, as relações de dominação funcionam por meio da negação: para funcionar, têm de ser ignoradas. Somos obrigados não só a obedecer aos senhores, como também a agir como se fôssemos livres e iguais, como se não houvesse dominação – o que, é claro, torna a situação ainda mais humilhante. Paradoxalmente, numa situação como essa, o primeiro ato de libertação é exigir que o senhor aja como tal: devemos rejeitar o falso coleguismo do senhor e insistir para que ele nos trate com distância fria, como um senhor. (O mesmo acontece na dominação patriarcal sobre as mulheres: nas sociedades modernas, essa dominação não é mais admitida como tal, e por isso uma das táticas subversivas da resistência feminina é agir zombeteiramente como subordinada...)

Aqui, as coisas vão ainda mais fundo: o principal fundamento desse paradoxo é a mudança das relações sociais que ocorre com o surgimento do próprio capitalismo. Deve-se aplicar aqui a velha fórmula do fetichismo da mercadoria, na qual as relações entre as pessoas surgem como relações entre coisas: é por isso que, no capitalismo, somos, *como pessoas*, todos iguais, temos a mesma dignidade e liberdade – as relações de dominação, que em sociedades passadas eram diretamente relações hierárquicas entre pessoas, são agora transpostas para relações entre "coisas" (mercadorias). A lógica da dominação que se nega necessariamente como dominação está inscrita no âmago das relações capitalistas.

O que não se deve esquecer é que, embora toda estrutura social se baseie em certas exclusões e proibições, essa lógica excludente é sempre redobrada: não só o Outro subordinado (homossexuais, raças não brancas...) é excluído/reprimido, como o próprio poder excludente e repressor baseia-se num conteúdo "obsceno" excluído/reprimido só seu (digamos, o exercício do poder que se legitima como legal, tolerante, cristão... baseia-se num conjunto de rituais obscenos publicamente desautorizados de humilhação violenta dos subordinados). Em termos mais gerais, estamos lidando aqui com o que ficamos tentados a chamar de prática ideológica de desidentificação. Ou seja, devemos inverter a noção padronizada de que a ideologia fornece uma identificação firme a seus sujeitos, restringindo-os aos "papéis sociais": e se, num nível diferente, mas não menos irrevogável e estruturalmente necessário, a ideologia for eficiente exatamente por construir um espaço de falsa desidentificação, de falsa distância das coordenadas reais da existência social do sujeito? Não é essa lógica de desidentificação discernível desde o caso mais elementar do "Não sou apenas um (marido, operário, democrata, homossexual...) norte-americano, mas por trás de todos esses papéis e máscaras, sou também um ser humano, uma personalidade complexa e única" (em que a própria distância da característica simbólica que determina meu lugar social garante a eficácia dessa determinação) até o caso mais complexo do jogo de múltiplas identidades no ciberespaço? Portanto, a mistificação que age no perverso "é só brincadeira" do ciberespaço é dupla: não só as brincadeiras são mais sérias do que tendemos a admitir (sob o disfarce da ficção, do "é só brincadeira", não acontece de o sujeito poder articular e encenar características sádicas, "pervertidas" etc., de sua identidade simbólica que ele jamais seria capaz de admitir nos contatos intersubjetivos "reais"?), como o contrário também vale, isto é, a tão louvada brincadeira com personas múltiplas e cambiantes (identidades livremente construídas) tende a ofuscar as restrições do espaço social a que se prende nossa existência (e assim falsamente nos libertar dessas restrições).

Esse longo desvio nos leva de volta ao paradoxo do marxismo chinês contemporâneo: do ponto de vista do marxismo libertário ocidental, é fácil zombar desse marxismo que abre mão da premissa emancipadora central do marxismo (um marxismo verdadeiramente descafeinado, privado do âmago subversivo). Entretanto, toda crítica irônica direta contra esse novo marxismo da ideologia do Estado chinês erra o alvo, porque não estamos tratando de uma simples traição do marxismo, mas sim, literalmente, de seu sintoma, de uma fórmula para resolver sua inconsistência. De fato, no próprio marxismo "original", havia uma dimensão que levava potencialmente à escravidão dos trabalhadores ao "progresso" (o desenvolvimento rápido das forças de produção); enquanto no stalinismo esse "progresso" era organizado dentro do arcabouço da economia estatal centralizada, a China de hoje parte da conclusão lógica de que o motor mais eficiente do desenvolvimento são as relações de produção capitalistas. A premissa do marxismo clássico (até e, inclusive, Toni Negri) era que "a história está do nosso lado": a resistência operária ao capitalismo serve "objetivamente" a um desenvolvimento ainda mais rápido das forças de produção; em si, ela é um sinal de que o capitalismo não é mais um motor e sim, cada vez mais, um obstáculo a esse desenvolvimento. O que fazer, então, quando o capitalismo se mostra *de fato* o motor mais eficaz das relações sociais? A resposta é a solução chinesa: admitir honestamente que, nesta fase da história do mundo, devemos adotar inteiramente o capitalismo. O marxismo entra na alegação de que apenas o papel de liderança do Partido Comunista pode manter essa modernização e, ao mesmo tempo, uma "sociedade harmoniosa", isto é, impedir a desintegração social que caracteriza o capitalismo liberal ocidental.

Essa reapropriação capitalista da dinâmica revolucionária não deixa de ter alguns efeitos colaterais cômicos. Foi recentemente divulgado que, para conceituar a guerra urbana das Forças de Defesa de Israel (FDI) contra os palestinos, as academias militares israelenses recorrem sistematicamente a Deleuze e Guattari, em especial a *Mil platôs**,

---

*   São Paulo, Editora 34, 2007. (N. E.)

O terror revolucionário de Robespierre a Mao / 211

usando-o como "teoria operacional" – as palavras de ordem usadas são "entidades rivais informes", "manobra fractal", "velocidade *versus* ritmo", "a máquina de guerra vaabita", "anarquistas pós-modernos", "terroristas nômades". Uma das principais distinções em que se baseiam é aquela entre espaço "liso" e "estriado", que reflete os conceitos organizacionais de "máquina de guerra" e "aparelho de Estado". As FDI costumam usar a expressão "alisar o espaço" quando querem se referir a operações num espaço como se nele não houvesse fronteiras. As áreas palestinas são vistas como "estriadas", no sentido de que são fechadas por cercas, muros, valas, bloqueios em estradas etc.:

> O ataque realizado por unidades das FDI à cidade de Nablus, em abril de 2002, foi descrito por seu comandante, o general Aviv Kokhavi, como "geometria inversa", o que ele explicou como "a reorganização da sintaxe urbana por meio de uma série de ações microtáticas". Durante a batalha, os soldados moveram-se no interior da cidade cruzando centenas de metros de túneis acima do solo, abertos numa estrutura urbana densa e contígua. Embora vários milhares de soldados e guerrilheiros palestinos manobrassem simultaneamente pela cidade, estavam tão "saturados" no tecido urbano que pouquíssimos seriam vistos do ar. Além disso, não usaram nenhuma rua, estrada, beco ou passagem pela cidade, nenhuma porta externa, escadaria interna ou janela, mas moveram-se horizontalmente através das paredes e verticalmente através de buracos abertos em tetos e pisos. Essa forma de movimentação, descrita pelos militares como "infestação", busca redefinir o dentro como fora e os interiores domésticos como vias de passagem. A estratégia das FDI de "atravessar paredes" envolve uma concepção da cidade não só como o lugar, mas também como o próprio meio da guerra, "um meio flexível e quase líquido que é sempre contingente, sempre em fluxo".[72]

E o que decorre disso tudo? Não, obviamente, a acusação absurda de que Deleuze e Guattari são teóricos da colonização militarista, mas a conclusão de que a maquinaria conceitual articulada pelos dois, longe de ser simplesmente "subversiva", também se encaixa no modo operacional (militar, econômico e político-ideológico) do capitalismo contemporâneo. Então, como revolucionar uma ordem cujo próprio princípio é a autorrevolução constante?

Embora fracassada, a Grande Revolução Cultural Proletária (GRCP) foi inigualável no ataque ao ponto-chave: não apenas a tomada do poder estatal, mas a nova organização econômica e a reorganização da vida cotidiana. Seu fracasso foi exatamente na criação de uma nova forma de vida cotidiana: continuou a ser um excesso carnavalesco, em que o aparelho de Estado (sob o controle de Chu En-Lai) garantia a reprodução e a manutenção da vida cotidiana, da produção. No nível da realidade social, obviamente há alguma verdade na alegação de que a Revolução Cultural foi deflagrada

---

[72] Eyal Weizman, "Israeli Military Using Post-Structuralism as 'Operational Theory'", disponível em: <http://www.frieze.com/issue/article/the_art_of_war/>. Ver também *Hollow Land* (Londres, Verso, 2007), cap. 7.

por Mao para restabelecer seu poder (que fora gravemente reduzido no início da década de 1960, depois do fracasso espetacular do Grande Salto Adiante, quando a maior parte da *nomenklatura* deu um golpe silencioso contra ele dentro do partido); é verdade que a Revolução Cultural causou um sofrimento incalculável, abriu feridas profundas no tecido social e sua história pode ser contada como a história de multidões fanáticas que entoavam palavras de ordem; mas isso simplesmente não é a história toda. Apesar (ou melhor, *por causa*) de todos os seus horrores, a Revolução Cultural, sem dúvida alguma, continha elementos de utopia encenada. Bem no fim, antes que a agitação fosse interrompida pelo próprio Mao (já que então ele já havia atingido o objetivo de restabelecer sua influência e livrar-se dos principais competidores na *nomenklatura*), houve a "Comuna de Xangai": um milhão de trabalhadores que simplesmente levaram a sério as palavras de ordem oficiais e exigiram a abolição do Estado, e até do próprio partido, e a organização comunal direta da sociedade. É significativo que nessa mesma época Mao tenha ordenado ao Exército que interviesse e restaurasse a ordem. O paradoxo é o do líder que deflagra uma sublevação incontrolável, enquanto tenta exercer um poder pessoal total – sobreposição de ditadura extrema e emancipação extrema das massas. Aqui, o argumento de que a GRCP foi deflagrada por Mao para livrar-se de rivais na luta interna do partido e reafirmar sua autoridade, tendo sido reprimida pelo Exército assim que ameaçou sair do controle, é irrelevante, ainda que verdadeiro: ele simplesmente confirma que os fatos adquiriram uma dinâmica própria. Esse aspecto genuinamente revolucionário da Revolução Cultural é admitido algumas vezes até por críticos conservadores compelidos a destacar o "paradoxo" do líder "totalitário" ensinando o povo a "pensar e agir por conta própria", a rebelar-se e destruir o próprio aparelho da "dominação totalitária". Eis o que Gordon Chang escreveu recentemente na conservadora revista *Commentary*:

> Paradoxalmente, foi o próprio Mao, o grande escravizador, que à sua moda ensinou o povo chinês a pensar e agir por conta própria. Na Revolução Cultural, ele levou dezenas de milhões de jovens radicais [...] a ir a todos os cantos do país para demolir templos antigos, destruir relíquias culturais e denunciar os mais velhos, incluindo não só mães e pais, como também autoridades do governo e membros do partido comunista. [...] A Revolução Cultural pode ter sido uma ideia de Mao para arruinar seus inimigos, mas tornou-se um frenesi que destruiu o tecido da sociedade. Quando o governo desmoronou, e suas funções foram assumidas por comitês revolucionários e "comunas populares", os limites estritos e os mecanismos repressores do Estado se dissolveram. O povo não precisava mais esperar que alguém lhe dissesse o que fazer – Mao lhe dissera que tinha "o direito de rebelar-se". Para os jovens radicais, foi uma época de paixão essencialmente irrestrita. Num golpe magnífico, o Grande Timoneiro deslegitimara quase todas as formas de autoridade.[73]

---

[73] Gordon G. Chang, "China in Revolt", *Commentary*, dez. 2006, disponível em: <http://www.commentary-magazine.com/cm/main/printArticle.html?article=com.-commentarymagazine.content.Article::10798>.

Isso significa que podemos ler a Revolução Cultural em dois níveis diferentes. Se a lermos como parte (do ser) da realidade histórica, podemos submetê-la facilmente a uma análise "dialética" que percebe o resultado final de um processo histórico como sua "verdade": o fracasso final da Revolução Cultural comprova a inconsistência inerente do próprio projeto ("conceito") de revolução cultural, é a explicação-desenvolvimento-realização dessas inconsistências (do mesmo modo que, para Marx, a realidade cotidiana capitalista, vulgar e nada heroica de buscar o lucro é a "verdade" do nobre heroísmo revolucionário jacobino). Entretanto, se a analisarmos como Evento, como encenação da Ideia eterna de justiça igualitária, então o maior resultado factual da Revolução Cultural, seu fracasso catastrófico e sua conversão na recente transformação capitalista, não exaure o real da Revolução Cultural: a Ideia eterna da Revolução Cultural sobrevive à derrota na realidade sócio-histórica, continua a levar uma vida espectral subterrânea de fantasma de utopias fracassadas que persegue as gerações futuras, aguardando pacientemente a próxima ressurreição. Isso nos leva de volta a Robespierre, que exprimiu de maneira tocante a fé simples na Ideia eterna de liberdade que persiste através de todas as derrotas, sem a qual, como era claro para ele, uma revolução "é apenas um crime barulhento que destrói outro crime", fé esta que expressou de modo pungente em seu último discurso, em 8 de Termidor de 1794, na véspera de sua prisão e execução:

> Mas existem, garanto-vos, almas que são sensíveis e puras; existe aquela paixão suave, imperiosa e irresistível, tormento e delícia dos corações magnânimos; aquele horror profundo à tirania, aquele zelo compassivo pelos oprimidos, aquele amor sagrado pela terra natal, aquele amor ainda mais sublime e santo pela humanidade, sem o qual a grande revolução é apenas um crime barulhento que destrói outro crime; existe, sim, aquela ambição generosa para criar na terra a primeira República do mundo.[74]

O mesmo não vale ainda mais para o último grande episódio da vida dessa Ideia, a Revolução Cultural maoista – sem essa Ideia que sustentou o entusiasmo revolucionário, a Revolução Cultural não seria, em grau ainda maior, "apenas um crime barulhento que destrói outro crime"? É preciso lembrar aqui as palavras sublimes de Hegel sobre a Revolução Francesa em *Lectures on the Philosophy of World History* [Lições sobre a filosofia da história universal]:

> Já se disse que a Revolução Francesa resultou da filosofia, e não foi sem razão que chamaram à filosofia *Weltweisheit* [sabedoria do mundo]; pois não só é verdade em si e por si, como essência pura das coisas, mas verdade também em forma viva, exibida nos assuntos do mundo. Portanto, não deveríamos contradizer a afirmativa de que a revolução recebeu seu primeiro impulso da filosofia. [...] Nunca, desde que o sol surgiu no firmamento e os planetas giraram em torno dele, percebeu-se que a existência do ho-

---

[74] Maximilien Robespierre, *Virtue and Terror*, cit., p. 129.

214 / Em defesa das causas perdidas

mem centra-se em sua cabeça, isto é, no pensamento, inspirado pelo qual ele constrói o mundo da realidade. [...] só hoje o homem avançou a ponto de reconhecer o princípio de que o pensamento deve governar a realidade espiritual. Essa foi uma gloriosa aurora mental. Todo pensamento sendo compartilhado no júbilo dessa época. As emoções de caráter elevado agitaram a mente dos homens naquela época; um entusiasmo espiritual empolgou o mundo, como se a conciliação entre o divino e o secular tivesse sido conseguida então pela primeira vez.[75]

É claro que isso não evitou que Hegel analisasse friamente a necessidade interior de essa explosão de liberdade abstrata transformar-se em seu oposto, no terror revolucionário autodestrutivo; entretanto, não devemos esquecer que a crítica de Hegel é imanente e aceita os princípios básicos da Revolução Francesa (e de seu complemento fundamental, a Revolução Haitiana). E devemos proceder exatamente da mesma maneira em relação à Revolução de Outubro (e, mais tarde, a Revolução Chinesa): como Badiou ressaltou, em toda a história da humanidade foi o primeiro caso de revolta bem-sucedida dos pobres explorados – eles eram o nível zero da nova sociedade, eles estabeleceram os padrões. A revolução estabilizou-se numa nova ordem social, criou-se um novo mundo, que durante décadas sobreviveu milagrosamente sob uma pressão e um isolamento econômicos e militares impensáveis. Essa foi de fato "uma gloriosa aurora mental. Todo pensamento sendo compartilhado no júbilo dessa época". Contra toda ordem hierárquica, a universalidade igualitária chegou diretamente ao poder.

Há um dilema filosófico básico por trás dessa alternativa: pode parecer que o único ponto de vista hegeliano coerente é aquele que mede o Conceito pelo sucesso ou fracasso de sua realização, de modo que, da perspectiva da mediação total da Essência pela Aparência, toda transcendência da Ideia além de sua realização é desacreditada. A consequência disso é que, se insistirmos na Ideia eterna que sobrevive à derrota histórica, isso provoca necessariamente, em hegelianês, uma regressão do nível do Conceito (como unidade totalmente realizada da Essência e da Aparência) ao nível da Essência que se supõe transcender sua Aparência. Mas é isso mesmo? Pode-se também afirmar que o excesso da Ideia utópica que sobrevive à derrota histórica não contradiz a mediação total da Ideia e de sua Aparência: a percepção hegeliana básica segundo a qual o fracasso da realidade em realizar inteiramente a Ideia é, ao mesmo tempo, o fracasso (a limitação) dessa mesma Ideia em continuar a se manter. O que deveríamos acrescentar simplesmente é que a lacuna que separa a Ideia de sua realização assinala uma lacuna dentro da própria Ideia. É por isso que a Ideia espectral que continua a assombrar a realidade histórica *assinala a falsidade da própria nova realidade histórica, sua inadequação ao próprio Conceito* – o fracasso

---

[75] G. W. F. Hegel, *Lectures on the Philosophy of World History* (Cambridge, Cambridge University Press, 1980), p. 263.

da utopia jacobina, sua concretização na realidade burguesa utilitária, é ao mesmo tempo a limitação dessa própria realidade.

Consequentemente, devemos inverter a leitura mais comum do lacaniano "Kant com Sade", segundo a qual a perversão sadiana é a "verdade" de Kant, mais "radical" do que Kant, e deduz as consequências que o próprio Kant não teve coragem de enfrentar. Mas deveríamos afirmar o contrário: a perversão sadiana surge como resultado da acomodação kantiana, do fato de Kant evitar as consequências de sua descoberta. Sade é o *sintoma* de Kant: embora seja verdade que Kant recuou para não exprimir todas as consequências de sua revolução ética, foi essa acomodação de Kant, essa falta de vontade de ir até o fim, de ser totalmente fiel à sua descoberta filosófica, que abriu espaço para a figura de Sade. Longe de ser simples e diretamente "a verdade de Kant", Sade é o sintoma de como Kant traiu a verdade de sua própria descoberta – o obsceno *jouisseur* sadiano é um estigma que testemunha a acomodação ética de Kant; o "radicalismo" aparente desse personagem (a disposição do herói sadiano de ir até o fim em sua Vontade-de-Gozar) é uma máscara do extremo oposto. Em outras palavras, o verdadeiro horror não é a orgia sadiana, e sim o âmago real da própria ética kantiana – se podemos ser perdoados, parafraseando Brecht mais uma vez, o que é o Mal miserável de uma orgia grupal sadiana em comparação com o "Mal diabólico" que pertence ao ato ético puro? E, *mutatis mutandis*, o mesmo se aplica à relação entre a Revolução Cultural chinesa e a explosão de desenvolvimento capitalista como sua "verdade": essa explosão também é sinal de que Mao recuou para não deduzir todas as consequências da Revolução Cultural, isto é, o espaço da explosão capitalista foi aberto por essa acomodação, por essa falta de vontade de Mao de ir até o fim, de ser totalmente fiel à ideia da Revolução Cultural. Em ambos os casos, tanto em Kant como em Mao, a lição é a mesma, ou seja, a que tiramos de *Pioravante, Marche**, de Beckett: "Tente de novo. Erre de novo. Erre melhor"[76].

---

* Lisboa, Gradiva, 1988. (N. E.)

[76] Samuel Beckett, *Nohow On* (Londres, Calder, 1992), p. 101

5

O STALINISMO REVISITADO, OU COMO STALIN SALVOU A HUMANIDADE DO HOMEM

A contrarrevolução cultural stalinista

Podemos apresentar o argumento conservador e coerente de que, longe de ser a maior catástrofe que poderia ter ocorrido na Rússia, o stalinismo de fato salvou o que entendemos como humanidade do homem. É fundamental aqui a grande transformação do igualitarismo proletário em defesa total da herança russa, do início a meados da década de 1930. Na esfera cultural, figuras como Púchkin e Tchaikovski foram elevadas bem acima do modernismo; as normas estéticas tradicionais de beleza foram reafirmadas; a homossexualidade foi criminalizada, a promiscuidade sexual foi condenada e o casamento foi proclamado a célula elementar da nova sociedade. Foi o fim do breve casamento por conveniência entre o poder soviético e os modernistas das artes e das ciências. No cinema, essa passagem é claramente visível na mudança dos filmes mudos de Eisenstein, com sua montagem de "atrações", para seus filmes sonoros "organicistas"; na música, na mudança da obra provocadora, violenta e paródica de Shostakovitch da década de 1920, com elementos circenses e jazzísticos, para o retorno a formas mais tradicionais do fim da década de 1930.

A leitura mais comum que se faz dessa mudança é que ela foi um "Termidor cultural", a traição da revolução autêntica. Entretanto, antes de aceitar essa avaliação pelo que vale seria bom examinar mais atentamente a visão ideológica que sustentava o igualitarismo radical: referimo-nos mais uma vez ao chamado "biocosmismo"[1]. Um bom exemplo disso é o seguinte trecho de Trotski:

> O que é o homem? Não é de modo algum um ser acabado e harmonioso. Não, é ainda uma criatura esquisitíssima. O homem, como animal, não evoluiu de acordo com um

---

[1] Ver capítulo 4.

plano, mas de maneira espontânea, e acumulou muitas contradições. A questão de como educar e regular, como melhorar e completar a construção física e espiritual do homem é um problema colossal que só pode ser entendido com base no socialismo. [...] Produzir uma nova "versão melhorada" do homem, eis a tarefa futura do comunismo. E para isso temos primeiro de descobrir tudo sobre o homem, sua anatomia, sua fisiologia e aquela parte de sua fisiologia que é chamada de psicologia. O homem deve olhar-se e ver-se como matéria-prima, ou no máximo como produto semimanufaturado, e dizer: "Finalmente, meu caro *homo sapiens*, vou trabalhar com você".[2]

Não se trata apenas de princípios teóricos idiossincrásicos, e sim de expressões de um movimento real de massas, na arte, na arquitetura, na psicologia, na pedagogia e nas ciências organizacionais, que envolveu centenas de milhares de pessoas. O culto ao taylorismo, que contava com apoio oficial e cujo expoente mais radical foi Alexei Gastev, engenheiro e poeta bolchevique que já em 1922 usava o termo "biomecânica", explorava a visão de uma sociedade em que homem e máquina se fundiriam. Gastev administrava o Instituto do Trabalho, que realizava experiências com o intuito de fazer os trabalhadores agirem como máquinas. Ele via a mecanização do homem como o passo seguinte da evolução e vislumbrava

uma utopia em que "pessoas" serão substituídas por "unidades proletárias", identificadas por cifras como "A, B, C ou 325.075.0 e assim por diante". [...] O "coletivismo mecanizado" ocuparia "o lugar da personalidade individual na psicologia do proletariado". Não haveria mais necessidade de emoções e a alma humana não seria mais medida "por um berro ou um sorriso, mas por um medidor de pressão ou velocímetro".[3]

Esse sonho não é a primeira formulação radical do que hoje se costuma chamar de biopolítica? Por mais contraintuitivo que seja, podemos afirmar que essa visão, caso fosse realmente imposta, seria muito mais terrível do que foi na realidade o stalinismo. Foi contra essa ameaça de mecanização modernista em grande escala que a política cultural stalinista reagiu, exigindo não só o retorno a formas artísticas mais atraentes para as multidões, como também, embora possa parecer cínico, a volta das formas tradicionais elementares de moralidade. Nos julgamentos stalinistas, as vítimas foram responsabilizadas por determinados atos, forçadas a confessar... Em resumo, embora possa parecer obsceno (e foi, de fato), elas foram tratadas como sujeitos éticos autônomos, não como objetos da biopolítica. Contra a utopia do "coletivismo mecanizado", o alto stalinismo da década de 1930 defendeu a volta da ética em seu aspecto mais violento, como medida extrema para contrabalançar a ameaça de perda de sentido das categorias morais tradicionais, em que não se

---

[2] Citado em Orlando Figes, *Natasha's Dance* (Londres, Allen Lane, 2001), p. 447.
[3] Ibidem, p. 464.

visse mais culpa do sujeito num comportamento inaceitável, mas um mau funcionamento medido por barômetros ou velocímetro especiais.

Por esse mesmo motivo, a imposição do "realismo socialista" foi sinceramente aceita pela grande maioria do povo:

> [assinalava que] o regime [abandonara] completamente o compromisso com a ideia revolucionária de estabelecer uma forma de cultura "proletária" ou "soviética" que pudesse distinguir-se da cultura do passado. [...] Escritores contemporâneos como Akhmatova não encontravam editor, mas as obras completas de Púchkin, Turguêniev, Tchekhov e Tolstói (embora não Dostoiévski) foram publicadas aos milhões e novos leitores lhes eram apresentados.[4]

Essa volta à cultura clássica atingiu seu apogeu em 1937, no centenário da morte de Púchkin:

> [O] país todo se envolveu nas comemorações: os pequenos teatros de província apresentaram peças; as escolas organizaram comemorações especiais; os Jovens Comunistas foram em peregrinação a lugares que tinham ligação com a vida do poeta; as fábricas organizaram grupos de estudo e clubes de "puchkinistas"; as fazendas coletivas promoveram festivais cujos participantes se vestiram como personagens dos contos de fadas de Púchkin.[5]

É importante mencionar esses fatos porque nos levam a outro paradoxo: como a própria resistência ao stalinismo, marginal e oprimida como era, seguiu essa tendência cultural. Ou seja, embora hipócrita e censurada, essa reintrodução em massa da herança cultural russa clássica foi mais do que uma mera medida para educar as massas semianalfabetas: o universo dos grandes clássicos, como Púchkin e Tolstói, continha toda uma visão de cultura, com uma ética própria da responsabilidade social, da solidariedade para com os oprimidos contra o poder autocrático:

> A dissidência na URSS representava a veracidade, a realidade inexpurgada e os valores éticos – contra a realidade fantasiosa do realismo socialista e a falsidade generalizada do discurso público soviético, com sua negação concertada da moralidade tradicional (ingrediente explicitamente afirmado, fundamental até, da promoção do "desenvolvimento revolucionário" por parte do regime soviético).[6]

Nesse sentido, o próprio Soljenitsyn é filho da política cultural stalinista da década de 1930. É por isso também que as obras "privadas" de Shostakovitch, cheias de melancolia, desespero e angústias particulares (centradas nos quartetos de cordas), são tão parte orgânica da cultura stalinista quanto suas grandes obras "públicas" (centradas nas sinfonias 5, 7 e 11, oficialmente louvadas).

---

[4] Ibidem, p. 480-1.
[5] Ibidem, p. 482.
[6] Ian MacDonald, *The New Shostakovich* (Londres, Pimlico, 2006), p. 299.

E isso nos leva ao terceiro paradoxo. Wilhelm Furtwängler observou, a propósito de *A sagração da primavera*, de Stravinsky, que ela mostra a limitação da espiritualidade russa: exulta em explosões rítmicas mecânicas brilhantes, mas não consegue atingir o nível de unidade orgânica viva que caracteriza a espiritualidade alemã. A primeira ironia é que os compositores a que Furtwängler se referia eram vistos pelos tradicionalistas russos como modernizadores ocidentais que punham em risco a herança orgânica russa. Entretanto, de certa forma Furtwängler estava certo. Muitos viajantes ocidentais que estiveram na Rússia nos séculos XVIII e XIX foram até lá em busca de uma sociedade orgânica, um Todo social vivo, o oposto das sociedades individualistas ocidentais, que se mantinham unidas por meio da pressão externa das leis; eles logo descobriram que, na verdade, a Rússia era um vasto império caótico, ao qual faltava precisamente uma forma orgânica interna e, portanto, era governado com mão de ferro pela violenta autocracia imperial. Em outras palavras, a ideia da "velha Rússia" cujo harmonioso equilíbrio foi perturbado pela modernização ocidental era um mito: o "modernismo" violento, a imposição brutal de uma ordem central à textura caótica da vida social foi, portanto, um componente fundamental da identidade social russa tradicional. Stalin estava certo em celebrar Ivan, o Terrível, como seu precursor.

Então, a conclusão seria que, embora com pesar, deveríamos endossar o stalinismo como defesa contra uma ameaça muito pior? Que tal aplicar aqui também a divisa de Lacan ("le père ou le pire") e correr o risco de *escolher o pior*: e se o resultado efetivo da escolha de ir até o fim do sonho biopolítico fosse algo imprevisível que abalasse as próprias coordenadas do sonho?

Uma carta que não chegou ao destino (e desse modo talvez tenha salvado o mundo)

O terror stalinista da década de 1930 foi um terror humanista: a adesão ao núcleo "humanista" não foi o que restringiu o horror, foi o que o manteve, era sua condição inerente de possibilidade. E se o legado da tradição humanista ressuscitado pelo alto stalinismo não tiver criado apenas os pressupostos ideológicos da resistência dissidente, mas também tiver "salvado o mundo" de maneira literal, ou seja, tiver evitado a catástrofe nuclear global durante a crise dos mísseis em Cuba?

Na medida em que se pode reconstruir os fatos hoje, duas coisas se combinaram para facilitar o final feliz. A primeira foi o tato, os rituais de ignorância simulada por educação, caso se acredite nas recentes revelações. O golpe de gênio de Kennedy, fundamental para a solução da crise dos mísseis em Cuba, foi ter fingido que uma carta importantíssima *não* havia chegado ao seu destino, foi ter agido como se a carta não existisse – um estratagema que, naturalmente, só funcionou porque o remetente (Kruschev) dele participou. Em 26 de outubro de 1962, uma sexta-feira, uma carta de Kruschev a Kennedy confirmava a proposta feita anteriormente por intermediários: os mísseis seriam removidos, caso os Estados Unidos se comprometessem a não invadir Cuba. No sábado, 27 de outubro, antes da resposta norte-americana, chegou outra carta de Kruschev, mais dura e impertinente, acrescentando como condição a remoção dos mísseis norte-americanos da Turquia e sinalizando um possível golpe político na União Soviética. Às 20h05 do mesmo dia, Kennedy enviou uma resposta a Kruschev, informando que aceitava a proposta de 26 de outubro, isto é, *agindo como se a carta de 27 de outubro não tivesse chegado*. No domingo, 28 de outubro, Kennedy recebeu uma carta de Kruschev concordando com a negociação... A lição é que, em tais momentos de crise, quando o destino do mundo está na balança, salvar as aparências, manter a boa educação, perceber que se está "jogando um jogo", importa mais do que nunca.

Podemos afirmar também que o estopim da crise foi um fato simétrico, uma carta que também não chegou ao seu destinatário, mas dessa vez porque nunca foi enviada. Os mísseis soviéticos estavam instalados em Cuba como resultado do pacto secreto de segurança mútua entre a ilha e a URSS; muitos observadores (notadamente Ted Sorensen) sugeriram que a reação norte-americana teria sido muito menos ofensiva se o pacto de segurança mútua tivesse sido divulgado com antecedência (como, aliás, Fidel queria!). Foi o segredo mantido por insistência dos soviéticos que fez os Estados Unidos acreditarem que a instalação dos mísseis só podia ter o objetivo de atacá-los: se o processo todo de assinatura do pacto e de instalação dos mísseis tivesse ocorrido abertamente e com transparência, teria sido percebido como bem menos ameaçador – não como uma preparação para um ataque real, mas como uma simples posição ostensiva, que não constituía uma ameaça militar real.

O *establishment* militar norte-americano não viu as coisas por esse prisma e interpretou a solução pacífica da crise de maneira bem diferente[7]. Essa opinião foi muito bem explicitada por Raymond Garthoff, na época analista de informações do Departamento de Estado: "Se aprendemos algo com essa experiência, foi que a fraqueza, ainda que só aparente, convida à transgressão soviética. Ao mesmo tempo, a firmeza, em última análise, forçará os soviéticos a evitar atitudes precipitadas"[8].

A crise, portanto, é percebida como confronto de dois jogadores olho no olho, um jogo machista para ver quem "pede arrego", no qual quem for mais duro, inflexível e decidido vence. É claro que essa visão não combina com a realidade: toda uma série de detalhes demonstra a flexibilidade de Kennedy e as concessões que fez para que os soviéticos salvassem as aparências, tirando algo positivo da crise. Para ganhar tempo e evitar o confronto direto, ele permitiu que, em 25 de outubro, um

---

[7] James G. Blight e Philip Brenner, *Sad and Luminous Days: Cuba's Secret Struggles with the Superpowers after the Cuban Missile Crisis* (Nova York, Rowman & Littlefield, 2002).

[8] Citado em ibidem, p. 23.

navio-tanque soviético ficasse de quarentena; em 28 de outubro, ordenou que não fossem dadas entrevistas nem feitas declarações que afirmassem algum tipo de vitória; além disso, ofereceu-se para remover os mísseis norte-americanos da Turquia e deu garantias de que os Estados Unidos não invadiriam Cuba; em troca, os soviéticos retirariam os mísseis que estavam em Cuba.

A percepção soviética da crise foi diferente: para eles, não foi a ameaça de uso da força que pôs fim à crise. Os líderes soviéticos acreditaram que ela terminou porque as autoridades, tanto soviéticas quanto norte-americanas, perceberam que estavam à beira do precipício e a crise ameaçava destruir a humanidade. Não temiam apenas por sua segurança imediata e não estavam preocupados simplesmente por perder uma batalha em Cuba. Seu temor era ter de decidir o destino de milhões de pessoas e até o da própria civilização. Foi *esse* temor, vivido pelos dois lados no ponto alto da crise, que lhes permitiu chegar a uma solução pacífica; e esse temor é que estava no centro da famosa troca de cartas entre Kruschev e Fidel Castro no clímax da crise. Em 26 de outubro, numa carta a Kruschev, Fidel escreveu:

se os imperialistas invadirem Cuba com o objetivo de ocupá-la, o perigo que essa política agressiva representa para a humanidade é tão grande que, caso ocorra, a União Soviética não deve jamais permitir circunstâncias em que os imperialistas possam ser os primeiros a lançar um ataque nuclear contra ela. Digo-lhe isso porque creio que a agressividade dos imperialistas é extremamente perigosa e que, se de fato levarem a cabo o ato brutal de invadir Cuba em violação à lei e à moralidade internacionais, esse seria o momento de eliminar tal perigo de uma vez por todas por meio de um ato de legítima defesa, por mais dura e terrível que seja a solução, porque não há alternativa.[9]

Kruschev respondeu a Fidel em 30 de outubro:

Em seu telegrama de 27 de outubro, o senhor propôs que fôssemos os primeiros a lançar um ataque nuclear contra o território inimigo. É claro que o senhor sabe aonde isso levaria. Em vez de um único golpe, seria o início de uma guerra mundial termonuclear. Caro camarada Fidel Castro, considero incorreta essa proposta, embora entenda sua motivação. Vivemos os momentos mais graves em que uma guerra mundial nuclear poderia irromper. É óbvio que, nesse caso, os Estados Unidos sofreriam perdas imensas, mas a União Soviética e todo o campo socialista também sofreriam muito. No que diz respeito a Cuba, seria difícil dizer, até mesmo em termos gerais, o que isso significaria. Em primeiro lugar, Cuba seria queimada no fogo da guerra. Não há dúvida de que o povo cubano lutaria com coragem e morreria com heroísmo. Mas não estamos lutando contra o imperialismo para morrer, mas para aproveitar todas as nossas possibilidades, para perder menos na luta e ganhar mais para superar e conquistar a vitória do comunismo.

---

9   As cartas estão disponíveis em: <http://www.cubanet.org/ref/dis/10110201.htm>.

A essência do argumento de Kruschev está bem resumida no argumento de Neil Kinnock, então líder trabalhista no parlamento britânico, a favor do desarmamento unilateral: "Estou disposto a morrer por meu país, mas não estou disposto a deixar meu país morrer por mim". É importante observar que, apesar do caráter "totalitário" do regime soviético, *esse* temor era muito mais predominante entre a liderança soviética do que nos Estados Unidos; assim, talvez o tempo venha a reabilitar Kruschev como o verdadeiro herói da crise dos mísseis em Cuba, e não Kennedy. Fidel respondeu a Kruschev em 31 de outubro:

Percebi, quando escrevi, que as palavras contidas em minha carta poderiam ser mal interpretadas e foi isso que aconteceu, talvez porque o senhor não tenha lido com atenção, talvez por causa da tradução, talvez porque eu tenha querido dizer demais em tão poucas linhas. Entretanto, não hesitaria em fazê-lo. Acredita, camarada Kruschev, que estamos pensando egoisticamente em nós mesmos, em nosso povo generoso, que se dispõe a sacrificar-se não de maneira inconsciente, mas totalmente sabedor do risco que corre? Não, camarada Kruschev. Poucas vezes na história, pode-se dizer que nunca antes, porque nenhum povo jamais enfrentou perigo tão tremendo, um povo esteve tão disposto a lutar e morrer com tamanho senso do dever. [...] Sabemos, e não presuma que ignoramos, que seríamos aniquilados, como o senhor insinua em sua carta, no caso de uma guerra nuclear. Entretanto, isso não nos levou a pedir-lhe que retirasse os mísseis, isso não nos levou a pedir-lhe que cedesse. Acredita que queremos essa guerra? Mas como poderíamos impedi-la se a invasão viesse finalmente a ocorrer? [...] E se a guerra fosse deflagrada, o que poderíamos fazer com o povo insano que a desencadeou? O senhor mesmo disse que, nas condições atuais, inevitavelmente essa guerra logo acabaria em uma guerra nuclear. Entendo que, depois de iniciada a agressão, não se deve ceder ao agressor o privilégio de, ainda por cima, decidir quando usar armas nucleares. O poder destrutivo desse armamento é tamanho e a velocidade de seu envio é tão grande que o agressor teria uma vantagem inicial considerável. E não lhe sugeri, camarada Kruschev, que a URSS fosse o agressor, porque isso seria mais do que incorreto, seria imoral e desprezível de minha parte. Mas a partir do instante em que os imperialistas atacassem Cuba, e enquanto houvesse forças armadas soviéticas estacionadas em Cuba para ajudar nossa defesa em caso de ataque estrangeiro, os imperialistas se tornariam, por esse ato, agressores contra Cuba e contra a URSS, e reagiríamos com um golpe que os aniquilaria. [...] Não sugeri, camarada Kruschev, que no meio dessa crise a União Soviética deveria atacar, que é o que sua carta parece dizer; mas que, depois de um ataque imperialista, a URSS deveria agir sem vacilar e jamais cometer o erro de permitir que surgissem circunstâncias em que o inimigo desse o primeiro golpe nuclear contra a URSS. E nesse sentido, camarada Kruschev, mantenho meu ponto de vista, porque entendo que é uma avaliação justa e verdadeira de uma situação específica. Talvez o senhor consiga me convencer de que estou errado, mas não pode dizer que estou errado sem me convencer.

Fica claro que foi o próprio Fidel que leu mal Kruschev (de propósito). Kruschev entendeu muito bem o que Fidel queria que a URSS fizesse: não atacar os Estados

Unidos "à toa", mas, no caso de invasão norte-americana a Cuba (ainda um ato de guerra *convencional* e, aliás, bastante limitado, atacar um aliado recente da URSS e não a própria URSS), revidar com um contra-ataque *nuclear total*. O aviso de que a URSS não deveria "jamais cometer o erro de permitir que surgissem circunstâncias em que o inimigo desse o primeiro golpe nuclear contra a URSS" só podia significar uma coisa: a URSS deveria ser a primeira a desferir o golpe nuclear decisivo – "depois de iniciada a agressão, não se deve ceder ao agressor o privilégio de, ainda por cima, decidir quando usar armas nucleares". Em bom português, Fidel exigia que Kruschev preferisse o fim da vida civilizada na Terra à perda de Cuba[10]...

Assim, mais uma vez, o que testemunhamos aqui é o confronto entre as considerações humanistas de Kruschev (em última análise, o legado da cultura tradicional ressuscitado pelo alto stalinismo) e a cartada final e implacável de Fidel, que repete a reflexão de Mao Tsé-tung sobre o possível aniquilamento da raça humana. Como já observamos, Che Guevara seguiu a mesma linha de pensamento quando elogiou a disposição heroica do povo cubano de arriscar sua destruição.

Kremlinologia

O papel do stalinismo para salvar a "humanidade do homem" é perceptível no nível mais elementar da linguagem. Se a linguagem do novo ser pós-humano era uma linguagem de sinais que já não representava propriamente o sujeito, não admira que a linguagem stalinista fosse o oposto mais violento que se possa imaginar. O que caracteriza a linguagem humana, ao contrário dos complexos sinais das abelhas, é o que Lacan chamou de "discurso vazio", discurso cujo valor denotativo (conteúdo explícito) é suspenso em nome de sua função como indicador das relações intersubjetivas entre falante e ouvinte, e essa suspensão é característica fundamental do jargão stalinista, objeto da ciência da "kremlinologia".

---

[10] A premissa de Fidel de que "o poder destrutivo desse armamento [nuclear] é tamanho e a velocidade de seu envio é tão grande que o agressor teria uma vantagem inicial considerável" é problemática: é uma aposta certa – e uma pressuposição da lógica da destruição mutuamente assegurada – em que um ataque de surpresa de uma das superpotências não conseguiria destruir todo o armamento nuclear do adversário e este conservaria um estoque suficientemente grande para contra-atacar. Mas ainda é possível ler a exigência de Fidel como um caso de raciocínio estratégico "racional". E se ele estivesse se baseando num cálculo cínico e implacável que tivesse em vista o seguinte cenário: o Exército dos EUA invade Cuba com tropas convencionais; então, com suas armas nucleares, EUA e URSS destroem um ao outro (e, quem sabe, a Europa) e a invasão norte-americana perde o sentido, de modo que Cuba (com a maior parte do Terceiro Mundo) sobrevive e triunfa?

Antes da abertura dos arquivos da época soviética, os estudiosos estrangeiros que tentavam entender o que acontecera e o que poderia vir a acontecer eram criticados por basear-se em boatos: fulano ouviu de sicrano, que por sua vez ouviu nos campos de beltrano, que tinha certeza que... [insira aqui detalhes fantásticos]. Os críticos desses especialistas em boatos tinham certa razão. Mas o que poucos parecem perceber, ainda hoje, é que a questão mais importante pode não ser a confiabilidade dos boatos e da adivinhação política na União Soviética de Stalin, mas sua difusão. A kremlinologia não surgiu em Harvard, mas no Kremlin e em volta dele. [...] era assim que o regime inteiro funcionava e, até certo ponto, era o que todos faziam na União Soviética, principalmente quem estava no topo. Em meio a guerras interministeriais e intrigas dignas de uma fita de Möbius, a vida e a morte stalinistas permaneciam obscuras, qualquer que fosse a posição ocupada, quaisquer que fossem os conhecimentos que se tivessem. Eram indeterminadas e, ao mesmo tempo, seguiam fórmulas.

Em abril de 1939, [o chefe nominal do Komintern, Giorgi] Dimitrov assustou-se com sua súbita omissão numa reportagem do *Pravda* sobre um conselho de honra e noutra do *Izvéstia*. Sua agitação diminuiu quando descobriu que seus retratos foram erguidos no desfile de 1º de Maio, o que aquietou a boataria agourenta a seu respeito. Mas então aconteceu de novo. "Pela primeira vez, no Dia Internacional da Mulher, *não fui* eleito para a comissão de honra", registrou ele em 8 de março de 1941. "É claro que não foi por acaso." Mas o que *isso* significava? Dimitrov, que não podia ser mais próximo do Kremlin, era um kremlinologista inveterado e estudava a coreografia do Mausoléu de Lenin, adivinhava presságios e afogava-se em boatos.[11]

Outro detalhe cômico na mesma linha: o promotor público do julgamento armado contra o "Centro Unido Trotskista-Zinovievista" publicou a lista daqueles que o "Centro" planejava assassinar (Stalin, Kirov, Jdanov...); essa lista se tornou "uma estranha honra, já que a inclusão significava proximidade com Stalin"[12]. Embora mantivesse boas relações com Stalin, Molotov ficou chocado ao descobrir que não constava da lista: o que isso significava? Apenas um aviso de Stalin ou uma indicação de que sua vez de ser preso logo chegaria? Nesse caso, os segredos dos egípcios eram segredos também para os egípcios. A União Soviética stalinista era o verdadeiro "império dos sinais".

Uma história contada pelo linguista soviético Eric Han-Pira oferece um exemplo perfeito da saturação semântica total desse "império dos sinais", saturação que se baseava justamente no esvaziamento do significado denotativo direto. Durante muitos anos, quando anunciava o funeral de algum integrante da cúpula da *nomenklatura*, a mídia soviética usava uma expressão padronizada: "sepultado na Praça Vermelha, junto aos muros do Kremlin". Entretanto, na década de 1960, por

---

[11] Stephen Kotkin, "A Conspiracy So Immense", *The New Republic Online*, 13 fev. 2006.
[12] Simon Montefiore, *Stalin. The Court of the Red Tsar* (Londres, Weidenfeld & Nicolson, 2003), p. 168.

226 / Em defesa das causas perdidas

falta de espaço, a maioria dos dignitários recém-falecidos passou a ser cremada e as urnas com as cinzas eram colocadas em nichos nos próprios muros, mas ainda assim a antiga expressão continuou a ser usada na imprensa. Essa incongruência levou quinze integrantes do Instituto de Língua Russa, pertencente à Academia Soviética de Ciências, a escrever uma carta ao Comitê Central do Partido Comunista sugerindo que a frase fosse modificada para ajustar-se à nova realidade: "A urna com as cinzas foi depositada nos muros do Kremlin". Várias semanas depois, um representante do Comitê Central telefonou ao instituto para informar que o comitê discutira a sugestão e decidira manter a antiga expressão; não deu razões para a decisão[13]. De acordo com as regras que norteiam o "império dos sinais" soviético, o Comitê Central estava certo: a mudança não seria percebida como simples registro do fato de que agora os dignitários eram cremados e suas cinzas eram depositadas nos muros; qualquer desvio da fórmula-padrão seria interpretado como um sinal e provocaria uma frenética atividade interpretativa. Assim, já que não havia nenhuma mensagem a transmitir, por que mudar? Pode-se opor a essa conclusão a possibilidade de uma simples solução "racional": por que não mudar a expressão e acrescentar a explicação de que a mudança não significava nada, apenas registrava uma nova realidade? Essa abordagem "racional" deixa totalmente de lado a lógica do "império dos sinais" soviético: já que nele *tudo* tem algum sentido, até e *em especial* a negação de sentido, tal negação provocaria uma atividade interpretativa ainda mais frenética – seria lida não só como um sinal significativo, com um espaço semiótico dado e bem estabelecido, mas também como uma forte indicação metassemântica de que as próprias regras básicas desse espaço semiótico estavam mudando, causando assim total perplexidade e até pânico! Alguns líderes soviéticos mantiveram o senso de ironia e exibiram certo humor negro em relação à plasticidade total dos fatos; no início de 1956, quando foi a Budapeste informar ao líder ultra-stalinista húngaro Mátyás Rákosi que Moscou decidira depô-lo, Anastas Mikoyan lhe disse: "Os líderes soviéticos decidiram que o senhor está doente. Precisará de tratamento em Moscou"[14].

Seria interessante reler, desse ponto de vista, o modelo de livro didático proposto pelos soviéticos depois da Segunda Guerra Mundial a respeito do materialismo dialético: *O método dialético marxista**, de Mark Rozental, cuja primeira edição saiu em Moscou em 1951. Em reedições posteriores, longos trechos foram omitidos ou reescritos; entretanto, essas mudanças nada tiveram a ver com as novas re-

---

[13] Ver o maravilhoso *Everything Was Forever, Until It Was No More*, de Alexei Yurchak (Princeton, New Jersey, Princeton University Press, 2006), p. 52.

[14] Citado em Victor Sebestyen, *Twelve Days* (Nova York, Pantheon, 2006). [Ed. bras.: *Doze dias*, Rio de Janeiro, Objetiva, 2008.]

* Rio de Janeiro, Vitória, 1951. (N. E.)

flexões do autor sobre os problemas filosóficos imanentes: todas deviam ser lidas em termos estritamente kremlinológicos, como sinal das mudanças da linha político-ideológica. É claro que o livro parte das quatro "características principais" do método dialético "sistematizadas" por Stalin (a unidade de todos os fenômenos; a natureza dinâmica da realidade; o desenvolvimento permanente da realidade; a natureza "revolucionária" desse desenvolvimento, que avança em saltos, e não apenas a partir de mudanças contínuas e graduais), das quais, significativamente, não faz parte a "lei" da "negação da negação". (Ver *Materialismo dialético e materialismo histórico**, de Stalin.) Nas edições subsequentes do livro de Rozental, a descrição dessas quatro "características principais" muda de maneira sutil: a certa altura, a "negação da negação" é discretamente readmitida e assim por diante. Essas mudanças são sinais kremlinológicos das mudanças ocorridas na constelação político-ideológica, das mudanças na desestalinização que, paradoxalmente, começou sob o próprio Stalin, por instigação dele (ver os dois ensaios tardios sobre linguística e economia que abriram caminho para o reconhecimento da autonomia e da independência relativas entre a luta de classes e – algumas – ciências). Portanto, o fato de que a "negação da negação" é postulada como característica ontológica fundamental da realidade não tem nada a ver com a cognição do mundo e tudo a ver com as mudanças na constelação político-ideológica.

Assim, a kremlinologia não seria uma espécie de duplo obsceno da sovietologia, que estudava objetivamente o regime soviético por meio de dados sociológicos, estatísticas, mudanças do poder etc., a primeira como sistema semiótico obscuro[15]?

Da culpa objetiva à subjetiva

Que tipo de posição subjetiva esse universo indica? Tomemos como ponto de partida a "peça didática" *Die Massnahme* [A medida], de Brecht, em que um jovem revolucionário, membro de um grupo de agitadores comunistas enviado à China para estimular a atividade revolucionária, é morto por colegas comunistas porque

---

* 6. ed., São Paulo, Global, s. d. (N. E.)

[15] Até recentemente, vestígios desse espaço total e semanticamente saturado sobreviveram no discurso oficial chinês; na filosofia, combina-se às vezes de modo cômico com outras características que comprovam o caráter "organizado" e planejado da pesquisa filosófica. Um amigo que visitou o instituto de filosofia de uma das anônimas (para nós europeus) cidades chinesas de 2 a 4 milhões de habitantes contou-me ter ficado surpreso ao ver no saguão um grande painel com as realizações do último plano quinquenal de pesquisa filosófica, em que se esclareceram tópicos ontológicos, epistemológicos, estéticos etc. Em conversa com um membro do instituto, meu amigo perguntou se a mente dele tinha existência independente do painel à sua frente; muito à vontade, o pesquisador respondeu: "Sinto muito, ainda não posso lhe dar a resposta definitiva: de acordo com o plano quinquenal, esse tópico só será tratado em 2008"!

228 / Em defesa das causas perdidas

é considerado um risco à segurança (e obedientemente ele concorda com a execução). Embora a peça costume ser apresentada como uma justificativa dos julgamentos stalinistas, há entre eles uma distinção crucial:

> o que distinguia os agitadores ficcionais de Brecht dos promotores e dos policiais muito reais de Stalin, como Vishinsky e Beria, era a insistência banal desses últimos em dizer que os réus tinham mesmo cometido essa ou aquela proeza cruel, sanguinolenta, conspiratória, em vez de insistir na ideia de uma culpa "objetiva" paradoxal que transcendia os fatos reais. [...] Brecht distribui as cartas de tal maneira que nós, o público, somos levados a abraçar o herói executado. [Intérprete crítico de Brecht, Herbert] Luthy admitiu que nenhum país nem organização comunista jamais encenou a peça[16] ("O Partido não gosta de tanta franqueza..."), mas deixou de notar que a "franqueza" com que Brecht expôs a impiedade da linha do Partido é incompatível com o apoio a ele. Invariavelmente, os verdadeiros crentes guardam o conhecimento para si.[17]

O problema dessa leitura é que ela deturpa a posição de Brecht de duas formas fundamentais: (1) Brecht *não* justifica a morte do jovem camarada em termos de "culpa objetiva", mas em termos de conveniência pragmática (o jovem camarada tirou a máscara e revelou seu rosto, comprometendo a todos), logo sua morte não foi punição; (2) para Brecht, a exposição clara do mecanismo *não* é incompatível com o apoio dado a ele – a grande tensão dramática da peça é que, embora exiba totalmente a dureza da "medida", o modo como a vida do pobre jovem camarada é implacavelmente sacrificada, ele ainda a tolera[18]. A verdadeira pergunta é: por que a lógica da "culpa objetiva" não pode ser explicitamente afirmada? Por que tem de ser uma espécie de segredo obsceno, admitido somente em local semiprivado? Por que sua afirmação pública total é autodestrutiva? Enfrentamos aqui o mistério da

---

[16] Aliás, isso não é bem verdade: *Die Massnahme* foi apresentada várias vezes a aglomerações de operários, com coro e grande orquestra tocando e cantando a música composta por Hanns Eisler, no início da década de 1930, como parte da propaganda e da atividade cultural do Partido Comunista alemão. A verdade é que a peça provocou muitas reações críticas por parte da imprensa oficial do partido: apesar do cuidado para não rejeitar Brecht, dramaturgo muito popular e prestigiado que pouco antes dera seu apoio aos comunistas, o mal-estar gerado pela "linha política errada" da peça não deixou de ser apontado. Além do mais, a peça realmente sumiu dos palcos durante mais de meio século: afora um breve ressurgimento no início da década de 1950, com o Berliner Ensemble, a primeira apresentação pública (novamente pelo Berliner Ensemble) foi no fim da década de 1990. O próprio Brecht e seus testamenteiros literários (sua esposa, Helene Weigel, e sua filha, Barbara) rejeitaram todos os pedidos para encená-la.

[17] David Caute, *The Dancer Defects* (Oxford, Oxford University Press, 2003), p. 295.

[18] Pode-se argumentar que a intenção de Brecht é apenas endossar o mecanismo que exige o assassinato politicamente justificado e que a estratégia dialética subjacente é fazer os espectadores pensarem de forma autônoma e levá-los a rejeitar a tese explícita da peça, simpatizando totalmente com a vítima; entretanto, essa leitura, se levada até o fim, conduz à absurda conclusão de que, durante décadas, Brecht fingiu ser stalinista para gerar no público repugnância pelo stalinismo...

aparência em seu aspecto mais puro: a "culpa objetiva" – o fato de que "quanto mais se é subjetivamente inocente (em relação às acusações factuais), mais se é culpado (objetivamente)" – não deve aparecer como tal.

A pergunta, portanto, é: que tipo de ética nos permite falar de "culpa objetiva"? Obviamente, uma ética imoral. *O* filósofo da ética imoral foi Friedrich Nietzsche, e devemos lembrar que o título de sua obra-prima é *A genealogia da moral** – *moral*, não ética: uma não é igual à outra. A moralidade diz respeito à simetria das minhas relações com outros; sua regra número um é "não faça comigo o que não quer que eu faça com você"[19]. A ética, ao contrário, trata da minha coerência comigo mesmo, da minha fidelidade aos meus desejos. Na última página de uma edição de 1939 de *Materialismo e empiriocriticismo***, de Lenin, Stalin fez a seguinte anotação a lápis vermelho:

> 1) Fraqueza
> 2) Ociosidade
> 3) Estupidez
> Essas são as três únicas coisas que podem ser chamadas de vícios. Tudo mais, na ausência das supracitadas, é, sem dúvida, *virtude*.
> NB! Se um homem é 1) forte (espiritualmente), 2) ativo, 3) esperto (ou capaz), então é bom, sejam quais forem os outros "vícios"!
> 1) mais 3) dá 2).[20]

Essa é a formulação mais concisa que já houve da *ética imoral*; em contraste com ela, um fracote que obedece a regras morais e se preocupa com sua culpa representa a *moralidade aética*, alvo da crítica do *ressentimento* de Nietzsche.

Entretanto, há um limite para o stalinismo: não é que seja demasiado imoral, o fato é que no fundo é *demasiado moral*, e ainda se vale da figura do grande Outro. Como vimos em *Humanismo e terror****, de Merleau-Ponty (1946), provavelmente a legitimação mais inteligente do terror stalinista, o terror é justificado como uma espécie de aposta no futuro, quase à moda da teologia de Pascal, que nos ordena que façamos uma aposta em Deus: se o resultado final do horror de hoje for o brilhante futuro comunista, então esse resultado redimirá retroativamente as coisas terríveis que hoje o revolucionário tem de fazer. Numa linha semelhante, até alguns stalinis-

---

*   São Paulo, Companhia das Letras, 1998. (N. E.)

[19] E é por isso que a melhor resposta psicanalítica a essa máxima moral é imaginar o que seria, para um *masoquista*, prometer cumpri-la em seu relacionamento conosco.

** Lisboa, Avante, s. d. (N. E.)

[20] Publicado pela primeira vez, em russo, no *Pravda*, 21/12/1994. Sob a nota, Stalin acrescentou, a lápis azul: "Ai, o que vemos, o que vemos?". A tradução inglesa é citada em Donald Rayfield, *Stalin and His Hangmen* (Londres, Penguin, 2004), p. 22.

***Rio de Janeiro, Tempo Brasileiro, 1968. (N. E.)

tas, quando forçados (em geral, meio em particular) a admitir que muitas vítimas dos expurgos eram inocentes e foram indiciadas e mortas porque "o partido precisava de seu sangue para fortalecer a unidade", esperariam pelo momento futuro da vitória final em que todas as vítimas necessárias finalmente recebiam o que lhes é devido e sua inocência e elevado sacrifício pela causa seriam reconhecidos. É isso que Lacan, no seminário sobre a *Ética**, chama de "ponto de vista do Juízo Final", um ponto de vista mais claramente discernível ainda num dos termos mais importantes do discurso stalinista, o de "culpa objetiva" e "significado objetivo" dos atos de alguém: mesmo que o indivíduo seja honesto e tenha agido com a mais sincera das intenções, ainda assim é "objetivamente culpado" caso o seu ato sirva às forças reacionárias – e é claro que o partido é que tem acesso direto ao que os atos "significam objetivamente". Aqui, mais uma vez, temos não só o ponto de vista do Juízo Final (que formula o "significado objetivo" dos atos de alguém), como também o agente presente que tem a capacidade única de julgar os atos e os acontecimentos de hoje a partir desse ponto de vista[21].

Podemos ver agora por que o lema de Lacan – *il n'y a pas de grand Autre* (não há grande Outro) – nos leva ao âmago da problemática ética: o que ele exclui é exatamente esse "ponto de vista do Juízo Final", a ideia de que em algum lugar – mesmo que somente como ponto de referência totalmente virtual, mesmo admitindo que não podemos nem sequer ocupar o lugar e fazer a avaliação real – tem de haver um padrão que nos permita mensurar nossos atos e declarar seu "verdadeiro sentido", seu verdadeiro estatuto ético. Até a noção de "desconstrução como justiça", de Jacques Derrida, parece basear-se na esperança utópica que sustenta o espectro da "justiça infinita", sempre adiada, sempre por vir, mas ainda assim presente como o horizonte último de nossa atividade.

A severidade da ética lacaniana é que ela exige que abdiquemos totalmente dessa referência – e, além disso, aposta que esse abdicar não só nos põe nas garras de uma insegurança ética ou relativismo, ou até solapa as próprias bases da atividade ética, como a renúncia da garantia de algum grande Outro é a própria condição da ética verdadeiramente autônoma. Recordemos que o sonho da injeção de Irma – que Freud usou como um caso exemplar para ilustrar o procedimento de análise de sonhos – é um sonho sobre a responsabilidade, a responsabilidade do próprio Freud pelo fracasso do tratamento de Irma; basta esse fato para indicar que a responsabili-

---

* *Seminário: A ética na psicanálise*, 2. ed., Rio de Janeiro, Zahar, 1991. (N. E.)

[21] O mesmo acontece com um ateu hedonista radical como o marquês de Sade: os leitores perspicazes de sua obra (como Pierre Klossowski) destacaram há muito tempo que a compulsão de gozar que impele o libertino sadiano implica uma referência oculta a uma divindade oculta, aquilo que Lacan chamou de "Ser-Supremo-do-Mal", um Deus obscuro que exige ser alimentado com o sofrimento dos inocentes.

dade é uma noção freudiana importantíssima. Mas como concebê-la? Como evitar a percepção enganosa e comum de que a mensagem ética básica da psicanálise é precisamente livrar-se da responsabilidade, pôr a culpa no Outro: "Como o inconsciente é o discurso do Outro, não sou responsável pelas minhas formações inconscientes, é o grande Outro que fala por mim, sou seu mero instrumento"? O próprio Lacan apontou a saída para esse impasse ao se referir à filosofia de Kant como o antecedente fundamental da ética psicanalítica.

Segundo a crítica-padrão, a limitação da ética universalista kantiana do "imperativo categórico" (a injunção incondicional de cumprirmos nosso dever) reside em sua indeterminação formal: a Lei moral não me diz *qual* é o meu dever, apenas me diz *que* devo cumprir meu dever, e assim deixa o espaço livre para o voluntarismo vazio (o que eu decidir que é meu dever *é* meu dever). Entretanto, longe de ser uma limitação, essa característica nos leva ao âmago da autonomia ética kantiana: não é possível derivar da própria Lei moral as normas concretas que tenho de seguir em minha situação específica, o que significa que é o próprio sujeito que tem de assumir a responsabilidade de traduzir a injunção abstrata da Lei moral numa série de obrigações concretas. A aceitação total desse paradoxo nos obriga a rejeitar qualquer referência ao dever como uma desculpa: "Sei que é pesado e pode ser doloroso, mas o que posso fazer? É o meu dever...". É comum considerar que a ética do dever incondicional de Kant justifica essa atitude – não admira que o próprio Adolf Eichmann se referisse à ética kantiana para tentar justificar seu papel no planejamento e na execução do Holocausto: estava apenas cumprindo seu dever e obedecendo às ordens do Führer. Entretanto, o propósito da ênfase de Kant na autonomia e na responsabilidade morais totais do sujeito é exatamente impedir quaisquer dessas manobras para jogar a culpa em alguma representação do grande Outro.

Voltemos a Stalin. A condenação mais comum de Stalin envolve duas proposições: (1) ele era um cínico que sabia muito bem das coisas (que os acusados dos julgamentos de Moscou eram na verdade inocentes etc.); e (2) ele sabia o que estava fazendo, isto é, tinha controle total sobre os acontecimentos. Mas documentos encontrados nos arquivos recém-abertos apontam no sentido contrário: Stalin basicamente *acreditava* (na ideologia oficial, em seu papel de líder honesto, na culpa dos acusados etc.) e *não* tinha controle de fato sobre os eventos (os resultados concretos de suas próprias medidas e intervenções costumavam chocá-lo)[22]. Lars T. Lih propôs uma conclusão angustiante: "O povo da União Soviética provavelmente estaria em melhores condições se Stalin fosse mais cínico do que era"[23]. Entretanto, há uma maneira diferente de ler a "crença" de Stalin: não é que acreditasse "pessoal-

---

[22] Ver a extraordinária introdução de Lars T. Lih a *Stalin's Letters to Molotov* (New Haven, Connecticut, Yale University Press, 1995), p. 60-4.

[23] Ibidem, p. 48.

mente", *o que ele queria é que o grande Outro acreditasse*. O próprio Lih vai nesse sentido quando admite o espanto de Robert Tucker com

> tanta dor e sofrimento para produzir confissões em massa em 1937. Essas confissões não serviram a nenhum propósito mundano; eram prontamente arquivadas e esquecidas. Tucker especula que Stalin fazia questão dessas confissões para provar à posteridade que a sua ideia de um mundo cheio de inimigos estava basicamente correta.[24]

E se, todavia, entendermos mais literalmente a afirmativa de que as confissões extorquidas "não serviram a nenhum propósito mundano": foram "arquivadas e esquecidas" por pessoas reais, porque seu destinatário não eram essas pessoas reais, mas o "grande Outro" virtual, o mesmo grande Outro que é o único capaz de explicar o famoso incidente com a grande enciclopédia soviética ocorrido em 1954, logo depois da queda de Beria? Quando os assinantes da enciclopédia receberam o volume correspondente à letra B, é claro que havia ali um artigo de página dupla sobre Beria, louvando-o como o grande herói da União Soviética; depois que ele caiu e foi acusado de traição e espionagem, todos os assinantes receberam uma carta da editora pedindo que excluíssem e devolvessem a página sobre Beria; em troca, receberiam prontamente um artigo de página dupla (com fotos) sobre o estreito de Behring, de modo que, quando o incluíssem no volume, a integridade deste seria restaurada e não haveria salto para lembrar a súbita reescritura da história... Aqui, o mistério é: *para quem* se mantinha a (aparência de) integridade, se todos os assinantes *sabiam* da manipulação (já que *eles próprios* tinham de realizá-la)? É claro que a única resposta é: para o olhar inocente do grande Outro. É por isso que a estrutura do stalinismo é inerentemente teológica; é por isso que o stalinismo se esforçava tanto para manter as aparências adequadas. Essa solução do enigma também nos permite estabelecer como falso o dilema: "Stalin era crédulo ou cínico?". Ele era as duas coisas ao mesmo tempo. É claro que, pessoalmente, ele tinha consciência da mentira que era o discurso oficial; sendo assim, pessoalmente, ele era cínico, mas ao mesmo tempo era bastante sincero no esforço de salvaguardar a inocência e a sinceridade do "grande Outro". O nome moderno desse Outro que é "suposto crer" em nossa posição é "povo" – quando perguntaram a Golda Meir se acreditava em Deus, ela disse: "Acredito no povo judeu, e o povo judeu acredita em Deus". Devemos ser muito precisos na interpretação dessa declaração: esta não implica que a maioria dos judeus acredita em Deus (na verdade, o Estado de Israel é provavelmente o país mais ateu do mundo, o único em que a maioria visível dos cidadãos não acredita em Deus). O que implica é certa fetichização do "povo": ainda que, para irmos ao extremo, nenhum cidadão judeu de Israel creia individualmente, cada um deles pressupõe que o "povo" crê, e esse pressuposto basta para fazê-la agir como se cresse...

---

[24] Idem.

O stalinista não age em nome de indivíduos reais, mas por conta do "povo", esse grande Outro virtual que crê mesmo que nenhum indivíduo empírico creia. Dessa maneira, ele pode combinar o cinismo individual com a sinceridade "objetiva": não tem de crer numa Causa, crê apenas no "povo" que supostamente crê... Isso nos leva à posição subjetiva subjacente do comunista stalinista: a posição de um pervertido. O verdadeiro político stalinista ama a humanidade, mas ainda assim faz expurgos e execuções horríveis; seu coração se parte quando os faz, mas não pode se impedir, é seu Dever para com o Progresso da Humanidade. Essa é a atitude perversa de adotar a posição de instrumento puro da Vontade do grande Outro: a responsabilidade não é minha, não sou eu que efetivamente faço isso, sou mero instrumento da mais elevada Necessidade Histórica. Quanto à gênese dessa posição subjetiva perversa, é reveladora a descrição detalhada de como o movimento bolchevique se relacionava com a medicina, com os médicos que cuidavam dos líderes. Três documentos são cruciais aqui.

Em primeiro lugar, há as cartas de Lenin a Gorki, datadas do outono de 1913[25], em que, profundamente perturbado com o apoio de Gorki à ideologia humanista da "construção de Deus", ele insinua que Gorki sucumbiu a esse desvio por causa de seus nervos fracos e aconselha-o a ir à Suíça e procurar o melhor tratamento médico. Numa dessas cartas, depois de deixar claro como está chocado com as ideias de Gorki ("Caro Alexei Maximovitch, o que está fazendo? Realmente, é terrível, simplesmente terrível! Por que está fazendo isso? É terrivelmente doloroso. Seu V. I."), acrescenta um estranho pós-escrito: "P. S. *Cuide-se* mais seriamente, realmente, para viajar no inverno *sem se resfriar* (no inverno é perigoso)".

É óbvio que Lenin teme que, além de pegar um resfriado, Gorki pegue uma doença ideológica muito mais grave, como fica claro na carta seguinte (enviada com a anterior): "Talvez eu não o tenha entendido *bem*? Talvez *estivesse brincando* quando escreveu 'por enquanto'? Quanto à 'construção de Deus', talvez não tenha escrito a sério? Céus, cuide-se um pouco melhor. Seu *Lenin*".

Aqui, o que deveria nos surpreender é a maneira como a raiz do desvio ideológico se localiza numa condição corporal (nervos superexcitados) que precisa de tratamento médico. Não é um toque de suprema ironia que no sonho que Trotski teve em 1935, em que Lenin lhe aparece morto, ele lhe dê exatamente o mesmo conselho?

> Ele me interrogava ansioso sobre a minha doença. "Parece que está com fadiga nervosa, você precisa descansar..." Respondi que sempre me recuperara rapidamente da fadiga, graças ao meu *Schwungkraft* natural, mas dessa vez o problema parecia ser mais profundo... "Então você deveria consultar *seriamente* [ele enfatizou a palavra] os médicos [vários nomes]..."[26]

---

[25] Disponível em: <http://www.marxists.org/archive/lenin/works/1913/>.

[26] Leon Trotsky's, *Diary in Exile 1935* (Cambridge, Massachusetts, Harvard University Press, 1976), p. 145-6.

234 / Em defesa das causas perdidas

Levando essa lógica à sua conclusão, ficamos tentados a imaginar uma cena entre Lenin e Stalin em que Lenin, em seu último ano de vida, depois do derrame e do colapso, reúne suas últimas forças e ataca ferozmente Stalin, e este lhe responde em tom protetor: "Céus, camarada Lenin, parece que está com fadiga nervosa, você precisa descansar! Deveria consultar mais seriamente os médicos!"... Lenin receberia sua própria mensagem na forma verdadeira-invertida – punição adequada para seu erro.

Em segundo lugar, há o discurso de Stalin no funeral de Lenin ("Sobre a morte de Lenin"), feito em 26 de janeiro de 1924. Começa assim:

> Camaradas, nós, comunistas, saímos de um molde especial. Somos feitos de material especial. Somos nós que formamos o exército do grande estrategista proletário, o exército do camarada Lenin. Nada é mais elevado do que a honra de pertencer a esse exército. Nada é mais elevado do que o título de membro do partido cujo fundador e líder era o camarada Lenin. Não é dado a todos ser membro desse partido. Não é dado a todos suportar as tensões e tempestades que acompanham a filiação a tal partido.[27]

Aqui, aliás, a obsessão de Lenin com o corpo do revolucionário, que para ele era apenas uma idiossincrasia, é como que elevada a conceito: o "quadro" bolchevique é visto como quem possui um corpo especial, não um corpo como o dos outros, e é por isso que é preciso haver um cuidado especial (por conseguinte, o corpo merece ser preservado num mausoléu).

Em terceiro lugar, há o fato de que a última obsessão paranoica de Stalin referia-se à chamada "conspiração dos médicos": todos os médicos que cuidavam dele e dos líderes soviéticos mais importantes foram presos e torturados para confessar que participavam de uma conspiração internacional judaico-americana para matar os líderes soviéticos[28]. Mais uma vez, a conexão com os dois pontos anteriores é clara: o crime dos médicos não era estar matando pacientes humanos comuns, mas estar matando o corpo sagrado dos quadros revolucionários.

Então, o que é um "quadro"? Por um breve instante, ficamos tentados a entrar no jogo heideggeriano e distinguir no "quadro" o antigo *tetrágono* grego, como aparece no início de um poema de Simônides, do século V a. C.: "É árduo ser um homem capaz, verdadeiramente capaz: tanto nas mãos e nos pés como na mente quadrado [*tetrágonos*], sem falha...". (O vínculo intermediário entre a noção grega e a comunista não é nada mais, nada menos do que o "Quadrado preto sobre fundo branco", de Kazimir Malevitch: a figura quadrada contra o fundo indistinto.) Assim, para usar o heideggerianês, a essência do quadro é oferecer um quadro (quadrado, moldura) para a essência propriamente dita.

---

[27] Disponível em: <http://www.marxists.org/reference/archive/stalin/works/1924/01/30.htm>.
[28] Ver Jonathan Brent e Vladimir P. Naumov, *Stalin's Last Crime* (Nova York, HarperCollins, 2003).

Longe de ser uma simples "metáfora", essa noção do corpo especial do quadro se funda na lógica do "sentido objetivo" comum a Lenin e Stalin: enquanto os indivíduos comuns são pegos em eventos históricos que os ultrapassam, são cegos para seu verdadeiro sentido, de modo que sua consciência é "falsa", o quadro revolucionário tem acesso ao sentido verdadeiro ("objetivo") dos eventos, isto é, sua consciência é a autoconsciência direta da própria necessidade histórica. (É essa posição especial que permite ao quadro criticar os outros no estilo bem conhecido do "suas intenções podem ser boas e o desejo de ajudar o povo pode ser sincero, mas, ainda assim, objetivamente, o que você afirma significa, neste momento exato da luta, apoio às forças reacionárias...". Em hegelianês, o que essa posição ignora é que o sentido "objetivo" já é mediado subjetivamente. É quando, por exemplo, o partido decide mudar sua linha política que essa política pode mudar radicalmente seu sentido "objetivo": até o pacto entre Hitler e Stalin, em 1939, o principal inimigo era o fascismo; depois dele, quem ainda prosseguisse a luta antifascista estaria servindo "objetivamente" à reação imperialista.) E o corpo sublime do quadro é o apoio etéreo dessa autoconsciência direta do Sujeito histórico absoluto.

Ainda assim, há aqui uma ruptura crucial entre Lenin e Stalin: enquanto Lenin permanecia nesse nível, reivindicando o acesso ao "sentido objetivo" dos eventos, Stalin deu um funesto passo adiante e *ressubjetivou* esse sentido objetivo. Em última análise, no universo stalinista não há, paradoxalmente, nenhum engodo, todos conhecem o "sentido objetivo" de seus atos, de modo que, em vez de consciência ilusória, temos diretamente hipocrisia e embuste: o "sentido objetivo" dos seus atos é o que você *realmente queria*, e as boas intenções eram simples máscara de hipocrisia. Além disso, não se pode reduzir tudo que Lenin fez a essa posição subjetiva de acesso privilegiado ao "sentido objetivo": há uma posição subjetiva muito mais "clara" em ação nos textos de Lenin, a posição de exposição total à contingência histórica. Dessa posição, não há uma linha "verdadeira" do partido à espera de ser descoberta, não há um critério "objetivo" para determiná-la: o partido "comete todos os erros possíveis", e a sua linha "verdadeira" surge do ziguezague das oscilações, isto é, a "necessidade" se constitui em práxis, surge pela interação mútua de decisões subjetivas.

Os historiadores que tentam demonstrar a continuidade entre a política de Lenin e o stalinismo gostam de se concentrar na figura de Felix Dzerjinski, fundador da Tcheka (mais tarde GPU, NKVD, KGB...), a polícia secreta bolchevique: via de regra, ele é tratado como "sinistro precursor" do stalinismo, como diria Deleuze, no sentido exato da expressão definida por Ian Buchanan: "Sinistros precursores são aqueles pontos do texto que devem ser lidos ao inverso se não quisermos confundir efeitos com causas"[29]. No contexto do desenvolvimento pré-stalinista da União Sovié-

---

[29] Ian Buchanan, *Deleuzism* (Durham, Carolina do Norte, Duke University Press, 2000), p. 5.

236 / Em defesa das causas perdidas

tica, na primeira década após a Revolução de Outubro, Dzerjinski deve ser "lido ao inverso", como um viajante que voltou do futuro stalinista uma década à frente. Essa leitura costuma adquirir dimensões fantasmagóricas, como a daqueles historiadores que enfatizam o olhar frio e vazio de Dzerjinski como suposta expressão corporal de uma mente implacável, privada de qualquer calor ou compaixão humana. Não admira que o Ocidente tenha recebido sem grande surpresa a notícia de que o governo Putin, da Rússia, decidiu devolver a estátua de Dzerjinski à praça em frente ao infame palácio Lubyanka, sede da temida KGB... Entretanto, há algumas surpresas reservadas àqueles que se agarram a essa imagem preconcebida. *A guerra particular de Lenin*, de Lesley Chamberlain, sobre a expulsão em 1921 do grupo de intelectuais não marxistas mais expostos da União Soviética – obra que insiste exatamente na linha reta (se não na continuidade direta) entre o leninismo e o stalinismo –, tem um apêndice com breves notas biográficas sobre todos os envolvidos. Eis o verbete sobre Dzerjinski:

FELIX DZERJINSKI (1877-1926): De origem polonesa, líder da Tcheka, mais tarde GPU, supervisionou as expulsões. Dzerjinski passou um quarto de sua vida, ou seja, onze anos, em prisões czaristas e no exílio siberiano, três deles em trabalhos forçados. "A identificação com os desprivilegiados e oprimidos e a defesa deles" (Leggett[30]) eram inquestionáveis. Dzerjinski continua a ser um personagem enigmático.[31]

Há muito mais detalhes que lançam uma luz inesperada sobre essa figura emblemática. A questão, porém, não é a ênfase nos primeiros bolcheviques como pessoas muito mais "suaves" e "humanas"; não se deve encobrir a severidade do governo bolchevique. A questão é outra: quando eles recorreram ao terror (e o fizeram com frequência, abertamente, chamando a fera pelo nome, "Terror Vermelho"), esse terror foi diferente do terror stalinista. É claro que muitos historiadores, embora dispostos a admitir essa questão, insistiram no fato de que havia uma necessidade mais profunda que levou do primeiro ao segundo: a passagem da pureza revolucionária implacável para o terror corrupto não é um lugar-comum da história das revoluções? Sem dúvida, os primeiros bolcheviques ficariam chocados com aquilo em que a União Soviética se transformou na década de 1930 (como muitos ficaram, de fato, e foram eliminados de maneira implacável durante os grandes expurgos). Contudo, sua tragédia foi o fato de não terem sido capazes de perceber no terror stalinista o último rebento de seus próprios atos: eles precisavam de uma versão própria da antiga ideia oriental do "tatvam asi" ("éreis assim")... Essa sabedoria aceita – que, devo afirmar sem meias palavras, não pode ser considerada um

---

[30] Referência a George Leggett, *The Cheka: Lenin's Political Police* (Oxford, Oxford University Press, 1981).
[31] Lesley Chamberlain, *The Philosophy Steamer* (Londres, Atlantic Books, 2006), p. 315-6. [Ed. bras.: *A guerra particular de Lenin*, Rio de Janeiro, Record, 2008.]

anticomunismo barato, pois tem uma lógica própria e coerente e admite certa grandeza trágica na velha guarda bolchevique – é que deveria ser considerada problemática. Aqui, a esquerda deveria propor sua própria alternativa ao "e se" que hoje está na moda entre a direita: a resposta à eterna indagação da esquerda ("O que teria acontecido se Lenin tivesse vivido com saúde mais dez anos e tivesse deposto Stalin?") não é tão clara quanto parece (o liberal responderia: "Basicamente, *nada*", ou seja, nada realmente diferente, o mesmo stalinismo de sempre, só que privado de seus piores excessos), apesar dos muitos argumentos a seu favor (em 1918, a própria Rosa Luxemburgo já não previa o surgimento do stalinismo burocrático?).

Assim, embora esteja claro que o stalinismo surgiu das condições iniciais da Revolução de Outubro e do período imediatamente posterior, não devemos descartar *a priori* a possibilidade de que, se Lenin tivesse permanecido mais alguns anos com saúde e tivesse deposto Stalin, teria surgido algo totalmente diferente – não a utopia do "socialismo democrático", é claro, mas ainda assim algo substancialmente diferente do "socialismo num só país" de Stalin, que resultou de uma série de decisões políticas e econômicas muito mais "pragmática" e improvisada, totalmente ciente de suas próprias limitações. O combate desesperado de Lenin contra o nacionalismo russo renascido, seu apoio aos "nacionalistas" georgianos, sua visão de uma federação muito mais descentralizada etc. não eram apenas compromissos táticos: eles envolviam uma visão do Estado e da sociedade totalmente incompatível com o ponto de vista stalinista.

Aí reside a importância de Trotski. Embora o trotskismo costume servir como uma espécie de obstáculo político-teórico que impede a análise autocrítica radical necessária à esquerda contemporânea, a figura de Trotski continua sendo crucial, na medida em que representa o elemento que perturba a alternativa "socialismo (social-)democrático ou totalitarismo stalinista": o que encontramos em Trotski, em seus textos e em sua prática revolucionária nos primeiros anos da União Soviética, é o terror revolucionário, o domínio do partido e assim por diante, mas *de um modo diferente* do stalinismo. Portanto, para permanecer fiel às realizações reais de Trotski, seria preciso refutar os mitos populares de um Trotski democrata e caloroso que protegia a psicanálise, misturava-se aos artistas surrealistas e teve um caso com Frida Kahlo. E, mais uma vez, a conclusão de que, "mesmo que Trotski tivesse vencido, o resultado final seria basicamente o mesmo" (ou, mais ainda, a afirmação de que Trotski está na origem do stalinismo, ou seja, de que, a partir do fim da década de 1920, Stalin apenas aplicou e desenvolveu medidas prefiguradas por Trotski nos anos do "comunismo de guerra"[32]) está errada: a história é aberta, não

---

[32] Como se sabe, depois da morte de Stalin, *Terrorismo e comunismo* (Rio de Janeiro, Saga, 1969), de Trotski, foi encontrado em sua biblioteca, cheio de anotações, assinalando sua aprovação.

238 / Em defesa das causas perdidas

podemos dizer o que teria acontecido se Trotski tivesse vencido. O problema é outro: é o fato de que a atitude de Trotski *impossibilitou que sua orientação vencesse* a luta pelo poder estatal.

A passagem do leninismo da década de 1920 para o stalinismo propriamente dito da década de 1930 é perceptível até no nível do humor contido nos debates internos do partido[33]. Sempre houve um certo tipo de humor nos debates bolcheviques; em 1922, no 11º Congresso do Partido, o próprio Lenin disse que "piadas são uma coisa muito boa: não podemos fazer discursos sem contar uma piada aqui e ali"[34]. Esse humor às vezes era rude, sarcástico, tingido de uma ironia glacial, mas ainda assim fazia parte de um diálogo entre camaradas de partido – para citar Hamlet a caminho de encontrar sua mãe, no 3º ato da peça: "Dir-lhe-ei adagas, mas nenhuma usarei". Além disso, o humor e o sarcasmo em discussões polêmicas eram simétricos: durante o debate entre a maioria leninista e a Oposição Operária, em 1921, ambos os lados não só recorreram a observações sarcásticas e irônicas, como responderam da mesma maneira às observações dos adversários, distorcen-do-lhes o significado, extrapolando-as ao ridículo etc. Entretanto, na década de 1930 predominou uma forma de sarcasmo muito mais cruel, que a própria imprensa soviética chamava de "riso do vitorioso": fazer piada e rir das desculpas ridículas de vítimas impotentes e humilhadas que tentavam convencer os outros de sua sinceridade. Os exemplos são muitos: durante o famoso julgamento, o promotor Vishinsky gritou para Kamenev e Zinoviev: "Parem com essa palhaçada!". Quando Smirnov, réu do mesmo julgamento, negou ser terrorista, disseram-lhe: "A tentativa patética de se livrar é bastante cômica". Na mesma linha, o caráter kafkaesco das estranhas risadas que irromperam na plateia durante o último discurso de Bukharin diante do Comitê Central, em 23 de fevereiro de 1937, tem a ver com a discordância radical entre a seriedade absoluta do orador (ele fala de seu possível suicídio e do motivo por que não o cometeria, já que prejudicaria o partido, mas continuaria a fazer greve de fome até morrer) e a reação dos membros do Comitê Central:

> BUKHARIN: Não vou me matar com um tiro porque vão dizer que me matei para prejudicar o partido. Mas se eu morrer, por assim dizer, por motivo de doença, o que eles têm a perder? (Risos.)
> VOZES: Chantagista!
> VOROSHILOV: Seu patife! Cale essa boca! Que baixeza! Como ousa falar assim?
> BUKHARIN: Mas vocês precisam entender... É muito difícil para mim continuar vivendo.
> STALIN: E é fácil para nós?!
> VOROSHILOV: Ouviram isso: "Não vou me matar com um tiro, mas vou morrer"?!

---

[33] Ver Igal Halfin, "The Bolsheviks' Gallows Laughter", *Journal of Political Ideologies*, out. 2006, p. 247-68.

[34] Ibidem, p. 247.

BUKHARIN: É fácil para vocês falar de mim. Afinal de contas, o que perdem com isso? Vejam, se eu fosse um sabotador, um filho da puta, então por que me poupariam? Não estou pretendendo nada com isso. Só estou descrevendo o que se passa na minha cabeça, o que estou passando. Se de alguma forma isso provocar algum prejuízo político, por menor que seja, então não tem problema, eu faço o que me disserem. (Risos.) Por que estão rindo? Não tem absolutamente nada de engraçado nisso...[35]

O mesmo riso estranho aparece em outros momentos também: "Sempre que eles depõem contra mim não é verdade. (Risos, barulhos na sala.) Por que estão rindo? Não tem nada de engraçado nisso tudo"[36].

Não temos aqui, encenada na vida real, a estranha lógica do primeiro interrogatório de Josef K. em *O processo*?

– Com o que, então – disse o Magistrado Examinador, virando as folhas e dirigindo-se a K. com um ar de autoridade –, o senhor é pintor de paredes?
– Não – disse K. – Sou gerente júnior de um grande banco.
Essa resposta provocou tamanho acesso de riso no partido de direita que K. teve de rir também. As pessoas se dobravam com as mãos nos joelhos e sacudiam-se como se tivessem espasmos de tosse.[37]

É claro que nesse universo não há lugar nem sequer para o direito de subjetividade mais formal e vazio, no qual Bukharin continua a insistir:

BUKHARIN: [...] Confessei que, de 1930 a 1932, cometi muitos pecados políticos. Passei a entender isso. Mas com a mesma energia com que confesso minha culpa real, com essa mesma energia nego a culpa que lançam sobre mim, e negarei sempre. Não porque só tem significado pessoal, mas porque acredito que ninguém, em nenhuma circunstância, deve tomar a si por algo supérfluo, ainda mais quando o partido não precisa disso, quando o país não precisa disso, quando eu não preciso disso. (Barulhos na sala, risos.) [...] Toda a tragédia da minha situação está nisso, que esse Piatakov e outros iguais a ele tenham envenenado de tal maneira o clima, que tenha surgido esse clima em que ninguém acredita em sentimentos humanos – nenhuma emoção, nenhum impulso do coração, nenhuma lágrima. (Risos.) Muitas manifestações de sentimento humano, que antes eram uma forma de prova – e não havia nada de vergonhoso nisso –, hoje perderam a validade e a força.
KAGANOVITCH: Você fez muito jogo duplo!
BUKHARIN: Camaradas, permitam-me dizer o seguinte a respeito do que aconteceu...
KHLOPLIANKIN: Está na hora de mandar você para a cadeia!
BUKHARIN: O quê?

---

[35] J. Arch Getty e Oleg V. Naumov, *The Road to Terror: Stalin and the Self-Destruction of the Bolsheviks, 1932-39* (New Haven e Londres, Yale University Press, 1999), p. 370.

[36] Ibidem, p. 394.

[37] Franz Kafka, *The Trial* (Harmondsworth, Penguin Books, 1985), p. 48. [Ed. bras.: *O processo*, São Paulo, Companhia das Letras, 2006.]

240 / Em defesa das causas perdidas

KHLOPLIANKIN: Você já deveria estar preso há muito tempo!
BUKHARIN: Ora, então me ponham na cadeia. Você acha que o fato de ficar gritando:
"Joguem-no na cadeia!" vai me fazer falar diferente? Não, não vai.[38]

É fácil ver que essa mudança de humor está subordinada à passagem da noção
leninista de "sentido objetivo" dos atos de alguém para sua ressubjetivação stalinista:
já que, em última análise, não há engodo no universo stalinista e todos conhecem o
"sentido objetivo" de seus atos, a discordância da linha oficial do partido só pode ser
resultado direto da hipocrisia e do embuste. O mais surpreendente é a disposição dos
observadores comunistas ocidentais para perceber essa hipocrisia como um fato psicológico verdadeiro sobre o acusado. Numa carta de 1938 a Benjamin, Adorno conta uma conversa que teve com Hanns Eisler em Nova York:

> Escutei com não pouca paciência a sua frágil defesa dos julgamentos de Moscou e com
> considerável nojo à piada que contou sobre o assassinato de Bukharin. Ele afirma ter
> conhecido este último em Moscou e contou-me que sua consciência já era tão pesada
> que não conseguia nem olhá-lo [Eisler] honestamente nos olhos.[39]

A cegueira psicológica de Eisler é espantosa: ele confunde o terror de Bukharin
– que teme o contato com estranhos porque sabe que está sendo observado e não
está longe da prisão – com um sentimento íntimo de culpa.

Shostakovitch em Casablanca

Embora, naturalmente, a posição perversa do instrumento do grande Outro estivesse reservada aos membros da *nomenklatura*, os cidadãos soviéticos comuns não se
reduziam à simples alternativa entre crentes ou não crentes; a cisão que caracterizava a
posição subjetiva predominante do povo era de outra natureza. Recordemos o debate
sobre a verdadeira mensagem da obra de Shostakovitch que, até recentemente, infla-
mava os círculos musicológicos: qual era a verdadeira posição do compositor em sua
relação (obviamente torturada) com o comunismo? As duas suposições opostas são
que, apesar de todas as suas dúvidas e vacilações (óbvias), Shostakovitch era um compositor soviético fiel ou, de fato, era um dissidente disfarçado cuja música apresenta
"provocações disfarçadas ou codificadas ao próprio sistema político que fingia apoiar".
No segundo caso, enredamo-nos na loucura interpretativa em que qualquer traço
pode ser interpretado como sinal de seu oposto: "Lamente que o final 'triunfante' da
Sinfonia Leningrado seja banal e talvez receba a resposta: 'Ah, mas *era* para ser banal!'.

---

[38] J. Arch Getty e Oleg V. Naumov, *The Road to Terror*, cit., p. 322.
[39] Theodor W. Adorno e Walter Benjamin, *The Complete Correspondence 1928-1940* (Cambridge, Massachusetts, Harvard University Press, 1999), p. 252.

O que importava era a mensagem"[40]. Portanto, somente uma linha fina de reflexão separa as duas leituras: se a banalidade é autodeclaratória, se é proposital, então ela se anula e se transforma em ironia... Onde, então, reside a verdade? O que proponho é uma "síntese" hegeliana dessas opiniões opostas, ainda que seja uma síntese com tempero inesperado: e se o que torna a música de Shostakovitch "stalinista", parte do universo soviético, for *a própria distância que ele mantém desse universo*? E se a distância em relação ao universo ideológico oficial, longe de solapá-lo, for *um constituinte básico de seu funcionamento*? Talvez a atitude íntima de Shostakovitch em relação à política se manifeste melhor em sua observação a um amigo: "Não acha que a história, na verdade, é uma prostituta?"[41]. Essa desconfiança generalizada em relação a toda política (que funda também a distância que mantém dos dissidentes, como Soljenitsyn) tornou sua sobrevivência muito mais fácil[42]. Essa noção fundamental nos obriga a efetuar uma torção específica no argumento mais comum para a "dissidência" de Shostakovitch:

> até os escritores mais "oficiais" [...] eram céticos no íntimo, na maioria dos casos, quanto ao regime soviético e sabidamente pertenciam à cultura dissidente. Na verdade, é raro encontrar escritores russos sob o domínio soviético que, por mais oficialmente sancionados ou ostensivamente conformistas que fossem, não tivessem manifestado, num momento ou outro, uma visão crítica sobre a "realidade soviética". [...] [Shostakovitch] também era [...] de uma presteza única na transmissão de valores dissidentes em sua obra (realização bastante protegida pela denegabilidade inerente à dissidência não verbal). Mas não era o único a manter em particular uma posição de dissensão em relação à vida soviética e, ao mesmo tempo, em público, dar necessariamente uma impressão de conformismo.[43]

Então, por que Stalin não liquidou Shostakovitch (e muitas outras figuras importantes, de Akhmatova a Pasternak, cujas opiniões eram "claramente" dissidentes)? "No caso dos poetas, parece que as superstições de Stalin tiveram algo a ver com isso, mas o principal é que figuras importantes não podiam ser 'liquidadas' sem gerar protestos no exterior..."[44] – para uma linha de raciocínio, parece bastante ruim que tenha de apelar para as superstições de Stalin... Não é muito mais fácil e

---

[40] Stephen Johnson, "The Eighth Wonder", *The Gramophone*, jul. 2006, p. 28.

[41] Citado em Ian McDonald, *The New Shostakovich* (Londres, Pimlico, 2006), p. 1.

[42] No polo oposto, a falta dessa distância explica o destino trágico de Evald Ilyenkov, talvez o mais talentoso dos filósofos marxistas soviéticos: ele levava seu marxismo a sério, como envolvimento pessoal profundo, e o preço que pagou por isso foi, num ato de desespero, suicidar-se em 1979. Aliás, Iyienkov também era um wagneriano apaixonado, para quem "*O anel dos nibelungos é O capital*, de Karl Marx, em música".

[43] Ian MacDonald, *The New Shostakovich*, cit., p. 300. Observemos a estranha categoria de "dissidência não verbal"; digamos, a dissidência implícita no clima da música, que pode ser verbalmente negada, de modo que a mesma obra que homenageia oficialmente o socialismo, como as Sinfonias números 5 e 7 de Shostakovitch, seja "realmente" sua rejeição dissidente!

[44] Ibidem, p. 304.

lógico admitir que *a lacuna entre a lealdade "pública" ao regime e a dissidência "privada" fazia parte da própria identidade do sujeito stalinista*? Se há uma lição que devemos aprender com o funcionamento da ideologia stalinista é que *as aparências* (públicas) *importam*, e é por isso que o rótulo "dissidência" deve ser reservado *exclusivamente* para o discurso público: os "dissidentes" eram *somente* os que perturbavam o bom funcionamento do discurso público, dizendo publicamente – de um modo ou de outro – o que no íntimo todos já sabiam.

Entretanto, essa posição subjetiva era a única possível (a quem quisesse sobreviver, é claro)? O destino de Serguei Prokofiev, outro grande nome da música soviética, mostra um caminho radicalmente diferente. Em suas (controversas) memórias, Dmitri Shostakovitch menosprezou Serguei Prokofiev, seu grande concorrente, por ter se recusado a levar a sério os horrores históricos, sempre se fazendo de "esperto". Entretanto, para citar o exemplo supremo, a primeira sonata para violino de Prokofiev (Opus 80) demonstra claramente o anverso de sua famosa (e infame) "ironia":

> Em todos os quatro movimentos [...] sente-se uma forte subcorrente de luta. No entanto, não é a luta de uma obra contra algo fora dela, mas a luta de algo de dentro dela, não manifesto, que tenta desesperadamente irromper e é sempre "bloqueado" pela forma externa existente e pela linguagem da obra. Esse bloqueio de "algo de dentro" [...] tem a ver com a frustração do desejo de libertação catártica num estado supremamente positivo, no qual o sentido – musical e supramusical – é transparente e não ironizável: em resumo, o campo da "pureza" espiritual.[45]

É aí que Prokofiev paga o preço de sua postura irônica, e são trechos assim que confirmam sua integridade artística: longe de indicar um tipo de vã superioridade intelectual, essa postura irônica é apenas o anverso falsamente brilhante do *fracasso da luta constante de Prokofiev para deixar sair a "Coisa do Espaço Interior" (o "algo de dentro")*. A "jocosidade" superficial de algumas de suas obras (como a popular Primeira Sinfonia) apenas revela, de forma negativa, o fato de que Prokofiev é o derradeiro anti-Mozart, uma espécie de Beethoven cuja "luta titânica" terminou em desastre: se Mozart foi *o* gênio musical supremo, talvez o último compositor em que a Coisa musical se transformou em notas musicais num fluxo espontâneo, se em Beethoven cada obra só atingia sua forma definitiva depois de uma longa luta heroica com a matéria-prima musical, as melhores obras de Prokofiev são monumentos à derrota dessa luta[46].

---

[45] Ronald Woodley, texto que acompanha a gravação de Martha Argerich e Gideon Kremer (Deutsche Grammophon 431 803-2).

[46] Aqui, Shostakovitch é mais tradicional do que Prokofiev. O maior exemplo de "explosão da Coisa" em sua obra é, sem dúvida, o segundo movimento da Sinfonia nº 10, um *scherzo* curto, de acordes cortantes, mas violentamente enérgico, que costuma ser chamado de "Retrato de Stalin" (embora devamos nos perguntar por quê; por que não simplesmente uma explosão de excessiva vitalidade?). É interessante notar que esse movimento, o mais curto de todos (pouco mais de 4 minutos, contra

Shostakovitch nunca chegou ao nível de um fracasso tão imanente. Uma obra de sua autoria que pode ser comparada à Sonata nº 1 para Violino de Prokofiev na intensidade excepcional e subjetivamente engajada é, naturalmente, o Quarteto de Cordas nº 8, e a diferença entre as duas é espantosa. Seja qual for a angústia subjetiva perceptível por trás do quarteto, sua expressão musical flui desimpedida, brotando e gerando um impacto emocional fácil de reconhecer; a vida e a experiência subjetiva de Shostakovitch podem ter sido frustradas, marcadas por abatimentos e concessões terríveis e humilhantes, mas esse bloqueio não afeta sua expressão musical. Na sonata para violino de Prokofiev, ao contrário, há um bloqueio imanente muito mais radical da própria expressão musical; aqui, o fracasso trágico é o fracasso da própria forma, e esse fracasso explica a verdade interior que falta em Shostakovitch.

Em seus últimos quinze anos de vida, Prokofiev enredou-se no supereu stalinista em seu aspecto mais puro: tudo o que fazia estava errado. Quando aderiu às raízes modernistas, foi acusado de "formalismo antipopular" e decadência burguesa. Quando, em seguida, tentou fazer o possível para curvar-se à pressão na infame *Cantata para o 20º aniversário da Revolução de Outubro*, usando textos de Marx, Lenin e Stalin, a obra foi criticada por "desvio esquerdista e vulgaridade" (isto é, por trazer Marx e Lenin desnecessariamente à baila). Ansioso por contribuir de alguma maneira – de qualquer maneira – para esse 20º aniversário, Prokofiev compôs rapidamente uma mistura de canções folclóricas e músicas de festa intitulada *Canções dos nossos dias*; a obra foi mais uma vez desprezada, descrita como "pálida e sem individualidade", o que era verdade, naturalmente.

> A essa altura, Prokofiev já devia estar totalmente perplexo. Se escrevia como um tolo, era um desviacionista sem personalidade de esquerda; se escrevia como Prokofiev, era um formalista mercenário. Individual, não individual... Parecia uma coisa sem pé nem cabeça – e é claro que era.[47]

Mas, inegavelmente, *havia* "pé e cabeça": o pé e a cabeça do supereu stalinista, aos olhos do qual sempre se é culpado... Entretanto, o problema era mais profundo: o paradoxo do estilo tardio de Prokofiev era que a lógica de sua evolução musical imanente – que o levou do *páthos* expressionista para a "nova simplicidade" – reverberava estranhamente na exigência oficial de que a música fosse fácil de ouvir e acessível ao povo comum.

No caso de Prokofiev, assim como no de Shostakovitch, a razão por que os críticos procuraram tão desesperadamente a prova final de sua dissidência disfarçada era

---

23 do primeiro movimento e 12 dos terceiro e quarto), ainda assim serve de foco para a energia da sinfonia toda, com seu tema selvagem repetindo-se e reverberando em outros movimentos, com seu excesso de energia transbordando sobre eles – como se fosse aqui, no segundo movimento, que se cortejasse o perigo de ser "queimado pelo sol"...

[47] Ian MacDonald, "Prokofiev, Prisoner of the State", disponível em: <http://www.siue.edu/~aho/musov/proko/prokofiev2.html>.

para evitar uma verdade bastante embaraçosa: as obras mais populares desses dois compositores no Ocidente, hoje, coincidem de modo surpreendente com as obras de sua autoria que tiveram mais apoio oficial (não apenas popular) do regime: as sinfonias números 5, 7 e 11, de Shostakovitch, *Pedro e o lobo* e o balé *Romeu e Julieta*, de Prokofiev. Até na música de câmara, o Quinteto para Piano de Shostakovitch, que recebeu o prêmio Stalin de 1940, é a sua peça mais popular! Como pode? Aqui entra a hermenêutica da dissidência que aponta para a rota de fuga. A Sinfonia nº 5 de Shostakovitch – a sinfonia do século XX mais tocada também no Ocidente? Só pode ser porque, no fundo, o final triunfante era irônico e zombava do vazio do triunfalismo stalinista! A popularidade duradoura da Sinfonia nº 7 (*Leningrado*)? Só pode ser porque o avanço violento e inexorável do primeiro movimento não se refere "na realidade" à conquista alemã da Rússia em 1941, mas à conquista comunista da Rússia! A Sinfonia nº 11 (*1905*), um sucesso? É preciso já ir logo dizendo que 1905 é só um pretexto, a explosão revolucionária se refere "na realidade" à Hungria de 1956... Mas e as sinfonias que eram de fato inaceitáveis para os que ocupavam o poder, como a Sinfonia nº 13 (*Babi-Yar*) e a última, a Sinfonia nº 15? A resposta é óbvia: numa virada de suprema ironia, a Sinfonia nº 13 causou *frisson* apenas em sua estreia e justamente por causa das circunstâncias políticas – ela funcionou como um gesto de desafio político – e *não* por sua força artística. Hoje, essas obras são respeitadas e elogiadas, mas não realmente apreciadas.

O texto de apresentação da nova gravação do Concerto nº 1 para Violino de Shostakovitch, por Leila Josefowicz, diz que ela "homenageia as lutas que Shostakovitch travou sob o regime de Stalin"; o absurdo evidente dessa afirmação confirma a tese de Michael Tanner de que "não há praticamente nenhum outro compositor em que vida e obra tenham se misturado de modo tão ortodoxo"[48]. Tanner tem toda razão quando afirma que os debates intermináveis sobre a maneira de ler os movimentos de algumas sinfonias, como *páthos* sério ou como subversão irônica, ou quais finais vitoriosos devem se transformar em vitórias de Pirro, "dizem, na verdade, o que a própria música não consegue dizer". Não há monumento maior ao fracasso artístico de Shostakovitch do que a busca obsessiva por algum documento privado (extra-artístico) que prove de maneira cabal sua posição anticomunista íntima. É por isso que, nas ambiguidades em que já não ressoa esse *background* politicamente engajado, a música de Shostakovitch é simplesmente "enigmática e desinteressante", como as referências a Rossini e a Wagner em sua última sinfonia; não existe um significado mais profundo a ser descoberto, o "enigma" é musicalmente sem graça. A ironia aqui é que a própria busca por uma "prova (extramusical) irrefutável" demonstra a verdade da acusação stalinista de que a música de Shostakovitch tem caráter "formalista" – não,

---

[48] Michael Tanner, "A Dissenting View", *The Gramophone*, jul. 2006, p. 23.

é claro, no sentido pretendido por Jdanov *et consortes*, mas no sentido de que sua música é neutra em relação aos compromissos sociais (e, por isso, é preciso procurar sinais extramusicais para provar isso com toda a clareza).

E se lêssemos as sinfonias populares de Shostakovitch como leríamos um dos grandes clássicos de Hollywood? Na famosa e rápida cena que aparece quase no fim de *Casablanca*[49], Ilsa Lund (Ingrid Bergman) vai ao quarto de Rick Blaine (Humphrey Bogart) para tentar conseguir os salvo-condutos que permitiriam a ela e ao marido, Victor Laszlo, líder da Resistência, fugir para Portugal e dali para os Estados Unidos. Quando Rick se recusa a entregá-los, ela puxa a arma e o ameaça. Ele diz: "Vá em frente, atire, é um favor que me faz". Ela desmorona e, em lágrimas, começa a lhe contar por que o deixou em Paris. Quando ela diz: "Se você soubesse como eu o amava, como ainda o amo", eles aparecem abraçados, em close. A sequência se dissolve numa tomada de 3,5 segundos da torre do aeroporto, à noite, com o holofote varrendo o céu, e em seguida se dissolve de novo numa tomada externa da janela do quarto de Rick, na qual ele aparece de pé, olhando para fora e fumando um cigarro. Ele se vira e diz: "E então?". Ela continua a história...

É claro que a pergunta que surge de imediato é: o que aconteceu *nesse ínterim*, durante a tomada de 3,5 segundos do aeroporto – *aconteceu* ou não? Maltby está certo quando afirma que, quanto a isso, o filme não é apenas ambíguo – ele indica dois sentidos claríssimos, embora mutuamente exclusivos: aconteceu e não aconteceu, isto é, o filme dá sinais nada ambíguos de que aconteceu e, ao mesmo tempo, sinais nada ambíguos de que não pode ter acontecido. Por um lado, uma série de elementos codificados indica que aconteceu, ou seja, a tomada de 3,5 segundos simboliza um período de tempo mais longo (a dissolução do casal num abraço apaixonado costuma indicar o ato que ocorrerá depois do *fade-out*; o cigarro também é o sinal clássico do relaxamento pós-coito; e até a conotação fálica ordinária da torre). Por outro lado, uma série paralela de elementos indica que *não* aconteceu, ou seja, que a tomada de 3,5 segundos da torre do aeroporto corresponde ao tempo diegético real (a cama ao fundo está intacta, a conversa parece continuar sem ter sido interrompida e assim por diante). Mesmo quando, na conversa final entre Rick e Laszlo no aeroporto, eles mencionam diretamente os fatos dessa noite, as palavras podem ser lidas das duas maneiras:

RICK: Você disse que sabia de mim e de Ilsa?
VICTOR: Sim.
RICK: Você não sabia que ela esteve no meu quarto na noite passada quando você... Ela veio buscar os salvo-condutos. Não é verdade, Ilsa?

---

[49] Ver Richard Maltby, "'A Brief Romantic Interlude': Dick and Jane Go to 3½ Seconds of the Classic Hollywood Cinema", em David Bordwell e Noel Carroll (orgs.), *Post-Theory* (Madison, Wisconsin, University of Wisconsin Press, 1996), p. 434-59.

246 / Em defesa das causas perdidas

ILSA: Sim.
RICK: Ela tentou de tudo para consegui-los e não deu certo. Ela fez o que pôde para me convencer de que ainda estava apaixonada por mim. Tudo isso acabou há muito tempo; por você, ela fingiu que não era assim, e eu a deixei fingir.
VICTOR: Entendo.

Ora, *eu* com certeza *não* entendo: Rick diz a Victor que fez amor com a mulher dele ou não? A solução de Maltby é insistir em que essa cena é um caso exemplar de como *Casablanca* "se constrói deliberadamente de modo a oferecer fontes alternativas e distintas de prazer a duas pessoas sentadas lado a lado no mesmo cinema", isto é, ele "consegue agradar igualmente a plateias tanto 'ingênuas' como 'sofisticadas'"[50]. Embora, no nível de sua linha narrativa superficial, o filme possa ser interpretado pelo espectador como estando de acordo com o mais estrito código moral, ele oferece ao mesmo tempo pistas suficientes aos "sofisticados" para construir uma linha narrativa alternativa e sexualmente muito mais ousada. Essa estratégia é mais complexa do que parece: exatamente *porque* sabemos que de certo modo estamos "protegidos" ou "absolvidos de pulsões de culpa"[51] pelo enredo oficial, podemos nos entregar a fantasias sórdidas – sabemos que essas fantasias não são "sérias", que não contam aos olhos do grande Outro... Assim, nossa única correção a Maltby seria que não precisamos de *dois* espectadores sentados lado a lado: basta *um único espectador*, cindido em dois.

Para falar em termos lacanianos: durante os infames 3,5 segundos, Ilsa e Rick não transaram para o grande Outro, para a ordem da aparência pública, mas para a nossa sórdida imaginação fantasmática – essa é a estrutura da transgressão inerente em seu aspecto mais puro, isto é, Hollywood precisa de *ambos* os níveis para funcionar. Para usar os termos da teoria do discurso elaborada por Oswald Ducrot, temos aqui a oposição entre pressuposto e subentendido: o pressuposto de uma afirmação é diretamente endossado pelo grande Outro, não somos responsáveis por ele; já a responsabilidade pelo subentendido de uma afirmação cai inteiramente nas costas do leitor (ou do espectador) – o autor do texto sempre pode afirmar: "Não é minha responsabilidade se os espectadores tiram conclusões sórdidas do filme!". E, para vincular isso aos termos psicanalíticos, é claro que essa oposição é entre a Lei simbólica (o ideal do eu) e o supereu obsceno: no nível da Lei simbólica pública, nada acontece, o texto é limpo, enquanto, em outro nível, ele bombardeia o espectador com a injunção do supereu: "Goze!", isto é, dê vazão à sua imaginação sórdida. Para explicar de outra maneira, o que encontramos aqui é um exemplo claro da cisão fetichista, da estrutura de desmentido do *je sais bien, mais quand même...*: a própria

---

[50] Ibidem, p. 443.
[51] Ibidem, p. 441.

consciência de que nada aconteceu dá rédeas à nossa imaginação; podemos nos entregar a ela porque fomos absolvidos da culpa pelo fato de que, para o grande Outro, é claro que *nada* aconteceu... E essa dupla leitura não é apenas uma acomodação por parte da Lei, no sentido de que a Lei simbólica só está interessada em manter as aparências e nos deixa livres para exercer nossas fantasias, desde que não invadam o domínio público, ou seja, desde que mantenham as aparências: a própria Lei precisa de seu complemento obsceno, é sustentada por ele, logo, gera-o.

Maltby está certo, portanto, quando afirma que o infame Código de Produção de Hollywood das décadas de 1930 e 1940 não foi apenas um código negativo de censura, mas também uma codificação e uma regulamentação positivas (produtivas, como diria Foucault) que geraram o próprio excesso cuja representação direta impediam. É esclarecedora aqui a conversa entre Josef von Sternberg e Breen, relatada por Maltby. Quando Sternberg disse: "Nesse ponto, os dois atores principais têm um breve interlúdio romântico", Breen o interrompeu: "O que você está tentando dizer é que os dois se agarraram. Foderam". Indignado, Sternberg respondeu: "Sr. Breen, o senhor está me ofendendo". Breen: "Ah, pelo amor de Deus, pare com isso e enfrente a realidade. Podemos ajudá-lo a fazer uma história de adultério, se quiser, mas não se continuar chamando uma boa trepada de 'interlúdio romântico'. O que esses dois fazem? Eles se beijam e vão para casa?". "Não", disse Sternberg, "eles fodem." "Ótimo", gritou Breen, dando um soco na mesa, "agora consigo entender sua história." O diretor completou o esboço e Breen lhe disse como poderia tratá-lo para que fosse aprovado pelo código[52]. Assim, a própria proibição, para funcionar de maneira adequada, tem de basear-se na consciência clara do que realmente aconteceu no nível da linha narrativa proibida: o Código de Produção não proibia simplesmente alguns conteúdos, ele codificava sua articulação cifrada.

Voltando a Shostakovitch, e se o mesmo servir para suas sinfonias populares? E se elas também funcionam em dois níveis ao mesmo tempo: o primeiro – público – visa o olhar ideológico dominante, e o segundo transgride as regras públicas, mas, como tal, permanece como seu complemento inerente? Podemos então apreciar a ambiguidade destas linhas:

> Desde o ataque stalinista à sua música, em 1936, Shostakovitch desenvolveu uma espécie de discurso duplo na linguagem musical, em que usava um idioma para agradar aos senhores do Kremlin e outro para satisfazer sua consciência moral de artista e cidadão. Por fora, falava com voz triunfante. Mas por trás dos sons rituais do júbilo soviético havia uma voz mais suave, mais melancólica – a voz cuidadosamente dissimulada da sátira e da discordância, só audível para os que haviam experimentado o sofrimento que sua música exprimia. Essas duas vozes são claramente audíveis na Quinta Sinfonia de Shostakovitch [...] que recebeu meia hora de aplausos eletrizantes quando foi apresenta-

---

[52] Ver ibidem, p. 445.

248 / Em defesa das causas perdidas

da pela primeira vez [...]. Por trás das fanfarras intermináveis que trombeteiam o triunfo do Estado soviético no *finale* [...] o público deve ter sentido sua tristeza [...] e reagiu à música como uma liberação espiritual.[53]

Uma hermenêutica realmente estranha – uma "voz cuidadosamente dissimulada" que ainda assim é claramente compreendida por milhares de pessoas? Os censores oficiais eram tão estúpidos que nem a notaram? E se lermos a coexistência frágil desses dois idiomas na mesma linha da ambiguidade inscrita na cena do encontro noturno de *Casablanca*? E se a rejeição stalinista tanto das obras propagandísticas quanto das obras íntimas de Prokofiev estivesse certa, em seus próprios termos? E se o que esperavam dele fosse justamente a coexistência desses dois níveis, o propagandístico e o íntimo, mas ele só lhes oferecia o primeiro ou o segundo? Depois da Segunda Guerra Mundial, Prokofiev retirou-se cada vez mais para o domínio íntimo da música de câmara, na qual poderia dar expressão à sua tristeza privada; escrever música "para a gaveta", como diria Shostakovitch, foi um ato de desafio silencioso? Então, como é que a mais comovente e desesperada dessas obras, a Sonata para Violino em Ré Maior, cujo inesquecível movimento de abertura devia soar "como o vento num cemitério", ganhou o prêmio Stalin de 1947? Orlando Figes afirma que o prêmio foi dado "com ironia". Mas que estranha espécie de ironia é essa[54]?

Voltemos a Shostakovitch. Podemos realmente ter tanta certeza de que a música pública e bombástica é irônica, enquanto o clima íntimo e confessional é sincero? E se a ironia for objetiva e tivermos de ler a música de Shostakovitch da mesma maneira que Marx leu a atitude do Partido da Ordem diante do Parlamento francês depois da revolução de 1848? Recordemos a brilhante análise de Marx sobre o modo como esse partido republicano conservador serviu de coligação entre os dois ramos do monarquismo (orleanistas e legitimistas) no "reino anônimo da República"[55]. Os deputados do Partido da Ordem viam seu republicanismo como uma zombaria: nos debates no Parlamento, produziam lapsos verbais a favor da monarquia e ridicularizavam a República para que todos soubessem que seu verdadeiro objetivo era conduzir o rei de volta ao trono. O que não percebiam era que eles mesmos estavam enganados quanto ao verdadeiro impacto social de seu regime. Sem saber, criaram as condições para que a ordem republicana burguesa que tanto desprezavam se estabelecesse (por exemplo, ao garantir a propriedade privada). Assim, não é que fossem monarquistas disfarçados de republicanos: ainda que se vissem assim, a convicção monarquista "íntima" que possuíam é que era a cortina enganosa que escondia seu verdadeiro papel social. Em resumo, o monarquismo

---

[53] Orlando Figes, *Natasha's Dance*, cit., p. 492-3.
[54] Ibidem, p. 57.
[55] Ver Karl Marx, "Class Struggles in France", *Collected Works* (Londres, Lawrence & Wishart, 1978), v. 10, p. 95.

sincero do Partido da Ordem, longe de ser a verdade oculta de seu republicanismo público, era o apoio fantasmático ao seu republicanismo real – era ele que dava "paixão" à atividade do partido. Não seria o caso, então, de afirmar que os deputados do partido também *fingiam fingir* que eram republicanos, que eram o que realmente eram, exatamente da mesma maneira que Shostakovitch fingia fingir ser um comunista fiel?

Seja como for, a posição subjetiva de Prokofiev é radicalmente diferente da de Shostakovitch: podemos propor a tese de que, ao contrário de Shostakovitch, Prokofiev *não* era de fato um "compositor soviético", ainda que tenha escrito, mais do que Shostakovitch, cantatas oficiais em louvor a Stalin e a seu regime. Prokofiev adotou uma espécie de posição protopsicótica de exclusão interna diante do stalinismo: não era internamente afetado nem importunado pelo stalinismo, isto é, tratava-o apenas como um incômodo externo. De fato, há certa infantilidade em Prokofiev, como uma criança mimada que se recusa a aceitar seu lugar na ordem social das coisas: ele voltou para a União Soviética em 1936, no ápice dos expurgos stalinistas, passeou com seu carro importado dos Estados Unidos, vestiu-se de maneira excêntrica com as roupas extravagantes que trouxe de Paris, encomendou livros e alimentos do Ocidente, ignorando a loucura e a pobreza à sua volta. É por isso que, em contraste com Shostakovitch, ele nunca "entrou" realmente no idioma do discurso duplo do supereu stalinista para combinar o compromisso externo com amargura e tristeza internas. Nem a melancolia e o desespero de sua última sonata para violino são uma reação à opressão stalinista: o mesmo estilo e o mesmo clima já estão lá, em suas obras pré-revolucionárias. Nesse sentido, a reação de cada um aos ataques de Jdanov em 1946 e 1947 é exemplar. Prokofiev simplesmente não entendeu as acusações, não introjetou a tensão. Em 1947, quando foi obrigado a assistir a uma assembleia da União dos Compositores e ouvir um discurso de Jdanov contra ele e outros compositores soviéticos, ele chegou bêbado, fez comentários grosseiros em voz alta, interrompeu o orador e, no meio do discurso, adormeceu na cadeira. Por milagre, nada aconteceu, tão aceita como era sua excentricidade.

E Shostakovitch? A popularidade e a repercussão pública de sua música sofreram uma estranha transformação: algumas décadas antes, a maioria dos críticos o desprezava porque o considerava um "realista socialista", sem contato com a evolução característica da música moderna; hoje, entretanto, grandes modernistas como Schoenberg ou Webern são considerados coisa do passado, e respeitosamente ignorados, enquanto Shostakovitch ressurgiu como o compositor "sério" mais popular do século XX, com dúzias de livros escritos não só sobre sua música, como também sobre sua dissidência oculta. Mas e se a popularidade de Shostakovitch for o sinal de um não evento, da ocultação do verdadeiro Evento da música moderna – em termos mais gerais, o momento da vasta contrarrevolução cultural cujo marco político foi o recuo da política emancipadora radical e a volta do foco nos direitos humanos e na prevenção do sofrimento?

250 / Em defesa das causas perdidas

O carnaval stalinista...

O que o trauma de 1935 (a campanha pública contra *Lady Macbeth* iniciada pelo artigo "Balbúrdia em vez de música", publicado no *Pravda*) fez com a sua música? Talvez o indicador mais claro do rompimento seja a mudança na função do *scherzo* na obra de Shostakovitch na década de 1940 e no início da de 1950. Antes de 1935, seus *scherzi* ainda podem ser percebidos como a expressão explosiva da *joie de vivre* e de uma nova vitalidade agressiva e grotesca; há neles algo da força libertadora do carnaval, da loucura do poder criativo que afasta alegremente todos os obstáculos e ignora todas as regras e hierarquias estabelecidas. Entretanto, depois de 1935, seus *scherzi* claramente "perderam a inocência": a energia explosiva adquire um traço violento e ameaçador, há algo mecânico em sua energia, como os movimentos forçados de uma marionete. Eles representam a energia crua da violência social, dos massacres de vítimas indefesas ou, se pretendem ser a explosão da "alegria de viver", a pretensão é claramente sarcástica ou uma explosão maníaca e impotente da agressividade da vítima indefesa. Aqui, o "carnaval" já não é mais uma experiência libertadora, mas o trovão da agressão distorcida e reprimida – é o "carnaval" dos *pogroms* racistas e das curras cometidas por bandos de bêbados. (Os casos mais notáveis são o segundo e o terceiro movimentos da Oitava Sinfonia, o famoso segundo movimento da Décima Sinfonia – "Retrato de Stalin" – e, entre os quartetos de cordas, o terceiro movimento do Quarteto nº 3 – que hoje soa quase como a trilha sonora de Herrmann, de *Psicose* – e o movimento "furioso" do Quarteto nº 10.)[56]

Isso significa que, de maneira perturbadora, a experiência traumática de ter sido condenado pelo stalinismo ajudou Shostakovitch a atingir a sua amarga maturidade? Não fosse assim, ele teria continuado a ser o compositor da nova *joie de vivre* soviética, misturando jazz com o modernismo rítmico agressivo? E se a mistura de dramaticidade opressiva e melancólica com as explosões destrutivas dos *scherzi* não for a única maneira de responder à experiência do terror stalinista, mas antes uma resposta que se encaixa no humanismo stalinista, uma reafirmação da antiga tradição russa? E se houver um caminho diferente, que também já está prefigurado em outra antiga tradição russa: a sobreposição de horror e humor como sinal de distinção do grotesco especificamente russo, cujo primeiro grande representante foi Gogol? O que é "O nariz", seu conto mais famoso, sobre um pequeno burocrata cujo nariz se separa dele e adquire vida própria, senão uma comédia grotesca ou uma história de terror? Aqui é esclarecedora a recepção da curta ópera "absurda" de Shostakovitch, escrita anos antes (1930) e baseada nesse conto: embora seja apresentada em geral como uma sátira ou mesmo como uma farsa frenética, o próprio Shostakovitch a

---

[56] Ver Bernd Feuchtner, *Dimitri Schostakowitsch* (Kassel, Stuttgart e Weimar, Barenreiter/Metzler, 2002), p. 125-6.

chamava de "história de terror": "Tentei não fazer piadas em *O nariz*. [...] É cruel demais". Assim, quando o Opera Group, numa encenação recente, chamou-a de "a ópera mais engraçada já realizada, uma versão operística de *Monty Python*", essa designação deveria nos lembrar a dimensão pesadelar subjacente nas comédias de Monty Python. Essa mistura de terror e humor é marca registrada do universo dos campos de concentração; eis como Primo Levi, em *É isto um homem?*, descreve o pavoroso "selekcja", o exame de sobrevivência no campo:

> O *Blockältester* [o mais velho da cabana] fechou a porta de interligação e abriu as outras duas, que levavam do dormitório e do *Tagesraum* [sala de estar] para fora. Ali, na frente das duas portas, fica o juiz do nosso destino, um subalterno da SS. À direita está o *Blockältester* e à esquerda, o intendente da cabana. Cada um de nós, ao sair nu do *Tagesraum* para o ar frio de outubro, tem de descer correndo os degraus entre as duas portas, dar o cartão ao homem da SS e entrar pela porta do dormitório. O homem da SS, numa fração de segundo entre duas travessias sucessivas, com uma olhada na frente e nas costas de cada um, julga o destino de todos e, por sua vez, dá o cartão ao homem à direita ou à esquerda, e essa é a vida ou a morte de cada um de nós. Em três ou quatro minutos, uma cabana de duzentos homens está "feita", assim como o campo inteiro de doze mil homens no decorrer de uma tarde.[57]

Direita significa sobrevivência, esquerda são as câmaras de gás. Não há algo propriamente *cômico* nisso, o espetáculo ridículo de tentar parecer forte e saudável para atrair, por um breve instante, o olhar indiferente do administrador nazista que preside a vida e a morte? Aqui, comédia e horror coincidem: imagine os prisioneiros treinando a apresentação, tentando manter a cabeça erguida e o peito estufado, andando com agilidade, mordendo os lábios para parecerem menos pálidos, trocando dicas de como impressionar o homem da SS; imagine como uma simples confusão de cartões ou a falta de atenção do homem da SS pode decidir um destino... Não admira, portanto, que o humor obsceno também seja um indicador importantíssimo da dimensão carnavalesca do terror stalinista. Recordemos a aventura de Shostakovitch durante o interrogatório na KGB, em 1937:

> Deram-me um passe [de segurança] e fui para a sala [do NKVD]. O investigador se levantou quando entrei e me cumprimentou. Foi muito amistoso e me convidou a sentar. Começou a fazer perguntas sobre minha saúde, minha família, o trabalho que estava fazendo – todo tipo de pergunta. Falava de maneira muito amistosa, receptiva e bem-educada. Então, de repente, perguntou: "Diga-me, conhece Tukhatchevski?". Eu disse que sim e ele perguntou: "Como?". E eu disse: "Num dos meus concertos. Depois do concerto, Tukhatchevski foi ao camarim me parabenizar. Disse que gostava da minha música, que era meu admirador. Disse que gostaria de me encontrar para conversar so-

---

[57] Primo Levi, *If This is a Man* e *The Truce* (Londres, Abacus, 1987), p. 133-4. [Ed. bras.: *É isto um homem?*, Rio de Janeiro, Rocco, 2000, e *A trégua*, São Paulo, Companhia das Letras, 1997.]

bre música quando viesse a Leningrado. Disse que seria um prazer discutir música comigo. Disse que, se eu fosse a Moscou, gostaria muito de me ver". "E com que frequência se encontravam?" "Só quando Tukhatchevski vinha à cidade. Costumava me convidar para jantar." "Quem mais estava à mesa?" "Só a família dele. Familiares e parentes." "E o que discutiam?" "Música, principalmente." "Política, não?" "Não, nunca falávamos de política. Eu sabia como eram essas coisas." "Dmitri Dmitrievitch, isso é muito sério. O senhor precisa se *lembrar*. Hoje é sábado. Vou assinar seu passe e o senhor pode ir para casa. Mas, ao meio-dia de segunda-feira, tem de voltar aqui. Não se esqueça. Isso é muito sério, muito importante." Entendi que era o fim. Aqueles dois dias até segunda-feira foram um pesadelo. Disse à minha mulher que talvez não voltasse. Ela chegou a me preparar uma bolsa, do tipo que se prepara para quem vai ser levado. Colocou roupas de baixo de inverno. Eu sabia que não ia voltar. Fui até lá ao meio-dia [da segunda-feira] e me apresentei na recepção. Havia um soldado lá. Dei-lhe meu passaporte [interno]. Disse-lhe que fora convocado. Ele procurou meu nome: primeira lista, segunda, terceira. E disse: "Quem o convocou?". Eu disse: "O inspetor Zakovski". Ele disse: "Ele não vai poder atendê-lo hoje. Volte para casa. Nós o chamaremos". Devolveu meu passaporte e fui para casa. Só mais tarde, à noite, soube que o inspetor fora preso.[58]

Se já houve um carnaval em que o rei de hoje é o mendigo de amanhã, ei-lo[59]! Seja como for, impõe-se aqui uma advertência extraída do senso comum: não há uma diferença fundamental e bastante óbvia entre o carnaval propriamente dito e os expurgos stalinistas? No primeiro caso, toda a hierarquia social é momentaneamente suspensa, os que estavam por cima são jogados para baixo e vice-versa, enquanto, no caso do stalinismo, as mudanças inesperadas e "irracionais" da fortuna só afetam os que estão sujeitos ao poder; longe de ser ameaçada, longe de ter seu poder suspenso, mesmo que simbolicamente, a *nomenklatura* comunista usa as mudanças "irracionais" do terror arbitrário para fortalecer seu domínio... Entretanto, há momentos de paroxismo em que o terror revolucionário atinge efetivamente dimensões carnavalescas, momentos em que, como a famosa cobra, o partido dominante começa a comer a si mesmo, engolindo aos poucos o próprio rabo. O fato surpreendente de que "o lugar mais perigoso eram as cercanias do poder" distingue claramente o stalinismo dos regimes fascistas; eis os resultados de apenas dois anos de *iejovshina*:

> Cinco colegas de Stalin no Politburo foram mortos, e 98 dos 139 integrantes do Comitê Central. Do Comitê Central da República da Ucrânia, só sobreviveram 3 de 200; 72 dos 93 membros do Comitê Central do Komsomol morreram. Dos 1.996 líderes do partido no 17º Congresso, de 1934, 1.108 foram presos ou assassinados. Nas províncias, 319 dos 385 secretários regionais do partido e 2.210 dos 2.750 secretários distritais morreram.[60]

---

[58] Disponível em: <http://www.siue.edu/~aho/musov/basner/basner.html>.

[59] Ver Boris Groys, "Totalitarizm karnavala", *Bakhtinskii zbornik*, (Moscou, Labirinth, v. 3, 1997).

[60] Richard Overy, *The Dictators* (Londres, Penguin, 2004), p. 100-1. [Ed. bras.: *Os ditadores*, Rio de Janeiro, José Olympio, 2009.]

Na análise da paranoia do juiz alemão Schreber, Freud lembra que o que costumamos considerar loucura (a trama paranoica de conspiração contra o sujeito) já é, na verdade, uma tentativa de recuperação: depois do colapso psicótico completo, o construto paranoico é a tentativa do sujeito de restabelecer um tipo de ordem em seu universo, uma base de referência que lhe permita adquirir uma forma de "mapeamento cognitivo". Seguindo essa mesma linha, ficamos tentados a afirmar que, no final de 1937, quando o discurso paranoico stalinista atingiu seu apogeu e iniciou sua própria dissolução como vínculo social, a prisão e execução em 1938 do próprio Iejov, que em 1937 era o principal carrasco de Stalin, foi na verdade uma tentativa de recuperação, de estabilizar a fúria descontrolada de autodestruição que explodiu em 1937: o expurgo de Iejov foi uma espécie de metaexpurgo, o expurgo para acabar com todos os outros expurgos (ele foi acusado justamente de executar milhares de bolcheviques inocentes em benefício de potências estrangeiras; a ironia é que a acusação era verdadeira: ele planejou de fato a execução de milhares de bolcheviques inocentes...). Entretanto, o ponto fundamental é que, embora beiremos aqui os limites do social, o nível em que o próprio vínculo sociossimbólico se aproxima da dissolução autodestrutiva, esse mesmo excesso, todavia, foi gerado por uma dinâmica precisa de luta social, por uma série de alinhamentos e realinhamentos cambiantes no ponto mais alto do regime (Stalin e seu pequeno círculo), a *nomenklatura* superior e os membros da base do partido:

> Assim, em 1933 e 1935 Stalin e o Politburo uniram-se a todos os níveis da elite da *nomenklatura* para filtrar, ou expurgar, a base indefesa. Os líderes regionais então usaram os expurgos para consolidar suas máquinas e expulsar gente "inconveniente". Isso, por sua vez, provocou outro alinhamento em 1936, quando Stalin e a *nomenklatura* de Moscou ficaram do lado da base, que se queixava da repressão das elites regionais. Em 1937, Stalin mobilizou abertamente as "massas do partido" contra a *nomenklatura* como um todo; isso constituiu um elemento importante na destruição da elite durante o Grande Terror. Mas em 1938 o Politburo mudou o alinhamento e fortaleceu a autoridade da *nomenklatura* regional como parte da tentativa de restaurar a ordem no partido durante o terror.[61]

Portanto, a situação explodiu quando Stalin se arriscou a apelar diretamente para os próprios integrantes da base, solicitando que manifestassem suas queixas contra o domínio arbitrário dos chefes locais do partido (atitude semelhante à Revolução Cultural de Mao); sua fúria contra o regime, incapaz de expressar-se diretamente, explodiu de forma ainda mais cruel contra os alvos substitutos. Como, ao mesmo tempo, a alta *nomenklatura* manteve o poder executivo sobre os expurgos, isso pôs em ação um ciclo vicioso autodestrutivo propriamente carnavalesco, em que praticamente todos foram ameaçados (por exemplo, dos 82 secretários distritais do partido, 79 foram fuzilados). Outro aspecto da espiral do ciclo vicioso

---

[61] J. Arch Getty e Oleg V. Naumov, *The Road to Terror*, cit., p. 14.

254 / Em defesa das causas perdidas

foram as próprias flutuações das diretrizes a respeito da radicalidade dos expurgos: o comando exigia medidas drásticas e ao mesmo tempo advertia contra os excessos, de modo que os executantes ficaram numa posição insustentável; em última análise, qualquer coisa que fizessem estaria errado. Se não prendessem determinado número de traidores e não descobrissem determinadas conspirações, seriam considerados lenientes e partidários da contrarrevolução; assim, sob pressão para cumprir sua cota, tiveram de fabricar provas e inventar conspirações, expondo-se, portanto, à crítica de que eles mesmos eram sabotadores e destruíam milhares de comunistas honestos para favorecer potências estrangeiras... Assim, a estratégia de Stalin, ou seja, dirigir-se diretamente às massas do partido, cooptando as atitudes antiburocráticas, foi arriscadíssima:

> Isso ameaçou não só expor a política da elite ao exame público, como também desacreditar todo o regime bolchevique, do qual o próprio Stalin fazia parte. [...] Finalmente, em 1937, Stalin infringiu todas as regras do jogo – na verdade, acabou completamente com o jogo – e desencadeou o terror de todos contra todos.[62]

Podemos discernir muito precisamente a dimensão do supereu nesses eventos: a própria violência infligida pelo Partido Comunista aos seus membros testemunha a contradição interna radical do regime, ou seja, o fato de que, na origem do regime, havia um projeto revolucionário "autêntico" – os expurgos incessantes foram necessários não só para apagar os vestígios das origens do próprio regime, mas também como um tipo de "retorno do recalque", um lembrete da negatividade radical no cerne do regime. Os expurgos stalinistas realizados nos altos escalões do partido baseavam-se nessa traição fundamental: os acusados eram de fato culpados, na medida em que, como membros da nova *nomenklatura*, traíram a Revolução. Portanto, o terror stalinista não é simplesmente a traição da Revolução, ou seja, uma tentativa de apagar os vestígios do passado revolucionário autêntico; ele é, ao contrário, uma espécie de "demônio da perversidade" que obriga a nova ordem pós-revolucionária a (re)inscrever em si mesma a traição da Revolução, a "refleti-la" ou "observá-la" sob o disfarce de prisões e execuções arbitrárias que ameaçavam todos os membros da *nomenklatura* – assim como, na psicanálise, a confissão de culpa dos stalinistas esconde a verdadeira culpa. (Como se sabe, Stalin, muito sensatamente, recrutou para o NKVD pessoas de origem social inferior, que, portanto, eram capazes de extravasar seu ódio contra a *nomenklatura* prendendo e torturando *apparatchiks* importantes.) Essa tensão inerente entre a estabilidade do domínio da nova *nomenklatura* e o pervertido "retorno do recalque" – na forma de repetidos expurgos nas fileiras da *nomenklatura* – está no próprio âmago do fenômeno stalinista: os expurgos são a forma sob a qual a herança revolucionária traída sobrevive e persegue o regime... Como já observamos no caso de Mao, é preciso especificar aqui o

---

[62] Idem.

papel do Líder: ele se eximiu dessas voltas da fortuna porque não era o Mestre tradicional, mas o "Senhor do Desgoverno", o próprio agente da subversão carnavalesca.

Por causa dessa dinâmica carnavalesca autodestrutiva, a *nomenklatura* stalinista ainda não podia ser caracterizada como a "nova classe"; como observou Andrzej Walicki, paradoxalmente a estabilização da *nomenklatura* numa nova classe é incompatível com o verdadeiro "totalitarismo" stalinista: isso ocorreu só nos anos Brejnev:

> a consolidação da *nomenklatura* soviética, que, pela primeira vez na história soviética, "conseguiu emancipar-se da subserviência às mais altas autoridades" e constituiu-se como estrato estável privilegiado, que gozava não só de segurança física (que obtivera durante a era Kruschev), como também de segurança no emprego, qualquer que fosse seu desempenho – com efeito, um *status* semelhante ao da nova classe dominante. [...] O limite máximo do totalitarismo foi o período dos expurgos permanentes, que visavam a eliminação absoluta não só de todos os desvios possíveis como também de grupos de interesse estáveis cuja própria existência poderia pôr em risco a pureza ideológica e minar a estrutura monolítica de poder.[63]

Aqui, há mais duas conclusões paradoxais a tirar: por causa da natureza ideológica específica do regime stalinista (seu compromisso nominal com a meta de uma sociedade comunista igualitária e justa), o terror e os expurgos da *nomenklatura* não só estavam inscritos em sua própria natureza (a existência da *nomenklatura* traía as metas proclamadas), como eram também a vingança da ideologia do próprio regime contra a *nomenklatura*, que *era* realmente culpada de "trair o socialismo". Além do mais, a estabilização total da *nomenklatura* numa nova classe só foi possível quando seus membros deixaram de acreditar nas metas ideológicas do regime – aí reside o papel da expressão "socialismo real", que surgiu nos anos Brejnev: ela assinala que o regime renunciou à sua visão comunista e ateve-se a uma política pragmática do poder. Isso também confirma o fato (muito citado) de que os anos Kruschev foram os últimos em que a elite dominante soviética ainda apresentava um entusiasmo histórico (se não revolucionário) genuíno por sua missão; depois de Kruschev, algo semelhante a sua mensagem de desafio aos norte-americanos ("Nós enterraremos vocês! Seus netos serão comunistas!") tornou-se inimaginável.

...nos filmes de Serguei Eisenstein

Além de *Soberba*, de Orson Welles, *Traição na campina* e a terceira parte de *Ivan, o Terrível*, de Serguei Eisenstein, pertencem à série das obras-primas absolutas e perdidas da história do cinema.

---

[63] Andrzej Walicki, *Marxism and the Leap to the Kingdom of Freedom* (Stanford, Califórnia, Stanford University Press, 1995), p. 522.

256 / Em defesa das causas perdidas

A suprema ironia de *Traição na campina* é o título do filme*: foi tirado de um conto de Ivan Turguêniev, da coletânea *Relatos de um caçador*, sobre meninos camponeses que discutem os sinais sobrenaturais da morte. O que isso tem a ver com o enredo do filme, baseado no famoso (e infame) caso de Pavlik Morozov, um menino de uma aldeia camponesa que durante a deskulakização foi morto pelo pai contrar-revolucionário porque apoiava as fazendas coletivas? Ficamos quase tentados a repetir a pergunta do observador perplexo diante da pintura intitulada "Lenin em Varsóvia", que mostra Nadejda Krupskaia em seu escritório, praticando sexo selvagem com um jovem membro do Konsomol: "Cadê Lenin?". (Resposta calma do guia: "Lenin está em Varsóvia".) Sendo assim, onde está a campina Bezhin? Há semelhanças entre as duas histórias, mas não no nível narrativo explícito; elas aparecem no nível "virtual" fantasmático subjacente. No filme também há um grupo de meninos camponeses que lutam com o representante terreno do sobrenatural, a Igreja, mas eles "discutem os sinais sobrenaturais da morte" destruindo-a numa orgia carnavalesca[64].

A grandeza de Eisenstein foi ter reproduzido em seus filmes a passagem da economia libidinal do fervor revolucionário leninista para o "Termidor" stalinista. Recordemos a cena cinematográfica arquetípica eisensteiniana, que retrata a orgia exuberante da violência revolucionária destrutiva (que o próprio Eisenstein chamava de "verdadeira bacanal de destruição"): em *Outubro*, quando penetram na adega do Palácio de Inverno, os revolucionários vitoriosos se entregam a uma orgia extática e quebram milhares de garrafas de vinho caríssimas; em *Traição na campina*, os primeiros habitantes da aldeia abrem caminho até a igreja local e a profanam, roubando suas relíquias, disputando ícones, experimentando as vestes de forma sacrílega, rindo das estátuas como hereges... Nessa suspensão da atividade instrumental dirigida para a meta, temos efetivamente algo como a "despesa irrestrita" de Bataille – o desejo piedoso de privar a revolução desse excesso é simplesmente o desejo de ter uma revolução sem revolução. Comparemos isso com o que Eisenstein faz na segunda parte de *Ivan, o Terrível*, em que a única cena filmada em cores (o penúltimo rolo) é a orgia carnavalesca no grande salão do conde, um espaço fantasmático bakhtiniano em que as relações de poder "normais" se invertem: aqui, o czar é o escravo do idiota e o proclama o novo czar; Ivan mune o bobo Vladimir de todas as insígnias imperiais, prostra-se humildemente diante dele e beija sua mão. A cena começa com o coro e a dança obscena dos "*oprichniks*" (o exército particular de Ivan), representada de maneira totalmente "irreal": uma estranha mistura de Hollywood com teatro japonês, um número musical que conta uma história bizar-

---

*   Em russo, *Bezhin lug* [o prado de Bezhin]. (N. E.)

[64] A outra fabulosa ironia é que, quando a primeira versão do filme foi rejeitada por não representar a vida na aldeia soviética com o espírito verdadeiramente otimista do realismo socialista, o estúdio chamou Isaac Babel para reescrever o roteiro.

ra (louva o machado que corta a cabeça dos inimigos de Ivan). A canção começa descrevendo um grupo de boiardos durante uma lauta refeição: "Pelo meio [...] as taças douradas passam [...] de mão em mão". O coro então pergunta, em tensa e prazerosa expectativa: "Vamos! Vamos! O que acontece depois? Vamos, conte mais!". E o *oprichnik* que canta em solo, curvando-se para a frente e assoviando, grita a resposta: "Golpeiem com os machados!". Estamos aqui no lugar obsceno onde a diversão musical depara com a eliminação política. E, levando em conta o fato de que o filme foi feito em 1944, isso não confirmaria o caráter carnavalesco dos expurgos stalinistas? Encontramos uma orgia noturna semelhante na terceira parte de *Ivan*, que não foi filmada. No roteiro[65], a obscenidade sacrílega é explícita: Ivan e seus *oprichniks* executam sua bebedeira noturna como uma missa negra, trajando túnicas monásticas pretas sobre as roupas de todos os dias. Eis a verdadeira grandeza de Eisenstein: ter percebido (e reproduzido) a mudança fundamental na situação de violência política, da libertadora explosão "leninista" de energia destrutiva para o submundo obsceno e "stalinista" da Lei.

É interessante que o principal adversário de Ivan nas duas partes do filme não é um homem, mas uma mulher: a velha e poderosa Eufrosina Staritskaia, tia de Ivan, que quer pôr em seu lugar o filho imbecil Vladimir e, assim, reinar de fato. Ao contrário de Ivan, que quer o poder total, mas percebe-o como uma "carga pesada" e exerce-o como meio para atingir um fim (a criação de um Estado russo grande e poderoso), Eufrosina é objeto de uma paixão mórbida. Para ela, o poder é um fim em si. O trecho supramencionado da *Fenomenologia do espírito*, de Hegel, sobre a noção do sexo feminino[66], encaixa-se perfeitamente na imagem de Ortrud de *Lohengrin*, de Wagner: para Wagner, não há nada mais terrível e odioso que a mulher que intervém na vida política levada pelo desejo de poder. Ao contrário da ambição masculina, a mulher quer o poder para promover seus interesses familiares estreitos ou, pior ainda, seus caprichos pessoais, pois é incapaz de perceber a dimensão universal da política de Estado. O mesmo não acontece em *Ivan, o Terrível*? Eufrosina não é o contraponto necessário da noiva envenenada de Ivan, uma mulher gentil, totalmente dedicada e submissa ao marido[67]?

O gesto paradigmático de Ivan é o seguinte: ele finge horror e arrependimento pelo derramamento de sangue que teve de iniciar e depois, num gesto súbito de re-

---

[65] Ver Serguei Eisenstein, *Ivan the Terrible* (Londres, Faber & Faber, 1989), p. 225-64.

[66] G. W. F. Hegel, *Fenomenologia do espírito*, cit.

[67] A fluidez e a intercambialidade da identidade sexual em *Ivan* já foi várias vezes comentada: Fiodor Basmanov ocupa o lugar da envenenada Anastácia como novo parceiro de Ivan; Vladimir é efeminado e a mãe, Eufrosina, masculinizada; a corte polonesa é ridiculamente feminizada etc. Essa efeminação culmina na cena da corte inglesa, na terceira parte, em que Elisabeth é representada por um homem (o diretor Mikhail Romm).

flexão, endossa por inteiro sua crueldade, exigindo ainda mais. Na segunda parte, num momento típico, ele inspeciona os corpos dos boiardos mortos pelos *oprichniks* e faz humildemente o sinal da cruz. De repente, com um lampejo de fúria enlouquecida nos olhos, ele para, aponta o chão e diz com voz rouca: "Muito pouco!". Essa mudança brusca é mais bem exemplificada pelo traço elementar da atuação: várias vezes, vemos Ivan olhar fixamente para a frente com uma expressão patética, como se estivesse profundamente concentrado numa missão nobre; então, de repente, olha em volta desconfiado, com uma expressão que beira a loucura paranoica. Uma variação dessa mudança é a famosa cena de sua doença, na primeira parte, em que os padres, de forma prematura e bastante entusiasmada, lhe dão a extrema-unção. Cobrem sua cabeça com um livro sagrado gigantesco e ele, segurando uma vela acesa sobre o peito e murmurando orações, participa do ritual; de repente, porém, debate-se para tirar a Bíblia de cima de sua cabeça, olha em torno como se tentasse desesperadamente entender a situação e então, exausto, cai de volta no travesseiro, com o livro sobre ele.

Isso nos leva a uma cena que foi planejada como aquilo que Eisenstein chamava de *donnée* (o sustentáculo dramático e emocional) de toda a trilogia: na metade da terceira parte, depois do cerco e da destruição da cidade de Novgorod, que se rebelou contra seu domínio, Ivan, dilacerado por dúvidas e escrúpulos íntimos, chama um padre para se confessar. A cena é um close longo e contínuo da cabeça de Ivan que ocupa metade da tela; a outra metade é ocupada pela cruz do confessor, que foi pendurada ao seu lado; enquanto isso, Ivan enumera as terríveis façanhas que foi forçado a realizar pela pátria. De repente, Eustace, o confessor, mostra-se interessado demais nos nomes dos executados (fato lindamente assinalado pelo tremor da cruz) e pergunta ansioso por outros nomes entre os mortos: "Felipe? E... Timóteo? E Miguel?". Depois de tranquilizá-lo ("Nós o pegaremos!"), Ivan de repente tem um sobressalto. Agarra a cruz de Eustace e puxa-a até ficar face a face com o confessor. Então, suas mãos sobem da corrente até a garganta do confessor e ele começa a acusá-lo ameaçadoramente: "Será que o senhor também pertence a essa linhagem maldita?". Finalmente, explode: "Prendam-no! Interroguem-no! Façam-no falar!"[68].

Ainda na terceira parte, em outro momento de clímax, Ivan enreda o próprio Deus em sua dialética. Enquanto na igreja um monge lê vagarosamente o nome de todos os mortos em Novgorod, Ivan jaz prostrado no chão sob a grande pintura do Juízo Final, na qual se veem chispas saindo dos olhos do juiz celestial e a raiva estampada em seu rosto severo. Ivan reflete sobre suas ações sanguinolentas, tentando desculpá-las: "Não é maldade. Nem raiva. Nem crueldade. É para punir a traição. A traição à causa comum". Então, angustiado, dirige-se diretamente a Deus:

---

[68] Serguei Eisenstein, *Ivan the Terrible*, cit., p. 240-1.

– O senhor não diz nada, Czar Celestial?
Ele espera. Não há resposta. Zangado, como se lançasse um desafio, o czar terreno repete, ameaçador, ao Czar Celestial:
– O senhor não diz nada, Czar Celestial?
O czar terreno, com um gesto súbito e violento, lança o cetro incrustado de pedras preciosas no Czar Celestial. O cetro se esfacela contra a parede lisa.[69]

Em que exatamente reside a economia libidinal dessa estranha reviravolta? Ivan não está simplesmente dilacerado pelo conflito íntimo entre seus escrúpulos éticos e seu dever de governante, que tem de cometer atos cruéis pelo bem do país; também não está apenas blefando, fingindo seu tormento moral de maneira hipócrita. Embora sua vontade de arrepender-se seja *absolutamente sincera*, ele não se identifica subjetivamente com ela. Ele está inserido na cisão subjetiva introduzida pela ordem simbólica: deseja o ritual da confissão executado como um ritual exteriorizado adequado e participa do jogo da confissão de maneira totalmente sincera, mas mantém-se ao mesmo tempo na posição do observador externo que desconfia do espetáculo, sempre atento e vigilante à facada repentina nas costas. Tudo o que quer é que o agente a quem se dirige e do qual espera perdão faça seu serviço direito e não se meta com política. Em resumo, a paranoia de Ivan é que ele não pode confiar no agente a quem está disposto a confessar seus pecados – desconfia que esse agente (em última análise, o próprio Deus) também possuiu uma pauta política própria e oculta que vai contra a de Ivan. É por isso que aqui Stalin foi rápido na famosa conversa noturna com Eisenstein, na qual reduziu a religiosidade de Ivan a um obstáculo moral que o impediu de concluir impiedosamente a destruição de seus inimigos:

> Ivan, o Terrível, foi crudelíssimo. É possível mostrar por que precisava ser cruel. Um dos erros de Ivan, o Terrível, foi não acabar completamente com as cinco grandes famílias feudais. Se tivesse destruído essas cinco famílias, não teria havido o Tempo das Tribulações. Quando Ivan, o Terrível, executava alguém, depois se arrependia e rezava por um longo tempo. Deus o perturbava nessas questões. [...] Era necessário ser categórico.[70]

O que Stalin, apesar de sua genialidade, não entendeu foi que o espetáculo do arrependimento não era um obstáculo para a execução implacável dos inimigos e ajudou a compor a espiral autoimpulsionada de oscilação interminável entre assassinato e arrependimento. Essa espiral teria atingido um clímax insuportável na terceira parte de *Ivan, o Terrível*. No roteiro do filme, há uma cena no grande salão da corte em que Ivan realiza um protoexpurgo stalinista entre seus próprios *oprichniks*. Dirigindo-se aos *oprichniks* reunidos, ele afirma num tom ameaçador

---

[69] Ibidem, p. 237.
[70] Disponível em <http://revolutionarydemocracy.org/rdv3n2/ivant.htm>.

que "há alguns dentre nós que trocaram por ouro a causa dos *oprichniks*", sem dar nomes. E continua: "Há entre vocês alguém que é venerável e goza da mais alta confiança [...]. E esse desgraçado traiu minha confiança". Seguindo o olhar de Ivan, todos fixam os olhos no fiel Alexei Basmanov, inclusive seu filho Fiodor, tomado de pesar. Então, Ivan pergunta: "Quem é digno o bastante para cortar cabeça tão sábia?". Seus olhos pousam em Fiodor, que está de cabeça baixa. Fiodor sente o olhar de Ivan sobre ele; levanta a cabeça para olhá-lo bem nos olhos. Com um movimento quase imperceptível, Ivan faz um sinal de cabeça; Fiodor afasta-se da mesa, vai até o pai e leva-o para fora.

Num recanto escuro, Alexei confessa sua culpa ao filho, mas diz que acumulou montanhas de ouro para o filho e a família, de modo que "nossa linhagem continue"; então implora ao filho que lhe prometa que, depois de matá-lo, guardará todo o ouro para seus descendentes; Fiodor faz o juramento, pai e filho se beijam e então o filho decapita rapidamente o pai. A cena volta então para o grande salão, onde Ivan, num estado de tensão crescente e completamente atormentado, olha para a porta. Ela enfim se abre e Fiodor reaparece, de cabeça baixa e o cabelo grudado na testa. Ele ergue a cabeça; Ivan o olha bem nos olhos.

> Mas o olhar de Fiodor já é impuro, não consegue suportar o de Ivan. Os lábios deste se contraem quando diz com voz vazia: "Não mostraste piedade por teu pai, Fiodor. Por que terias piedade de mim ou me defenderias?". Fiodor percebe que o czar adivinhou a conversa secreta entre ele e o pai.

Ivan dá a ordem: "Prendam-no!". Como louco, Fiodor tenta lançar-se contra Ivan, mas é esfaqueado pela adaga de Staden (um *oprichnik* alemão). "Uma única lágrima rola pela barba grisalha do czar Ivan. Fica suspensa na ponta da barba como uma gota de chuva numa coroa fúnebre. Ivan: 'Tende piedade de mim, ó Senhor, tende piedade'..." Com as últimas forças que lhe restam, o moribundo Fiodor adverte Ivan: "Não confiai no alemão, ó czar!...". Ivan ergue as pálpebras pesadas, seu olhar cai sobre Staden: "Com que rapidez o hóspede estrangeiro sai em defesa do czar contra seus próprios *oprichniks*!". O fiel Maliuta agarra rapidamente o ombro de Staden com sua mão pesada[71]... Mesmo aí, a série de traição e desconfiança continua: de Alexei a Fiodor, de Fiodor a Staden... Em ambos os casos, a suspeita de Ivan recai sobre a própria pessoa que acabou de cometer um assassinato para defender o czar.

Em quem Ivan pode confiar, se até a dupla de fiéis servidores, Alexei Basmanov e seu filho Fiodor, acabaram por traí-lo (roubando e acumulando tesouros para riqueza e glória da família)? Maliuta Skuratov, o carrasco confiável e dedicado como um cão, conheceu Ivan quando liderou a multidão que invadiu a igreja onde estava sendo realizada a coroação com a intenção de assassiná-lo. No final da ter-

---

[71] Serguei Eisenstein, *Ivan the Terrible*, cit., p. 249-53.

ceira parte, o moribundo Maliuta nomeia, por assim dizer, seu sucessor (a pessoa em quem Ivan pode confiar totalmente): Peter Volynets, o rapaz que, no fim da segunda parte, matou Vladimir com uma facada, acreditando que estava matando Ivan. É como se Ivan só pudesse confiar em ex-traidores.

A diferença mínima

Pode-se imaginar a tragédia propriamente stalinista que ocorreria se um acusado num julgamento de fachada (um ex-integrante da *nomenklatura*) fosse obrigado a admitir que a punição injusta que lhe cabia resultava de sua atividade política prévia e, nesse sentido, fosse um sinal de justiça irônica, isto é, que nesse sentido ele de fato *é* "objetivamente culpado". Mas seria possível imaginar o próprio Stalin passando por experiência semelhante, reconhecendo, na loucura das conspirações contrarrevolucionárias que pipocavam à sua volta, o resultado de sua própria loucura? Por razões estruturais, não. O que se pode imaginar é um *coup d'état* bem-sucedido, realizado pela alta *nomenklatura* contra Stalin (digamos, em seus últimos anos de vida, quando todos foram mais uma vez ameaçados pela paranoia antissemita de Stalin); mas seria impossível organizar um julgamento de fachada contra o próprio Stalin, obrigando-o a confessar que encabeçara uma conspiração contra o verdadeiro socialismo. O máximo que podiam fazer era matá-lo discretamente, ao mesmo tempo em que o elevavam a intocável Mestre morto. De certo modo, isso *aconteceu* no fim da década de 1930. É preciso não esquecer que a noção de infalibilidade do papa foi forjada no fim do século XIX, não para aumentar seu poder, mas para restringi-lo: um papa não pode anular as decisões de seus antecessores, já que, por definição, são infalíveis. E paradoxo semelhante aplica-se a Stalin: sua deificação, a elevação a Líder supremo e intocável, coincide com a limitação de seu poder "real". No clímax dos grandes expurgos, quando a espiral de autodestruição carnavalesca ameaçou engolir a própria alta *nomenklatura*, o Politburo contrapôs-se a Stalin e forçou-o a dividir sua autoridade.

A caracterização-padrão dos regimes stalinistas como "socialismo burocrático" é totalmente enganosa e (auto)mistificadora: era assim que o próprio regime stalinista percebia seu problema, a causa de seus fracassos e tribulações – se não havia produtos suficientes nas lojas, se as autoridades não conseguiam atender às exigências do povo etc., haveria algo mais fácil de culpar do que a atitude de indiferença, de arrogância mesquinha da "burocracia"? Não admira que, a partir do fim da década de 1920, Stalin redigisse ataques à burocracia, às atitudes burocráticas. O "burocratismo" não passava de efeito do funcionamento dos regimes stalinistas, e o paradoxo é que a designação é o que há de errado: o que realmente faltava aos regimes stalinistas era exatamente uma "burocracia" eficiente (um aparelho administrativo despolitizado e competente).

262 / Em defesa das causas perdidas

Um dos argumentos dos que insistem que o comunismo, e não o fascismo, foi a verdadeira catástrofe ético-política do século XX baseia-se no fato de que, em toda a Alemanha nazista, havia apenas 25 mil agentes secretos da Gestapo para controlar a população, enquanto a minúscula Alemanha oriental empregava sozinha 100 mil agentes secretos para controlar uma população muito menor: prova clara da natureza muito mais opressora do regime comunista. Mas e se lermos os fatos de modo diferente? A Gestapo precisava de menos agentes porque a população alemã era moralmente muito mais corrupta em seu apoio aos nazistas (e, portanto, colaborava com o regime) do que a população da República Democrática Alemã. Por quê? Por que a população da RDA resistiu mais? A resposta é paradoxal: não é que o povo tenha simplesmente mantido sua independência ética, de modo que o regime se alienou da "vida ética substancial" da maioria; ao contrário, a resistência era indicação do sucesso da ideologia dominante. Em sua própria resistência ao regime comunista, o povo baseava-se na ideologia oficial, que muitas vezes contradizia de forma gritante a realidade: liberdade real, solidariedade social, verdadeira democracia... Nunca se deve esquecer quanto a resistência dissidente deveu à ideologia oficial.

Por essa mesma razão, podemos afirmar que, hoje, a Coreia do Norte não é mais um país comunista, nem mesmo no sentido stalinista: ela cortou os vínculos com o legado do Iluminismo, cuja noção de universalidade obriga o regime a expor *todos* os cidadãos à propaganda oficial. Shin Dong-hyuk, que escapou de uma "zona de controle total" na Coreia do Norte e foi para a Coreia do Sul pela China, conta que os presos mandados para essas zonas não saem mais de lá: trabalham nas minas e na extração de madeira até morrer. As autoridades nem se dão ao trabalho de lhes dar educação ideológica: as crianças nascidas nessas zonas (e condenadas a passar ali a vida toda) só aprendem o necessário para extrair minério e plantar. Havia até mil crianças, mas nenhum livro didático na escola do Vale nº 2, parte do campo onde Shin vivia. Em toda a Coreia do Norte, as aldeias são decoradas com *slogans* comunistas e retratos de Kim Jong-il. O Vale nº 2 tinha apenas um *slogan* entalhado numa placa de madeira: "Todos obedecem aos regulamentos"[72]! O que temos aqui, portanto, é o mecanismo disciplinar em seu aspecto mais puro, sem nenhuma justificativa ideológica. Espera-se que todos os norte-coreanos venerem seu amado líder (quando jornalistas ocidentais perguntaram a pacientes cegos por que gostariam de enxergar, todos afirmaram que era para ver Kim Jong-il, a quem deviam tudo) – todos, exceto os presos, que são literalmente reduzidos à condição subumana, excluídos da comunidade social.

---

[72] Ver Choe Sang-hun, "Born and Raised in a North Korean Gulag", *International Herald Tribune*, 9/7/2007, disponível em: <http://www.iht.com/articles/2007/07/09/news/korea.php>.

Vale a pena voltar aqui ao livro de Ernst Nolte sobre Heidegger pela abordagem séria que faz do esforço de tentar entender o nazismo como projeto político factível, de recriar "a história que os nazistas contavam a si sobre si mesmos", que é a condição *sine qua non* de sua crítica; o mesmo tem de ser feito com o stalinismo[73]. Nolte também formulou os tópicos e os termos básicos do debate "revisionista", cujo primeiro princípio é "comparar objetivamente" fascismo e comunismo: o fascismo e até o nazismo foram, em última análise, uma reação à ameaça comunista e a repetição de suas piores práticas (campos de concentração, liquidação em massa de inimigos políticos): "Será que os nacional-socialistas e Hitler realizaram uma proeza 'asiática' [o Holocausto] só porque viam a si próprios e aos seus como vítimas potenciais ou reais de uma proeza 'asiática' [bolchevique]? O 'Arquipélago Gulag' não precedeu Auschwitz?"[74].

Portanto, por mais repreensível que fosse, o nazismo foi temporariamente o que surgiu depois do comunismo; em relação ao conteúdo, foi também uma *reação* excessiva à ameaça comunista. Além disso, todos os horrores cometidos pelo nazismo apenas copiaram os horrores cometidos anteriormente pelo comunismo soviético: o reinado da polícia secreta, os campos de concentração, o terror genocida... A conclusão de Nolte, portanto, é que o comunismo e o nazismo têm em comum a mesma forma totalitária – e que a diferença entre eles diz respeito somente aos agentes empíricos que ocupam os mesmos lugares estruturais ("judeus" em vez de "inimigos de classe" etc.). A reação-padrão da esquerda-liberal foi um clamor moralista: Nolte relativiza o nazismo, reduzindo-o a um eco secundário do Mal comunista – mas como se pode querer comparar o comunismo, essa tentativa distorcida de libertação, com o Mal radical do nazismo? Em contraste com essa resposta, devemos aceitar cabalmente o argumento central de Nolte: sim, o nazismo foi de fato uma reação à ameaça comunista; na verdade, ele apenas substituiu a luta de classes pela luta entre arianos e judeus. O problema, contudo, é esse "apenas", que de modo algum é tão inocente quanto parece. Estamos lidando aqui com um deslocamento (*Verschiebung*) no sentido freudiano da palavra: o nazismo desloca a luta de classes para a luta racial e, assim, encobre seu verdadeiro lugar. O que muda na passagem do comunismo para o nazismo é a forma, e é nessa mudança de forma que reside a mistificação ideológica nazista: a luta política é convertida em conflito racial, o antagonismo (de classe) inerente à estrutura social é reduzido à invasão de um corpo estranho (judeu) que perturba a harmonia da comunidade ariana. A diferença entre fascismo e comunismo, portanto,

---

[73] Não encontramos o oposto da recusa de pensar o nazismo como projeto político no escândalo teórico crucial de Adorno (e da Escola de Frankfurt em geral): a ausência total da análise do stalinismo em sua obra (para não falar da de Habermas e outros)?

[74] Ernst Nolte, *Martin Heidegger: Politik und Geschichte im Leben und Denken* (Berlim, Propylaen, 1992), p. 277.

264 / Em defesa das causas perdidas

é "ontológico-formal": não é (como afirma Nolte) que tenhamos, em ambos os casos, a mesma estrutura antagônica formal, em que somente o lugar do Inimigo é ocupado por um elemento positivo diferente (classe, raça). No caso da raça, há um elemento naturalizado positivo (a unidade orgânica pressuposta da sociedade é perturbada pela invasão do corpo estranho), enquanto o antagonismo de classe é absolutamente inerente e constitutivo do campo social. O fascismo, portanto, esconde o antagonismo traduzindo-o num conflito de termos positivos opostos[75].

É aqui que temos de escolher: a postura liberal "pura" de equidistância entre o "totalitarismo" de esquerda e de direita (ambos são ruins, ambos se baseiam na intolerância com as diferenças políticas, entre outras, na rejeição dos valores democráticos e humanistas etc.) é falsa *a priori*, é *preciso* tomar partido e afirmar que uma é fundamentalmente "pior" que a outra – por essa razão, a constante "relativização" do fascismo, a ideia de que se deveria comparar racionalmente os dois totalitarismos etc., *sempre* implica a tese, implícita ou explícita, de que o fascismo era "melhor" do que o comunismo, uma reação compreensível à ameaça comunista[76].

Numa carta a Herbert Marcuse em 20 de janeiro de 1948 (à qual já me referi no capítulo 3), Heidegger escreveu:

> Às acusações graves e legítimas que o senhor faz a "um regime que assassinou milhões de judeus...", posso apenas acrescentar que se, em vez de "judeus", o senhor tivesse escrito "alemães orientais", então o mesmo valeria para um dos aliados, com a diferença de que tudo o que aconteceu depois de 1945 tornou-se de conhecimento público, enquanto o terror sangrento dos nazistas, de fato, foi ocultado do povo alemão.[77]

Marcuse tinha razão ao responder que a tênue diferença entre expatriar brutalmente as pessoas e queimá-las num campo de concentração era a linha que, naquele momento, separava a civilização da barbárie. Não devemos ter medo de dar um passo a mais: a tênue diferença entre o *gulag* stalinista e o campo de extermínio nazista, naquele momento histórico, também era a diferença entre civilização e barbárie.

---

[75] Aliás, Karl Kautsky, principal teórico da Segunda Internacional, já no início da década de 1920, em sua oposição à ditadura bolchevique, percebia os fascistas como terroristas "de imitação", "adversários fraternos" dos bolcheviques, e afirmava que o bolchevismo foi para o fascismo uma escola de técnicas repressoras: "O fascismo não passa de contrapartida do bolchevismo; Mussolini está simplesmente imitando Lenin" (citado em Massimo Salvadori, *Karl Kautsky and the Socialist Revolution*, Londres, Verso, 1979, p. 290).

[76] Escritores anticomunistas como Nolte, que insistem no paralelo entre nazismo e comunismo, gostam de ressaltar que o nazismo também se percebia (e se designava) como um tipo de socialismo ("nacional-socialismo"), substituindo a classe pela nação. Entretanto, é aqui que devemos fazer interceder todo o peso da diferença entre socialismo e comunismo: podemos muito bem imaginar um "nacional-socialismo", mas nunca houve um "nacional-comunismo" (apesar de esquisitices históricas como a Romênia de Ceausescu e o Khmer Vermelho no Camboja).

[77] Citado em Berel Lang, *Heidegger's Silence* (Ithaca, Nova York, Cornell University Press, 1996), p. 21.

Vejamos o stalinismo em seu aspecto mais brutal: a deskulakização do início da década de 1930. O lema de Stalin era: "Como classe, os cúlaques devem ser liquidados". O que isso significa? Pode significar muitas coisas, desde tirar-lhes as propriedades (terras) até removê-los à força para outras regiões (digamos, da Ucrânia para a Sibéria), ou simplesmente para um *gulag*; mas *não* significava simplesmente matá-los. A meta era liquidá-los *como classe*, não como indivíduos. Até mesmo quando a população rural foi propositadamente obrigada a passar fome (milhões de mortos na Ucrânia, outra vez), a meta não era matar, mas curvar a espinha, esmagar brutalmente a resistência, mostrar quem mandava. Aqui persiste a diferença mínima, mas fundamental, em relação à desjudeização nazista, cuja meta era de fato eliminar os judeus como indivíduos, fazê-los desaparecer como raça.

Nesse sentido, então, Ernst Nolte está certo: o nazismo *foi* uma repetição, uma cópia do bolchevismo; em termos nietzschianos, foi um fenômeno profundamente *re-ativo*.

6
POR QUE (ÀS VEZES) O POPULISMO É
MUITO BOM NA PRÁTICA, MAS NÃO NA TEORIA

Gerald Fitzgerald, ex-primeiro-ministro irlandês, formulou certa vez uma inversão hegeliana propriamente dita do lugar-comum que diz que "pode ser bom na teoria, mas não na prática": "Isso pode ser bom na prática, mas não na teoria". Essa inversão é o que melhor resume a posição ambígua da política populista: embora às vezes se possa aceitá-la como parte de um compromisso pragmático de curto prazo, deve-se rejeitar criticamente a noção em sua dimensão fundamental.

A dimensão positiva do populismo é a suspensão potencial das regras democráticas. A democracia, do modo como a palavra é usada hoje, diz respeito, acima de tudo, ao legalismo formal: sua definição mínima é a adesão incondicional a um determinado conjunto de regras formais que garantem que os antagonismos sejam totalmente absorvidos pelo jogo agônico. "Democracia" significa que, qualquer que seja a manipulação eleitoral que se tenha, todo agente político respeitará incondicionalmente seu resultado. Nesse sentido, as eleições presidenciais norte-americanas de 2000 foram de fato "democráticas": apesar da óbvia manipulação eleitoral e da patente insensatez de algumas centenas de vozes da Flórida decidirem quem seria o presidente, o candidato democrata aceitou a derrota. Nas semanas de incerteza que se seguiram às eleições, Bill Clinton fez um comentário duro e adequado: "O povo americano falou, só não sabemos o que disse". Esse comentário deve ser levado mais a sério do que se pretendia de início: ainda hoje não sabemos o que ele disse – talvez porque não houvesse nenhuma "mensagem" substancial por trás do resultado... Jacques-Alain Miller mostrou que a democracia subentende o grande Outro "barrado"[1], mas o exemplo da Flórida mostra que, ainda assim, há um "grande Outro" que continua a existir na democracia: o "grande Outro" pro-

---

[1] Jacques-Alain Miller, *Le neveu de Lacan* (Paris, Verdier, 2003), p. 270. [Ed. bras.: *O sobrinho de Lacan*, Rio de Janeiro, Forense Universitária, 2005.]

268 / Em defesa das causas perdidas

cessual das regras eleitorais que devem ser obedecidas seja qual for o resultado; e é *esse* "grande Outro", essa confiança incondicional nas regras, que o populismo suspende (ou ameaça suspender). E é por isso que sempre há no populismo algo violento, ameaçador, do ponto de vista liberal: uma pressão declarada ou latente, uma advertência de que, se as eleições forem manipuladas, a "vontade do povo" terá de encontrar outra maneira de se impor; mesmo que a legitimação eleitoral do poder seja respeitada, está claro que as eleições têm papel secundário, servem apenas para confirmar um processo político cujo peso substancial está em outro lugar. É por isso que o regime de Hugo Chávez, na Venezuela, é genuinamente populista: embora tenha sido legitimado pelas eleições, está claro que o exercício do poder se baseia numa dinâmica diferente (organização direta dos favelados e outros modos de auto-organização local). É isso que dá "emoção" aos regimes populistas: as regras democráticas nunca são totalmente endossadas, há sempre uma incerteza que lhes pertence, uma possibilidade sempre avultante de que sejam redefinidas, "mudadas deslealmente no meio do jogo". Esse aspecto do populismo deveria ser totalmente endossado – o problema não é o seu caráter "não democrático", mas a sua dependência de uma noção substancial de "povo": no populismo, o "grande Outro", embora (potencialmente) suspenso sob o disfarce de *formalismo* processual, volta disfarçado de Povo como agente *substancial* que legitima o poder.

Há, portanto, dois lados elementares e irredutíveis na democracia: a violenta ascensão igualitária da lógica dos que são "excedentes", a "parte de parte alguma", aqueles que, embora formalmente incluídos no edifício social, não têm lugar determinado dentro dele; e o procedimento regulamentado e (mais ou menos) universal de escolha dos que exercerão o poder. Como esses dois lados se relacionam? E se a democracia no segundo sentido (procedimento regulamentado de registro da "voz do povo") for em última análise *uma defesa contra si mesma*, contra a democracia no sentido de intrusão violenta da lógica igualitária que perturba o funcionamento hierárquico do edifício social, de tentativa de tornar esse excesso novamente funcional, de torná-lo parte do funcionamento normal do edifício social?

Entretanto, a armadilha que se deve evitar aqui é a oposição desses dois polos como o "bom" contra o "mau", isto é, a desconsideração do procedimento democrático institucionalizado como "petrificação" de uma experiência democrática primordial. Na verdade, o que importa é exatamente o grau em que a explosão democrática consegue institucionalizar-se, traduzir-se em ordem social. Não só as explosões democráticas são facilmente recuperadas pelos que estão no poder, já que no "dia seguinte" o povo acorda para a sóbria realidade das relações de poder revigoradas pelo sangue democrático fresco (e é por isso que os que estão no poder adoram "explosões de criatividade" como a de Maio de 1968 na França); muitas vezes, o procedimento democrático "petrificado", ao qual a maioria continua a aderir como "letra morta", é a única defesa que resta contra o ataque das paixões "totalitárias" da multidão.

Por que (às vezes) o populismo é muito bom na prática, mas não na teoria / 269

O problema, portanto, é: como regulamentar/institucionalizar o próprio violento impulso democrático igualitário, como impedi-lo de afogar-se na democracia no segundo sentido da palavra (procedimento regulamentado)? Se não houver meio de fazê-lo, então a democracia "autêntica" continua a ser uma explosão utópica momentânea que, no famoso dia seguinte, tem de ser normalizada. Aqui, a dura consequência que se deve aceitar é que esse excesso de democracia igualitária sobre o procedimento democrático só pode "institucionalizar-se" sob o disfarce de seu oposto, como *terror* democrático-revolucionário.

Muito bom na prática...

O "não" dos franceses e dos holandeses ao projeto da Constituição Europeia em 2005 foi um caso nítido do que a "teoria francesa" chama de *significante flutuante*: um "não" de sentidos confusos, incoerentes e sobredeterminados, uma espécie de recipiente em que a defesa dos direitos dos trabalhadores coexiste com o racismo, em que a reação cega ao sentimento de ameaça e ao medo da mudança coexiste com vagas esperanças utópicas. Disseram que o "não" dos franceses era, na verdade, um "não" a muitas outras coisas: ao neoliberalismo anglo-saxão, a Chirac e ao seu governo, ao fluxo de trabalhadores imigrantes da Polônia que diminui os salários dos trabalhadores franceses etc. A verdadeira luta está acontecendo hoje, ou seja, a luta pelo *sentido* desse "não". Quem se apropriará dele? Quem – se é que há alguém – o traduzirá numa visão política alternativa e coerente?

Se existe uma leitura predominante do "não", é uma nova variação da velha frase de Clinton: "É a economia, estúpido!": o "não" foi uma suposta reação à letargia econômica da Europa, que ficou para trás em relação aos blocos de poder econômico emergentes, à inércia econômica, social e político-ideológica; *mas*, paradoxalmente, uma reação nada apropriada, uma reação *em prol* da inércia dos europeus privilegiados, dos que querem se agarrar aos velhos privilégios dados pelo Estado de bem-estar social. Foi uma reação da "velha Europa" desencadeada pelo medo de mudanças reais, uma rejeição das incertezas geradas pelo admirável mundo novo da modernização globalizante[2]. Não admira que tenha sido quase de pânico a reação da Europa "oficial" diante das paixões perigosas, "irracionais", racistas

---

[2] Muitos comentaristas pró-europeus confrontaram favoravelmente a disposição de suportar sacrifícios financeiros demonstrada pelos países leste-europeus que se juntaram recentemente à União Europeia com o comportamento intransigente e egoísta do Reino Unido, da França, da Alemanha e de alguns outros membros mais antigos; entretanto, não devemos esquecer a hipocrisia da Eslovênia e de outros novos membros do lado Oriental, que se comportaram como sócios recém-admitidos de um clube exclusivo, querendo ser os últimos a entrar. Enquanto acusavam a França de racismo, eles mesmos se opunham à entrada da Turquia...

e isolacionistas que sustentaram o "não", numa rejeição bairrista da abertura e do multiculturalismo liberal. Estamos acostumados a ouvir queixas sobre a crescente apatia dos eleitores, sobre o declínio da participação popular na política, de modo que liberais inquietos falam o tempo todo da necessidade de mobilizar o povo a partir de iniciativas da sociedade civil, de envolvê-lo mais no processo político. Entretanto, quando o povo desperta do sono apolítico, via de regra é como revolta populista de direita – não admira que muitos liberais tecnocratas esclarecidos se perguntem se a forma anterior de "apatia" não seria uma bênção disfarçada.

Aqui, devemos prestar atenção ao fato de que até aqueles elementos que surgem como puro racismo de direita são, na verdade, uma versão deslocada dos protestos operários: é claro que há uma forma de racismo na exigência de pôr fim à imigração de trabalhadores estrangeiros, que constituem uma ameaça aos empregos; entretanto, não devemos esquecer o simples fato de que o fluxo de trabalhadores imigrantes dos países pós-comunistas não é consequência da tolerância multicultural, mas *faz parte* da estratégia do capital para reprimir as exigências dos trabalhadores; é por isso que, nos Estados Unidos, Bush fez mais pela legalização da situação dos imigrantes mexicanos do que os democratas pressionados pelos sindicatos. Assim, ironicamente, o populismo racista de direita é hoje o melhor argumento de que a "luta de classes", longe de ter se tornado "obsoleta", continua; a lição que a esquerda deveria tirar disso é que ela não pode cometer o erro simétrico ao da mistificação/deslocamento racista e populista de aversão aos estrangeiros e "jogar fora o bebê com a água do banho", isto é, simplesmente opor o racismo populista contra os imigrantes à abertura multicultural, obliterando seu conteúdo de classe deslocado; por mais que se pretenda benévola, a própria insistência na tolerância é a forma mais pérfida de luta de classe antiproletária...

Aqui é típica a reação dos políticos alemães à formação do novo Linkspartei nas eleições de 2005, uma coalizão do PDS [Partido do Socialismo Democrático] da Alemanha Oriental com os dissidentes de esquerda do SPD [Partido Social-Democrata Alemão]; o próprio Joschka Fischer protagonizou um dos pontos mais baixos de sua carreira quando chamou Oskar Lafontaine de "Haider alemão"* (porque Lafontaine protestou contra a importação de mão de obra barata do leste europeu para baixar os salários dos trabalhadores alemães). É sintomática a forma exagerada e aterrorizada com que o *establishment* político (e até cultural) reagiu quando Lafontaine se referiu aos "trabalhadores estrangeiros", ou quando o secretário do SPD chamou os especuladores de "gafanhotos" – é como se estivéssemos assistindo ao ressurgimento do neonazismo. Essa cegueira política, essa perda da própria capaci-

---

* Referência a Jörg Haider (1950-2008), político nacionalista austríaco de opiniões controvertidas, considerado neonazista, xenófobo e antissemita. Morreu num acidente de automóvel, quando dirigia alcoolizado e acima da velocidade permitida. (N. T.)

dade de distinguir esquerda de direita, revela o pavor da politização como tal. A rejeição automática de qualquer ideia que saia fora das coordenadas pós-políticas estabelecidas, vista como "demagogia populista", é a prova mais pura, até aqui, de que efetivamente vivemos um novo *Denkverbot*[*][3].

Não só o campo político de hoje está polarizado entre a administração pós-política e a politização populista, como fenômenos similares ao de Berlusconi demonstram que os dois opostos podem coexistir até dentro do mesmo partido: o movimento Força Itália!, de Berlusconi, não é um caso de populismo pós-político, isto é, de um governo administrativo-midiático que se legitima em termos populistas? E, em certo grau, o mesmo não se aplica ao governo do Novo Trabalhismo no Reino Unido, ou ao governo Bush nos Estados Unidos? Em outras palavras, o populismo não está substituindo cada vez mais a tolerância multicultural como complemento ideológico "espontâneo" da administração pós-política, como sua "pseudoconcretização", sua tradução numa forma que possa apelar para a experiência imediata dos indivíduos? O fato fundamental aqui é que a pós-política pura (um regime cuja autolegitimação seria totalmente "tecnocrática" e que se apresentasse como uma administração competente) é inerentemente impossível: todo regime político precisa de um nível "populista" complementar de autolegitimação.

É por isso que o populismo de hoje é diferente de sua versão tradicional; o que o distingue é o adversário contra o qual o povo é mobilizado: o surgimento da "pós-política", a redução crescente da política propriamente dita à administração racional de interesses conflitantes. Pelo menos nos países altamente desenvolvidos da Europa ocidental e nos Estados Unidos, o "populismo" vem surgindo como o duplo sombrio e inerente da pós-política institucionalizada; ficamos quase tentados a dizer, como seu *suplemento* no sentido derridiano, como a arena em que podem ser proferidas as exigências políticas que não se enquadram no espaço institucionalizado. Nesse sentido, há uma "mistificação" constitutiva que pertence ao populismo: seu gesto básico é recusar o confronto com a complexidade da situação, é reduzi-la a uma luta clara com a figura de um "inimigo" pseudoconcreto (desde a "burocracia de Bruxelas" até os imigrantes ilegais). Portanto, por definição, o "populismo" é um fenômeno negativo, um fenômeno fundado numa rejeição e até na admissão implícita de impotência. Todos conhecem a velha piada sobre o homem que procura perto de um poste de luz a chave que deixou cair; quando lhe perguntam onde a perdeu, ele admite que foi num lugar mal iluminado; então por que está procurando ali, na luz? Porque ali se vê bem melhor... Sempre há um pouco disso no populismo. Assim, não só o populismo não é a arena em que se podem inscrever os projetos

---

[*] Proibição de pensar. (N. T.)

[3] Obviamente, a tragédia é que, pelo menos até agora, o Linkspartei *é* de fato um partido puramente de protesto, sem nenhum programa global de mudança viável.

272 / Em defesa das causas perdidas

emancipatórios de hoje como seria bom dar um passo adiante e afirmar que a principal tarefa da política emancipatória contemporânea, seu problema de vida ou de morte, é encontrar uma forma de mobilização política que, embora critique a política institucionalizada (assim como faz o populismo), *evitará* a tentação populista.

Como ficamos, então, em relação ao imbróglio na Europa? Os eleitores franceses não tiveram uma opção simétrica clara, já que os próprios termos da escolha privilegiavam o "sim": a elite propôs ao povo uma escolha que, de fato, não era uma escolha – o povo foi chamado a ratificar o inevitável, o resultado do conhecimento especializado. A mídia e a elite política apresentaram a escolha como uma escolha entre o conhecimento e a ignorância, entre a astúcia e a ideologia, entre a administração pós-política e as arcaicas paixões políticas de esquerda e de direita[4]. O "não" foi considerado, portanto, uma reação míope, despercebida de suas próprias consequências: uma nebulosa reação de medo diante da nova ordem global pós-industrial, um instinto conservador de proteção das enferrujadas estruturas do Estado de bem-estar social, um gesto de rejeição sem nenhum programa alternativo concreto. Não admira que os únicos partidos políticos cuja posição oficial era a favor do "não" foram os partidos situados nos extremos opostos do espectro político: a Frente Nacional de Le Pen, à direita, e os comunistas e os trotskistas, à esquerda.

Entretanto, mesmo que haja um elemento de verdade nisso tudo, o próprio fato de o "não" não ter sido sustentado por uma visão política alternativa coerente é a condenação mais forte possível da elite política e midiática, um monumento à sua incapacidade de se articular, de traduzir em visão política os anseios e as insatisfações do povo. Em vez disso, em sua reação ao "não", trataram o povo como pupilos retardados que não aprenderam a lição dos mestres: a crítica que fizeram a si mesmos foi a do professor que admite não ter conseguido instruir os alunos de maneira adequada. O que os defensores dessa tese da "comunicação" (o "não" dos franceses e holandeses significa que a elite esclarecida não conseguiu se comunicar de maneira adequada com as massas) não veem é que, ao contrário, o "não" em questão foi um exemplo perfeito de comunicação, em que, como explica Lacan, o emissor recebe do receptor sua própria mensagem na forma inversa, isto é, verdadeira: os burocratas esclarecidos receberam do eleitorado europeu a superficialidade de sua própria mensagem em sua verdadeira forma. O projeto de União Europeia rejeitado pela França e pela Holanda é uma espécie de truque barato, como se a Europa pudesse se redimir e superar os concorrentes simplesmente combinando o melhor de dois mundos: ela superaria

---

4   A limitação da pós-política é bem exemplificada não só pelo sucesso do populismo de direita, mas também pelas eleições de 2005 no Reino Unido: apesar da impopularidade crescente de Tony Blair (foi apontado várias vezes como a pessoa mais impopular do Reino Unido), esse descontentamento não consegue encontrar uma expressão politicamente eficaz; tal frustração só pode incitar a perigosas explosões extra-parlamentares.

os Estados Unidos, a China e o Japão na modernização científico-tecnológica, mantendo vivas as tradições culturais. É preciso insistir aqui que, ao contrário, se a Europa pretende se redimir, ela deveria se dispor a correr o risco de *perder* (no sentido de questionar radicalmente) *as duas coisas*: contestar o fetiche do progresso científico-tecnológico *e* parar de confiar na superioridade de sua herança cultural.

Assim, embora não tenha sido uma escolha entre duas opções políticas, também não foi uma escolha entre a visão esclarecida de uma Europa moderna, pronta a entrar na nova ordem global, e as velhas e confusas paixões políticas. Quando descreveram o "não" como uma mensagem de medo e perplexidade, os comentaristas estavam errados. O maior medo em questão aqui é o medo que o próprio "não" provocou na nova elite política europeia, o medo de que o povo não engolisse mais sua visão "pós-política". Para o resto de nós, o "não" é uma mensagem e uma expressão de esperança: esperança de que a *política* ainda esteja viva e seja possível, e o debate sobre o que a nova Europa deve ou deveria ser ainda esteja aberto. É por isso que nós da esquerda deveríamos rejeitar a insinuação sarcástica dos liberais de que, com o nosso "não", deitamos na cama com estranhos companheiros neofascistas. O que a nova direita populista tem em comum com a esquerda é uma coisa só: a consciência de que *a política propriamente dita ainda vive*.

Houve uma escolha positiva no "não": a escolha da própria escolha; a rejeição da chantagem da nova elite, que nos oferece apenas a opção entre confirmar seu conhecimento especializado ou exibir nossa imaturidade "irracional". O "não" é uma decisão positiva para iniciar um verdadeiro debate político sobre o tipo de Europa que realmente queremos. No fim da vida, Freud fez a famosa pergunta: *Was will das Weib?* (o que a mulher quer?), admitindo sua perplexidade diante do enigma da sexualidade feminina. O imbróglio da Constituição Europeia não demonstra o mesmo aturdimento: que tipo de Europa queremos?

O hino não oficial da União Europeia – que se ouve em numerosos eventos públicos, políticos, culturais ou desportivos – é a "Ode à alegria", do último movimento da Nona Sinfonia de Beethoven, um verdadeiro "significante vazio" que pode representar qualquer coisa. Na França, foi elevada por Romain Rolland a ode humanista à irmandade de todos os povos ("a 'Marselhesa' da humanidade"); em 1938, foi executada como ponto alto do *Reichsmusiktage*, o dia da música do Reich, e depois pelo aniversário de Hitler; na China da Revolução Cultural, num contexto febril de rejeição em massa dos clássicos europeus, foi redimida e tornou-se uma das peças da luta de classes progressista; já no Japão contemporâneo, chegou à condição de obra cultuada, intercalada no próprio tecido social por sua suposta mensagem de "alegria através do sofrimento"; na década de 1970, ou melhor, quando as equipes olímpicas das Alemanhas oriental e ocidental tiveram de se apresentar juntas, como uma equipe só, o hino dos medalhistas alemães foi a Ode; na mesma época, o regime de supremacia branca de Ian Smith, que proclamou a independência da Rodésia no fim da década de 1960 com o intuito de manter o *apartheid*, também se apropriou da Ode como hino nacional. Até Abimael Guzman, o líder (hoje preso) do Sendero Luminoso, quando perguntado sobre que música gostava, mencionou o quarto movimento da Nona de Beethoven. Assim, é fácil imaginar um espetáculo em que todos os inimigos jurados, de Hitler a Stalin, de Bush a Saddam, deixam as divergências de lado e participam do mesmo momento mágico de irmandade extasiada[5]...

Entretanto, antes de descartarmos o quarto movimento por ser uma obra "arruinada pelo uso social", observemos algumas peculiaridades de sua estrutura. No meio do movimento, depois de a melodia principal (o tema da "Alegria") ser apresentada em três variações orquestrais e vocais, em seu primeiro clímax, acontece uma coisa inesperada que incomoda os críticos há 180 anos, desde a sua primeira apresentação: no compasso 331, o clima muda totalmente e, em vez da solene progressão hínica, o tema da "Alegria" se repete em estilo de *marcia turca* ("marcha turca"), tomado da música militar para sopro e percussão que os exércitos europeus emprestaram dos janízaros turcos no século XVIII – trata-se de um desfile carnavalesco popular, um espetáculo zombeteiro[6]. Depois desse ponto, a peça degringola, não se recupera mais a dignidade simples e solene da primeira parte do movimento; depois dessa parte "turca", e num claro contramovimento, numa espécie de retirada para uma religiosidade íntima, o coro (tachado por alguns críticos de "fóssil gregoriano") tenta pintar a imagem etérea de milhões de pessoas que se ajoelham e se abraçam, contemplando com temor e espanto o céu distante e buscando o Deus amoroso e paternal que deve residir acima da abóbada celeste ("*überm Sternezelt muss ein lieber Vater wohnen*"); entretanto, a música, por assim dizer, empaca quando a palavra *muss* (deve), dita primeiro pelos baixos, é repetida pelos tenores e pelos contraltos e, por último, pelos sopranos, como se essa conjuração reiterada fosse uma tentativa desesperada de convencer a nós (e a si mesmos) de que aquilo que se sabe não é verdade, transformando o verso "um pai amoroso deve residir" num ato desesperado de súplica, que atesta, portanto, o fato de que não há nada além da abóbada celeste, nenhum pai amoroso que nos proteja e garanta a nossa irmandade. Depois disso, há

---

[5] Ver Nicholas Cook, *Beethoven: Symphony No. 9* (Cambridge, Cambridge University Press, 2003).

[6] Alguns críticos chegam a comparar os "resmungos absurdos" dos fagotes e do tambor do início da *marcia turca* a peidos – ver Nicholas Cook, *Beethoven*, cit., p. 103. A história da identificação de ecos de pequenas obscenidades numa peça musical é longa e interessante. Eis o que Eduard Hanslick escreveu em 1881 sobre o Concerto para Violino de Tchaikovski: "O *finale* nos transporta para a jovialidade bruta e desafortunada de uma festa russa. Vemos os rostos selvagens e vulgares, ouvimos pragas obscenas e sentimos o cheiro da vodca... O Concerto para Violino de Tchaikovski nos deixa frente a frente com uma ideia horrenda: que pode existir música da qual se consegue ouvir o fedor" (citado em *Classic fm*, out. 2005, p. 68). A resposta analítica espontânea é, obviamente, que Hanslick ficou frente a frente com as *suas próprias* horrendas fantasias recalcadas...

Por que (às vezes) o populismo é muito bom na prática, mas não na teoria / 275

uma tentativa de voltar a um clima mais louvatório com uma dupla fuga, que soa falsa com seu brilho excessivamente artificial, uma falsa síntese (se é que já houve alguma), uma tentativa desesperada de esconder o vácuo do Deus *ausente* revelado na parte anterior. Mas a *cadenza* final é a mais estranha de todas e soa menos como Beethoven e mais como uma versão empolada do *finale* de *O rapto do serralho*, de Mozart, que combina elementos "turcos" com um rápido espetáculo rococó. (Mas não esqueçamos a principal lição dessa ópera de Mozart: a imagem do déspota oriental é apresentada como um verdadeiro Mestre esclarecido.) O *finale*, portanto, é uma estranha mistura de orientalismo e regressão ao classicismo do fim do século XVIII, um duplo recuo do presente histórico, uma admissão silenciosa do caráter puramente fantasmático da alegria da irmandade abrangente. Se alguma música já se "desconstruiu", literalmente, foi essa: o contraste entre a progressão linear ordenadíssima da primeira parte do movimento e o caráter precipitado, heterogêneo e inconsistente da segunda não poderia ser maior; não admira que, já em 1826, dois anos depois de sua estreia, alguns resenhadores tenham descrito o *finale* como "um festival de ódio por tudo o que pode ser chamado de alegria humana. Com força gigantesca surge o perigoso tesouro, dilacerando corações e escurecendo a fagulha divina com zombaria barulhenta e monstruosa"[7].

Portanto, a Nona Sinfonia de Beethoven está cheia daqueles símbolos que Nicholas Cook chamou de "não consumados": elementos que estão em excesso no sentido global da obra (ou do movimento em que ocorrem), que não se encaixam nesse sentido, embora não fique claro que sentido adicional trazem[8]. Cook cita a "marcha fúnebre" do primeiro movimento, o fim abrupto do segundo movimento, o tom militar do terceiro movimento, as chamadas "fanfarras de horror", a marcha turca e vários outros trechos do quarto movimento – todos esses elementos "vibram com um sentido implícito que transborda o roteiro musical"[9]. Não é simplesmente que o significado desses trechos devesse ser descoberto por uma interpretação atenta; aqui, a própria relação entre tessitura e sentido se inverte: se o "roteiro musical" predominante parece dar à música um sentido claro e preestabelecido (a homenagem à alegria, à irmandade universal...), aqui o sentido não é dado previamente, mas parece flutuar numa espécie de indeterminação virtual – é como se soubéssemos *que* há (ou melhor, tem de haver) algum sentido, sem nem sequer conseguir determinar *qual é* esse sentido.

---

[7] Trecho atribuído a Gottfried Frank; citado em Nicholas Cook, *Beethoven*, cit., p. 93. É claro que esse trecho não pretende ser uma crítica a Beethoven; ao contrário, à moda adorniana, deve-se discernir nessa falha do quarto movimento a integridade artística do compositor: o indicador fiel do fracasso do próprio projeto de irmandade universal do Iluminismo.

[8] Nicholas Cook, *Beethoven*, cit., p. 103.

[9] Maynard Solomon, citado em Nicholas Cook, *Beethoven*, cit., p. 93.

276 / Em defesa das causas perdidas

Então, qual é a solução? A solução radical é mudar o ponto de vista como um todo e tornar problemática a primeira parte do quarto movimento: na verdade, as coisas não degringolam somente no compasso 331, com a entrada da *marcia turca*; elas degringolam desde o princípio; é preciso admitir que há certa simulação insípida na Ode, de modo que o caos que começa depois do compasso 331 é uma espécie de "retorno do recalque", um *sintoma* do que estava errado desde o próprio princípio. E se domesticamos demais a "Ode à alegria", e se nos acostumamos demais a ela como símbolo de uma alegre irmandade? E se a confrontássemos novamente e rejeitássemos o que nela é falso? Muitos ouvintes de hoje não podem deixar de se espantar com seu caráter pomposo e vazio, com sua pretensão, com sua solenidade um tanto ridícula – basta lembrar o que se vê na televisão: cantores bem vestidos, gordos, presunçosos, de veias saltadas, fazendo um grande esforço, acompanhado de gestos ridículos, para transmitir o mais alto possível a mensagem sublime... E se esses ouvintes estiverem simplesmente *certos*? E se a verdadeira obscenidade for o que acontece *antes* da *marcia turca*, e não depois? E se deslocarmos todo o ponto de vista e percebermos a *marcia* como a volta à normalidade cotidiana que interrompe a exibição de pomposidade grotesca e, assim, nos traz de volta à terra, como se dissesse: "Querem louvar a irmandade dos homens? Então, eis aqui a humanidade real..."?

E o mesmo não se aplica à Europa de hoje? Depois de convidar milhões de pessoas, de alto a baixo (os vermes), a se abraçarem, a segunda estrofe termina com uma ameaça: "Mas quem não puder se alegrar, que se vá aos prantos" (*Und wer's nie gekonnt, der stehle weinend sich aus dem Bund*). É claro que a ironia da "Ode à alegria" como hino europeu não oficial é que a principal causa da crise na União Europeia é justamente a Turquia: de acordo com a maioria das pesquisas, uma das razões que motivaram os eleitores a votar "não" nos últimos referendos na França e na Holanda foi a inclusão da Turquia. O "não" pode fundar-se em termos populistas e direitistas (não à ameaça turca à nossa cultura, não à mão de obra barata dos imigrantes turcos) ou em termos multiculturalistas liberais (a Turquia não deve ser admitida porque o tratamento que reserva aos curdos demonstra desrespeito aos direitos humanos). E a visão oposta, o "sim", é tão falsa quanto a *cadenza* final de Beethoven... O caso da Turquia contemporânea é crucial para o entendimento adequado da globalização capitalista: o proponente político da globalização é o dominante partido islamita "moderado" do primeiro-ministro Erdogan[10]. São os kemalistas seculares e ferozmente nacionalistas que, concentrados num Estado-nação totalmente soberano, resistem à integração completa no espaço global (e também receiam a entrada da Turquia na União Europeia), enquanto os islamitas acham fácil combinar a identidade cultural-religiosa com a globalização econômi-

---

[10] Ver Cihan Tugal, "NATO's Islamists", *New Left Review*, II, 44, mar.-abr. 2007.

Por que (às vezes) o populismo é muito bom na prática, mas não na teoria / 277

ca. Insistir na identidade cultural específica não é um obstáculo à globalização: o verdadeiro obstáculo é o universalismo transcultural do Estado-nação.

Assim, a União Europeia deve admitir a Turquia ou deixar que "se vá aos prantos da união"(*Bund*)? A Europa poderá sobreviver à "marcha turca"? E se o verdadeiro problema não for a Turquia, como no *finale* da Nona Sinfonia de Beethoven, mas a própria melodia básica, a música da unidade europeia do modo como é tocada pela elite tecnocrática pós-política de Bruxelas? Precisamos de uma melodia totalmente nova, uma nova definição da própria Europa. O problema da Turquia, a perplexidade da União Europeia diante do que fazer com a Turquia, não se deve à Turquia como tal, mas à confusão a respeito do que é a própria Europa.

Então, qual é hoje a dificuldade da Europa? Ela está presa na grande pinça que tem os Estados Unidos de um lado e a China de outro. Os Estados Unidos e a China, vistos metafisicamente, são a mesma coisa: o mesmo frenesi desesperançado pela tecnologia desenfreada e pela organização desenraizada do homem comum. Quando o rincão mais distante do globo foi conquistado tecnicamente e pode ser explorado economicamente; quando qualquer incidente que se queira, no lugar que se queira, na hora que se queira, torna-se acessível na velocidade que se queira; quando se pode "vivenciar" ao mesmo tempo, através da "cobertura ao vivo" da TV, uma batalha no deserto iraquiano e uma apresentação de ópera em Pequim; quando, numa rede digital global, o tempo não passa de velocidade, instantaneidade e simultaneidade; quando o vencedor de um *reality show* passa por grande homem do povo; então, sim, ainda pairam como espectros acima de todo esse alvoroço as perguntas: para que serve isso? Para onde vamos? O que se há de fazer?[11]

Há, portanto, entre nós, europeus, uma necessidade daquilo que Heidegger chamou de *Auseinandersetzung* (confronto interpretativo), tanto com os outros como com o próprio passado da Europa em sua totalidade, desde as suas raízes ancestrais e judaico-cristãs até a ideia recém-falecida de Estado de bem-estar social. Hoje, a Europa divide-se entre o chamado modelo anglo-saxão – aceitar a "modernização" (adaptação às regras da nova ordem global) – e o modelo franco-germânico – salvar o máximo possível do Estado de bem-estar social da "velha Europa". Embora opostas, essas duas opções são lados da mesma moeda, e o caminho não é nem retornar a uma forma idealizada do passado, pois esses modelos estão claramente esgotados, nem convencer os europeus de que, se quiserem sobreviver como potência mundial, terão de se acomodar o mais depressa possível à recente tendência de globalização. Não deveríamos nem nos sentir tentados por esta opção, que provavelmente é a pior: a

---

[11] Quem conhece minimamente o pensamento de Heidegger reconhecerá com facilidade nesse parágrafo a paráfrase irônica do trecho muito conhecido de Martin Heidegger, *Introduction to Metaphysics* (New Haven, Connecticut, Yale University Press, 2000), p. 28-9. [Ed. bras.: *Introdução à metafísica*, 4. ed., Rio de Janeiro, Tempo Brasileiro, 1999.]

278 / Em defesa das causas perdidas

busca de uma "síntese criativa" entre as tradições europeias e a globalização, visando construir algo que ficamos tentados a chamar de "globalização com cara europeia".

Em si, toda crise é um estímulo para um novo começo; todo colapso de medidas estratégicas e pragmáticas de curto prazo (para a reorganização financeira da União etc.) é uma bênção disfarçada, uma oportunidade de repensar seus fundamentos. O que precisamos é da recuperação-pela-repetição (*Wieder-Holung*): por intermédio do confronto crítico com toda a tradição europeia, deveríamos repetir a pergunta: "O que é a Europa?", ou melhor: "O que significa para nós sermos europeus?", e assim formular um novo começo. A tarefa é difícil, nos obriga a correr o grande risco de pisar no desconhecido; mas a única alternativa é a lenta decadência, a transformação gradual da Europa no que foi a Grécia durante o auge do Império Romano: um local de turismo cultural nostálgico, sem nenhuma importância efetiva[12].

O conflito na Europa costuma ser retratado como um conflito entre cristãos eurocêntricos de linha-dura e multiculturalistas liberais, que querem abrir as portas da União Europeia para a Turquia e muitos mais. E se esse for o conflito errado? E se casos como o da Polônia devessem nos forçar a *estreitar* a entrada, a redefinir a Europa de maneira a excluir o fundamentalismo cristão polonês? Talvez seja hora de aplicar à Polônia os mesmos critérios aplicados à Turquia: a mazurca da classe alta deveria nos deixar tão desconfiados quanto a marcha turca da classe baixa.

Portanto, a lição é clara: o populismo fundamentalista vem preenchendo o vácuo deixado pela ausência do sonho esquerdista. A infame declaração de Donald Rumsfeld sobre a velha e a nova Europa está adquirindo uma nova e inesperada atualidade: os contornos da "nova" Europa estão emergindo da maioria dos países pós-comunistas (Polônia, países bálticos, Romênia, Hungria...), com seu fundamentalismo populista cristão, seu anticomunismo atrasado, sua xenofobia, sua homofobia etc.

Outro ponto a propósito do qual deveríamos arriscar a hipótese de que Heidegger estava certo, embora não no sentido que ele pretendia: e se a democracia não for a resposta para essa situação difícil? Em suas *Notas para uma definição de cultura**, o grande conservador T. S. Eliot observou que há momentos em que a única escolha é entre sectarismo e descrença, em que a única maneira de manter viva uma

---

[12] Em março de 2005, o Pentágono divulgou o resumo de um documento altamente secreto que esboça o programa norte-americano de dominação militar global. Ele determina uma abordagem mais "pró-ativa" da guerra, além de uma noção mais frouxa a respeito de ações "preventivas" e defensivas. Concentra-se em quatro tarefas centrais: montar parcerias com Estados decadentes para vencer as ameaças terroristas internas; defender a pátria, o que inclui atacar grupos terroristas que estejam planejando ataques; influenciar países que estejam numa encruzilhada estratégica, como a China e a Rússia; e impedir a aquisição de armas de destruição em massa por Estados hostis e grupos terroristas. A Europa aceitará isso, contentando-se com o papel da anêmica Grécia sob o domínio do poderoso Império Romano?

* São Paulo, Perspectiva, 1988. (N. E.)

religião é dedicar-se a uma cisão sectária de seu corpo principal. Essa é nossa única chance hoje: só por meio de uma "cisão sectária" do legado europeu padrão, isolando-nos do cadáver em decomposição da velha Europa, podemos manter vivo o novo legado europeu. Essa cisão tornaria problemáticas as mesmas premissas que tendemos a aceitar como destino nosso, como fatos inegociáveis de nossa difícil situação: o fenômeno que se costuma chamar de nova ordem mundial global e a necessidade, por meio da "modernização", de nos acomodarmos a ele. Para falar francamente, se a nova ordem mundial emergente for o arcabouço incontestável para todos nós, então a Europa estará perdida, de modo que a única solução é correr o risco e quebrar o feitiço do destino. *Nada* deveria ser aceito como inviolável nessa nova recriação, nem a necessidade de "modernização" econômica nem os mais sagrados fetiches liberais e democráticos.

Assim, embora o "não" dos franceses e holandeses não seja sustentado por uma visão alternativa coerente e detalhada, pelo menos ele *abre espaço para ela*, criando um vazio que exige ser preenchido com novos projetos – em contraste com a posição pró-constituição, que *impede o pensamento* efetivamente e apresenta um fato político-administrativo consumado. A mensagem do "não" dos franceses a todos nós que nos preocupamos com a Europa é: não, os especialistas anônimos que nos vendem suas mercadorias em atraentes embalagens multiculturalista-liberais não nos impedirão de *pensar*. Já é hora de nós, cidadãos da Europa, nos conscientizarmos de que temos de tomar uma decisão propriamente *política* a respeito do que queremos. Nenhum administrador esclarecido fará isso por nós.

...mas não na teoria

Portanto, o "não" de franceses e holandeses nos apresenta o capítulo mais recente da história do populismo. Para a elite tecnocrática-liberal esclarecida, o populismo é inerentemente "protofascista", o óbito da razão política, uma revolta disfarçada de explosão de paixões utópicas cegas. A resposta mais fácil a essa falta de confiança seria afirmar que o populismo é inerentemente neutro: um tipo de *dispositivo* político formal transcendental que pode ser incorporado a engajamentos políticos diferentes. Essa opção foi elaborada com detalhes por Ernesto Laclau[13].

Para Laclau, num lindo caso de autorreferência, a mesma lógica da articulação hegemônica também se aplica à oposição conceitual entre populismo e política: o "populismo" é o *objeto a* lacaniano da política, a figura particular que representa a dimensão universal do político e, por isso, "a estrada real" para entender o político. Hegel cunhou um nome para essa superposição do universal com parte de seu pró-

---

[13] Ver Ernesto Laclau, *On Populist Reason* (Londres, Verso, 2005).

prio conteúdo particular: "determinação opositiva" (*gegensätzliche Bestimmung*), como o ponto em que o gênero universal se encontra entre suas espécies particulares. O populismo não é um movimento político específico, mas o político em seu aspecto mais puro: a "inflexão" do espaço social que pode afetar qualquer conteúdo político. Seus elementos são puramente formais, "transcendentais", não ônticos: o populismo ocorre quando uma série de exigências "democráticas" específicas (melhor previdência social, melhor assistência médica, menos impostos, contra a guerra etc.) se encadeia numa série de equivalências, e esse encadeamento produz "o povo" como sujeito político universal. O que caracteriza o populismo não é o conteúdo ôntico dessas exigências, mas o mero fato formal de que, por meio de seu encadeamento, "o povo" surge como sujeito político, e todos os diversos antagonismos e lutas específicos surgem como partes de uma luta antagônica global entre "nós" (o povo) e "eles". Mais uma vez, o conteúdo do "nós" e do "eles" não é determinado com antecedência, mas é exatamente o que está em jogo na luta pela hegemonia: até elementos ideológicos como o antissemitismo e o racismo brutal podem ser encadeados numa série populista de equivalências, na maneira como o "eles" é construído.

Agora fica claro por que Laclau prefere o populismo à luta de classes: o populismo permite uma matriz "transcendental" neutra de uma luta declarada cujo conteúdo e desafios são definidos pela luta contingente pela hegemonia, enquanto a "luta de classes" pressupõe um grupo social específico (a classe operária) como agente político privilegiado; esse privilégio não é em si o resultado da luta hegemônica e baseia-se na "posição social objetiva" desse grupo – portanto, a luta político-ideológica reduz-se, em última análise, a um epifenômeno dos processos sociais "objetivos", dos poderes e de seus conflitos. Para Laclau, ao contrário, o fato de uma luta específica ser elevada a "equivalente universal" de todas as lutas não é um fato predeterminado, mas em si o resultado da luta política contingente pela hegemonia. Em algumas constelações, essa luta pode ser a dos trabalhadores, em outras é a luta patriótica anticolonialista, e em outras ainda a luta antirracista pela tolerância cultural... *não há nada nas qualidades positivas inerentes de uma luta específica que a predestine a desempenhar o papel hegemônico* de "equivalente geral" de todas as lutas. A luta pela hegemonia, portanto, pressupõe não só uma lacuna irredutível entre a forma universal e a multiplicidade de conteúdos particulares, como também o processo contingente por meio do qual um desses conteúdos é "transubstanciado" na encarnação imediata da dimensão universal; digamos (o exemplo é de Laclau), na Polônia de 1980, as exigências específicas do Solidariedade foram elevadas à encarnação da rejeição global do regime comunista pelo povo, de modo que todas as versões diferentes da oposição anticomunista (da oposição nacionalista-conservadora à versão democrático-liberal, à dissidência cultural e aos protestos dos operários esquerdistas) se reconheceram no significante vazio "Solidariedade".

É assim que Laclau tenta distinguir sua posição tanto do gradualismo (que reduz a própria dimensão do político: tudo o que resta é a concretização gradual de exigências "democráticas" específicas dentro do espaço social diferencial) quanto da ideia oposta da revolução total, que produziria uma sociedade totalmente conciliada consigo mesma. O que falta a ambos os extremos é uma luta pela hegemonia em que uma exigência particular é "elevada à dignidade da Coisa", isto é, passa a representar a universalidade do "povo". O campo da política, portanto, enreda-se numa tensão irredutível entre os significantes "vazio" e "flutuante": alguns significantes específicos começam a funcionar como "vazios", encarnando diretamente a dimensão universal e incorporando à cadeia de equivalências que totalizam um grande número de significantes "flutuantes"[14]. Laclau utiliza essa lacuna entre a necessidade "ontológica" do voto populista de protesto (condicionado pelo fato de que o discurso de poder hegemônico não pode incorporar uma série de exigências populares) e o conteúdo ôntico contingente ao qual se vincula esse voto para explicar a suposta mudança de muitos eleitores franceses que, até a década de 1970, votavam no Partido Comunista, e não no populismo de direita da Frente Nacional[15]; a elegância dessa solução é o que nos livra da questão cansativa da alegada "solidariedade mais profunda" (totalitária, é claro) entre a longínqua direita e a "extrema" esquerda.

Embora a teoria do populismo de Laclau se destaque como um dos grandes (e, infelizmente para a teoria social, raros) exemplos atuais de verdadeiro rigor conceitual, devemos apontar algumas características problemáticas. A primeira diz respeito à própria definição de populismo: a série de condições formais que ele enumera não é suficiente para justificar o fato de um fenômeno ser chamado de "populista"; o que se deve acrescentar é a maneira como o discurso populista desloca o antagonismo e constrói o inimigo: no populismo, o inimigo é exteriorizado/reificado numa entidade ontológica positiva (mesmo que essa entidade seja espectral), cuja aniquilação restaurará o equilíbrio e a justiça; simetricamente, a nossa identidade – a do agente político populista – também é percebida como preexistente ao ataque do inimigo. Vejamos a análise precisa que Laclau faz da razão por que o cartismo deve ser considerado populismo:

---

[14] Essa distinção é homóloga àquela desenvolvida por Michael Walzer entre moralidade "fina" e "grossa" (ver Michael Walzer, *Thick and Thin*, Notre Dame, Indiana, University of Notre Dame Press, 1994). Ele dá como exemplo a grande manifestação de Praga, em 1989, que derrubou o regime comunista: a maioria das faixas dizia apenas: "Verdade", "Justiça" ou "Liberdade", *slogans* genéricos com os quais até os governantes comunistas tinham de concordar; a armadilha, naturalmente, estava na teia subjacente de exigências "grossas" (específicas, determinadas: liberdade de imprensa, eleições multipartidárias...), que indicavam o que o povo *queria dizer* com seus *slogans* simples e genéricos. Em resumo, a luta não era simplesmente por liberdade e justiça, mas pelo significado dessas palavras.

[15] Ernesto Laclau, *On Populist Reason*, cit., p. 88.

Seu *leitmotiv* é situar os males da sociedade não em algo que seja inerente ao sistema econômico, mas, muito pelo contrário, no abuso do poder por grupos de parasitas e especuladores que detêm o controle do poder político – a "velha corrupção", nas palavras de Cobbett. [...] Foi por essa razão que as características destacadas mais fortemente na classe dominante foram a ociosidade e o parasitismo.[16]

Em outras palavras, para o populista, a causa do problema, em última análise, nunca é o sistema como tal, mas o intruso que o corrompeu (quem manipula as finanças, não os capitalistas como tais etc.); não uma falha fatal inscrita na estrutura como tal, mas um elemento que não cumpre corretamente seu papel dentro da estrutura. Ao contrário, para o marxista (assim como para o freudiano), o patológico (o mau comportamento desviante de alguns elementos) é o sintoma do normal, o indicador do que está errado na própria estrutura ameaçada por surtos "patológicos": para Marx, as crises econômicas são a chave para entender o funcionamento "normal" do capitalismo; para Freud, os fenômenos patológicos, como os surtos histéricos, são a chave para a constituição (e os antagonismos ocultos que sustentam o funcionamento) do sujeito "normal". É também por isso que o fascismo é, com toda a certeza, um populismo: a imagem do judeu é o ponto de equivalência da série de ameaças (heterogêneas e até inconsistentes) sentidas pelos indivíduos – o judeu é, ao mesmo tempo, intelectual demais, imundo, sexualmente voraz, trabalhador, explorador... Aqui encontramos outra característica fundamental do populismo não mencionada por Laclau. De um lado – como ele acerta ao enfatizar – o Significante-Mestre populista do inimigo é vazio, vago, impreciso etc.:

> Dizer que a oligarquia é responsável pela frustração das exigências sociais não é afirmar algo que possa ser lido nas próprias exigências sociais; isso vem de *fora* dessas exigências sociais, de um discurso no qual elas podem se inscrever. [...] É aqui que surge necessariamente o momento do vazio, seguindo a criação de laços de equivalência. *Ergo*, "ambiguidade" e "imprecisão", mas estas não resultam de nenhum tipo de situação marginal ou primitiva; elas estão inscritas na própria natureza do político.[17]

De outro lado, no populismo propriamente dito, esse caráter "abstrato" é sempre completado pela *pseudoconcretude* da imagem selecionada como *o* inimigo, o agente singular que está por trás de todas as ameaças ao povo. Hoje, podemos comprar *laptops* com teclados que imitam artificialmente a resistência das teclas das antigas máquinas de escrever, assim como o som dos tipos ao bater no papel – há melhor exemplo da recente necessidade de pseudoconcretude? Hoje, quando não só as relações sociais como também a tecnologia se tornam cada vez mais opacas (quem consegue ver o que acontece dentro do computador?), há uma sede de re-

---

[16] Ibidem, p. 90.
[17] Ibidem, p. 98-9.

Por que (às vezes) o populismo é muito bom na prática, mas não na teoria / 283

criar uma concretude artificial que permita aos indivíduos relacionar-se com ambientes complexos como se estes fossem um mundo-vida com significado. No mundo da programação, foi esse o passo dado pela Apple: a pseudoconcretude dos ícones na área de trabalho. A velha fórmula de Guy Debord sobre a "sociedade do espetáculo" recebe assim uma nova torção: as imagens são criadas para preencher a lacuna que separa o novo universo artificial do ambiente do nosso antigo mundo-vida, isto é, para "domesticar" esse novo universo. E a imagem populista pseudoconcreta do "judeu", que condensa a vasta miríade de forças anônimas que nos determinam, não é análoga ao teclado do computador que imita o teclado da velha máquina de escrever? O judeu como inimigo surge claramente fora do terreno das exigências sociais que se vivenciam como frustradas.

Esse complemento da definição de populismo de Laclau não implica nenhum tipo de regressão ao nível ôntico: continuamos no nível ontológico-formal e, embora aceitemos a tese de Laclau de que o populismo é uma certa lógica política formal, desvinculada de qualquer conteúdo, simplesmente a completamos com a característica (não menos "transcendental") de "reificação" do antagonismo numa entidade positiva. Como tal, o populismo, por definição, contém um mínimo, uma forma elementar de mistificação ideológica; é por isso que, embora seja efetivamente uma matriz/arcabouço formal de lógica política que pode receber várias torções políticas (nacionalista-reacionária, nacionalista-progressista...), na medida em que desloca, em sua própria noção, o antagonismo social imanente para o antagonismo entre o "povo" unificado e o inimigo externo, abriga "em última instância" uma tendência protofascista a longo prazo[18].

Em resumo, concordo com a tentativa de Laclau de definir o populismo de maneira formal-conceitual, e noto que, em seu último livro, ele muda claramente de posição, indo da "democracia radical" para o populismo (ele agora reduz a democracia ao momento de exigência democrática *dentro* do sistema); contudo,

---

[18] Muita gente simpática ao regime de Hugo Chávez na Venezuela gosta de opor seu exuberante – e às vezes meio ridículo – estilo de *caudilho* ao vasto movimento popular de auto-organização dos pobres e despossuídos que surpreendentemente o levou de volta ao poder depois de ser deposto por um golpe apoiado pelos Estados Unidos; o erro dessa opinião é achar que se pode ter o segundo sem ter o primeiro: o movimento popular *precisa* da figura identificadora do líder carismático. A limitação de Chávez é outra, é o próprio fator que lhe permite representar esse papel: o dinheiro do petróleo. É como se o petróleo fosse uma bênção duvidosa, para não dizer uma completa maldição. Por causa dessa reserva, ele continua fazendo gestos populistas sem "pagar o preço por isso", sem inventar nada de novo no nível socioeconômico. O dinheiro torna possível a prática de políticas inconsistentes (medidas anticapitalistas populistas que basicamente deixam intocado o edifício capitalista), não agindo, mas adiando a ação, a mudança radical. (Apesar da retórica antiamericana, Chávez toma o máximo cuidado para cumprir regularmente os contratos com os Estados Unidos; ele é na verdade um "Fidel com petróleo".)

como é óbvio para ele, o populismo também pode ser muito reacionário. Então, como traçar uma linha[19]? Há algum modo de traçar essa linha no nível formal-conceitual? Minha aposta é que a resposta é "sim".

Nem toda construção do povo e nem toda ação em nome do povo como sujeito político é, *eo ipso*, populismo. Da mesma maneira que a Sociedade não existe, como Laclau gosta de enfatizar, o Povo também não, e o problema do populismo é que, dentro de seu horizonte, o povo *existe* – a existência do Povo é garantida por sua exceção constitutiva, pela *exteriorização* do Inimigo num intruso/obstáculo positivo. Portanto, a fórmula da referência verdadeiramente democrática ao povo deveria ser uma paráfrase da definição de beleza de Kant como *Zweckmässigkeit ohne Zweck*: o popular sem o Povo, ou seja, o popular rachado, distorcido, pelo antagonismo constitutivo que o impede de adquirir a identidade substancial total de Povo. É por isso que o populismo, longe de representar o político como tal, sempre envolve uma *despolitização* mínima, uma "naturalização" do político.

Isso explica o paradoxo fundamental do fascismo autoritário, que inverte de forma quase simétrica o que Chantal Mouffe chama de "paradoxo democrático": se a proposta da democracia (institucionalizada) é integrar a própria luta antagônica no espaço institucional/diferencial, transformando-a em agonismo regulamentado, o fascismo segue no sentido oposto. Embora o fascismo, da maneira como age, leve a lógica antagônica a extremos (falando de "luta até a morte" contra os inimigos e sempre mantendo, quando não concretizando, a ameaça mínima e extrainstitucional de violência, de "pressão direta do povo", contornando os complexos canais legais e institucionais), ele postula como meta política exatamente o oposto, um corpo social hierárquico e extremamente ordenado (não admira que sempre recorra a metáforas corporativistas e organicistas). Esse contraste pode ser habilmente explicado nos termos da oposição lacaniana entre o "sujeito da enunciação" e o "sujeito do enunciado (conteúdo)": embora a democracia admita a luta antagônica como meta (em lacanês, como enunciado, conteúdo), seu procedimento é sistêmico-regulado; o fascismo, ao contrário, tenta impor a meta da harmonia hierarquicamente estruturada por meio de um antagonismo desregrado.

De maneira homóloga, a ambiguidade da classe média, essa contradição encarnada (como explicou Marx a propósito de Proudhon), é bem exemplificada pela maneira como ela se relaciona com a política: de um lado, a classe média é contra a politização, quer apenas manter seu modo de vida, ser deixada em paz para viver e trabalhar, e é por isso que tende a apoiar os golpes autoritários que prometem pôr

---

[19] É fácil imaginar uma situação determinada pela tensão entre um bloco de poder democrático institucionalizado e um bloco populista de oposição em que se optaria claramente pelo bloco democrático institucionalizado; digamos, uma situação em que um regime democrático-liberal seja ameaçado por um movimento racista populista em grande escala.

fim na louca mobilização política da sociedade, de modo que todos possam voltar ao trabalho; de outro, os integrantes da classe média, disfarçados de maioria moral, trabalhadora, patriótica e ameaçada, são os maiores instigadores da mobilização comunitária de base, disfarçada de populismo de direita; por exemplo, na França, hoje, a única força que verdadeiramente perturba a administração humanitária tecnocrática pós-política é a Frente Nacional de Le Pen.

Em última análise, o populismo é sempre sustentado pela exasperação frustrada de pessoas comuns, pelo grito de "não sei o que está acontecendo, só sei que para mim chega! Isso não pode continuar! Isso tem de acabar!" – uma explosão impaciente, uma recusa a entender, uma exasperação com a complexidade e a consequente convicção de que tem de haver um responsável por toda essa bagunça, e por isso é necessário um agente que esteja nos bastidores e explique tudo. Aí, nessa recusa de saber, reside a dimensão propriamente *fetichista* do populismo. Ou seja, embora o fetiche, em nível puramente formal, implique um gesto de transferência (para o objeto fetiche), ele funciona como inversão exata da fórmula-padrão da transferência (com o sujeito suposto saber): aquilo a que o fetiche dá corpo é exatamente o meu desmentido do conhecimento, a minha recusa em assumir subjetivamente o que sei. Aí reside o contraste entre o fetiche e o sintoma: o sintoma incorpora o conhecimento recalcado, a verdade sobre o sujeito que este não está pronto a aceitar. É por isso que Freud se dedicou a especular sobre o fetiche como último objeto visto, antes de tropeçar no fato de que as mulheres não têm pênis: é o último apoio da ignorância do sujeito[20].

Ligados a isso, há mais alguns pontos fracos na análise de Laclau. A menor unidade de sua análise acerca do populismo é a categoria da "demanda social" (nos dois sentidos da expressão: solicitação e reivindicação). A razão estratégica para a escolha dessa expressão é clara: o sujeito da demanda é constituído ao fazer essa demanda; o "povo", portanto, constitui-se por meio de uma cadeia de equivalências de demandas, é o resultado performático do ato de fazer essas demandas e não um grupo preexistente. Laclau chama essa demanda elementar, anterior ao seu encadeamento final numa série de equivalências, de "democrática"; em seu uso levemente idiossincrásico, essa palavra se refere à demanda que funciona dentro do sistema sociopolítico; em outras palavras, ela é encarada como uma demanda específica, em vez de ser frustrada e forçada assim a inscrever-se numa série antagônica de equivalências. Embora enfatize que, no espaço político institucionalizado "normal", há obviamente múltiplos conflitos, e que esses conflitos são enfrentados um

---

[20] Em *A era da inocência*, de Edith Wharton (Rio de Janeiro, Ediouro, 1993), a jovem esposa é o fetiche de Newland: ele só consegue manter o caso com a condessa Olenska na medida em que supõe que a esposa *não* saiba de nada; assim que descobre que a esposa sempre soube do caso, Newland não consegue mais manter o interesse amoroso por Olenska, embora a esposa esteja morta e não haja obstáculo para que se case com a condessa.

a um, sem intervenção de uma aliança ou antagonismo transversal, Laclau sabe muito bem que as cadeias de equivalências também podem se formar dentro do espaço democrático institucionalizado: recordemos que, no Reino Unido, sob o comando do conservador John Major, no fim da década de 1980, a figura da "mãe solteira desempregada" foi elevada a símbolo universal do que havia de errado no antigo sistema de bem-estar social – todos os "males sociais" se reduziam a essa figura (por que o Estado está passando por uma crise orçamentária? Porque gasta dinheiro demais com o sustento dessas mães e de seus filhos. Por que há delinquência juvenil? Porque as mães solteiras não têm autoridade suficiente para impor uma disciplina educacional adequada etc.).

O que Laclau deixou de enfatizar foi não só a singularidade da democracia em relação à oposição conceitual básica entre a lógica das diferenças (a sociedade como sistema regulado global) e a lógica das equivalências (o espaço social cindido em dois campos antagônicos, o que iguala suas diferenças internas), mas também o entrelaçamento interno total dessas duas lógicas. A primeira coisa que deveríamos notar aqui é que, somente no sistema político democrático, a lógica antagônica de equivalências está inscrita no próprio sistema político, como característica básica estrutural. Aqui a obra de Mouffe parece ser mais pertinente, tentando heroicamente reunir a democracia e o espírito de luta agônica e rejeitando ambos os extremos: de um lado, a louvação da heroica confrontação-luta que suspende a democracia e suas regras (Nietzsche, Heidegger, Schmitt); de outro, a eliminação do espaço democrático da luta verdadeira, de modo que o que resta é a competição anêmica e regulamentada (Habermas)[21]. Aqui, Mouffe está certa ao ressaltar que a violência volta como vingança na exclusão daqueles que não se encaixam nas regras da comunicação irrestrita. Entretanto, a maior ameaça à democracia nos países democráticos de hoje não reside nesses dois extremos, mas na morte do político por meio da "mercantilização" da política. O que interessa aqui não é, em primeiro lugar, o fato de que os políticos são embalados e vendidos como mercadoria nas eleições; um problema muito mais profundo é o fato de que as próprias eleições são concebidas como compra de uma mercadoria (no caso, o poder): envolvem uma competição entre partidos-mercadoria diferentes e nossos votos são o dinheiro que compra o governo que queremos. O que perdemos nessa visão da política como apenas mais um serviço que compramos é a política como um debate público partilhado das questões e das decisões que dizem respeito a todos nós.

Portanto, ao que parece, a democracia não só pode incluir o antagonismo, como é a única forma política que o solicita e o pressupõe, que o *institucionaliza*. O que os outros sistemas políticos veem como ameaça (a falta de um pretendente "natural"

---

[21] Ver especialmente Chantal Mouffe, *The Democratic Paradox* (Londres, Verso, 2000).

ao poder) a democracia eleva a uma condição positiva "normal" de seu funcionamento: o lugar do poder está vago, não há postulante natural; a *polemos*/luta é irredutível e todo governo positivo tem de ser conquistado, obtido por meio da *polemos*. É por isso que a observação crítica de Laclau sobre Lefort erra o alvo: "[Para] Lefort, o *lugar* do poder está vazio nas democracias. Para mim, a questão se coloca de forma diferente: a questão é *produzir* o vazio a partir do funcionamento da lógica hegemônica. Para mim, o vazio é um tipo de identidade, não uma localização estrutural"[22].

Os dois vazios simplesmente não são comparáveis: o vazio do "povo" é o vazio do significante hegemônico que totaliza a cadeia de equivalência, isto é, cujo conteúdo particular é "transubstanciado" numa incorporação do todo social, enquanto o vazio do lugar do poder é uma distância que torna "deficiente", contingente e temporário todo portador empírico do poder.

A conclusão que se deve tirar é que o populismo (do modo como completamos a definição que Laclau lhe dá) não é o único modo de existência do excesso de antagonismo sobre a estrutura democrático-institucional da luta agônica regulada: assim como as organizações revolucionárias comunistas (hoje falecidas), os fenômenos em grande escala de protesto social e político não institucionalizado, desde os movimentos estudantis do fim da década de 1960 e início da década de 1970 até os protestos posteriores contra a guerra e o mais recente movimento antiglobalização, não podem ser chamados propriamente de "populistas". Aqui é exemplar o caso do movimento contra a segregação racial nos Estados Unidos, no fim da década de 1950 e início da década de 1960, sintetizado no nome de Martin Luther King: embora pretendesse expressar uma demanda que não era atendida de modo adequado dentro das instituições democráticas existentes, esse movimento não pode ser chamado de populista em nenhum sentido significativo da palavra – a maneira como conduziu sua luta e constituiu seu adversário simplesmente não era "populista". Devemos fazer aqui uma observação mais geral sobre os movimentos populares de saída única, como, por exemplo, as "revoltas tributárias" dos Estados Unidos: embora funcionem de maneira populista, mobilizando o povo em torno de uma demanda que não é atendida pelas instituições democráticas, eles *não* parecem basear-se numa cadeia complexa de equivalências e permanecem centrados numa demanda única.

O "papel determinante da economia": Marx com Freud

A questão do populismo *versus* a luta de classes também levanta uma série de problemas conceituais fundamentais. Comecemos com um ponto teórico preciso a respeito do estatuto de universalidade: lidamos aqui com duas lógicas opostas de

---

[22] Ernesto Laclau, *On Populist Reason*, cit., p. 166.

universalidade que têm de ser rigorosamente distintas. De um lado, há a burocracia estatal como classe universal de uma sociedade (ou, em alcance mais longo, os Estados Unidos como policiais do mundo, agentes universais da lei e fiadores dos direitos humanos e da democracia), o agente direto da Ordem global; de outro, há a universalidade "supranumerária", a universalidade encarnada no elemento que se destaca da Ordem existente, que, embora interior a ela, não tem lugar adequado nela (o que Jacques Rancière chama de "parte de nenhuma parte"). Não só as duas não são iguais[23], como a luta, em última análise, é *uma luta entre essas duas universalidades*, não simplesmente entre elementos particulares da universalidade: não apenas sobre qual conteúdo particular "hegemonizará" a forma vazia de universalidade, mas entre as duas *formas* exclusivas de universalidade.

É por isso que Laclau erra o alvo quando opõe a "classe operária" e o "povo" no eixo do conteúdo conceitual ao efeito da nominação radical[24]: a "classe operária" designa um grupo social preexistente, caracterizado por seu conteúdo substancial, enquanto o "povo" surge como um agente unificado por meio do próprio ato de nominação; não há nada na heterogeneidade das demandas que as predisponha a unificar-se num "povo". Entretanto, Marx distingue "classe operária" de "proletariado": a "classe operária" é realmente um grupo social específico, enquanto "proletariado" designa uma posição subjetiva.

É por isso que o debate crítico de Laclau a respeito da oposição que Marx faz entre proletariado e lumpemproletariado também erra o alvo: a distinção não é entre um grupo social objetivo e um não grupo, um excesso-resto sem lugar adequado dentro do edifício social, mas sim entre dois modos desse excesso-resto que geram duas posições subjetivas diferentes. A implicação da análise de Marx é que, paradoxalmente, embora o lumpemproletariado pareça mais "deslocado" do que o proletariado em relação ao corpo social, na verdade ele se encaixa muito melhor no edifício social: com referência à distinção que Kant faz entre julgamento negativo e julgamento infinito, o lumpemproletariado não é verdadeiramente um não grupo (a negação imanente de um grupo, um grupo que é um não grupo), mas não é um grupo, e sua exclusão de todos os estratos não só consolida a identidade de outros grupos, como faz dele um elemento livre e flutuante que pode ser usado por qualquer estrato ou classe – pode ser o elemento "carnavalesco" radicalizador da

---

[23] A melhor anedota para exemplificar o que há de errado no primeiro modo de universalidade é a história do soldado inglês de origem operária que tira licença da frente de batalha, na Primeira Guerra Mundial, e se enfurece ao encontrar um jovem de classe alta que continua levando uma vida de elegante "britanismo" (o chá ritual etc.), sem ser perturbado pela guerra. Quando o soldado explode: "Como você pode ficar aí sentado, curtindo a vida, enquanto nós nos sacrificamos para defender o nosso modo de vida?", o jovem responde com toda a calma: "Mas eu *sou* o modo de vida que vocês estão defendendo lá nas trincheiras!".

[24] Ver Ernesto Laclau, *On Populist Reason*, cit., p. 183.

Por que (às vezes) o populismo é muito bom na prática, mas não na teoria / 289

luta dos trabalhadores que os leva das estratégias moderadas de negociação para o confronto aberto, ou o elemento usado pela classe dominante para desnaturar de dentro a oposição ao seu domínio (a velha tradição da turba criminosa que serve aos que estão no poder). A classe operária, ao contrário, é um grupo que em si, *como grupo* dentro da estrutura social, é um não-grupo, isto é, cuja posição é em si "contraditória": é uma força produtiva, da qual a sociedade (e os que estão no poder) precisa para reproduzir a si mesma e a suas regras, mas ainda assim não se consegue encontrar para ela um "lugar adequado".

Com base nesse mal-entendido, Laclau usa um argumento geral explicado de maneira sucinta por Oliver Marchart:

> no nível formal, *toda* política se baseia na lógica articulatória da "combinação e condensação de atitudes inconsistentes", e não apenas a política do fascismo. Como resultado, o antagonismo social fundamental, até certo ponto, será sempre deslocado, já que, como observamos, o nível ontológico – nesse caso, antagonismo – nunca pode ser abordado diretamente e sem mediação política. Segue-se que a distorção é constitutiva de toda política: a política como tal, não apenas a política fascista, avança pela "distorção".[25]

Essa advertência continua presa na tensão "binária" entre essência e aparência: o antagonismo fundamental nunca aparece como tal, de maneira transparente (em termos marxistas: a situação revolucionária "pura", em que todas as tensões sociais seriam simplificadas/reduzidas à luta de classes, não ocorre nunca, é sempre mediada por outros antagonismos, étnicos, religiosos etc.). Logo, a "essência" nunca aparece diretamente, mas sempre de maneira deslocada/distorcida. Embora, em princípio, essa afirmativa seja verdadeira, há pelo menos duas coisas a acrescentar. Em primeiro lugar, se for o caso, por que continuar a falar de um "antagonismo social fundamental"? Tudo o que temos aqui é uma série de antagonismos que constroem (ou podem construir) uma cadeia de equivalências, "contaminando-se" metaforicamente, e o antagonismo que surge como "central" é o resultado contingente da luta pela hegemonia. Então, isso significa que devemos rejeitar a própria noção de "antagonismo fundamental" (como faz Laclau)?

Eu proporia uma resposta hegeliana. Esclarecerei essa questão referindo-me (mais uma vez) a um de meus exemplos padrões: a análise exemplar de Lévi-Strauss, em *Antropologia estrutural**, da disposição espacial das construções dos *winnebagos*, uma das tribos dos Grandes Lagos. A tribo divide-se em dois subgrupos ("metades"), "os de cima" e "os de baixo"; quando se pede a um indivíduo que desenhe numa folha de papel ou na areia a planta da aldeia (a disposição espacial das caba-

---

[25] Oliver Marchart, "Acting and the Act: On Slavoj Žižek's Political Ontology", em Paul Bowman e Richard Stamp (orgs.), *Truth of Žižek* (Londres, Continuum, 2007), p. 174.

* São Paulo, CosacNaify, 2008. (N. E.)

nas), obtemos dois desenhos bem diferentes, conforme o subgrupo a que pertença o indivíduo. Ambos percebem a aldeia como um círculo; mas para um subgrupo há, dentro desse círculo, outro círculo central de casas, de modo que temos dois círculos concêntricos; já para o outro subgrupo, o círculo é dividido em dois por uma linha clara. Em outras palavras, o integrante do primeiro subgrupo (vamos chamá-lo de "conservador-corporativista") percebe a planta da aldeia como um anel de casas dispostas mais ou menos simetricamente em torno do templo central, enquanto o integrante do segundo subgrupo ("revolucionário-antagônico") percebe a aldeia como dois aglomerados distintos de casas separados por uma fronteira invisível[26]...

O ponto que Lévi-Strauss quer destacar é que esse exemplo não deveria de modo algum nos incitar a um relativismo cultural segundo o qual a percepção do espaço social depende do grupo a que pertence o observador: a própria cisão em duas percepções "relativas" implica a referência oculta a uma constante – não a disposição objetiva, "real" das construções, mas um núcleo traumático, um antagonismo fundamental que os habitantes da aldeia foram incapazes de simbolizar, explicar, "interiorizar", e com o qual não conseguiram fazer as pazes, um desequilíbrio das relações sociais que impediu a comunidade de se estabilizar num todo harmonioso. As duas percepções da planta são simplesmente duas tentativas mutuamente exclusivas de lidar com esse antagonismo traumático, de curar a ferida com a imposição de uma estrutura simbólica equilibrada. É aqui que se pode ver em que sentido exato o Real intervém por meio da anamorfose. Temos primeiro o arranjo "real", "objetivo" das casas e depois as duas simbolizações diferentes, que distorcem, ambas, de maneira anamórfica, o arranjo real. Entretanto, o "real" aqui não é o arranjo real, mas o núcleo traumático do antagonismo social que distorce a visão que os membros da tribo têm do antagonismo real. Portanto, o Real é o X desmentido em nome do qual nossa visão da realidade é anamorficamente distorcida. É, ao mesmo tempo, a Coisa à qual não é possível ter acesso direto *e* o obstáculo que impede esse acesso direto, a Coisa que foge do nosso alcance *e* a tela distorcedora que nos faz deixar de ver a Coisa. Em termos mais exatos, o Real, em última análise, é a própria mudança de ponto de vista do primeiro para o segundo lugar de observação: o Real lacaniano não só é distorcido, como é *o próprio princípio da distorção* da realidade.

Esse *dispositivo* de três níveis é estritamente homólogo ao *dispositivo* de três níveis de Freud para a interpretação dos sonhos: também para Freud, o desejo inconsciente no sonho não é simplesmente o âmago que nunca aparece diretamente, distorcido pela tradução no texto onírico manifesto, mas sim o próprio princípio dessa distorção. É assim que, para Deleuze, numa homologia conceitual estrita, a

---

[26] Claude Lévi-Strauss, "Do Dual Organizations Exist?", em *Structural Anthropology* (Nova York, Basic Books, 1963), p. 131-63; os desenhos estão nas p. 133-4.

economia exerce seu papel de determinar a estrutura social "em última instância": a economia, nesse papel, nunca está diretamente presente como agente causal real, sua presença é puramente virtual, ela é a "pseudocausa" social, mas, exatamente como tal, absoluta, não relacional, a causa ausente, algo que nunca está "em seu lugar": "É por isso que 'a economia' nunca é dada, propriamente falando, mas designa antes uma virtualidade diferencial a ser interpretada, sempre encoberta por suas formas de concretização"[27]. Ela é o X ausente que circula entre as múltiplas séries do campo social (econômica, política, ideológica, jurídica...), *distribuindo-as em sua articulação específica*. Portanto, devemos insistir na diferença radical entre o econômico, como esse X virtual, o ponto absoluto de referência do campo social, e o econômico em sua realidade, como um dos elementos ("subsistemas") da totalidade social real: quando se encontram ou, em hegelianês, quando o econômico virtual encontra sob o disfarce de sua contrapartida real a si mesmo na "determinação oposicional", essa identidade coincide com a (auto)contradição absoluta.

Como explica Lacan no *Seminário XI*: *Il n'y a de cause que de ce qui cloche*, ou seja, só existe causa daquilo que tropeça/escorrega/falha[28] – uma tese cujo caráter obviamente paradoxal é explicado quando se leva em conta a oposição entre causa e causalidade: para Lacan, causa e causalidade não são de modo algum a mesma coisa, já que a "causa", no sentido estrito da palavra, é exatamente algo que intervém no ponto em que a rede de causalidade (a cadeia de causas e efeitos) falha, quando há um corte, uma lacuna, na cadeia causal. Nesse sentido, para Lacan, a causa, por definição, é a causa distante (uma "causa ausente", como se costumava dizer no jargão da alegre moda "estruturalista" das décadas de 1960 e 1970): ela age nos interstícios da rede causal direta. Aqui, o que Lacan tem em mente é especificamente o funcionamento do inconsciente. Imaginemos um lapso comum: numa conferência de química, alguém expõe um trabalho sobre, digamos, a troca de fluidos; de repente, ele tropeça e comete um lapso, soltando algo sobre a passagem do esperma durante o ato sexual... Um "atrator" do que Freud chamou de "uma Outra Cena" intervém como uma espécie de força gravitacional, exercendo sua influência invisível à distância, curvando o espaço do fluxo discursivo, inserindo nele uma lacuna. O que torna essa tese lacaniana tão interessante do ponto de vista filosófico é que ela nos permite abordar de maneira nova a questão da "causalidade e liberdade": a liberdade se opõe à causalidade, mas não à causa. O tropo político padrão da "causa da liberdade" deveria ser entendido mais literalmente do que de costume, incluindo *ambos* os significados da palavra "causa": causa que produz

---

[27] Gilles Deleuze, *Difference and Repetition* (Nova York, Columbia University Press, 1995), p. 186.

[28] Ver o capítulo 1 de Jacques Lacan, *O seminário 11: Os quatro conceitos fundamentais da psicanálise*, cit.

efeitos e causa política que nos mobiliza. Talvez os dois significados não sejam tão disparatados quanto parecem: a Causa que nos mobiliza (a "causa da liberdade") age como Causa ausente que perturba a rede de causalidade. É uma causa que me torna livre, extraindo-me da rede de causas e efeitos. E, talvez, também se deva entender assim a infame fórmula marxista da "determinação de última instância": a instância sobredeterminante da "economia" também é uma causa distante, nunca direta, isto é, ela intervém nas lacunas da causalidade social direta.

No caso da luta de classes, ela lembra hoje a resposta do paciente de Freud à pergunta sobre a identidade da mulher no sonho: "Seja qual for o porquê dessa luta, não é luta de classes... (e sim sexismo, intolerância cultural, fundamentalismo religioso...)". Um dos tópicos mais comuns do pós-marxismo é que, hoje, a classe operária *não é mais* o sujeito revolucionário "predestinado", as lutas emancipadoras contemporâneas são plurais, sem um agente específico que reclame um lugar privilegiado. A maneira de responder a essa advertência é ceder ainda mais: *nunca houve* esse privilégio da classe operária, o papel estrutural fundamental da classe operária não envolve esse tipo de prioridade.

Como funciona então o "papel determinante da economia", se ele não é o referente último do campo social? Imaginemos uma luta política travada em termos de cultura musical popular, como aconteceu em alguns países pós-"socialistas" do leste europeu, em que a tensão entre o pseudofolclórico e o rock, no campo da música popular, funcionou como deslocamento da tensão entre a direita conservadora e nacionalista e a esquerda liberal. Para explicar à moda antiga: uma luta cultural popular "exprimiu" (ofereceu os termos em que) uma luta política (foi travada) – como hoje nos Estados Unidos, onde a música country é predominantemente conservadora e o rock é predominantemente liberal-esquerdista. De acordo com Freud, não basta dizer que, aqui, a luta na música popular foi apenas uma expressão secundária, um sintoma, uma tradução codificada da luta política, que seria "a verdadeira razão" da coisa toda. Ambas as lutas têm substância própria: a luta cultural não é apenas um fenômeno secundário, um campo de batalha de sombras a ter "decifrada" sua conotação política (que, via de regra, é bastante óbvia).

O "papel determinante da economia" não significa que, nesse caso, toda confusão "da qual realmente se tratava" fosse a luta econômica, de modo que devêssemos imaginar a economia como uma metaessência oculta que então "exprime" a si mesma, em dois níveis de distância, numa luta cultural (ela determina a política que, por sua vez, determina a cultura...). Ao contrário, a economia inscreve a si mesma no decorrer da própria tradução/transposição da luta política na luta cultural-popular, no fato de essa transposição nunca ser direta, ser sempre deslocada, assimétrica. A conotação de "classe", como codificada nos "modos de vida" culturais, muitas vezes pode virar do avesso a conotação política explícita – recordemos que em 1959, nos Estados Unidos, no famoso debate presidencial que levou Nixon à derrota, o liberal Kennedy foi percebido como um aristocrata de classe alta, enquanto o direitista Nixon apareceu como um adversário de origem humilde. É claro que isso não significa que a segunda oposição simplesmente contradiga a primeira, que represente a "verdade" ofuscada pela primeira, ou seja, que Kennedy, ao se apresentar em suas declarações públicas como um adversário liberal-progressista de Nixon, indicava pelo estilo de vida exibido no debate que era "realmente" apenas um aristocrata de classe alta; mas significa que o deslocamento testemunha a limitação do progressismo de Kennedy, isto é, indica a natureza contraditória da posição político-ideológica de Kennedy[29]. É aí que entra a instância determinante da "economia": o econômico é a causa ausente que explica o deslocamento na representação, a simetria (inversão, nesse caso) entre as duas séries, o par política progressista/conservadora e o par classe alta/média.

A solução de Laclau seria conceber essas "contaminações" como encadeamento de antagonismos numa série contingente de equivalências: o fato de que a oposição política entre esquerda e direita "contamina" a oposição musical entre rock e country é um resultado contingente da luta pela hegemonia, ou seja, não há necessidade interior de que o rock seja progressista ou o country seja conservador. Entretanto, há aqui uma assimetria ofuscada por essa solução simples e óbvia: a luta política não é uma dentre muitas (numa série ao lado das lutas artística, econômica, religiosa etc.); ela é o princípio puramente formal da luta antagônica como tal. Ou seja, não há conteúdo propriamente dito da política; todas as lutas e decisões políticas dizem respeito a outras esferas específicas da luta social (tributação, regulamentação dos costumes sexuais e da procriação, assistência médica etc.); a "política" é apenas um modo formal de tratar essas questões, na medida em que surgem como questões de luta e decisão públicas. É por isso que "tudo é (ou melhor, pode tornar-se) político", na medida em que se torna um marco na luta política. A "economia", por outro lado, não é apenas uma das esferas da luta política, mas a "causa" da expressão-contaminação mútua das lutas. Para explicar de maneira sucinta, esquerda-direita é o Significante-Mestre "contaminado" pela série de outras oposições, enquanto a economia é o objeto *a*, o objeto fugidio que sustenta essa contaminação (e quando a contaminação é diretamente econômica, a economia encontra-se em sua determinação oposicional).

A política, portanto, é o nome da distância entre a "economia" e ela mesma. Seu espaço se abre com a lacuna que separa o econômico, como Causa ausente, da economia em sua "determinação oposicional", como um dos elementos da totalidade social: há política *porque* a economia é "não todo", porque o econômico é

---

[29] E a mesma inversão ocorre hoje, quando a oposição das feministas da esquerda liberal e dos populistas conservadores é percebida como oposição de feministas e de multiculturalistas de classe média alta contra os caipiras de classe baixa.

uma pseudocausa impassível e "impotente". O econômico, portanto, inscreve-se duplamente aqui, no sentido exato que define o Real lacaniano: é o núcleo duro "expresso" em outras lutas por meio de deslocamentos e outras formas de distorção e, ao mesmo tempo, o próprio princípio estruturante dessas distorções[30].

Em sua história longa e torcida, a hermenêutica social marxista baseou-se em duas lógicas que, embora muitas vezes confundidas sob o nome ambíguo e comum de "luta de classes econômica", são completamente diferentes. De um lado, há a famosa (e infame) "interpretação econômica da história": todas as lutas, artísticas, ideológicas, políticas, são condicionadas, em última análise, pela luta econômica ("de classes"), que é seu significado secreto a ser decifrado. Do outro, "tudo é político", isto é, a visão marxista da história é totalmente politizada: não há fenômenos sociais, ideológicos, culturais e outros que não sejam "contaminados" pela luta política básica, e isso vale até para a economia; a ilusão do "sindicalismo" é exatamente que a luta dos trabalhadores possa ser despolitizada, reduzida a uma negociação puramente econômica por melhores condições de trabalho etc. Entretanto, essas duas "contaminações" – o econômico determina tudo "em última instância" e "tudo é político" – não obedecem à mesma lógica. A "economia" sem o âmago político ex-timado ("luta de classes") seria uma matriz social positiva de desenvolvimento, como na noção (pseudo)marxista historicista-evolucionária de desenvolvimento da qual o próprio Marx chegou perigosamente perto no prefácio da *Contribuição à crítica da economia política**.

> Na produção social de sua existência, os homens estabelecem inevitavelmente relações definidas, que são independentes de sua vontade, ou seja, relações de produção apropriadas a um dado estágio do desenvolvimento das forças materiais de produção. A totalidade dessas relações de produção constitui a estrutura econômica da sociedade, o alicerce real no qual se ergue a superestrutura legal e política e ao qual correspondem formas definidas de consciência social. O modo de produção da vida material condiciona o processo geral da vida social, política e intelectual. Não é a consciência dos homens que determina sua existência, mas a existência social que determina a consciência. Em determinado estágio de desenvolvimento, as forças produtivas materiais da sociedade entram em conflito com as relações de produção existentes, ou – o que apenas exprime a mesma coisa em termos jurídicos – com as relações de propriedade em cuja estrutura funcionaram até então. A partir de formas de desenvolvimento das forças produtivas,

---

[30] Podemos dizer então que a política é o Todo, uma série de totalizações, de Significantes-Mestres imponentes que totalizam um campo por meio de exceções? Mas e o Não Todo como política? A frase "tudo é político" é enganosa, a verdadeira é "não há nada que não seja político"; pois foi Stalin que totalizou a política e teve de pagar o preço ao reafirmar a exceção (tecnologia, linguagem etc.) como apolítica, neutra em termos de classe. Em outras palavras, a política não será a pseudocausa impassível, um teatro de sombras no qual, ainda assim, tudo se decide?

* 2. ed., São Paulo, Expressão Popular, 2008. (N. E.)

essas relações se transformam em grilhões. Então começa uma época de revolução social. As mudanças da base econômica levam, mais cedo ou mais tarde, à transformação de toda a imensa superestrutura.

Ao estudar essas transformações, é sempre necessário distinguir, de um lado, a transformação material das condições econômicas de produção, que podem ser determinadas com a exatidão da ciência natural, e, de outro, as formas legal, política, religiosa, artística ou filosófica – em resumo, ideológicas – em que os homens se tornam conscientes desse conflito e tentam resolvê-lo. Assim como não se julga o indivíduo pelo que pensa de si mesmo, não se pode julgar um tal período de transformação por sua consciência, mas, ao contrário, essa consciência deve ser explicada pelas contradições da vida material, pelo conflito existente entre as forças sociais de produção e as relações de produção. Nenhuma ordem social jamais é destruída antes que todas as forças produtivas que lhe são suficientes se desenvolvam, e novas relações de produção superiores nunca substituem as antigas antes que as condições materiais de sua existência amadureçam dentro da estrutura da antiga sociedade.[31]

A lógica evolucionista dessas linhas é clara: o "motor" do progresso social é o desenvolvimento apolítico das forças e dos meios de produção; eles determinam as relações de produção etc.

Por outro lado, a política "pura", "descontaminada" pela economia, é igualmente ideológica: o economicismo vulgar e o idealismo político-ideológico são dois lados da mesma moeda. A estrutura aqui é a de uma volta para dentro: a "luta de classes" é a política no âmago do econômico. Ou, para explicar de forma paradoxal, pode-se reduzir todo o conteúdo político, jurídico, cultural à "base econômica", "decifrando-o" como sua "expressão" – tudo, *exceto* a luta de classes, que é o político no econômico em si.

Mutatis mutandis, o mesmo serve para a psicanálise: todos os sonhos têm conteúdo sexual, *exceto* os sonhos explicitamente sexuais. Por quê? Porque a sexualização do contexto é formal, é o princípio de sua distorção: pela repetição, pela abordagem enviesada etc., todos os tópicos, inclusive os da própria sexualidade, são sexualizados. A principal lição propriamente freudiana é que a explosão da capacidade simbólica humana não expande apenas o alcance metafórico da sexualidade (atividades que em si são totalmente assexuais podem tornar-se "sexualizadas", tudo pode ser "erotizado" e passar a "falar daquilo"), mas, o que é muito mais importante, essa explosão *sexualiza a própria sexualidade*: a característica específica da sexualidade humana nada tem a ver com a realidade imediata e bastante estúpida da cópula, incluindo os rituais preparatórios de acasalamento; só quando o coito animal se enreda no círculo vicioso autorreferente da pulsão, na repetição prolongada de sua

---

[31] Karl Marx, "Preface", *A Contribution to the Critique of Political Economy* (Moscou, Progress Publishers, 1977), p. 7-8.

296 / Em defesa das causas perdidas

incapacidade de atingir a Coisa impossível, obtém-se o que chamamos de sexualidade, isto é, a própria atividade sexual torna-se sexualizada. Em outras palavras, o fato de que a sexualidade pode transbordar e servir de conteúdo metafórico de todas as (outras) atividades humanas não é sinal de poder, mas, ao contrário, é sinal de impotência, fracasso, bloqueio inerente. A luta de classes, portanto, é uma expressão mediadora sem igual que, ao mesmo tempo que amarra a política à economia (toda política, "em última análise", é uma expressão da luta de classes), representa o momento político irredutível no próprio âmago do econômico.

Traçando a linha

As consequências dessas elaborações conceituais do dilema da "expressão direta do universal ou sua distorção constitutiva" são claras. O argumento político básico de Laclau contra mim é que, em virtude da minha rígida visão pseudorrevolucionária e reducionista de classe, estou condenado a "aguardar os marcianos" – já que as condições que estabeleço para os agentes revolucionários "são especificadas dentro de uma geometria tão rígida de efeitos sociais que nenhum ator empírico pode cumprir o papel". Entretanto, para manter as aparências de que falo de agentes reais, tenho de recorrer ao "processo de 'marcianização'": "atribuir a sujeitos realmente existentes as características mais absurdas, conservando ao mesmo tempo seus nomes para que a ilusão do contato com a realidade se mantenha". Não se pode deixar de observar como esse processo, que Laclau, zombeteiro, descreve como "marcianização", é parecidíssimo com sua teoria da hegemonia: um evento empírico é "elevado à dignidade da Coisa", começa a funcionar como encarnação da plenitude impossível da Sociedade. Referindo-se a Joan Copjec, Laclau compara a hegemonia ao "valor-seio" dado a objetos parciais: assim, *mutatis mutandis*, sua tese não é que – uma vez que os marcianos são impossíveis, porém necessários – no processo de hegemonia um elemento social empírico é investido de "valor marciano" – a diferença entre mim e ele sendo que eu (supostamente) acredito em marcianos reais, enquanto ele sabe que o lugar dos marcianos fica vazio para sempre, de modo que tudo o que podemos fazer é investir agentes empíricos de "valor marciano"[32]?

---

[32] Ernesto Laclau, "Why Constructing a People Is the Main Task of Radical Politics", *Critical Inquiry*, 32, 2006, p. 657 e 680. Além disso, Laclau só desenvolve a hegemonia como o particular elevado à encarnação/representação da Coisa impossível; o que falta é que o elemento particular que representa o Todo só pode fazê-lo pela negação da característica unificante do Todo. Aqui, dois exemplos batidos devem bastar: para Marx, a única maneira de ser "monarquista em geral" é ser republicano; para Hegel, o homem em geral (que cria a si mesmo) é rei (é isso que ele é por natureza). Essa tensão precede a tensão amigo/inimigo refletida na luta hegemônica.

Aqui, é Laclau que (como Kant) é ingênuo demais em sua postura crítica, ou seja, em sua afirmação da lacuna irredutível entre a universalidade vazia e sua representação distorcida. De meu ponto de vista hegeliano, essa lacuna pode ser superada. Como? Não pela chegada de uma apresentação direta adequada do universal, mas de modo que *a distorção como tal seja afirmada como lugar de universalidade*: a universalidade *aparece* como a distorção do particular – numa homologia exata com a lógica dos sonhos de Freud, em que o desejo inconsciente "universal" (que, para usar termos marxistas, determina o sonho "em última instância") não é o âmago do sonho expresso no texto onírico de forma deslocada/distorcida, mas o próprio processo de distorção. Nesse sentido exato, é errado dizer que o antagonismo social "central" ("luta de classes") sempre se exprime/articula de maneira distorcida/deslocada: este é o próprio *princípio* dessa distorção. Consequentemente, a verdadeira "política de classe" nada tem a ver com concentrar-se exclusivamente na luta de classes e reduzir todas as lutas específicas a expressões e efeitos secundários da única luta "verdadeira". Voltemos a "Sobre a contradição", de Mao: ali, a principal afirmativa é que, em cada situação concreta, o que predomina é uma contradição "particular" diferente, no sentido exato de que, para vencer a batalha pela solução da contradição principal, deve-se tratar uma contradição específica como predominante, à qual todas as outras lutas devem ser subordinadas.

Mas permanece a pergunta: por que o econômico ocupa esse papel estruturador? Mais uma vez, a homologia com a psicanálise pode nos ajudar a esclarecer o assunto, já que é possível levantar (e muitas vezes se levanta) a mesma objeção contra Freud: por que é o desejo inconsciente que "sobredetermina" o emaranhamento de todos os outros desejos oníricos de natureza sexual? Por que não deveríamos afirmar a interação clara em que o papel predominante de um desejo específico seja o resultado de uma "luta pela hegemonia" entre desejos diferentes? O papel central da sexualidade não é um lembrete claro do "essencialismo sexual" de Freud, num paralelo exato com o "essencialismo econômico" de Marx? A resposta é simples para o verdadeiro freudiano: a sexualidade transborda sobre todos os outros conteúdos, todo conteúdo pode ser "sexualizado", em virtude do fracasso inerente da sexualidade ("não há relação sexual"), ou seja, o evento central do tornar-se humano dos humanoides foi a "castração simbólica", a imposição da proibição da impossibilidade, que extraiu a sexualidade do domínio das satisfações instintuais reguladas por ritmos sazonais, transformando-a numa busca infinita e "metafísica" pela Coisa impossível. A hipótese freudiana, portanto, é que a sexualidade não é apenas uma *dentre* as possíveis alusões (conotações) de todos os discursos; de maneira muito mais forte, ela é *inerente à forma de conotação como tal*: o próprio fato de que algo "significa muito mais do que parece" sexualiza-o, isto é, a castração simbólica sustenta a própria indeterminação do espaço em que as conotações podem flutuar[33]. E a hipótese marxista é que, *mutatis mutandis*, o mesmo acontece com a "economia", com o processo coletivo de produção: a organização social da produção (o "modo de produção") não é apenas um dentre muitos níveis de organização social, ela é o local da "contradição", da instabilidade estrutural, do antagonismo social central ("não há relação de classe"), que como tal transborda para todos os outros níveis.

Agora podemos também responder à acusação de que o fetichismo da mercadoria se baseia na oposição entre a expressão direta de uma ideia (ou assunto) e sua representação metafórica distorcida. Vou explicar essa questão referindo-me à tese de que, hoje, vivemos num mundo pós-ideológico. Há duas maneiras de entender essa tese: ou a aceitamos no sentido ingênuo e pós-político (agora que finalmente nos libertamos do fardo das grandes causas e das narrativas ideológicas, podemos nos dedicar a resolver de forma pragmática os problemas reais) ou de maneira mais crítica, como sinal da forma contemporânea predominante do cinismo (o poder não precisa mais de uma estrutura ideológica consistente para legitimar seu domínio; pode se dar ao luxo de afirmar diretamente a verdade óbvia: a busca do lucro, a imposição violenta dos interesses econômicos). De acordo com a segunda leitura, não há mais necessidade do procedimento refinado da *Ideologiekritik*, de uma "leitura sintomal" que detecte as falhas do edifício ideológico: esse procedimento bate numa porta aberta, uma vez que o discurso totalmente cínico do poder admite tudo isso com antecedência, à semelhança do analisando de hoje em dia que aceita com toda a calma as sugestões do analista sobre seus desejos obscenos mais íntimos e não se choca com mais nada.

Será isso mesmo? Se for, então a *Ideologiekritik* e a psicanálise, em último caso, não servem para nada, já que a proposta do procedimento interpretativo é que o sujeito *não pode* admitir abertamente e assumir realmente a verdade do que faz. Entretanto, a psicanálise abre um caminho para desmascarar essa prova aparente de sua inutilidade, detectando sob a abertura enganosa do cinismo pós-ideológico os contornos do fetichismo e, assim, opor o modo *fetichista* de ideologia, que predomina em nossa época supostamente "pós-ideológica", ao modo *sintomal* tradicional, em que a mentira ideológica que estrutura nossa percepção da realidade é ameaçada por sintomas *qua* "retornos do recalque", como rasgos no tecido da mentira ideológica. De fato, o fetiche é um tipo de *avesso* do sintoma. Ou seja, o sintoma é a exceção que perturba a superfície da falsa aparência, o ponto em que a Outra Cena recalcada irrompe, enquanto o fetiche é a encarnação da mentira que nos permite sustentar a verdade insuportável. Vejamos o caso da morte de uma pessoa amada: no caso do sintoma, "recalco" essa morte, tento não pensar nela, mas o trauma recalcado volta no sintoma; no caso do fetiche, ao contrário, "racionalmente" aceito por

---

[33] E é por isso, por exemplo, que quando alguém brinca de adiar a revelação do conteúdo daquilo que está dizendo, dando pistas e depois recuando, podemos acusá-lo de jogar um jogo sexualizado, mesmo que o conteúdo cuja revelação é infinitamente adiada seja bastante banal e assexuado.

completo essa morte, mas, ainda assim, agarro-me ao fetiche, a alguma característica que encarne para mim o desmentido dessa morte. Nesse sentido, o fetiche pode ter um papel muito construtivo, permitindo-nos lidar com a dura realidade. Os fetichistas não são sonhadores perdidos em seu mundo particular, são pessoas extremamente "realistas", capazes de aceitar o modo como as coisas de fato são – afinal, elas têm o fetiche, ao qual podem se agarrar para anular o impacto total da realidade.

Há um conto antigo e maravilhoso de Patricia Highsmith, "Button" [Botão], sobre um nova-iorquino de classe média que mora com o filho deficiente mental, de nove anos, que balbucia sons sem sentido o tempo todo e sorri, enquanto sua saliva escorre da boca. Certa noite, bem tarde, não aguentando mais a situação, o personagem principal decide dar uma volta pelas ruas vazias de Manhattan, onde tropeça num sem-teto miserável que, numa súplica, lhe estende a mão. Num ato de fúria inexplicável, o herói surra o mendigo até a morte e arranca um botão de seu casaco. Depois, volta para casa mudado e suporta serenamente o pesadelo familiar, capaz até de dar um sorriso gentil ao filho retardado; guarda o botão no bolso da calça o tempo todo – um fetiche perfeito, um desmentido incorporado de sua realidade miserável, o lembrete constante de que, pelo menos uma vez, ele foi capaz de contra-atacar seu horrível destino.

Em *Stasiland*, Anna Funder descreve um caso de fetiche ainda mais enlouquecido que ocorreu na vida de Hagen Koch, oficial da Stasi que chamou a atenção da mídia mundial em 13 de agosto de 1961, quando as autoridades da Alemanha Oriental começaram a construir o Muro de Berlim[34]. Sua honra (duvidosa) foi ser o homem que literalmente traçou o limite do Muro: como funcionário do departamento de cartografia da Stasi, recebeu ordens de marcar com tinta branca o limite exato que separava Berlim Oriental de Berlim Ocidental, de modo que o Muro pudesse ser construído no lugar adequado. Durante um dia inteiro, ele foi visto e fotografado, caminhando lentamente com um pé no leste, outro no oeste, traçando a linha. Foi como se essa posição intermediária simbolizasse de algum modo sua atitude básica diante da realidade política: levava uma vida cheia de concessões e hesitações, oscilando entre a fidelidade ao regime da República Democrática Alemã e os atos de pequena rebelião (entre outras coisas, ele se casou com uma moça de família não comunista, apesar da oposição de seus superiores na Stasi). Finalmente, cansou-se do emprego na Stasi, pediu transferência e obteve permissão de passar para um posto no exército regular.

Nesse ponto exato da sua vida, ele cometeu um ato extraordinário. Ao esvaziar sua sala no prédio da Stasi, notou pela primeira vez uma placa *kitsch*, barata, de plástico pintado de dourado, pendurada na parede junto a sua escrivaninha, um

---

[34] Ver Anna Funder, *Stasiland* (Londres, Granta Books, 2003), p. 177-82. [Ed. bras.: *Stasilândia*, São Paulo, Companhia das Letras, 2008.]

reconhecimento oficial ridículo do honroso terceiro lugar que sua unidade conquistara na classificação da Stasi por seu trabalho cultural. Levou a placa debaixo do casaco como um ato de "pequena vingança particular" por todas as concessões e humilhações que sofreu na vida; roubar a placa foi a única coisa para a qual conseguiu juntar coragem suficiente. Traçou o limite ali, dessa vez literalmente, e o manteve, porque, para sua surpresa e como cabe à burocracia alemã, houve reações e consequências por seu ato, mais numerosas e fortes do que esperava.

Em primeiro lugar, três semanas depois, dois oficiais superiores da Stasi foram até a sua casa, acusaram-no de roubar a placa e exigiram que a devolvesse. Ele negou e, como requerido, assinou uma declaração jurando que não a pegara. Então, anos depois, após *die Wende*, a reunificação das Alemanhas, ele improvisou em seu apartamento um pequeno museu particular sobre o Muro, onde as peças eram apresentadas do ponto de vista oriental. Como também era famoso por ter traçado a linha do Muro em 1961, isso provocou algum interesse e, em 1993, foi entrevistado pela televisão em seu apartamento, com a placa roubada pendurada na parede atrás dele. Um técnico lhe pediu que retirasse a placa porque ela refletia a luz e causava muito brilho; Koch se recusou enfaticamente: "Faço qualquer coisa por você, mas a placa fica onde está". E a placa ali ficou. Contudo, alguns dias depois, quando a reportagem sobre o museu foi veiculada, um agente da Treuhand (órgão federal que cuidava do destino das propriedades estatais da RDA) apareceu à sua porta, mais uma vez exigindo a placa: de acordo com a nova lei, a propriedade estatal da RDA tornara-se propriedade da República Federal da Alemanha unificada e, como ele roubara a placa, tinha de devolvê-la. Furioso, Koch expulsou o agente; este se foi com ameaças de um processo na justiça. Semanas depois, o agente voltou a visitá-lo e informou-o de que as acusações de roubo de propriedade estatal tinham sido abandonadas (o objeto roubado tinha valor mínimo e o crime acontecera anos antes, de modo que o prazo para ação legal expirara havia muito tempo). Entretanto, o agente informou-o de que agora havia contra ele uma nova acusação de falso testemunho (à Stasi, já que, décadas antes, ele assinara uma declaração de que não roubara a placa), e essa declaração falsa ainda era crime passível de punição. Mais uma vez Koch expulsou o agente, mas seus problemas continuaram: por causa de boatos de que era ladrão, sua carreira foi prejudicada e sua esposa chegou a perder o emprego... Como Koch explicou a Anna Funder: "Toda a coragem que tive está naquela placa. Com toda a sua desprezível insignificância. É tudo o que tive e essa placa fica aqui". *Isso* é um fetiche em seu aspecto mais puro: um objeto minúsculo e estúpido ao qual me agarro e que me permite suportar todas as concessões imundas que fiz na vida. De uma forma ou de outra, todos nós não temos fetiches? Podem ser nossas experiências espirituais íntimas (que nos dizem que a realidade social é mera aparência e que no fundo não tem importância), os filhos (pelos quais fazemos tanta coisa humilhante em nossos empregos) etc.

Voltemos à acusação tão comum de que o fetichismo da mercadoria se baseia na oposição entre a expressão direta de uma ideia (ou assunto) e sua representação metafórica distorcida: essa acusação só se sustenta se nos agarrarmos à noção simplista do fetiche como ilusão que ofusca o verdadeiro estado de coisas. Nos círculos psiquiátricos, conta-se a história de um homem cuja mulher recebeu o diagnóstico de câncer agudo de mama e morreu três meses depois; o marido sobreviveu ileso à morte e conseguia falar friamente sobre os últimos momentos traumáticos que passou com ela – como? Ele seria um monstro frio, distante e sem sentimentos? Seus amigos logo notaram que, quando falava sobre a esposa falecida, sempre segurava nas mãos um hamster, o bichinho de estimação dela e agora fetiche dele, o desmentido encarnado da morte da mulher. Não admira que, dois meses depois, quando o hamster morreu, o homem desmoronasse e tivesse de ser internado por um longo período para tratar uma crise aguda de depressão. Assim, quando somos bombardeados por declarações de que em nossa cínica época pós-ideológica ninguém acredita nos ideais proclamados, quando encontramos alguém que afirma ter sido curado de todas as crenças e aceita a realidade social do jeito que realmente é, sempre se deve contrapor a tais afirmações a pergunta: "Tudo bem, mas cadê o seu hamster, o fetiche que lhe permite (fingir) aceitar a realidade 'do jeito que ela é'?". E exatamente a mesma coisa não se aplica ao conceito marxista de fetichismo da mercadoria? Eis o princípio da famosa subdivisão 4 do primeiro capítulo de *O capital*, sobre "O fetichismo da mercadoria e seu segredo": "A mercadoria, à primeira vista, parece uma coisa extremamente óbvia e trivial. Mas a análise revela que é uma coisa estranhíssima, cheia de sutilezas metafísicas e finuras teológicas"[35].

Essas frases deveriam nos surpreender, já que invertem o procedimento-padrão para desmistificar um mito teológico, aquele de reduzi-lo à sua base terrena: Marx não afirma, à maneira usual na crítica do Iluminismo, que a análise crítica deveria demonstrar como aquilo que parece uma misteriosa entidade teológica surgiu do processo "ordinário" da vida real; ele afirma, ao contrário, que a tarefa da análise crítica é desenterrar as "sutilezas metafísicas e finuras teológicas" daquilo que, à primeira vista, parece apenas um objeto ordinário. Em outras palavras, quando um marxista crítico encontra um sujeito burguês mergulhado no fetichismo da mercadoria, a acusação do marxista não é: "A mercadoria pode lhe parecer um objeto mágico dotado de poderes especiais, mas na verdade é apenas uma expressão reificada das relações entre as pessoas". Em vez disso, a acusação do marxista é: "Talvez você ache que a mercadoria lhe pareça uma simples encarnação das relações sociais (que o dinheiro, por exemplo, é apenas um tipo de vale que lhe dá direito a uma

---

[35] Karl Marx, *Capital* (Harmondsworth, Penguin, 1990), v. 1, p. 163. [Ed. bras.: *O capital*, São Paulo, Civilização Brasileira, 2008, v. 1.]

parte do produto social), mas não é assim que as coisas realmente lhe parecem; em sua realidade social, por meio da participação na troca social, você confirma o estranho fato de que a mercadoria realmente lhe parece um objeto mágico dotado de poderes especiais".

É nesse sentido exato que a época contemporânea talvez seja menos ateia que todas as anteriores: estamos todos dispostos a nos entregar ao ceticismo total, à distância cínica, à exploração dos outros "sem nenhuma ilusão", à violação de todas as restrições éticas, a práticas sexuais extremas etc., protegidos pela consciência tácita de que o grande Outro não sabe. Niels Bohr deu o exemplo perfeito de como esse desmentido fetichista da crença funciona na ideologia. Ao ver uma ferradura pendurada na entrada da casa de campo de Bohr, um visitante, surpreso, disse não acreditar que a ferradura mantém os maus espíritos fora da casa e traz sorte, ao que Bohr retrucou: "Também não acredito; ela está aí porque me disseram que funciona mesmo que a gente não acredite nela!". O fetichismo não opera no nível da "mistificação" e do "conhecimento distorcido": o que é literalmente "deslocado" para o fetiche, transferido para ele, não é o conhecimento, mas *a própria ilusão*, a crença ameaçada pelo conhecimento. Longe de obscurecer o conhecimento "realista" de como são as coisas, o fetiche, ao contrário, é o meio que permite ao sujeito aceitar esse conhecimento sem pagar por ele o preço total. "Sei muito bem [como são as coisas na realidade] e sou capaz de suportar essa verdade amarga por causa do fetiche [um hamster, um botão...] no qual a ilusão a que me apego está encarnada."

Embora, num nível puramente formal, o fetiche também implique um gesto de transferência (para o objeto fetiche), ele funciona como inversão exata da fórmula padronizada da transferência (com o sujeito suposto saber): aquilo a que o fetiche dá corpo é exatamente o meu desmentido do conhecimento, a minha recusa em assumir subjetivamente o que sei. Aí – para enfatizar o ponto que já afirmei – reside o contraste entre o fetiche e o sintoma: o sintoma encarna o conhecimento recalcado, a verdade sobre si que o sujeito não se dispõe a aceitar. Num certo tipo de cristianismo, o próprio Cristo é elevado a um fetiche, na medida em que se supõe que seja o sujeito inocente que ignora os modos cruéis do mundo.

Essa dialética do fetichismo chega ao apogeu no "capitalismo virtual" de hoje. O capitalismo como tal traz consigo a secularização radical da vida social – ele rompe impiedosamente toda aura de nobreza autêntica, sacralidade, honra etc.:

> Afogou os fervores sagrados da exaltação religiosa, do entusiasmo cavalheiresco, do sentimentalismo pequeno-burguês nas águas geladas do cálculo egoísta. Fez da dignidade pessoal um simples valor de troca; substituiu as numerosas liberdades, conquistadas duramente, por uma única liberdade sem escrúpulos: a do comércio. Em uma palavra, em

Por que (às vezes) o populismo é muito bom na prática, mas não na teoria / 303

lugar da exploração dissimulada por ilusões religiosas e políticas, a burguesia colocou uma exploração aberta, direta, despudorada e brutal.[36]

Entretanto, a lição fundamental da "crítica da economia política" elaborada pelo Marx maduro nos anos que se seguiram ao *Manifesto Comunista* é que essa redução de todas as quimeras celestes à realidade econômica violenta gera uma espectralidade só sua. Quando Marx descreve a louca circulação do capital que aprimora a si mesma, cujo caminho solipsista de autofecundação chega hoje ao seu apogeu na especulação metarreflexiva no mercado de futuros, é simplista demais afirmar que o espectro desse monstro autogerado, que segue seu caminho desprezando qualquer preocupação humana ou ambiental, é uma abstração ideológica e que não se deve esquecer que, por trás dessa abstração, há pessoas de verdade e objetos naturais sobre cuja capacidade produtiva e sobre cujos recursos se baseia a circulação do capital, e dos quais ela se alimenta como um parasita gigante. O problema é que essa "abstração" não está somente em nossa (do especulador financeiro) falsa percepção da realidade social, mas é "real" no sentido exato de que determina a estrutura de processos sociais bastante materiais: o destino de estratos inteiros da população e, às vezes, de países inteiros pode ser decidido pela dança especulativa "solipsista" do capital, que persegue a meta da lucratividade com bem-aventurada indiferença pelo modo como seu movimento afetará a realidade social. Hoje isso não é mais verdadeiro do que nunca? Os fenômenos que costumam ser chamados de "capitalismo virtual" (mercado de futuros e especulações financeiras abstratas semelhantes) não indicam o reinado da "abstração real" em seu aspecto mais puro, de forma muito mais radical do que na época de Marx? Em resumo, a forma mais elevada de ideologia não reside em se enredar na espectralidade ideológica, esquecendo sua base em indivíduos reais e em suas relações, mas exatamente em deixar de lado esse Real de espectralidade e fingir abordar diretamente "pessoas reais com preocupações reais". Os visitantes da Bolsa de Valores de Londres recebem um folheto gratuito que lhes explica que o mercado de ações não trabalha com flutuações misteriosas, mas com pessoas reais e seus produtos – *esse* é o aspecto mais puro da ideologia.

O tópico marxista tão comum da "reificação" e do "fetichismo da mercadoria" ainda se baseia na noção do fetiche como objeto sólido cuja presença estável obscurece a mediação social. Paradoxalmente, o fetichismo chega ao ápice exatamente quando o próprio fetiche é "desmaterializado", transformado numa entidade virtual "imaterial"; o fetichismo do dinheiro culminará com a passagem para a sua forma eletrônica, quando os últimos vestígios de sua materialidade desaparecer – o di-

---

[36] Karl Marx e Friedrich Engels, *Manifesto Comunista* (1. ed. rev., São Paulo, Boitempo, 2010), p. 43.

nheiro eletrônico é a terceira forma, depois do dinheiro "real", que encarna diretamente o seu valor (ouro, prata) e do papel-moeda, que, embora um "mero signo" sem valor intrínseco, ainda se agarra à vida material. Só nesse estágio, quando se tornar um ponto de referência puramente virtual, é que o dinheiro finalmente assumirá a forma de uma presença espectral indestrutível: devo-lhe 1 mil, e não importa quantas notas de papel eu queime, ainda lhe devo 1 mil, a dívida está inscrita em algum lugar no espaço digital virtual... É só com essa "desmaterialização" extrema, quando a afirmação de Marx, feita no *Manifesto Comunista*, de que, sob o capitalismo, "tudo o que é sólido se desmancha no ar" adquire um significado muito mais literal do que Marx tinha em mente, é só nesse ponto que o que Derrida chamou de aspecto espectral do capitalismo se realiza inteiramente.

Portanto, devemos rejeitar as declarações entusiasmadas a respeito da nossa chegada a uma nova era de capitalismo virtual: o que essa "nova era" torna visível é uma dimensão virtual que estava aqui o tempo todo. Recordemos a rejeição de Kant da prova ontológica da existência de Deus, que toma como ponto de partida a tese de que ser não é um predicado: se alguém conhece todos os predicados de um ente, disso não se segue o seu ser (existência), isto é, não se pode concluir o ser a partir de uma noção. (Aqui fica clara a distância em relação a Leibniz, segundo o qual dois objetos são indistinguíveis se todos os seus predicados são os mesmos.) A implicação para a prova ontológica de Deus é óbvia: da mesma maneira que posso ter uma noção perfeita de 100 táleres e ainda assim não os ter no bolso, posso ter uma noção perfeita de Deus e ainda assim Deus não existir. A ironia é que Kant fala de táleres, dinheiro, cuja existência *como dinheiro* não é "objetiva", mas depende de determinações "nocionais". É verdade que, como diz Kant, ter o conceito de 100 táleres não é a mesma coisa que tê-los no bolso, mas imaginemos um processo de inflação rápida que desvalorize totalmente os táleres: sim, ainda estão no meu bolso, mas não são mais dinheiro, apenas moedas sem significado, sem valor. Em outras palavras, o dinheiro é exatamente um objeto cuja condição depende de como o "pensamos": se ninguém mais trata esse pedaço de metal como dinheiro, se ninguém mais "acredita" que é dinheiro, ele não *é* mais dinheiro.

A lição desses paradoxos é a estranha superposição de cinismo e crença. Embora o capitalismo seja resolutamente "materialista" (o que importa, em última análise, é a riqueza, o poder real, os prazeres, tudo mais são apenas "mentiras nobres", quimeras que encobrem a dura verdade), essa sabedoria cínica tem de basear-se numa vasta rede de crenças: todo o sistema capitalista só funciona na medida em que todos participam do jogo e "acreditam" no dinheiro, levam-no a sério, e praticam uma *confiança* fundamental nos outros, que também se supõe que participem do jogo. O mercado de capitais, agora avaliado em cerca de 83 trilhões de dólares, existe dentro de um sistema baseado puramente no interesse próprio, no qual o

Por que (às vezes) o populismo é muito bom na prática, mas não na teoria / 305

comportamento do rebanho, muitas vezes com base em boatos, pode inflar ou destruir o valor de empresas e de economias inteiras em questão de horas.

É nessa própria imbricação de cinismo brutal com crença boquiaberta que reside a ironia objetiva do capitalismo. Portanto, podemos imaginar como contrapartida desse capitalismo virtual, em que as "coisas reais" acontecessem num nível puramente virtual de transferências financeiras, totalmente desconectado da realidade ordinária, um colapso puramente virtual, o colapso dos mercados virtuais como um "fim do mundo", em que nada "realmente mudasse" na realidade material; só que, de repente, todos se recusariam a dar sua confiança, todos se recusariam a participar do jogo. Ou seja, a condição virtual do dinheiro faz com que ele funcione como uma nação: embora a nação seja a substância das pessoas, a causa pela qual elas (às vezes) se dispõem a sacrificar tudo, ela não tem realidade substancial própria – só existe na medida em que todos "acreditam" que existe, é uma Causa postulada retroativamente por seus próprios efeitos. Podemos imaginar então um roteiro parecido com aquele pensado por Saramago em seu *Ensaio sobre a lucidez** (em que o povo se recusa de repente a participar da eleição), só que transposto para o domínio econômico: todos se recusam a participar do jogo financeiro virtual. Talvez hoje essa recusa fosse o supremo ato político.

Em "Assassinato no beco", velho conto de Agatha Christie, Hercule Poirot investiga a morte da sra. Allen, morta com um tiro em seu apartamento na noite de Guy Fawkes**. Embora a morte pareça suicídio, numerosos detalhes indicam que o mais provável é que tenha sido um assassinato e que tenha havido uma tentativa desajeitada de simular que a sra. Allen tirou a própria vida. Ela dividia o apartamento com a srta. Plenderleith, que não estava em casa naquele momento. Logo encontram uma abotoadura na cena do crime e seu dono, o major Eustace, é envolvido. A solução de Poirot é uma das melhores da obra de Agatha Christie: ela inverte a trama comum do assassinato que é cometido para parecer suicídio. A vítima, que anos antes se envolveu num escândalo na Índia, onde conheceu Eustace, estava noiva de um parlamentar conservador. Sabendo que a divulgação pública do escândalo arruinaria o casamento, Eustace a chantageava. Desesperada, a sra. Allen se matou. Ao chegar em casa, logo depois do suicídio, a srta. Plenderleith, que sabia da chantagem de Eustace e o odiava, rearranjou os detalhes da cena da morte para parecer que o assassino tentara, sem muita habilidade, simular um suicídio, de

---

* São Paulo, Companhia das Letras, 2004. (N. E.)

** A festa de Guy Fawkes, ou Noite das Fogueiras ou dos Fogos, comemora em 5 de novembro, no Reino Unido e em algumas antigas colônias inglesas (como Canadá e Nova Zelândia), o fim de uma conspiração de católicos (entre eles, Guy Fawkes) para explodir as casas do Parlamento, em 1605. A festa é marcada por grandes queimas de fogos de artifício. (N. T.)

modo que Eustace fosse devidamente punido por levar a sra. Allen a se matar. Assim, a história vira a pergunta de cabeça para baixo: como as incoerências observadas na cena do crime deveriam ser interpretadas? É um assassinato mascarado de suicídio ou um suicídio mascarado de assassinato? A história funciona porque, em vez de manter o assassino oculto (a narrativa usual), ela encena a sua aparição, isto é, o crime não é encoberto, mas fabricado como isca.

Não é isso que fazem os instigadores da violência populista? Para (re)direcionar a ira da multidão enganada, concebem enganosamente o suicídio como crime; em outras palavras, falseiam as pistas de modo que a catástrofe que é um "suicídio" (resultado de antagonismos imanentes) surge como obra de um agente criminoso. É por isso que, para usar termos nietzschianos, bastante apropriados aqui, a maior diferença entre a verdadeira política emancipadora radical e a política populista é que a política radical é ativa, impõe e faz cumprir sua visão, enquanto o populismo é fundamentalmente *reativo*, uma reação ao intruso perturbador. Em outras palavras, o populismo continua a ser uma versão da política do medo: mobiliza a multidão ao invocar o medo do intruso corrupto.

O ato

Entretanto, essa crítica de Laclau é realmente lacaniana? Yannis Stavrakakis, em seu *The Lacanian Left*[37], em que tenta completar com a teoria lacaniana o projeto de "democracia radical" de Laclau e Mouffe, faz objeções. De acordo com ele, eu comecei bem, mas agora, em minha obra, sigo "continuamente nas direções mais esquisitas e insondáveis"[38]. A principal acusação se deve à suposta idealização de Antígona, da autonomia radical de seu desejo suicida "puro": tal postura a exclui do campo político-social. Afirmo que o sujeito do ato "se arrisca" a um encontro com a morte e suspende "momentaneamente" a rede simbólica/legal, mas Antígona claramente não atende a esses critérios; ela não só se arrisca a morrer, como deseja morrer:

> O risco traz consigo um mínimo de cálculo estratégico ou pragmático, que é algo estranho ao desejo puro de Antígona. A suspensão pressupõe um antes e um depois, mas para Antígona não há depois. Nesse sentido, esse nunca foi um ato que efetuasse um deslocamento do *status quo*. Seu ato é único, e ela não dá a mínima para o que acontecerá na *pólis* depois do seu suicídio.[39]

É mesmo? Longe de apenas jogar-se nos braços da morte, a Antígona de Sófocles insiste até a morte em realizar um gesto simbólico preciso: um funeral adequado

---

[37] Yannis Stavrakakis, *The Lacanian Left* (Edimburgo, Edinburgh University Press, 2007).

[38] Ibidem, p. 30.

[39] Ibidem, p. 115.

Por que (às vezes) o populismo é muito bom na prática, mas não na teoria / 307

para o irmão. Como *Hamlet, Antígona* é o drama do fracasso do ritual simbólico – Lacan insistia nessa continuidade (ele analisou *Hamlet* no seminário que precede *A ética da psicanálise**). Antígona não representa um real extrassimbólico, mas o significante puro – sua "pureza" é a do significante. É por isso que, embora seu ato seja suicida, o que está em jogo é simbólico, e sua persistência até a morte tem efeito catártico não só sobre nós, o público, mas também sobre o próprio povo tebano personificado no Coro. Aqui a questão de Stavrakakis é que eu elevo o ato suicida radical de Antígona, que a exclui da comunidade simbólica, a modelo de ato político, ignorando, portanto, não só que Lacan nunca concebeu Antígona dessa forma, como também as mudanças posteriores da posição lacaniana:

> Concentrar-se exclusivamente no comentário de Lacan sobre Antígona levaria a ignorar a mudança radical da posição do próprio Lacan depois do seminário sobre a *Ética*. Claramente, Antígona não é a última palavra de Lacan – nem a mais reveladora – sobre a questão da ética e da agência. Sua posição continuou a desenvolver-se numa direção que abalou o foco anterior no desejo puro de Antígona. [...] quem leva a sério a importante mudança da posição de Lacan tem de abandonar Antígona como modelo do ato ético-político, algo que Žižek não faz.[40]

Stavrakakis vê uma estranha regressão em meu trabalho: em meus primeiros livros, eu insistia na "falta do Outro" como principal noção de Lacan, enquanto nas obras mais recentes critico essa noção como pertencente ao desconstrucionismo, cedendo, portanto, à noção posterior e mais preciosa de Lacan. Minha noção acerca do ato envolve o surgimento milagroso da positividade incondicional que suspende a falta, isto é, baseio-me na "oposição estrita entre falta, que denota finitude e negatividade, e milagre divino, que denota imortalidade e positividade"[41]. Supor a falta significa supor negatividade e finitude, enquanto concebo o ato como eterno-positivo-absoluto, externo ao Simbólico; ou, como afirmam Pluth e Hoens, citados aprobativamente por Stavrakakis, "ao negligenciar a importância do envolvimento do ato com o simbólico, Žižek parece dizer que o real do ato acontece sem o simbólico"[42]. ("Parece" é uma palavra fundamental aqui e, como veremos, no livro de Stavrakakis também: ela registra a dúvida que ele tem a respeito da exatidão de sua leitura.) Essa absolutização do ato, que o extrai da textura sociossimbólica, também torna impossível distinguir entre atos ou eventos verdadeiros ou falsos, entre os eventos e seus simulacros (argumento muito comum contra Badiou)... Como se eu não tivesse gastado páginas e páginas explicando como se *pode* distin-

---

* 2. ed., Rio de Janeiro, Zahar, 1991. (N. E.)
[40] Ibidem, p. 116-9.
[41] Ibidem, p. 122.
[42] Ibidem, p. 126.

308 / Em defesa das causas perdidas

guir o evento de seu simulacro, analisando como o evento se relaciona com o nó sintomal, com a inscrição da *falta* numa situação.

Assim, embora a linha geral de argumentação de Stavrakakis seja que me afasto de Lacan sob influência de Badiou, a grande piada, como era previsível, é que até Badiou é mais lacaniano do que eu: o que não vejo (e Badiou vê) é que "a verdadeira positividade de um evento real depende de sua relação inextricável com o vazio do lugar do evento, com o registro da negatividade"[43]. Não admira que eu critique Badiou quando ele adverte para o perigo totalitário de "impor" uma verdade à situação, de ignorar o "inominado", o excesso da multiplicidade da realidade que resiste a ser subsumido num procedimento-verdade. Foi isso que o stalinismo fez: ao impor a coletivização forçada e o planejamento central da economia, encenou seu voluntarismo, que ignorava a inércia da realidade – e, de maneira bastante coerente, como o stalinismo não admitia esse excesso do "inominado", teve de interpretar a resistência da realidade a seus projetos como uma contrarrevolução intencional[44]. E, como era de se esperar, para Stavrakakis, isso também se aplica à minha noção do ato como incondicional: na medida em que não conhece limite (o qual Badiou prevê ao alertar contra o excesso de imposição), leva necessariamente a uma afirmação totalitária.

A razão pela qual acho Badiou problemático aqui é que, para mim, há algo errado na própria noção de que se pode "impor" excessivamente uma verdade: ficamos quase tentados a aplicar aqui a lógica da piada citada por Lacan – "Minha noiva nunca chega atrasada aos encontros, porque assim que se atrasa não é mais minha noiva" – uma Verdade nunca é imposta, porque, assim que a fidelidade à Verdade funciona como imposição excessiva, não estamos mais lidando com uma Verdade, com a fidelidade a um Evento-Verdade. No caso do stalinismo, o problema não era simplesmente "impor" a Verdade, impô-la impiedosamente à situação: o problema era que *a "verdade" que se impunha – a visão de uma economia com planejamento central etc. – não era uma Verdade em si*, de modo que a resistência da realidade a ela era sinal de sua própria falsidade[45].

A história segue de maneira previsível: minha noção de um ato milagroso momentâneo implica "um ato sem depois"[46], isto é, ignoro os efeitos do ato, sua ins-

---

[43] Ibidem, p. 154.

[44] Em termos mais lógicos, o stalinismo confundia a negação externa com a interna: o fato de a maioria da população não ter a mesma vontade revolucionária de construir uma nova sociedade, de ser simplesmente indiferente, foi lido como uma vontade negativa ativa; em outras palavras, não querer foi transformado em querer o não, a negação ativa da ordem soviética.

[45] É claro que nem toda resistência a um procedimento-verdade é sinal de sua falsidade: Mao estava certo quando disse que é bom – um sinal da correção da nossa posição – ser atacado pelo inimigo. O problema da resistência à imposição stalinista da "Verdade" era o fato de ser a resistência do povo a própria fonte da legitimidade do regime.

[46] Yannis Stavrakakis, *The Lacanian Left*, cit., p. 143.

crição na situação... Como se eu não tivesse escrito várias páginas explicando que o importante não é o ato em si, mas o "dia seguinte", a maneira como o ato rearticula a situação. (Além disso, sou acusado de privilegiar a positividade, de obliterar a negatividade; mas esse "ato sem depois", apenas uma ruptura, um corte, seria exatamente a pura negatividade não positivada.) Assim, eu ignoro a "positivação/institucionalização da falta": "Žižek parece [sic] negar a própria possibilidade de institucionalizar a falta e a divisão, de articular uma ordem política *positiva* cercando, mas não neutralizando, a negatividade e a impossibilidade"[47]... Como se toda a questão da leitura que faço do pensamento político de Hegel não fosse que o Estado hegeliano é a negatividade institucionalizada! Como se o privilégio que dou ao Lenin de 1919 a 1922, e não ao Lenin de 1917, não fosse exatamente o privilégio dado ao Lenin da institucionalização de uma ordem nova que positiva a negatividade revolucionária! Além disso, como ignoro a negatividade, não vejo como o gesto negativo de criar espaço vazio é condição de um ato positivo: "Paul Klee disse certa vez, a respeito de Mondrian: 'Criar o vazio é o ato principal. E essa é a verdadeira criação, porque esse vazio é positivo'. [...] Na política, essa é a estratégia democrática radical, e é isso que Žižek parece [sic] ser incapaz de entender"[48].

Como se eu não tivesse escrito páginas e páginas sobre abrir espaços vazios, sobre chegar ao ponto em que *rien n'aura eu lieu que le lieu** – digamos, a respeito da relação entre pulsão de morte e sublimação (a negatividade da pulsão de morte como condição da sublimação positiva)... Como, então, Stavrakakis reage aos indícios *maciços* de que desenvolvi amplamente todos os pontos que me acusa de ignorar (falta no Outro, negatividade, determinação simbólica do ato...)? Em vez de questionar a leitura que faz da minha noção do ato, ele *me* proclama um pervertido (em teoria):

> Não tenho a intenção de ensinar lugares-comuns lacanianos a Žižek. Parto do pressuposto de que ele os conhece bastante bem, melhor do que eu. *Mas é exatamente isso que me traz grande preocupação quando o próprio Žižek parece esquecê-los ou abandoná-los.* Não é por coincidência que usei a palavra psicanalítica "desmentido" para descrever essa atitude. Como se sabe, o desmentido, como operação fundamental de perversão, envolve o reconhecimento e a negação simultâneos de alguma coisa – na clínica, da castração. De fato, a reação de Žižek parece [sic] se encaixar nessa descrição.[49]

Aqui, o ato de prestidigitação é mesmo impressionante: qualquer contra-argumento que eu apresente é desvalorizado de antemão. Sou acusado de afirmar *A*; cito provas de que *não* afirmo *A* e a resposta é que simplesmente desminto meu

---

[47] Ibidem, p. 141.
[48] Ibidem, p. 142.
* Nada terá tido lugar a não ser o lugar. (N. E.)
[49] Ibidem, p. 130.

310 / Em defesa das causas perdidas

apego a *A*, que meu raciocínio é: "Sei muito bem que *A* não se mantém, mas ainda assim continuo a agir como se *A* se mantivesse...". Assim, no fim do capítulo dedicado ao meu trabalho, quando Stavrakakis escreve: "Por que [Žižek] evita qualquer teorização lacaniana a respeito da outra *jouissance* (feminina)?"[50], não adianta eu me defender citando as dúzias de páginas em que trato exatamente da *jouissance féminine* – essa defesa seria desvalorizada de antemão como um perverso "recital de absurdos"[51]... O único pervertido aqui é o próprio Stavrakakis – e se o que entra na lógica *dele* é: "Sei muito bem que as acusações que faço a Žižek não significam nada, mas continuo a me agarrar a elas"? E se, contudo, Stavrakakis simplesmente estiver *certo* a respeito da minha noção do ato? Em que provas se baseiam essas acusações? Eis um trecho em que ele supostamente demonstra que meu trabalho exibe "o mecanismo do desmentido em sua pureza inconfundível":

> Consideremos as duas seguintes citações. Primeiro, Žižek argumenta que, "numa situação como a de hoje, a única maneira de permanecer aberto à oportunidade revolucionária é renunciar aos chamados inconsequentes à ação direta. [...] A única maneira de lançar as bases de uma mudança radical e verdadeira é afastar-se da compulsão de agir, 'não fazer nada', abrindo espaço assim para um tipo diferente de atividade". [...] Três páginas adiante ele condena a resistência aos atos políticos e a obsessão pelo "Mal radical": "É como se o Bem supremo de hoje fosse que nada devesse acontecer". [...] O que se deve concluir daí? Com certeza "não fazer nada" não faz sentido como remédio contra os que supostamente defendem que "nada deveria acontecer".[52]

O que realmente se conclui desse trecho é que ele exemplifica a *má leitura* "em sua pureza inconfundível": a aparência de contradição some assim que levamos em conta o fato (bastante óbvio) de que oponho sistematicamente a verdadeira atividade (a fidelidade ao ato propriamente dito) à atividade falsa (que somente reproduz a constelação existente – *plus ça change, plus ça reste le même**, permanecemos ativos o tempo todo para garantir que nada mudará). A condição da verdadeira mudança (um ato verdadeiro) é interromper a atividade falsa, ou, como explica Badiou numa frase que vivo citando: "É melhor não fazer nada do que contribuir para a invenção de maneiras formais de tornar visível o que o Império já reconhece como existente"[53].

> Outro caso: depois de citar trechos em que afirmo a contingência (todo ato está "embutido" numa situação histórica contingente) e trechos em que afirmo o caráter "incondicional" do ato, Stavrakakis pergunta: "Como pode a consciência da contingência ser

---

[50] Ibidem, p. 144.

[51] Ibidem, p. 133.

[52] Idem.

* Quanto mais muda, mais continua o mesmo. (N. E.)

[53] Alain Badiou, "Fifteen Theses on Contemporary Art", disponível em: <http://www.lacan.com/frameXXIII7.htm>.

condição necessária para algo que na verdade pressupõe que a abandonemos e que se localiza além de toda condicionalidade: *o ato revolucionário incondicional*?"[54].

Infelizmente, para mim (como hegeliano), aqui não há contradição: o que chamo de "ato incondicional" não é o argumento sem sentido imputado a mim (um ato fora da história, fora do simbólico), mas simplesmente o *ato irredutível às suas condições*. Esse ato não só está enraizado em suas condições contingentes, como são essas mesmas condições que fazem dele um ato: o mesmo gesto, realizado num momento errado (cedo ou tarde demais), não é mais um ato. Aqui o paradoxo propriamente dialético é que aquilo que torna o ato "incondicional" é *sua própria contingência*: se o ato foi necessário, isso significa que foi totalmente determinado pelas condições, e pode ser deduzido a partir delas (como versão ótima a que se chegou pelo raciocínio estratégico ou pela teoria da escolha racional). Aqui não há necessidade de mencionar Hegel: bastam Derrida e Laclau (em sua leitura de Kierkegaard, Derrida falou da "loucura" do ato de escolha/decisão). O vínculo entre a situação e o ato, portanto, é claro: longe de ser determinado pela situação (ou de intervir nela a partir de um exterior misterioso), os atos são possíveis em razão do não fechamento ontológico, da incoerência, das lacunas de uma situação.

Outra "prova" da minha prática do desmentido fetichista é o suposto "paradoxo perverso" da minha rejeição das utopias, embora eu afirme que hoje "é mais importante do que nunca manter aberto esse lugar utópico da alternativa global"[55], como se eu não tivesse explicado várias vezes diversos significados de utopia: a utopia como simples impossibilidade imaginária (a utopia de uma ordem social harmoniosa perfeita, sem antagonismos; a utopia consumista do capitalismo contemporâneo) e a utopia no sentido mais radical de encenar o que, *dentro da rede das relações sociais existentes*, surge como "impossível" – essa segunda utopia só é "a-tópica" no que diz respeito a essas relações[56]. E assim por diante, todas as "provas" de Stavrakakis baseiam-se em tais leituras erradas. Ao comentar a minha "afirmação de que, nas últimas versões de Lacan a respeito do ato, esse momento de 'loucura' além da intervenção estratégica permanece", ele escreve: "Essa ideia do ato real supostamente incondicional, do ato desvinculado de todas as relações com o campo simbólico, seria o que define a noção do ato de Lacan?"[57]. Observe a paráfrase espantosamente falsa: da alegação de que todos os atos autênticos contêm um "mo-

---

[54] Yannis Stavrakakis, *The Lacanian Left*, cit., p. 133-4.

[55] Ibidem, p. 142.

[56] Do mesmo modo, quando afirmo que Stavrakakis não leva em conta a utopia capitalista, ele responde furioso que explicou em detalhes a utopia consumista capitalista – como se no contexto não estivesse claro que me refiro à natureza utópica do mecanismo de mercado, perceptível nos defensores do capitalismo.

[57] Yannis Stavrakakis, *The Lacanian Left*, cit., p. 135.

mento de 'loucura' além da intervenção estratégica", alegação também encontrada em Derrida e Laclau, ele salta para "o ato desvinculado de todas as relações com o campo simbólico"... Com tais paráfrases, tudo pode ser provado!

Como Stavrakakis também me acusa de ignorar totalmente a história do marxismo, recordemos a defesa da democracia multipartidária de Karl Kautsky: ele concebia a vitória do socialismo como a vitória parlamentar do partido social-democrata, e até sugeriu que a forma política adequada da passagem do capitalismo para o socialismo seria a coalizão parlamentar de partidos burgueses progressistas com partidos socialistas. (Ficamos tentados a levar essa lógica ao extremo e sugerir que, para Kautsky, a única revolução aceitável seria aquela que acontecesse depois de um plebiscito no qual pelo menos 51% dos eleitores a aprovassem.) Em seus textos de 1917, Lenin guardou sua ironia mais ácida para os que se dedicam à busca interminável de algum tipo de "garantia" da revolução. Essa garantia assume duas formas principais: ou a noção reificada de Necessidade social (não se deve arriscar uma revolução prematuramente, é preciso aguardar o momento certo, quando a situação estiver "madura" em relação às leis do desenvolvimento histórico: "É cedo demais para a revolução socialista, a classe operária não está madura ainda"), ou a legitimidade normativa ("democrática") ("A maioria da população não está do nosso lado, logo a revolução não seria realmente democrática"). Como Lenin explica várias vezes com outras palavras, é como se, antes de se arriscar a tomar o poder estatal, o agente revolucionário devesse pedir permissão a alguma imagem do grande Outro (organizar um plebiscito que apure se a maioria apoia a revolução). Em Lenin, assim como em Lacan, a questão é que a revolução *ne s'autorise que d'elle-même**: é preciso aceitar o *ato* revolucionário não abrangido pelo grande Outro – o medo de tomar o poder "prematuramente", a busca da garantia, é o medo do abismo do ato.

Portanto, a democracia não é só a "institucionalização da falta no Outro" (aliás, toda a questão da teoria da monarquia constitucional de Hegel é que ela é exatamente a mesma coisa). Ao institucionalizar a falta, ela a neutraliza – normaliza –, de modo que a inexistência do grande Outro (o "*il n'y a pas de grand Autre*"** de Lacan) é novamente suspensa: o grande Outro está aqui de novo, disfarçado de legitimação/autorização democrática de nossos atos – numa democracia, meus atos são "abrangidos" como atos legítimos que transmitem a vontade da maioria. Em contraste com essa lógica, o papel das formas emancipatórias não é "refletir" passivamente a opinião da maioria, mas instigar as classes trabalhadoras a mobilizar suas forças e, portanto, *criar* uma nova maioria, ou como explicou Trotski em *Terrorismo e comunismo****:

---

* Só se autoriza por si mesma. (N. E.)
** Não existe grande Outro. (N. E.)
***Rio de Janeiro, Saga, 1969. (N. E.)

Se o regime parlamentar, mesmo no período de desenvolvimento estável "pacífico", era um método bastante grosseiro para saber a opinião do país, e na época do torvelinho revolucionário perdeu completamente a capacidade de acompanhar o curso da luta e o desenvolvimento da consciência revolucionária, o regime soviético, que é mais íntima, direta e honestamente ligado à maioria trabalhadora do povo, realmente passa a ter sentido, *não por refletir estaticamente uma maioria, mas por criá-la dinamicamente.*

Essa última questão se baseia numa premissa filosófica muito importante, que torna profundamente problemática a teoria materialista dialética do conhecimento como "reflexão" (propagada pelo próprio Lenin em *Materialismo e empiriocriticismo*). O temor de Kautsky de que a classe operária russa tomasse o poder "prematuramente" envolve a visão positivista da história como processo "objetivo" que determina com antecedência as coordenadas possíveis das intervenções políticas; nesse horizonte, era inimaginável que uma intervenção política radical mudasse essas mesmas coordenadas "objetivas" e, portanto, de certo modo, criasse as condições de seu sucesso. Um ato propriamente dito não é apenas a intervenção estratégica numa situação, limitado por suas condições: ele cria retroativamente suas próprias condições. Recordemos a formulação precisa de Borges a respeito da relação entre Kafka e sua miríade de precursores, dos antigos escritores chineses a Robert Browning:

A idiossincrasia de Kafka, em maior ou menor grau, está presente em cada um desses textos, mas se Kafka não os tivesse escrito nós não a perceberíamos, ou seja, não existiria. [...] cada escritor *cria* seus precursores. Sua obra modifica nossa concepção do passado, assim como modificará o futuro.[58]

Portanto, a solução propriamente dialética do dilema "Isso está mesmo aqui, na fonte, ou só o lemos na fonte?" é que ele está aqui, mas só podemos percebê-lo e afirmá-lo retroativamente a partir do ponto de vista de hoje. Essa retroatividade foi expressa por Deleuze. Quando fala sobre a gênese (do real a partir do virtual), ele não quer dizer a gênese evolucionário-temporal, o processo do tornar-se espaço-temporal de uma coisa, mas uma "gênese sem dinamismo, que evolui necessariamente no elemento de uma supra-historicidade, uma gênese estática"[59]. Esse caráter estático do campo virtual encontra expressão mais radical em sua noção de passado puro: um passado virtual que já contém coisas ainda presentes. O presente pode tornar-se passado de um modo que já é, pode perceber a si mesmo como parte do passado – "o que estamos fazendo agora é (virá a tornar-se) história": "É com respeito ao elemento puro do passado, entendido

---

[58] Jorge Luis Borges, *Other Inquisitions: 1937-52* (Nova York, Washington Square Press, 1966), p. 113.

[59] Gilles Deleuze, *Difference and Repetition* (Nova York, Columbia University Press, 1994), p. 183.

314 / Em defesa das causas perdidas

como o passado em geral, como um passado a *priori*, que um ex-presente dado é reproduzível e o presente presente consegue refletir-se"[60].

Isso significa que esse passado puro envolve uma noção totalmente determinista do universo em que tudo o que está para acontecer (a vir), todo desdobramento espaço-temporal real, já faz parte de uma rede virtual imemorial/atemporal? Não, e por uma razão muito precisa: porque o passado puro tem de ser "receptivo a mudanças pela ocorrência de qualquer presente novo"[61]. O primeiro a formular com clareza esse vínculo entre a nossa dependência da tradição e o poder de mudar o passado foi nada mais, nada menos do que T. S. Eliot:

> [a tradição] não pode ser herdada e quem a quiser terá de consegui-la com grande esforço. Ela envolve, em primeiro lugar, senso histórico, que podemos dizer quase indispensável a quem continuar a ser poeta além do 25º aniversário; e o senso histórico envolve uma percepção não só do caráter pretérito do passado, mas também de sua presença; o senso histórico compele o homem a escrever não apenas com a própria geração em seus ossos, mas com a sensação de que toda a literatura da Europa, desde Homero, e, dentro dela, toda a literatura de seu próprio país tem uma existência simultânea e compõe uma ordem simultânea. [...] [O] que acontece quando uma nova obra de arte é criada é algo que acontece ao mesmo tempo com todas as obras de arte que a precederam. Os monumentos existentes formam entre si uma ordem ideal, que se modifica com a introdução entre elas da obra nova (realmente nova). A ordem existente se completa antes que chegue a nova obra; para a ordem persistir depois da superveniência da novidade, *toda* a ordem existente tem de ser, ainda que de leve, alterada; e assim as relações, as proporções, os valores de cada obra de arte em relação ao todo são reajustados; e essa é a conformidade entre o velho e o novo. Quem aprovar essa ideia de ordem, da forma da literatura inglesa, da europeia, não achará absurdo que o passado deva ser alterado pelo presente da mesma maneira como o presente é dirigido pelo passado.[62]

Quando escreve que, quando se julga um poeta vivo, "deve-se colocá-lo entre os mortos", Eliot dá um exemplo preciso do passado puro de Deleuze. Quando escreve que "a ordem existente se completa antes que chegue a nova obra; para a ordem persistir depois da superveniência da novidade, *toda* a ordem existente tem de ser, ainda que de leve, alterada", ele formula com a mesma clareza o elo paradoxal que existe entre a completude do passado e nossa capacidade de mudá-lo retroativamente: exatamente porque o passado puro está completo, cada nova obra rearranja todo o seu equilíbrio. Recordemos a ideia de Borges de que Kafka criou seus ante-

---

[60] Ibidem, p. 81.
[61] James Williams, *Gilles Deleuze's "Difference and Repetition": A Critical Introduction and Guide* (Edimburgo, Edinburgh University Press, 2003), p. 26.
[62] T. S. Eliot, "Tradition and the Individual Talent", publicado originalmente em *The Sacred Wood: Essays on Poetry and Criticism* (1922).

cessores; essa causalidade retroativa exercida pelo próprio efeito sobre as causas é o mínimo *sine qua non* da liberdade.

> É aí que Peter Hallward falha em seu excelente *Out of this world* [Fora deste mundo], em que insiste somente no aspecto do passado puro como campo virtual em que o destino de todos os eventos reais é selado de antemão, uma vez que nele "tudo já está escrito". Neste momento em que vemos a realidade *sub specie aeternitatis*, a liberdade absoluta coincide com a necessidade absoluta e seu automatismo puro: ser livre significa deixar-se fluir livremente em/com a necessidade substancial. Mas embora Hallward esteja certo ao enfatizar que, para Deleuze, a liberdade "não é uma questão de liberdade humana, mas de libertação *em relação à* humanidade"[63], de submergir-se totalmente no fluxo criativo da Vida absoluta, sua conclusão política a partir daí parece muito superficial: "Como o modo livre ou mônada é simplesmente aquele que eliminou a resistência à vontade soberana que age através dele, segue-se então que, quanto mais absoluto o poder soberano, mais 'livres' são os que a ele estão submetidos[64]".

Hallward ignora o movimento retroativo sobre o qual Deleuze também insiste, a maneira como esse passado puro e eterno que nos determina inteiramente está sujeito à mudança retroativa. Portanto, somos ao mesmo tempo mais e menos livres do que pensamos: somos totalmente passivos, determinados pelo passado e dele dependentes, mas temos a liberdade de definir o alcance dessa determinação, isto é, de (sobre)determinar o passado que nos determinará. Aqui, Deleuze se aproxima inesperadamente de Kant, para quem sou determinado por causas, mas determino (posso determinar) retroativamente que causas me determinarão: nós, sujeitos, somos afetados passivamente por motivações e objetos patológicos; mas, de maneira reflexiva, nós mesmos temos o poder mínimo de aceitar (ou rejeitar) ser assim afetados, ou seja, nós determinamos retroativamente as causas que permitimos que nos determinem ou, pelo menos, o *modo* dessa determinação linear. A "liberdade", portanto, é inerentemente retroativa: em seu aspecto mais elementar, não é um ato livre que, a partir do nada, inicia um novo vínculo causal, mas sim um ato retroativo de endossar qual vínculo/sequência de necessidades nos determinará. Aqui, devemos acrescentar uma torção hegeliana a Espinosa: a liberdade não é simplesmente "necessidade reconhecida/conhecida", mas necessidade reconhecida/suposta, a necessidade constituída/realizada por meio desse reconhecimento. Assim, quando Deleuze se refere à descrição de Proust da música que persegue Swann – "como se os músicos não tocassem exatamente a pequena frase, mas executassem os ritos necessários para que ela aparecesse" –, ele evoca a ilusão necessária: gerar o evento-sensação é experienciado como evocação ritual de um evento preexistente, como se o evento já estivesse lá, aguardando nosso chamado em sua presença virtual.

---

[63] Peter Hallward, *Out of this World* (Londres, Verso, 2005), p. 135.
[64] Ibidem, p. 139.

316 / Em defesa das causas perdidas

Naturalmente, o que reverbera diretamente nessa questão é o tropo protestante da predestinação: longe de ser um tropo teológico reacionário, a predestinação é um elemento fundamental da teoria materialista da sensação – desde que seja lida na linha da oposição deleuziana entre o virtual e o real. Ou seja, a predestinação não significa que nosso destino está selado num texto real existente para toda a eternidade na mente divina; a textura que nos predestina pertence ao passado eterno puramente virtual que, como tal, pode ser retroativamente reescrito por nosso ato. Esse talvez seja o maior significado da singularidade da encarnação de Cristo: é um ato que muda radicalmente nosso destino. Antes de Cristo, éramos determinados pelo destino, estávamos presos no ciclo do pecado e da remissão do pecado, ao passo que a extinção de nossos pecados passados por Cristo significa exatamente que seu sacrifício muda nosso passado virtual e, portanto, nos liberta. Quando Deleuze escreve que "minha ferida existia antes de mim, nasci para encarná-la", essa variação do tema do gato de Cheshire e de seu sorriso em *Alice no país das maravilhas* (o gato nasceu para encarnar seu sorriso) não constitui uma fórmula perfeita do sacrifício de Cristo, que nasceu para encarnar sua ferida, para ser crucificado? O problema é a leitura teológica literal dessa proposição: como se os feitos reais de uma pessoa apenas concretizassem o destino eterno-atemporal inscrito nessa ideia virtual:

> A única tarefa real de César é tornar-se merecedor dos eventos que foi criado para personificar. *Amor fati*. O que César realmente faz não acrescenta nada ao que ele é virtualmente. Quando César realmente cruza o Rubicão, isso não implica deliberação ou escolha, já que simplesmente faz parte da expressão inteira e imediata da cesarice, simplesmente revela ou "desdobra" algo que estava encerrado para todo o sempre na noção de César.[65]

Mas e a retroatividade do gesto que (re)constitui esse mesmo passado? Talvez seja essa a definição mais sucinta do que é um *ato* autêntico: em nossa atividade ordinária, de fato só seguimos as coordenadas (fantasmático-virtuais) de nossa identidade, enquanto um ato propriamente dito é o paradoxo de um movimento real que muda (retroativamente) as próprias coordenadas "transcendentais" virtuais do ser do agente – ou, em termos freudianos, que não só muda a realidade do mundo, como também "desperta suas regiões infernais". Temos, portanto, um tipo reflexivo de "dobramento da condição sobre o dado do qual era condição"[66]: embora o passado puro seja a condição transcendental de nossos atos, estes não só criam uma nova realidade concreta como também mudam retroativamente essa mesma condição. Na predestinação, o destino é substanciado numa decisão que precede o processo, de modo que o que está em jogo nas atividades do indivíduo não é constituir performativamente seu destino, mas descobrir (ou adivinhar) o destino

---

[65] Ibidem, p. 54.
[66] James Williams, *Gilles Deleuze's "Difference and Repetition"*, cit., p. 109.

preexistente de alguém. Portanto, o que é ofuscado é a inversão dialética da contingência em necessidade, ou a maneira como o resultado de um processo contingente é a aparência de necessidade: as coisas "terão sido" necessárias retroativamente. Essa inversão foi descrita por Jean-Pierre Dupuy:

> Com certeza, o evento catastrófico está inscrito no futuro como um destino, mas também como um acidente contingente: não poderia ter ocorrido, mesmo que, no *futur antérieur*, surgisse como necessidade. [...] se um evento extraordinário ocorre, por exemplo, uma catástrofe, ele não poderia não ter ocorrido; ainda assim, na medida em que não ocorreu, não é inevitável. Portanto, é a realização do evento – o fato de que ocorre – que cria retroativamente sua necessidade.[67]

Dupuy usa como exemplo as eleições presidenciais francesas de maio de 1995. Este foi o resultado obtido em janeiro pelo principal instituto de pesquisas do país: "Se, em 8 de maio próximo, o sr. Balladur for eleito, pode-se dizer que a eleição presidencial foi decidida antes mesmo de ocorrer". Se, acidentalmente, um evento ocorre, ele cria a cadeia precedente que faz com que ele pareça inevitável: *isso*, e não os lugares-comuns sobre o modo como a necessidade subjacente se exprime no e através do jogo acidental das aparências, é a *sinopse* da dialética hegeliana da contingência e da necessidade. O mesmo acontece com a Revolução de Outubro (depois que os bolcheviques venceram e firmaram o controle sobre o poder, sua vitória pareceu o resultado e a expressão de uma necessidade histórica mais profunda), e até com a tão contestada primeira vitória presidencial de Bush (depois da maioria contingente e contestada da Flórida, sua vitória pareceu retroativamente a expressão de uma tendência política mais profunda). Nesse sentido, embora sejamos determinados pelo destino, ainda assim estamos *livres para escolher nosso destino*. De acordo com Dupuy, é desse modo também que devemos abordar a crise ambiental: não para avaliar "de forma realista" as possibilidades da catástrofe, mas para aceitá-la como Destino no sentido hegeliano preciso: assim como a eleição de Balladur, "se a catástrofe acontecer, pode-se dizer que sua ocorrência foi decidida antes mesmo de ocorrer". Portanto, o destino e a ação livre (bloqueando o "se") andam de mãos dadas: a liberdade, em seu aspecto mais radical, é a liberdade de mudar o próprio Destino.

O Real

Há outra questão curiosa que deve ser mencionada aqui: a acusação de Stavrakakis de que apago a negatividade (em minha obra, a negatividade desaparece magicamente na positividade do Ato) é, como ele mesmo observa, o exato oposto da crítica de Peter Hallward ao meu trabalho: a acusação deste último diz respeito ao meu

---

[67] Jean-Pierre Dupuy, *Petite métaphysique des tsunami* (Paris, Seuil, 2005), p. 19.

suposto fascínio mórbido pela negatividade, pela pulsão de morte etc., o que deixa de lado a positividade do Evento. Não é estranho: duas leituras críticas da mesma obra que me atribuem posições exatamente opostas? A conclusão que se impõe não é que ambos os críticos usam a minha teoria apenas como uma espécie de símbolo para preencher um lugar preestabelecido em sua matriz de posições "erradas"[68]?

Por que então Stavrakakis tem de se agarrar de maneira tão teimosa à ridícula noção do ato a mim imputada? É óbvio que não se trata de uma diferença apenas verbal, um mero mal-entendido; não é que Stavrakakis e eu afirmemos a mesma coisa e ele apenas leu errado. Sua perversão é condicionada por uma fragilidade do aparelho teórico básico, uma falha que também o impede de articular um projeto político viável, de modo que tudo o que apresenta é uma nova versão dos velhos chavões freudo-marxistas. Essa fragilidade básica é perceptível já na breve reflexão metodológica da Introdução, na qual ele chama a atenção para a circularidade das ciências positivas, que afirmam que suas teorias refletem inteiramente a realidade e são provadas por fatos, ignorando, portanto, que os "fatos objetivos" aos quais se referem não são o Real pré-Simbólico direto, mas um Real que já é mediado/construído pelo Simbólico: "Ao contrário do popular otimismo incondicional iluminista, o conhecimento em geral nunca é adequado, algo sempre escapa. É como se a teoria fosse uma camisa de força incapaz de conter nosso campo vibrante e imprevisível de experiência real"[69].

Aqui, a premissa subjacente é a identificação da dupla conhecimento-experiência com a dupla Simbólico-Real: devemos afirmar a "tensão constitutiva entre conhecimento e experiência, simbólico e real"[70]. Portanto, a dupla lacaniana Simbólico/Real é reduzida ao motivo empirista baseado no bom-senso que diz que "as teorias são cinzentas, enquanto a árvore da vida é verde": nosso conhecimento é sempre limitado, nunca consegue abranger e explicar completamente a riqueza da experiência. Entretanto, como não se pode sair do conhecimento e entender diretamente o Real, devemos ir em frente, buscando realizar a tarefa interminável de simbolizar o Real com total consciência de que toda simbolização determinada é instável, temporária, que mais cedo ou mais tarde será desestabilizada por algum encontro traumático com o Real:

> Em face da irredutibilidade do real da experiência, parece que não temos outra opção senão simbolizar, continuar simbolizando, tentando encenar um cerco positivo da negatividade. Mas isso não deveria ser uma simbolização fantasmática que tentasse mortificar o real da experiência. [...] Terá de articular um conjunto de gestos simbólicos (po-

---

[68] Para Stavrakakis, minha afirmação excessiva da positividade contrasta com a afirmação excessiva de Laclau da negatividade discursiva – e, como esperado, enquanto meu pensamento regride, o de Laclau avança: em sua última obra, ele já resolveu essa falha, de modo que só eu continuo a ser o "cara mau".

[69] Yannis Stavrakakis, *The Lacanian Left*, cit., p. 8.

[70] Ibidem, p. 8.

Por que (às vezes) o populismo é muito bom na prática, mas não na teoria / 319

sitivações) que incluirão o reconhecimento dos limites reais do simbólico, dos limites reais da teoria, e tentar simbolicamente "institucionalizar" a falta real, o traço (negativo) da experiência, ou melhor, do nosso fracasso em neutralizar a experiência.[71]

Portanto, acabamos com o que Hegel chamou de "infinidade espúria": o sujeito se esforça para preencher sua falta constitutiva e proporcionar a si uma identidade por meio de identificações Simbólicas e Imaginárias; entretanto, nenhuma identificação pode produzir uma identidade completa, a falta sempre ressurge... Aqui, Stavrakakis não é radical o suficiente na busca de uma premissa própria: *todo* campo Simbólico precisa de um significante da falta para suturar-se – como reconheceu Espinosa, na religião tradicional "Deus" é um desses significantes (do ponto de vista do verdadeiro conhecimento, "Deus" não tem conteúdo positivo, o significante apenas positiva nossa ignorância). Em resumo, embora Stavrakakis varie interminavelmente o tema de eu não levar em conta a possibilidade de a própria falta ser simbolizada-positivada-institucionalizada, ele mesmo não a vê onde ela já funciona.

Não há nada inerentemente "subversivo" ou "progressista" na noção do "significante da falta". A imagem do judeu no antissemitismo não é o seu exemplo ideológico supremo? Essa imagem não tem conteúdo positivo consistente; o que a mantém de pé é *o nome* "judeu" como significante vazio. Ou seja, aqui a estrutura é a mesma da boa e velha piada polonesa anticomunista da época do "socialismo real": "O socialismo é a síntese das maiores conquistas de todos os modos de produção anteriores: da sociedade tribal pré-classes ele extrai o primitivismo; do modo de produção asiático, o despotismo; da Antiguidade, a escravidão; do feudalismo, a dominação social dos senhores sobre os servos; do capitalismo, a exploração e do socialismo, o nome". A figura antissemita do judeu extrai dos grandes capitalistas a riqueza e o controle social; dos hedonistas, a depravação sexual; da cultura popular comercializada e da imprensa marrom, a vulgaridade; das classes inferiores, a imundície e o mau cheiro; dos intelectuais, a sofisticação corrupta *e dos judeus, o nome*. É essa intervenção do significante puro/vazio que engendra o X misterioso, o *je ne sais quoi** que faz dos judeus judeus: para o verdadeiro antissemita, um judeu não é simplesmente corrupto, promíscuo etc.; ele é corrupto, promíscuo etc. *porque é judeu*. Nesse sentido, "judeu", dentro do discurso antissemita, é claramente um significante da falta, a falta no Outro.

Em consequência, a equiparação que Stavrakakis faz entre o Real e a experiência do excesso de realidade além de sua simbolização nada tem a ver com o Real lacaniano (ou, no caso, "laclauniano"). O "antagonismo" laclauniano não é a positividade do Real fora do Simbólico, ele é totalmente inerente ao Simbólico, é sua rachadura ou impossibilidade imanente. O Real não é a realidade substancial transcendente

---

[71]   Ibidem, p. 9-10.

*   Não sei quê. (N. E.)

320 / Em defesa das causas perdidas

que, de fora, perturba o equilíbrio Simbólico, mas o obstáculo imanente, a pedra no caminho da própria ordem Simbólica. Essa leitura errada e empiricista do Real lacaniano explica o estranho uso que Stavrakakis faz da "negatividade": o Real como excesso de experiência além de sua simbolização é "negativo" somente no sentido superficial de que solapa a simbolização, já que serve de Alteridade que resiste a ela; em si, entretanto, esse Real é a positividade da riqueza exuberante da experiência. Para Lacan, as coisas são exatamente opostas. É verdade que o Lacan jovem (em seus primeiros seminários) usa às vezes "o Real" para designar a realidade pré-Simbólica; entretanto, esse Real é a positividade pura de ser sem nenhuma falta – como Lacan repete inúmeras vezes nesses anos, *rien ne manque dans le réel*, não falta nada no real, a falta só é introduzida pelo Simbólico. É por isso que, para Lacan, a negatividade não é o Real a minar o Simbólico de fora para dentro, mas o próprio Simbólico, o processo de simbolização com sua violenta abstração, redução da riqueza da experiência ao *trait unaire* significante. Lacan cita Hegel: a palavra é o assassinato da coisa que ela designa, sua mortificação.

Para Lacan, a forma elementar de negatividade, portanto, não é o excesso de experiência além da simbolização, mas a própria lacuna que separa a simbolização da realidade vivenciada. Recordemos a foto em tamanho grande de um elefante na capa da edição francesa do primeiro seminário de Lacan: o elefante está ali em seu significante, ainda que não haja nenhum "elefante real" passando por ali; essa redução brutal do elefante "real" a seu significante é a negatividade (ou pulsão de morte) em seu aspecto mais puro. Embora Lacan mude de posição mais tarde (a "pulsão de morte" é definida depois como o próprio sistema Simbólico que opera de forma autônoma, ignorando a realidade; finalmente, a "pulsão de morte" é concebida como o Real que resiste à simbolização), o Real permanece imanente ao Simbólico, como seu âmago traumático inerente: não há Real sem o Simbólico, é o surgimento do Simbólico que introduz na realidade a lacuna do Real.

Portanto, é tocante encontrar alguém que ainda consegue (pensar e) escrever como se Hegel não tivesse existido[72] – e não só Hegel: e a noção do *matema* de Lacan, do real científico como conjunto de fórmulas matematizadas opostas à experiência imaginária? É por isso que Lacan opõe estritamente o "conhecimento no real", científico, ao entendimento hermenêutico imaginário. Além disso, a abordagem de Stavrakakis também esquece a relação propriamente dialética entre teoria e prática na psicanálise. A afirmação de Freud foi que a psicanálise só seria inteiramente possível numa sociedade que não precisasse mais dela, de modo que a teoria

---

[72] Para quem conhece minimamente Hegel, a igualdade implícita de Stavrakakis entre positividade e infinitude (imortalidade) e entre negatividade e finitude (mortalidade) é mesmo de espantar: se há algo a aprender com Hegel é, acima de tudo, que a negatividade (a negação de todo ser finito positivo/determinado) é o único poder infinito que existe.

psicanalítica não só é a teoria do que acontece na prática analítica, a teoria das condições de possibilidade de prática, como também, ao mesmo tempo, a teoria de sua impossibilidade, do porquê da prática estar sempre aberta ao fracasso e até condenada a fracassar. Nesse sentido, não é apenas a prática que excede a teoria, é a teoria que conceitua o limite da prática, o seu *Real*.

Como ignora esse estatuto *real* (não apenas simbólico) do conhecimento científico, Stavrakakis identifica o conhecimento com o entendimento: na mesma linha de pensamento relativa à limitação do conhecimento, ele menciona a advertência de Lacan de que "uma das coisas das quais mais devemos nos precaver é entender demais". Entretanto, aqui a questão não é, como afirma Stavrakakis, que "o registro dos limites do entendimento permite um tipo melhor ou diferente de entendimento"[73]. Quando Lacan fala de "um tipo de recusa a entender", ele opõe entendimento e conhecimento analítico: o objetivo da análise não é entender o paciente, oferecer o significado oculto de seus significantes, mas, ao contrário, reduzir o significado ao "significante sem sentido", como explica no *Seminário XI*.

A questão fundamental aqui é que o Real lacaniano, em sua oposição ao Simbólico, não tem absolutamente nada a ver com o tópico empiricista (ou fenomenológico, ou historicista, ou *Lebensphilosophie*) tão comum da riqueza da realidade que não pode reduzir-se a determinações conceituais abstratas. O Real lacaniano é ainda mais "reducionista" do que todas as estruturas simbólicas: nós o tocamos quando subtraímos de um campo simbólico toda a riqueza de suas diferenças, reduzindo-o a um mínimo de antagonismo. Isso se deve a esse estatuto "minimalista" – puramente formal e insubstancial – do Real, em que, para Lacan, *a repetição precede o recalque* – ou, como Deleuze explica sucintamente: "Não repetimos porque recalcamos, recalcamos porque repetimos"[74]. Não é que, primeiro, recalcamos um conteúdo traumático e, depois, por sermos incapazes de lembrá-lo e, portanto, de esclarecer nossa relação com ele, esse conteúdo continue a nos perseguir, repetindo-se de forma disfarçada. Se o Real é a diferença mínima, então a repetição (que estabelece essa diferença) é primordial; a primazia do recalque surge com a "reificação" do Real numa Coisa que resiste à simbolização - só então vemos que o Real excluído/recalcado insiste e repete-se. O Real, primordialmente, nada mais é do que a lacuna que separa a coisa de si mesma, a lacuna da repetição. A consequência disso é também a inversão da relação entre a repetição e a rememoração. O famoso lema de Freud ("o que não recordamos somos obrigados a repetir") deveria, portanto, ser virado de cabeça para baixo: *o que somos incapazes de repetir nos persegue e somos compelidos a lembrá-lo*. A maneira de livrar-se de um trauma passado não é recordá-lo, mas *repeti-lo* inteiramente no sentido kierkegaardiano.

---

[73] Yannis Stavrakakis, *The Lacanian Left*, cit., p. 12.

[74] Gilles Deleuze, *Difference and Repetition*, cit., p. 105.

O que é a "diferença pura" deleuziana em seu aspecto mais puro, se é que podemos usar essa forma tautológica? É a diferença puramente virtual de um ente que se repete como totalmente idêntico em relação a suas propriedades reais:

> há diferenças significativas nas intensidades virtuais expressas em nossas sensações reais. Essas diferenças não correspondem a diferenças reais reconhecíveis. O fato de o tom de rosa mudar de forma identificável não é importante. O importante é que a mudança é sinal de um rearranjo da infinidade de outras relações reais e virtuais.[75]

Não é uma dessas diferenças puras a que ocorre na repetição da mesma linha melódica real na *Humoresque* de Robert Schumann? Essa peça tem de ser lida contra o pano de fundo da perda gradual da voz das canções de Schumann: não é uma simples peça para piano, mas uma canção sem a linha vocal, com a linha vocal reduzida a silêncio, de modo que tudo o que ouvimos de fato é o acompanhamento do piano. É assim que se deve ler a famosa "voz interior" (*innere Stimme*) acrescentada por Schumann (na partitura escrita) como uma terceira pauta entre as duas do piano, a de cima e a de baixo: como a linha melódica vocal que permanece como "voz interior" não vocalizada (que só existe como *Augenmusik*, música apenas para os olhos, sob o disfarce das notas escritas). Essa melodia ausente deve ser reconstruída com base no fato de que o primeiro e o terceiro níveis (as pautas da mão direita e da mão esquerda) não se relacionam diretamente entre si, isto é, sua relação não é de espelhamento imediato: para explicar sua interligação, somos, portanto, compelidos a (re)construir um terceiro nível intermediário "virtual" (a linha melódica), que, por razões estruturais, não pode ser tocado. Schumann leva esse procedimento da melodia ausente a uma autorreferência aparentemente absurda quando, mais adiante, no mesmo fragmento de *Humoresque*, ele repete as duas mesmas linhas melódicas efetivamente tocadas, mas dessa vez a partitura não contém uma terceira linha melódica ausente, uma voz interior – aqui, o que está ausente é a melodia ausente, ou seja, a própria ausência. Como tocar essas notas quando, no nível do que realmente deve ser tocado, elas repetem exatamente as notas anteriores? As notas efetivamente tocadas só estão privadas do que não está lá, de sua falta constitutiva, ou, para citar a Bíblia, perdem até o que nunca tiveram. O verdadeiro pianista, portanto, deveria ter o *savoir-faire* para tocar as notas existentes, positivas, de tal maneira que sejamos capazes de discernir o eco das notas "silenciosas" não tocadas que as acompanham ou sua ausência... Essa, então, é a diferença pura: o nada-real, o pano de fundo virtual, que explica a diferença das duas linhas melódicas.

Essa lógica da diferença virtual também pode ser percebida em outro paradoxo. A versão cinematográfica de *Billy Bathgate*, de Edgar Doctorow, é basicamente um fracasso, mas um fracasso interessante: um fracasso que ainda assim faz o especta-

---

[75] James Williams, *Gilles Deleuze's "Difference and Repetition"*, cit., p. 27.

dor se lembrar do espectro do romance, que é muito melhor. Entretanto, quando lemos depois o romance em que se baseia o filme, ficamos desapontados – esse *não* é o romance que o filme evocou como o padrão em relação ao qual fracassou. Portanto, a repetição (do romance fracassado no filme fracassado) dá origem a um terceiro elemento puramente virtual, um romance melhor. Esse é o caso exemplar do que Deleuze formula nas páginas cruciais de *Diferença e repetição**:

> embora possa parecer que os dois presentes são sucessivos, com distâncias variáveis entre si na série de reais, na verdade eles formam, antes, *duas séries reais que coexistem em relação com um objeto virtual de outro tipo*, que circula constantemente e é deslocado nelas. [...] A repetição se constitui não de um presente a outro, mas entre as duas séries coexistentes que esses presentes formam em função do objeto virtual (objeto = x).[76]

Em relação a *Billy Bathgate*: o filme não "repete" o romance em que se baseia; em vez disso, ambos "repetem" o x virtual irrepetível, o "verdadeiro" romance cujo espectro é gerado na passagem do romance real para o filme. Aqui, o movimento subjacente é mais complexo do que parece. Não é que devemos simplesmente conceber o ponto de partida (o romance) como "obra aberta", cheia de possibilidades que podem ser desenvolvidas depois, realizadas em versões posteriores; nem – pior ainda – que devemos conceber a obra original como um pré-texto, que mais tarde pode ser incorporado a outros con-textos e receber um significado totalmente diferente do original. O que falta aqui é o movimento para trás, retroativo, descrito pela primeira vez por Henri Bergson, referência fundamental para Deleuze. Em "As duas fontes da moral e da religião", Bergson descreve as estranhas sensações que teve em 4 de agosto de 1914, quando foi declarada guerra entre França e Alemanha:

> Apesar de meu torvelinho, e embora a guerra, ainda que vitoriosa, me parecesse uma catástrofe, senti aquilo de que fala [William] James, uma certa admiração pela facilidade da passagem do abstrato para o concreto: quem diria que um evento tão formidável pudesse surgir na realidade com tão pouco estardalhaço?[77]

É crucial aqui a modalidade do rompimento entre o antes e o depois: antes de irromper, a guerra parecia a Bergson "*simultaneamente provável e impossível*: uma ideia complexa e contraditória que persistiu até o fim"[78]; depois de irromper, tornou-se de repente real *e* possível, e o paradoxo reside nessa aparência retroativa de probabilidade:

---

* 2. ed. rev., São Paulo, Graal, 2006. (N. E.)

[76] Gilles Deleuze, *Difference and Repetition*, cit., p. 104-5.

[77] Henri Bergson, *Œuvres* (Paris, PUF, 1991), p. 1110-1. [Ed. port.: *As duas fontes da moral e da religião*, Coimbra, Almedina, 2005.]

[78] Idem.

Nunca aleguei que se pudesse inserir a realidade no passado e assim trabalhar para trás no tempo. Entretanto, sem dúvida, pode-se inserir ali o possível, ou melhor, a cada momento o possível ali se insere. Na medida em que a realidade nova e imprevisível cria a si mesma, sua imagem se reflete atrás dela no passado indefinido: essa nova realidade sempre teria sido possível; mas somente no exato momento de seu surgimento real é que *começa a sempre ter sido*, e é por isso que digo que sua possibilidade, que não precede a realidade, a terá precedido assim que essa realidade surgir.[79]

E é *isso* que ocorre no exemplo de *Billy Bathgate*: o filme insere de volta no romance a possibilidade de um romance diferente e muito melhor. E não encontramos lógica semelhante na relação entre o stalinismo e o leninismo? Aqui também há *três* momentos em jogo: a política de Lenin antes da tomada do poder stalinista; a política stalinista; o espectro do "leninismo", gerado retroativamente pelo stalinismo (na versão stalinista oficial, mas *também* na versão crítica do stalinismo, no processo de "desestalinização" da URSS, quando o lema evocado era o da "volta aos princípios leninistas originais"). Portanto, devemos interromper o jogo ridículo de opor o terror stalinista à herança leninista "autêntica" traída pelo stalinismo: o "leninismo" é uma noção totalmente *stalinista*. O gesto de projetar para trás o potencial utópico-emancipatório do stalinismo, para uma época precedente, assinala a incapacidade da linha de pensamento de suportar a "contradição absoluta", a tensão insuportável, inerente ao próprio projeto stalinista. Portanto, é fundamental distinguir o "leninismo" (como âmago autêntico do stalinismo) da prática política real e da ideologia do período de Lenin: a verdadeira grandeza de Lenin *não* é a mesma coisa que o mito stalinista autêntico acerca do leninismo.

A ironia é que essa lógica da repetição, elaborada por Deleuze, *o* anti-hegeliano *par excellence*, é o próprio âmago da dialética hegeliana: baseia-se na relação propriamente dialética entre a realidade temporal e o Absoluto eterno. O Absoluto eterno é o ponto de referência imóvel em torno do qual circulam as figurações temporais, seus pressupostos; entretanto, exatamente como tal, ele é postulado por essas figurações temporais, já que não preexiste a elas: ele surge na lacuna entre o primeiro e o segundo – no caso de *Billy Bathgate*, entre o romance e sua repetição no filme. Ou, de volta a *Humoresque*: o Absoluto eterno é a terceira linha melódica não tocada, o ponto de referência das duas linhas tocadas na realidade. Ele é absoluto, mas frágil; se as duas linhas concretas forem mal tocadas, ele desaparece... É isso que ficamos tentados a chamar de "teologia materialista": a noção de que a própria sucessão temporal cria a eternidade.

---

[79] Ibidem, p. 1340.

A vacuidade da política da jouissance

O curto-circuito entre a política e a ontologia de Stavrakakis não é difícil de adivinhar: a aceitação do buraco constitutivo no Simbólico, a "falta no Outro", dá espaço para teorizar a democracia como institucionalização da contingência. Isso nos leva à proposta política do livro de Stavrakakis: "combinar uma atitude ética que revigora a democracia moderna com uma paixão real pela transformação, capaz de estimular o organismo político sem reocupar o utopismo obsoleto da esquerda tradicional"[80].

Essa combinação tem de encenar um "ato delicado de equilíbrio"[81], evitando os dois extremos, a democracia igualitária e desapaixonada à Habermas e o engajamento totalitário apaixonado. O equilíbrio é entre a falta e o excesso: a falta é articulada na teoria do discurso, enquanto o excesso aponta o gozo como fator político. Por exemplo, nos recentes debates sobre a identidade europeia, "a negligência do lado afetivo da identificação leva ao deslocamento da energia catéxica que agora está investida em discursos políticos e ideológicos antieuropeus"[82].

A sociedade moderna é definida pela falta de uma garantia transcendental definitiva ou, em termos libidinais, de total *jouissance*. Há três maneiras principais de lidar com essa negatividade: a utópica, a democrática e a pós-democrática. A primeira (totalitarismo, fundamentalismo) tenta reocupar o terreno da *jouissance* absoluta, buscando uma sociedade harmoniosa utópica que elimine a negatividade. A segunda, a democrática, encena o equivalente político de "atravessar o fantasma": ela institucionaliza a própria falta ao criar espaço para os antagonismos políticos. A terceira, a pós-democracia consumista, tenta neutralizar a negatividade transformando a política em administração apolítica: os indivíduos buscam realizar suas fantasias consumistas no espaço regulado pela administração social especializada. Hoje, com a democracia evoluindo aos poucos para a pós-democracia consumista, é preciso insistir que o potencial democrático não se exauriu – aqui, o lema de Stavrakakis poderia ser "a democracia como projeto inacabado". A chave da ressurreição desse potencial democrático é remobilizar o gozo: "O que é preciso, em outras palavras, é uma *ética do gozo democrático do político*"[83].

É profundamente sintomático que Stavrakakis se cale sobre uma mudança fundamental dos escritos de Laclau nos últimos anos: em *A razão populista*, Laclau mudou claramente de posição, da "democracia radical" para o populismo, reduzindo a democracia ao momento de exigência democrática *dentro* do sistema. Essa

---

[80] Yannis Stavrakakis, *The Lacanian Left*, cit., p. 16.
[81] Ibidem, p. 18.
[82] Ibidem, p. 222.
[83] Ibidem, p. 269.

mudança tem fundamentos e consequências políticas claras; basta mencionar o apoio de Laclau a Hugo Chávez. É fácil imaginar uma situação determinada pela tensão entre o bloco de poder democrático institucionalizado e o bloco populista na oposição, em que Laclau (e, para evitar mal-entendidos, devo acrescentar que nesse caso fico do lado dele) optaria pelo bloco populista; quando Stavrakakis critica minha afirmação de que uma "ditadura militar progressista" pode ter um papel positivo, ele obviamente não percebe a referência implícita a Laclau[84].

Mas é claro que aqui a pergunta principal é: de *que tipo* de gozo estamos falando?

> O investimento libidinal e a mobilização da *jouissance* são os requisitos necessários para toda identificação sustentável (do nacionalismo ao consumismo). Isso também se aplica à ética democrática radical do político. Mas o tipo de investimento envolvido ainda está para ser decidido.[85]

A solução de Stavrakakis é: nem o gozo fálico do poder nem a utopia do gozo incestuoso total, mas um gozo parcial (não todo) não fálico. Previsivelmente, encaixo-me nesse esquema como representante da utopia incestuosa, entre os "esquerdistas desiludidos que, incapazes de chorar a 'revolução proletária' e a 'utopia', optam pela volta nostálgica da velha política, derrotada e perigosa, de reocupação"[86] – mais uma vez, como se meu livro sobre Lenin, *Às portas da revolução**, não fosse exatamente um livro de luto, não de apego melancólico, mas de despedida de Lenin:

> Por isso, *repetir* Lenin não significa *retornar* a Lenin – repetir Lenin e aceitar que "Lenin esteja morto", que a solução proposta por ele fracassou, e até que fracassou monstruosamente, mas que havia uma chama utópica ali que vale a pena guardar. Repetir Lenin significa que temos de distinguir o que ele fez do campo de possibilidades que abriu, a tensão em Lenin entre o que ele fez e outra dimensão: aquilo que "em Lenin era maior do que o próprio Lenin". Repetir Lenin e repetir não o que Lenin *fez*, mas o que ele *não conseguiu fazer*, suas oportunidades perdidas.[87]

Nas últimas páginas do livro, tentando demonstrar como "a subjetividade democrática é capaz de inspirar paixões elevadas"[88], Stavrakakis refere-se à outra *jouissance* lacaniana, "a *jouissance* para além da acumulação, da dominação e da fantasia, o gozo do não todo ou não tudo"[89]. Como atingimos essa *jouissance*?

---

[84] E, aliás, como fica claro para Laclau, já que o populismo também pode ser reacionário, como traçar uma linha aqui? O problema da distinção entre Eventos verdadeiros e falsos, atribuída a Badiou, repete-se aqui claramente.

[85] Yannis Stavrakakis, *The Lacanian Left*, cit., p. 282.

[86] Ibidem, p. 275.

* São Paulo, Boitempo, 2005. (N. E.)

[87] Slavoj Žižek, *Às portas da revolução* (São Paulo, Boitempo, 2005), p. 340-1.

[88] Yannis Stavrakakis, *The Lacanian Left*, cit., p. 278.

[89] Ibidem, p. 279.

Quando conseguimos "o sacrifício do fantasmático *objet petit a*", que pode apenas "tornar essa outra *jouissance* atingível"[90].

> A tarefa central da psicanálise – e da política – é separar o *objet petit a* do significante da falta no Outro [...] separar o fantasma (antidemocrático e pós-democrático) da institucionalização democrática da falta, tornando possível o acesso a um gozo parcial para além do fantasma. [...] Só assim seremos capazes de realmente gozar nosso gozo parcial sem subordiná-lo ao desejo cataclísmico do fantasma. Para além da dialética do desmentido, esse é o desafio concreto a que a esquerda lacaniana nos remete.[91]

A ideia subjacente é espantosamente simplista: em contradição total com Lacan, Stavrakakis reduz o *objet petit a* a seu papel no fantasma; o *objeto a* é aquele X excessivo que transforma magicamente os objetos parciais que ocupam o lugar da falta no Outro em promessa utópica da completude impossível da *jouissance*. Portanto, o que Stavrakakis propõe é a visão de uma sociedade em que o desejo funcione sem *objeto a*, sem o excesso desestabilizador que o transforma em "desejo cataclísmico do fantasma" – como explica Stavrakakis de um modo sintomaticamente tautológico, temos de aprender a "realmente gozar nosso gozo parcial".

Para Lacan, ao contrário, o *objeto a* é um (outro) nome do "objeto parcial" freudiano, e é por isso que não pode ser reduzido a seu papel no fantasma que sustenta o desejo; é por essa razão que, como enfatiza Lacan, devemos distinguir seu papel no desejo e na pulsão. Segundo Jacques-Alain Miller, é preciso fazer aqui uma distinção entre dois tipos de falta: a falta propriamente dita e o buraco. A falta é espacial e designa um vazio *dentro* de um espaço; já o buraco é mais radical e designa o ponto em que a própria ordem espacial se rompe (como o "buraco negro" da física)[92]. Aí reside a diferença entre desejo e pulsão: o desejo é fundado em sua falta constitutiva, enquanto a pulsão circula em torno de um buraco, de uma lacuna na ordem do ser. Em outras palavras, o movimento circular da pulsão obedece à estranha lógica do espaço curvo, em que a menor distância entre dois pontos não é uma reta, mas uma curva: a pulsão "sabe" que o caminho mais curto para atingir o alvo é circundar o objeto-meta. (Não devemos esquecer aqui a conhecida distinção de Lacan entre o alvo e a meta da pulsão: enquanto a meta é o objeto que a pulsão circunda, seu [verdadeiro] alvo é a continuação sem fim dessa circundação como tal.)

Miller também propôs uma distinção benjaminiana entre "angústia constituída" e "angústia constituinte", que é crucial no caso da passagem do desejo à pulsão: enquanto a primeira designa a noção-padrão do abismo assustador e fascinante da angústia que nos persegue, o círculo infernal que ameaça nos puxar, a segunda sig-

---

[90] Idem.

[91] Ibidem, p. 280-2.

[92] Ver Jacques-Alain Miller, "Le nom-du-père, s'en passer, s'en servir", disponível em: <http://www.lacan.com>.

328 / Em defesa das causas perdidas

nifica o confronto "puro" com o *objet petit a* constituído em sua própria perda[93]. Aqui Miller acerta ao enfatizar duas características: a diferença que separa a angústia constituída da angústia constituinte diz respeito ao estatuto do objeto em relação ao fantasma. No caso da angústia constituída, o objeto vive dentro dos limites do fantasma; já a angústia constituinte só existe quando o sujeito "atravessa o fantasma" e enfrenta o vazio, a lacuna, preenchido pelo objeto fantasmático. Por mais clara e convincente que seja, a fórmula de Miller deixa de lado o verdadeiro paradoxo, ou melhor, a ambiguidade do *objeto a*. Quando define o *objeto a* como o objeto que se sobrepõe à sua perda, que surge no próprio momento da perda (de modo que todas as suas encarnações fantasmáticas, de seios a vozes e olhares, são figurações metonímicas do vazio, do nada), ele continua dentro do horizonte do *desejo* – o verdadeiro objeto-causa de desejo é o vazio preenchido por suas encarnações fantasmáticas. Embora, como enfatiza Lacan, o *objeto a* também seja o objeto da pulsão, aqui a relação é completamente diferente: apesar de, em ambos os casos, o vínculo entre objeto e perda ser importantíssimo, no caso do *objeto a* como objeto-causa do *desejo* temos um objeto que originalmente está perdido, que coincide com a própria perda, que surge como perdido; no caso do *objeto a* como o objeto da pulsão, o "objeto" *é diretamente a própria perda* – na passagem do desejo à pulsão, vamos do *objeto perdido* à *própria perda como objeto*. Ou seja, o estranho movimento chamado "pulsão" não é impelido pela busca "impossível" do objeto perdido; ele *é o ímpeto de encenar diretamente a própria "perda"* – a lacuna, o corte, a distância. Aqui, portanto, devemos fazer uma distinção *dupla*: não só entre o *objeto a* em sua condição fantasmática e pós-fantasmática, mas também, dentro do próprio domínio pós-fantasmático, entre o objeto-causa perdido do desejo e o objeto-perda da pulsão[94].

O espantoso é que a ideia de Stavrakakis de sustentar o desejo sem o *objeto a* contradiz não só Lacan, mas também a noção de hegemonia de Laclau: este está no caminho certo ao enfatizar o papel necessário do *objeto a* para tornar operante o edifício ideológico. Na hegemonia, um objeto empírico particular é "elevado à dignidade da Coisa"; começa a funcionar como representante, como encarnação da plenitude impossível da Sociedade. Como observamos, ele se refere a Joan Copjec quando compara a hegemonia ao "valor-seio" dado a objetos parciais que representam a Coisa materna incestuosa (seio). De fato, aqui Laclau deveria ser criticado por confundir desejo (sustentado pelo fantasma) com pulsão (da qual uma das definições também é "aquilo que resta do desejo depois que seu sujeito atravessa o fantasma"): para ele, estamos condenados a procurar a completude impossível. A pulsão, na qual gozamos

---

[93] Idem.

[94] Há uma descrição mais detalhada de como a distinção entre desejo e pulsão se relaciona com o capitalismo no capítulo 1 do meu *Parallax View* (Cambridge, Massachusetts, MIT Press, 2006). [Ed. bras.: *A visão em paralaxe*, São Paulo, Boitempo, 2008.]

diretamente a própria falta, simplesmente não aparece em seu horizonte. Entretanto, isso não acarreta absolutamente que, na pulsão, "gozamos realmente nosso gozo parcial", sem o excesso perturbador: para Lacan, falta e excesso são estritamente correlatos, os dois lados da mesma moeda. Exatamente na medida em que circunda um buraco, a pulsão é o nome do excesso que pertence ao ser humano, é a "demasiadidade" da luta que insiste para além da vida e da morte (é por isso que às vezes Lacan chega a identificar diretamente a pulsão com o *objeto a* como um mais-gozar).

Como ignora esse excesso de pulsão, Stavrakakis trabalha com uma noção simplificada do "atravessar o fantasma", como se o fantasma fosse um tipo de tela ilusória que borrasse nossa relação com os objetos parciais. Essa noção se encaixa perfeitamente na ideia inspirada no senso comum do que a psicanálise deveria fazer: é claro que ela deveria nos libertar do controle dos fantasmas idiossincrásicos e nos permitir enfrentar a realidade do modo que ela efetivamente é... Mas isso é justamente o que Lacan *não* tem em mente; o que ele almeja é quase o extremo oposto. Em nossa vida cotidiana, estamos imersos na "realidade" (apoiada-estruturada no fantasma) e essa imersão é perturbada por sintomas que revelam o fato de que outro nível recalcado da nossa psique resiste a essa imersão. Portanto, "atravessar o fantasma", paradoxalmente, significa *identificar-se inteiramente com o fantasma* – ou seja, com o fantasma que estrutura o excesso que resiste à imersão na realidade cotidiana, ou para citar uma formulação sucinta de Richard Boothby:

> "Atravessar o fantasma", portanto, não significa que o sujeito abandona de algum modo seu envolvimento com os caprichos fantasmáticos e se acomoda a uma "realidade" pragmática, mas precisamente o oposto: o sujeito é submetido àquele efeito da falta simbólica que revela o limite da realidade cotidiana. Atravessar o fantasma, no sentido lacaniano, é ser reclamado pelo fantasma mais profundamente do que nunca, no sentido de ser levado a uma relação ainda mais íntima com aquele âmago real do fantasma que transcende o imaginar.[95]

Boothby está certo ao enfatizar a estrutura dúplice do fantasma: ela é ao mesmo tempo pacificadora, desarmante (oferecendo um cenário imaginário que nos permite suportar o abismo do desejo do Outro) e dilacerante, perturbadora, inassimilável em nossa realidade. A dimensão político-ideológica dessa noção de "atravessar o fantasma" tornou-se evidente no papel inigualável que o grupo de rock Top Lista Nadrealista (Lista dos Mais Surrealistas) teve na Sarajevo sitiada, durante a guerra da Bósnia: suas apresentações irônicas, que no meio da guerra e da fome satirizavam o sofrimento da população, adquiriram uma condição cult não só dentro da contracultura, mas também entre os cidadãos em geral (o programa de TV semanal do grupo foi mantido durante toda a guerra e era muito popular). Em vez de lamentar

---

[95] Richard Boothby, *Freud as Philosopher* (Nova York, Routledge, 2001), p. 275-6.

330 / Em defesa das causas perdidas

o destino trágico dos bósnios, eles ousaram mobilizar todos os clichês sobre os "bósnios estúpidos" que eram lugar-comum na Iugoslávia, identificando-se totalmente com eles – portanto, a questão era que o caminho da verdadeira solidariedade passava pelo confronto direto com os fantasmas racistas obscenos que circulavam no espaço simbólico da Bósnia, pela identificação zombeteira com esses fantasmas, não pela negação dessas obscenidades em nome daquilo "que o povo realmente é".

Assim, não admira que, quando Stavrakakis tenta dar alguns exemplos concretos dessa nova política do gozo parcial, as coisas se tornem realmente "esquisitas". Ele começa com a tese de Marshall Sahlins de que as comunidades do Paleolítico seguiam "uma estrada zen para a riqueza": embora profundamente marcadas por divisões, trocas, diferenças sexuais, violência e guerra, faltam-lhes o "santuário do Inatingível", das "Necessidades infinitas", e, portanto, o "desejo de acumulação".

> [Nelas] parece que o gozo era obtido sem a mediação de fantasmas de acumulação, completude e excesso. [...] elas mostram que outro mundo pode, em princípio, ser possível, na medida em que se encene um afastamento do gozo (parcial) dos sonhos de completude e do desejo fantasmático. [...] Algo parecido não acontece na clínica psicanalítica? E não é esse também o desafio da ética democrática radical?[96]

Mais uma vez, a ideia aqui não é exatamente a de uma sociedade sem falta? A maneira que os indivíduos das tribos paleolíticas encontraram para evitar a acumulação foi anular a própria falta – a ideia de uma sociedade como essa, sem o excesso das "Necessidades infinitas", é que é propriamente utópica, a maior das fantasias, o fantasma de uma sociedade antes da Queda[97]. O que se segue então é uma série de exemplos de como "teóricos e analistas políticos, economistas e cidadãos ativos, alguns deles diretamente inspirados pela teoria lacaniana, tentam atualmente pôr essa orientação democrática radical em ação numa multiplicidade de contextos empíricos"[98]. Por exemplo: "Um grupo de trabalhadores cooperativados [Byrne e Healy] examinou e tentou reestruturar seu gozo de maneira não fantasmática"[99] – com certeza seria interessante ouvir com detalhes como essa "reestruturação" foi realizada! Depois vem a proposta de Robin Blackburn de democratização dos fundos de pensão, a de Roberto Unger de passar do sistema de herança familiar para o de herança social, a de Toni Negri de renda mínima para os cidadãos, os projetos de orçamentos participativos no Brasil[100]... O que tudo isso tem a ver com a *jouissance féminine* continua a ser um mis-

---

[96] Yannis Stavrakakis, *The Lacanian Left*, cit., p. 281.

[97] Não só Lévi-Strauss, mas também Foucault foi vítima de fantasma semelhante quando construiu, em suas últimas obras, a imagem da ética grega antiga como precedente da matriz cristã da Queda, do pecado e da confissão.

[98] Yannis Stavrakakis, *The Lacanian Left*, cit., p. 281.

[99] Idem.

[100] Ibidem, p. 282.

tério. A vaga ideia subjacente é que, em todos esses casos, trata-se de propostas pragmáticas modestas, com soluções parciais que evitam o excesso de refundação utópica radical – definitivamente, isso não é suficiente para qualificá-las como casos de *jouissance féminine*, que é exatamente o nome que Lacan dá ao excesso absoluto.

Portanto, a tentativa de Stavrakakis de relacionar conceitos lacanianos (como *jouissance* feminina, significante da falta no Outro etc.) com exemplos político-sociais concretos é totalmente inconvincente. Quando cita a tese precisa de Joan Copjec de que a *suppléance* "nos permite falar adequadamente de nosso desejo, não traduzindo a *jouissance* em linguagem, mas formalizando-a num significante que não a significa, mas antes é diretamente fruído"[101], ele a lê como uma "forma de pensar o gozo e a produção de um significante da falta sob o ponto de vista democrático"[102]; mas a descrição de Copjec também não se encaixa perfeitamente no nacionalismo? O nome da nação não é essa *suppléance*? Quando exclama "América!", o patriota apaixonado não produz com isso um significante que "não traduz a *jouissance* em linguagem, mas formaliza-a num significante que não a significa, mas antes é diretamente fruído"?

A visão política de Stavrakakis é vazia. Não é que seu apelo por mais paixão na política seja em si sem significado (é claro que a esquerda contemporânea precisa de mais paixão); o problema é que ele se parece demais com a piada que Lacan contava sobre o médico a quem um amigo pede um conselho clínico; não querendo prestar seus serviços sem receber nada por isso, o médico examina o amigo e depois afirma, calmamente: "Você precisa consultar um médico"! Paradoxalmente, apesar de toda a sua crítica (justificada) ao freudo-marxismo, a posição de Stavrakakis pode ser chamada de "democracia freudo-radical": ele permanece dentro do freudo-marxismo, esperando que a psicanálise complemente a teoria da democracia radical da mesma maneira que Wilhelm Reich, entre outros, esperava que a psicanálise complementasse o marxismo. Em ambos os casos, o problema é exatamente o mesmo: temos a teoria social apropriada, mas falta o "fator subjetivo": como mobilizar as pessoas para que se envolvam numa luta política apaixonada? Aqui entra a psicanálise, explicando quais mecanismos libidinais o inimigo usa (Reich tentou fazer isso com o fascismo e Stavrakakis, com o consumismo e com o nacionalismo) e como a esquerda pode praticar sua própria "política da *jouissance*". O problema é que essa abordagem é um sucedâneo de análise política: a falta de paixão na práxis política e na teoria deveria ser explicada em seus próprios termos, isto é, nos termos da própria análise política. A verdadeira pergunta é: o que há para causar paixão? Que escolhas políticas se encaixam na vivência dos indivíduos como "realistas" e factíveis?

---

[101] Ibidem, p. 279.
[102] Idem.

No momento em que fazemos a pergunta dessa forma, os contornos da nossa constelação ideológica surgem de maneira diferente, destacando as famosas palavras de W. B. Yeats: "Aos melhores falta qualquer convicção, enquanto os piores estão cheios de fervor apaixonado". Essas palavras parecem a descrição perfeita da cisão atual entre os liberais anêmicos e os fundamentalistas apaixonados ("os melhores" não são mais capazes de se envolver por inteiro, enquanto "os piores" se envolvem no fanatismo racista, religioso, sexista). Entretanto, os terroristas fundamentalistas, sejam cristãos ou muçulmanos, são realmente fundamentalistas no sentido autêntico da palavra? Acreditam mesmo? O que lhes falta é uma característica fácil de perceber em todos os fundamentalistas autênticos, dos budistas tibetanos aos *amish* norte-americanos: a ausência de ressentimento e inveja, a profunda indiferença para com o modo de vida dos não crentes. Se os ditos fundamentalistas de hoje realmente acreditam ter encontrado o caminho da Verdade, por que deveriam sentir-se ameaçados pelos não crentes, por que deveriam invejá-los? Quando um budista encontra um hedonista ocidental, dificilmente o condena. Observa apenas, com benevolência, que a busca de felicidade do hedonista frustra a si mesma. Em contraste com os verdadeiros fundamentalistas, os terroristas pseudofundamentalistas sentem-se profundamente incomodados, intrigados, fascinados, com a vida pecaminosa dos não crentes. Percebe-se que, ao combater o outro pecador, combatem sua própria tentação. É por isso que os chamados fundamentalistas cristãos ou muçulmanos são uma desgraça para o verdadeiro fundamentalismo.

É aqui que o diagnóstico de Yeats falha na atual situação: o fervor apaixonado da turba revela a falta de verdadeira convicção. Lá no fundo de si mesmos, os fundamentalistas terroristas também carecem da verdadeira convicção; suas explosões violentas são a prova disso. Como deve ser frágil a crença de um muçulmano se ele se sente ameaçado por uma caricatura estúpida num jornal dinamarquês de pequena circulação! O terror islamita fundamentalista *não* se baseia na convicção de superioridade dos terroristas nem no desejo de proteger a identidade religiosa e cultural do ataque da civilização consumista global. O problema dos fundamentalistas não é que nós os consideremos inferiores, mas sim que *eles mesmos*, secretamente, se consideram inferiores. É por isso que nossas garantias politicamente corretas e condescendentes de que não nos sentimos superiores a eles só os deixam mais furiosos e ressentidos. O problema não é a diferença cultural (o esforço de preservar a identidade), mas o fato oposto de que os fundamentalistas já são como nós, já interiorizaram secretamente nossos padrões e se medem por eles. (Isso serve claramente para o Dalai Lama, que justifica o budismo tibetano nos termos ocidentais de busca da felicidade e fuga da dor.) Paradoxalmente, o que falta realmente aos fundamentalistas é justamente uma dose daquela convicção "racista" da sua própria superioridade.

Seria instrutivo aqui nos remetermos a Rousseau, que descreveu a conversão do investimento libidinal do objeto no obstáculo que impede o acesso ao objeto. É por isso que nem o próprio igualitarismo deveria ser aceito pelo que vale: a noção (e a prática) da justiça igualitária, na medida em que é sustentada pela inveja, baseia-se na conversão da renúncia-padrão para benefício dos outros: "Estou disposto a renunciar a isso *para que os outros (também)* não *o tenham (não possam tê-lo)*"! Portanto, longe de ser oposto ao espírito de sacrifício, o Mal é o próprio espírito de sacrifício, pronto a ignorar o bem-estar do próprio indivíduo – se, pelo meu sacrifício, eu puder privar o Outro da sua *jouissance*[103]... E não encontramos a mesma paixão negativa no liberalismo multicultural politicamente correto? Sua perseguição inquisitorial aos vestígios de racismo e de sexismo nos detalhes do comportamento pessoal não é, em si, indicativa da paixão do ressentimento? A paixão do fundamentalismo é falsa, enquanto a tolerância liberal anêmica baseia-se numa paixão perversa desmentida. A distinção entre fundamentalismo e liberalismo é sustentada por uma característica subjacente comum aos dois: ambos são permeados pela paixão negativa do ressentimento.

---

[103] Seria interessante reler, desse ponto de vista, o manifesto de islamismo fundamentalista de Sayid Qutb, *Milestones*. A experiência formadora de Qutb foi o período que passou como estudante nos Estados Unidos, no início da década de 1950: o livro revela o ressentimento radical contra a liberdade sexual e a atividade pública das mulheres que conheceu naquela época.

TERCEIRA PARTE

O que se há de fazer?

7

A CRISE DA NEGAÇÃO DETERMINADA

Nas décadas de 1950 e 1960, quando a Escola de Frankfurt adotou uma atitude cada vez mais crítica perante a noção marxista clássica da necessidade histórica de revolução, essa crítica culminou com o abandono da noção hegeliana de "negação determinada", cujo anverso é o surgimento da noção do "totalmente Outro" (*das ganz Andere*) como possibilidade de superação utópica da ordem tecnocapitalista global. A ideia é que, com a "dialética do Esclarecimento", que tende ao ponto zero da sociedade totalmente "administrada", não podemos mais conceituar o rompimento da espiral mortífera dessa dialética com a noção marxista clássica segundo a qual o Novo surgirá das próprias contradições da sociedade atual, por meio de sua autossuperação imanente: o ímpeto dessa superação só pode vir de um Exterior não mediado[1].

É claro que esse abandono da "negação determinada" é o anverso da aceitação do triunfo do capitalismo. Como já notamos, o sinal mais confiável do triunfo ideológico do capitalismo foi o quase desaparecimento dessa palavra nas últimas duas ou três décadas[2].

A esquerda contemporânea reagiu de modos variadíssimos (parcialmente sobrepostos) à hegemonia completa do capitalismo global e da democracia liberal, seu complemento político:

1. aceitação total desse arcabouço: continuar lutando pela emancipação *dentro* de suas regras (social-democracia da terceira via);

---

[1] Há uma crítica dessa noção, do ponto de vista marxista tradicional, em Wolfgang Fritz Haug, "Das Ganze und das ganz Andere: Zur Kritik der reinen revolutionären Transzendenz", em Jürgen Habermas (org.), *Antworten auf Herbert Marcuse* (Frankfurt, Suhrkamp, 1968), p. 50-72, e também em Wolfgang Fritz Haug, *Bestimmte Negation* (Frankfurt, Suhrkamp, 1973).

[2] Ver o capítulo 4.

2. aceitação desse arcabouço como algo que veio para ficar, mas ao qual ainda assim se deve resistir, escapando ao seu alcance e trabalhando em seus "interstícios" (Simon Critchley é um exemplo dessa posição);

3. aceitação da inutilidade de todas as lutas, já que hoje esse arcabouço tem abrangência total e coincide com seu oposto (a lógica dos campos de concentração, o estado de emergência permanente); logo, não podemos fazer nada, na verdade, só esperar uma explosão de "violência divina" – a versão revolucionária de "só Deus ainda pode nos salvar", de Heidegger (ponto de vista hoje personificado por Giorgio Agamben e, de certa forma, antes dele, pelos últimos textos de Adorno);

4. aceitação da inutilidade temporária da luta ("hoje, no triunfo do capitalismo global, a verdadeira resistência não é possível, pelo menos não na metrópole do capitalismo, de modo que tudo o que podemos fazer até a renovação do espírito revolucionário da classe operária global é defender o que ainda resta do estado do bem-estar social, bombardeando os que estão no poder com exigências que sabemos que não podem atender, e, fora isso, nos refugiando nos estudos culturais, onde é possível realizar em silêncio o trabalho crítico");

5. ênfase no fato de que o problema é mais fundamental, de que o capitalismo global é, em última análise, o efeito ôntico do princípio ontológico subjacente da tecnologia ou "razão instrumental" (Heidegger, mas também, de certa forma, Adorno, mais uma vez);

6. crença de que se pode minar o capitalismo global e o poder estatal, mas não pelo ataque direto, e sim pela reconcentração do campo de luta nas práticas cotidianas, nas quais é possível "construir um mundo novo"; dessa maneira, as bases do poder do capital e do Estado serão minadas aos poucos e, em certo momento, o Estado cairá como o gato que paira sobre o precipício nos desenhos animados (a referência aqui é o movimento zapatista);

7. mudança "pós-moderna" da ênfase na luta anticapitalista, que agora é dada às múltiplas formas de luta político-ideológica pela hegemonia, conceituada como processo contingente de rearticulação discursiva (Ernesto Laclau);

8. proposta de que é possível repetir no nível pós-moderno o gesto marxista clássico e encenar a "negação determinada" do capitalismo: com o surgimento hoje do "trabalho cognitivo", a contradição entre produção social e relações capitalistas alcançou níveis nunca vistos, tornando possível, pela primeira vez, a "democracia absoluta" (Hardt e Negri).

Ficamos tentados a classificar essas versões como outros tantos modos de negação da política propriamente dita, que acompanham os diferentes modos de evitar o Real traumático na psicanálise: aceitação pela negação (*Verneinung*: uma versão do "quem quer que seja aquela mulher no meu sonho, minha mãe é que não é" – "quaisquer que sejam os novos antagonismos, luta de classes é que não é"), foraclusão psicótica (*Verwerfung*: a luta de classes foracluída retorna no real, sob o disfarce paranoico de Inimigo invisível e todo-poderoso, como a "conspiração judaica"), recalque neurótico (*Verdrängung*: a luta de classes reprimida volta sob o disfarce de uma multiplicidade de "novos antagonismos") e desmentido fetichista (*Verleugnung*: elevação de algum substituto fetichista da luta de classes a Causa principal, como a "última coisa que veremos" antes de enfrentar o antagonismo de classes).

Não estamos lidando aqui com uma série de esquivamentos de alguma posição esquerdista radical "verdadeira" – na verdade, o trauma que esses esquivamentos tentam mascarar é a falta de tal posição. A lição dessas últimas décadas, se é que há alguma, é a indestrutibilidade do capitalismo – quando (já) Marx o compara a um vampiro, não devemos esquecer que os vampiros são mortos-vivos: sempre voltam a se erguer depois de feridos de morte. Até a tentativa maoísta radical de varrer os vestígios do capitalismo através da Revolução Cultural terminou com seu retorno triunfal.

O supereu humorístico...

Um medo persegue a esquerda contemporânea (ou o que resta dela): o medo de enfrentar diretamente o poder do Estado. Os que ainda insistem em combater o poder do Estado, ou tomá-lo diretamente, são acusados na mesma hora de prender-se ao "velho paradigma": a tarefa hoje é resistir ao poder do Estado afastando-se de seu alcance, subtraindo-se dele, criando novos espaços fora de seu controle. Esse dogma da esquerda acadêmica contemporânea é bem sintetizado pelo título do livro-entrevista de Negri: *Adeus, sr. Socialismo*. A ideia é que a era da velha esquerda, com suas duas versões, a reformista e a revolucionária, que visavam ambas tomar o poder do Estado e proteger os direitos corporativos da classe operária, acabou. Hoje, a forma predominante de exploração é a exploração do conhecimento etc. Está em marcha um novo desenvolvimento social "pós-moderno" que a velha esquerda se recusa a levar em conta, e, para renovar-se, a esquerda tem de ler... Deleuze e Negri e começar a praticar a resistência nômade, seguir a teoria da hegemonia etc. Mas e se esse mesmo modo de definir o problema for parte do problema? Já que a esquerda institucionalizada (os sociais-democratas da terceira via, os sindicatos e outros) teima em não aprender a lição, o problema deve residir (também) nos críticos "pós-modernos".

Dentro desse campo "pós-moderno", *Infinitely demanding* [Infinitamente exigente], de Simon Critchley, é a encarnação quase perfeita da posição à qual a mi-

340 / Em defesa das causas perdidas

nha obra se opõe absolutamente[3], e isso em dois níveis distintos, porém interligados: o da explicação da subjetividade como surgida do compromisso ético com o Bem e o da política de resistência proposta. Quando ele se inclui entre os "pós-kantianos metrossexuais, bem vestidos, seculares e críticos"[4], a ironia dessa autodescrição esconde a sua seriedade; não admira que Critchley tenha incluído na lista dos que "resistem" às garras do poder do Estado a própria princesa Diana[5].

O ponto de partida de Critchley é o "déficit motivacional" de nossas instituições democrático-liberais. Esse déficit sustenta duas atitudes políticas principais: o niilismo "passivo" e o niilismo "ativo". De um lado, indiferença cínica, fuga para o hedonismo consumista etc.; de outro, o fundamentalismo violento que visa destruir o corrupto universo liberal. O problema de Critchley é como romper esse impasse, como ressuscitar a paixão política emancipatória. Esse problema é real; em nossa época supostamente "pós-ideológica", depois do autoproclamado fim dos grandes projetos emancipatórios, a lacuna entre significado e verdade parece insuperável: quem ainda ousa reivindicar o acesso a um "mapeamento cognitivo" da nossa constelação que, ao mesmo tempo, abra espaço para uma transformação social radical significativa? Em consequência, hoje a própria ideia de uma "política da verdade" é tachada de totalitária; acima e além da administração social eficiente, as principais metas políticas aceitáveis são negativas: evitar a dor e o sofrimento, criar condições mínimas de tolerância a modos de vida diferentes... A cada um sua própria verdade, e a tarefa da política é vista como a arte da negociação pragmática, da coordenação de interesses, da garantia da coexistência pacífica dos modos de vida, como se a uniformidade econômica e a diversidade cultural fossem dois lados do mesmo processo. Entretanto, essa perspectiva democrático-liberal continua perseguida pelo espectro do "fundamentalismo". Recordemos a reação pública à morte do papa. Quem gostaria de viver num Estado que proíbe o aborto e o divórcio? Ainda assim, *os mesmos* que rejeitam as opiniões do papa admiram-no pela postura firme, ética, fiel aos seus princípios, e pela mensagem de esperança, demonstrando, portanto, a necessidade de um padrão firme de Verdade, além do relativismo pragmático.

Como, então, romper esse impasse? Critchley avança dois passos. Em primeiro lugar, numa combinação de Levinas, Badiou e Lacan, ele elabora a noção do sujeito constituído por seu reconhecimento num Chamado ético e incondicional gerado pela experiência da injustiça e das más ações. Em segundo lugar, propõe uma noção da política como resistência ao poder do Estado, em nome desse Chamado ético.

O sujeito surge como reação ao confronto traumático do Outro sofredor e indefeso (Próximo), e é por isso que é constitutivamente descentrado, não autôno-

---

[3] Ver Simon Critchley, *Infinitely Demanding* (Londres, Verso, 2007).
[4] Ibidem, p. 139.
[5] Ver Simon Critchley, "Di and Dodi Die", *Theory & Event*, v. 1, n. 4, 1997.

mo, mas cindido pelo Chamado ético, "um sujeito definido pela experiência de uma exigência interiorizada à qual nunca se pode atender, uma exigência que o excede"[6]; o paradoxo constitutivo do sujeito, portanto, é a exigência à qual o sujeito não pode atender, de modo que o sujeito é constitutivamente dividido, sua autonomia "sempre usurpada pela experiência heterônoma das exigências do outro"[7]. Só um Deus onipotente e infinito seria capaz de atender a tais exigências; assim, "sabendo que não existe Deus, temos de nos submeter à exigência de ser semelhantes a Deus, sabendo que com certeza falharemos, em razão da nossa condição finita"[8]. Aqui, Critchley se refere à afirmativa de Levinas de que "minha relação com o outro não é benevolência benigna, atenção compassiva nem respeito pela autonomia do outro, mas experiência obsessiva de uma responsabilidade que me persegue com todo o seu peso. Sou refém do outro"[9].

Como então o sujeito pode atenuar o peso esmagador do supereu? "Como posso reagir com responsabilidade infinita ao outro sem me extinguir como sujeito?"[10] Aqui, Critchley recorre a Lacan, à maneira como Lacan elaborou a noção de sublimação de Freud: a sublimação estética permite ao sujeito atingir um mínimo de felicidade[11]. O Belo se interpõe entre o sujeito e o Bem, "localiza o sujeito em relação à fonte da exigência ética, mas protege o sujeito do brilho direto da Coisa"[12].

Critchley acrescenta o humor à lista de sublimações como o aspecto benévolo do supereu: em contraste com o supereu mau e punitivo, o juiz severo que nos esmaga com o peso da culpa infinita por nossa incapacidade de atender ao Chamado, no humor, em que também observamos nossa finitude e nosso fracasso ridículo do ponto de vista do supereu, a finitude parece engraçada, ridícula em suas falhas. Em vez de instalar a angústia e o desespero, esse supereu nos permite rir de nossas limitações, fracassos e falsas pretensões. Estranhamente, o que Critchley deixa de considerar é o *aspecto "sádico" brutal do próprio humor*: o humor pode ser extremamente cruel e aviltante. Vejamos um exemplo extremo: o infame *"Arbeit macht frei!"* [o trabalho liberta] gravado sobre os portões de Auschwitz não é um argumento contra a dignidade do trabalho. O trabalho realmente nos liberta, como explica Hegel no famoso trecho da *Fenomenologia do espírito* sobre o Senhor e o Escravo; o que os nazistas fizeram com o *slogan* escrito nos portões de Auschwitz foi simplesmente um ato de zombaria cruel, análogo a estuprar alguém usando uma camiseta em que se lê: "Sexo dá prazer"!

---

6 Simon Critchley, *Infinitely Demanding*, cit., p. 10.
7 Ibidem, p. 11.
8 Ibidem, p. 55.
9 Ibidem, p. 60-1.
10 Ibidem, p. 69.
11 Ibidem, p. 71.
12 Ibidem, p. 74.

342 / Em defesa das causas perdidas

Portanto, a afirmação de Critchley de que algumas "versões da psicanálise, em especial a de Lacan, têm problemas com o supereu"[13] é estranha: Lacan conhecia muito bem não só o vínculo entre humor e supereu, como também o aspecto sádico e brutal do humor. *O diabo a quatro*, obra-prima dos irmãos Marx, é considerado um filme que zomba dos rituais ridículos do Estado totalitário, denunciando sua postura vazia etc.: o riso é uma arma poderosa, não admira que os regimes totalitários o achem tão ameaçador... Esse lugar-comum deveria ser virado ao contrário: o efeito poderoso de *O diabo a quatro* não reside na zombaria da máquina e da parafernália do Estado totalitário, mas na exposição aberta da loucura, da "diversão", da ironia cruel que *já estão presentes* no Estado totalitário. O "carnaval" dos irmãos Marx é o carnaval do próprio totalitarismo.

O que é o supereu? Recordemos o fato estranho, regularmente lembrado por Primo Levi e outros sobreviventes do Holocausto, de que a reação íntima à sobrevivência era marcada por uma cisão profunda: conscientemente, sabiam muito bem que a sobrevivência era apenas um acaso que nada significava, que não eram de modo algum responsáveis por ela, que os únicos culpados eram os torturadores nazistas; ao mesmo tempo, eram perseguidos (mais do que levemente) pela sensação "irracional" de culpa, como se tivessem sobrevivido às custas dos que morreram e, portanto, fossem de certa forma responsáveis por sua morte – como se sabe, esse sentimento de culpa insuportável levou muitos sobreviventes ao suicídio. Esse sentimento de culpa mostra a agência do supereu em seu aspecto mais puro: a agência obscena que nos manipula num movimento em espiral de autodestruição. Isso significa que a função do supereu é exatamente ofuscar a causa do terror constitutivo do fato de sermos humanos, o âmago inumano de sermos humanos, a dimensão do que os idealistas alemães chamavam de negatividade e Freud chamava de pulsão de morte. Longe de ser o núcleo duro e traumático do Real do qual as sublimações nos protegem, o supereu é em si a máscara que filtra o Real.

O supereu humorístico é a agência cruel e insaciável que me bombardeia com exigências impossíveis e zomba das minhas tentativas fracassadas de atendê-las, a agência aos olhos da qual fico mais culpado quanto mais tento suprimir meu empenho "pecaminoso" e atender as exigências. Como observei, o cínico mote stalinista sobre os réus que proclamavam sua inocência nos julgamentos de Moscou ("quanto mais inocentes são, mais merecem ser fuzilados"), é o supereu em seu aspecto mais puro. Consequentemente, para Lacan, o supereu "nada tem a ver com a consciência moral, no que diz respeito a suas exigências mais obrigatórias"[14]: ao contrário, o supereu é a agência antiética, a estigmatização de nossa traição ética. Como tal, o supereu, em seu aspecto mais elementar, não é uma agência proibitiva, mas produtiva: "Nada força

---

[13] Simon Critchley, *Infinitely Demanding*, cit., p. 82.
[14] Jacques Lacan, *The Ethics of Psychoanalysis* (Londres, Routledge, 1992), p. 310. [Ed. bras.: *A ética na psicanálise*, 2. ed., Rio de Janeiro, Zahar, 1991.]

ninguém a gozar, exceto o supereu. O supereu é o imperativo da *jouissance*: Goze!"[15]. Embora *jouissance* possa ser traduzido por "gozo", há tradutores de Lacan que deixam a palavra em francês para tornar palpável seu caráter excessivo e propriamente traumático: não tratamos de prazeres simples, mas de uma intrusão violenta que traz mais dor do que prazer. Não admira, portanto, que Lacan postulasse uma igualdade entre *jouissance* e supereu: gozar não é uma questão de seguir tendências espontâneas; é antes algo que fazemos como um tipo de dever ético estranho e distorcido.

Quando Critchley, acompanhando Badiou, define o sujeito como algo que surge por meio da fidelidade ao Bem ("O sujeito é o nome do modo como um eu une-se a alguma concepção de bem e configura sua subjetividade em relação a esse bem"[16]), de um ponto de vista lacaniano estrito, ele confunde sujeito e subjetivação. Aqui, devemos opor a Lacan a *doxa* da teoria do discurso sobre o sujeito como efeito do processo de subjetivação: para Lacan, o sujeito *precede* a subjetivação, a subjetivação (a constituição da "vida interior" da experiência do sujeito) é uma defesa contra o sujeito. Como tal, o sujeito é uma (pre)condição do processo de subjetivação, no mesmo sentido em que, na década de 1960, Herbert Marcuse afirmava que a liberdade é a condição da libertação. Na medida em que, de certa forma, o sujeito, em seu conteúdo, não "é" nada positivamente, mas o resultado do processo de subjetivação, também se pode dizer que o sujeito *precede a si mesmo* – para tornar-se sujeito, já tem de ser sujeito, de modo que, nesse processo de tornar-se, torna-se o que já é. (E, aliás, essa característica distingue o processo dialético propriamente hegeliano da "evolução dialética" pseudo-hegeliana.) O contra-argumento óbvio é que tratamos aqui do caso arquetípico da ilusão ideológica: não há sujeito antes do processo de subjetivação, sua preexistência é precisamente a inversão que comprova o sucesso da constituição ideológica do sujeito; uma vez constituído, o sujeito se experiencia necessariamente como causa do processo que o constitui, isto é, percebe esse processo como sua "expressão". É exatamente esse o raciocínio que devemos rejeitar – mas por que exatamente?

Voltemos, por um breve instante, a Althusser. Em termos althusserianos, o sujeito é constituído por meio do pressuposto de um Chamado ideológico, pelo reconhecimento de si mesmo na interpelação ideológica – esse reconhecimento subjetiva o indivíduo pré-ideológico. É claro, como é claro para Critchley, que essa interpelação, o pressuposto do chamado do Bem, sempre falha no fim das contas, o sujeito nunca consegue agir no nível desse chamado, seu empenho é sempre insuficiente. É aqui que, do ponto de vista lacaniano, devemos complementar a explicação althusseriana: o sujeito, de certa forma, *é* o fracasso da subje-

---

[15] Jacques Lacan, *On Feminine Sexuality: The Seminar, Book XX* (Nova York, Norton, 1998), p. 3. [Ed. bras.: *Seminário 20: Mais, ainda*, 2. ed., Rio de Janeiro, Zahar, 1985.]

[16] Simon Critchley, *Infinitely Demanding*, cit., p. 10.

tivação, o fracasso em assumir o mandato simbólico, em identificar-se inteiramente com o Chamado ético. Parafraseando a aclamada fórmula de Althusser: um indivíduo é chamado para a subjetividade, o chamado fracassa, e *o "sujeito" é esse fracasso*. É por isso que o sujeito está irredutivelmente dividido: dividido entre a tarefa e a incapacidade de se manter fiel a ela. É nesse sentido que, para Lacan, o sujeito *como tal* é histérico: a histeria, em seu aspecto mais elementar, é o fracasso da interpelação, o verme corroendo e questionando a identidade imposta ao sujeito pela interpelação: "por que sou esse nome?", por que sou o que o grande Outro afirma que sou?

Quando enfatiza que o sujeito sempre fracassa em relação ao Chamado da Coisa ética, Critchley parece endossar totalmente essa dimensão, esse fracasso como constitutivo da subjetividade. Entretanto, devemos acrescentar aqui uma ênfase fundamental: é totalmente errado identificar diretamente esse fracasso da interpelação – o fato de o sujeito nunca chegar ao nível de sua responsabilidade perante o Chamado do Bem – com o sujeito. O que explica esse fracasso não é simplesmente a limitação da finitude do sujeito, sua inadequação para a tarefa "infinitamente exigente"; isto é, não estamos falando da simples lacuna entre a tarefa ética infinita do sujeito e sua realidade finita, que o torna eternamente inadequado para a tarefa. O "sujeito antes da subjetivação" é, em si, uma força positiva, a força infinita da negatividade que Freud chamou de "pulsão de morte". E é por isso que, do ponto de vista lacaniano, é problemático afirmar que nós, seres humanos, "parecemos ter enorme dificuldade de aceitar nossa limitação, nossa finitude, e esse fracasso é causa de muitas tragédias"[17]; ao contrário, nós, seres humanos, temos enorme dificuldade de aceitar a "infinitude" (a não mortalidade, o excesso de vida) no próprio âmago do nosso ser, a estranha "imortalidade" cujo nome freudiano é pulsão de morte.

O Chamado ético não interfere diretamente no animal humano, perturbando seu equilíbrio com a injunção "infinitamente exigente"; o Chamado ético, ao contrário, já pressupõe que o equilíbrio da reprodução animal saiu dos eixos, está desconjuntado, pela transformação do instinto animal em pulsão de morte. Em consequência, para Lacan, a ética não é diretamente o nível zero do confronto com a Coisa Real; na verdade, ela já é um filtro que nos protege do impacto destrutivo do Real. É aqui que Critchley deturpa, de modo estranho, as noções de Lacan do Bem e do Belo em *A ética na psicanálise*, na medida em que postula o Belo como o filtro que nos protege da exposição direta à Coisa Real, enquanto para Lacan o Bem ocupa exatamente esse mesmo lugar estrutural, isto é, ele não é a própria Coisa Real, mas um filtro que nos protege de seu impacto cegante.

---

[17] Ibidem, p. 1.

Para Critchley, a intrusão traumática da Coisa Real radicalmente heterogênea que descentra o sujeito é *idêntica* ao Chamado ético do Bem, enquanto para Lacan a Coisa radicalmente heterogênea cujo impacto traumático descentra o sujeito é, ao contrário, a "Coisa má" primordial, algo que jamais pode ser superado (*aufgehoben*) numa versão do Bem, algo que permanece para sempre como um corte perturbador. É aí que a referência de Critchley a Sade é falha: ele afirma que o projeto sadiano ainda se encaixa nas coordenadas do compromisso com o Bem – Sade simplesmente põe no lugar do Bem o que percebemos, em seu conteúdo, como "mal"; em outras palavras, para Sade o uso desregrado dos outros como meio de gozo sexual é o Bem, com o qual está totalmente comprometido (ou para citar Satã em *O paraíso perdido**, de Milton: "Mal, sê meu Bem!"). Devemos, antes, inverter essa noção de que o "mal" é um conteúdo cuja própria forma (o compromisso ético incondicional) continua a ser a do Bem: a diferença entre Bem e Mal não é de conteúdo, mas de forma – porém, mais uma vez, não no sentido de que o Bem é a forma do compromisso incondicional com uma Causa e o Mal, a traição desse compromisso. Ao contrário, é o próprio compromisso "fanático" incondicional com uma Causa que é a "pulsão de morte" em seu aspecto mais puro e, como tal, a forma primordial de Mal: ele introduz no fluxo da vida (social) um corte violento que o desconjunta. O Bem vem depois, é uma tentativa de "nobilificar", domesticar o impacto traumático da Coisa Má. Em resumo, o Bem é o Mal filtrado/domesticado. (O próprio Kant não estava na pista desse paradoxo no impasse da[s] sua[s] noção[ões] de Mal diabólico e radical?)

Rousseau já havia observado que o egoísmo, ou preocupação com o próprio bem-estar, *não* se opõe ao bem comum, já que é possível deduzir facilmente normas altruístas a partir de preocupações egoístas. O individualismo *versus* o comunitarismo, o utilitarismo *versus* a afirmação de normas universais são oposições *falsas*, já que as duas opções opostas dão na mesma – os críticos que se queixam de que, na sociedade egoísta e hedonista de hoje, faltam valores verdadeiros erram o alvo. O verdadeiro oposto do amor-próprio egoísta não é o altruísmo, a preocupação com o Bem comum, mas a inveja, o *ressentimento*, que me faz agir *contra* os meus próprios interesses. Os críticos conservadores ou comunitaristas se queixam de que a "ética" que se pode gerar a partir de premissas individualistas e utilitárias só pode ser um "pacto entre lobos", feito em nome dos interesses de cada um para restringir sua agressividade, em vez de uma solidariedade e de um altruísmo genuínos. Mas não entendem a ironia: o que a ética utilitária não consegue explicar adequadamente não é o verdadeiro Bem, mas o próprio Mal, que, em última análise, é contra os meus interesses a longo prazo.

---

* Belo Horizonte, Itatiaia, 1994. (N. E.)

346 / Em defesa das causas perdidas

...e sua política de resistência

Qual forma de prática política se encaixa melhor nessa noção de subjetividade? Já que, por um lado, o Estado democrático-liberal veio para ficar, isto é, já que as tentativas de abolir o Estado foram um fracasso total e, por outro lado, o déficit motivacional em relação às instituições da democracia liberal é irredutível, a nova política tem de se localizar a uma certa distância do Estado, ser uma política de resistência ao Estado, de bombardeamento do Estado com exigências impossíveis, de denúncia das limitações dos mecanismos do Estado. O principal argumento do estatuto extraestatal da política de resistência é seu vínculo com a dimensão ética metapolítica do clamor "infinitamente exigente" de justiça: toda política estatal tem de trair essa infinidade, já que sua meta suprema é a "política real" de garantia da reprodução do Estado (o crescimento econômico, a segurança pública etc.). Isso é Antígona contra Creonte: Creonte representa a *raison d'état*, sua preocupação respeitabilíssima é impedir outra guerra civil, que poderia destruir a cidade; como tal, ele tem de se opor a Antígona, cuja exigência ética incondicional ignora a ameaça fatal que representa para a cidade o seu cumprimento[18].

Critchley refere-se positivamente à crítica que o jovem Marx faz a Hegel, na qual opõe a "democracia verdadeira" do vínculo social dos indivíduos livres ao Estado como unidade imposta[19]; entretanto, em contraste com Marx, cujo objetivo é abolir o Estado por essa razão, para Critchley a verdadeira democracia só é possível como "distância intersticial dentro do Estado" – essa democracia verdadeira "questiona o Estado, chama a ordem estabelecida a prestar contas, não para livrar-se do Estado, por mais que isso seja desejável em algum sentido utópico, mas para melhorá-lo ou atenuar seus efeitos malévolos"[20]. Essa política é negativa no sentido em que:

> não deve tentar se estabelecer como novo princípio hegemônico de organização política, mas permanecer como negação da totalidade, não como afirmação de uma nova totalidade. A anarquia é uma perturbação radical do Estado, uma ruptura do esforço do Estado para estabelecer-se ou erigir-se num todo. [...] Portanto, a democracia não é

---

[18] É por isso que seria interessante imaginar Antígona reescrita no estilo de *Jasager* e *Neinsager*, de Brecht, a partir do ponto de vista de Creonte, apresentando-a como uma moça obstinada que não quer dar ouvidos aos seus sensatos argumentos (uma guerra civil sangrenta mal tinha terminado; se Polinice, o traidor que havia atacado a cidade, fosse enterrado de maneira apropriada, a chacina poderia explodir de novo, fazendo centenas de mortos), ou então imaginar uma realidade alternativa à de Antígona, que começaria numa cidade em ruínas, devastada pela guerra fratricida, com pessoas amaldiçoando a moça mimada e obstinada da Corte que causou aquela destruição (descobrimos aos poucos que essa moça é Antígona; ela convenceu Creonte a deixá-la enterrar o irmão de maneira apropriada e, como consequência, a guerra explodiu outra vez...).

[19] Simon Critchley, *Infinitely Demanding*, cit., p. 115-8.

[20] Ibidem, p. 117.

uma forma política fixa de sociedade, mas sim [...] a *deformação* da sociedade em relação a si mesma através do ato de manifestação política substancial.[21]

Então, se a política (como manifestação estético-carnavalesca do *demos* anárquico) e a democracia são "dois nomes para a mesma coisa"[22], o que isso significa para a democracia como forma de Estado? Quando Critchley escreve que o déficit motivacional em relação às instituições da democracia liberal (a indiferença crescente para com as eleições etc.) "também tem efeitos positivos"[23], originando uma série de atividades políticas não eleitorais, ONGs, movimentos sociais, como o movimento antiglobalização, os movimentos pelos direitos indígenas no México e na Austrália etc., sua posição se torna ambígua: na verdade, é *melhor* para a política emancipatória que as pessoas não se comprometam com as instituições democráticas? Então o que deveriam fazer, digamos, os democratas nos Estados Unidos? Deveriam retirar-se ("subtrair-se") da competição pelo poder do Estado e ir para os interstícios do Estado, deixando o poder estatal para os republicanos e dedicando-se à resistência anarquista?

> É claro que a história é escrita habitualmente por quem tem as armas e os porretes, e não se pode querer derrotá-los com espanadores e sátiras. No entanto, como mostra com eloquência a história do niilismo ativo ultraesquerdista, basta pegar as armas e os porretes para perder. A resistência política anárquica não deveria tentar imitar e espelhar a soberania árquica e violenta à qual se opõe.[24]

Mas Critchley com certeza seria a favor de "pegar as armas e os porretes" para enfrentar um adversário como Hitler, não? Certamente, nesse caso, seria preciso "imitar e espelhar a soberania árquica e violenta à qual se opõe"? E o que a esquerda deveria fazer: distinguir os casos em que se unem forças com o Estado e se recorre à violência dos casos em que só o que se pode e deve fazer é usar "espanadores e sátiras"?

Quando escreve que "devemos abordar a al-Qaeda com as palavras e ações de Bin Laden que reverberam contra as de Lenin, Blanqui, Mao"[25] e diz a mesma coisa na conclusão do livro, afirmando que o "neoleninismo [...] exprime-se praticamente no vanguardismo de grupos como a al-Qaeda"[26], Critchley dedica-se ao mais puro formalismo ideológico, obscurecendo a diferença crucial entre duas lógicas políticas opostas: a violência igualitária radical (que Badiou chama de "Ideia eterna" da política da justiça revolucionária, em ação desde os antigos "legistas" chineses até Lenin e Mao, passando pelos jacobinos) e a violência "fundamentalis-

---

[21] Ibidem, p. 122 e 129.
[22] Ibidem, p. 129.
[23] Ibidem, p. 151.
[24] Ibidem, p. 124.
[25] Ibidem, p. 5-6.
[26] Ibidem, p. 146.

348 / Em defesa das causas perdidas

ta" antimodernista – uma nova versão da antiga identificação liberal-conservadora entre os "totalitarismos" de direita e de esquerda.

Além disso, de acordo com Critchley, o Estado veio para ficar – o mesmo serve para o próprio capitalismo:

> O deslocamento capitalista, em sua destruição impiedosa dos laços da tradição, da comunidade local, das estruturas de família e parentesco que se poderiam considerar naturais, revela a contingência da vida social, isto é, seu caráter estruturado, ou seja, sua articulação *política*. [...] Uma vez que as ilusões ideológicas do natural foram arrancadas e reveladas como formações contingentes pelo deslocamento capitalista, em que a liberdade, por exemplo, torna-se a precária experiência da insegurança, quando nos vendemos no mercado de trabalho, o único cimento que mantém unidas as identidades políticas é o vínculo hegemônico.[27]

A implicação (involuntária) desse raciocínio é que a própria experiência "antiessencialista" da vida social como contingente, em que toda identidade é resultado de articulação discursiva, consequência de uma luta declarada pela hegemonia, funda-se na predominância "essencialista" do capitalismo, que, em si, não surge mais como um dos modos de produção possíveis, mas simplesmente como o "pano de fundo" neutro do processo aberto de (re)articulações contingentes.

De acordo com essa visão, capitalismo significa deslocamentos múltiplos e permanentes, e esses deslocamentos abrem espaço para a formação de novas subjetividades políticas; entretanto, não é mais possível abarcar essas subjetividades sob o rótulo de "proletariado". Os deslocamentos múltiplos abrem espaço para subjetividades variadas (populações indígenas ameaçadas, minorias étnicas e sexuais, favelados etc.), e o que deveríamos ter em mira é a "cadeia de equivalências" entre essas séries de queixas-exigências. Como caso exemplar de criação de uma nova subjetividade política por meio do ato de dar nomes, Critchley louva a reinvenção dos camponeses mexicanos empobrecidos como povo "indígena". Entretanto, esse exemplo não demonstra suas próprias limitações? Como a análise do próprio Critchley deixa claro, os camponeses pobres tiveram de reinventar-se/renomear-se como povo "indígena" porque o sucesso da ofensiva ideológica neoliberal tornou insustentável e ineficaz a referência direta à posição econômica de explorado: em nossa época "pós-política" de culturalização do político, a única maneira de formular uma queixa é no nível das exigências culturais e/ou étnicas: os trabalhadores explorados tornam-se imigrantes cuja "alteridade" é oprimida, e assim por diante. O preço que pagamos por essa operação é, ao menos, um nível mínimo de mistificação ideológica: o que os camponeses pobres defendem surge como sua identidade substancial "natural" (étnica).

---

[27] Ibidem, p. 100-1.

Assim, o Estado democrático-liberal contemporâneo e a política anarquista "infinitamente exigente" estão envolvidos num relacionamento de parasitismo mútuo: o Estado exterioriza a autoconsciência ética numa agência ético-política extraestatal, e essa agência exterioriza sua pretensão à efetividade no Estado – agentes anárquicos elaboram o pensamento ético para o Estado e o Estado realiza o trabalho de administrar e regular de fato a sociedade.

O modo como o agente ético-político anárquico de Critchley se relaciona com o supereu é duplo: não só ele é esmagado pelo supereu, como também atua como agente do supereu, bombardeando comodamente o Estado com as exigências do supereu – e quanto mais o Estado tenta atender a essas exigências, mais culpado se torna. (Em conformidade com essa lógica do supereu, os agentes extraestatais anárquicos concentram seus protestos não nas ditaduras declaradas, mas na hipocrisia das democracias liberais, acusadas de não seguir consistentemente suas próprias normas ideológicas.) Portanto, o que Critchley oferece é uma democracia capitalista-liberal com rosto humano – continuamos firmes no universo de Fukuyama. Ou, parafraseando Thomas De Quincey, em *Do assassinato como uma das belas-artes**: vejam quanta gente partiu de uma leitura errada de Lacan e acabou louvando a princesa Diana como a imagem da rebeldia...

A lição aqui é que o que é verdadeiramente subversivo não é insistir em exigências "infinitas", que sabemos que não podem ser cumpridas pelos que estão no poder (como eles sabem que nós sabemos, fica fácil para eles aceitar essa atitude de "exigir infinitamente": "Que maravilha que, com suas exigências críticas, vocês nos lembrem em que tipo de mundo todos gostaríamos de viver; mas, infelizmente, nós vivemos no mundo real, onde só fazemos honestamente o que é possível"), mas, ao contrário, bombardeá-los com exigências *precisas*, *finitas* e estrategicamente bem escolhidas, que não permitam a mesma desculpa.

"Adeus, senhor Nômade Resistente"

Ao contrário de Critchley, Toni Negri é a versão mais representativa da tentativa heroica de apego às coordenadas marxistas fundamentais e de demonstrar como a própria virada "pós-moderna" do capitalismo, o surgimento da sociedade "pós-industrial" com sua passagem para o trabalho baseado na informação, cria as condições para revolucionar a sociedade de maneira ainda mais radical do que Marx imaginou, criando a possibilidade da "democracia absoluta".

O ponto de partida de Negri é bastante comum: hoje, o trabalho cognitivo imaterial desempenha o papel principal na criação de valor novo; e já que esses

---

* Porto Alegre, L&PM, 1985. (N. E.)

aspectos cognitivos do trabalho predominam, não se pode mais medir o valor pelo tempo (tempo de trabalho), de modo que a noção marxista de exploração não funciona mais. "Agora, devemos observar de imediato que hoje não há produção de valor que não seja de valor imaterial, realizada por cérebros livres, capazes de inovar; a liberdade é o único valor que não reproduz simplesmente a riqueza, mas a põe em circulação"[28].

A força produtiva básica de hoje, portanto, é o "cognitariado", a multidão de trabalhadores cognitivos; seu trabalho produz liberdade, e sua liberdade é produtiva. "A liberdade é o capital fixo que está dentro do cérebro dos indivíduos"[29]. Assim, eis a nossa situação:

> as classes subalternas já são classes com um capital fixo mais rico que o dos chefes, um patrimônio espiritual mais importante que aquele de que outros se gabam, e uma arma absoluta: o conhecimento essencial para a reprodução do mundo. [...]
>
> Em vez disso, hoje, quando o Intelecto Geral se torna hegemônico na produção capitalista, isto é, quando o trabalho imaterial e cognitivo se torna imediatamente produtivo, a força de trabalho intelectual liberta-se dessa relação de sujeição e o sujeito produtivo apropria-se dos instrumentos de trabalho que, antes, o capital pré-constituía. Podemos dizer que o capital variável se representa como capital fixo. [...] Sou produtivo fora da minha relação com o capital, e o fluxo de capital cognitivo e social não tem mais nada a ver com o capital como estrutura física nas mãos dos chefes.[30]

Portanto, a ideia é que, com o papel hegemônico do intelecto geral, o capital perde a função de organizar socialmente a produção, de juntar o capital fixo e o variável, os meios de produção e a força de trabalho: sua função agora é puramente parasita e, por isso, finalmente, tornou-se possível removê-lo. A questão nem é mais de um corte violento na textura social: como a produção e a própria vida (social) estão progressivamente organizadas, a multidão tem apenas de buscar seu trabalho de auto-organização e o capital, de repente, perceberá que está suspenso no ar e cairá, como o gato do desenho animado que anda para além do precipício e cai no abismo sob seus pés quando olha para baixo e percebe que não há mais chão.

Aqui, a categoria mais importante é a subsunção formal e real da produção sob o capital. Em claro contraste com a lógica evolucionária da mudança das relações de produção depois do desenvolvimento dos meios de produção, Marx enfatiza como a subsunção formal antecede a forma real: primeiro, os capitalistas só subsumem formalmente o processo de produção ao seu controle (fornecendo matéria-prima e comprando o produto de artesãos individuais que continuaram a pro-

---

[28] Antonio Negri, *Goodbye Mister Socialism* (trad. Peter Thomas, Nova York, Seven Stories Press, 2008), p. 137. [Ed. port.: *Adeus, sr. Socialismo*, Porto, Ambar, 2007.]

[29] Ibidem, p. 185.

[30] Ibidem, p. 180 e 169-70.

duzir do modo como produziam antes dessa subsunção); só depois é que a subsunção se torna material, isto é, os meios e a organização da produção são formados diretamente pelo capital (a introdução de máquinas, a divisão fabril do trabalho, o fordismo etc.). Esse processo chega ao ápice na produção fabril mecanizada em grande escala, na qual a subordinação do operário ao capital é reproduzida diretamente na organização bastante material do processo de produção: o operário é materialmente reduzido a uma engrenagem da máquina, realiza uma tarefa específica, sem visão geral do processo de produção como um todo e sem ter ideia do conhecimento científico que o sustenta – tanto o conhecimento quanto a organização estão do lado do capital. Eis a descrição de Marx nos *Grundrisse*:

> A acumulação de conhecimento e habilidade das forças produtivas gerais do cérebro social é, portanto, absorvida pelo capital, em oposição à mão de obra, e assim surge como atributo do capital, mais especificamente do capital fixo, na medida em que participa do processo de produção como meio de produção propriamente dito. As máquinas, portanto, surgem como a forma mais adequada de capital fixo, e o capital fixo, na medida em que diz respeito às relações do capital consigo mesmo, surge como a forma mais adequada de capital como tal.[31]

Entretanto, com a mudança pós-fordista a papel hegemônico do trabalho cognitivo, o conhecimento e a organização são, mais uma vez, apropriados pelo coletivo de trabalhadores, de modo que, numa espécie de "negação da negação", o capital, mais uma vez, subsume a produção de maneira puramente formal: cada vez mais seu papel é puramente parasita, em que tenta controlar e regular um processo totalmente capaz de andar sozinho... Aqui, o problema de Negri e Hardt é que são marxistas *demais*, tomando para si o esquema marxista subjacente de progresso histórico: como Marx, louvam o potencial revolucionário "desterritorializador" do capitalismo; como Marx, localizam a contradição interna do capitalismo na lacuna entre esse potencial e a forma do capital, da apropriação da mais-valia pela propriedade privada. Em resumo, reabilitam a antiga noção marxista de tensão entre forças produtivas e relações de produção: o capitalismo já cria os "germes das futuras novas formas de vida", produz sem parar as novas "áreas comuns", de modo que, numa explosão revolucionária, esse Novo será simplesmente libertado da antiga forma social. Aqui, permanecem deleuzianos: quando escrevem em *O anti-Édipo** que, no esforço para alcançar o limite mais distante da desterritorialização, o esquizofrênico "busca o próprio limite do capitalismo: ele é sua tendência inerente levada a realizar-se"[32], Deleuze e Guattari não confirmam que seu próprio projeto so-

---

[31] Karl Marx, *Grundrisse* (Harmondsworth, Penguin, 1973), p. 694. [Ed. bras.: *Contribuição à crítica da economia política*, 2. ed., São Paulo, Expressão Popular, 2008.]

* São Paulo, Editora 34, 2010. (N. E.)

[32] Gilles Deleuze e Félix Guattari, *Anti-Oedipus* (Nova York, Viking Press, 1977), p. 35.

ciopolítico é uma tentativa desesperada de concretizar o fantasma inerente do próprio capitalismo, suas coordenadas virtuais? O comunismo, portanto, não se reduz àquilo que Bill Gates, quem diria, chamou de "capitalismo sem atrito", o capitalismo intensificado e elevado à velocidade infinita de circulação? Não admira que Negri tenha elogiado recentemente o capitalismo digital "pós-moderno", afirmando que já é comunismo e que só precisa de um empurrãozinho, um gesto formal, para transformar-se abertamente em comunismo. A estratégia básica do capital contemporâneo é esconder a superfluidade, encontrando novas maneiras de subsumir, mais uma vez, a multidão produtiva e livre:

> Se agora o capital fixo é singularmente capaz de imaginação, para pô-la para trabalhar é necessária uma nova máquina. Esse é o paradoxal "comunismo do capital", a tentativa de fechar, por meio da financeirização, a máquina global de produção, acima e além das singularidades produtivas que a compõem. É a tentativa de subsumir a multidão.[33]

Há nessa descrição um aspecto que salta aos olhos. De acordo com o senso filosófico comum, quando se negligencia a reflexão filosófica o resultado é que se acaba usando como base o pior e mais ingênuo arcabouço filosófico. *Mutatis mutandis*, a mesma regra se aplica aos anti-hegelianos ferozes: é como se a vingança da rejeição total de Hegel fosse eles usarem, sem saber, as categorias hegelianas mais superficiais[34]. Isso explica um detalhe que funciona efetivamente como sintoma da obra de Negri: o uso irrestrito e irrefletido (ficamos quase tentados a dizer "louco", no sentido de "louca psicanálise") de categorias hegelianas que contradizem de modo gritante o seu anti-hegelianismo confesso[35]. Por exemplo, a multidão contemporânea "é em si, mas não por si, e a transição não é fácil. É uma alternância de momentos, de tomar consciência de umas e não de outras, de uma totalidade de transições, de interrupções de tendências e de fluxos"[36]. Não é um aproveitamento estranho do par hegeliano do em-si e do por-si?

Assim, deveríamos ficar surpresos quando, em *Império**, Negri e Hardt se referem a Bartleby como a imagem da resistência, do "não!" ao universo existente da maquinaria social, e interpretam o "acho melhor não" de Bartleby como apenas o

---

[33] Antonio Negri, *Goodbye Mister Socialism*, cit., p. 170.

[34] Há uma inversão rara, mas interessante, dessa regra: quando os anti-hegelianos ferozes atacam "Hegel" (a imagem simplificada de Hegel dada pelos livros didáticos), sem saber declaram como posição anti-hegeliana uma característica central do pensamento de Hegel; nisso, talvez Deleuze seja o exemplo fundamental.

[35] A versão de Negri sobre a luta entre idealismo e materialismo é a luta entre o materialismo radicalmente democrático de Maquiavel-Espinosa-Marx e os partidários idealistas do capitalismo, de Descartes a Hegel. Antonio Negri, *Goodbye Mister Socialism*, cit., p. 22.

[36] Ibidem, p. 168.

* Rio de Janeiro, Record, 2001. (N. E.)

primeiro passo, por assim dizer, para limpar a área, distanciar-se do universo social existente? Então, o que é necessário é dar um passo rumo à obra de longo prazo de construção de uma nova comunidade; se ficamos presos no estágio de Bartleby, acabamos numa posição marginal suicida sem nenhuma consequência... Em resumo, para eles, o "acho melhor não" de Bartleby é uma "negação abstrata" hegeliana que, em seguida, deveria ser superada pelo trabalho positivo e paciente da "negação determinada" do universo social existente. A argúcia dessa formulação hegeliana é intencional: Negri e Hardt, os dois grandes anti-hegelianos, afirmam, a respeito de Bartleby, a questão crítica (pseudo-)hegeliana[37] mais padrão.

A ironia aqui é que Negri se refere ao processo que os próprios ideólogos do capitalismo "pós-moderno" contemporâneo louvam como a passagem da produção material para a produção simbólica, da lógica hierárquica centralista para a lógica da auto-organização autopoiética, da cooperação multicêntrica etc. Aqui, na verdade, Negri é fiel a Marx: o que tenta provar é que Marx estava certo, que o surgimento do "intelecto geral", a longo prazo, é incompatível com o capitalismo. Os ideólogos do capitalismo pós-moderno fazem a afirmação diametralmente oposta: a teoria (e a prática) marxista é que permanece(m) dentro das restrições da lógica hierárquica e centralizada do controle do Estado e, portanto, não sabe(m) lidar com os efeitos sociais da nova revolução das informações. Há boas razões empíricas para essa afirmação: mais uma vez, a suprema ironia da história é que a desintegração do comunismo é o exemplo mais convincente da validade da dialética marxista tradicional de forças e relações de produção, dialética com que o marxismo contava em seu esforço para superar o capitalismo. O que realmente arruinou os regimes comunistas foi a incapacidade de acomodar-se à nova lógica social sustentada pela "revolução das informações": tentaram manobrar essa revolução como mais um projeto em grande escala de planejamento estatal centralizado. O paradoxo, portanto, é que aquilo que Negri louva como oportunidade única de superar o capitalismo é elogiado pelos ideólogos da "revolução das informações" como o surgimento do novo capitalismo "sem atrito".

Então, quem está certo aqui? Qual é o papel do capital na "sociedade da informação"? Vale a pena citar *in extenso* a referência básica de Negri, o famoso trecho sobre o "intelecto geral" dos *Grundrisse*; nele, Marx desenvolve a lógica da autossuperação do capitalismo, a qual abstrai totalmente da luta revolucionária ativa – ela é formulada em termos puramente econômicos:

---

[37] O mesmo se aplica ao próprio Deleuze, seu mentor filosófico. Fredric Jameson chamou a atenção para o fato de que a referência central de *O anti-Édipo*, o esquema subjacente de seu arcabouço histórico mais amplo, é "Os modos de produção pré-capitalistas", o longo fragmento dos manuscritos de *Grundrisse* em que encontramos Marx em seu aspecto mais hegeliano (todo o esquema de movimento histórico global baseia-se no processo hegeliano que vai da substância ao sujeito).

O próprio capital é a contradição em movimento, [já] que força a reduzir ao mínimo o tempo de trabalho, enquanto, por outro lado, postula o tempo de trabalho como única unidade de medida e fonte da riqueza. A "contradição" que arruinará o capitalismo, portanto, é a contradição entre a exploração capitalista, que se baseia no tempo de trabalho como única fonte de valor (e, portanto, única fonte de mais-valia), e o progresso científico e tecnológico que leva à redução quantitativa e qualitativa do papel do trabalho direto; esse trabalho é reduzido tanto em termos quantitativos, a uma proporção menor, quanto qualitativos, como um momento indispensável, é claro, mas subordinado, comparado, de um lado, ao trabalho científico geral, à aplicação tecnológica das ciências naturais e, do outro, à força produtiva geral que surge da combinação social [*Gliederung*] na produção total – combinação que parece fruto natural do trabalho social (embora seja um produto histórico). O capital, portanto, trabalha para sua própria dissolução como a forma que domina a produção. [...]
Na medida em que a grande indústria se desenvolve, a criação de riqueza real passa a depender menos do tempo de trabalho e do volume de mão de obra empregada do que do poder das atuações postas em funcionamento durante o tempo de trabalho, cuja "poderosa eficácia", em si, está em livrar-se de toda proporção relativa ao tempo direto de trabalho gasto em sua produção, mas que depende, por sua vez, do estado geral das ciências e do progresso da tecnologia, ou da aplicação dessas ciências à produção.

Aqui, a visão de Marx é de um processo de produção totalmente automatizado, no qual o ser humano (o trabalhador) "passa a relacionar-se com o processo de produção mais como vigia e regulador":

O trabalhador não insere mais uma coisa natural modificada [*Naturgegenstand*] como elo intermediário entre si e o objeto [*Objekt*]; antes, insere o processo da natureza, transformado em processo industrial, como meio entre si e a natureza inorgânica, dominando-a. Ele fica ao lado do processo de produção, em vez de ser o fator principal. Nessa transformação, não é o trabalho humano direto que ele realiza nem o tempo durante o qual trabalha, mas antes a apropriação de sua própria força produtiva geral, seu entendimento da natureza e o domínio sobre ela em virtude de sua presença como corpo social, em resumo, é o desenvolvimento do indivíduo social que surge como o grande alicerce da produção e da riqueza. O roubo do tempo de trabalho dos outros, no qual a riqueza atual se baseia, surge como alicerce miserável diante desse novo, criado, em grande parte, pela própria indústria.
Assim que o trabalho, na forma direta, deixa de ser a grande fonte de riqueza, o tempo de trabalho cessa e deve deixar de ser sua unidade de medida.

Aqui é fundamental a transformação radical da condição do "capital fixo":

O desenvolvimento do capital fixo indica a que grau o conhecimento social geral se tornou força direta de produção, e a que grau, portanto, as condições do próprio processo de vida social caíram sob o controle do intelecto geral e foram transformadas de acordo com ele. A que grau as forças de produção social foram produzidas, não só sob a forma de conhecimento, mas também como órgãos imediatos de prática social, do processo da vida real.

Isso significa que, com o desenvolvimento do conhecimento social geral, a "força produtiva do trabalho" é "em si a maior força produtiva. Do ponto de vista do processo direto de produção, pode ser considerada a produção de capital fixo, sendo esse capital fixo o próprio homem"[38]. Mais uma vez, já que o capital organiza a exploração surgindo como "capital fixo", contra a mão de obra viva, assim que o componente principal do capital fixo passa a ser o "próprio homem", seu "conhecimento social geral", os próprios alicerces sociais da exploração capitalista são minados e o papel do capital se torna puramente parasita:

> Hoje, o capital não pode mais explorar o operário; só pode explorar a cooperação entre operários, entre trabalhadores. Hoje, o capital não tem mais aquela função interna pela qual se tornou a alma do trabalho comum, que produziu aquela abstração dentro da qual houve progresso. Hoje, o capital é parasita porque não está mais do lado de dentro; está do lado de fora da capacidade criativa da multidão.

A ideia de Negri é que esse trabalho imaterial cria a possibilidade de "democracia absoluta", não pode ser escravizado porque *é imediatamente, em si, a forma (e a prática) da liberdade social*. Nele, forma e conteúdo coincidem: é imediatamente livre (inventivo, criativo, expressão da produtividade do sujeito, ativo, não reativo) e socializado (sempre participando em comum, cooperativo em seu próprio conteúdo). É por isso que torna o capital parasita: por ser diretamente socializado, não precisa mais do capital para lhe conferir a forma da universalidade. Hoje, a exploração é essencialmente "a expropriação capitalista do poder cooperativo que as singularidades do trabalho cognitivo desenvolvem no processo social. Não é mais o capital que organiza a mão de obra, mas a mão de obra que se organiza em si"[39]. Essa noção da produtividade direta da vida social leva Negri a adotar a "biopolítica" de maneira diferente de Agamben: a "biopolítica" significa que a própria vida humana é o tópico direto e o produto do trabalho coletivo. É exatamente esse caráter diretamente biopolítico da produção que permite a "democracia absoluta": "A potência [*potenza*] biopolítica, portanto, contrasta com a biopotência"[40].

Como observamos, esse gesto de Negri não é o último da longa série marxista de identificações de um momento da produção e/ou da própria tecnologia nas relações sociais como o momento que o capitalismo não será mais capaz de integrar e que, consequentemente, a longo prazo, levará ao seu falecimento? Para Negri, o

---

[38] Karl Marx, *Grundrisse*, cit., p. 694-712.

[39] Antonio Negri, *Goodbye Mister Socialism*, cit., p. 215.

[40] Ibidem, p. 178. Aqui, a primeira coisa que chama a atenção é a oscilação do "biopoder" entre a feição mais geral que, segundo Foucault, caracteriza a modernidade como tal (em que o objetivo do poder não é mais o domínio jurídico proibitivo, mas a regulação produtiva da vida) e o campo muito específico criado pelas descobertas biogenéticas: a possibilidade de geração direta de (novas) formas de vida.

que é novo no capitalismo "pós-moderno" de hoje é a própria superposição direta das duas dimensões (a produção material e sua forma social): as novas relações sociais são a essência e a meta da produção. Em outras palavras, cada vez mais a produção é "diretamente" socializada, socializada em seu próprio conteúdo, e é por isso que não precisa mais da forma social do capital a ela imposta. Negri passa por cima do fato de que o que caracteriza o nosso tempo é o *biocapitalismo*, que, em sentido estrito, designa o campo imenso de novos investimentos capitalistas na produção direta de novas formas de vida biológica (dos produtos agrícolas geneticamente modificados ao genoma humano).

Aqui, a primeira tarefa da abordagem marxista não seria com certeza redefinir, em termos mais estritos, a noção de exploração do "trabalho intelectual"? Em que sentido teórico exato, digamos, Bill Gates "explora" milhares de programadores que trabalham para ele, se essa exploração não é mais o "roubo do tempo de trabalho dos outros"? Seu papel será realmente o de puro "parasita" da auto-organização dos programadores? Seu capital, de um modo mais substancial, não oferece o próprio espaço social para a cooperação entre os programadores? E em que sentido exato o trabalho intelectual é "fonte de valor", se a medida suprema do valor não for mais o tempo? A categoria de valor ainda será aplicável aqui?

Portanto, a tese de Negri, reduzida ao seu âmago, é que, com o desenvolvimento da tecnologia cibernética, o meio primário de produção de lucro não é mais a exploração da mão de obra, mas a "colheita" de informações; com essa mudança, torna-se possível libertar a mão de obra *de dentro* dos limites da produção capitalista, já que a troca de informações "colhidas" no mercado não se baseia mais na exploração da mão de obra, isto é, na apropriação da mais-valia.

> O problema atual da economia política é considerar os seres humanos enquanto vivem, e não só enquanto trabalham, já que os seres humanos são sempre produtores. Sempre, isto é, em qualquer momento da vida. Pode-se cogitar a exploração da vida? Não.

Com a mídia interativa global dos dias de hoje, a inventividade criativa não é mais individual, ela é imediatamente coletivizada, faz parte das "áreas comuns", de modo que toda tentativa de privatizá-la por *copyright* é problemática – aqui, cada vez mais literalmente, "propriedade é roubo". E uma empresa como a Microsoft, que faz exatamente isso, organizando e explorando a sinergia coletiva de singularidades cognitivas criativas? A única tarefa que resta, portanto, é conceber como os trabalhadores cognitivos serão "capazes de se livrar dos chefes, porque o comando industrial da mão de obra cognitiva está completamente *dépassé*"[41]. O que os novos movimentos sociais assinalam é que "a época da mão de obra assalariada acabou e

---

[41] Ibidem, p. 189.

a luta passou do nível da briga entre trabalho e capital por causa do salário para a briga entre a multidão e o Estado por causa da renda do cidadão"[42].

Aí reside a característica básica da "transição social revolucionária de hoje": "É necessário fazer o capital perceber o bem comum, e se ele não quiser entender isso, é necessário impô-lo"[43]. (Ver a formulação precisa de Negri: não abolir o capital, mas compeli-lo a reconhecer o bem comum – permanecemos, portanto, *dentro* do capitalismo.)

Com essa breve descrição, podemos ver tanto a proximidade quanto a diferença entre Marx e Negri. O que não está em Marx, o que Negri projeta no "intelecto geral" de Marx, é a sua noção central de "biopolítica" como produção direta da própria vida em sua dimensão social. Onde Negri vê uma *fusão* direta (com o "trabalho cognitivo", os objetos supremos da produção são as próprias relações sociais), Marx postula uma *lacuna* radical, a exclusão do trabalhador do processo de produção: Marx vislumbra um processo de produção totalmente automatizado, em que o trabalhador "fica de lado" e é reduzido a "vigia e regulador"; isso significa inequivocamente que, aqui, a lógica subjacente é a das "Artimanhas da Razão": em vez de envolver-se diretamente no processo de produção, o homem se põe de lado e deixa a natureza trabalhar sozinha. Quando o trabalhador "não insere mais uma coisa natural modificada como elo intermediário entre ele e o objeto", isto é, quando não usa mais ferramentas para trabalhar nos objetos que quer transformar; quando, em vez disso, "insere o processo da natureza, transformado em processo industrial, como meio entre ele e a natureza inorgânica, dominando-a", ele se transforma num manipulador sábio, que regula o processo de produção a uma distância segura. O uso sistemático que Marx faz do singular ("o homem", "o operário") é um indicador fundamental de que o "intelecto geral" não é intersubjetivo, é "monologante". É por isso que, nessa visão marxista, os objetos do processo de produção *não* são as relações sociais propriamente ditas: aqui, a "administração das coisas" (o controle e o domínio da natureza) está separada das relações entre as pessoas; ela constitui um domínio da "administração das coisas", que não tem mais de basear-se na dominação das pessoas.

Do ponto de vista "pós-moderno", seria tentador ler essa discrepância entre Marx e Negri como uma indicação de que Marx ficou apegado ao "velho paradigma" da "razão instrumental" centralizada, que controla e regula de fora o processo de produção; entretanto, na descrição de Marx também há um momento de verdade que é ofuscado por Negri: a *dualidade* radical remanescente do processo de produção[44]. Hoje, essa dualidade adquiriu uma forma não vislumbrada por Marx: o "reino da liberdade" (terreno do "trabalho cognitivo") e o "reino da necessidade"

---

[42] Ibidem, p. 164, tradução modificada.

[43] Ibidem, p. 189-90.

[44] Essa dualidade também tem a forma geral da persistência da lacuna entre o "reino da necessidade" e o "reino da liberdade": ao contrário de Negri, que percebe o processo produtivo do intelecto

(terreno da produção material) estão fisicamente separados, muitas vezes por fronteiras estatais. De um lado, estão as empresas "pós-modernas", que exemplificam os critérios de Negri (comunidades livres de "multidões expressivas", que produzem imediatamente formas de vida etc.); de outro, está o processo de produção material, em que a automatização total está longe de ser concluída, de modo que temos – muitas vezes literalmente do outro lado do mundo – *sweatshops** com uma organização do trabalho estritamente "fordista", onde milhares de pessoas montam computadores e brinquedos, colhem banana ou café, extraem carvão ou diamantes e assim por diante. Não há "teleologia" aqui, nenhuma possibilidade de essas *sweatshops* se integrarem aos poucos ao espaço livre do "trabalho cognitivo". Como a terceirização é mais regra do que exceção, os dois lados nem sequer se relacionam diretamente: são reunidos, "mediados" justamente pelo *capital*. Para cada lado, o outro surge como Capital: para as multidões que trabalham nas *sweatshops*, o Capital é o poder que, em nome do "trabalho cognitivo", as emprega para materializar seus resultados; para os "trabalhadores cognitivos", o Capital é o poder que os emprega para usar seus resultados como projetos para a produção material. É por causa dessa dualidade desprezada por Negri que o Capital ainda não é puramente parasita, mas continua desempenhando um papel fundamental na organização da produção: ele reúne os dois lados.

Negri em Davos

Negri está certo a respeito de fóruns como Davos: eles são o "intelecto geral" dos capitalistas esclarecidos, o espaço para formular seu interesse geral, para "escutar outras vozes", para enfrentar a ecologia, a pobreza etc., para explanar os problemas da espiritualidade e do resto, com a intenção de combinar a luta contra a poluição, a pobreza, ou seja ela qual for, com o capitalismo. Isso é realmente o "capitalismo comunista": o capitalismo que tenta discutir a questão comunista das áreas comuns em risco. A própria importância do Fórum de Davos (muito maior que a da antiga Comissão Trilateral, sua antecessora), a *necessidade* de um fórum como Davos, é prova da crise do capitalismo, da ameaça às áreas comuns. Davos é o Cérebro Coletivo do Império, seu "centro de estudos". Negri chegou a propor a Davos um pacto estratégico contra o projeto norte-americano: embora a multidão e Davos sejam inimigos a longo prazo, a ambos interessa derrotar no curto prazo o

---

geral como encenação direta da liberdade, Marx insiste que liberdade e necessidade continuarão separadas, que o trabalho não pode se transformar em diversão.

* Lojas que exploram os empregados, exigindo-lhes trabalho excessivo e pagando-lhes salários de fome. (N. E.)

coup d'état dos Estados Unidos contra o Império global[45]. Uma lógica bem estranha, é verdade! Em vez de explorar a inconsistência do inimigo, vamos ajudá-lo a criar uma forma mais eficaz... Em outras palavras, e se a própria ideia de um Império "puro" que deixe para trás a forma do Estado-nação, e no qual o intelecto geral capitalista administre tudo diretamente, for uma abstração impossível? E se o papel dos Estados-nações for irredutível e fundamental (e, com ele, a tentação de alguns Estados-nações de realizar um *coup d'état* contra o Império), de modo que a exceção – o papel excessivo de um Estado-nação no Império – seja, de fato, a regra?

Aqui Negri não é suficientemente leninista. Para usar termos deleuzianos já citados, o momento de Lenin é o "precursor sombrio", o mediador evanescente, o objeto deslocado que nunca está no lugar certo, entre as duas séries, a série marxista "ortodoxa" inicial da revolução nos países mais desenvolvidos e a série stalinista "ortodoxa" nova de "socialismo num só país", e então a identificação maoista das nações do Terceiro Mundo com o novo proletariado mundial. Aqui, a passagem de Lenin ao stalinismo é clara e fácil de determinar: Lenin percebia a situação como desesperadora, inesperada, mas, como tal, uma situação que tinha de ser explorada criativamente em busca de novas opções políticas; com a noção de "socialismo num só país", Stalin normalizou a situação numa nova narrativa de desenvolvimento linear em "estágios". Ou seja, embora soubesse muito bem que acontecera uma "anomalia" (a revolução num país que não tem os pressupostos para desenvolver uma sociedade socialista), Lenin rejeitou a conclusão evolucionista vulgar de que a revolução ocorrera "prematuramente", de modo que se deveria dar um passo atrás e desenvolver uma sociedade capitalista democrática moderna, que então criaria lentamente as condições para a revolução socialista, afirmando – para citarmos o trecho crucial já mencionado – que essa "total desesperança da situação" oferece "a oportunidade para criar os requisitos fundamentais da civilização de um modo diferente daquele dos países da Europa ocidental"[46]. Aqui, o que Lenin propõe é, efetivamente, uma teoria implícita da "história alternativa": sob a dominação "prematura" da força do futuro, o mesmo processo histórico "necessário" (da civilização moderna) pode ser (re)executado de forma diferente.

Talvez, hoje, essa atitude seja mais relevante do que nunca: a situação é "completamente desesperançada", sem nenhuma perspectiva revolucionária clara e "realista", mas isso não nos dá uma espécie de estranha liberdade, a *liberdade de experimentar*? Não bastaria descartar o modelo determinista de "necessidades objetivas" e "estágios" obrigatórios de desenvolvimento? Portanto, é preciso manter um mínimo de antideterminismo: não há nada *jamais* escrito numa "situação objetiva" que

---

[45] Antonio Negri, *Goodbye Mister Socialism*, cit., p. 216-7.
[46] V. I. Lenin, "Our Revolution", em *Collected Works* (Moscou, Progress Publishers, 1965), v. 33, p. 479.

impeça qualquer ato, que nos condene totalmente à vegetação biopolítica. Há *sempre* um espaço a ser criado para o ato, exatamente porque, parafraseando a crítica de Rosa Luxemburgo ao reformismo, não basta esperar com paciência o "momento certo" da revolução. Quando apenas se espera por ele, ele não vem, porque é preciso começar com tentativas "prematuras", que – e aí reside a "pedagogia da revolução" –, pelo próprio fato de não conseguir atingir o alvo declarado, cria as condições (subjetivas) do momento "certo". Recordemos o lema de Mao: "De derrota em derrota até a vitória final", que se reflete no mote já citado de Beckett: "Tente de novo. Erre de novo. Erre melhor".

Nesse sentido exato, Lenin foi um beckettiano *avant la lettre*: basicamente, o que propôs que os bolcheviques fizessem na situação desesperadora do final da Guerra Civil não foi "construir o socialismo" diretamente, mas *errar melhor* do que um Estado burguês "normal". Também se aplica ao processo revolucionário que, parafraseando mais uma vez a famosa frase de Derrida, a condição de impossibilidade é a condição de possibilidade: a condição de impossibilidade – o atraso e o isolamento russos que tornam impossível o socialismo – faz parte da mesma situação excepcional que tornou possível a primeira revolução socialista. Em outras palavras, em vez de lamentar a anomalia histórica da revolução numa situação excepcional e "imatura" (com a expectativa de que a revolução começasse nos países capitalistas mais desenvolvidos), é preciso não esquecer que a revolução nunca chega "na hora", quando o processo social objetivo gera as condições "maduras" para ela – o ponto principal da famosa noção de Lenin a respeito do "elo mais fraco da corrente" é que, mais uma vez, se deve usar a "anomalia" como alavanca para exacerbar os antagonismos, de modo a possibilitar a explosão revolucionária[47].

Negri também está certo ao ressaltar que, nessa nova ordem global, as guerras, no sentido antigo da palavra, são cada vez menos factíveis: o que chamamos de "guerras" são intervenções policiais do Estado "global" numa área sentida como ameaça à ordem global. A guerra e a política combinam-se no "policiamento" militar, na imposição da ordem numa área caótica. Paradoxalmente, foi a política de Bush que continuou a tradição das antigas guerras, constituindo-se como uma tentativa de um Estado-nação de realizar um *coup d'état* contra o Império, de subordinar o Império. Com relação ao Império, os Estados Unidos é que são a "república de banana". Aqui, contudo, Negri se torna ambíguo: de um lado, deixa claro que, a longo prazo, o intelecto geral capitalista é o verdadeiro inimigo; de outro, a

---

[47] O mesmo vale hoje para o caso de Chávez, na Venezuela: é claro que se pode dizer que o país é uma anomalia, que ele pode se dar ao luxo de se opor ao Império exatamente por receber dele bilhões de dólares (em troca de petróleo); mas ainda assim, por meio dessa anomalia, a Venezuela consegue mobilizar não só os movimentos sociais no interior de suas fronteiras, como também iniciar uma nova dinâmica emancipatória em outros países latino-americanos, menos "anômalos".

respeito de Lula, ele apoia as políticas que visam romper a hegemonia norte-americana e estabelecer um capitalismo global pluricêntrico (os Estados Unidos, a Europa com talvez a Rússia, a China e o Extremo Oriente, a América Latina etc.).

A despeito das aparências, o "século norte-americano" acabou e já estamos entrando no período de formação de vários centros de capitalismo global. O fato de o presidente chinês ter sido hóspede primeiro de Bill Gates, em sua visita aos Estados Unidos em abril de 2006, não será um sinal desses novos tempos? Então, talvez, nessa nova era, cada um dos novos centros represente o capitalismo com uma torção específica: os Estados Unidos, o capitalismo neoliberal; a Europa (talvez com a Rússia), o que resta do Estado de bem-estar social; a China, os "Valores Orientais" e o capitalismo autoritário; a América Latina, o capitalismo populista. Depois do fracasso da tentativa dos Estados Unidos de impor-se como única superpotência (o policial universal), agora é necessário determinar as regras da interação entre esses centros locais no caso de interesses conflitantes[48].

Embora a visão de Emmanuel Todd a respeito da ordem global contemporânea seja claramente unilateral[49], é difícil negar seu momento de verdade: os Estados Unidos são um império em declínio. A balança comercial cada vez mais negativa mostra que os Estados Unidos são um predador improdutivo: têm de sugar de outros países um fluxo de 1 bilhão de dólares por dia para cobrir suas necessidades de consumo e, como tal, são o consumidor keynesiano universal que mantém em funcionamento a economia mundial. (E basta dessa ideologia econômica antikeynesiana que parece predominar hoje em dia!) Esse fluxo, que lembra o dízimo pago a Roma na Antiguidade, baseia-se num mecanismo econômico complexo: "confia-se" que os Estados Unidos são um centro seguro e estável, de modo que todos os outros, desde os países árabes produtores de petróleo até a Europa ocidental e o Japão, e agora a China, investem lá seu superávit. Como essa "confiança" é primeiramente ideológica e militar, e não econômica, cabe aos Estados Unidos justificar seu papel imperial; eles precisam de um estado de guerra permanente, e por isso tiveram de inventar a "guerra ao terror", oferecendo-se como protetores universais de todos os outros Estados "normais" (não "malfeitores").

O globo inteiro, portanto, tende a funcionar como uma Esparta universal com três classes, que surgem agora como Primeiro, Segundo e Terceiro Mundos: (1) os

---

[48] As tendências recentes do cinema mundial não indicam essa mudança gradual para o pluricentrismo? A hegemonia de Hollywood não está se desfazendo aos poucos, diante dos sucessos globais da Europa ocidental, da América Latina e até da China, que, com filmes como *O herói*, ultrapassou Hollywood em seu próprio território, o dos espetáculos históricos grandiosos e das lutas com efeitos especiais?

[49] Ver Emmanuel Todd, *After the Empire* (Londres, Constable, 2004). [Ed. bras.: *Depois do Império*, Rio de Janeiro, Record, 2003.]

Estados Unidos como potência militar, política e ideológica; (2) a Europa e partes da Ásia e da América Latina como região manufatureira-industrial (aqui são fundamentais a Alemanha e o Japão, principais exportadores do mundo, e depois a China, que vem crescendo); (3) o resto subdesenvolvido, os hilotas de hoje. Em outras palavras, o capitalismo global provocou uma nova tendência geral rumo à oligarquia, mascarada de louvor à "diversidade das culturas": a igualdade e o universalismo vêm desaparecendo rapidamente como princípios políticos reais... Entretanto, mesmo antes de se estabelecer inteiramente, esse sistema mundial neoespartano está desmoronando: em contraste com 1945, o mundo não precisa dos Estados Unidos, são os Estados Unidos que precisam do mundo. Como o mundo de hoje se compõe de centros regionais demais, que não podem ser controlados, a única coisa que os Estados Unidos podem fazer para afirmar-se como potência militar global é envolver-se em guerras teatrais ou "crises" com adversários fracos (Iraque, Cuba, Coreia, Irã...), não com verdadeiros centros alternativos de poder (China, Rússia). Portanto, as explosões violentas do recente governo Bush não são exercícios de poder, mas exercícios de pânico, *passages à l'acte* irracionais[50].

Talvez esse foco na frustração do *coup d'état* norte-americano contra o Império explique porque estranhamente Negri eleva Lula às custas de Chávez:

> Não existe na América Latina uma alternativa ao projeto político prometido por Lula e pelo PT brasileiro. Agora, e sobretudo recentemente, a Venezuela bolivariana de [Hugo] Chávez foi apresentada como uma alternativa ao projeto de Lula. Mas é óbvio que essa alternativa é puramente ideológica, muito abstrata. [...] Na Venezuela, especificamente, a relação entre o poder político e a capacidade de desenvolver alternativas econômicas e produtivas ainda parece em déficit.[51]

Então, quais são essas realizações de Lula? Negri só menciona duas: Lula governa em diálogo direto com os movimentos e põe em prática novas medidas (pagando a dívida com o FMI etc.) para assegurar a autonomia do governo em relação ao capital (internacional); o próprio Negri admite que essa meta de criar um novo equilíbrio internacional tem prioridade sobre a luta contra as desigualdades sociais[52].

---

[50] O resultado real da política norte-americana no Oriente Médio (o resultado final da ocupação dos Estados Unidos no Iraque foi a predominância das forças políticas pró-iranianas; a intervenção praticamente entregou o Iraque à influência iraniana) não daria apoio à ideia de que Bush é "objetivamente" um agente iraniano?

[51] Antonio Negri, *Goodbye Mister Socialism*, cit., p. 154.

[52] Idem. Outra leitura estranhamente inadequada de Negri é a nota sobre a guerra pós-iugoslava, na qual endossa totalmente a desintegração da Iugoslávia como resultado de uma trama sombria da Alemanha, da Áustria e do Vaticano, que sustentaram financeira e ideologicamente os nacionalismos assassinos; além disso, como esperado, ele insiste na culpa distribuída por igual: "Milošević não era pior que Tudjman e os kosovares não eram melhores que os sérvios... As coisas chegaram ao ponto de uma luta canibal entre facções". A inadequação dessa leitura, além do viés pró-sérvio,

E o que acontecerá quando o *coup d'état* norte-americano for derrotado e o intelecto geral administrar o Império? Aqui entra outro aspecto estranho, o inesperado eurocentrismo de Negri:

> Num período subsequente, quando o multilateralismo global se estabilizar e as representações aristocráticas globais forem determinadas numa base continental, a Europa se tornará o único mediador democrático dessa nova constituição global. Precisamos da Europa por causa disso. [...] A Europa é a única chance de impulso pluralista e *democrático* de transformação real e dinâmica no nível global.[53]

Aqui o problema não é o eurocentrismo enquanto tal, mas a falta de justificativa conceitual: por que, exatamente, só a Europa é capaz de deflagrar "um impulso pluralista e democrático de transformação real e dinâmica no nível global"?

Deleuze sem Negri

O eurocentrismo de Negri é perceptível já na oposição entre expressão e representação, na qual se baseia todo o seu pensamento: a lógica da representação polí-

---

salta aos olhos: se os agentes da desintegração da Iugoslávia foram os croatas e os eslovenos separatistas, então os sérvios são *menos* culpados... Além disso, não fica claro como se explica nesses termos o momento original da crise, o problema do Kosovo e a subida de Milošević ao poder. Nesse contexto, até eu mereço uma rápida menção: "Lembro-me de Kusturica, grande diretor, velho amigo meu. Tínhamos organizado um debate sobre a história da Iugoslávia. Também estava lá o professor Grmek, muito ligado ao regime croata de direita. Ora, Kusturica o insultou algumas vezes... Também estava lá o esloveno Žižek, que se tornou mais ou menos trotskista e não sabia o que dizer. Kusturica foi acusado de ser pró-Milošević, muito embora toda a sua obra seja libertária, desde o esplêndido princípio" (p. 50-1). Devo admitir que esse trecho me deixa um pouco perplexo. Está além da minha compreensão a que se refere a minha classificação como "mais ou menos trotskista". Lembro-me bem da ocasião: um pequeno círculo reunido num apartamento. Quando Kusturica chegou (muito atrasado, como se espera de um astro), ficou um bom tempo parado na entrada do apartamento, enquanto o organizador do debate (um sérvio de Vojvodina, não era Negri nem Kusturica) tentava acalmá-lo e dissuadi-lo de começar uma briga (ameaçou socar o nariz de alguns de nós). Quando afinal se sentou à mesa, Kusturica começou uma longa algaravia histericamente poética sobre a qual a maioria de nós não sabia mesmo "o que dizer", já que não tinha uma linha clara de argumentação. Quanto à relação entre Kusturica e Milošević, durante os anos da guerra o cineasta viajou com passaporte sérvio iugoslavo, seu *Underground* foi financiado pela Sérvia etc., sem mencionar o fato de que a pessoa chamada Emir Kusturica literalmente não existe mais, já que se submeteu ao batismo ortodoxo e mudou o nome do muçulmano "Emir" para o decididamente sérvio "Nemanja" (nome de alguns antigos santos e reis da Sérvia, entre outras coisas). Aliás, há alguns anos, quando um diretor montenegrino fez um documentário composto de vários videoclipes que provavam o viés nacionalista sérvio e pró-Milošević de Kusturica (com momentos de arrepiar), o diretor o processou e foram recolhidas assinaturas em sua defesa em toda a antiga Iugoslávia.

[53] Antonio Negri, *Goodbye Mister Socialism*, cit., p. 245.

tica (o Estado ou os partidos políticos como representantes do povo) contra a lógica da expressão (os movimentos sociais exprimindo a criatividade livre da multidão). A representação lida com indivíduos que são "representados" na esfera universal, marcados pela lacuna entre a particularidade empírica e a universalidade transcendental ou jurídica; as singularidades são átomos diretamente interativos e produtivos, que exprimem seu poder criativo. Em termos filosóficos, isso significa Descartes/Kant *versus* Espinosa. (Aqui há reflexos claramente perceptíveis da noção de Sartre sobre o "prático-inerte", desenvolvida na *Crítica da razão dialética**.) O problema teórico é: pode-se imaginar uma sociedade totalmente organizada em termos de expressão da multidão, uma sociedade de "democracia absoluta", uma sociedade sem representação? Uma sociedade de mobilização permanente, uma sociedade na qual toda estrutura objetiva seja expressão direta da produtividade subjetiva? Aqui, o que encontramos é a velha lógica filosófica do Devir *versus* Ser (produtividade viva *versus* a esterilidade de uma estrutura inerte de representação), em que toda representação parasita a expressividade produtiva.

Talvez aqui devêssemos mudar a ênfase: de "nenhuma representação sem produtividade expressiva" para "nenhuma produtividade expressiva sem representação". É estruturalmente impossível "totalizar" a multidão de movimentos: a "democracia absoluta", o reinado total e direto da multidão, é uma ilusão perspectiva, uma imagem composta pela falsa superposição de duas dimensões heterogêneas. *Solaris*, de Tarkovsky, termina com uma fantasia arquetípica do diretor: combinar na mesma tomada a Alteridade na qual o herói foi jogado (a superfície caótica de Solaris) e o objeto de sua saudade nostálgica, a *dacha* à qual anseia retornar, a casa cujos contornos estão cercados pelo lodo maleável da superfície de Solaris; dentro da Alteridade radical, descobrimos o objeto perdido de nossa saudade mais íntima. A mesma encenação fantasmática conclui *Nostalgia*: no meio do campo italiano, cercado pelos fragmentos de uma catedral em ruínas, isto é, do lugar em que o herói está à deriva, arrancado de suas raízes, há um elemento totalmente fora do lugar, a *dacha* russa, matéria-prima dos sonhos do herói; aqui também a tomada começa com um close do herói reclinado diante de sua *dacha*, de modo que, por um instante, parece que ele de fato voltou para casa; então, a câmera afasta-se lentamente para revelar o ambiente propriamente fantasmático da *dacha* contra o pano de fundo do campo italiano. Esse fantasma conclusivo é uma condensação artificial de pontos de vista opostos e incompatíveis, meio como o exame de vista padrão em que vemos, com um dos olhos, uma gaiola e, com o outro, um papagaio, e se os dois olhos estiverem bem alinhados em seus eixos, quando abrirmos ambos os olhos veremos o papagaio na gaiola. E se também for assim com a "de-

---

* Rio de Janeiro, DP&A, 2002. (N. E.)

mocracia absoluta" de Negri, com a multidão que se governa diretamente? E se a lacuna entre a multidão e o poder veio para ficar?

Isso não significa que devamos abandonar Deleuze – o que devemos abandonar é simplesmente a apropriação unilateral de Deleuze por Negri, apropriação que deixa de fora a dualidade radical do pensamento deleuziano[54]. Em Deleuze, há duas ontologias incompatíveis em ação: o Deleuze que louva o poder produtivo do fluxo virtual é eternamente perseguido pelo Deleuze que concebe o fluxo virtual do sentido como efeito imaterial estéril, postulando uma lacuna irredutível entre a produtividade material e o fluxo virtual do Sentido.

As coordenadas elementares da ontologia de Deleuze são dadas pela oposição entre o Virtual e o Real: o espaço do real (atos reais no presente, realidade experienciada e sujeitos como pessoas *qua* indivíduos formados), acompanhado por sua sombra virtual (o campo da protorrealidade, de singularidades múltiplas, de elementos impessoais mais tarde sintetizados em nossa experiência da realidade). Esse é o Deleuze do "empiricismo transcendental", o Deleuze que dá uma torção única no transcendental de Kant: o espaço transcendental propriamente dito é o espaço virtual de várias potencialidades singulares, de gestos, afetos e percepções singulares impessoais "puros" que ainda não são gestos, afetos e percepções *de* um sujeito preexistente, estável e idêntico a si mesmo. É por isso, por exemplo, que Deleuze louva a arte do cinema: ela "libera" o olhar, as imagens, os movimentos e, em última análise, o próprio tempo de sua atribuição a um sujeito dado – quando assistimos a um filme, vemos o fluxo de imagens do ponto de vista da câmera "mecânica", ponto de vista que não pertence a nenhum sujeito; por meio da arte da montagem, o movimento também é abstraído/liberado de sua atribuição a um sujeito ou objeto dado; é um movimento impessoal que só secundariamente, *a posteriori*, é atribuído a alguma entidade positiva.

Aqui, entretanto, surge a primeira rachadura desse edifício: num passo que está longe de ser autoevidente, Deleuze vincula esse espaço conceitual à oposição tradicional entre produção e representação. O campo virtual é (re)interpretado como o das forças geradoras e produtivas, oposto ao espaço das representações. Aqui estamos diante de todos os tópicos comuns dos vários lugares moleculares de produtividade restritos pelas organizações totalizantes molares e assim por diante. Sob o rótulo da oposição entre ser e tornar-se, Deleuze, portanto, parece identificar essas duas lógicas, embora sejam fundamentalmente incompatíveis (ficamos tentados a atribuir a Félix Guattari a "má" influência que o empurrou rumo à segunda lógica[55]). O lugar de produção propriamente dito *não* é o espaço virtual como tal, mas

---

[54] Ver Slavoj Žižek, *Organs Without Bodies* (Nova York, Routledge 2003).

[55] Aqui, acompanho Alain Badiou, em cuja leitura de Deleuze me baseio extensamente. Ver Alain Badiou, *Deleuze: The Clamour of Being* (Minneapolis, Minnesota, University of Minnesota Press, 2000). [Ed. bras.: *Deleuze*, Rio de Janeiro, Jorge Zahar, 1997.]

antes a própria *passagem* dele a realidade constituída, o colapso da multidão e suas oscilações numa realidade – a produção é fundamentalmente uma limitação do amplo espaço de virtualidades, a determinação/negação da multidão virtual (é assim que Deleuze lê, contra Hegel, o *omni determinatio est negatio* de Espinosa).

A linha propriamente de Deleuze é a das primeiras grandes monografias (das quais as mais importantes são *Diferença e repetição* e *A lógica do sentido**), assim como alguns textos introdutórios mais curtos (como *Proust e os signos* e *Sacher-Masoch***). Em sua obra posterior, são os dois livros sobre cinema que marcam o retorno aos tópicos de *A lógica do sentido*. É preciso distinguir essa série dos livros que Deleuze e Guattari escreveram juntos, e devemos lamentar que a recepção anglo-saxônica de Deleuze (e também seu impacto político) seja predominantemente a do Deleuze "guattarizado". É crucial observar que nem um dos textos assinados por Deleuze é, de algum modo, diretamente político; "em si", ele era um autor altamente elitista, indiferente à política. A única pergunta filosófica séria, portanto, é: que impasse inerente levou Deleuze a se voltar para Guattari? *O anti-Édipo*, supostamente o pior livro de Deleuze, não seria o resultado da fuga do confronto direto com o impasse por meio de uma solução "plana" e simplificada, homóloga à forma como Schelling escapou do impasse do projeto do *Weltalter* por meio da mudança para a dualidade da filosofia "positiva" e "negativa", ou como Habermas escapou do impasse da "dialética do Esclarecimento" por meio da mudança para a dualidade da razão instrumental e comunicativa? Nossa tarefa é enfrentar outra vez esse impasse. Portanto, Deleuze não terá sido empurrado para Guattari porque Guattari representava um álibi, uma fuga fácil do impasse da posição anterior? A estrutura conceitual de Deleuze não se baseia em *duas* lógicas, em *duas* oposições conceituais, que coexistem em sua obra? Essa noção parece tão óbvia, tão perto do que os franceses chamam de *lapalissade*, que chega a surpreender ainda não ter sido percebida em termos gerais.

Em primeiro lugar, de um lado, a lógica do sentido, do Devir imaterial como evento-sentido, como *efeito* de causas-processos corporalmente materiais, a lógica da lacuna radical entre o processo gerador e seu efeito-sentido imaterial: "as multiplicidades, sendo efeitos incorpóreos de causas materiais, são entidades impassíveis ou causalmente estéreis. A hora do puro Devir, sempre já passada e eternamente ainda por vir, forma a dimensão temporal dessa impassibilidade ou esterilidade das multiplicidades"[56].

---

* 2. ed. rev., São Paulo, Graal, 2009; 4. ed., São Paulo, Perspectiva, 2006. (N. E.)

** 2. ed., Rio de Janeiro, Forense Universitária, 2006; Rio de Janeiro, Zahar, 2009. (N. E.)

[56] Manuel DeLanda, *Intensive Science and Virtual Philosophy* (Nova York, Continuum, 2002), p. 107-8.

E o cinema não é o supremo exemplo do fluxo estéril do tornar-se superficial? A imagem cinematográfica é inerentemente estéril e impassível, efeito puro de causas corpóreas, embora adquira, ainda assim, sua pseudoautonomia.

Em segundo lugar, de outro lado, a lógica do Devir como *produção* de Seres: "o surgimento de propriedades métricas ou extensas deveria ser tratado como um único processo em que um *espaço-tempo virtual* e contínuo diferencia-se progressivamente em estruturas *spatio-temporal* descontínuas reais"[57].

Em suas análises, digamos, de filmes e literatura, Deleuze enfatiza a dessubstancialização dos afetos: numa obra de arte, um afeto (o tédio, por exemplo) não é mais atribuível a pessoas reais, mas torna-se um evento livre e flutuante. Como então essa intensidade impessoal de um evento-afeto se relaciona com corpos ou pessoas? Aqui encontramos a mesma ambiguidade: ou esse afeto imaterial é gerado por corpos que interagem como superfície estéril de puro Devir, ou faz parte das intensidades virtuais das quais emergem os corpos pela concretização (a passagem do Devir ao Ser).

E, mais uma vez, essa oposição não é aquela entre materialismo e idealismo? Em Deleuze, isso significa: *A lógica do sentido* contra *O anti-Édipo*. Ou o Evento-Sentido, o fluxo do puro Devir, é o efeito imaterial (neutro, nem ativo nem passivo) do emaranhamento de causas materiais-corporais, ou as entidades corporalmente positivas são elas mesmas produto do fluxo puro do Devir. Ou o campo infinito da virtualidade é um efeito imaterial dos corpos que interagem ou os próprios corpos surgem, concretizam-se, a partir desse campo de virtualidade. Em *A lógica do sentido*, o próprio Deleuze elabora essa oposição sob o disfarce de dois modos possíveis da gênese da realidade: a gênese formal (o surgimento da realidade a partir da imanência da consciência impessoal como fluxo puro do Devir) é complementada pela gênese real – esta última explica o surgimento do próprio evento-superfície imaterial a partir da interação corporal.

Essa oposição do virtual como lugar do Devir produtivo e do virtual como lugar do Evento-Sentido estéril não é, ao mesmo tempo, a oposição entre o "corpo sem órgãos" (CsO) e os "órgãos sem corpo" (OsC)? De um lado, o fluxo produtivo do puro Devir-se não é o CsO, o corpo ainda não estruturado ou determinado como órgãos funcionais? E, de outro lado, os OsC não são a virtualidade do afeto puro extraído de sua incrustação num corpo, como o sorriso em *Alice no país das maravilhas*, que persiste sozinho, mesmo que o corpo do gato de Cheshire não esteja mais presente?

> – Tudo bem – disse o gato; e dessa vez, ele sumiu bem devagar, começando pela ponta do rabo e terminando com o sorriso, que se manteve por algum tempo depois que o resto sumiu.

---

[57] Ibidem, p. 102.

– Ora! Já vi muitas vezes gatos sem sorriso – pensou Alice –, mas um sorriso sem gato! É a coisa mais curiosa que já vi na vida!

Essa noção dos OsC extraídos ressurge com toda a força em *A imagem-tempo**, sob o disfarce do próprio *olhar*, como um desses órgãos autônomos não mais anexados a um corpo. Essas duas lógicas (o Evento como o poder que gera a realidade; o Evento como o efeito puro e estéril de interações corporais) também envolvem duas posturas psicológicas privilegiadas: o Evento gerador do Devir baseia-se na força produtiva do "esquizo", essa explosão do sujeito unificado na multidão impessoal de intensidades desejantes, intensidades que depois são restritas pela matriz edipiana; o Evento como efeito estéril e imaterial baseia-se na figura do masoquista que encontra satisfação no jogo tedioso e repetitivo dos rituais encenados cuja função é adiar para sempre a *passage à l'acte* sexual. Podemos de fato imaginar um contraste mais forte do que entre o esquizo que se lança sem reservas no fluxo de paixões variadas e o masoquista que se agarra ao teatro de sombras em que suas atuações meticulosamente encenadas repetem incontáveis vezes o mesmo gesto estéril?

Assim, e se concebêssemos a oposição que Deleuze faz entre a mistura de corpos materiais e o efeito imaterial do sentido na mesma linha da oposição marxista entre base e superestrutura? O fluxo do Devir não é a superestrutura *par excellence* – o estéril teatro de sombras ontologicamente isolado do lugar de produção material e, justamente como tal, o único espaço possível para o Evento? A tensão entre as duas ontologias de Deleuze traduz-se claramente em duas lógicas e práticas políticas diferentes. A ontologia do Devir produtivo leva claramente ao tópico esquerdista da auto-organização da multidão de grupos moleculares que resistem e minam os sistemas molares e totalizantes de poder – a velha noção da multidão viva, espontânea e não hierárquica oposta ao sistema opressor e reificado, o caso exemplar de radicalismo esquerdista vinculado ao subjetivismo idealista filosófico. O problema é que esse é o único modelo disponível da politização do pensamento de Deleuze; a outra ontologia, a da esterilidade do Evento-Sentido, parece "apolítica". Mas e se essa outra ontologia também envolver uma lógica e uma prática política só suas, das quais o próprio Deleuze não tinha consciência? Não deveríamos, então, proceder como Lenin, em 1915, quando, para embasar uma nova prática revolucionária, recorreu a Hegel – não a seus textos diretamente políticos, mas em primeiro lugar à *Lógica do sentido*? E se, do mesmo modo, houver aqui outra política deleuziana a ser descoberta? A primeira pista nessa direção pode vir do paralelo já mencionado entre a dupla *causas corpóreas/fluxo imaterial do devir* e a velha dupla marxista *base/superestrutura*: essa política levaria em conta tanto a dualidade irredutível dos processos

---

* São Paulo, Brasiliense, 2005. (N. E.)

materiais/socioeconômicos "objetivos" que ocorrem na realidade quanto a explosão de Eventos revolucionários, da lógica política propriamente dita. E se o domínio da política for inerentemente "estéril", o domínio das pseudocausas, um teatro de sombras, mas ainda assim fundamental para transformar a realidade?

Isso significa que é preciso aceitar a lacuna entre os movimentos virtuais estéreis e a realidade do poder. Essa solução é mais paradoxal do que parece: não devemos esquecer que a virtualidade representa a produtividade expressiva, enquanto o poder estatal real funciona no nível da representação: a produtividade é "real", o estado é representativo. Essa é a maneira de romper o paradigma filosófico da produtividade contra a ordem positiva do Ser: a verdadeira lacuna não é entre a realidade e sua representação; realidade e representação não são opostas, mas estão do mesmo lado, formam a mesma ordem do Ser positivo. A produtividade, portanto, não é o princípio metafísico nem a fonte da realidade, que se deve opor à mera aparência do Ser substancial: o Ser substancial é "tudo o que realmente é", enquanto a causalidade da produtividade é uma pseudocausalidade, já que a produtividade funciona num terreno virtual sombrio e "estéril".

Essa dualidade não se prefigura na luta heideggeriana entre Mundo e Terra que encontramos, hoje, na antinomia que define nossa experiência? De um lado, há a fluidificação (volatização) de nossa experiência, sua dessubstancialização; essa "leveza do ser" que explode exponencialmente culmina no cibersonho da nossa própria identidade como seres humanos sendo transformada de *hardware* em *software*, em programa capaz de ser recarregado de um *hardware* a outro. Aqui a realidade é virtualizada, todo fracasso pode ser desfeito rebobinando e tentando outra vez. Entretanto, esse mundo virtualizado em que vivemos está ameaçado pela sombra do que costumamos designar como perspectiva de catástrofe ecológica – o peso e a complexidade imponderáveis, a inércia da Terra a nos alcançar, a nos recordar o equilíbrio frágil que forma a base invisível por trás de nossa sobrevivência na Terra e que podemos destruir (e assim nos destruir) – pelo aquecimento global, pelos novos vírus, pelo asteroide gigantesco que atinge a Terra... Nunca na história da humanidade foi tão palpável a tensão entre a leveza insuportável do nosso ser (com um clique, a mídia nos faz sentir as coisas mais estranhas, cortando a resistência da realidade, prometendo um mundo "sem atrito") e o pano de fundo imprevisível da Terra.

No nível político propriamente dito, o próprio Negri, quando propõe a fórmula de "governança" como tensão/diálogo entre o poder do Estado e os movimentos da multidão auto-organizada, não está atrás dessa solução que afirma a lacuna irredutível? Mao conhecia muito bem essa dualidade, e é por isso que interveio no clímax da Revolução Cultural, quando a comuna de Xangai tentou livrar-se do aparelho do Estado-partido e substituí-lo pela auto-organização comunitária; essa

370 / Em defesa das causas perdidas

organização, advertiu, será "fraca demais na hora de suprimir a contrarrevolução"[58]. Quando existe essa ameaça, é necessário o poder nu e cru:

> De todas as coisas importantes, ter o poder é a mais importante. Sendo assim, as massas revolucionárias, com ódio profundo contra o inimigo de classe, decidem unir-se, formar uma grande aliança e tomar o poder! Tomar o poder! Tomar o poder! Todo o poder do partido, o poder político e o poder financeiro usurpados pelos revisionistas contrarrevolucionários e pelos obstinados que se agarram com persistência à linha reacionária burguesa, têm de ser recapturados.[59]

Essa intervenção de Mao costuma ser citada como prova da manipulação impiedosa dos Guardas Vermelhos: só precisou deles para esmagar os adversários dentro da *nomenklatura* do partido, de modo que, quando o serviço foi feito e os guardas persistiram, querendo dissolver o aparelho do Estado-partido e tomá-lo de fato, ele instruiu o Exército, o único aparelho estável do Estado que ainda funcionava, a intervir, esmagando a resistência dos Guardas Vermelhos e mandando milhões de guardas para se "reeducar" no campo... Mas e se essa leitura for simples demais e passar longe da questão? E se Mao soubesse que o próprio florescer dos movimentos da multidão tem de basear-se sempre-já em algum *dispositivo* de Poder que estrutura e sustenta o próprio espaço no qual funcionam? Hoje, os movimentos pelos direitos dos homossexuais, pelos direitos humanos etc. baseiam-se todos em aparelhos do Estado, que são não apenas o destinatário das reivindicações, como também o arcabouço de sua atividade (vida civil estável).

A crítica mais fundamental a Mao é a crítica-padrão que a esquerda pós-moderna faz aos marxistas "leninistas" tradicionais: todos estão concentrados no poder do Estado, em tomar o poder do Estado. Entretanto, as várias conquistas bem-sucedidas do poder do Estado fracassaram redondamente em seus objetivos, de modo que a esquerda deveria adotar uma estratégia diferente, à primeira vista mais modesta, mas, de fato, muito mais radical: afastar-se do poder do Estado e concentrar-se em transformar diretamente a própria textura da vida social, as práticas cotidianas que sustentam toda a estrutura social. Foi John Holloway que deu a essa posição a sua forma mais bem elaborada, em *Mudar o mundo sem tomar o poder*[60]. A separação constantemente contestada entre o "fazer" (atividade humana, trabalho vivo) e o "feito" (trabalho morto, capital) significa que as relações entre as pessoas se reduziram a relações entre coisas. O fluxo social do fazer, que Holloway chama de "po-

---

[58] Citado em Roderick MacFarquhar e Michael Schoenhals, *Mao's Last Revolution* (Cambridge, Massachusetts, Harvard University Press, 2006), p. 168.

[59] Citado em ibidem, p. 168-9.

[60] Ver John Holloway, *Change the World Without Taking Power: The Meaning of Revolution Today* (Londres, Pluto, 2002). [Ed. bras.: *Mudar o mundo sem tomar o poder: o significado da revolução hoje*, São Paulo, Boitempo, 2003.]

der-fazer" humano, é rompido pelo "poder-sobre". Nossa existência cotidiana é uma série de lutas, ocultas e declaradas, violentas e reprimidas, conscientes e inconscientes. "Não somos uma Bela Adormecida, uma humanidade congelada na nossa alienação até que venha o príncipe-partido para nos beijar; nós vivemos, antes, numa luta constante para nos libertar do feitiço"[61]. Portanto, toda mudança social radical tem de ser antifetichista em sua abordagem, mas o oposto do fetichismo é exatamente o "vazio escuro" que não pode ser visto nem mapeado, o caminho que fazemos ao caminhar, as perguntas que fazemos no próprio perguntar.

Há um momento de verdade nessa abordagem – essa verdade é aquela que recebeu sua primeira formulação clássica com La Boétie, em seu tratado sobre a servidão voluntária: ao suportarmos passivamente o poder, nós o constituímos, não obedecemos ao poder nem o tememos por ser em si tão poderoso; ao contrário, o poder parece poderoso porque assim o tratamos. Esse fato abre espaço para a mágica revolução passiva que, em vez de enfrentar diretamente o poder, solapa-o aos poucos com as escavações subterrâneas da toupeira, com a abstenção nas práticas e nos rituais cotidianos que o sustentam. De certa forma, Mahatma Gandhi não fez exatamente isso ao liderar a resistência antibritânica na Índia? Em vez de atacar diretamente o Estado colonial, organizou movimentos de desobediência civil, de boicote aos produtos britânicos, de criação de um espaço social fora do alcance do Estado colonial.

Outro campo de solapamento do domínio do capital é a auto-organização dos consumidores. Desse ponto de vista, devemos abandonar o privilégio esquerdista tradicional da produção como única realidade substancial da vida social: a posição do trabalhador-produtor e a do consumidor deveriam permanecer irredutíveis em sua divergência, sem privilegiar uma como a "verdade mais profunda" da outra[62]. O valor se cria no processo de produção; entretanto, só é criado, por assim dizer, em potencial, já que só se *realiza* enquanto valor quando a mercadoria produzida é vendida e o círculo M–C–M' se completa. É crucial essa *lacuna* temporal entre a produção do valor e a sua realização: ainda que o valor se produza na produção, sem a finalização bem-sucedida do processo de circulação não há valor *stricto sensu* – aqui a temporalidade é a do *futur antérieur*, em outras palavras, o valor não "é" imediatamente, ele só "terá sido", é retroativamente realizado, performativamente encenado. Na produção, o valor é gerado "em si", e só com o término do processo

---

[61] Ibidem, p. 31.

[62] E, aliás, a economia planejada do socialismo de Estado não pagou um preço terrível ao privilegiar a produção às custas do consumo, deixando de fornecer aos consumidores os bens que queriam e necessitavam? Quando os esquerdistas pós-marxistas falam do "consumitariado" como nova forma de proletariado (ver Alexander Bard e Jan Soderqvist, *Netrocracy: The New Power Elite and Life After Capitalism*, Londres, Reuters, 2002), o que indicam é a identidade suprema entre trabalhador e consumidor; é por essa razão que, no capitalismo, o trabalhador tem de ser formalmente livre.

372 / Em defesa das causas perdidas

de circulação torna-se "por si". É assim que Kojin Karatani resolve a antinomia kantiana do valor que *é e não é* gerado no processo de produção: ali, ele só é gerado "em si". E é por causa dessa lacuna entre em si e por si que o capitalismo precisa da democracia e da igualdade formais:

> O que distingue exatamente o capital da relação senhor-escravo é que o trabalhador o confronta como consumidor e possuidor de valores de troca, e na forma de possuidor de dinheiro, na forma de dinheiro, ele se torna um simples centro de circulação – um de seus infinitos centros, em que sua especificidade de trabalhador se extingue.[63]

Isso significa que o capital, para completar o círculo de sua reprodução, tem de passar por esse ponto crítico em que os papéis se invertem: "[...] a mais-valia só se concretiza, em princípio, quando os trabalhadores *em sua totalidade* compram de volta o que produzem"[64]. Essa questão é fundamental para Karatani, pois representa a principal alavanca para opor-se hoje ao domínio do capital: não seria natural que os proletários concentrassem seu ataque naquele único ponto em que abordam o capital na posição de comprador e, consequentemente, em que o capital é que é forçado a cortejá-los? "[...] se, de alguma forma, os trabalhadores podem tornar-se sujeitos, é apenas como consumidores"[65].

Hoje, esse papel fundamental do consumo se reafirmou de forma inesperada. Referindo-se à noção de "economia geral" da despesa soberana de Georges Bataille, que ele opõe à "economia restrita" do lucro interminável do capitalismo, o filósofo alemão pós-humanista Peter Sloterdijk oferece os contornos da cisão do capitalismo consigo mesmo, sua autossuperação imanente: o capitalismo culmina quando "cria a partir de si seu mais radical – e único frutífero – oposto, totalmente diferente do que a esquerda clássica, presa em seu miserabilismo, conseguiu sonhar"[66]. A menção positiva que faz a Andrew Carnegie mostra o caminho: o soberano gesto de autonegação da acumulação interminável de riqueza é gastar essa riqueza em coisas sem preço e fora da circulação do mercado: bem público, artes e ciências, saúde etc. Esse gesto "soberano" e conclusivo permite ao capitalista romper o ciclo vicioso da reprodução ampla e interminável, do ganhar dinheiro para ganhar mais dinheiro. Quando doa ao bem público a riqueza acumulada, o capitalista nega a si mesmo como mera personificação do capital e da circulação reprodutiva: sua vida adquire sentido. Não é mais apenas reprodução ampla, mas antes meta autotélica. Além disso, dessa forma o capitalista consegue passar de *eros* a *thymos*, da lógica "erótica" pervertida da acumulação ao renome e ao reconhecimento públicos. Isso

---

[63] Karl Marx, *Grundrisse*, cit., p. 420-1.
[64] Kojin Karatani, *Transcritique: On Kant and Marx* (Cambridge, Massachusetts, MIT Press, 2003), p. 20.
[65] Ibidem, p. 290.
[66] Peter Sloterdijk, *Zorn und Zeit* (Frankfurt, Suhrkamp, 2006), p. 55.

equivale nada mais, nada menos que a elevar figuras como Soros e Gates à personificação da autonegação inerente do próprio processo capitalista: suas obras de caridade – as imensas doações para o bem-estar público – não são apenas uma idiossincrasia pessoal. Sinceras ou hipócritas, elas são o ponto concludente lógico da circulação capitalista, necessário do ponto de vista estritamente econômico, já que permite ao sistema capitalista adiar sua crise. Isso restabelece o equilíbrio – uma espécie de redistribuição da riqueza entre os verdadeiramente necessitados –, sem cair na armadilha fatal: a lógica destrutiva do ressentimento e da redistribuição da riqueza forçada pelo Estado, que só pode terminar em miséria generalizada. Podemos acrescentar que isso também evita o outro modo de restabelecer certo equilíbrio e reafirmar *thymos* por meio do gasto soberano, ou seja, a guerra... Esse paradoxo assinala a triste situação em que nos encontramos: o capitalismo contemporâneo não consegue se reproduzir sozinho. Precisa da caridade extraeconômica para manter o ciclo de reprodução social.

Governança e movimentos

Toda revolução, portanto, compõe-se de dois aspectos diferentes: a revolução factual mais a reforma espiritual, ou seja, a luta real pelo poder do Estado mais a luta virtual pela transformação dos costumes, da substância da vida cotidiana – Hegel chamou-a de "tecedura silenciosa do Espírito", a qual solapa os fundamentos invisíveis do poder, de modo que a mudança formal é o ato final de percepção do que já aconteceu, para lembrar à forma morta que ela está morta e ela se desintegrar. Na *Fenomenologia*, mais uma vez, Hegel cita o famoso trecho de *O sobrinho de Rameau**, de Diderot, sobre a "tecedura silenciosa e incessante do Espírito na simples introversão de sua substância":

> [...] infiltra-se cada vez mais nas partes nobres e logo toma posse completa de todos os membros e órgãos vitais do ídolo inconsciente; então, "numa linda manhã, dá ao camarada uma cotovelada e bang! crash!, o ídolo vai ao chão". Numa "linda manhã" cujo meio-dia é exangue, caso a infecção tenha penetrado em todos os órgãos da vida espiritual.[67]

Entretanto, essa não é a última palavra de Hegel. Ele prossegue, ressaltando que esse "Espírito que esconde sua ação de si mesmo é apenas um lado da percepção da ideia pura": ao mesmo tempo, sendo um ato consciente, esse Espírito "tem de dar a seus momentos uma existência manifesta definida, e entrar em cena como puro clamor e luta violenta com sua antítese"[68]. Na transição para o Novo, há uma luta

---

*   São Paulo, Hedra, 2007. (N. E.)
[67]   G. W. F. Hegel, *Phenomenology of Spirit*, cit., p. 332.
[68]   Idem.

apaixonada em andamento, que termina assim que a força oposta nota que a sua própria oposição já está impregnada da lógica do adversário[69]. É assim então que devemos ler juntas as duas características aparentemente opostas (a prioridade da forma; a "tecedura silenciosa do Espírito"): esta última não diz respeito ao conteúdo, mas à própria forma – novamente, no caso do pregador televangélico, essa "tecedura silenciosa" solapa sua mensagem no nível da própria forma (o modo como transmite a mensagem subverte o conteúdo).

A lição de fracassos como a Revolução Cultural é que o foco deveria passar da meta utópica do reinado total da expressividade produtiva, que não precisa mais de representação, como o Estado, o capital etc., para a pergunta: "Que tipo de representação deveria substituir o Estado representativo democrático-liberal existente?". A proposta de Negri de uma "renda do cidadão" não é uma indicação nesse sentido? É uma medida representativo-institucional (não para o *homini sacer*, para cidadãos completos – ela implica representação estatal); não está vinculada à produtividade individual, mas é o *arcabouço e a condição* representativos para a abertura do espaço possível de produtividade expressiva.

Negri caracteriza a situação contemporânea como de "governança permanente":

> O poder está cindido em dois. Para ser percebido, não tem mais a possibilidade de determinar uma norma e depois executá-la subsequentemente num ato administrativo concreto. A norma não pode realizar-se sem consenso, que tem de ser visto como participação de sujeitos.[70]

Aliás, essa noção de "poder duplo", de "governança" como interação entre o poder estatal representativo e os conselhos de movimentos "expressivos", tem uma longa tradição na esquerda; foi defendida, entre outros, por Karl Kautsky, em 1918-19, quando rejeitou a alternativa exclusiva "ou assembleia nacional, ou assembleia dos conselhos", buscando uma integração em que cada uma delas cumpriria tarefas diferentes e específicas:

> Os conselhos, argumentou Kautsky, não deveriam ser escolhidos como única forma de representação eleitoral, ainda que gozassem do apoio da maioria da população, pois eram deficientes tanto em termos técnicos quanto políticos. Optar exclusivamente pela forma do conselho seria criar um sistema baseado no local de trabalho e na ocupação, o que levaria a tendências particularistas e corporativistas. [...] Nas eleições parlamentares

---

[69] Quando, digamos, a própria argumentação reacionária contra o Iluminismo baseia-se secretamente nas premissas ideológicas do Iluminismo – como acontece desde a polêmica de Robert Filmer contra John Locke até os televangélicos de hoje, que solapam a própria mensagem ao transmitir a mensagem –, eles exibem em sua performance os mesmos traços que criticam tão ferozmente em seus adversários liberais, desde autoindulgência narcísica a espetáculos midiáticos comercializados.

[70] Antonio Negri, *Goodbye Mister Socialism*, cit., p. 139-40.

para a assembleia nacional, por outro lado, os interesses sociais foram homogeneizados e grandes partidos políticos se apresentaram.[71]

Trotski, alvo da crítica de Kautsky, defende a mesma dualidade quando faz um apelo em prol da inter-relação entre auto-organização de classe e liderança política do partido da vanguarda revolucionária[72].

A principal forma de democracia direta da multidão "expressiva" no século XX foram os chamados conselhos ("sovietes") – (quase) todo mundo no Ocidente os adorava, inclusive liberais como Hannah Arendt, que percebia neles o reflexo da antiga vida grega da *pólis*. Durante a época do "socialismo real", a esperança secreta dos "socialistas democráticos" era a democracia direta dos "sovietes", os conselhos locais, como forma popular de auto-organização do povo; e é profundamente sintomático que, com o declínio do "socialismo real", essa sombra emancipatória que o perseguia o tempo todo também tenha desaparecido – não será essa a derradeira confirmação do fato de que o modelo dos conselhos do "socialismo democrático" era apenas um duplo espectral do "socialismo real" "burocrático", sua transgressão inerente sem nenhum conteúdo positivo substancial próprio, isto é, incapaz de servir de princípio organizador básico e permanente de uma sociedade? O que tanto o "socialismo real" quanto a democracia dos conselhos partilhavam era a crença na possibilidade de uma organização autotransparente da sociedade que impedisse a "alienação" política (aparelhos de Estado, regras institucionalizadas da vida política, ordem jurídica, polícia etc.) – e a experiência básica do final do "socialismo real" não é exatamente a rejeição dessa característica *partilhada*, a aceitação "pós-moderna" resignada do fato de que a sociedade é uma rede complexa de "subsistemas", e é por isso que um certo nível de "alienação" é constitutivo da vida social, de modo que uma sociedade totalmente autotransparente é uma utopia com potencial totalitário?[73] Não admira, portanto, que o mesmo se aplique às práticas atuais de "democracia direta", das favelas da cultura digital "pós-industrial" (as descrições das novas comunidades "tribais" de *hackers* não costumam lembrar frequentemente a lógica da democracia dos conselhos?): todas têm de basear-se num aparelho de Estado, isto é, por razões estruturais não podem ocupar o campo todo.

---

[71] Citado em Massimo Salvadori, *Karl Kautsky and the Socialist Revolution* (Londres, Verso, 1979), p. 237.

[72] É muito interessante um dos argumentos de Trotski sobre a necessidade de um partido de vanguarda: a auto-organização em conselhos não pode substituir o papel do partido também por uma razão político-psicológica: as pessoas "não podem viver anos num estado ininterrupto de tensão elevada e atividade intensa". Ver Ernest Mandel, *Trotsky as Alternative* (Londres, Verso 1995), p. 81. [Ed. bras.: *Trotsky como alternativa*, São Paulo, Xamã, 1995.]

[73] Veja uma exposição clara dessa posição em Martin Jay, "No Power to the Soviets", em *Cultural Semantics* (Amherst, Massachusetts, University of Massachusetts Press, 1998).

Portanto, o lema de Negri, "não há governo sem movimentos", deveria ser contestado com "não há movimentos sem governo", sem um poder estatal que sustente o espaço para os movimentos. Negri desdenha o sistema democrático-representativo: "O sistema parlamentar de representação apodreceu; não se pode fazer nada nele. Precisamos inventar coisas novas"[74]. Entretanto, na medida em que os movimentos "expressivos" têm de basear-se num Solo pressuposto, podemos defender que a democracia (não a forma direta, mas exatamente a forma representativa) oferece o Solo necessário para que os movimentos exercitem a liberdade expressiva: seu caráter formal universal e abstrato (cada pessoa, um voto etc.) é o único apropriado para oferecer esse solo neutro.

É a tensão entre a democracia representativa e a expressão direta dos "movimentos" que nos permite formular a diferença entre um partido político democrático ordinário e o Partido (com maiúscula, como em Partido Comunista) "mais forte": o partido político ordinário assume inteiramente a função representativa, toda a sua legitimação é dada pelas eleições, enquanto o Partido considera secundário o procedimento formal das eleições democráticas no que tange à dinâmica política real dos movimentos que "exprimem" sua força. É claro que isso não significa que o Partido busca sua legitimação em movimentos externos a ele; ao contrário, o Partido percebe-se/postula-se como *Selbst-Aufhebung* (autossuperação) dos movimentos: ele não negocia com movimentos, ele é um movimento transubstanciado na forma de universalidade política, pronto a assumir o poder total do Estado e, como tal, *ne s'autorise que de lui-même*.

Onde a democracia não basta é com relação ao excesso constitutivo da representação além do representado, como disse Badiou. No nível da Lei, o poder do Estado representa apenas os interesses etc. de seus sujeitos; serve a eles, responde a eles e está sujeito ao controle deles; entretanto, no nível do lado oculto do supereu, a mensagem pública de responsabilidade etc. é complementada pela mensagem obscena do exercício incondicional do Poder: na verdade, as leis não se aplicam a mim, posso fazer com você *o que quiser*, posso tratá-lo como culpado se assim decidir, posso destruí-lo se assim o disser... Esse excesso obsceno é o constituinte *necessário* da noção de soberania (cujo significante é o Significante-Mestre); aqui, a assimetria é estrutural, isto é, a lei só pode manter sua autoridade se os sujeitos ouvirem nela o eco da autoafirmação incondicional obscena.

A democracia pressupõe um mínimo de alienação: os que exercem o poder só podem ser responsabilizados pelo povo se houver uma distância mínima de representação entre eles e o povo. No "totalitarismo" essa distância é cancelada, supõe-se que o Líder representa diretamente a vontade do povo – e o resultado, é claro, é que

---

[74] Antonio Negri, *Goodbye Mister Socialism*, cit., p. 143.

o povo (empírico) fica ainda mais radicalmente alienado em seu Líder: ele *é* diretamente o que o povo "realmente é", a verdadeira identidade do povo, seus desejos e interesses verdadeiros, em oposição aos seus desejos e interesses "empíricos" e confusos. Ao contrário do poder autoritário alienado de seus sujeitos, as pessoas do povo, aqui o povo "empírico", são alienadas *de si mesmas*.

É claro que isso não implica de modo nenhum um simples apelo por democracia e a rejeição do "totalitarismo": *há*, ao contrário, um momento de verdade no "totalitarismo". Hegel já ressaltava que a representação política não significa que o povo já saiba com antecedência o que quer e depois encarregue os representantes de defender seus interesses; ele só o sabe "em si", é o representante que formula por ele os interesses e metas, fazendo-os "por si". Portanto, a lógica "totalitária" deixa explícita, postula "como tal", uma cisão que sempre-já corta por dentro o "povo" representado.

Aqui não devemos ter medo da conclusão radical relativa à figura do líder: via de regra, a democracia não pode ir além da inércia utilitária pragmática, não pode suspender a lógica do "serviço dos bens" ("*service des biens*"); consequentemente, assim como não há autoanálise, já que a mudança analítica só pode ocorrer por meio da relação de transferência para a figura externa do analista, é necessário um líder para deflagrar o entusiasmo pela Causa, para provocar a mudança radical da posição subjetiva de seus seguidores, para "transubstanciar" sua identidade[75].

Isso significa que a questão suprema do poder não é se "é democraticamente legitimado ou não", mas: *qual é o caráter específico (o "conteúdo social") do "excesso totalitário" que pertence ao poder soberano como tal, independentemente de seu caráter democrático ou não?* É nesse nível que o conceito de "ditadura do proletariado" funciona: nele, o "excesso totalitário" de poder está do lado da "parte de parte alguma", não do lado da ordem social hierárquica; para sermos claros, em última análise, o povo está no poder no sentido soberano total da palavra; em outras palavras, seus representantes não só ocupam temporariamente o lugar vazio do poder, como também, de maneira muito mais radical, eles "torcem" para o lado deles o espaço da própria representação do Estado.

Pode-se argumentar que Chávez e Morales se aproximam do que poderia ser a forma contemporânea da "ditadura do proletariado": embora interajam com muitos agentes e movimentos, e contem com o apoio destes, obviamente seus governos têm vínculos privilegiados com os despossuídos das favelas; em última análise,

---

[75] A figura do Líder não garante de modo algum a consistência do programa político, muito pelo contrário. Como mostra o fascismo, a presença carismática do Líder também pode servir de fetiche cuja função é *obscurecer* a inconsistência, o caráter autocontraditório da política que ele representa: a política real do fascismo oscilou entre concessões a diversos grupos de pressão, e essa inconsistência e essa falta de um programa claro foram mascaradas pelo carisma do Líder.

Chávez é o presidente *deles*, *eles* são a força hegemônica por trás do seu domínio, e embora Chávez ainda respeite o processo eleitoral democrático, é óbvio que seu compromisso fundamental e sua fonte de legitimação não estão lá, mas sim no relacionamento privilegiado com os pobres. Essa é a "ditadura do proletariado" na forma de democracia[76].

Podemos contar uma história convincente sobre a hipocrisia da esquerda ocidental, que em boa parte ignora o espantoso "renascimento liberal" que vem ocorrendo na sociedade iraniana: já que as referências intelectuais ocidentais desse "renascimento" são figuras como Habermas, Arendt e Rorty (e até Giddens), e não o bando costumeiro de "radicais" anti-imperialistas, a esquerda não reclama quando figuras importantes desse movimento perdem seus empregos, são presos etc. Por defenderem questões "chatas", como a divisão dos poderes, a legitimação democrática, a defesa jurídica dos direitos humanos e assim por diante, são vistos com desconfiança, não parecem suficientemente "anti-imperialistas" e antiamericanos[77]. Entretanto, ainda assim é preciso fazer a pergunta mais fundamental: levar a esses países a democracia liberal ocidental é a solução real para livrar-se dos regimes fundamentalistas ou esses regimes são antes um *sintoma* da própria democracia liberal? O que fazer em casos como a Argélia ou os territórios palestinos, onde as eleições democráticas "livres" levaram "fundamentalistas" ao poder?

Quando Rosa Luxemburgo escreveu que "a ditadura consiste na *maneira como* a democracia é *usada* e não em sua *abolição*", a questão não era que a democracia fosse um arcabouço vazio que pudesse ser usado por agentes políticos diversos (Hitler também chegou ao poder por meio de eleições – mais ou menos – livres e democráticas), mas que há um "viés de classe" inscrito nesse mesmo arcabouço (procedural) vazio. É por isso que, quando os esquerdistas radicais chegam ao poder por meio de eleições, seu *signe de reconnaissance* é que passam a "mudar as regras", a transformar não só os mecanismos estatais, eleitorais e outros, como também toda a lógica do espaço político (baseando-se diretamente no poder de movimentos mobilizados, impondo formas diferentes de auto-organização local etc.); em resumo, para garantir a hegemonia de sua base, em geral se guiam pela intuição correta relativa ao "viés de classe" da forma democrática.

---

[76] É claro que se devem evitar as expectativas utópicas: dentro da constelação global atual, a probabilidade é que a experiência de Chávez termine em fracasso; ainda assim, como diria Beckett, esse será um "fracasso melhor".

[77] Ver Danny Postel, *Reading "Legitimation Crisis" in Tehran* (Chicago, Prickly Paradigm Press, 2006).

8

ALAIN BADIOU, OU A VIOLÊNCIA DA SUBTRAÇÃO

Materialismo democrático e dialético

Em *Logiques des mondes*, Badiou dá uma definição sucinta de "materialismo democrático" e de seu oposto, a "dialética materialista": o axioma que condensa o primeiro é "não há nada além de corpos e linguagens...", ao qual a dialética materialista acrescenta "...com exceção das verdades"[1]. Essa oposição é menos uma oposição entre duas ideologias ou filosofias do que entre pressupostos/crenças não refletidos, nos quais somos "lançados" na medida em que estamos imersos em nosso mundo-vida, e a atitude reflexiva do pensamento propriamente dito, que permite que nos subtraiamos dessa imersão – que nos "desliguemos", como diria Morpheus em *Matrix*, filme muito apreciado por Badiou, em que também se encontra uma descrição exata da necessidade, evocada por ele, de controlar (quando explica a Neo o destino das pessoas comuns totalmente presas ["ligadas"] na Matrix, Morpheus diz: "Todos os que não estão desligados são agentes em potencial"). É por isso que o axioma de Badiou sobre o "materialismo democrático" é sua resposta à pergunta a respeito das nossas crenças ideológicas espontâneas (não reflexivas): "O que penso quando estou fora do meu controle?". Ou melhor: "Qual é a (minha) crença espontânea?". Além disso, essa oposição se vincula imediatamente àquela (já) chamada de "luta de classes na filosofia", orientação mais identificada com os nomes de Lenin, Mao Tsé-tung e Althusser; recordemos a formulação sucinta de Mao: "É só quando há luta de classes que pode haver filosofia". A classe dominante (cujas ideias são as ideias dominantes) é representada pela ideologia espontânea, enquanto a classe dominada tem de lutar para abrir caminho, por meio de um trabalho conceitual intenso, e é por isso que, para Badiou, a referência fundamental aqui é Platão – não o

---

[1] Alain Badiou, *Logiques des mondes* (Paris, Seuil, 2006), p. 9.

Platão caricato, o filósofo antidemocrático da reação aristocrática contra a democracia ateniense, mas o Platão que foi o primeiro a afirmar com clareza a existência do campo da racionalidade livre das crenças herdadas. Depois de todas as avaliações negativas do caráter "fonologocêntrico" da crítica de Platão à escrita, talvez esteja na hora de declarar seu aspecto positivo, democrático e igualitário: no Estado despótico pré-democrático, escrever era monopólio da elite dominante, seu caráter era sagrado, "assim está escrito" era o selo supremo de autoridade, o sentido misterioso e pressuposto do texto escrito era o objeto de crença *par excellence*. O objetivo da crítica de Platão à escrita, portanto, era duplo: privar a escrita do seu caráter sagrado e afirmar a existência do campo da racionalidade livre das crenças; em outras palavras, distinguir *logos* (terreno da dialética, do pensamento racional, que não admite autoridade externa) de *mythos* (crenças tradicionais):

> Assim, surge a importância da crítica de Platão: *remover da escrita seu caráter sagrado*. O caminho da verdade não é a escrita, mas a dialética, isto é, a palavra falada, com o envolvimento de dois, ou melhor, três participantes: o falante, o ouvinte e a linguagem que compartilham. Com sua crítica, Platão, pela primeira vez na história do homem, destilou a noção de racionalidade como tal, livre de qualquer mistura com a crença.[2]

Aqui, o paradoxo adicional é que a noção da Voz pura e autopresente representada/copiada pela escrita, esse suporte supremo da "metafísica da presença" que é o objeto da desconstrução de Derrida, é em si um produto da escrita:

> [quando atacavam a primazia platônica da fala em relação à escrita, os filósofos] criticavam um subproduto da escrita fonética. Seria difícil imaginar que uma filosofia como o platonismo surgisse numa cultura oral. É igualmente difícil imaginá-la na Suméria. Como um mundo de Formas sem corpo seria representado com pictogramas? Como entidades abstratas poderiam ser representadas como realidades supremas num modo de escrever que ainda lembrava o reino dos sentidos?[3]

A questão não é apenas que a fala é sempre-já afetada/constituída pela escrita etc., mas que a fala se torna a Palavra metafísica, o meio etéreo/puro de autoafecção, de autopresença espiritual, por meio da escrita fonética "abstrata": antes da escrita fonética, a fala é percebida como prática que faz parte de um mundo-vida material complexo – a escrita fonética é que a "purifica". (Aqui, a restrição que fico tentado a acrescentar é que, ainda assim, talvez devêssemos excluir a reticência compreensível de Badiou a propósito do "materialismo dialético" e inverter a relação sujeito-predicado entre os dois opostos: "democracia materialista" contra "ma-

---

[2] Moustapha Safouan, "Why Are the Arabs Not Free: The Politics of Writing" (ensaio não publicado).

[3] John Gray, *Straw Dogs* (Londres, Granta, 2003), p. 57. [Ed. bras.: *Cachorros de palha*, Rio de Janeiro, Record, 2005.]

terialismo dialético".) Há uma versão antropológica mais contida desse axioma: para o materialismo democrático, "só há indivíduos e comunidades", e a isso a dialética materialista acrescenta: "na medida em que há uma verdade, o sujeito se subtrai de toda comunidade e destrói toda individuação"[4].

Aqui, a passagem de Dois para Três é fundamental, e não devemos esquecer todo o seu impulso platônico e propriamente metafísico na direção do que, *prima facie*, só pode parecer o gesto protoidealista de afirmar que a realidade material não é tudo o que há, também há outro nível de verdades incorpóreas. Nessa linha, ficamos tentados a complementar Badiou de duas maneiras. Em primeiro lugar, os corpos e as linguagens não são sinônimos de ser, de sua multiplicidade e de seus mundos? O Três de que estamos tratando, portanto, é o Três formado por ser, mundos e verdades: para o materialismo democrático, só há a multiplicidade de ser (a realidade interminavelmente diferenciada) e mundos diferentes – universos linguísticos – em que indivíduos e comunidades experienciam essa realidade[5]. Na verdade, essa não é a nossa ideologia espontânea? Há uma realidade complexa e interminavelmente diferenciada, que nós, indivíduos e comunidades nela inseridos, experienciamos sempre de uma perspectiva específica e finita de nosso mundo histórico. O que o materialismo democrático rejeita com fúria é a noção de que pode haver uma Verdade universal infinita, que atravessa essa miríade de mundos; na política, isso significa "totalitarismo", que impõe sua verdade como universal. É por isso que devemos rejeitar, digamos, os jacobinos, que impuseram suas noções universais de igualdade e outras verdades à pluralidade da sociedade francesa, e, portanto, levaram necessariamente ao terror...

Isso nos leva ao segundo complemento: há uma versão política ainda mais estreita do axioma materialista-democrático: "Tudo o que acontece na sociedade atual é a dinâmica da globalização pós-moderna, e as reações e as resistências a ela (nostálgico-conservadoras, fundamentalistas, velhas-esquerdistas, nacionalistas, religiosas...)" – e é claro que a dialética materialista acrescenta a condição: "...com exceção da política radical-emancipatória (comunista) da verdade".

É aqui que a passagem dialético-materialista do Dois para o Três ganha todo o seu peso: o axioma da política comunista não é simplesmente a "luta de classes" dualista, mas antes, mais precisamente, o Terceiro momento, como subtra-

---

[4] Alain Badiou, *Logiques des mondes*, cit., p. 9-17. Numa de suas antigas canções, Wolf Biermann fez a seguinte pergunta: "Há vida *antes* da morte?", inversão materialista adequada da pergunta idealista-padrão: "Há vida *após* a morte?". O que incomoda o materialista é: estou realmente vivo agora, ou apenas vegeto, como mero animal humano voltado para a sobrevivência?

[5] Então seria preciso insistir, contra Badiou, na igualdade estrita entre mundo e linguagem: todos os mundos são sustentados pela linguagem, e todas as linguagens "faladas" sustentam um mundo – é isso que Heidegger sugeria com a sua tese sobre a linguagem como a "casa do ser".

ção do Dois da política hegemônica. Ou seja, o campo ideológico hegemônico impõe um campo de visibilidade (ideológica) com a sua própria "contradição principal" (isso, hoje, é a oposição entre mercado-liberdade-democracia e fundamentalismo-terrorismo-totalitarismo – "islamofascismo" etc.), e a primeira coisa que devemos fazer é rejeitar essa oposição (nos subtrairmos dela) para percebê-la como oposição falsa, destinada a ocultar a verdadeira linha divisória. A fórmula de Lacan para esse redobrar é 1+1+a: o antagonismo "oficial" (o Dois) é sempre complementado por um "resto indivisível" que indica sua dimensão foracluída. Em outras palavras, o *verdadeiro* antagonismo é sempre reflexivo, é o antagonismo entre o antagonismo "oficial" e o foracluído por ele (é por isso que, na matemática de Lacan, 1+1=3). Hoje, por exemplo, o verdadeiro antagonismo não é entre o multiculturalismo liberal e o fundamentalismo, mas entre o próprio campo de sua oposição e o Terceiro excluído (a política emancipatória radical).

Ficamos até tentados a vincular essa tríade a três mecanismos diferentes para manter o corpo social unido:

1. a matriz tradicional de autoridade em que uma comunidade se estabelece pelo sacrifício ou se fundamenta em algum crime primordial, de modo que a culpa é que mantém os membros unidos e os subordina ao líder;
2. a "mão invisível" do mercado, ou seja, um campo social em que, por meio das Artimanhas da Razão, a própria competição entre os indivíduos, cada um buscando seus objetivos egoístas, resulta num equilíbrio misterioso que funciona para o bem de todos;
3. o processo político declarado de cooperação social, em que as decisões não são tomadas pela autoridade suprema nem resultam de um mecanismo cego, mas chega-se a elas por meio da interação consciente dos indivíduos.

Além disso, esses três modos não formam um tipo de triângulo levi-straussiano? Tanto o liberalismo de mercado quanto o espaço propriamente democrático da ação civil pública e da cooperação social planejada são modos de auto-organização social, ao contrário da autoridade imposta de fora. Como esses três modos se relacionam com as três fontes de autoridade social: a autoritária, a tecnocrática e a democrática? A autoridade tecnocrática baseia-se na qualificação (os que sabem devem exercer a autoridade) contra as formas autoritária e democrática de autoridade, às quais falta qualificação (um rei reina porque nasceu rei, não por suas qualidades; na democracia, todos têm direito a uma parcela do poder, independentemente do que sejam capazes ou não de fazer). Por outro lado, tanto a forma autoritária de autoridade quanto a especializada são seletivas (só os qualificados para governar, por sua posição ou por seu conhecimento, devem governar), ao contrário da democracia, na qual todo mundo pode governar. E, finalmente, tanto a democracia quanto o domínio tecnocrático são, em certo sentido, igualitários[6], ao contrário da autoridade tradicional, em que a questão principal é: o que importa é quem afirma. É óbvio que as duas tríades não se sobrepõem diretamente, e é por isso que se pode argumentar que o triângulo deveria ser ampliado para um quadrado semiótico greimasiano, já que o terceiro modo está cindido entre a auto-organização democrática propriamente dita e o poder do Estado imposto de cima sobre a sociedade – "autogoverno contra burocracia". Os dois eixos do quadrado semiótico, portanto, são a autoridade central (autoridade tradicional, poder do Estado) contra a auto-organização vinda de baixo (o mercado, o autogoverno), e a organização externa (autoridade simbólica, o mercado) contra a organização democrática (poder estatal moderno, autogoverno).

Isso também nos permite abordar de outra maneira o conceito de Badiou sobre o "ponto" como ponto de decisão, como momento em que a complexidade da situação é "filtrada" por uma disposição binária e, portanto, reduzida a uma escolha simples: tudo considerado, somos *contra* ou *a favor* (deveríamos atacar ou recuar, apoiar essa proclamação ou combatê-la? E assim por diante). Com relação ao Terceiro momento como subtração do Dois da política hegemônica, é preciso lembrar sempre que uma das operações básicas da ideologia hegemônica é *impor um ponto falso*, para nos impor uma escolha falsa; por exemplo, na "guerra ao terror", quando alguém chama a atenção para a complexidade e ambiguidade da situação, cedo ou tarde é interrompido por uma voz violenta que lhe diz: "Tudo bem, chega de trapalhada. Nós estamos no meio de uma luta difícil, na qual o destino do mundo livre está em jogo. Faça o favor de deixar bem clara a sua posição: você apoia a liberdade e a democracia ou não?"[7]. Naturalmente, o anverso de impor uma falsa escolha é confundir a verdadeira linha divisória – aqui, o nazismo ainda é insuperável, com a designação do inimigo judeu como agente da "conspiração plutocrático-bolchevique". Nessa designação, o mecanismo quase se desnuda: a verdadeira oposição ("plutocratas" contra "bolcheviques", isto é, capitalistas contra proletários) é literalmente obliterada, confundida em Uma, e aí reside a função do substantivo "judeu": servir de operador dessa obliteração.

A primeira tarefa da política emancipatória, portanto, é distinguir os pontos "falsos" e "verdadeiros", as escolhas "falsas" e "verdadeiras", isto é, trazer de volta o

---

6   Em si, o conhecimento é acessível a todos, ninguém está excluído *a priori* – como mostrou Platão, um escravo pode aprender matemática do mesmo modo que um nobre. O raciocínio lógico e as demonstrações excluem a autoridade; neles, o sujeito da enunciação é, por definição, universal, não importa *quem* esteja raciocinando.

7   Podemos imaginar também uma versão humanitária dessa forma pseudoética de chantagem: "Tudo bem, chega dessa trapalhada com neocolonialismo, responsabilidade do Ocidente etc. Você quer fazer alguma coisa para ajudar realmente os milhões que sofrem na África ou só quer usá-los para marcar pontos na sua luta político-ideológica?".

terceiro elemento cuja obliteração sustenta a falsa escolha – como, hoje, a falsa escolha entre "democracia liberal e islamofascismo" é sustentada pela oclusão da política emancipatória secular e radical. Assim, devemos ser claros aqui ao rejeitar o perigoso lema "o inimigo do meu inimigo é meu amigo", que leva alguns a descobrir um potencial anti-imperialista "progressista" nos movimentos islâmicos fundamentalistas. O universo ideológico de movimentos como o Hezbollah baseia-se no embaçamento das distinções entre o neoimperialismo capitalista e a emancipação progressista secular: no espaço ideológico do Hezbollah, a emancipação das mulheres, os direitos dos homossexuais etc. são *apenas* o aspecto moral "decadente" do imperialismo ocidental...

Eis, então, onde estamos hoje: o antagonismo que nos é imposto pelo espaço da ideologia dominante é o antagonismo secundário entre (o que Badiou chama de) sujeitos "reativos" e "obscuros", que travam sua luta contra o pano de fundo do Evento obliterado. Que outras respostas ao Evento são possíveis? Em vez de nos afastar do envolvimento político, devemos lembrar que, por trás de todo fascismo, há uma revolução fracassada – isso deve ser lembrado principalmente hoje, quando enfrentamos o que alguns chamam de "islamofascismo". Mais uma vez, a oposição entre democracia liberal e fundamentalismo religioso é enganosa: falta um terceiro termo.

Respostas ao Evento

Num dos primeiros romances sobre Hannibal Lecter, a alegação de que a monstruosidade de Hannibal é resultado de circunstâncias infelizes é rejeitada: "Nada aconteceu *com* ele. *Ele* aconteceu". Essa é a fórmula mais concisa do Evento, no sentido que Badiou lhe dá, o surgimento do Novo que não pode ser reduzido a suas causas ou condições. Ou, para citar o antigo e sábio ditado com o qual começam os *games* da série Gothic: "Cada Evento é precedido da Profecia. Mas sem o Herói, não há Evento". É fácil traduzir essa obscura sabedoria em termos marxistas: "O contorno geral de cada evento revolucionário pode ser previsto pelos teóricos sociais; entretanto, esse evento só pode realmente acontecer se houver o sujeito revolucionário". Ou, como diria Badiou: "Somente se houver um sujeito, o Evento pode ocorrer num lugar evental". É por isso que, para ele, os vários modos da subjetividade são, ao mesmo tempo, as modalidades pelas quais o sujeito se relaciona com o Evento – fazendo eco à tese de Kant de que as condições da nossa experiência do objeto são, ao mesmo tempo, as condições do próprio objeto. Badiou desenvolve quatro dessas respostas: o sujeito fiel; o sujeito reativo; o sujeito obscuro; a ressurreição. Talvez essa lista pudesse se complicar um pouco mais para que haja, na verdade, seis respostas.

As respostas ao Evento-Freud foram: (1) fidelidade (Lacan); (2) normalização reativa, reintegração ao campo predominante (psicologia do eu, "psicoterapia dinâmica"); (3) negação total (cognitivismo); (4) mistificação obscurantista num pseudoevento (Jung); (5) imposição total (Reich, freudo-marxismo); (6) ressurreição da mensagem do Freud "eterno" em vários "retornos a Freud".

As respostas ao Evento-amor são: (1) fidelidade; (2) normalização, reintegração (casamento); (3) rejeição total da situação eventual (libertinagem, transformação do Evento em aventura sexual); (4) rejeição profunda e cabal do amor sexual (abstinência); (5) paixão mortal suicida e obscurantista à Tristão; (6) amor ressuscitado (reencontro).

As respostas ao Evento-marxismo são: (1) fidelidade (comunismo, "leninismo"); (2) reintegração reativa (social-democracia); (3) negação total da condição eventual (liberalismo, Furet); (4) contra-ataque total e catastrófico sob o disfarce de pseudoevento (fascismo); (5) imposição total do Evento, que acaba em "desastre obscuro" (stalinismo, Khmer Vermelho); (6) renovação do marxismo (Lenin, Mao...).

Então, como (1) e (6) coexistem (em figuras como Lenin ou Lacan)? Isso nos leva a mais uma hipótese: necessariamente, o Evento falha da primeira vez, de modo que a verdadeira fidelidade só é possível na forma de ressurreição, como uma defesa contra o "revisionismo": Freud não reconheceu a verdadeira dimensão de sua descoberta, foi somente o "retorno a Freud" de Lacan que nos permitiu discernir o âmago da descoberta freudiana; ou, como explicou Stanley Cavell a respeito das comédias de segundas núpcias de Hollywood, o único casamento verdadeiro é o segundo (com a mesma pessoa). Essa questão foi reiterada recentemente por Jacques-Alain Miller: "Pode-se acreditar que não há heresia sem ortodoxia, mas é comum observar que as futuras ortodoxias surgem quando aparecem discursos que mais tarde serão heréticos, e que é em virtude de um efeito posterior que a ortodoxia passa a predominar"[8].

A questão não é apenas que a ortodoxia seja a heresia triunfante, aquela que conseguiu esmagar todas as outras, mas algo mais complexo. Quando surge um novo ensinamento, do cristianismo ao marxismo ou à psicanálise, primeiro há confusão, cegueira a respeito do verdadeiro alcance de seu ato; as heresias são tentativas de esclarecer essa confusão com a retradução do novo ensinamento para as coordenadas antigas, e é só contra esse pano de fundo que se pode formular o âmago do novo ensinamento.

Foi contra esse pano de fundo das variadas respostas ao Evento que Adrian Johnston[9] discerniu recentemente o potencial crítico-ideológico do tópico badiouniano das rupturas eventais: quando o equilíbrio de uma situação ideológica é perturbado pelo surgimento de "nós sintomais", elementos que, apesar de formalmente fazer parte da situação, não se encaixam nela, o mecanismo de defesa ideológica pode adotar duas estratégias principais: a falsa "eventalização" da dinâmica, que permanece totalmente integrada à situação existente, ou o desmentido dos si-

---

[8] Jacques-Alain Miller, "A Reading of the Seminar *From an Other to the other*", *Lacanian Ink*, 29, 2007, p. 40.

[9] Ver Adrian Johnston, "The Quick and the Dead: Alain Badiou and the Split Speeds of Transformation" (ensaio não publicado).

nais que delineiam as verdadeiras possibilidades eventais e sua leitura como acidentes de menos importância ou perturbações externas:

> um, fazer meras modificações parece prometer novidades eventais (tática que surge na ideologia do capitalismo tardio, cuja "revolução perpétua" divulgada fragorosamente é apenas uma instância do clichê "quanto mais as coisas mudam, mais continuam iguais" – ou, como explica Badiou, "o próprio capitalismo é a obsessão da novidade e a renovação perpétua das formas"); dois, fazer os lugares que abrigam revoltas eventais potencialmente explosivas parecerem, no mínimo, características desinteressantes da paisagem banal e cotidiana e, no máximo, nada além de falhas temporárias e corrigíveis do funcionamento do sistema estabelecido.

Talvez essa linha de pensamento só precise de uma restrição. Johnston escreve que:

> a ideologia do Estado mundano, por meio de um blefe ou logro, disfarça seus pontos mais fracos e não integrados, seus calcanhares de Aquiles, como rodas dentadas e componentes totalmente integrados a seu funcionamento supostamente harmonioso, em vez de lugares com potencial para jogar uma chave-inglesa nas engrenagens e assim gerar disfunções eventais desse regime, regime que nunca é tão profundamente entranhado quanto gostaria de parecer aos olhos de seus súditos.

Uma das estratégias ideológicas não seria admitir inteiramente o caráter ameaçador de uma disfunção e tratá-la como intrusão externa, não como resultado necessário da dinâmica interna do sistema? É claro que aqui o modelo é a noção fascista de antagonismos sociais como resultado de um intruso estrangeiro – os judeus – que perturba a totalidade orgânica do edifício social.

Recordemos a diferença entre as noções capitalista padrão e marxista a respeito de crise econômica: do ponto de vista capitalista padrão, as crises são "falhas temporárias e corrigíveis" do funcionamento do sistema, enquanto do ponto de vista marxista são seus momentos de verdade, a "exceção" que só então nos permite perceber o funcionamento do sistema (da mesma maneira que, para Freud, os sonhos e os sintomas não são enguiços secundários do aparelho psíquico, mas momentos pelos quais se pode discernir o funcionamento básico recalcado do aparelho psíquico). Não admira que Johnston use aqui a expressão deleuziana "diferença mínima": "uma diferença mínima/minúscula (aqui concebida como a diferença entre o *status* de categoria de mudança atribuída ao mesmo tempo a um único múltiplo intrassituacional, tanto pela ideologia do Estado quanto, em oposição, por outro arcabouço não estadista)": quando passamos da noção de crise como disfunção contingente ocasional do sistema para a noção de crise como ponto sintomal em que a "verdade" do sistema se torna visível, falamos do mesmíssimo evento real – a diferença é puramente virtual, não diz respeito a nenhuma das propriedades reais, mas apenas à maneira como esse acontecimento é complementado pela tessitura virtual de seu pano de fundo ideológico e nocional (como a melodia de Schumann para piano, tocada primeiro com e depois sem a terceira pauta de notas escritas apenas para os olhos). Aqui, Johnston está certo ao observar criticamente:

> o rápido abandono por Badiou das medidas aparentemente gradualistas de reformas e ajustes políticos aparentemente menores (isto é, gestos não o bastante eventais) nas esferas da legislação e da socioeconomia, enquanto aguarda a intervenção quase divina da ruptura eventual, capaz de abalar o sistema, que leve a uma revolução inflexivelmente "perfeita". Mas a análise precedente questiona se ele pode estar totalmente certo e confiante de que aquilo que parece menor ou gradual é assim mesmo ou se só parece ser assim sob a sombra da atribuição, pela ideologia estadista, do *status* de categoria de mudança.

Não se pode nem sequer ter certeza de antemão de que as medidas que parecem (dentro do registro e do espaço de visibilidade da ideologia dominante) "menores" não darão início a um processo que levará à transformação radical (eventual) do campo todo. Há situações em que uma medida mínima de reforma social pode ter consequências muito mais fortes em grande escala do que mudanças que se autodenominam "radicais", e essa "impossibilidade inerente de cálculo dos fatores envolvidos na determinação do ritmo e da cadência da mudança político-social" indica a dimensão do que Badiou tentou captar sob o título de "noção materialista de graça". Johnston faz a seguinte pergunta:

> [e se os atores pré-eventais] não sabem na verdade o que estão fazendo exatamente ou para onde estão indo? E se, sob a influência da ideologia do Estado, preveem que um gesto específico operará uma modificação que conservará o sistema e, depois do fato desse gesto, descobrem inesperadamente que sua intervenção apressou (em vez de retardar) o falecimento desse mesmo sistema?

A primeira associação que nos vem à mente aqui não é a *perestroika* de Mikhail Gorbachev, que, embora visasse melhorias menores para tornar o sistema mais eficiente, provocou o processo de sua total desintegração? Esses, portanto, são os dois extremos entre os quais as intervenções políticas têm de encontrar seu caminho: o Cila das reformas "menores", que acabam levando ao colapso total (recordemos também o temor – justificado, como hoje se pode ver – de Mao Tsé-tung de que até um compromisso mínimo com a economia de mercado pudesse abrir caminho para a rendição total ao capitalismo) e o Caribde das mudanças "radicais" que a longo prazo apenas fortalecem o sistema (o *New Deal* de Roosevelt etc.).

Entre outras coisas, isso também traz à baila a questão do quão "radicais" são as diferentes formas de resistência: o que aparece como uma "postura crítica radical" ou uma atividade subversiva pode servir, na verdade, de "transgressão inerente" do sistema, de modo que, muitas vezes, uma reforma jurídica menor, que só visa ajustar o sistema de acordo com seus objetivos ideológicos declarados pode ser mais subversiva do que o questionamento direto dos pressupostos básicos do sistema. Essas considerações nos permitem definir a arte da "política da diferença mínima":

ser capaz de identificar e depois concentrar-se numa medida mínima (ideológica, legislativa etc.) que, *prima facie*, não só não questiona as premissas do sistema, como até parece apenas aplicar seus princípios ao funcionamento real e, portanto, torná-lo mais coerente consigo mesmo; entretanto, uma "visão paraláctica" crítico-ideológica nos leva a supor que essa medida mínima, embora não perturbe o modo de funcionamento explícito do sistema, na verdade "remexe o subsolo", cria uma rachadura em seus fundamentos. Hoje, mais do que nunca, precisamos de fato do que Johnston chama de "disciplina do tempo pré-evental":

> Esse outro tipo de disciplina temporal não seria nem a impaciência indisciplinada de fazer precipitadamente qualquer coisa para pôr em prática uma noção mal definida e mal concebida de como fazer as coisas de outra maneira, nem a paciência quietista de resignar-se ao estado de coisas atual que se prolonga interminavelmente e/ou aguardar a chegada imprevisível de um "x" que não deve ser ativamente precipitado e leva à mudança genuína (às vezes, a filosofia de Badiou parece correr o risco de autorizar uma versão desse modo tardio de quietismo). Os submetidos às formas socioeconômicas frenéticas do capitalismo tardio de hoje correm constantemente o risco de sucumbir a várias formas do que poderíamos chamar vagamente de "transtorno do déficit de atenção", isto é, um salto frenético e impensado do presente para um presente sempre novo. No nível político, essa impaciência capitalista tem de ser contrabalançada com a disciplina do que poderíamos chamar de paciência especificamente comunista (assim designada segundo a afirmação de Badiou de que todas as formas autênticas de política são "comunistas", no sentido amplo de que são, ao mesmo tempo, emancipatórias e "genéricas" *qua* radicalmente igualitárias e não identitárias); não a paciência quietista condenada acima, mas antes a calma contemplação dos detalhes de situações, Estados e mundos com olhos atentos para discernir os pontos ideologicamente fracos ocultos na arquitetura estrutural do sistema de Estado. Dada a validade teórica da suposição de que esses calcanhares de Aquiles camuflados (como lugares eventais ocultos) podem existir e existem no contexto mundano, é preciso esperar pacientemente que os gestos em aparência menores, realizados sob a orientação de uma vigilância pré-evental da situação em busca de seus núcleos ocultos de real transformação, possam vir a provocar repercussões maiores no estado da situação e/ou no regime transcendental do mundo.

Entretanto, há limites nessa estratégia: se for seguida rigorosamente, acaba se tornando um tipo de "quietismo ativo". Enquanto se adia para sempre o Grande Ato, só se fazem pequenas intervenções, na esperança secreta de que, de algum modo, inexplicavelmente, por meio de um "salto mágico da quantidade à qualidade", levarão à mudança radical global. Essa estratégia tem de ser complementada com a disposição e a capacidade de discernir o momento em que a possibilidade da Grande Mudança se aproxima e, nesse ponto, alterar rapidamente a estratégia, correr o risco e entregar-se à luta total. Em outras palavras, não se deve esquecer que, na política, as "repercussões maiores" não acontecem sozinhas: é verdade que é preciso criar seus fundamentos com trabalho paciente, mas também é preciso saber aproveitar o momento quando ele chega.

A "forma de paciência especificamente comunista" não é apenas a espera paciente pelo momento em que a mudança radical explodirá de uma maneira reminiscente daquilo que a teoria dos sistemas chama de "propriedade emergente"; é também a paciência de perder as batalhas para vencer a luta final (recordemos o lema de Mao: "de derrota em derrota, até a vitória final"). Ou, para usar termos mais badiounianos, o fato de que a irrupção eventual serve de ruptura do tempo, criando uma ordem de temporalidade totalmente diferente (a temporalidade da "obra de amor", a fidelidade ao Evento), significa que, do ponto de vista do tempo não eventual da evolução histórica, *nunca* há um "momento certo" para o evento revolucionário, a situação nunca está "suficientemente madura" para o ato revolucionário – por definição, o ato é sempre "prematuro". Recordemos aquela que merece realmente o título de *repetição* da Revolução Francesa: a Revolução Haitiana, liderada por Toussaint L'Ouverture; ela estava claramente "à frente do seu tempo", foi "prematura" e, como tal, estava fadada ao fracasso, mas, exatamente como tal, talvez tenha sido um Evento, mais ainda do que a própria Revolução Francesa. Essas derrotas passadas acumulam a energia utópica que explodirá na batalha final: a "maturação" não é esperar que as circunstâncias "objetivas" atinjam a maturidade, mas o acúmulo de derrotas.

Hoje, os liberais progressistas costumam se queixar de que gostariam de se unir à "revolução" (um movimento político emancipatório mais radical), mas, por mais que o procurem desesperadamente, eles simplesmente "não o veem" (não veem em nenhum lugar do espaço social um agente político com vontade e força para engajar-se seriamente nessa atividade). Embora haja aqui um momento de verdade, ainda assim é preciso acrescentar que a própria atitude desses liberais é, em si, parte do problema: se alguém apenas espera para "ver" um movimento revolucionário, é claro que ele nunca surgirá, e ninguém jamais o verá. O que Hegel diz sobre a cortina que separa as aparências da realidade verdadeira (por trás do véu da aparência não há nada, só aquilo que o sujeito que procura colocou ali) serve também para o processo revolucionário: aqui, "ver" e "desejar" estão inextricavelmente ligados; em outras palavras, o potencial revolucionário não existe para ser descoberto como um fato social objetivo, só podemos "vê-lo" na medida em que o "desejamos" (engajamo-nos no movimento). Não admira que os mencheviques e os que se opunham à conclamação de Lenin para a tomada revolucionária do poder no verão de 1917 "não viram" as condições como "maduras" e opuseram-se a ela por ser "prematura" – eles simplesmente não *queriam* a revolução. Outra versão desse argumento cético sobre "ver" é que os liberais afirmam que, hoje, o capitalismo é tão global e abrangente que não conseguem "ver" nenhuma alternativa séria, não conseguem imaginar um "exterior" factível. A resposta é que, na medida em que isso é verdade, eles não veem *tout court*: a tarefa não é ver o exterior, mas ver, em primeiro lugar (apreender a natureza do capitalismo contemporâneo) – a aposta marxista é que, quando "vemos" isso, vemos o bastante, inclusive como ir além... Assim, nossa resposta aos liberais progressistas que se afligem, anseiam por unir-se à revolução, mas não veem nenhuma chance de que ocorra em lugar nenhum, deveria ser como a resposta ao famoso ecologista preocupado com a possibilidade de uma catástrofe: não se preocupe, a catástrofe virá...

Para complicar ainda mais a imagem, temos muitas vezes o Evento que dá certo por meio do autoapagamento de sua dimensão eventual, como aconteceu com os jacobinos durante a Revolução Francesa: assim que sua tarefa (necessária) terminou, não só foram derrubados e liquidados como até privados retroativamente do estatuto eventual, reduzidos a acidente histórico, a abominação extravagante, a excesso (evitável) do desenvolvimento histórico[10]. Esse tema foi lembrado com frequência por Marx e Engels: assim que a vida cotidiana burguesa "normal", utilitária e pragmática se consolidou, sua origem heroica e violenta foi desmentida. Essa possibilidade – não só a possibilidade (óbvia) de a sequência eventual chegar ao fim, mas a possibilidade muito mais inquietante de um Evento que desminta a si, que apaga os próprios rastros, como maior indicação de seu triunfo – não é levada em conta por Badiou: "a possibilidade e as ramificações de haver rompimentos e descontinuidades radicais que, em parte por suas próprias reverberações no futuro, podem tornar-se invisíveis aos que vivem em realidades fundadas nesses pontos de origem eclipsados".

Esse autoapagamento do Evento abre espaço para o que, à moda benjaminiana, ficamos tentados a chamar de política esquerdista da melancolia. Numa primeira abordagem, essa designação só pode parecer um oximoro: a orientação revolucionária para o futuro não é o oposto do apego melancólico ao passado? Mas e se o futuro ao qual se deve ser fiel for *o futuro do próprio passado*, em outras palavras, o potencial emancipatório que não se realizou por causa do fracasso das tentativas passadas e, por essa razão, continua a nos perseguir? Em seus irônicos comentários sobre a Revolução Francesa, Marx contrapõe o entusiasmo revolucionário ao efeito sóbrio da "manhã seguinte": o resultado real da explosão revolucionária sublime, do Evento de liberdade, igualdade e fraternidade, é o universo utilitário/egoísta e mesquinho do cálculo de mercado. (Aliás, essa lacuna não é ainda maior no caso da Revolução de Outubro?) Entretanto, não devemos simplificar Marx: a questão aqui não é a ideia extraída do senso comum de que a realidade vulgar do comércio é a "verdade" do teatro do entusiasmo revolucionário, "ao qual tudo realmente se resume". Na explosão revolucionária como Evento, vemos brilhar outra dimensão utópica, a di-

---

[10] Foi exatamente Hegel que, em sua "crítica" da "liberdade abstrata" jacobina, percebeu a necessidade desse momento, desfazendo o sonho liberal de contornar 1794, isto é, passar diretamente de 1789 para a realidade burguesa cotidiana estabelecida. O sonho denunciado por Robespierre como sonho dos que querem "revolução sem revolução" é o sonho de ter 1789 sem 1793, de fazer a omelete sem quebrar os ovos...

mensão da emancipação universal que é precisamente o excesso traído pela realidade de mercado que toma conta do "dia seguinte"; como tal, esse excesso não é simplesmente abolido, desprezado por ser irrelevante, mas é, por assim dizer, *transposto para um estado virtual*, continuando a assombrar o imaginário emancipatório como um sonho que aguarda para se realizar. O excesso de entusiasmo revolucionário sobre sua própria substância ou "base social real" é, portanto, literalmente, o de um futuro do/no passado, um Evento espectral que aguarda sua encarnação apropriada.

Boa parte dos entusiasmados e românticos liberais que saudaram primeiro a Revolução Francesa ficou horrorizada com o Terror, a "monstruosidade" liberada pela revolução, e começou a duvidar de sua própria razão de ser. Aqui, a notável exceção é Shelley, que permaneceu fiel à revolução até o fim, sem idealizá-la, sem varrer o terror para debaixo do tapete; em seu poema *A revolta do Islã*, rejeitou a declaração reacionária de que o resultado trágico e violento era, de certa forma, a "verdade" das brilhantes esperanças revolucionárias e dos ideais de liberdade universal. Para Shelley, a história é uma série de resultados possíveis, a possibilidade tem prioridade sobre a realidade, há nela um excedente além de sua realização, a fagulha que persiste no subterrâneo, de modo que o fracasso imediato das tentativas emancipatórias assinala aos que abrigam aspirações revolucionárias futuras que elas devem se repetir *mais* radicalmente e *mais* compreensivamente.

Talvez a razão para Badiou negligenciar essa dimensão seja sua oposição crua demais entre a repetição e o corte do Evento, seu desdém pela repetição como obstáculo ao surgimento do Novo, em última análise como a própria pulsão de morte, o apego mórbido a alguma *jouissance* obscura que prende o sujeito no círculo vicioso autodestrutivo. Nesse sentido, a "vida" como categoria subjetiva de fidelidade ao Evento "mantém à distância o impulso de conservação (erradamente denominado 'instinto de vida'), assim como o impulso mortificante (instinto de morte). A vida é o que rompe as pulsões"[11]. Aqui, o que Badiou não vê é o fato de que, paradoxalmente, "pulsão de morte" é o nome freudiano de seu oposto, da maneira como surge a imortalidade dentro da psicanálise: o nome de um estranho excesso de vida, de uma ânsia "não morta" que persiste além do ciclo (biológico) de vida e morte, de geração e deterioração. Como tal, a pulsão de morte representa o próprio antípoda da tendência obscura de autoaniquilação ou autodestruição, como fica bem claro na obra de Wagner, que Badiou tanto admira. É exatamente a referência a Wagner que nos permite ver que a pulsão de morte freudiana não tem nada a ver com ânsia de autoextermínio, com volta à ausência inorgânica de toda tensão de vida. A pulsão de morte *não* reside no desejo de morrer, de encontrar a paz na morte, dos heróis de Wagner: ao contrário, é o próprio anverso de morrer, o nome

---

[11] Alain Badiou, *Logiques des mondes*, cit., p. 531.

392 / Em defesa das causas perdidas

da própria vida eterna "não morta", do horrível destino de permanecer preso ao ciclo repetitivo e interminável que consiste em perambular por aí cheio de culpa e de dor. Portanto, o falecimento final do herói wagneriano (a morte do holandês, de Wotan, de Tristão, de Amfortas) é o momento de libertação das garras da pulsão de morte. No terceiro ato, Tristão não se desespera por causa do seu medo de morrer: o que o deixa desesperado é que, sem Isolda, ele não pode morrer e está condenado à saudade eterna – ele aguarda ansioso a chegada dela para ser capaz de morrer. A possibilidade que teme não é morrer sem Isolda (o lamento mais comum do amante), mas viver eternamente sem ela.

A maior lição da psicanálise é que a vida humana nunca é "só vida": os seres humanos não estão simplesmente vivos, estão possuídos pela estranha pulsão de gozar a vida em excesso, apegados apaixonadamente a um excedente que se projeta e estraga o funcionamento comum das coisas. Esse excesso se inscreve no corpo humano sob o disfarce de uma ferida que torna o sujeito "não morto" e o priva da capacidade de morrer (além da ferida de Tristão e de Amfortas, há naturalmente *a* ferida, a que aparece em *Um médico rural**, de Kafka): quando a ferida sara, o herói pode morrer em paz. Essa noção da pulsão encarnada num órgão também nos permite propor uma correção da noção de Badiou sobre o corpo como procedimento-verdade: não há corpo da verdade, a verdade tem seus órgãos (sem corpo); em outras palavras, a verdade inscreve-se no corpo por meio do(s) seu(s) órgão(s) autonomizado(s). A ferida na parte inferior do peito da criança em *Um médico rural* é um desses órgãos: ela faz parte do corpo, mas projeta-se para fora dele, tem vida própria e imortal (não morta), pois secreta sangue o tempo todo, mas, por essa mesma razão, impede que a criança encontre a paz na morte.

É nesse ponto que devemos recorrer a Deleuze contra Badiou, à elaboração precisa de Deleuze sobre a repetição como a forma mesma do surgimento do Novo. É claro que Badiou é um pensador refinado demais para não perceber a dimensão eventual da repetição: em *Logiques des mondes*, quando desenvolve as três "destinações subjetivas" de um evento (fiel, reativa, obscura), ele acrescenta uma quarta, a da "ressurreição", a reativação subjetiva de um evento cujos traços foram obliterados, "recalcados" no inconsciente histórico-ideológico: "todo sujeito fiel pode reincorporar à sua presença eventual um fragmento de verdade que, no antigo presente, foi empurrado por baixo da barra da ocultação. É essa reincorporação que chamamos de ressurreição"[12]. O exemplo que ele desenvolve lindamente é o de Espártaco: apagado da história oficial, seu nome foi ressuscitado primeiro pela rebelião dos escravos negros no Haiti (Laveaux, o governador progressista, chamou Toussaint

---

*   3. ed., São Paulo, Brasiliense, 1994. (N. E.)

[12]   Alain Badiou, *Logiques des mondes*, cit., p. 75.

L'Ouverture de "Espártaco negro") e, um século depois, pelos dois "espartaquistas" alemães, Rosa Luxemburgo e Karl Liebknecht. Aqui, entretanto, o que importa é que Badiou evita chamar essa ressurreição de *repetição*...

Precisamos de um mundo novo?

A ambiguidade de Badiou em relação a essa questão fundamental gira em torno de sua tríade Ser-Mundo-Evento, que funciona da mesma maneira que a tríade Estético-Ético-Religiosa de Kierkegaard: a escolha é sempre entre dois termos, um ou/ou, isto é, os três termos não funcionam no mesmo nível ontológico. O mesmo acontece com o Imaginário (I)/Simbólico (S)/Real (R) de Lacan, ou com o Eu/Supereu/Isso de Freud: quando nos concentramos num termo, os outros dois se condensam num só (sob a hegemonia de um deles). Se nos concentramos no Imaginário, o Real e o Simbólico se contraem no oposto do Imaginário sob o domínio do Simbólico; se nos concentramos em R, I e S se contraem sob o domínio de S. (Aí reside a mudança da obra de Lacan anunciada pelo *Seminário VII*, sobre a ética da psicanálise: a passagem do eixo I-S para o eixo S-R.) Ou, no caso de Freud, se nos concentramos no Eu, seu oposto é o Isso (que abrange o supereu); e assim por diante[13].

Logiques des mondes encena a passagem do eixo Ser-Evento para o eixo Mundo-Evento. Isso significa que Ser, Mundo e Evento não formam uma tríade: ou temos a oposição entre Ser e Mundo (aparência), ou entre Mundo e Evento. Há uma conclusão inesperada a tirar disso: na medida em que (Badiou enfatiza essa questão várias vezes) um verdadeiro Evento não é apenas um gesto negativo, mas cria uma dimensão positiva do Novo, um Evento *é* a imposição de um mundo novo, de um novo Significante-Mestre (um novo Nomear, como explica Badiou, ou o que Lacan chamou de *"vers un nouveau signifiant"**). A verdadeira mudança eventual é a passagem do mundo velho para o novo.

Podemos até dar um passo a mais e introduzir aqui a dimensão da dialética: o Evento *pode* ser explicado pela tensão entre a multiplicidade do Ser e o Mundo, seu lugar é a torção sintomal do Mundo, é gerado pelo excesso do Ser sobre o Mundo (da presença sobre a re-presentação). Aqui, o enigma propriamente hegeliano não é "como um Evento, o surgimento de algo verdadeiramente Novo, é possível?", mas como passar do Ser para o Mundo, para a aparência (finita), isto é, como pode o Ser,

---

[13] A ironia, portanto, é que o título do primeiro grande livro de Badiou, *O ser e o evento* (Rio de Janeiro, Zahar, 1996), do qual *Logiques des mondes* é a segunda parte, deveria ser lido da mesma maneira que *O eu e o isso*, de Freud: como referência implícita ao terceiro termo que falta, *Mundo*, ou, no caso de Freud, *Supereu*.

* Rumo a um novo significante. (N. E.)

sua pura multiplicidade infinita, *aparecer* (para si)? Não que isso pressuponha um tipo de "negatividade" que, de algum modo, tenha de funcionar no meio do próprio Ser, alguma força (não de infinidade, mas ao contrário) de finitização, que Hegel chamava de "poder absoluto" de dilacerar o que, na realidade, está junto, de dar autonomia à aparência. Antes de qualquer "síntese", o Espírito é o que Kant chamou de "imaginação transcendental", o poder de abstrair, simplificar/mortificar, reduzir uma coisa a seu "traço unário" (*le train unaire*; *der einzige Zug*), para apagar sua riqueza empírica. O Espírito é o poder de dizer, quando confrontado com a riqueza confusa dos traços empíricos: "Nada disso importa realmente! Basta me dizer se o traço X está aí ou não!". E, na medida em que o mundo como tal é sustentado por um "ponto", por essa imposição violenta de um "traço unário", um mundo atonal e sem sentido não seria outro nome para a falta de mundo? O próprio Badiou afirmou recentemente que o nosso tempo é *vazio de mundanidade*, referindo-se ao trecho bastante conhecido do *Manifesto Comunista* de Marx sobre a força "desterritorializadora" do capitalismo, que dissolve todas as formas sociais fixas:

> O trecho no qual Marx fala da dessacralização de todos os laços sagrados nas águas geladas do capitalismo tem um tom entusiasmado; é o entusiasmo de Marx pelo poder dissolvente do Capital. O fato de o Capital ter-se revelado como poder material capaz de nos aliviar das imagens de "supereu" do Um e dos laços sagrados que o acompanham representa, de fato, seu caráter positivamente progressista, e é algo que continua a desdobrar-se até os dias atuais. Dito isso, o atomismo generalizado, o individualismo recorrente e, finalmente, o aviltamento do pensar em mera prática de administração, de governo de coisas ou de manipulação técnica, jamais me satisfariam como filósofo. Penso simplesmente que é no próprio elemento de dessacralização que devemos nos reconectar à vocação de pensar.[14]

Portanto, Badiou reconhece a condição *ontológica* excepcional do capitalismo, cuja dinâmica solapa todos os arcabouços estáveis de representação: a tarefa que normalmente seria realizada pela atividade político-crítica (ou seja, a tarefa de solapar o arcabouço representativo do Estado) já é realizada pelo próprio capitalismo; e isso constitui um problema para a noção de política "eventual" de Badiou. Nas formações pré-capitalistas, todo Estado, toda totalização representacional, implica uma exclusão inicial, um ponto de "torção sintomal", uma "parte de parte alguma", um elemento que, embora faça parte do sistema, não tem lugar apropriado dentro dele; e a política emancipatória tem de intervir a partir desse elemento excessivo ("supranumerário") que, embora faça parte da situação, não pode ser *explicado* nos termos da situação. Entretanto, o que acontece quando o sistema não exclui mais o excesso, mas postula-o diretamente como força propulsora – como ocorre no capitalismo, que só

---

[14] Alain Badiou, "L'entretien de Bruxelles", *Les temps modernes*, v. 526, 1990, p. 6.

pode se reproduzir por meio da autorrevolução constante, por meio da superação constante de seu próprio limite? Para usar termos mais simples: se o evento político, a intervenção emancipatória revolucionária num mundo histórico determinado, está sempre vinculado ao ponto excessivo de sua "torção sintomal", se, por definição, ele solapa os contornos desse mundo, então como definir a intervenção política emancipatória num universo que, em si, já é sem mundo, e que, para sua reprodução, não precisa mais ser contido pelas restrições de um "mundo"? Como observou Alberto Toscano numa análise perspicaz, aqui Badiou é pego em incoerência: tira a conclusão "lógica" de que, num universo "sem mundo" (que é o universo do capitalismo global de hoje), o objetivo da política emancipatória deveria ser o extremo oposto de seu *modus operandi* "tradicional"; a tarefa hoje é formar um mundo novo, propor novos Significantes-Mestres que permitam o "mapeamento cognitivo":

> [...] embora nos textos teóricos de Badiou sobre o surgimento de mundos ele argumente de modo convincente que os eventos engendram a *disfunção* dos mundos e de seus regimes transcendentais, em sua "ontologia do presente" Badiou defende a necessidade, em nossa época "interválica" ou sem mundo, de *construir* um mundo, de modo que aqueles hoje excluídos possam vir a inventar novos nomes, nomes capazes de sustentar novos procedimentos-verdade. Como diz ele, "sustento que estamos num momento muito especial, um momento *em que não há nenhum mundo*". Em consequência: "A filosofia não tem alvo legítimo além de ajudar a encontrar os novos nomes que trarão à vida o mundo desconhecido que só está à nossa espera porque esperamos por ele". Numa inversão peculiar de algumas características fundamentais de sua doutrina, parece que aqui Badiou defende, até certo ponto, uma tarefa de "ordenamento" que, inevitável e talvez erroneamente, soe para alguns como o *slogan* agora ubíquo: "Outro mundo é possível".[15]

Essa incoerência nos leva de volta ao tópico da "negação determinada": a tarefa de "ordenamento" de construir um mundo novo é um tipo de "retorno do recalque", não só do recalque da teoria de Badiou, como também do recalque do evento político propriamente dito que, para Badiou, serve de principal ponto de referência contemporâneo e que, como vimos, fracassou exatamente nessa tarefa de "ordenamento": a Revolução Cultural maoista.

As lições da Revolução Cultural

Então, para Badiou, qual é o resultado histórico (a lição) da Revolução Cultural? É difícil deixar de ver a ironia do fato de que Badiou, que se opõe de modo ferrenho à noção do ato como negativo, localize a importância histórica da Revolução Cultural maoista exatamente em assinalar

---

[15] Alberto Toscano, "From the State to the World? Badiou and Anti-Capitalism", *Communication & Cognition*, v. 36, 2003, p. 1-2.

396 / Em defesa das causas perdidas

o fim do Estado-partido como produção central da atividade política revolucionária. Em termos mais gerais, a Revolução Cultural mostrou que não era mais possível atribuir as ações da massa revolucionária ou os fenômenos organizacionais à lógica estrita da representação de classe. É por isso que continua a ser um episódio político da mais alta importância.

Essas linhas são de um texto de Badiou, "La Révolution Culturelle: La dernière révolution?"[16] [A Revolução Cultural: A última revolução?], cujo próprio título indica um paralelo inesperado com Heidegger: para Badiou, a Revolução Cultural ocupa o mesmo lugar estrutural que a revolução nazista ocupava para Heidegger, o de envolvimento político mais radical cujo fracasso assinala o fim do (modo tradicional de) envolvimento político como tal. A conclusão do texto de Badiou reitera enfaticamente essa questão:

> No fim, a Revolução Cultural, mesmo em seu próprio impasse, confirma a impossibilidade de, verdadeira e globalmente, libertar a política do arcabouço do Estado-partido que a aprisiona. Ela marca a experiência insubstituível de saturação, porque a vontade violenta de encontrar um novo caminho político, relançar a revolução e achar novas formas de luta dos trabalhadores sob as condições formais do socialismo redundou em fracasso quando confrontada com a manutenção necessária, por razões de ordem pública e de recusa à guerra civil, da estrutura geral do Estado-partido.

Portanto, a importância fundamental da última explosão revolucionária verdadeiramente grande do século XX é *negativa*, reside em seu próprio fracasso, que marca a exaustão da lógica partidária/de Estado do processo revolucionário. Mas e se dermos um passo adiante e concebermos ambos os polos, a apresentação (auto-organização "direta" extra-Estado das massas revolucionárias) e a representação, como polos interdependentes, de modo que, num paradoxo verdadeiramente hegeliano, o fim da forma Estado-partido da atividade revolucionária guiada pelo *télos* de "tomar o poder do Estado" seja, ao mesmo tempo, o fim de todas as formas de auto-organização "direta" (não representacional), como os conselhos de trabalhadores e outras formas de "democracia direta"?

Em *Logiques des mondes*, seu livro mais recente, Badiou defende esse mesmo ponto a respeito da Revolução Cultural, mas a ênfase muda de forma quase imperceptível:

> Com efeito, a Revolução Cultural pôs à prova, para todos os revolucionários do mundo, os limites do leninismo. Ela nos ensinou que a política de emancipação não pode mais submeter-se ao paradigma da revolução nem permanecer cativa da forma-partido. Simetricamente, não pode inscrever-se nos aparelhos eleitoral e parlamentar. Tudo começa – e este é o gênio sombrio da Revolução Cultural – quando, ao saturar no real as hipóteses anteriores, os universitários e os Guardas Vermelhos da escola secundária, e depois os

---

[16] Artigo de 2002, apresentado em conferência e traduzido por Bruno Bosteels.

operários de Xangai, entre 1966 e 1968, receitaram para as décadas por vir a *realização afirmativa* desse começo. Mas a fúria deles estava ainda tão presa àquilo contra o qual se erguiam que só exploraram esse começo do ponto de vista da pura negação.[17]

Há uma tensão entre essas duas interpretações. De acordo com "La Révolution Culturelle: La dernière révolution?", o fracasso da Revolução Cultural "confirma a impossibilidade de, verdadeira e globalmente, libertar a política do arcabouço do Estado-partido que a aprisiona", e a causa desse fracasso é especificada no nível do senso comum ("a manutenção necessária, por razões de ordem pública e de recusa à guerra civil, da estrutura geral do Estado-partido", em resumo, as exigências do "serviço dos bens": seja qual for a perturbação revolucionária, a vida tem de continuar, todos têm de trabalhar, consumir etc., e a única agência para fazer isso era o Estado-partido... Em termos pessoais, não haveria Mao Tsé-tung sem Chu En-Lai para garantir que o Estado funcionaria de algum modo durante a turbulência da Revolução Cultural). Contrariamente à afirmação sobre a impossibilidade de libertar a política *do* arcabouço do Estado-partido, o trecho de *Logiques des mondes* percebe a lição da Revolução Cultural na impossibilidade de buscar a atividade política radical *dentro* do arcabouço do Estado-partido ("a política de emancipação não pode mais submeter-se ao paradigma da revolução nem permanecer cativa da forma-partido"). Assim, não podemos praticar a política revolucionária fora do arcabouço do Estado-partido nem praticá-la dentro desse arcabouço. Não admira que, em *Logiques des mondes*, ao confrontar a questão principal, – "a 'Ideia eterna' da política revolucionária igualitária, com seus quatro componentes (igualdade, terror, voluntarismo, confiança no povo), está enraizada no modelo partidário-estadista, com base num Estado revolucionário, que exauriu seu potencial na Revolução Cultural, com a consequência de termos de abandoná-la, ou é verdadeiramente 'eterna' e, como tal, aguarda ser reinventada em nossa época pós-revolucionária?"[18] –, Badiou dá uma resposta que não convence:

> Com efeito, o que constitui a subjetividade transmundana da figura do revolucionário de Estado é precisamente o fato de que ela tenta fazer com que a separação entre Estado e política revolucionária predomine, mas com a distorção de *tentar fazê-lo dentro do poder estatal*. Em consequência, a figura em questão só existe se pressupusermos essa separação. É também por isso que ela só é filosoficamente construível hoje, depois que

---

[17] Alain Badiou, *Logiques des mondes*, cit., p. 543-4.

[18] Quando Badiou fala de "verdades eternas", verdades trans-históricas cuja universalidade atravessa mundos históricos específicos, horizontes de sentido, essa universalidade não é uma universalidade mítica de um arquétipo junguiano (ainda que a descrição que faz da Ideia de cavalo, desde as pinturas rupestres até Picasso, chegue às vezes perigosamente perto disso), mas a universalidade sem sentido do Real, ou o que Lacan chama de "matema".

o novo pensamento político tornou cogitável e praticável situar-se, para pensar a ação, dentro de uma política para a qual o poder estatal não é objetivo nem norma.[19]

A solução que Badiou dá a esse impasse (nem dentro nem fora da forma estatal) é: *a certa distância da* forma estatal – no exterior, mas não um exterior que seja destrutivo da forma estatal; trata-se antes de um gesto de "subtrair-se" da forma estatal sem destruí-la. Aqui, a verdadeira pergunta é: como operacionalizar essa exterioridade em relação ao Estado? Como a Revolução Cultural assinala o fracasso da tentativa de destruir o Estado por dentro, abolir o Estado, a alternativa será simplesmente aceitar o Estado como fato, como aparelho que cuida do "serviço dos bens", e trabalhar a certa distância dele (bombardeando-o com exigências e proclamações impositivas)? Mas essa posição não se aproxima da de Simon Critchley, que, como vimos, defende que a política emancipatória é

> encenada ou até simplesmente realizada – prática, situacional e localmente – à distância do Estado. [...] Ela questiona o Estado, chama a ordem estabelecida a prestar contas, não para se livrar do Estado, por mais que isso seja desejável em sentido utópico, mas para melhorá-lo ou atenuar seus efeitos malévolos.

A principal ambiguidade dessa posição está num estranho *non sequitur*: se o Estado veio para ficar, se é impossível abolir o Estado (e o capitalismo), por que agir à distância do Estado? Por que não agir *com o (dentro do) Estado*? Por que não aceitar a premissa básica da terceira via?

Em outras palavras, a posição de Critchley (e de Badiou) não é confiar no fato de que *outro alguém* assumirá a tarefa de administrar a máquina do Estado, permitindo que nos dediquemos a manter a distância crítica? Além disso, se o espaço da política emancipatória é definido pela distância do Estado, não estaremos abandonando depressa demais o campo (do Estado) ao inimigo? Não é fundamental *qual* forma assume o poder do Estado? Essa posição não leva à redução dessa questão fundamental a uma posição secundária: em última análise, não importa, na verdade, que tipo de Estado temos[20]?

Assim, quando Badiou afirma que os Guardas Vermelhos "receitaram para as décadas por vir a *realização afirmativa* desse começo, do qual eles mesmos exploraram apenas a face de pura negação, já que sua fúria continuava presa àquilo contra o qual se erguiam", essa "realização afirmativa" será a invenção de um novo modo de se livrar do Estado, de "aboli-lo", ou será a mera distância em relação ao Estado, ou, de modo muito mais radical, uma nova *apropriação* do aparelho estatal?

---

[19] Alain Badiou, *Logiques des mondes*, cit., p. 547.
[20] Com a tentação de dar ainda mais um passo e dizer que é *melhor* ter um "mau" Estado, porque, dessa maneira, as linhas de demarcação são traçadas com clareza; a mesma lógica levou os comunistas alemães a afirmar, em 1933, que Hitler era melhor do que a democracia de Weimar; com Hitler, sabemos com que estamos lidando, a luta é clara...

Entretanto, há outro aspecto ainda mais importante do fracasso da Revolução Cultural. Badiou lê esse fracasso – e, em termos mais gerais, o falecimento do comunismo – como sinal do fim da época em que, na política, era possível gerar a verdade em nível universal, como projeto (revolucionário) global: hoje, depois dessa derrota histórica, a verdade política só pode ser gerada como (fidelidade a) um evento local, uma luta local, uma intervenção numa constelação específica. Mas com isso ele não endossa sua própria versão de pós-modernismo, a noção de que, hoje, somente são possíveis atos locais de "resistência"? O que parece faltar a Badiou (como a Laclau e Butler) é uma metateoria da história que ofereça uma resposta clara à alternativa que persegue as teorizações "pós-modernas" da política: a passagem das histórias "grandes" para as "pequenas", do essencialismo para a contingência, da política global para a local, e assim por diante, é em si uma mudança histórica, de modo que, antes dela, a política universal *era* possível, ou a noção do caráter local das intervenções políticas é uma noção da própria essência da política, de modo que a crença anterior na possibilidade de intervenção política universal era uma ilusão ideológica?

Nessa linha, Badiou relegou recentemente o capitalismo ao "pano de fundo" naturalizado de nossa constelação histórica: o capitalismo como "sem mundo" não faz parte de uma situação específica, é o pano de fundo abrangente contra o qual surgem situações específicas. É por isso que não faz sentido insistir na "política anticapitalista": a política é sempre uma intervenção numa situação particular, contra agentes específicos; não se pode "combater" diretamente o próprio pano de fundo neutro. Não se combate o "capitalismo", combate-se o governo norte-americano, suas decisões e medidas etc.

Mas, mesmo assim, esse pano de fundo global não se faz sentir, de vez em quando, como uma limitação muito brutal e palpável? A história recorrente da esquerda contemporânea é a de um líder ou partido eleito com entusiasmo universal, que promete um "mundo novo" (Mandela, Lula) – porém, cedo ou tarde, em geral depois de alguns anos, eles tropeçam no dilema básico: ousamos tocar nos mecanismos capitalistas ou decidimos "entrar no jogo"? Caso perturbem os mecanismos, logo são "punidos" com distúrbios no mercado, caos econômico e tudo mais. Assim, embora seja verdade que o anticapitalismo não pode ser diretamente a meta da ação política – na política, a oposição é feita a agentes políticos concretos e a suas ações, não a um "sistema" anônimo –, aqui se deveria aplicar a distinção lacaniana entre meta e alvo: embora não seja a meta imediata da política emancipatória, o anticapitalismo deveria ser seu principal alvo, o horizonte de toda a sua atividade. Não é essa a lição que se tira da noção de "crítica da economia *política*" de Marx (totalmente ausente em Badiou)? Embora a esfera da economia pareça "apolítica", ela é o ponto de referência secreto e o princípio estruturador das lutas políticas.

Alguns dias antes das eleições municipais e senatoriais na República Checa, em 16 de outubro de 2006, o Ministério do Interior proibiu a organização da Liga da

Juventude Comunista [em checo, KSM]. Qual foi a "ideia criminosa" por conta da qual, de acordo com o Ministério do Interior, a KSM mereceu ser proibida? O fato de que seu programa defende a transformação da propriedade privada dos meios de produção em propriedade social, contradizendo, portanto, a constituição checa... Afirmar que a exigência de propriedade social dos meios de produção é crime é dizer que o pensamento esquerdista moderno tem raízes criminosas[21].

O ato propriamente dito é precisamente uma intervenção que não age apenas *dentro* de um pano de fundo dado, mas perturba suas coordenadas e, portanto, torna-o visível *como* pano de fundo. Assim, na política contemporânea, a condição *sine qua non* do ato é que perturbe o *status* de pano de fundo da economia, tornando palpável sua dimensão política (e é por isso que Marx escreveu sobre a economia *política*). Recordemos a observação incisiva de Wendy Brown de que "se o marxismo teve algum valor analítico para a teoria política, não foi na insistência de que o problema da liberdade estava contido nas relações sociais implicitamente declaradas 'apolíticas' – isto é, naturalizadas – no discurso liberal?"[22]. É por isso que "pareceria que a adoção da política contemporânea de identidade norte-americana foi obtida, em parte, por meio de certa renaturalização do capitalismo"[23]. Portanto, a pergunta fundamental que devemos fazer é:

> [...] até que ponto uma crítica do capitalismo é foracluída pela configuração atual da política de oposição, e não simplesmente pela "perda da alternativa socialista" ou pelo ostensivo "triunfo do liberalismo" na ordem global. Em contraste com a crítica marxista do todo social e da visão marxista de transformação total, até que ponto a política de identidade exige um padrão interno à sociedade existente contra o qual mensurar suas reivindicações, um padrão que não só preserva o capitalismo de críticas, como também sustenta a invisibilidade e a inarticulação da classe – não incidente, mas endemicamente? Será que tropeçamos numa das razões pelas quais a classe é invariavelmente citada, mas raramente teorizada ou elaborada no mantra multicultural, "raça, classe, gênero, orientação sexual"?[24]

Embora o universalismo de Badiou seja, é claro, radicalmente oposto à política de identidade, ele não partilha com ela essa "renaturalização" do capitalismo sob o disfarce de redução do capitalismo a um pano de fundo onipresente das lutas polí-

---

21 Essa tendência faz parte do fenômeno curioso, mas sintomático, do "anticomunismo atrasado", que se desenvolveu depois de 2000 na maioria dos países pós-comunistas do Leste europeu (Lituânia, Polônia, República Checa, Hungria, Eslovênia...): a tentativa de criminalizar diretamente o comunismo, de colocá-lo no mesmo nível do fascismo e do nazismo (proibindo a exibição pública de símbolos, inclusive a estrela vermelha). É fácil demonstrar que essa "igualdade" é falsa, ou seja, que implicitamente o comunismo é elevado a Crime primário, e o fascismo é reduzido a uma espécie de arremedo de homicídio político, uma reação e uma imitação do comunismo.

22 Wendy Brown, *States of Injury* (Princeton, New Jersey, Princeton University Press, 1995), p. 14.

23 Ibidem, p. 60.

24 Ibidem, p. 61.

ticas? Além disso, a ironia aqui é que essa "renaturalização" do capitalismo num pano de fundo pressuposto é o ingrediente ideológico básico do que Fukuyama chamou de Fim da História. A opção óbvia a respeito de Fukuyama parece ser: ou se aceita sua tese pseudo-hegeliana sobre o Fim da História, sobre a forma racional finalmente encontrada de vida social, ou se enfatiza que as lutas e a contingência histórica continuam, que estamos longe de todo e qualquer Fim da História. Minha posição é que nenhuma das duas opções é verdadeiramente hegeliana. É claro que se deve rejeitar a noção ingênua do Fim da História no sentido de conciliação efetuada, de batalha, em princípio, já ganha; entretanto, com a atual ordem democrático-liberal capitalista global, com esse regime de "reflexividade global", *chegamos a* um rompimento qualitativo com toda a história até agora, de certa forma a história *chegou* ao fim, vivemos *de fato* numa sociedade pós-histórica. O historicismo globalizado e a contingência são indicadores definitivos desse "fim da história". Assim, podemos dizer que se deve de fato afirmar que, hoje, embora a história não esteja no fim, a própria noção de "historicidade" funciona de um modo diferente de antes. Isso significa que, paradoxalmente, a "renaturalização" do capitalismo e a experiência de nossa sociedade como sociedade de risco reflexivo, na qual os fenômenos são vivenciados como contingentes, como resultado de uma construção historicamente contingente, são dois lados da mesma moeda[25].

A noção predominante de ideologia é que ela fixa ou "naturaliza" o que, de fato, é resultado contingente de um processo histórico; o antídoto, portanto, é ver as coisas como dinâmicas, como parte de um processo histórico. Entretanto, hoje, quando a noção de contingência e historicidade universal faz parte da ideologia hegemônica, seria melhor inverter o ponto de vista ideológico-crítico e perguntar: o que é que *continua igual* no tão louvado dinamismo nômade da sociedade contemporânea? É claro que a resposta é o capitalismo, as relações capitalistas. E aqui a relação entre o Mesmo e o que mudou é propriamente dialética: o que continua igual – as relações capitalistas – é a própria constelação que instiga a mudança incessante, já que a característica mais profunda do capitalismo é sua dinâmica de autorrevolução permanente. Se fôssemos realizar uma mudança verdadeiramente radical, uma mudança das próprias relações capitalistas, isso cortaria precisamente as raízes sob a dinâmica social incessante da vida capitalista.

Qual subtração?

É preciso estar sempre atento quando adversários começam a falar a mesma língua, a partilhar uma premissa – via de regra, esse ponto em comum é seu ponto

---

[25] Agradeço a Saroj Giri (Nova Délhi), que elaborou com detalhes esse vínculo entre a afirmação da contingência político-social e a elevação do capitalismo a necessidade natural(izada).

sintomal. Vejamos três filósofos contemporâneos tão diferentes quanto Badiou, Critchley e Negri: como vimos, eles têm em comum a premissa de que a era da política do Estado-partido, na qual o alvo principal é tomar o controle do aparelho de Estado, acabou – a partir de agora, a política deveria subtrair-se do domínio do Estado, criando espaços do lado de fora, "locais de resistência". O anverso dessa mudança é a aceitação do capitalismo como "pano de fundo" de nossa vida: a lição que se tira da queda dos Estados comunistas é que não tem sentido "combater o capitalismo"... É desse espaço em comum que deveríamos nos "subtrair": "a resistência se apresenta como êxodo, como partida para fora do mundo"[26].

Numa entrevista recente, Alain Badiou expôs o âmago do diagnóstico político que faz da nossa difícil situação[27]. Começa traçando uma linha distintiva entre comunismo e marxismo: Badiou ainda se considera comunista ("comunismo no 'sentido genérico' significa simplesmente que todos são iguais entre si dentro da multiplicidade e da diversidade das funções sociais"). "Marxismo, porém, é outra coisa." O âmago do marxismo é o que Lenin chamou de "ABC do comunismo": "as massas se dividem em classes, as classes são representadas por partidos e os partidos, dirigidos por líderes". É isso que hoje não se sustenta mais: as massas desorganizadas do capitalismo global não se dividem mais em classes à maneira marxista clássica, e embora a tarefa ainda seja organizar politicamente as massas, isso não pode mais ser feito à maneira antiga do partido de classe.

> O modelo do partido centralizado tornou possível uma nova forma de poder que nada mais era que o poder do próprio partido. Agora, estamos a uma certa "distância do Estado", como costumo dizer. Em primeiro lugar, porque a questão do poder não é mais "imediata": hoje, em lugar nenhum a "tomada do poder", no sentido insurrecional, parece possível.

Aqui, é preciso observar três pontos. Em primeiro lugar, a definição ambígua de comunismo: igualdade "dentro da multiplicidade e da diversidade das funções sociais"; o que essa definição evita é a desigualdade gerada por essa mesma "multiplicidade e diversidade das funções sociais". Em segundo lugar, a noção de antagonismo de classe como simplesmente "as massas divididas em classes" o reduz a uma subdivisão dentro do corpo social, ignorando seu *status* de corte que atravessa todo o corpo social. Em terceiro lugar, qual é o status exato da impossibilidade da tomada revolucionária do poder? É um mero revés temporário, um sinal de que vivemos uma situação não revolucionária, ou indica a limitação do modelo de revolução do Estado-partido? Badiou opta pela segunda versão.

---

[26] Antonio Negri, *Goodbye Mister Socialism* (Paris, Seuil, 2006), p. 125. [Ed. port.: *Adeus, sr. Socialismo*, Porto, Ambar, 2007.]

[27] Filippo Del Lucchese e Jason Smith, "'We Need a Popular Discipline': Contemporary Politics and the Crisis of the Negative", entrevista com Alain Badiou, Los Angeles, 2 jul. 2007.

Nessa nova situação, precisamos de uma nova forma de política, a "política de subtração", dos processos políticos que são "independentes – 'subtraídos' – do poder do Estado. Ao contrário da forma insurrecional do partido, essa política de subtração não é mais imediatamente destrutiva, antagônica nem militarizada". Essa política fica à distância do Estado, não é mais "estruturada nem polarizada de acordo com a pauta e o cronograma fixados pelo Estado". Como devemos pensar essa exterioridade em relação ao Estado? Aqui, Badiou propõe sua principal distinção conceitual, aquela entre destruição e subtração:

[a subtração] não é mais dependente das leis dominantes da realidade política de uma situação. Entretanto, também é irredutível à destruição dessas leis. A subtração pode deixar as leis da situação ainda em seu lugar. O que a subtração faz é criar um ponto de autonomia. É uma negação, mas não pode ser identificada com a parte propriamente destrutiva da negação. [...] Precisamos de uma "subtração originária", capaz de criar um novo espaço de independência e autonomia a partir das leis dominantes da situação.

A categoria filosófica subjacente que Badiou problematiza aqui é a noção hegeliana de "negação determinada", de uma negação/destruição cujo resultado não é zero: "Ao contrário de Hegel, para quem a negação da negação produz uma nova afirmação, acho que devemos afirmar que hoje a negatividade, propriamente falando, não cria nada novo. Destrói o velho, é claro, mas não dá origem a uma nova criação".

É fundamental esse vínculo entre a política revolucionária e a dialética hegeliana: "Assim como o partido, que já foi a forma vitoriosa da insurreição, está superado hoje, a teoria dialética da negação também está". Infelizmente, isso leva Badiou a um pseudoproblema de "ajuste ou calibragem entre a parte propriamente negativa da negação e a parte que chamei de 'subtrativa'":

O que chamo de "negação fraca", a redução da política à oposição democrática, pode ser compreendido como uma subtração que se afastou tanto da negação destrutiva que não pode mais ser distinguida do que Habermas chama de "consenso". Por outro lado, assistimos também a uma tentativa desesperada de manter a destruição como figura *pura* da criação e do novo. Esse sintoma costuma ter uma dimensão religiosa e niilista.

Em resumo, a tarefa é encontrar a medida adequada entre a subtração democrática pura, privada de seu potencial destrutivo, e a negação puramente destrutiva ("terrorista"); o problema aqui é que essa "disjunção interna da negação", em seus aspectos destrutivo e subtrativo, reproduz exatamente a disjunção para a qual a noção hegeliana de "negação determinada" tentou apresentar uma solução. (Badiou sabe muito bem que não se deve renunciar à violência; deve-se, antes, reconceituá-la como violência defensiva, como defesa do espaço autônomo criado pela subtração, à semelhança dos zapatistas que defendem seu território libertado.) O exemplo que Badiou usa para essa "medida adequada", o do movimento Solidariedade na Polônia, provoca mais perguntas do que respostas:

[O Solidariedade praticava] uma nova dialética entre os meios de ação classicamente entendidos como negativos – greve, manifestações etc. – e algo como a criação de um espaço de autonomia nas fábricas. O objetivo não era tomar o poder, substituir o poder existente, mas forçar o Estado a inventar uma nova relação com os trabalhadores.

Entretanto, a razão por que essa experiência foi tão breve, como observa o próprio Badiou, é que ela funcionou claramente como a segunda das três fases da dissidência: (1) criticar o regime em seus próprios termos ("Queremos o socialismo de verdade!", isto é, a crítica ao partido dominante é: "Vocês traíram suas próprias raízes socialistas"); (2) diante do contra-argumento do partido dominante de que essa adesão ao socialismo é hipócrita, confessar claramente: "Sim, *estamos* fora do âmbito da ideologia socialista dominante, *mas* não queremos o poder, só a nossa autonomia; além disso, exigimos que os que estão no poder respeitem algumas regras éticas elementares (direitos humanos etc.); (3) diante da objeção do partido dominante de que essa falta de interesse pela tomada do poder é hipócrita, que os dissidentes querem o poder na verdade, confessar claramente: "Sim, por que não? Nós *queremos* o poder...".

O outro exemplo de Badiou, o do Hezbollah no Líbano, com sua relação ambígua com o poder estatal (participando dele, mas mantendo distância ao mesmo tempo, ressuscitando algo como a velha noção leninista de "duplo poder" – que para Lenin também era uma tática temporária de preparar o terreno para mais tarde tomar o poder), dá origem a outro problema: o fundamento religioso desses movimentos. Badiou afirma que "há uma limitação interna nesses movimentos, por estarem presos à particularidade religiosa". Entretanto, essa limitação seria apenas de curto prazo, como Badiou parece inferir, algo que esses movimentos superarão (terão de superar) no famoso segundo estágio "mais elevado" de seu desenvolvimento, quando se universalizarão (terão de se universalizar)? Badiou está certo ao observar que o problema aqui não é a religião como tal, mas sua particularidade – e *agora* essa particularidade não será uma limitação fatal desses movimentos, cuja ideologia assume uma forma diretamente contra o Esclarecimento?

A resposta adequada à versão de Badiou para a política de Bartleby deveria ser hegeliana: todo o problema da "medida adequada" é falso. A subtração *é* a "negação da negação" (ou a "negação determinada"); em outras palavras, em vez de destruir-negar diretamente o poder dominante, permanecendo em seu campo, ela solapa esse mesmo campo, criando um novo espaço positivo. A questão é que há subtrações e subtrações; o próprio Badiou comete uma regressão conceitual sintomática quando classifica a posição social-democrata como subtração pura: a subtração democrática é subtração nenhuma. São antes os terroristas "niilistas" que subtraem, criando seu espaço de identidade religiosa fundamentalista: neles, a destruição radical *se sobrepõe à* subtração radical. Outra subtração "pura" é o afastamento meditativo pregado pela *new-age*, que cria um espaço próprio ao mesmo tempo em que deixa a esfera da realidade social do jeito que é. (Também há destruição *pura*: as explosões de violência "sem sentido", como os carros incendiados nas *banlieues* francesas em 2005.) Então, quando a subtração é realmente criadora de um novo espaço? A única resposta adequada é: *quando solapa as coordenadas do mesmo sistema do qual se subtrai*, atacando o ponto de sua "torção sintomal". Imaginemos o famoso castelo de cartas, ou uma pilha de peças de madeira que se apoiam umas nas outras de maneira tão complexa que, se uma única carta ou peça de madeira for tirada – *subtraída* –, o edifício todo desmorona: *essa* é a verdadeira arte da subtração.

Recordemos a trama do *Ensaio sobre a lucidez*, de Saramago, em que os eleitores em massa se recusam a votar e anulam seus votos, deixando em pânico todo o *establishment* político (o bloco dominante *e* a oposição): esse ato os deixa numa situação de responsabilidade radical para com seu tema. Esse ato é subtração em seu aspecto mais puro: um simples gesto de recusa de participar de um ritual legitimador faz o poder estatal parecer suspenso acima do abismo. Como seus atos não estão mais cobertos pela legitimação democrática, os que detêm o poder se veem de repente privados da opção de responder aos manifestantes: "Quem são vocês para nos criticar? Somos um governo eleito, podemos fazer o que quisermos!". Sem legitimidade, têm de conquistá-la pelo modo mais difícil, por seus atos. Lembro-me dos últimos anos do domínio comunista na Eslovênia: nunca houve um governo mais ansioso para conquistar a legitimidade e fazer algo pelo povo, tentando agradar a todos, exatamente porque os comunistas detinham um poder que, como todos sabiam, inclusive eles mesmos, não era democraticamente legitimado. Como sabiam que seu fim estava próximo, os comunistas sabiam também que seriam julgados com severidade...

Aqui surge uma observação óbvia: já não é isso que acontece hoje, com a crescente indiferença e abstenção dos eleitores? Os que estão no poder não sentem nenhuma ameaça nesses fenômenos, então onde está a vantagem subversiva? A resposta é que é preciso se concentrar no grande Outro: a maioria dos que não votam não age assim como gesto ativo de protesto, mas porque confia nos outros ("Não voto, mas conto com os outros para votar em meu lugar..."). Não votar se torna um ato quando afeta o grande Outro.

Nesse sentido exato, a subtração *já é* a "negação da negação" hegeliana: a primeira negação é a destruição direta, ela "nega"/destrói violentamente o conteúdo positivo ao qual se opõe dentro do mesmo campo de realidade; a subtração propriamente dita, ao contrário, muda as coordenadas do próprio campo no qual ocorre a luta. Em algumas formulações de Badiou, esse ponto crucial se perde. Peter Hallward chamou a atenção para a multiplicidade de sentidos da "subtração"

406 / Em defesa das causas perdidas

badiouniana – como se essa noção cobrisse uma "família" wittgensteiniana de sentidos[28]. O eixo principal é entre a subtração enquanto "afastamento de" (do domínio do Estado, criando um espaço próprio) e a subtração enquanto "redução à mínima diferença" (passar da multiplicidade para o antagonismo básico e, assim, traçar a linha real de separação). A difícil tarefa é dar um passo em que essas duas dimensões se sobreponham.

A subtração que devemos fazer é aquela *a partir* do campo hegemônico que, ao mesmo tempo, intervém forçosamente *nesse* campo, reduzindo-o à sua mínima diferença ocluída. Essa subtração é extremamente violenta, ainda mais violenta do que a destruição/purificação: é uma redução à mínima diferença, à diferença entre parte(s) e parte alguma, 1 e 0, grupos e proletariado. Não é apenas uma subtração do sujeito *do* campo hegemônico, mas uma subtração que *afeta* violentamente esse mesmo campo, pondo a nu suas verdadeiras coordenadas. Essa subtração não acrescenta uma terceira posição às duas cuja tensão caracteriza o campo hegemônico (de modo que, agora, além de liberalismo e de fundamentalismo, temos também a política emancipatória esquerdista radical); esse terceiro termo, na verdade, "desnaturaliza" todo o campo hegemônico, trazendo à luz a cumplicidade subjacente dos polos opostos que o constituem.

Vejamos *Romeu e Julieta*, de Shakespeare: a oposição hegemônica é entre Capuletos e Montecchios – é a oposição entre a ordem positiva de Ser, a questão estúpida de pertencer a um clã familiar específico, este ou aquele. Transformar essa questão numa "diferença mínima", subordinar todas as outras opções a ela como a única que realmente importa, é o passo errado. O gesto de Romeu e Julieta em relação a essa oposição hegemônica é precisamente de subtração: seu amor os singulariza, eles se subtraem de seu domínio e compõem seu próprio espaço de amor – que perturba a oposição hegemônica no momento em que é praticado como casamento, e não apenas como um caso secreto e transgressor. O que é fundamental observar aqui é que esse gesto subtrativo em nome do amor só "funciona" em relação às diferenças "substantivas" de domínios particulares (étnicos, religiosos), não em relação às diferenças de classe: as diferenças de classe são "não subtrativas", não é possível subtrair-se delas porque não são diferenças entre regiões específicas do ser social, mas cortes que atravessam todo o espaço social. Quando confrontado com uma diferença de classe, só há duas soluções para o laço amoroso, ou seja, o casal *tem* de tomar partido: ou o parceiro de classe mais baixa é aceito generosamente pela classe mais alta, ou o parceiro de classe mais alta renuncia a sua classe, num gesto político de solidariedade com a classe subalterna.

---

[28] Ver Peter Hallward, *Badiou: A Subject to Truth* (Minneapolis, Minnesota, University of Minnesota Press, 2003).

Aí reside o dilema da subtração: trata-se de uma subtração/afastamento que deixa intacto o campo do qual se subtrai (ou até funciona como seu complemento inerente, como a "subtração" da realidade social para o verdadeiro eu, proposta pela meditação *new-age*), ou que abala violentamente o campo do qual se retira? A primeira subtração encaixa-se com perfeição na biopolítica pós-política; qual seria então o oposto da biopolítica?

Deem uma chance à ditadura do proletariado!

E se assumirmos o risco de ressuscitar a boa e velha "ditadura do proletariado" como única maneira de romper com a biopolítica? Hoje, isso só pode soar ridículo; só podem parecer dois termos incompatíveis, de campos diferentes, sem nenhum espaço em comum: a análise mais recente do poder político contra a mitologia comunista arcaica e desacreditada... Ainda assim, hoje é a única escolha verdadeira. A expressão "ditadura do proletariado" continua a apontar o problema-chave.

Aqui surge uma observação inspirada no senso comum: por que ditadura? Por que não a verdadeira democracia, ou simplesmente o poder do proletariado? A expressão "ditadura do proletariado" continua a apontar o problema crucial. "Ditadura" não significa o oposto de democracia, mas sim o próprio modo subjacente de funcionamento da democracia; desde o princípio, a tese da "ditadura do proletariado" envolveu o pressuposto de que ela é o oposto da(s) outra(s) forma(s) de ditadura, já que todo o campo do poder estatal é o da ditadura. Quando Lenin designou a democracia liberal como uma forma de ditadura burguesa, ele não estava afirmando a noção simplista de que a democracia é realmente manipulada, uma simples fachada, de que há, na verdade, um grupo secreto no poder que controla tudo e que, se ameaçado de perder o poder em eleições democráticas, mostrará sua verdadeira face e assumirá o poder direto. O que ele quis dizer é que a própria *forma* do Estado democrático-burguês, a soberania de seu poder com seus pressupostos político-ideológicos, incorpora uma lógica "burguesa".

Portanto, devemos usar a palavra "ditadura" no sentido exato em que a democracia também é uma forma de ditadura, isto é, uma determinação puramente *formal*. É comum que se diga que o autoquestionamento é constitutivo da democracia, que a democracia sempre permite e até exige a autoindagação constante de suas características. Entretanto, essa autorreferencialidade tem de parar em algum momento: nem as eleições mais "livres" podem questionar os procedimentos legais que as legitimam e organizam, o aparelho de Estado que garante (pela força, se necessário) o processo eleitoral etc. O Estado, em seu aspecto institucional, é uma presença maciça que não pode ser explicada em termos de representação de interesses – a ilusão democrática é que isso é possível. Badiou conceituou esse excesso como o excesso da representação do Estado sobre o que ele representa. Também podemos explicá-lo em termos benjaminianos: embora possa eliminar mais ou menos a violência constituída, a democracia ainda tem de basear-se constantemente na violência constitutiva[29].

Recordemos a lição da "universalidade concreta" hegeliana; imaginemos um debate filosófico entre um hermeneuta, um desconstrucionista e um filósofo analítico. O que eles descobrem, mais cedo ou mais tarde, é que não ocupam simplesmente posições dentro do mesmo espaço comum chamado "filosofia": o que os distingue é a própria noção do que é a filosofia como tal; isto é, o filósofo analítico percebe o campo global da filosofia e as diferenças respectivas entre os participantes de modo diferente do hermeneuta: o que há de diferente entre eles são as próprias diferenças, que tornam invisíveis, numa primeira abordagem, as verdadeiras diferenças; a lógica de classificação gradual do "isso é o que temos em comum, aqui começam as nossas diferenças" desmorona. Para o filósofo analítico cognitivista contemporâneo, com a virada cognitivista, a filosofia finalmente atingiu a maturidade do raciocínio sério, deixando para trás a especulação metafísica. Para o hermeneuta, ao contrário, a filosofia analítica é o fim da filosofia, a perda final da postura verdadeiramente filosófica, a transformação da filosofia numa outra ciência positiva. Assim, quando são atingidos por essa lacuna mais fundamental que os separa, os participantes do debate se deparam com o momento de "ditadura". E, de forma homóloga, o mesmo acontece com a democracia política: sua dimensão ditatorial se torna palpável quando a luta se transforma na luta pelo próprio campo de luta[30].

E o proletariado? Na medida em que o proletariado designa a "parte de parte alguma" que representa a universalidade, a "ditadura do proletariado" é o poder da

---

[29] Essa limitação da democracia nada tem a ver com a preocupação-padrão dos exportadores liberais da democracia: e se o resultado for a vitória dos que se opõem à democracia e, portanto, seu autocancelamento? "Esta é uma verdade terrível que temos de enfrentar: a única coisa que existe hoje entre nós e as ondas do oceano da desrazão muçulmana é o muro de tirania e desrespeito aos direitos humanos que ajudamos a construir" (Sam Harriz, *The End of Faith*, Nova York, Norton, 2005, p. 132). Assim, eis o lema de Harris: "Quando o inimigo não tem escrúpulos, nossos escrúpulos se tornam mais uma arma nas mãos dele" (ibidem, p. 202). E daí, previsivelmente, ele segue justificando a tortura... Embora possa parecer convincente, essa linha de raciocínio não vai até o fim, fica presa nos termos do cansativo debate liberal: "As massas muçulmanas estão suficientemente maduras (culturalmente prontas) para a democracia ou deveríamos apoiar o despotismo esclarecido de seus governantes?". Ambos os termos da opção subjacente (impomos a eles nossa democracia ou exploramos seu atraso) são falsos. A verdadeira pergunta é: *e se o "muro de tirania e de desrespeito aos direitos humanos que ajudamos a construir" for exatamente o que sustenta e gera as "ondas do oceano da desrazão muçulmana"?*

[30] Ou: a "ditadura", num debate livre, é o elemento das "declarações finais", cuja evocação é considerada conclusiva. Hoje, no desconstrucionismo pós-moderno, é a evocação da identidade nômade contra a fixa, da mudança contra a estase, da multiplicidade contra o Um etc. *Este* é o momento de ditadura.

universalidade em que os que são "parte de parte alguma" dão o tom. Por que são universalistas-igualitários? Mais uma vez, por razões puramente formais: porque, como parte de parte alguma, faltam-lhes as características específicas que legitimariam seu lugar no corpo social – eles pertencem ao conjunto da sociedade sem pertencer a nenhum dos subconjuntos. Como tal, seu pertencer é diretamente universal. Aqui, a lógica da representação de interesses particulares múltiplos e de sua mediação por concessões chega ao limite. Toda ditadura rompe com essa lógica de representação, e é por isso que a definição simplista de fascismo como ditadura do capital financeiro está errada: Marx já reconhecia que Napoleão III, aquele protofascista, rompeu com a lógica de representação.

A palavra "ditadura" designa o papel hegemônico no espaço político, e a palavra "proletariado" designa os "desconjuntados" do espaço social, a "parte de parte alguma" à qual falta um lugar adequado dentro dele. É por isso que a rejeição precipitada do proletariado como a "classe universal" erra o alvo: o proletariado não é a "classe universal" no mesmo sentido em que, para Hegel, a burocracia estatal era a "classe universal", representante direta do interesse universal da sociedade (em contraste com outros "estados" que representam seus interesses particulares). Em última análise, o que qualifica o proletariado para essa posição é um traço *negativo*: todas as outras classes são capazes (potencialmente) de atingir a condição de "classe dominante", enquanto o proletariado não pode atingi-la sem abolir a si mesmo enquanto classe:

o que transforma a classe operária em agência e lhe dá uma missão não é nem a pobreza, nem a organização militante e pseudomilitar, nem a proximidade com os meios (principalmente industriais) de produção. É apenas sua inabilidade estrutural para organizar-se em outra classe dominante que dê essa missão à classe operária. O proletariado é a única classe (revolucionária) da história que se aboliu no ato de abolir seu oposto. Por outro lado, "o povo", formado de uma miríade de classes e subclasses, estratos sociais e econômicos, não pode, estruturalmente, cumprir essa missão. Muito pelo contrário, sempre que uma "tarefa histórica" foi dada ao "povo" como tal, o resultado sempre foi que uma burguesia incipiente tomou imediatamente a precedência e, por meio de um processo de crescimento acelerado, organizou-se em classe dominante (como no caso dos "movimentos de libertação nacional"), ou um núcleo político-ideológico autointitulou-se governo "provisório" por um período indeterminado (em nome do povo ou, mais especificamente, da classe operária), o que, infalivelmente, terminou em império (como foi o caso dos jacobinos e dos bolcheviques).[31]

Portanto, há mais do que hipocrisia no fato de que, no auge do stalinismo, quando todo o edifício social tinha sido abalado pelos expurgos, a nova constituição proclamou o fim do caráter de "classe" do poder soviético (o direito de voto foi

---

[31] Bulent Somay, carta pessoal, 28 jan. 2007. Fico muito satisfeito de citar esse trecho, porque a carta de Somay me critica profundamente.

devolvido aos membros das classes previamente excluídas) e os regimes socialistas foram chamados de "democracias populares". Aqui, a oposição entre proletariado e "povo" é fundamental: em hegelianês, essa oposição é a mesma que existe entre universalidade "falsa" e "verdadeira". *O povo é inclusivo, o proletariado é exclusivo; o povo combate intrusos, parasitas, os que atrapalham sua total autoafirmação, o proletariado trava uma luta que divide o povo em seu próprio âmago. O povo quer se afirmar, o proletariado quer se abolir.*

Portanto, devemos desmistificar completamente o espantalho da "ditadura do proletariado": em seus termos mais básicos, ela representa o momento trêmulo em que a teia complexa de representações é suspensa em razão da intrusão direta da universalidade no campo político. Em relação à Revolução Francesa, significativamente foi Danton, e não Robespierre, quem forneceu a fórmula mais concisa da passagem imperceptível da "ditadura do proletariado" para a violência do Estado, ou, em termos benjaminianos, da violência divina para a mítica: "Sejamos terríveis, para que o povo não tenha de sê-lo"[32]. Para Danton, o terror estatal revolucionário jacobino era uma espécie de ação preventiva cujo verdadeiro alvo não era vingar-se dos inimigos, mas impedir a violência "divina" direta dos *sans-culottes*, do próprio povo. Em outras palavras, façamos o que o povo exige que façamos, *para que ele mesmo não o faça...*

Desde a Grécia antiga, temos um nome para essa intrusão: democracia. Ou seja, o que é democracia, em seu aspecto mais elementar? É um fenômeno que surgiu, pela primeira vez, na Grécia antiga, quando os membros do *demos* (aqueles que não tinham um lugar firmemente determinado na estrutura social hierárquica) não só exigiram que fossem ouvidos contra os que estavam no poder, não só protestaram contra os crimes que sofreram, não só queriam que sua voz fosse reconhecida e incluída na esfera pública, em pé de igualdade com a aristocracia e com a oligarquia dominantes, mas sobretudo eles, os excluídos, apresentaram-se como a encarnação do Todo da Sociedade, da verdadeira Universalidade: "Nós, o 'nada' o que não conta na ordem, somos o povo, somos Todos contra os outros que só representam seus interesses particulares privilegiados". O conflito político propriamente dito designa a tensão entre o corpo social estruturado, em que cada parte tem seu lugar, e a "parte de parte alguma", que perturba essa ordem em nome do princípio vazio da universalidade, do que Étienne Balibar chama de *égaliberté*, a igualdade por princípio de todos os homens *qua* seres falantes – inclusive os *liumang*, os "desordeiros" da China atual, aqueles que estão deslocados e flutuam livremente de lá para cá, sem trabalho nem moradia, mas também sem identidade cultural ou sexual, e sem registro no Estado.

---

[32] Citado em Simon Schama, *Citizens* (Nova York, Viking Penguin, 1989), p. 706-7. [Ed. bras.: *Cidadãos*, São Paulo, Companhia das Letras, 2000.]

Essa identificação da parte da sociedade sem lugar propriamente definido (ou que rejeita o lugar subordinado alocado para ela dentro da sociedade) com o Todo é o gesto elementar de politização, perceptível em todos os grandes eventos democráticos, desde a Revolução Francesa (na qual o *troisième état* se proclamou idêntico à Nação como tal, contra a aristocracia e o clero) até o falecimento do socialismo do Leste europeu (onde os "fora" dissidentes se proclamaram representativos da totalidade da sociedade contra a *nomenklatura* do partido). Nesse sentido exato, política e democracia são sinônimos: o alvo básico da política antidemocrática é e foi, sempre e por definição, a despolitização, a exigência de que "tudo volte ao normal", em que cada indivíduo se mantém em sua tarefa específica. E isso nos leva à inevitável conclusão paradoxal: *a "ditadura do proletariado" é outro nome para a violência da própria explosão democrática*. Portanto, a "ditadura do proletariado" é o nível zero em que a diferença entre poder estatal legítimo e ilegítimo fica suspensa, em outras palavras, quando o poder estatal como tal é ilegítimo. Saint-Just disse, em novembro de 1792: "Todo rei é um rebelde e um usurpador". Essa frase é a pedra fundamental da política emancipatória: não há rei "legítimo" como oposição ao usurpador, já que *ser rei é, em si, usurpação*, no mesmo sentido em que, para Proudhon, a propriedade como tal é roubo. O que temos aqui é a "negação da negação" hegeliana, a passagem da negação simples e direta ("esse rei não é legítimo, é um usurpador") à autonegação inerente ("rei autêntico" é um oximoro, ser rei *é* usurpação). É por isso que, para Robespierre, o julgamento do rei não foi de modo algum um julgamento:

> Aqui, não há julgamento a fazer. Luís não é réu. Não sois juízes. Não, só podeis ser estadistas e representantes da nação. Não tendes um veredito a dar contra ou a favor de um homem, mas sim uma medida de salvação pública a implementar, um ato de providência nacional a efetuar. [...] Luís foi rei, e a República foi fundada: a famosa pergunta que considerais resolve-se com essas palavras apenas. Luís foi destronado por seus crimes; Luís acusou de rebelde o povo francês; para puni-lo, chamou às armas seus colegas tiranos; a vitória e o povo decidiram que era ele o rebelde: portanto, Luís não pode ser julgado; ou já está condenado, ou a República não foi absolvida. Propor levar Luís a julgamento, seja de que modo for, seria regredir ao despotismo régio e constitucional; é uma ideia contrarrevolucionária, pois significa pôr em questão a própria revolução. De fato, se Luís ainda pode ser levado a julgamento, então pode ser absolvido; pode ser inocente. O que digo! Presume-se que ele o seja, até ter sido julgado. Mas se Luís for absolvido, se é possível presumir que Luís é inocente, o que foi feito da revolução?[33]

Esse estranho emparelhamento de democracia com ditadura se fundamenta na tensão que pertence à própria noção de democracia. Na democracia, há dois lados

---

[33] Maximilien Robespierre, *Virtue and Terror* (Londres, Verso, 2007), p. 42. [Ed. bras.: *Virtude e terror*, Rio de Janeiro, Zahar, 2008.]

elementares e irredutíveis: a imposição igualitária e violenta daqueles que são "supranumerários"; e o procedimento universal (mais ou menos) regulamentado de escolher os que exercerão o poder. Como esses dois lados se relacionam? E se a democracia no segundo sentido (o procedimento regulamentado de registrar a "voz do povo") for, em última análise, *uma defesa contra si mesma*, contra a democracia no sentido de intrusão violenta da lógica igualitária que perturba o funcionamento hierárquico do sistema social, de tentativa de tornar esse excesso novamente funcional, de torná-lo parte do funcionamento normal das coisas?

Portanto, o problema é: como regulamentar/institucionalizar o próprio impulso democrático igualitário violento, como impedi-lo de se afogar na democracia no segundo sentido da palavra (procedimento regulamentado)? Se não houver como fazê-lo, então a democracia "autêntica" continua a ser uma explosão utópica momentânea que, no famoso dia seguinte, tem de ser normalizada.

A afirmação orwelliana de que "democracia é terror" é, portanto, o "juízo infinito" da democracia, sua identidade especulativa mais elevada. Essa dimensão se perde na noção de democracia de Claude Lefort, que envolve o espaço vazio do poder, a lacuna constitutiva entre o lugar de poder e os agentes contingentes que, num período limitado, podem ocupar aquele lugar. Paradoxalmente, portanto, a premissa subjacente da democracia é não só que não há agente político que tenha direito "natural" ao poder, como também, de forma muito mais radical, que o próprio "povo", a maior fonte do poder soberano na democracia, não existe como entidade concreta. Na concepção kantiana, a noção democrática de "povo" é um conceito negativo, um conceito cuja função é apenas designar um determinado limite: ele proíbe todo agente determinado de governar com soberania total[34]. A afirmação de que o povo *realmente* existe é o axioma básico do "totalitarismo", e seu erro é estritamente homólogo ao mau uso kantiano ("paralogismo") da razão política: "o Povo existe" por meio de um agente político determinado, que age como se incorporasse diretamente (não apenas re-presentasse) o Povo, sua verdadeira Vontade (o Partido totalitário e seu Líder), isto é, nos termos da crítica transcendental, como uma incorporação fenomenal direta do Povo numenal... Citemos, mais uma vez, a formulação de Jacques-Alain Miller a respeito do vínculo entre essa noção de democracia e a noção de Lacan sobre a inconsistência do grande Outro:

> "Democracia" é um significante-mestre? Sem dúvida alguma. É o significante-mestre que diz que não há significante-mestre, pelo menos não um significante-mestre que se mantenha por conta própria, que todo significante-mestre tem de se inserir sabiamente

---

[34] O único momento em que o "povo existe" é durante uma eleição, que é exatamente o momento da desintegração de toda a estrutura social – nas eleições, o "povo" é reduzido a uma coleção mecânica de indivíduos.

entre outros. A democracia é o grande S do O barrado de Lacan, que diz: sou o significante do fato de que o Outro tem um furo, ou de que não existe.[35]

É claro que Miller sabe que todo Significante-Mestre comprova o fato de que não há Significante-Mestre, nenhum Outro do Outro, que há uma falta no Outro e assim por diante – a própria lacuna entre S_1 e S_2 ocorre por causa dessa falta (assim como Deus em Espinosa, o Significante-Mestre, por definição, preenche a lacuna na série de significantes "comuns"). A diferença é que, na democracia, essa falta se inscreve diretamente na estrutura social, ela é institucionalizada num conjunto de procedimentos e regras; não admira, então, que Miller cite favoravelmente Marcel Gauchet a respeito de como, na democracia, a verdade só se oferece "na divisão e na decomposição" (e só se pode notar com ironia que Stalin e Mao afirmaram a mesma coisa, embora com uma torção "totalitária": na política, a verdade só surge por meio das divisões impiedosas da luta de classes...).

É fácil notar que, nesse horizonte kantiano de democracia, o aspecto "terrorista" da democracia só pode surgir como distorção "totalitária"; em outras palavras, nesse horizonte, a linha que marca a separação entre a autêntica explosão democrática de terror revolucionário e o regime "totalitário" do Estado-partido (ou, para usar termos reacionários, a linha que faz a separação entre o "domínio da turba dos despossuídos" e a opressão violenta do Estado-partido sobre a "turba") é obliterada[36].

É contra esse pano de fundo que podemos formular uma crítica da estética política de Jacques Rancière, da sua ideia da dimensão estética do ato propriamente político: uma explosão democrática reconfigura a ordem "policial" hierárquica estabelecida do espaço social, ela encena um espetáculo de outra ordem, uma *divisão* diferente do espaço público. Peter Hallward está certo ao ressaltar que, na "sociedade do espetáculo" de hoje, essa reconfiguração estética perdeu a dimensão subversiva: pode ser facilmente apropriada pela ordem existente[37]. A verdadeira tarefa não são as explosões democráticas momentâneas que solapam a ordem "policial" existente, mas a dimensão designada por Badiou como "fidelidade" ao Evento: traduzir/inscrever a explosão democrática na ordem "policial" positiva, impor à realidade social uma ordem *nova* e duradoura. *Essa* é a dimensão propriamente "terrorista" de toda explosão democrática autêntica: a imposição violenta de uma nova ordem. E é por isso que, embora todos amem as rebeliões democráticas, as

---

[35] Jacques-Alain Miller, *Le neveu de Lacan* (Paris, Verdier, 2003), p. 270. [Ed. bras.: *O sobrinho de Lacan*, Rio de Janeiro, Forense Universitária, 2005.]

[36] É claro que se pode argumentar que o "domínio direto da turba" é inerentemente instável e que se transforma necessariamente em seu oposto, uma tirania sobre a própria turba; entretanto, essa passagem não muda em nada o fato de que, precisamente, trata-se de uma mudança, uma inversão radical.

[37] Ver Peter Hallward, "Staging Equality", *New Left Review*, v. 2, n. 37, jan.-fev. 2006.

explosões espetaculares/carnavalescas da vontade popular, há angústia quando essa vontade quer persistir, institucionalizar-se – e quanto mais "autêntica" a rebelião, mais "terrorista" é sua institucionalização.

O contra-argumento liberal mais comum apresentado aos que chamam a atenção para a "mão invisível" do mercado que controla nosso destino é: se o preço de libertar-se da mão *invisível* do mercado é ser controlado pela mão *visível* de novos governantes, ainda assim estamos dispostos a pagá-lo? A resposta deveria ser: *sim*, se essa mão visível for visível para a "parte de parte alguma" e controlada por ela.

9

UNBEHAGEN IN DER NATUR*

Além de Fukuyama

Então, em que pé estamos hoje? Como sair da crise da negação determinada e pôr em prática a subtração com toda a sua autêntica violência? Gerald A. Cohen enumerou as quatro características da noção marxista clássica da classe operária: (1) constitui a maioria da sociedade; (2) produz a riqueza da sociedade; (3) compõe-se de membros explorados da sociedade; (4) seus integrantes são as pessoas necessitadas da sociedade. Quando se combinam, essas quatro características geram outras duas: (5) a classe operária não tem nada a perder com a revolução; (6) pode e vai envolver-se na transformação revolucionária da sociedade[1]. Nenhuma das quatro primeiras características se aplica à classe operária contemporânea e, por isso, não é possível gerar as características (5) e (6). Mesmo que algumas características continuem a aplicar-se a partes da sociedade atual, elas não estão mais unidas num agente único: as pessoas necessitadas da sociedade não são mais os operários, e assim por diante. Por mais correta que seja, essa enumeração deveria ser completada com uma dedução teórica sistemática: para Marx, tudo isso resulta da posição básica do operário que só tem para vender a sua força de trabalho. Como tais, os operários são, por definição, explorados; com a expansão progressiva do capitalismo, compõem a maioria que também produz a riqueza etc. Então, como redefinir a perspectiva revolucionária nas condições atuais? A saída dessa situação difícil será o *combinatório* de vários antagonismos, suas superposições potenciais?

---

* Desconforto (mal-estar, inquietação) na Natureza. (N. T.)

[1] G. A. Cohen, *If You're an Egalitarian, How Come You're So Rich?* (Cambridge, Massachusetts, Harvard University Press, 2001).

O problema subjacente é: como pensar a universalidade singular do sujeito emancipatório como não puramente formal, isto é, como determinada concreta e objetivamente, mas sem a classe operária como base substancial? A solução é negativa: é o próprio capitalismo que oferece uma determinação substancial negativa, pois o sistema capitalista global é a "base" substancial que medeia e gera os excessos (favelas, ameaças ecológicas etc.) que criam locais de resistência.

É fácil rir da noção de fim da história de Fukuyama, mas o *éthos* dominante hoje é "fukuyamiano": o capitalismo democrático-liberal é aceito como a fórmula da melhor sociedade possível que finalmente se encontrou – só resta torná-lo mais justo, mais tolerante etc. A *única* pergunta verdadeira hoje é: endossamos essa "naturalização" do capitalismo ou o capitalismo global contemporâneo contém antagonismos suficientemente fortes para impedir sua reprodução indefinida? Vamos citar quatro desses antagonismos:

1. *Ecologia*: apesar da adaptabilidade infinita do capitalismo, que, no caso de uma crise ou catástrofe ecológica aguda, pode facilmente transformar a ecologia num novo campo de concorrência e investimento capitalista, a própria natureza do risco envolvido impede fundamentalmente uma solução de mercado. Por quê? O capitalismo só funciona em condições sociais específicas: subentende a confiança no mecanismo objetivado/"reificado" da "mão invisível" do mercado que, como uma espécie de Artimanha da Razão, garante que a competição entre egoísmos individuais sirva ao bem comum. Entretanto, vivemos atualmente uma mudança radical. Até agora, a Substância histórica – a história como processo objetivo que obedece a determinadas leis – teve seu papel como meio e base de todas as intervenções subjetivas: quaisquer que fossem, os atos dos sujeitos sociais e políticos eram mediados e, em última análise, dominados, sobredeterminados, pela Substância histórica. Hoje, o que assoma no horizonte é a possibilidade nunca antes vista de que uma intervenção subjetiva interferirá diretamente na Substância histórica, perturbando seu curso de forma catastrófica pelo desencadeamento de uma calamidade ecológica, uma mutação biogenética funesta, um cataclismo nuclear ou sociomilitar semelhante etc. Não podemos mais confiar na salvaguarda do alcance limitado de nossos atos: não é mais válido que, seja o que for que façamos, a história continuará. Pela primeira vez na história humana, o ato de um único agente político-social pode realmente alterar e até interromper o processo histórico global, de modo que, ironicamente, só hoje podemos dizer que o processo histórico deveria de fato ser concebido "não só como Substância, mas também como Sujeito". É por isso que, quando enfrentamos possibilidades catastróficas singulares (digamos, um grupo político que pretende atacar seus inimigos com armas biológicas ou nucleares), não podemos mais confiar na lógica-padrão das "Artimanhas da Razão", que pressupõe exatamente a primazia da Substância histórica sobre os sujeitos que agem: não

podemos mais adotar uma postura do tipo "vamos exigir que o inimigo que nos ameaça prove que diz a verdade, pois assim ele se autodestruirá", porque o preço de deixar a Razão histórica fazer seu trabalho é alto demais, já que, enquanto isso, podemos todos morrer com o inimigo.

Recordemos um detalhe assustador da crise dos mísseis em Cuba: só mais tarde soubemos como chegamos perto da guerra nuclear durante uma escaramuça naval entre um contratorpedeiro norte-americano e um submarino B-59 soviético, ao largo de Cuba, em 27 de outubro de 1962. O contratorpedeiro lançou bombas de profundidade perto do submarino para forçá-lo a emergir, sem saber que este carregava um torpedo nuclear. Vadim Orlov, tripulante do submarino, disse ao comando em Havana que o submarino estava autorizado a disparálo desde que três oficiais estivessem de acordo. Os oficiais começaram uma briga feroz para saber se afundavam ou não o navio. Dois deles disseram que sim, o outro disse que não. "Um camarada chamado Arhipov salvou o mundo", foi o comentário amargo de um historiador sobre esse incidente[2].

2. A inadequação da *propriedade privada* no caso da chamada "propriedade intelectual". O principal antagonismo da nova indústria (digital) é o seguinte: como manter uma forma de propriedade (privada) dentro da qual a lógica do lucro possa se manter (ver também o problema do Napster, a circulação livre da música)? E as complicações jurídicas da biogenética não vão na mesma direção? Um elemento fundamental dos novos acordos comerciais internacionais é a "proteção da propriedade intelectual": sempre que, numa fusão, uma grande empresa do Primeiro Mundo compra uma empresa do Terceiro Mundo, a primeira coisa que faz é fechar o departamento de pesquisa. Surgem aqui fenômenos que levam a noção de propriedade a paradoxos dialéticos extraordinários: na Índia, as comunidades locais descobrem de repente que as práticas e os materiais médicos que utilizam há séculos pertencem agora a empresas norte-americanas e têm de ser comprados delas; com as empresas de biogenética patenteando genes, todos estamos descobrindo que partes nossas, nossos componentes genéticos, já têm *copyright* e pertencem a terceiros...

A data fundamental da história do ciberespaço foi 3 de fevereiro de 1976, dia em que Bill Gates publicou sua famosa (e infame) "Open letter to Hobbyists" ["Carta aberta aos hobistas"], a declaração da propriedade privada no campo do *software*: "Como a maioria dos hobistas deve saber, quase todos roubam *software*. [...] Em termos mais diretos, o que vocês fazem é roubo". Bill Gates construiu todo

---

[2] David Rennie, "How Soviet Sub Officer Saved World from Nuclear Conflict", *Daily Telegraph*, 14 out. 2002.

o seu império e fama com base nessa opinião extrema sobre o conhecimento, tratado como se fosse propriedade tangível. Foi o marco decisivo que iniciou a batalha pelo "fechamento" do domínio comum do *software*.

3. As implicações ético-sociais dos *novos avanços técnico-científicos* (principalmente na biogenética): o próprio Fukuyama sentiu-se compelido a admitir que as intervenções biogenéticas na natureza humana são a ameaça mais grave à sua visão sobre o fim da história.

O que é falso na discussão atual a respeito das "consequências éticas da biogenética" (ao lado de questões semelhantes) é que ela está se transformando rapidamente no que os alemães chamam de *Bindenstrich-Ethik*, a ética do hífen: ético-tecnológico, ético-ambiental etc. Essa ética tem um papel a representar, um papel homólogo ao da "ética provisória" que Descartes menciona no início do *Discurso do método**: quando enveredamos por um novo caminho, cheio de perigos e ideias novas e assustadoras, precisamos nos agarrar, como guia prático da vida cotidiana, às antigas regras estabelecidas, embora saibamos muito bem que as novas ideias nos obrigarão a criar novos fundamentos para o edifício ético inteiro (no caso de Descartes, esse novo alicerce veio de Kant, com sua ética da autonomia subjetiva). Hoje, estamos na mesma situação difícil: a "ética provisória" não pode substituir a necessidade de uma reflexão profunda sobre o Novo que vem surgindo.

Em resumo, o que perdemos aqui, com essa ética do hífen, é simplesmente a ética como tal. O problema não é a ética universal se dissolver em tópicos específicos, mas, ao contrário, que descobertas científicas específicas entrem em confronto direto com os antigos "valores" humanistas (por exemplo, que a biogenética afete nossa noção de dignidade e autonomia). Essa, portanto, é a escolha que enfrentamos hoje: ou escolhemos a postura de reticência tipicamente pós-moderna (não vamos até o fim, vamos manter uma distância adequada da Coisa científica, para que essa Coisa não nos arraste para o buraco negro e destrua todas as nossas noções humanas e morais), ou ousamos nos "deter com o negativo" (*das Verweilen beim Negativen*), isto é, ousamos assumir inteiramente as consequências da modernidade científica, torcendo para que "nossa Mente é um genoma" também sirva de juízo infinito.

4. Por último, mas igualmente importante, as novas *formas de apartheid*, os novos muros e favelas. Em 11 de setembro de 2001, as Torres Gêmeas foram atingidas; doze anos antes, em 9 de novembro de 1989, caiu o Muro de Berlim. O 9 de novembro anunciou os "felizes anos 90", o sonho de Fukuyama de que a democracia liberal vencera, a busca terminara, o advento de uma comunidade mundial liberal e global espreitava logo ali da esquina, e os obstáculos a esse

---

* 4. ed., São Paulo, WMF Martins Fontes, 2009.

final feliz ultra-hollywoodiano eram apenas empíricos e contingentes (bolsões locais de resistência cujos líderes ainda não haviam entendido que sua época terminara). Em contraste, o 11 de Setembro é o símbolo fundamental do fim dos felizes anos 90 de Clinton, da época em que por toda a parte surgiram novos muros (entre Israel e a Cisjordânia, em torno da União Europeia, ao longo da fronteira entre os Estados Unidos e o México).

E se a nova posição proletária for a dos favelados das novas megalópoles? O crescimento explosivo das favelas nas últimas décadas, principalmente nas megacidades do Terceiro Mundo, como a Cidade do México e outras capitais latino-americanas, passando por África (Lagos, Chade), Índia, China, Filipinas e Indonésia, talvez seja o evento geopolítico mais importante da nossa época[3]. O caso de Lagos, o maior nó no corredor de favelas, que se estende de Abidjá a Ibadá e tem 70 milhões de habitantes, é exemplar: segundo fontes oficiais, cerca de dois terços do território total do Estado de Lagos, de 3.577 km², poderiam ser classificados como favelas; ninguém sabe ao certo o tamanho de sua população – oficialmente são 6 milhões de habitantes, mas a maioria dos especialistas estima que sejam 10 milhões. Já que em breve a população urbana da Terra será maior do que a população rural (ou talvez, dada a imprecisão dos recenseamentos no Terceiro Mundo, isso já tenha acontecido), e já que os favelados serão a maioria da população urbana, não estamos tratando de modo algum de um fenômeno marginal. Estamos testemunhando o crescimento rápido de uma população fora do controle do Estado, que vive em condições meio fora da lei, com necessidade urgente de formas mínimas de auto-organização. Embora seja composta de trabalhadores marginalizados, ex-funcionários públicos e ex-camponeses, essa população não é apenas um excedente desnecessário: ela se incorpora de várias maneiras à economia global, pois muitos de seus integrantes trabalham como autônomos ou são assalariados informais, sem cobertura previdenciária adequada ou assistência médica. (A principal razão de seu surgimento é a inclusão dos países do Terceiro Mundo na economia global e a consequente importação de alimentos baratos de países do Primeiro Mundo, que arruína a agricultura local.) Eles são o verdadeiro "sintoma" de *slogans* como "Desenvolvimento", "Modernização" e "Mercado Mundial": não um acidente infeliz, mas o produto necessário da lógica interna do capitalismo global[4].

---

[3] Ver o excelente relatório de Mike Davis, "Planet of Slums. Urban Revolution and the Informal Proletariat", *New Left Review*, v. 2, n. 26, mar.-abr. 2004.

[4] Então os favelados não deveriam ser classificados como aqueles que Marx, com desprezo mal disfarçado, chamou de "lumpemproletariado", o "refugo" degenerado de todas as classes que, quando politizado, via de regra serve de apoio a regimes fascistas e protofascistas (no caso de Marx, de Napoleão III)? Uma análise mais atenta deveria concentrar-se no papel estrutural alterado desses

420 / Em defesa das causas perdidas

Não admira que a forma hegemônica de ideologia nas favelas seja o cristianismo pentecostal, com sua mistura de fundamentalismo carismático guiado por shows e milagres e programas sociais, como cozinhas comunitárias, creches e asilos. Embora devêssemos, é claro, resistir à tentação fácil de elevar e idealizar os favelados como nova classe revolucionária, ainda assim deveríamos, nos termos de Badiou, perceber as favelas como um dos poucos "lugares eventais" autênticos na sociedade de hoje – os favelados são literalmente uma coletânea dos que são "parte de parte alguma", o elemento "supranumerário" da sociedade, os excluídos dos benefícios da cidadania, os desenraizados e despossuídos, aqueles que, de fato, "não têm nada a perder, a não ser os grilhões". É realmente surpreendente que muitas das características dos favelados se encaixem na antiga definição marxista do sujeito revolucionário proletário: são "livres", no duplo sentido da palavra, mais até que o proletariado clássico ("livres" de todos os laços substanciais, habitando um espaço livre, além da regulamentação policial do Estado). São um coletivo amplo, forçado a unir-se, "jogado" numa situação em que tem de inventar algum modo de conviver, e ao mesmo tempo privado de todo e qualquer apoio dos modos de vida tradicionais, das formas de vida religiosa ou étnica herdadas.

É claro que há uma diferença fundamental entre os favelados e a classe operária marxista clássica: enquanto esta última é definida nos termos exatos da "exploração" econômica (a apropriação da mais-valia gerada pela situação de ter de vender sua própria força de trabalho no mercado, como uma mercadoria), a característica que define os favelados é sociopolítica, diz respeito a sua (não) integração no espaço jurídico da cidadania, com (a maioria de) seus direitos constituídos. Pondo isso em termos um tanto simplificados, podemos dizer que o favelado, muito mais que o refugiado, é o *homo sacer*, o "morto-vivo" do capitalismo global sistemicamente gerado. O favelado é uma espécie de negativo do refugiado: um refugiado de sua própria comunidade, aquela figura que o poder estatal não tenta controlar por meio da concentração – na qual (para repetir o trocadilho inesquecível do [filme] *To Be or Not to Be* [Ser ou não ser], de Ernst Lubitsch) os que estão no poder concentram e os refugiados acampam –, mas é empurrada para um espaço fora do controle; em relação ao favelado, em contraste com as micropráticas foucaultianas de disciplina, o poder do Estado abre mão do direito de exercer disciplina e controle totais por achar mais apropriado deixá-lo viver numa zona crepuscular[5].

---

elementos "lúmpens" nas condições do capitalismo global (em especial com as migrações em grande escala).

[5] A definição marxiana exata da posição proletária é: subjetividade sem substância que surge quando ocorre um determinado curto-circuito estrutural – não só os produtores trocam seus produtos no mercado como há produtores forçados a vender no mercado não o produto do seu trabalho, mas diretamente a força de trabalho como tal. É aí, por meio dessa alienação redobrada/refletida,

É claro que o que encontramos nas "favelas realmente existentes" é uma mistura de modos improvisados de vida social, desde gangues criminosas e grupos religiosos "fundamentalistas" (que se mantêm unidos pela ação de um líder carismático) até sementes de novas formas de solidariedade "socialista". Os favelados são a contra-classe da outra classe recém-surgida, a chamada "classe simbólica" (administradores, jornalistas, relações públicas, acadêmicos, artistas etc.), que também é desenraizada e se percebe diretamente como universal (um acadêmico de Nova York tem mais em comum com um acadêmico esloveno do que com os negros do Harlem, que estão a meio quilômetro do campus). Será esse o novo eixo da luta de classes, ou a "classe simbólica" estará inerentemente cindida, de modo que podemos apostar emancipatoriamente na coalizão entre os favelados e a parte "progressista" da classe simbólica? Deveríamos procurar sinais das novas formas de consciência social que surgirão a partir dos coletivos das favelas: eles serão as sementes do futuro.

Peter Hallward estava certo ao ressaltar que a poética da "resistência", da mobilidade nômade desterritorializada, da criação de *lignes de fuite*, de nunca estar onde se espera que esteja, não basta; chegou a hora de começar a criar o que ficamos tentados a chamar de territórios liberados, espaços sociais bem definidos e delineados em que o domínio do Sistema é suspenso: comunidades religiosas ou artísticas, organizações políticas e outras formas de "um lugar só nosso". É isso que torna as favelas tão interessantes: seu caráter territorial. Embora seja comum caracterizar a sociedade contemporânea como sociedade do controle total, as favelas são territórios dentro das fronteiras do Estado que esse mesmo Estado abriu mão (pelo menos em parte) de controlar, territórios que funcionam como manchas brancas, lacunas no mapa oficial do território do Estado. Embora, *de facto*, pelos vínculos do mercado negro, do crime organizado, dos grupos religiosos etc., estejam incluídas no Estado, ainda assim o controle do Estado está suspenso; as favelas são domínios fora do Estado de direito. No mapa de Berlim vendido na hoje falecida Alemanha Oriental, a área de Berlim ocidental era um vazio, um estranho buraco na estrutura detalhada da grande cidade; quando Christa Wolf, a famosa escritora alemã-oriental semidissidente, levou a filha pequena à torre de TV em Berlim oriental, da qual se tinha uma bela visão da proibida Berlim ocidental, a menininha gritou com alegria: "Veja, mamãe, lá não é branco, existem casas com gente, que nem aqui!", como se descobrisse uma zona favelada escondida...

---

que surge o mais-objeto: a mais-valia é literalmente correlata do sujeito esvaziado, é a contrapartida objetal de $ Essa alienação redobrada significa não só que "as relações sociais parecem relações entre coisas", como em toda economia de mercado, mas que o próprio âmago da subjetividade é postulado como equivalente a uma coisa. É preciso estarmos atentos aqui ao paradoxo da universalização: a economia de mercado só pode tornar-se universal quando a própria força de trabalho também é vendida no mercado como mercadoria, isto é, não pode haver economia de mercado universal quando a maioria dos produtores vende seus próprios produtos.

É por isso que as massas "desestruturadas", pobres e privadas de tudo, situadas num ambiente urbano não proletarizado, compõem um dos principais horizontes da política por vir. Essas massas, portanto, são um fator importante do fenômeno da globalização. Hoje, a forma genuína de globalização se encontraria na organização dessas massas – em escala mundial, se possível –, cujas condições de vida são essencialmente as mesmas. Em essência, quem mora nas *banlieues* de Bamako ou Xangai não difere de quem mora na *banlieue* de Paris ou nos guetos de Chicago. Na verdade, se a principal tarefa da política emancipatória do século XIX era romper o monopólio dos liberais burgueses com a politização da classe operária, e se a tarefa do século XX era despertar politicamente a imensa população rural da Ásia e da África, a principal tarefa do século XXI é politizar – organizar e disciplinar – as "massas desestruturadas" de favelados.

A maior realização de Hugo Chávez nos primeiros anos de seu governo foi exatamente a politização (inclusão na vida política, mobilização social) dos favelados; em outros países, a maioria deles persiste na inércia apolítica. Foi essa mobilização política dos favelados que o salvou do golpe patrocinado pelos Estados Unidos: para surpresa de todos, inclusive de Chávez, os favelados desceram em massa para o centro rico da cidade, fazendo a balança do poder pender para o seu lado.

A trajetória adotada por Chávez desde 2006 é o oposto exato do mantra da esquerda pós-moderna sobre a desterritorialização, a rejeição da política do Estado etc.: longe de "resistir ao poder estatal", ele *agarrou* o poder (primeiro com uma tentativa de golpe, depois de maneira democrática), usando implacavelmente o aparelho e a intervenção do Estado para promover seus objetivos; além disso, está militarizando as favelas, organizando o treinamento de unidades armadas. E o maior dos tabus: agora que está sentindo os efeitos econômicos da "resistência" do capital a seu governo (escassez temporária de algumas mercadorias nos supermercados subsidiados pelo Estado), anunciou a formação de seu próprio partido político! Até alguns de seus aliados se mostram céticos: é um sinal da volta à política do Estado-partido? Entretanto, devemos apoiar inteiramente essa opção arriscada: a tarefa é fazer esse partido funcionar não como um partido comum (populista ou parlamentar-liberal), mas como foco de mobilização política de formas novas de fazer política (como os comitês comunitários). E o que dizer a alguém como Chávez? "Não, não tome o poder do Estado, apenas subtraia-se, deixe as leis da situação (estatal) como estão"? Chávez costuma ser visto como comediante meio rude – mas essa subtração não o reduziria, na verdade, a uma nova versão do subcomandante Marcos, do movimento zapatista mexicano, a quem hoje muitos esquerdistas se referem, corretamente, como "subcomediante Marcos"? Hoje, são os grandes capitalistas, de Bill Gates aos poluidores do meio ambiente, que "resistem" ao Estado...

É claro que as quatro características pressupostas na noção marxista de proletariado se fundamentam no mecanismo singularmente capitalista, são quatro efeitos da mesma causa estrutural. Será possível fazer o mesmo com os quatro antagonismos que ameaçam a autorreprodução infinita do capital global, "deduzi-los" da mesma causa? A tarefa pode parecer quase tão difícil quanto a grande tarefa da física contemporânea, o desenvolvimento de uma "teoria unificada" que deduza as quatro forças fundamentais (gravidade, eletricidade/magnetismo, força atômica fraca, força atômica forte) de uma única característica ou lei subjacente.

Talvez se possa até mapear as quatro características de Cohen na segunda tétrade: o princípio da "maioria" surge como ecologia, questão que diz respeito a todos nós; a "pobreza" caracteriza os que são excluídos e moram em favelas; a "produção de riqueza" é, cada vez mais, algo que depende de avanços científicos e tecnológicos, como a biogenética; e, finalmente, a "exploração" ressurge nos impasses da propriedade intelectual, em que o proprietário explora o resultado do trabalho coletivo. As quatro características formam um tipo de quadrado semiótico, com a interseção de duas oposições ao longo das linhas sociedade/natureza e dentro/fora do muro social de um novo *apartheid*: a ecologia designa o exterior da natureza, as favelas são o exterior social, a biogenética é o interior natural e a propriedade intelectual representa o interior social.

Por que essa superposição dos quatro antagonismos não é o significante vazio laclauniano (o "povo"), preenchido pelo processo da luta pela hegemonia? Por que não é mais uma tentativa da série de "coalizões arco-íris" de minorias sexuais oprimidas, grupos étnicos e religiosos etc.? Porque ainda precisamos da posição *proletária*, a posição da "parte de parte alguma". Em outras palavras, se se quer um modelo mais antigo, o melhor é a fórmula comunista já comprovada de aliança entre "operários, agricultores pobres, pequena burguesia patriota e intelectuais honestos": observe-se que os quatro termos não estão no mesmo nível – só os operários são citados como tais, ao passo que os outros três são adjetivados ("agricultores *pobres*, pequena burguesia *patriota* e intelectuais *honestos*")[6]. Ocorre exatamente a mesma coisa com os quatro antagonismos atuais: o antagonismo entre os excluídos e os incluídos é o antagonismo de nível zero, que colore todo o campo de luta. Em consequência, somente são incluídos os ecologistas que não usam a ecologia para legitimar a opres-

---

[6] A semiótica que sustenta esses qualificativos obedece a uma lógica muito precisa e merece uma análise só sua: não podemos apenas misturar os termos e propor, digamos, uma aliança entre "operários, agricultores patriotas, pequena burguesia honesta e intelectuais pobres". A cada vez, a linha de separação é clara: só os agricultores *pobres*, não os ricos, que pertencem à classe dominante ou com ela pactuam; só a pequena burguesia *patriota*, não os burgueses que servem ao imperialismo capitalista; só os intelectuais *honestos*, não os que se venderam à classe dominante e legitimam sua dominação. Deveríamos dizer então que hoje precisamos de uma aliança entre excluídos, ecologistas pobres, trabalhadores intelectuais patriotas e biogeneticistas honestos?

424 / Em defesa das causas perdidas

são contra os pobres "poluentes", e tentar disciplinar os países do Terceiro Mundo; só os críticos das práticas biogenéticas que resistem à ideologia conservadora (humanista-religiosa), que com tanta frequência apoia essa crítica; só os críticos da propriedade privada intelectual que não reduzem o problema a uma questão legalista.

Há, portanto, uma diferença qualitativa entre a lacuna que separa os excluídos dos incluídos e os outros três antagonismos, que designam os três domínios do que Hardt e Negri chamam de "áreas comuns", a substância em comum de nosso ser social cuja privatização é um ato violento ao qual também se deveria resistir com meios violentos, se necessário: as *áreas comuns da cultura*, as formas imediatamente socializadas de capital "cognitivo", em primeiro lugar a linguagem, os meios de comunicação e a educação (se dessem monopólio a Bill Gates, chegaríamos à situação absurda em que um indivíduo privado possuiria literalmente a textura de *software* da nossa rede básica de comunicação), como também a infraestrutura compartilhada de transporte público, eletricidade, correios etc.; *as áreas comuns da natureza externa* ameaçadas pela poluição e pela exploração (do petróleo às florestas e ao próprio hábitat natural); *as áreas comuns da natureza interna* (a herança biogenética da humanidade). O que todas essas lutas têm em comum é a consciência do potencial destrutivo, que pode chegar à autoaniquilação da própria humanidade caso se dê rédeas à lógica capitalista de cercar e fechar essas áreas comuns. É essa referência a "áreas comuns" — essa substância de produtividade que não é privada nem pública — que justifica a ressurreição da noção de comunismo. Assim, as áreas comuns podem ser vinculadas ao que Hegel, em sua *Fenomenologia do espírito*, desenvolveu como *die Sache*, a causa-coisa social partilhada, "o trabalho de tudo e todos", a substância que se mantém viva pela produtividade subjetiva incessante[7].

Do medo ao tremor

Devemos acrescentar aqui outra restrição: a solução não é limitar o mercado e a propriedade privada com intervenções diretas do Estado e da propriedade estatal. O domínio do próprio Estado, a seu modo, também é "privado": privado no exato sentido kantiano do "uso privado da Razão" nos aparelhos ideológico e administrativo do Estado:

> O uso público da razão deve ser livre sempre, e somente ele pode trazer esclarecimento aos homens. Por outro lado, muitas vezes o uso privado da razão pode ser bastante restrito, sem atrapalhar particularmente o avanço do esclarecimento. Entendo por uso público da razão o uso que se faz dela como um acadêmico diante do público leitor.

---

[7] A questão é: como fazer a distinção entre essa área comum e a área comum pré-moderna da propriedade coletiva?

Chamo de uso privado aquele que se faz dela num cargo ou posto civil específico que se lhe é confiado.[8]

Aqui, o que deveríamos acrescentar, indo além de Kant, é que há um grupo social privilegiado que, por conta dessa falta de lugar determinado na ordem "privada" da hierarquia social, em outras palavras, como "parte de parte alguma" do corpo social, representa diretamente a universalidade: somente a referência aos excluídos, aos que moram nos vazios do espaço do Estado, nos permite a verdadeira universalidade. Não há nada mais "privado" do que uma comunidade estatal que percebe os excluídos como ameaça e se preocupa em mantê-los a uma distância adequada. Em outras palavras, na série dos quatro antagonismos, como já vimos, o antagonismo entre incluídos e excluídos é fundamental, é o ponto de referência dos outros; sem ele, todos os outros perdem a vertente subversiva: a ecologia se transforma em "problema do desenvolvimento sustentável", a propriedade intelectual em "desafio jurídico complexo", a biogenética em questão "ética". É possível lutar sinceramente pela ecologia, defender uma noção mais ampla de propriedade intelectual e opor-se ao *copyright* dos genes sem questionar o antagonismo entre os incluídos e os excluídos; mais ainda, podemos formular algumas dessas lutas em termos de ameaça dos excluídos poluidores aos incluídos. Dessa maneira, não obtemos a verdadeira universalidade, apenas preocupações "privadas" no sentido kantiano da palavra. Grandes empresas, como a Whole Foods e a Starbucks, continuam a gozar da preferência dos liberais, muito embora se dediquem a atividades antissindicais; o truque é que vendem produtos que se pretendem atos politicamente progressistas, em si e por si. Compramos café feito de grãos comprados dos produtores a um preço justo, usamos carros híbridos, compramos de empresas que oferecem bons benefícios aos funcionários (de acordo com os padrões da própria empresa) etc. A ação política e o consumo fundem-se totalmente. Em resumo, sem o antagonismo entre os incluídos e os excluídos, podemos acabar num mundo em que Bill Gates seja o maior dos humanitários, com seu combate à pobreza e às doenças, e Rupert Murdoch seja o maior dos ambientalistas, mobilizando centenas de milhões de dólares com seu império midiático[9].

E, devemos ser claros nessa questão, a expressão política desse antagonismo radical, a forma como a pressão dos excluídos é experienciada dentro do espaço político estabelecido, sempre tem gosto de terror. Portanto, a lição é aquela que Atenas nos ensina há muito tempo, quase no fim de *Eumênides**, de Ésquilo:

---

[8] Immanuel Kant, "What is Enlightenment?", em Isaac Kramnick (org.), *The Portable Enlightenment Reader* (Nova York, Penguin, 1995), p. 5.

[9] Ver "Murdoch: I'm proud to be green. News Corp boss orders his entire empire to convert and become a worldwide enthusiast for the environment", *Independent on Sunday*, 13 mai. 2007, p. 3.

* 6. ed., Rio de Janeiro, Zahar, 2003.

426 / Em defesa das causas perdidas

Quanto ao terror,
não o expulsai completamente da cidade.
Que mortal é deveras íntegro
sem ter medo? Os que sentem medo
reverenciam o que é certo. Com cidadãos assim,
seu país e sua cidade estarão em segurança,
mais fortes do que tudo o que os homens possuem.[10]

Como ler esses versos famosos? Indicam realmente a manipulação da política do medo que vemos hoje[11]? O primeiro obstáculo a essa leitura é o fato óbvio de que Atenas não evoca o medo de um inimigo externo cuja ameaça justifique a unidade disciplinada e as possíveis "medidas defensivas" da cidade-Estado: o medo aqui é o medo da própria Justiça divina, de sua autoridade ofuscante; do ponto de vista da subjetividade moderna (que é o nosso ponto de vista aqui), o objeto desse medo é o abismo da própria subjetividade, seu poder aterrorizante de negatividade autorreferente; era o encontro aterrorizante com esse núcleo traumático que Heidegger tinha em mente quando afirmou que o terror (*Schrecken*) era necessário para que o "homem moderno" despertasse do sono tecnológico-metafísico para um novo começo:

devemos nos preocupar principalmente em preparar para o homem a própria base e dimensão sobre as quais e nas quais algo como um mistério de seu *Dasein* possa mais uma vez ser encontrado. De modo algum devemos nos surpreender caso o homem contemporâneo nas ruas se sinta perturbado ou, talvez, às vezes confuso e agarre-se com teimosia ainda maior a seus ídolos quando confrontado com esse desafio e com o esforço exigido para abordar esse mistério. Seria um erro esperar outra coisa. Devemos primeiro apelar a quem for capaz de instilar novamente o terror em nosso *Dasein*.[12]

Heidegger opõe, portanto, o assombro como disposição básica do primeiro começo (grego) ao terror como disposição básica do segundo recomeço: "No assombro, disposição básica do primeiro começo, os seres assumem pela primeira vez a sua forma. O terror, disposição básica do outro começo, revela por trás de todo progresso e toda dominação sobre os seres um vazio escuro de irrelevância"[13]. (Aqui, o que se deve notar é que Heidegger usa a palavra "terror", e não "angústia".)

---

[10] Ésquilo, *Eumenides* (trad. ingl. Ian Johnston, 2003), disponível em: <http://www.mala.bc.ca/~Johnstoi/aeschylus/aeschylus_eumenides.htm>. [Também disponível em: <http://records.viu.ca/~johnstoi/aeschylus/aeschylus_eumenides.htm>. Acesso em: jul. 2010. Ed. bras.: *Oristeia III: Eumênides*, São Paulo, Iluminuras, 2005. (N. E.)]

[11] É estranho que Simon Critchley, que cita esses versos em *Infinitely Demanding* (Londres, Verso, 2007), as leia como se prefigurassem a política do medo, embora se encaixem bem melhor no motivo principal de seu livro, a pressão do supereu "infinitamente exigente".

[12] Martin Heidegger, *Gesamtausgabe*, v. 29-30, *Die Grundbegriffe der Metaphysik. Welt – Endlichkeit – Einsamkeit* (Frankfurt, Klostermann, 2004), p. 255.

[13] Martin Heidegger, *Gesamtausgabe*, v. 45, *Grundprobleme der Philosophie* (Frankfurt, Klostermann, 1984), p. 197.

Hegel disse algo parecido em sua análise sobre o senhor e o escravo (escravidão), quando enfatizou que (já que o escravo também é uma autoconsciência)

> o senhor é levado a ser a realidade essencial do estado de escravidão; daí, para ele, a verdade é a consciência independente existindo por si, embora essa verdade ainda não seja tomada como inerente à própria escravidão. Ainda assim, ela de fato contém em si essa verdade de pura negatividade e autoexistência, porque vivenciou essa realidade dentro de si. Pois essa consciência não estava em perigo e medo em razão desse ou daquele elemento, nem por esse ou aquele momento; ela temia por todo o seu ser; sentia o medo da morte, o senhor soberano. Foi nessa experiência fundida à alma mais íntima que tremeu em todas as suas fibras, e tudo o que estava fixo e firme tremeu dentro dela. Entretanto, essa perturbação completa de toda a sua substância, essa dissolução absoluta de toda a sua estabilidade em continuidade fluente, é a natureza suprema e simples da autoconsciência, da negatividade absoluta, da pura existência autorreferente, que, em consequência, está envolvida nesse tipo de consciência. Esse momento de autoexistência pura, ademais, é um fato para ela; pois no senhor encontra isso como seu objeto. Mais ainda, essa consciência do escravo não é apenas essa total dissolução de maneira geral; ao servir e trabalhar, o escravo realmente a põe em prática. Ao servir, ele anula, em todo aspecto particular, sua dependência e apego à existência natural, e pelo trabalho remove essa existência.[14]

Portanto, o escravo, em si, já é livre, estando sua liberdade encarnada fora dele, em seu senhor. É nesse sentido que Cristo é nosso senhor e, ao mesmo tempo, a fonte de nossa liberdade. O sacrifício de Cristo nos liberta. Como? Não como pagamento dos pecados nem como resgate legalista, mas assim como, quando tememos alguma coisa (e o medo da morte é o medo supremo que nos torna escravos), um amigo de verdade nos diz: "Não tema, olhe, eu vou fazer. Do que você tem tanto medo? Eu vou fazer, não porque eu tenho de fazer, mas por amor a você. Eu não tenho medo!", ele faz e, dessa forma, nos liberta, demonstrando *in actu* que *pode ser feito*, que também podemos fazer, que não somos escravos... Recordemos a descrição que Ayn Rand faz, em *A nascente**, do impacto momentâneo que Howard Roark causa na plateia aglomerada no tribunal onde ele está sendo julgado:

> Roark se ergueu diante deles como um homem se ergue na inocência da própria mente. Mas Roark se ergueu assim diante de uma multidão hostil – que soube, de repente, que não existia ódio nele. No relâmpago de um instante, perceberam a postura de sua consciência. Cada um deles se perguntou: "Preciso da aprovação de alguém? Isso importa? Estou amarrado?", e, naquele instante, cada homem foi livre, livre o bastante para sentir benevolência por todos os outros homens na sala. Foi só um instante; o instante de silêncio quando Roark estava prestes a falar.[15]

---

[14] G. W. F. Hegel, *Phenomenology of Spirit*, cit., p. 189.

* São Paulo, Landscape, 2008.

[15] Ayn Rand, *The Fountainhead* (Nova York, Signet, 1992), p. 677.

É assim que Cristo traz liberdade: ao confrontá-lo, tomamos consciência de nossa própria liberdade. E, *mutatis mutandis*, o mesmo não se aplica a Che Guevara? As fotos que o mostram preso na Bolívia, cercado de soldados do governo, têm uma estranha aura cristológica, como se víssemos Cristo cansado, mas desafiador, a caminho da crucificação – não admira que, momentos antes de morrer, com a pistola do carrasco já apontada para ele, segura por uma mão trêmula, Guevara o fitasse e dissesse: "Mire bem. Você está prestes a matar um homem"[16] – sua versão de *ecce homo*... E, realmente, a mensagem básica de Guevara não é exatamente esta: a mensagem de que, em todos os seus fracassos e por meio deles, persistiu, foi em frente? Podemos imaginá-lo, nos últimos dias desesperados na Bolívia, pensando uma versão das últimas palavras de *O inominável**, de Samuel Beckett: "No silêncio não se sabe, é preciso continuar, não posso continuar, vou continuar"[17]. Numa ironia insuperável da história, depois do triunfo da Revolução Cubana, tudo o que ele fez foi um fracasso: o triste fracasso de suas políticas econômicas como ministro da Economia (depois de um ano, a comida teve de ser racionada...), o fracasso da aventura no Congo, o fracasso da última missão na Bolívia. Entretanto, todos esses fracassos "humanos, demasiado humanos", de certa forma se esvaem no pano de fundo, no cenário contra o qual surgem os contornos de sua figura propriamente super-humana (ou – por que não? – *inumana*), confirmando o mote de Badiou de que a única maneira de ser verdadeiramente humano é exceder a humanidade ordinária, tendendo à dimensão do inumano.

A ecologia contra a natureza

Não precisamos hoje, mais uma vez, de uma experiência de negatividade assustadora como essa? Quer dizer, e se a verdadeira opção hoje fosse *entre* medo e terror? A expressão "medo e tremor" assume a identidade dos dois termos, como se indicassem dois aspectos do mesmo fenômeno; e se, contudo, fosse preciso introduzir uma lacuna entre os dois, de modo que tremer (estar aterrorizado) fosse, em seu aspecto mais radical, a única oposição verdadeira ao medo? Em outras palavras, podemos sair desse medo não pela busca desesperada de segurança, mas, ao contrá-

---

[16] Há muitas outras variantes das supostas "últimas palavras" de Che Guevara. Eis algumas: "Sei que veio me matar. Atire, só vai matar um homem"; "Atire, covarde, só vai matar um homem"; "É bom que saiba, está matando um homem"; "Sabia que iam me matar; nunca deveria ter sido capturado vivo"; "Digam a Fidel que esse fracasso não significa o fim da revolução, que ela triunfará em outro lugar. Digam a Aleida que esqueça tudo isso, que se case de novo e seja feliz, e faça as crianças estudar. Peça aos soldados que mirem bem"; "Não atire, sou Che Guevara e, para vocês, valho mais vivo do que morto".

* Rio de Janeiro, Globo, 2009.

[17] Samuel Beckett, *Trilogy* (Londres, Calder, 2003), p. 418.

rio, indo até o fim, aceitando a nulidade do que tememos perder. Isaac Asimov disse em algum lugar que existem duas possibilidades: ou estamos sozinhos no universo, portanto não há ninguém por aí nos observando, ou há alguém – e ambas as possibilidades são igualmente insuportáveis. Assim, por medo de perder a ancoragem no grande Outro, devemos passar ao terror de *não* haver grande Outro. Portanto, a antiga fórmula que diz que "não há nada a temer, a não ser o próprio medo" adquire um sentido novo e inesperado: o fato de que não há nada a temer é o fato mais aterrorizante que se pode imaginar. O terror é esse medo "autorreferente" ou "autonegado": é aquilo em que o medo se transforma quando aceitamos que não há caminho de volta, que o que tememos perder, o que é ameaçado pelo que tememos (a natureza, o mundo-vida, a substância simbólica de nossa comunidade...), está sempre-já perdido. Esse terror, cujos contornos Hegel delineou na descrição da experiência subjetiva do escravo diante da ameaça de morte, deveria servir de pano de fundo contra o qual deveríamos ler a famosa descrição da dinâmica capitalista feita por Marx e Engels no *Manifesto Comunista*:

> Essa subversão contínua da produção, esse abalo constante de todo o sistema social, essa agitação permanente e essa falta de segurança distinguem a época burguesa de todas as precedentes. Dissolvem-se todas as relações sociais antigas e cristalizadas, com seu cortejo de concepções e de ideias secularmente veneradas; as relações que as substituem tornam-se antiquadas antes de se consolidarem. Tudo o que era sólido e estável se desmancha no ar, tudo o que era sagrado é profanado e os homens são obrigados finalmente a encarar sem ilusões a sua posição social e as suas relações com os outros homens. [...] No lugar do antigo isolamento de regiões e nações autossuficientes, desenvolvem-se um intercâmbio universal e uma universal interdependência das nações. E isto se refere tanto à produção material como à produção intelectual. As criações intelectuais de uma nação tornam-se patrimônio comum. A estreiteza e a unilateralidade nacionais tornam-se cada vez mais impossíveis; das numerosas literaturas nacionais e locais nasce uma literatura universal.[18]

Mais do que nunca, não é essa a realidade hoje? Os telefones Ericsson não são mais suecos, 60% dos carros Toyota são fabricados nos Estados Unidos, a cultura de Hollywood penetra nos rincões mais remotos do globo... Além disso, o mesmo não se aplica também a todas as formas de identidade étnica e sexual? Não deveríamos completar a descrição de Marx nesse sentido, acrescentando também que "a unilateralidade" sexual "e a estreiteza de pensamento se tornam cada vez mais impossíveis", que, no caso das práticas sexuais, também é verdade que "tudo o que é sólido se desmancha no ar, tudo o que é sagrado é profanado", de modo que o capitalismo tende a substituir o padrão da heterossexualidade normativa pela pro-

---

[18] Karl Marx e Friedrich Engels, *Manifesto Comunista*, cit., p. 43.

liferação de identidades e/ou orientações mutáveis e instáveis? E hoje, com os mais recentes avanços da biogenética, entramos numa nova fase, em que simplesmente a *própria natureza* se desmancha no ar: a principal consequência das descobertas científicas da biogenética é o fim da natureza. Assim que passamos a conhecer suas regras de construção, os organismos naturais se transformam em objetos passíveis de manipulação. Portanto, a natureza, humana e inumana, é "dessubstancializada", privada de sua densidade impenetrável, do que Heidegger chamava de "terra". Isso nos obriga a dar uma nova torção no título de Freud, *Unbehagen in der Kultur*: descontentamento, mal-estar, inquietude na cultura[19]. Com os últimos avanços, o descontentamento passa da cultura para a própria natureza: ela não é mais "natural", o pano de fundo "denso" e confiável de nossa vida; ele surge agora como um mecanismo frágil que pode explodir a qualquer momento de forma catastrófica.

Portanto, a biogenética, com a redução da própria psique humana a objeto de manipulação tecnológica, é de fato um tipo de instância empírica do que Heidegger considerava o "perigo" inerente à tecnologia moderna. Aqui, é fundamental a interdependência entre homem e natureza: ao reduzir o homem a apenas mais um objeto natural cujas propriedades podem ser manipuladas, o que perdemos não é (apenas) a humanidade, mas *a própria natureza*. Nesse sentido, Francis Fukuyama está certo: a humanidade se baseia numa noção de "natureza humana" como aquilo que herdamos, como algo que simplesmente nos foi dado, a dimensão impenetrável em/de nós mesmos na qual nascemos/somos jogados. O paradoxo, portanto, é que o homem só existe na medida em que há a natureza inumana impenetrável (a "terra" de Heidegger): com a possibilidade de intervenções biogenéticas criada pelo acesso ao genoma, a espécie altera/redefine livremente *a si mesma*, suas próprias coordenadas; essa possibilidade emancipa efetivamente a humanidade das restrições de uma espécie finita, de sua escravização aos "genes egoístas". Entretanto, a emancipação tem seu preço:

> Com as intervenções na herança genética do homem, o domínio sobre a natureza converte num ato de assumir o controle sobre si mesmo, o que muda nosso autoentendimento ético-genérico e pode perturbar as condições necessárias de um modo de vida autônomo e do entendimento universalista da moral.[20]

---

[19] Em inglês, esse título costuma ser traduzido como "Civilization and Its Discontents" [A civilização e seus descontentamentos; em português, a tradução mais comum é *O mal-estar na civilização* (N. T.)], perdendo-se assim a oportunidade de jogar com a oposição entre cultura e civilização: o descontentamento está na cultura, em seu rompimento violento com a natureza, enquanto a civilização pode ser concebida exatamente como a tentativa secundária de remendar tudo, de "civilizar" o corte, de reintroduzir o equilíbrio perdido e dar uma aparência de harmonia.

[20] Citado em Thorsten Jantschek, "Ein ausgezehrter Hase", *Die Zeit*, 5 jul. 2001, *Feuilleton*, p. 26.

Como então deveríamos reagir a essa ameaça? Eis a lógica de Habermas: como os resultados da ciência constituem uma ameaça à nossa (noção predominante de) autonomia e liberdade, deveríamos restringir a ciência. O preço que pagamos por essa solução é a cisão fetichista entre ciência e ética: "Sei muito bem o que a ciência afirma, mas, ainda assim, para manter (a aparência de) minha autonomia, prefiro ignorá-la e agir como se não soubesse". Isso nos impede de enfrentar a verdadeira pergunta: *como essas novas condições nos obrigam a transformar e reinventar as próprias noções de liberdade, autonomia e responsabilidade ética?*

Hoje, a ciência e a tecnologia não visam mais somente entender e reproduzir os processos naturais, mas gerar novas formas de vida que nos surpreenderão; o objetivo não é mais somente dominar a natureza (do jeito que é), mas gerar algo novo, maior, mais forte do que a natureza comum, inclusive nós mesmos – é exemplar aqui a obsessão pela inteligência artificial, que visa produzir um cérebro mais poderoso do que o cérebro humano. O sonho que sustenta o empreendimento científico-tecnológico é desencadear um processo sem volta, um processo que se reproduziria exponencialmente e avançaria de forma autônoma. Hoje, portanto, a noção de "segunda natureza" é mais pertinente do que nunca, em ambos os sentidos principais. Em primeiro lugar, literalmente, como uma natureza nova, gerada de maneira artificial: monstros da natureza, vacas e árvores deformadas ou – num delírio mais positivo – organismos manipulados geneticamente, "aperfeiçoados" de maneira a nos satisfazer. Em segundo lugar, uma "segunda natureza" no sentido mais comum de autonomização do resultado da nossa própria atividade: a maneira como nossos atos nos escapam em suas consequências, a maneira como geram um monstro com vida própria. É *esse* horror dos resultados imprevistos dos nossos atos que causa choque e assombro, não o poder da natureza, sobre o qual não temos controle; é *esse* horror que a religião tenta domesticar. Hoje, o que é novo é o curto-circuito entre esses dois sentidos de "segunda natureza": a "segunda natureza" no sentido de Destino objetivo, de processo social autonomizado, gera a "segunda natureza" no sentido de natureza criada de maneira artificial, de monstros naturais, ou seja, o processo que ameaça sair do controle não é mais apenas o processo social de desenvolvimento político e econômico, mas as próprias formas novas de processos naturais, desde catástrofes nucleares imprevisíveis até o aquecimento global e as consequências inimagináveis da manipulação biogenética. É possível ao menos imaginar qual seria o resultado inédito das experiências nanotecnológicas: novas formas de vida que se reproduziriam de forma descontrolada, como um câncer, por exemplo[21]? Eis a descrição-padrão desse medo:

---

[21] Do mesmo modo, enquanto os cientistas do acelerador de partículas do CERN [Centro Europeu de Pesquisa Nuclear] preparam as condições para recriar o Big Bang, alguns céticos alertam para

432 / Em defesa das causas perdidas

Dentro de cinquenta a cem anos, é provável que surja uma nova classe de organismos. Esses organismos serão artificiais no sentido de, originalmente, terem sido projetados por seres humanos. Entretanto, eles se reproduzirão e "evoluirão" para algo diferente de sua forma original; serão "vivos", em todas as definições razoáveis da palavra. [...] o ritmo da mudança evolucionária será muito rápido. [...] O impacto sobre a humanidade e a biosfera poderá ser enorme, maior do que o da Revolução Industrial, das armas nucleares ou da poluição ambiental.[22]

Esse medo tem também uma clara dimensão libidinal: é o medo da reprodução assexuada da Vida, o medo de uma vida "não morta" que seja indestrutível, expandindo-se constantemente, reproduzindo-se por divisão[23]. E, como sempre na história dos últimos dois milênios, o grande mestre da exploração desse medo é a Igreja Católica. Hoje, sua estratégia predominante é tentar conter o real científico dentro dos limites do sentido; é como resposta ao real científico (materializado nas ameaças biogenéticas) que a religião vem encontrando sua nova *raison d'être*:

> Longe de ser apagada pela ciência, a religião, e até o consórcio das religiões, progride a cada dia no processo de formação. Lacan disse que o ecumenismo era para os pobres de espírito. Há uma concordância maravilhosa a respeito dessas questões entre o secular e as autoridades religiosas, em que dizem a si mesmos que tinham de concordar em algum ponto para provocar ecos igualmente maravilhosos, chegando a afirmar que afinal o secular é uma religião como qualquer outra. Vemos isso porque de fato se revela que o discurso da ciência ligou-se em parte à pulsão de morte. A religião está plantada na posição de defesa incondicional dos vivos, da vida na humanidade, como guardiã da vida, fazendo da vida um termo absoluto. E isso se estende à proteção da natureza humana. [...] É isso [...] que dá futuro à religião por meio do sentido, ou seja, ao erigir barreiras – à clonagem, à utilização de células humanas – e o inscrever a ciência num progresso moderado. Vemos o esforço maravilhoso, o novo vigor juvenil da religião em seu esforço de inundar o real de sentido.[24]

Portanto, a mensagem de esperança da Igreja se baseia num medo preexistente: ela evoca e formula o medo, ao qual então oferece uma solução de fé e esperança[25].

---

a possibilidade de que a experiência seja demasiado bem-sucedida e de fato desencadeie um novo Big Bang, que varrerá do mapa o mundo que conhecemos.

[22] Doyne Farmer e Aletta Belin, "Artificial Life: The Coming Evolution", em C. G. Langton, C. Taylor, J. D. Farmer e S. Rasmussen (orgs.), *Artificial Life* (Reading, Massachusetts, Addison-Wesley, 1992), p. 815.

[23] Na última década, essa questão foi bastante explorada pela ficção científica. Ver, entre outros, Michael Crichton, *Prey* (Nova York, Avon Books, 2002). [Ed. bras.: *Presa*, Rio de Janeiro, Rocco, 2003.]

[24] Jacques-Alain Miller, "Religion, Psychoanalysis", *Lacanian Ink*, 23, 2004, p. 18-9.

[25] Durante toda a modernidade, a Igreja se apresentou como guardiã contra o perigo de saber demais. Hoje, quando se apresenta como farol do respeito à liberdade e à dignidade humana, é aconselhável fazermos uma simples experiência mental. Até o início da década de 1960, a Igreja ainda mantinha o famoso (e infame) índex de obras cuja leitura era proibida aos católicos (comuns); mal

A Vida que promete, em sua defesa da "cultura da vida", não é uma vida positiva, mas uma vida reativa, uma defesa contra a morte. Lidamos aqui com a versão mais recente do medo formulado pela primeira vez em *Frankenstein*, de Mary Shelley. O dilema enfrentado por muitos intérpretes de *Frankenstein* diz respeito ao paralelo óbvio entre Victor e Deus, de um lado, e o monstro e Adão, do outro: em ambos os casos, trata-se de um pai solteiro que cria de modo não sexual uma progênie masculina; em ambos os casos, segue-se a criação de uma noiva, uma parceira. Esse paralelo é claramente indicado na epígrafe do romance, a queixa de Adão a Deus: "Roguei-vos, Criador, que de meu barro/ Moldásseis-me homem? Implorei-vos/ Nas trevas que me promovêsseis?"[26].

É fácil notar a natureza problemática desse paralelo: se Victor está associado a Deus, como pode ser também o rebelde prometeico contra Deus (recordemos o subtítulo do romance, "Ou o Prometeu moderno")? A resposta parece simples, dada pela própria Mary Shelley: o pecado de Victor é exatamente o da soberba, de "agir como Deus", de entregar-se a um ato de criação (de vida humana, o coroamento da criação divina), que é e deveria continuar a ser prerrogativa exclusiva de Deus; se o homem tenta imitar Deus e fazer algo para o qual não está qualificado, o resultado só pode ser monstruoso...

Entretanto, há também uma leitura diferente (chestertoniana): não existe problema, Victor é "como Deus" exatamente quando comete a suprema transgressão criminosa e enfrenta o horror de suas consequências, já que *Deus também é o supremo Rebelde* – contra si, em última análise. O Rei do universo é o supremo Anarquista criminoso. Como Victor, ao criar o homem, Deus cometeu o crime supremo de mirar alto demais, de fazer uma criatura "a sua própria imagem", uma nova vida espiritual, exatamente como os cientistas de hoje, que sonham em criar um ser vivo artificialmente inteligente; não admira que a sua própria criatura tenha fugido do seu controle e se voltado contra ele. E se a morte de Cristo (de si mesmo) for o preço que Deus tem de pagar por seu crime?

É exatamente dentro do terreno da ecologia que podemos traçar a linha que separa a política do terror emancipatório da política do medo em seu aspecto mais puro. A versão predominante de ecologia é, em boa medida, a ecologia do medo, medo da catástrofe – causada pelo homem ou natural – que pode perturbar profundamente, e até destruir, a civilização humana, medo que nos força a prever

---

dá para imaginar como seria a história artística e intelectual da Europa moderna se apagássemos dela todas as obras que, em algum momento, estiveram nesse índex: uma Europa moderna sem Descartes, Espinosa, Leibniz, Hume, Kant, Hegel, Marx, Nietzsche, Sartre, sem mencionar a grande maioria dos clássicos modernos.

26 John Milton, *Lost Paradise*, X, p. 743-5. [Ed. bras.: *O paraíso perdido*, Rio de Janeiro, Villa Rica Editoras Reunidas, 1994.]

medidas para proteger nossa segurança. Esse medo e esse pessimismo, via de regra, são falsos, como destaca Hans-Georg Gadamer: "O pessimista é insincero, porque tenta enganar-se com seus próprios queixumes. Enquanto se faz de pessimista, espera secretamente que nada seja tão ruim quanto teme"[27]. A mesma tensão entre o enunciado e a posição de enunciação não caracteriza o pessimismo ecológico de hoje: quanto mais os que preveem a catástrofe insistem nela, mais esperam secretamente que a catástrofe não aconteça?

A primeira coisa que chama nossa atenção a propósito desse medo é a maneira como continua condicionado por tendências ideológicas. Há duas décadas, todo mundo, principalmente na Europa, falava de *Waldsterben*, a morte das florestas; o tema estava presente na capa de todos os jornais populares; hoje quase desapareceu. Embora a preocupação com o aquecimento global exploda de vez em quando e venha ganhando cada vez mais credibilidade científica, a ecologia, como movimento político-social organizado, em grande parte desapareceu. Além disso, a ecologia se presta muitas vezes a mistificações ideológicas: como pretexto para obscurantismos *new-age* (o louvor a "paradigmas" pré-modernos etc.), ou para o neocolonialismo (o Primeiro Mundo se queixa de que o rápido desenvolvimento de países do Terceiro Mundo, como Brasil e China, é uma ameaça para nós: "Ao destruir a floresta tropical amazônica, os brasileiros estão matando os pulmões da Terra"), ou como causa honrosa para "comunistas liberais" (comprar produtos verdes, reciclar... como se levar em conta a ecologia justificasse a exploração capitalista).

Essa ecologia do medo tem toda a probabilidade de se transformar na forma predominante de ideologia do capitalismo global, um novo ópio do povo para substituir a religião em declínio[28]: ela assume a antiga função fundamental da religião, a de ter uma autoridade inquestionável que pode impor limites. A lição que essa ecologia não cansa de repetir é a nossa finitude: não somos sujeitos cartesianos extraídos da realidade, somos seres finitos incrustados numa biosfera que transcende imensamente nosso horizonte. Ao explorar os recursos naturais, nós tomamos emprestado do futuro, de modo que deveríamos começar a tratar a Terra com respeito, como algo que, em última análise, é sagrado, algo que não deveria ser totalmente desvelado, que deveria permanecer e permanecerá para sempre um mistério, um poder em que devemos confiar e não dominar. Apesar de não termos domínio total sobre a nossa biosfera, infelizmente está em nosso poder desarranjá-la, perturbar seu equilíbrio, enlouquecendo-a, e acabando com nós mesmos no processo. É por isso que, embora os ecologistas exijam o tempo todo que mudemos radicalmente nosso modo de vida, subjacente a essa exigência está o seu oposto, uma profunda descon-

---

[27] Jean Grondin, *Hans-Georg Gadamer* (New Haven, Connecticut, Yale University Press, 2003), p. 329.

[28] Uso a expressão de Alain Badiou.

fiança diante da mudança, do desenvolvimento, do progresso: toda mudança radical pode ter a consequência involuntária de provocar uma catástrofe.

É essa desconfiança que transforma a ecologia em candidata ideal a ideologia hegemônica, já que reflete a desconfiança pós-política e antitotalitária dos grandes atos coletivos. Uma das versões ficcionais mais eficazes dessa desconfiança é *Making history*, de Stephen Fry[29], sobre um cientista traumatizado por Hitler e pelos crimes nazistas que, na década de 1950, descobre uma maneira de atravessar a barreira do tempo e intervém no passado, embora de forma limitada. Ele decide mudar a composição química do rio que abastece a aldeia dos pais de Hitler para tornar as mulheres inférteis; a experiência dá certo e Hitler não nasce. Entretanto, quando passa para a realidade alternativa, o cientista descobre horrorizado o que provocou: em vez de Hitler, um oficial de alta patente, de classe alta e mais inteligente, conduziu os nazistas à vitória; estes ganham a guerra e matam muito mais judeus do que os que pereceram no Holocausto, e ainda conseguem apagar a lembrança de seu ato. O cientista passa o resto da vida tentando intervir no passado para desfazer o resultado da primeira intervenção e nos devolver ao velho e bom mundo com Hitler...

Essa desconfiança recebeu um novo ímpeto com a biogenética, que está à beira de um avanço muito importante[30]. Até agora, os geneticistas se restringiram a

> mexer e remexer no que a natureza já produziu: tirar um gene de uma bactéria, digamos, e inseri-lo num cromossomo de milho ou porco. Nós estamos falando aqui em produzir vida inteiramente nova, sem absolutamente nenhuma descendência genética da célula-mãe primordial. Os indivíduos iniciais de cada raça recém-criada não terão nenhum ancestral.

O próprio genoma do organismo será artificialmente montado: primeiro serão fabricados tijolos biológicos individuais; depois eles serão combinados num organismo sintético autorreprodutor totalmente novo. Os cientistas chamam essa nova forma de vida de "Vida 2.0", e o que é mais perturbador é que a própria vida "natural" se torna "Vida 1.0" – perde retroativamente seu caráter natural e espontâneo e passa a pertencer a uma série de projetos sintéticos. É isso que significa o "fim da natureza": a vida sintética não só complementa a vida natural, como transforma a própria vida natural numa espécie (confusa, imperfeita) de vida sintética.

É claro que as possibilidades são espantosas: de micro-organismos que detectam e eliminam células cancerosas a "fábricas" inteiras que transformam energia solar em combustível utilizável. Entretanto, a principal limitação desse esforço é igualmente óbvia: o DNA dos organismos naturais existentes é "uma confusão de segmentos sobrepostos e um lixo sem nenhuma finalidade que possa ser percebida

---

[29] Ver Stephen Fry, *Making history* (Nova York, Arrow Books, 2005).
[30] Ver o relatório "Life 2.0", *Newsweek*, 4 jun. 2007, p. 37-43.

436 / Em defesa das causas perdidas

pelos cientistas", de modo que, quando mexem nessa confusão, os geneticistas não podem ter certeza do resultado que obterão e muito menos como exatamente geraram esse resultado; a conclusão lógica, portanto, é tentar "construir novos sistemas biológicos, sistemas que sejam mais fáceis de entender porque foi assim que os fizemos". Entretanto, esse projeto só dará certo se aceitarmos inteiramente a tese de que "pelo menos 90% do genoma humano é 'DNA-lixo', sem função visível". (A principal função imaginada pelos cientistas é que o lixo serve como garantia contra o perigo de cópia de erros, como *backup*.) Só nesse caso podemos esperar um projeto viável de descarte do "lixo" repetitivo e de geração de um organismo a partir da fórmula genética "pura". Mas e se o "lixo" tiver um papel fundamental, que desconhecemos porque somos incapazes de apreender inteiramente toda a enorme complexidade da interação entre os genes, que só consegue explicar como, a partir de um conjunto limitado (finito) de elementos, uma estrutura orgânica "infinita" (autorreferencial) surge como uma "propriedade emergente"?

Os que se opõem mais ferozmente a essa possibilidade são os líderes religiosos e os ambientalistas; para ambos, há certa transgressão, invasão de domínio proibido, nessa ideia de criação de uma nova forma de vida a partir do nada, do ponto zero. E isso nos leva de volta à noção de ecologia como o novo ópio do povo; a mensagem subjacente, mais uma vez, é profundamente conservadora: qualquer mudança só pode ser uma mudança para pior:

> Por trás de boa parte da resistência à noção de vida sintética está a intuição de que a natureza (ou Deus) criou o melhor mundo possível. Charles Darwin acreditava que os variados projetos de criações da natureza estão perfeitamente ajustados para fazer tudo o que têm de fazer, sejam eles animais que veem, ouvem, cantam, nadam ou voam, ou plantas que se alimentam dos raios do sol e exibem flores de cores vivas para atrair polinizadores.[31]

Essa referência a Darwin é profundamente enganosa: a maior lição do darwinismo é exatamente o contrário, ou seja, a natureza experimenta e improvisa, com grandes perdas e catástrofes a cada sucesso limitado; o fato de 90% do genoma humano ser "DNA-lixo", sem função visível, não é a maior prova disso? Em consequência, a primeira lição que devemos tirar daí é aquela constantemente repetida por Stephen Jay Gould: a contingência total da nossa existência. Não há evolução: as catástrofes, os equilíbrios rompidos fazem parte da história natural; em muitos momentos do passado, a vida poderia ter virado em direção totalmente diferente. Nossa principal fonte de energia (o petróleo) resulta de um cataclismo do passado, de dimensões inimagináveis.

Nessa linha, "terror" significa aceitar o fato da total falta de embasamento da nossa existência: não há fundamentos firmes, não há lugar para onde recuar,

---

[31] Ibidem, p. 41.

com o qual se possa contar. Isso significa aceitar totalmente que "a natureza não existe", em outras palavras, consumar inteiramente a lacuna que separa a noção de mundo-vida da natureza e a noção científica de realidade natural: a "natureza" *qua* domínio de reprodução equilibrada, de desdobramento orgânico no qual a humanidade intervém com seu húbris, tirando brutalmente dos trilhos seu movimento circular, é uma fantasia do homem; a natureza já é, em si, a "segunda natureza", o equilíbrio é sempre secundário, uma tentativa de criar um "hábito" que restaure alguma ordem depois de interrupções catastróficas[32]. Portanto, a lição que devemos endossar totalmente é a do cientista ambiental que chega à conclusão de que, embora não possamos ter certeza sobre qual será o resultado final da intervenção da humanidade na geosfera, uma coisa é certa: se a humanidade interrompesse de repente sua imensa atividade industrial e deixasse a natureza da Terra seguir seu curso equilibrado, o resultado seria um colapso total, uma catástrofe inimaginável. A "natureza" sobre a Terra já está tão "adaptada" à intervenção humana, a "poluição" humana já está tão completamente imbuída no equilíbrio instável e frágil da reprodução "natural" da Terra, que sua interrupção provocaria um desequilíbrio catastrófico[33]. É isso que significa dizer que a humanidade não tem para onde recuar: não só não há "grande Outro" (a ordem simbólica contida em si mesma, como maior garantia de Significado) como também não há *Natureza qua* ordem equilibrada de autorreprodução, cuja homeóstase seja perturbada, tirada do curso, pelas intervenções humanas desequilibradas. Não só o grande Outro é "barrado" como a Natureza também é. Portanto, é preciso tomar consciência não só da limitação da ideolo-

---

[32] Em "Environmentalism as a Religion" [Ambientalismo como religião], palestra realizada no Commonwealth Club da Califórnia, Michael Crichton descreveu as semelhanças entre as estruturas de várias visões religiosas (em especial, o dogma judaico-cristão) e as crenças de muitos ateus urbanos modernos que, segundo afirma, têm ideias românticas sobre a Natureza e o nosso passado e, pensa ele, acreditam no Jardim do Éden, no pecado original e no Juízo Final. A tendência dos ambientalistas hoje é agarrar-se teimosamente aos elementos de sua fé, apesar de provas científicas do contrário (Crichton cita como exemplo concepções errôneas sobre o DDT, o fumo passivo e o aquecimento global). Por mais suspeito que seja Crichton – seus *best-sellers* são uma das incorporações perfeitas da ideologia predominante no capitalismo tardio –, aqui ele tem razão.

[33] Outro exemplo: para contra-atacar a política de destruição das florestas, várias vezes os ecologistas conseguiram impor medidas estritas de repressão do uso de fogo, o que levou a um resultado inesperado: as florestas virgens foram alteradas de maneira ainda mais irrevogável (já que os incêndios ocasionais tinham um papel fundamental em sua autorreprodução). Ou, em nível mais específico, temos o caso de um vale no Reino Unido extremamente poluído por fumaça de carvão. Depois que se parou de queimar carvão, o resultado imediato foi catastrófico: os pássaros e outros organismos já estavam tão acostumados com a poluição que não conseguiram sobreviver nas novas condições, de modo que partiram, perturbando o frágil equilíbrio ecológico do vale... E o que dizer de animais como os porcos criados em fazendas industriais, incapazes de sobreviver sozinhos nem por alguns dias (são meio cegos, não se sustentam sobre as próprias patas...)?

438 / Em defesa das causas perdidas

gia do progresso, como também da limitação na noção benjaminiana da revolução como aplicação do freio de emergência no trem descontrolado do progresso: é tarde demais para isso também.

Em *Reflections at the Edge of Askja* [Reflexões à beira do Askja], Pall Skulason conta como foi afetado pelo Askja, um lago vulcânico no meio da Islândia, cercado de montanhas nevadas:

> O Askja é o símbolo da realidade objetiva, independente de todo pensamento, crença e expressão, independente da existência humana. É um sistema natural inigualável, dentro do qual montanhas, lagos e céu convergem numa cratera vulcânica. Em resumo, o Askja simboliza a própria Terra; é a Terra como era, é e será, enquanto esse planeta continuar a orbitar no espaço, seja o que fizermos e se estivermos ou não nesta terra. [...] Ir ao Askja é como ir à própria Terra pela primeira vez; encontrar a nossa base terrena.[34]

Gilles Deleuze costumava brincar com a ideia de que, quando nos tornarmos pós-humanos, teremos de aprender a praticar "uma percepção de como era antes dos homens (ou depois) [...] livres das suas coordenadas humanas"[35]; Skulason parece descrever justamente uma experiência desse tipo, a experiência de subtrair-se da imersão imediata no mundo circundante dos objetos que estão "à mão", momentos da nossa relação engajada com a realidade – ou não? Vamos dar uma olhada mais atenta no tipo de experiência que ele descreve:

> de repente, o mundo nos espanta de tal maneira que a realidade se apresenta como um todo sem emendas. A pergunta que surge então diz respeito ao próprio mundo e à realidade que ele ordena numa totalidade. O mundo é mesmo uma totalidade unificada? A realidade não é apenas uma multiplicidade infinitamente variada de fenômenos específicos?[36]

Aqui, é preciso ser hegeliano: e se essa mesma experiência da realidade como um Todo sem emendas for uma violenta imposição nossa, algo que "projetamos nela" (para usar essa velha expressão inadequada) para evitar o confronto direto com a "multiplicidade infinitamente variada de fenômenos específicos" totalmente sem sentido (que Alain Badiou chama de multiplicidade primordial do Ser)? Não deveríamos aplicar aqui a lição fundamental do idealismo transcendental de Kant: o mundo como um Todo não é uma Coisa-em-si, ele é simplesmente uma Ideia reguladora da nossa mente, algo que a nossa mente impõe à miríade crua de sensa-

---

[34] Pall Skulason, *Reflections at the Edge of Askja* (Reykjavik, The University of Iceland Press, 2005), p. 21.

[35] Gilles Deleuze, *Cinema 1: The Movement-Image* (Minneapolis, Minnesota, University of Minnesota Press, 1986), p. 122. [Ed. bras.: *Cinema 1: A imagem-movimento*, São Paulo, Brasiliense, 1985.]

[36] Pall Skulason, *Reflections at the Edge of Askja*, cit., p. 11.

ções para ser capaz de vivenciá-la como um Todo significativo e bem ordenado? O paradoxo é que o próprio Em-si da Natureza como um Todo, independente de nós, resulta da nossa "atividade sintética" (subjetiva) – as próprias palavras de Skulason, se as lermos com atenção (isto é, literalmente), já não indicam essa direção? "O Askja, neste texto, é usado como símbolo de uma experiência única e importante do mundo e de seus habitantes. Há numerosos outros símbolos que os homens usam para falar das coisas que mais importam."[37] Assim, exatamente como no caso do Sublime kantiano, a presença insondável da Natureza-em-si nua e crua se reduz a um pretexto material (substituível por outros) de "uma experiência única e importante". Por que essa experiência é necessária?

> Para viver, para ser capaz de existir, a mente precisa ligar-se a algum tipo de ordem. Tem de apreender a realidade como um todo independente [...] e tem de prender-se, de forma estável, a certas características do que chamamos de realidade. Não pode prender-se ao mundo ordinário da experiência cotidiana, a não ser confiando que a realidade forma um todo objetivo, um todo que existe de forma independente da mente. A mente vive, e nós vivemos, numa relação de fé com a própria realidade. Da mesma forma, essa relação é uma relação de confiança numa realidade separada, uma realidade que é diferente e outra que não a mente. Vivemos e existimos nessa relação de confiança, que, por sua natureza, é sempre incerta e insegura. [...] a relação de confiança [...], original e verdadeiramente, é sempre uma relação com a realidade enquanto totalidade natural: enquanto Natureza.[38]

Devemos notar aqui a análise refinada da tensão entre o habitável e o inabitável: para habitar uma pequena parte da realidade que surge dentro de nosso horizonte de sentido, temos de pressupor que a Realidade-em-si, "diferente e outra que não a mente" que sustenta nosso mundo, faz parte da realidade como um Todo ordenado e sem emendas. Em resumo, temos de ter fé e confiança na Realidade: a natureza-em-si não é apenas uma composição sem sentido de múltiplos, ela é a Natureza. Mas e se essa relação de fé na Natureza, na harmonia primordial entre mente e realidade, for a forma mais elementar de idealismo, de confiança no grande Outro? E se a verdadeira posição materialista começar (e de certa maneira terminar) com a aceitação do Em-si como multiplicidade caótica e sem sentido? Aqui ficamos tentados a recorrer novamente à inigualável paisagem natural da Islândia: a magnífica planície litorânea verde e nublada do sul, salpicada de grandes rochas cobertas de musgo úmido marrom-esverdeado, só pode surgir como natureza enlouquecida, cheia de protuberâncias cancerosas patológicas – e se isso for muito mais próximo da "natureza-em-si" do que as imagens sublimes de Todos sem emendas? Na verdade, precisamos de uma *ecolo-*

---

[37] Ibidem, p. 19.
[38] Ibidem, p. 31-3.

gia sem natureza: o maior obstáculo à proteção da natureza é a própria noção de natureza na qual nos baseamos[39].

A verdadeira fonte de nossos problemas não é "o fato mais significativo que afeta a cultura ocidental desde séculos recentes", ou seja, o "colapso da relação entre o homem e a natureza"[40], o recuo da relação de confiança. Ao contrário, essa mesma "relação de fé com a própria realidade" é que é o principal obstáculo que nos impede de enfrentar a crise ecológica em seu aspecto mais radical. Quer dizer, com relação à possibilidade de uma catástrofe ecológica, é muito fácil atribuir nossa falta de crença nisso à impregnação da nossa mente pela ideologia científica, o que nos faz desdenhar as sãs preocupações do nosso bom senso, ou seja, a sensação profunda que nos diz que há algo fundamentalmente errado na atitude tecnológico-científica. O problema é muito mais profundo. Ele reside na inconfiabilidade do próprio senso comum, que, habituado como está ao mundo-vida ordinário, acha difícil aceitar realmente que o fluxo da realidade cotidiana possa ser perturbado. Aqui, nossa atitude é de cisão fetichista: "Sei muito bem (que o aquecimento global é uma ameaça à humanidade inteira), mas ainda assim... (não consigo acreditar nisso de verdade). Basta ver o mundo natural ao qual minha mente está ligada: árvores e capim verde, o suspiro da brisa, o nascer do sol... dá mesmo para imaginar que tudo isso pode ser perturbado? Falam de buracos de ozônio; mas por mais que eu olhe para o céu, não o vejo; só vejo o céu, azul ou cinzento!".

O problema, portanto, é que não podemos confiar nem na mente científica nem no senso comum; ambos reforçam mutuamente a cegueira de cada um. A mente científica defende uma avaliação fria e objetiva dos riscos e perigos envolvidos (embora nenhuma avaliação desse tipo seja possível), enquanto o senso comum acha difícil aceitar que a catástrofe possa mesmo acontecer. A difícil tarefa ética, portanto, é "desaprender" as coordenadas mais básicas de nossa imersão no mundo-vida: o que normalmente servia de recurso à Sabedoria (a confiança fundamental nas coordenadas por trás do nosso mundo), hoje *é* a fonte do perigo. Deveríamos realmente "crescer" e aprender a cortar esse derradeiro cordão umbilical que nos liga à nossa esfera de vida. O problema da atitude da ciência e da tecnologia não é o afastamento do nosso mundo-vida, mas o caráter abstrato desse afastamento, que obriga a atitude da ciência e da tecnologia a combinar-se com os piores elementos de nossa imersão no mundo-vida. Os cientistas se percebem como racionais, capazes de avaliar objetivamente o potencial de risco; para eles, os únicos elementos irracionais e imprevisíveis são as reações de pânico das massas não instruídas: com as pessoas comuns, um risco pequeno e controlável pode se espalhar

---

[39] Ver o extraordinário *Ecology without Nature*, de Timothy Morton (Cambridge, Massachusetts, Harvard University Press, 2007).

[40] Ibidem, p. 35.

e provocar pânico global, já que projetam na situação seus temores e fantasmas desmentidos. O que os cientistas não conseguem perceber é a natureza "irracional" inadequada de sua própria avaliação "fria e distanciada". A ciência contemporânea serve a duas necessidades propriamente *ideológicas*, "esperança e censura", que tradicionalmente cabiam à religião:

> a ciência sozinha tem o poder de silenciar os hereges. Hoje, é a única instituição que pode reivindicar autoridade. Como a Igreja no passado, tem o poder de destruir ou marginalizar os pensadores independentes. [...] Do ponto de vista de quem valoriza a liberdade de pensamento, isso pode ser desastroso, mas é, sem dúvida, a principal fonte de atração da ciência. Para nós, a ciência é um refúgio de incertezas, que promete – e em certa medida cumpre – o milagre de libertar-se do pensamento, enquanto as igrejas se tornaram santuários da dúvida.[41]

Na verdade, como escreveu Nietzsche há mais de um século: "Oh, como é escondido hoje pela ciência! Oh, como se espera que ela esconda!"[42]. Entretanto, não estamos falando aqui da ciência como tal, logo a ideia da ciência que sustenta o "libertar-se do pensamento" não é uma variação da noção de Heidegger de que "a ciência não pensa". Estamos falando da maneira como a ciência funciona enquanto força social, enquanto instituição ideológica: nesse nível, sua função é oferecer certeza, ser um ponto de referência no qual se possa confiar e dar esperança (as novas invenções tecnológicas nos ajudarão contra as doenças etc.). Nessa dimensão, a ciência é, em termos lacanianos, o discurso da universidade em seu aspecto mais puro, S_2 (conhecimento), cuja "verdade" é S_1 (Significante-Mestre, poder). Com efeito, o paradoxo é que, hoje, a ciência oferece a segurança que antes era garantida pela religião e, numa inversão curiosa, a religião é um dos lugares possíveis nos quais se podem desenvolver dúvidas críticas sobre a sociedade contemporânea (um dos "lugares de resistência", por assim dizer).

Louis Dumont[43] observou o paradoxo da naturalização-redução cognitivista: o homem finalmente senhor de si mesmo, recriando seu genoma – mas *quem* é o agente aqui? O circuito cego de neurônios? Aqui, a tensão entre o conteúdo enunciado e a posição de enunciação (à qual Foucault se referiu como "duplo empírico-transcendental") é forçada a um ponto extremo: quanto mais o conteúdo enunciado se limita a um processo material objetivo, mais a posição de enunciação se

---

[41] John Gray, *Straw Dogs* (Londres, Granta, 2003), p. 19. [Ed. bras.: *Cachorros de palha*, Rio de Janeiro, Record, 2005.]

[42] Friedrich Nietzsche, *On the Genealogy of Morals* (Oxford, Oxford University Press, 1998), p. 97. [Ed. bras.: *Genealogia da moral*, São Paulo, Companhia das Letras, 1998.]

[43] Ver Louis Dumont, *Homo Aequalis* (Paris, Gallimard, 1977) e *Essais sur l'individualisme* (Paris, Seuil, 1983). [Ed. bras.: *Homo Aequalis*, Bauru, Edusc, 2000, e *O individualismo*, Rio de Janeiro, Rocco, 1993.]

442 / Em defesa das causas perdidas

reduz a *puro cogito*, ao vácuo de um sujeito vazio. Isso nos leva ao problema do livre-arbítrio. Compatibilistas como Daniel Dennett[44] têm uma solução elegante para as queixas dos incompatibilistas sobre o determinismo: quando se queixam de que a nossa liberdade não combina com o fato de que todos os nossos atos fazem parte da grande cadeia de determinismo natural, os incompatibilistas criam, secretamente, uma suposição ontológica injustificada. Em primeiro lugar, supõem que nós (o Eu, o agente livre) estamos de algum modo *fora* da realidade, e em seguida se queixam de que se sentem oprimidos pela noção de que a realidade, com seu determinismo, os controla totalmente. É isso que está errado na noção de que estamos "presos" pelas correntes do determinismo natural: a partir daí, ocultamos o fato de que *fazemos parte* da realidade, de que o conflito (local, possível) entre a nossa aspiração "livre" e a realidade externa que resiste a ela é um conflito inerente à própria realidade. Ou seja, não há nada "opressor" nem "restritivo" no fato de as nossas aspirações mais íntimas serem (pre)determinadas: quando nos sentimos tolhidos em nossa liberdade pela pressão restritiva da realidade externa, deve haver algo em nós, desejos ou aspirações, que são tolhidos; e de onde viriam essas aspirações, senão dessa mesma realidade? O "livre-arbítrio" não "perturba o curso natural das coisas" de um modo misterioso, ele faz parte desse curso. Para sermos "verdadeira" e "radicalmente" livres, isso requereria que não houvesse nenhum conteúdo positivo que quiséssemos impor como ato livre; se não queremos que nada "externo" e dado/particular determine nosso comportamento, então "isso implicaria nos libertar de todas as partes de nós mesmos"[45]. Quando um determinista afirma que o livre-arbítrio é "determinado", isso não significa que o livre-arbítrio seja restringido de alguma forma, que sejamos forçados a agir *contra* o livre-arbítrio – o que é "determinado" é a própria coisa que queremos fazer "livremente", isto é, sem sermos tolhidos por obstáculos externos.

Os usos e abusos de Heidegger

O que a ecologia do medo oculta, portanto, é uma dimensão muito mais radical de terror. Hoje, com a possibilidade de manipulação biogenética das características humanas físicas e psíquicas, a noção de "perigo" inscrita na tecnologia moderna, elaborada por Heidegger, tonou-se lugar-comum. Heidegger enfatiza que o verdadeiro perigo não é a autodestruição física da humanidade, a ameaça de que algo dê errado nas intervenções biogenéticas, mas justamente que *nada* dará errado, que a manipulação genética funcionará com perfeição – nesse ponto, o círculo

---

[44] Ver Daniel Dennett, *Freedom Evolves* (Harmondsworth, Penguin, 2003).
[45] Nicholas Fearn, *Philosophy: The Latest Answers to the Oldest Questions* (Londres, Atlantic Books, 2005), p. 24.

se fecha de certo modo e a abertura específica que caracteriza o ser-humano é abolida. Ou seja, o perigo heideggeriano (*Gefahr*) não é precisamente o perigo de que o ôntico "engula" o ontológico (com a redução do homem, o *Da* [aqui] do Ser, a apenas mais um objeto da ciência)? Não encontramos aqui, mais uma vez, a fórmula do medo do impossível: o que tememos é que o que não pode acontecer (já que a dimensão ontológica é irredutível à ôntica) aconteça mesmo assim?

A mesma questão é apresentada de forma mais crua por críticos culturais como Fukuyama, Habermas e Bill McKibben, preocupados em saber como os avanços tecnocientíficos mais recentes (que potencialmente dão à espécie humana a capacidade de se reprojetar e se redefinir) afetarão o nosso ser-humano – o apelo que ouvimos é muito bem resumido pelo título do livro de McKibben: *Enough* [Basta]. A humanidade, como sujeito coletivo, tem de estabelecer um limite e renunciar espontaneamente a mais "progressos" nessa direção. McKibben se esforça para especificar empiricamente esse limite: a terapia genética somática ainda está do lado de cá da linha, podemos praticá-la sem deixar para trás o mundo que conhecemos, já que envolve simplesmente a intervenção num corpo formado à moda antiga e "natural"; a manipulação de linhas germinativas está do lado de lá, no mundo além do significado[46]. Quando manipulamos as propriedades psíquicas e corporais de indivíduos antes que sejam sequer concebidos, cruzamos a soleira do planejamento completo, transformando indivíduos em produtos, impedindo-os de experienciar-se como agentes responsáveis que têm de educar-se/formar-se por meio do esforço de concentrar sua vontade, obtendo assim a satisfação do êxito – esses indivíduos não se relacionam mais consigo mesmos como agentes responsáveis....

A insuficiência desse raciocínio é dupla. Em primeiro lugar, como diria Heidegger, a sobrevivência do ser-humano dos humanos não pode depender da decisão ôntica dos seres humanos. Mesmo que tentemos definir dessa maneira o limite do permissível, *a verdadeira catástrofe já ocorreu*: nós já nos experenciamos como, em princípio, manipuláveis; nós apenas renunciamos de modo espontâneo à possibilidade de desenvolver inteiramente esse potencial. "Na era tecnológica, o que mais importa é tirar o 'máximo uso possível' de tudo"[47]. Isso não lança nova luz sobre como as preocupações ecológicas, pelo menos no modo predominante, permanecem dentro do horizonte da tecnologia? A razão de utilizar os recursos de forma comedida, de reciclar etc., não é exatamente maximizar o uso de tudo?

Mas o ponto mais importante é que, com o planejamento biogenético, não só o nosso universo de sentido desaparecerá – em outras palavras, não só as descrições utópicas do paraíso digital estão erradas, visto que indicam que o significado per-

---

[46] Bill McKibben, *Enough: Staying Human in an Engineered Age* (Nova York, Henry Holt, 2004), p. 127.

[47] Mark Wrathall, *How to Read Heidegger* (Londres, Granta, 2006), p. 102.

sistirá –, como as descrições negativas, opostas e críticas do universo "sem sentido" da automanipulação tecnológica também são vítimas da falácia perspectivista, pois medem do mesmo modo o futuro pelos padrões inadequados do presente. Ou seja, o futuro da automanipulação tecnológica só parece "privado de sentido" se medido pela (ou melhor, de dentro do horizonte da) noção tradicional do que é um universo com sentido. Quem sabe o que esse universo "pós-humano" revelará ser "em si"? E se não houver resposta única e simples, e se as tendências contemporâneas (informatização, automanipulação biogenética) se abrirem para uma miríade de simbolizações possíveis? E se a utopia – o sonho pervertido da passagem do *hardware* para o *software* de uma subjetividade que flutua livremente entre encarnações diferentes – e a distopia – o pesadelo de seres humanos que se transformam voluntariamente em seres programados – forem apenas os lados positivo e negativo da mesma fantasia ideológica? E se for apenas e exatamente essa perspectiva tecnológica que nos faz enfrentar inteiramente a dimensão mais radical de nossa finitude[48]?

Aqui, o próprio Heidegger é ambíguo.

> [É verdade que a sua resposta à tecnologia] não é uma saudade nostálgica dos "antigos objetos que talvez já tenham estado prestes a se tornar coisas e até mesmo a se apresentar como coisas" ("A Coisa"), mas sim permitir a nós mesmos ser condicionados por nosso mundo e depois aprender a "manter a quadratura nas coisas", construindo e cultivando coisas especialmente adequadas à nossa quadratura. Quando as nossas práticas incorporam a quadratura, nossa vida e tudo à nossa volta terão importância muito maior do que a dos recursos, porque elas e somente elas serão adequadas ao nosso modo de habitar o mundo.[49]

Entretanto, todos os exemplos que Heidegger dá desse "manter a quadratura nas coisas" – desde os templos gregos e os sapatos de Van Gogh até os numerosos exemplos das montanhas de Schwarzwald – são nostálgicos, isto é, pertencem a um mundo que já passou, que não é mais o nosso; por exemplo, ele contrapõe as práticas agrícolas tradicionais à moderna agricultura tecnológica, a casa de um fazendeiro da Floresta Negra a um moderno prédio de apartamentos. E quais seriam os exemplos apropriados à nossa época tecnológica? Talvez devêssemos levar a sério a ideia de Fredric Jameson de que temos de ler *California*, de Raymond Chandler, como um "mundo" heideggeriano, em que Phillip Marlowe aparece dividido entre terra e paraíso, entre a mortalidade e o "divino" que se entrevê através da saudade patética de seus personagens etc. E Ruth Rendell não fez o mesmo com os subúrbios britânicos, com seus quintais abandonados, *shoppings* cinzentos etc.? É por isso também

---

[48] Giorgio Agamben se recusa a entrar nos Estados Unidos: não quer que tirem suas impressões digitais; para ele, tirar as impressões digitais é o "aspecto mais privado e incomunicável da subjetividade" do sistema de controle estatal. Mas temos o direito de perguntar por que a forma acidental das linhas da ponta dos dedos é o "aspecto mais privado e incomunicável da subjetividade"?

[49] Mark Wrathall, *How to Read Heidegger*, cit., p. 117.

que a noção de Hubert Dreyfus de que a maneira de se preparar para o iminente *Kehre*, para a chegada dos novos deuses, é participar de práticas que sirvam de lugar de resistência à mobilização tecnológica total, é uma saída muito fácil:

> Heidegger explora um tipo de reunião que nos permitiria resistir às práticas tecnológicas pós-modernas [...] ele passa da reunião cultural que examinou em *A origem da obra de arte** (que determina as diferenças significativas comuns e, portanto, unifica toda uma cultura) para as reuniões locais que criam mundos locais. Esses mundos locais ocorrem em torno de alguma coisa cotidiana que traz temporariamente para si tanto a própria coisa quanto os envolvidos na atividade típica relativa ao uso da coisa. Heidegger chama esse evento de *coisa coisando* e a tendência das práticas de trazer para si coisas e pessoas, de *apropriação*. [...] Os exemplos de Heidegger de coisas que concentram essas reuniões locais são a jarra de vinho e a velha ponte de pedra. Essas coisas reúnem as práticas camponesas da Floresta Negra [...] a refeição familiar age como coisa concentradora quando aproveita os talentos culinários e sociais dos membros da família e solicita de pais, mães, maridos, esposas, filhos, calor familiar, bom humor e lealdade, que vêm à frente em sua excelência ou, como diria Heidegger, em seu mais-próprio.[50]

Na posição heideggeriana estrita, essas práticas podem – e, via de regra, *conseguem* – funcionar como o próprio oposto da resistência, como algo incluído com antecedência no funcionamento suave da mobilização tecnológica (como cursos de meditação transcendental que nos deixam mais eficientes no emprego); é por isso que o caminho da salvação só nos conduz ao engajamento total na mobilização tecnológica.

É claro que o reverso da inovação capitalista constante é a produção permanente de pilhas de restos e resíduos:

> A principal produção da indústria capitalista moderna e pós-moderna é exatamente o lixo. Somos seres pós-modernos porque nos damos conta de que todos os nossos artefatos de consumo esteticamente atraentes acabarão como resíduos, a ponto de transformarem a Terra num enorme depósito de lixo. Perdemos o senso da tragédia, percebemos o progresso como irrisório.[51]

Nessas pilhas cada vez maiores de "troços" inertes e disfuncionais – as pilhas cada vez maiores de lixo inútil, as montanhas de carros, computadores etc., como o famoso "cemitério" de aviões no deserto de Mojave... –, que não deixam de nos espantar com sua presença sem sentido, podemos perceber a pulsão capitalista em descanso. Aí reside o interesse dos filmes de Andrei Tarkovsky, como *Stalker*, sua obra-prima, em que a Terra pós-industrial aparece devastada, a vegetação selvagem cresce em fábricas abandonadas, estradas e túneis de concreto, há poças de água parada e gatos

---

* Lisboa, Ed. 70, 2000.

[50] Ver Hubert L. Dreyfus, "Highway Bridges and Feasts", disponível em: <http://www.focusing.org/apm–papers/dreyfus.html>.

[51] Jacques-Alain Miller, "The Desire of Lacan", *Lacanian Ink*, 14, 1999, p. 19.

e cães perdidos perambulam de lá para cá. Aqui, natureza e civilização industriais voltam a se sobrepor, mas por um processo de decadência comum: a civilização em decadência está em via de ser novamente recuperada (não por uma Natureza harmoniosa idealizada, mas) pela natureza em estado de decomposição. A suprema paisagem tarkovskiana é um rio ou um lago à beira da floresta, cheio de destroços das realizações humanas, metal enferrujado e blocos de concreto se desfazendo. Com efeito, a terra devastada pós-industrial do *Segundo* Mundo é o "lugar eventual" privilegiado, o ponto sintomal do qual se pode solapar a totalidade do capitalismo global contemporâneo. É preciso *amar* esse mundo, inclusive os prédios cinzentos em ruínas e o cheiro de enxofre – tudo isso representa a *história*, ameaçada de ser apagada pelo Primeiro Mundo pós-histórico e pelo Terceiro Mundo pré-histórico.

Benjamin desenvolveu uma noção de "história natural" como história renaturalizada: ela ocorre quando os artefatos históricos perdem sua vitalidade cheia de sentido e são percebidos como objetos mortos, recuperados pela natureza ou, no melhor dos casos, como monumentos de uma cultura passada e morta. (Para Benjamin, é quando confrontamos esses monumentos mortos da história humana recuperados pela natureza que experimentamos a história em seu aspecto mais puro.) Aqui, o paradoxo é que essa renaturalização se sobrepõe a seu oposto, à desnaturalização: já que para nós a cultura humana é a nossa "segunda natureza", nós a experienciamos como o nosso habitat natural. Privados de sua função dentro de uma totalidade viva de sentido, os artefatos culturais residem num espaço intermediário entre natureza e cultura, entre vida e morte, levam uma existência fantasmagórica, sem pertencer à natureza nem à cultura, surgindo como algo aparentado com a monstruosidade das deformações naturais, como uma vaca com duas cabeças e três pernas.

Outra estratégia menos patética, mas talvez igualmente eficiente, é a do *shindogu*, um movimento japonês que se popularizou há cerca de dez anos e consiste em fabricar objetos inúteis em sua própria sobrefuncionalidade (como óculos com pequenos "limpadores de para-brisa" para melhorar a visibilidade debaixo de chuva, ou "bastões de manteiga", à semelhança de um batom, para passar manteiga no pão quando não se tem faca, ou um guarda-chuva invertido com coletor de água, que não só protege da chuva, como, ao mesmo tempo, fornece água doce...); procedendo assim, por meio de uma espécie de contrapartida tecnológica da sobreidentificação ideológica, nosso envolvimento com a própria tecnologia se transforma numa maneira de nos distanciarmos e nos libertarmos de suas garras.

Portanto, o desafio da tecnologia não é que devemos (re)descobrir que toda a nossa atividade tem de se basear na inserção irredutível (*unhintergehbare*) em nosso mundo-vida, mas, ao contrário, que devemos nos isolar dessa inserção e aceitar o abismo radical da existência. Esse é o terror que nem Heidegger ousou enfrentar. Pondo isso nos termos de uma comparação problemática, na medida em que permanecermos seres humanos inseridos num mundo-vida simbólico e pré-reflexivo, não seremos algo como "plantas simbólicas"? Hegel diz, em algum ponto da *Filosofia da natureza**, que as raízes de uma planta são entranhas que, ao contrário do animal, a planta exteriorizou, mergulhando-as na terra para impedir a si mesma de libertar-se delas e ir para onde quiser – pois tal ruptura seria igual à morte. Sendo assim, o nosso mundo-vida simbólico, no qual estamos sempre-já inseridos de forma pré-reflexiva, não são nossas entranhas simbólicas, as quais exteriorizamos? E o verdadeiro desafio da tecnologia não é repetirmos a passagem de planta para animal, cortando simbolicamente as raízes e aceitando o abismo da liberdade? Nesse sentido exato, podemos aceitar a fórmula de que a humanidade passará/tem de passar à pós-humanidade – estar inserido num mundo simbólico é a definição de ser-humano. E nesse sentido também, a tecnologia é a promessa de libertação pelo terror. O sujeito que surge nessa e por essa experiência de terror, em última análise, é o próprio *cogito*, o abismo de negatividade autorreferencial que forma o âmago da subjetividade transcendental, o sujeito acéfalo da pulsão (de morte). É o sujeito propriamente inumano.

O que se há de fazer?

O que desencadeia esse terror é a consciência de que estamos no meio de uma mudança radical. Embora atos individuais possam, num curto-circuito direto entre níveis, afetar a constelação social de nível "mais alto", o modo como eles a afetam é imprevisível. A constelação é frustrante: embora nós (agentes individuais ou coletivos) saibamos que tudo depende de nós, não podemos nem sequer prever as consequências de nossos atos – *não somos impotentes, mas, ao contrário, onipotentes, não somos capazes de determinar o alcance de nossos poderes*. A lacuna entre causa e efeito é irredutível, e não existe "grande Outro" para garantir a harmonia entre os níveis, garantir que o resultado geral de nossa interação será satisfatório.

Aqui, o impasse é mais profundo do que parece (como repetidamente afirmou Dupuy[52]): o problema é que o grande Outro continua a funcionar sob o disfarce de "segunda natureza", de sistema social minimamente "reificado" percebido como um Em-si. Cada indivíduo percebe o mercado como um sistema objetivo que o confronta, embora não haja mercado "objetivo", apenas a interação da multidão de indivíduos – de modo que, embora cada indivíduo saiba disso muito bem, o espectro do mercado "objetivo" é a experiência de fato desse mesmo indivíduo, que determina seus atos e crenças. Não só o mercado, mas também toda a nossa vida social é determinada por esses mecanismos reificados. Os cientistas e tecnólogos, que mantêm vivo o progresso tecnológico-científico com sua atividade incessante, ainda assim vivenciam esse Progresso como restrição objetiva que determina e dirige suas vidas: essa

---

* *Enciclopédia das ciências filosóficas*, São Paulo, Loyola, v. 2, 1998.
[52] Jean-Pierre Dupuy, *Retour de Tchernobyl* (Paris, Seuil, 2006).

448 / Em defesa das causas perdidas

restrição é percebida como "sistêmica", ninguém é pessoalmente responsável por ela, todos apenas sentem a necessidade de se adaptar a ela. E o mesmo serve para o capitalismo como tal: ninguém é responsável, todos estão presos na ânsia objetivada de competir e lucrar, de manter o fluxo de circulação do capital[53].

A prosopopeia costuma ser percebida como uma mistificação à qual a consciência ingênua está propensa, isto é, como algo a ser "desmistificado". No início de *Orfeu*, de Monteverdi, a deusa da música se apresenta com as palavras: "Io sono la musica..."; isso não se torna impensável, ou melhor, irrepresentável quando, logo em seguida, os sujeitos "psicológicos" invadem o palco? Por isso, é ainda mais surpreendente ver cientistas sociais "objetivos" praticando a arte "primitiva" da prosopopeia – Dupuy ressalta o modo como os sociólogos interpretam os resultados eleitorais: digamos, quando um governo mantém a maioria, mas por pouco, o resultado é lido como "os eleitores ainda têm confiança no governo, mas avisam que é preciso melhorar", como se o resultado eleitoral fosse efeito de uma decisão de um único metassujeito ("os eleitores"), que deseja transmitir uma "mensagem" aos que estão no poder. E embora Hegel costume ser rejeitado como o próprio modelo da prosopopeia idealista (o Espírito fala por nós, mortais finitos, ou, na inversão da sua "crítica materialista", nós, seres humanos mortais, projetamos/transpomos o resultado da nossa atividade no Espírito autônomo...), a sua noção de "Espírito objetivo" *solapa* exatamente essa mistificação prosopopeica: o "Espírito objetivo" *não* é um metassujeito que conduz a história.

É fundamental não confundir o "espírito objetivo" de Hegel com a noção diltheyana de forma de vida, mundo histórico concreto, como o "espírito objetivado", produto de um povo, seu gênio coletivo. Assim que o fazemos, deixamos de ver o que é importante no "espírito objetivo" de Hegel, que é precisamente que ele é espírito em sua forma objetiva, experienciado pelos indivíduos como uma imposição externa, até como uma restrição – não há nenhum supersujeito coletivo ou espiritual que seja o autor do "espírito objetivo", cuja "objetivação" seria esse espírito. Para Hegel, não há Sujeito coletivo, não há Espírito-Sujeito além e acima dos seres humanos individuais. Aí reside o paradoxo do "espírito objetivo": ele independe dos indivíduos, é enfrentado por eles como dado, como preexistente, como o pressuposto de sua atividade, mas ainda assim é espírito, isto é, algo que só existe na medida em que os indivíduos relacionam a ele sua atividade, só como *seu* (pres)suposto[54].

---

[53] É claro que a experiência dos países comunistas demonstra que o papel central do Estado não é garantia de melhor tratamento dos interesses das "áreas comuns": as catástrofes ecológicas foram muito piores nos países comunistas. A oposição entre Estado e áreas comuns recupera aqui toda a sua importância.

[54] Ver Myriam Bienenstock, "Qu'est-ce que 'l'esprit objectif' selon Hegel?", em Olivier Tinland (org.), *Lectures de Hegel* (Paris, Livre de Poche, 2005).

Então, qual é o problema hoje? O problema é que, embora nossos atos (às vezes até individuais) possam ter consequências catastróficas (ecológicas etc.), continuamos a perceber essas consequências como anônimas/sistêmicas, como algo pelo qual não somos responsáveis, no qual não há agente visível. Em termos mais exatos – e aqui voltamos à lógica do louco que sabe que não é um grão de milho, mas teme que as galinhas não tenham se dado conta disso –, sabemos que somos responsáveis, mas a galinha (o grande Outro) ainda não percebeu isso. Ou, na medida em que o conhecimento é a função do eu, e a crença é a função do Outro, conhecemos muito bem o real estado de coisas, mas não acreditamos – o grande Outro nos impede de acreditar, de assumir esse conhecimento e essa responsabilidade: "Ao contrário do que pensam os promotores do princípio da precaução, a causa de nossa não ação não é a incerteza científica. Sabemos, mas não conseguimos nos obrigar a acreditar no que sabemos"[55]. Vejamos o aquecimento global, como já foi observado: tendo em mãos todos os dados relativos à sua natureza, o problema não é a incerteza a respeito dos fatos (como afirmam os que nos alertam contra o pânico), mas a nossa incapacidade de acreditar que ele possa realmente acontecer: olho pela janela, a grama verde e o céu azul ainda estão lá, a vida continua, a natureza segue seu ritmo... E aí reside o horror do acidente de Chernobyl: quando se visita o local, com exceção dos sarcófagos, tudo parece exatamente como antes, a vida parece ter abandonado o lugar, deixando tudo como era, mas ainda assim percebemos que algo está terrivelmente errado. A mudança não é no nível da própria realidade visível; é mais fundamental, afeta a própria textura da realidade. Não admira que haja agricultores solitários perto da região de Chernobyl que continuam a levar a vida como antes – eles simplesmente ignoram qualquer conversa incompreensível sobre radiação.

> Essa situação nos confronta com o impasse da "sociedade da escolha" contemporânea em sua forma mais radical. Na situação-padrão da escolha forçada, sou livre para escolher desde que faça a escolha certa, de modo que a única coisa que me resta fazer é o gesto vazio de fingir que realizo livremente o que, de qualquer forma, me foi imposto. Aqui, ao contrário, a escolha *é* mesmo livre e, por essa mesma razão, experienciada como ainda mais frustrante: estamos constantemente na posição de ter de decidir sobre assuntos que afetarão nossa vida de modo fundamental, mas sem fundamentação adequada no conhecimento: "fomos lançados numa época em que tudo é provisório. Novas tecnologias alteram nossas vidas diariamente. As tradições do passado não podem ser recuperadas. Ao mesmo tempo, não sabemos direito o que o futuro trará. *Somos forçados a viver como se fôssemos livres*"[56].

---

[55] Jean-Pierre Dupuy, *Retour de Tchernobyl*, cit., p. 147.
[56] John Gray, *Straw Dogs*, cit., p. 110.

450 / Em defesa das causas perdidas

Portanto, não basta variar o motivo-padrão da crítica marxista: "apesar de supostamente vivermos numa sociedade de escolhas, as escolhas que efetivamente nos restam são triviais, e sua proliferação mascara a ausência de escolhas verdadeiras, que afetariam as características básicas de nossas vidas"... Embora seja verdade, o problema é que somos forçados a escolher sem ter à nossa disposição o conhecimento que permitiria uma escolha embasada.

Aqui, talvez Dupuy se precipite ao atribuir a descrença na catástrofe à impregnação de nossas mentes com a ideologia científica, que nos leva a rejeitar as preocupações saudáveis do senso comum, ou seja, a sensação intuitiva que nos diz que falta algo fundamental na atitude cientificista. O problema, como ressaltamos, é muito mais profundo, reside na falta de confiabilidade do nosso próprio senso comum, que, habituado ao mundo-vida ordinário, resiste a aceitar que o fluxo da realidade cotidiana possa ser perturbado. O problema, portanto, é que não podemos confiar na mente científica nem no senso comum – ambos reforçam reciprocamente a miopia um do outro. A mente científica defende uma avaliação fria e objetiva dos riscos e perigos envolvidos, quando, na verdade, nenhuma avaliação desse tipo é possível; já o senso comum não consegue aceitar que uma catástrofe possa mesmo acontecer.

Dupuy recorre à teoria dos sistemas complexos, que explica as duas características opostas desses sistemas: o caráter estável e robusto e a extrema vulnerabilidade. Esses sistemas podem acomodar-se a grandes distúrbios, integrá-los e encontrar um novo equilíbrio e estabilidade – até um certo patamar (um "ponto de virada"), além do qual um pequeno distúrbio pode provocar um desastre total e levar à criação de uma ordem totalmente diferente. Durante muitos séculos, a humanidade não teve de se preocupar com o impacto da atividade produtiva sobre o meio ambiente – a natureza conseguiu se acomodar ao desmatamento, ao uso de carvão e petróleo etc. Entretanto, não podemos ter certeza de que hoje não estejamos nos aproximando de um ponto de virada – não podemos mesmo ter certeza, porque o momento em que a certeza é possível já seria tarde demais. Tocamos aqui no nervo paradoxal da moralidade, batizado de "sorte moral" por Bernard Williams[57]. Ele lembra o caso de um pintor, cujo nome ironicamente era "Gauguin", que abandonou a mulher e os filhos e mudou-se para o Taiti para desenvolver totalmente seu gênio artístico – ele tinha ou não justificativa moral para agir assim? A resposta de Williams é que só podemos responder a essa pergunta *em retrospecto*, depois de conhecer o resultado final da decisão arriscada: ele se transformou num gênio artístico ou não? Como ressaltou Dupuy[58], enfrentamos o mesmo dilema em relação

---

[57] Ver Bernard Williams, *Moral Luck* (Cambridge, Cambridge University Press, 1981).
[58] Ver Jean-Pierre Dupuy, *Pour un catastrophisme éclairé* (Paris, Seuil, 2002), p. 124-6.

à urgência de agirmos contra a ameaça de várias catástrofes ecológicas: ou levamos a ameaça a sério e decidimos hoje fazer coisas que, caso a catástrofe não aconteça, parecerão ridículas, ou não fazemos nada e perdemos tudo no caso de uma catástrofe – a pior escolha é a posição intermediária, em que adotamos um número limitado de medidas; nesse caso, falhamos, aconteça o que acontecer (ou seja, não há terreno intermediário no caso de uma catástrofe ecológica: ela acontecerá ou não). Numa situação dessas, a conversa sobre prevenção, precaução e controle de riscos tende a perder o sentido, já que tratamos do que, em termos da epistemologia rumsfeldiana, deveríamos chamar de "desconhecidos desconhecidos": não só não sabemos onde está o ponto de virada, como nem sequer sabemos exatamente *o que* não sabemos. O aspecto mais perturbador da crise ecológica se refere ao chamado "conhecimento no real", que pode endoidecer qualquer um: quando o inverno é quente demais, as plantas e os animais interpretam o clima quente em fevereiro como sinal de que a primavera já começou e passam a se comportar de acordo, tornando-se não só vulneráveis ao ataque posterior do tempo frio, como também perturbando todo o ritmo da reprodução natural. Em maio de 2007, foi noticiado que uma doença misteriosa, que estava dizimando as abelhas nos Estados Unidos, poderia ter efeito devastador na produção de alimentos do país: cerca de um terço da comida humana vem de plantas polinizadas por insetos, e a abelha é responsável por 80% dessa polinização; até o gado bovino, que se alimenta de alfafa, depende das abelhas. Embora nem todos os cientistas prevejam uma crise de alimentos e muitos observem que mortes de abelhas em grande escala já aconteceram antes, essa parece especialmente desconcertante e assustadora. É assim que deveríamos imaginar uma possível catástrofe: uma interrupção de nível baixo com consequências globais devastadoras.

Podemos aprender ainda mais com a epistemologia rumsfeldiana – a expressão, naturalmente, vem do famoso incidente de março de 2003, em que Donald Rumsfeld se entregou a um pequeno filosofar amador sobre a relação entre o conhecido e o desconhecido: "Há conhecidos conhecidos. Há coisas que sabemos que sabemos. Há desconhecidos conhecidos. Quer dizer, há coisas que sabemos que não sabemos. Mas há também desconhecidos desconhecidos. Há coisas que não sabemos que não sabemos". O que ele se esqueceu de acrescentar foi o quarto termo crucial: os "conhecidos desconhecidos", coisas que não sabemos que sabemos – que é precisamente o inconsciente freudiano, o "conhecimento que não se conhece", como Lacan costumava dizer. Se Rumsfeld achou que o maior perigo no confronto com o Iraque eram os "desconhecidos desconhecidos", as ameaças de Saddam das quais nem sequer suspeitávamos a natureza, o que deveríamos responder é que, ao contrário, o maior perigo eram os "conhecidos desconhecidos", as crenças e suposições desmentidas às quais nem sabemos que nos apegamos. No caso da ecologia, essas crenças e suposições desmentidas são as que nos impedem de realmente acreditar na possibilidade de um desastre, e que se combinam com os "desconhecidos desconhecidos". A situação é como a de um ponto cego em nosso campo visual: não vemos a lacuna, a imagem parece contínua.

Nossa cegueira para o resultado do "mal sistêmico" talvez seja mais claramente perceptível no caso dos debates sobre os crimes comunistas: neles, é fácil atribuir responsabilidades, lidamos com o mal subjetivo, com os agentes que os cometeram, e podemos até identificar as fontes ideológicas (ideologia totalitária, o *Manifesto Comunista*, Rousseau...). Quando chamamos a atenção para os milhões de pessoas que morreram em consequência da globalização capitalista, desde a tragédia do México no século XVI até o holocausto no Congo Belga um século atrás, a responsabilidade é negada: essas coisas aconteceram apenas como resultado de um processo "objetivo", ninguém planejou nem executou nada, não havia um *Manifesto capitalista*... (Ayn Rand chegou bem perto de escrever isso). E aí também reside a limitação das "comissões de ética" que surgem por toda parte para contrabalançar o perigo do desenvolvimento científico-tecnológico desregrado: apesar das boas intenções, das considerações éticas etc., elas ignoram a violência "sistêmica" mais básica.

O fato de o rei Leopoldo, que presidiu o genocídio congolês, ser um grande filantropo, proclamado santo pelo papa, não pode ser desdenhado como um mero caso de cinismo e hipocrisia ideológica: pode-se argumentar que, subjetivamente, ele provavelmente fosse mesmo um filantropo sincero, e até aliviou modestamente as consequências catastróficas do vasto projeto econômico de exploração implacável dos recursos naturais do Congo, sobre o qual ele reinava (o Congo era seu feudo pessoal!) – a grande ironia é que a maior parte dos lucros dessa realização foi empregada em benefício do povo belga, em obras públicas, museus etc.

No início do século XVII, depois do estabelecimento do regime de xogunato, o Japão tomou uma decisão coletiva inigualável: isolar-se da cultura estrangeira e buscar seu próprio caminho numa vida limitada de reprodução equilibrada, concentrada no refinamento cultural, evitando a tendência à expansão selvagem. O período seguinte, que durou até meados do século XIX, foi apenas um sonho isolacionista, do qual o Japão foi cruelmente tirado pelo comodoro Perry, a bordo de um navio de guerra norte-americano? E se o sonho for que podemos continuar indefinidamente em nosso expansionismo? E se todos precisarmos repetir, *mutatis mutandis*, a decisão japonesa e resolver coletivamente intervir em nosso desenvolvimento pseudonatural e mudar a sua direção? A tragédia é que, hoje, a própria ideia dessa decisão coletiva está desacreditada. A propósito da desintegração do socialismo de Estado há duas décadas, não devemos esquecer que, mais ou menos na mesma época, a ideologia do Estado de bem-estar social-democrata ocidental também recebeu um golpe fundamental, também deixou de funcionar como imaginário capaz de despertar um compromisso coletivo apaixonado. Hoje, a noção de que "a era do Estado de bem-estar social passou" é uma sabedoria comumente aceita. O que essas duas ideologias derrotadas têm em comum é a noção de que a humanidade, como sujeito coletivo, tem a capacidade de limitar, de certo modo, o desenvolvimento sócio-histórico anônimo e impessoal, de desviá-lo para a direção desejada. Hoje, essa noção é rapidamente rejeitada como "ideológica" e/ou "totalitária": o processo social, mais uma vez, é percebido como dominado por um Destino anônimo, fora do controle social. A ascensão do capitalismo global nos é apresentada como um Destino desse tipo, contra o qual não podemos lutar – ou nos adaptamos a ele ou perdemos o passo da história e somos esmagados. A única coisa que podemos fazer é tornar o capitalismo global o mais humano possível, lutar pelo "capitalismo global com um rosto humano" (em última análise, a terceira via é – ou melhor, *era* – isso). Aqui, será preciso romper a barreira do som, será preciso correr o risco para endossar, mais uma vez, grandes decisões coletivas.

Se queremos efetivamente reconceituar a noção de revolução no sentido benjaminiano de parar o "trem da história" que corre para uma catástrofe, não basta apenas submeter à análise crítica a noção padronizada de progresso histórico; é preciso concentrar-se também na limitação da noção "histórica" ordinária do tempo: a cada momento do tempo, há múltiplas possibilidades à espera de se realizar; assim que uma delas se realiza, as outras são eliminadas. O caso supremo desse agente do tempo histórico é o Deus leibniziano, que criou o melhor mundo possível: antes da criação, Ele tinha em mente toda uma gama de mundos possíveis, e Sua decisão consistiu em escolher a melhor dentre essas opções. Aqui, a possibilidade precede a escolha: a escolha é uma escolha entre possibilidades. O impensável dentro desse horizonte de evolução histórica linear é a noção de uma escolha/ato que, retroativamente, dá origem à sua própria possibilidade: a ideia de que o surgimento de algo radicalmente Novo mude retroativamente o passado – não o passado real, é claro (não estamos falando de ficção científica), mas as possibilidades passadas ou, para usar termos mais formais, o valor das proposições modais sobre o passado. A questão principal para Dupuy é que, se queremos enfrentar adequadamente a ameaça de um desastre (cósmico ou ambiental), precisamos nos livrar dessa noção "histórica" de temporalidade: temos de criar uma nova noção do tempo. Dupuy chama esse tempo de "tempo de um projeto", de um circuito fechado entre o passado e o futuro: o futuro é produzido de forma causal por nossos atos do passado, enquanto o modo como agimos é determinado pela previsão do futuro e por nossa reação a essa previsão. Portanto, eis como ele propõe enfrentar a catástrofe iminente: devemos primeiro percebê-la como nosso destino, como inevitável, e depois, projetando-nos nela, adotando seu ponto de vista, inserimo-nos retroativamente em suas possibilidades contrafactuais ("Se tivéssemos feito isso ou aquilo, a catástrofe em que estamos agora não teria ocorrido!") passadas (o passado do futuro) sobre as quais agimos hoje[59]. Aí reside a fórmula paradoxal de Dupuy: temos de aceitar que, no nível das possibilidades, nosso futuro está condenado, que a catástrofe ocorrerá, esse é o nosso destino; e depois, contra o pano de fundo dessa aceitação, devemos nos mobilizar para realizar o ato que mudará o próprio destino e, com isso, inserirá uma nova possibilidade no passado. Para Badiou, o tempo da fidelidade ao evento é o *futur antérieur*: ultrapassando-nos em relação ao futuro, agimos agora como se o futuro que queremos provocar já estivesse aqui. A mesma estratégia circular do *futur antérieur* é também a única realmente eficaz diante de uma calamidade (digamos, de um desastre ecológico): em vez de dizer "o futuro está aberto, ainda temos tempo de agir e impedir o pior", devemos aceitar a catástrofe como inevitável e depois agir para desfazer, retroativamente, o que já está "escrito nas estrelas" como sendo o nosso destino.

E o caso supremo de inversão do destino positivo em negativo não é a passagem do materialismo histórico clássico para a atitude da "dialética do Esclarecimento" de Adorno e Horkheimer? Enquanto o marxismo tradicional mandava que nos engajássemos e agíssemos para provocar a necessidade (do comunismo), Adorno e Horkheimer se projetaram no resultado catastrófico final percebido como fixo (o surgimento da "sociedade administrada" de manipulação total e o fim da subjetividade) para nos estimular a agir contra esse resultado em nosso presente. E, ironicamente, o mesmo não se aplica à própria derrota do comunismo em 1990? É fácil, do ponto de vista de hoje, zombar dos "pessimistas", da direita e da esquerda, de Soljenitsyn a Castoriadis, que lamentavam a cegueira e as concessões do Ocidente democrático, sua falta de coragem e força ético-política diante da ameaça comunista, e previram que a Guerra Fria já estava perdida para o Ocidente, que o bloco comunista já havia vencido, que o colapso do Ocidente era iminente – mas foi exatamente essa atitude que foi mais eficaz para provocar o colapso do comunismo. Nos termos de Dupuy, a própria previsão "pessimista" no nível das possibilidades, da evolução histórica linear, mobilizou-os para frustrá-la. Portanto, deveríamos abandonar impiedosamente a crendice de que o tempo de evolução linear está "do nosso lado", que a História "trabalha para nós" sob o disfarce da famosa toupeira que cava sob a terra, fazendo o trabalho das Artimanhas da Razão[60]. Mas como então neutralizar a ameaça de catástrofe ecológica? É aqui que deveríamos

---

[59] Idem.

[60] No entanto, essa imagem deveria ser completada por seu aparente oposto. Voltemos à última década da Guerra Fria: os anticomunistas radicais, apesar de tudo, estavam errados quando rejeitaram os acordos sobre os direitos humanos e outros entre o Leste e o Oeste (como a Declaração de Helsinque sobre direitos humanos etc.) como um logro dos comunistas, que na realidade não teriam feito concessões. Embora eles naturalmente o percebessem como um logro, o movimento dissidente nos países comunistas usou a Declaração de Helsinque, adotada como documento legalmente compulsório, como ferramenta para uma vasta mobilização pró-democrática. Como

voltar aos quatro momentos daquilo que Badiou chama de "Ideia eterna" de Justiça igualitário-revolucionária. O que se exige é:

1. *justiça igualitária* estrita: todos devem pagar o mesmo preço em renúncias futuras, ou seja, as mesmas normas *per capita* de consumo de energia, emissão de dióxido de carbono etc. devem ser impostas no mundo inteiro; não devemos permitir que os países desenvolvidos continuem a envenenar o meio ambiente no ritmo atual, acusando os países em desenvolvimento do Terceiro Mundo, do Brasil à China, de destruir nosso ambiente comum com seu desenvolvimento acelerado;

2. *terror*: punição impiedosa de todos os que violarem as medidas protetoras impostas, inclusive com limitações severas das "liberdades" liberais e controle tecnológico dos que desrespeitarem a lei;

3. *voluntarismo*: a única maneira de enfrentar a ameaça de uma catástrofe ecológica é por meio de decisões coletivas em grande escala, que vão contra a lógica imanente "espontânea" do desenvolvimento capitalista;

4. e por fim, mas não menos importante, tudo isso combinado à *confiança no povo*, ou seja, a aposta de que a grande maioria apoia essas medidas severas, considera-as suas e está disposta a participar de seu cumprimento. Não devemos ter medo de adotar, como combinação de terror e confiança no povo, a reativação de uma das figuras de todo terror igualitário-revolucionário, o "informante", aquele que denuncia os culpados às autoridades. (No caso do escândalo da Enron, a revista *Time* corretamente elogiou como verdadeiros heróis públicos os funcionários que alertaram as autoridades financeiras[61].)

Então, o desafio ecológico não oferece uma possibilidade única de reinventar a "Ideia eterna" do terror igualitário?

---

frequentemente é o caso, os comunistas do governo subestimaram de maneira fatídica o poder das aparências: foram pegos no jogo que viam como mera aparência.

[61] Entretanto, aqui a tentação a que devemos resistir incondicionalmente é perceber as próprias catástrofes ecológicas como um tipo de "violência divina" da natureza, a justiça/vingança da natureza; essa conclusão seria uma projeção de sentido obscurantista inaceitável na natureza.

ÍNDICE REMISSIVO

abelhas: doença que ameaça a sobrevivência das 451

Absoluto eterno (Hegel) 324

ação civil pública 382

Adeus, Lenin (filme) 80, 82-4

Adorno, Theodor 36, 96, 101, 113-4, 139, 175; carta a Benjamin 240; crítica a Lukács 195; dialética do Esclarecimento 337, 366, 454; *Minima moralia* 36

Afeganistão 87

afogamento 67, 69

Agamben, Giorgio 68, 113, 175, 338, 355, 444

agência ética: termo freudiano e lacaniano 106; exteriorização pelo Estado 349;

Alemanha: debate sobre a *Leitkultur* 39-40; desejo de manter o Estado de bem-estar social da "velha Europa" 277; formação do *Linkspartei* 270-1; importância da Revolução de Outubro 187; "Ode à alegria", de Beethoven, como hino olímpico 273; papel de liderança na indústria e na manufatura de hoje 362

Alemanha Oriental *ver* República Democrática Alemã

Alice no País das Maravilhas 316, 367-8

alienação 189, 371, 375-6

alienígena *ver* ciborgue

Alteridade: Levinas 175, 185; em *Solaris* 364

Althusser, Louis 127, 175, 343-4, 379

altruísmo 345

Ambler, Eric 32

ameaça "asiática" 185, 263

América Latina 148, 361-2

Amor: e a "resposta do Real" 42

Anaximandro 156, 159

angústia 55, 327

animais: chacinados para o nosso consumo 36; ponto de vista cósmico de Mao 193-4

anticapitalismo 192, 399

antidemocracia: tese de Wendy Brown 119

antiglobalização, movimento 189, 191, 287, 347

Antígona (Sófocles) 86-7, 143, 161, 162, 306-7, 346

"anti-humanismo teórico" (Althusser) 175

AntiJacobin Review 94

antissemitismo: construção do "nós" e do "eles" 280; imagem do judeu no 24, 104, 319; lógica do 184; Mel Gibson 55-6

"Aparelhos ideológicos do Estado" (Althusser) 127

apartheid: novas formas 418, 423

aquecimento global 449

Arábia Saudita 40

áreas comuns 424

Arendt, Hannah 375, 378; e Heidegger 134-7, 156

Argélia 378

Armageddon (filme) 80

Arquivo X 85

artefatos culturais: na história natural de Benjamin 446

Asimov, Isaac 429

ato, o 306-18; criação retroativa das condições 313-7; não votar 405

atonalidade/mundos atonais 48, 50, 55

Auschwitz 113, 175, 263, 341

Austrália 347

autonomia: e o desejo de autoridade paterna de Kafka 104-5, 106-7; ética kantiana 230-1, 418

autoridade 19; fontes 382-3; fonte transcendental nas sociedades tradicionais 41; *ver também* autoridade paterna

458 / Em defesa das causas perdidas

autoridade paterna 51; crise articulada na carta de Kafka ao pai 100-10; narrativa edipiana em *A guerra dos mundos* 76

Babel, Isaac 256

Badiou, Alain: análise da Revolução Cultural maoista 201, 203, 395-9; coragem 163; corpo do procedimento-verdade 392-5; definição de luta emancipatória 191-2; disciplina popular 88; ética universal 35; o Evento 128, 130, 135, 140, 201, 384, 390-3, 413, 454; fidelidade ao Um/Evento 23, 454; "humanismo ou terror" 174; "Ideia eterna"/política de justiça revolucionária 167, 184, 347, 397, 455; ideias sobre o ato 307-10; verdadeiras ideias 22; materialismo democrático e dialética materialista 170, 379, 281; multiplicidade do Ser 393, 438; mundos atonais 48-9; "paixão pelo Real" 168; política de subtração 401-5; "ponto" de decisão 383-4; ponto de vista de Finkelkraut 22; queda dos regimes comunistas 25-6; reações ao Evento 384; referências de Critchley a 340, 343, 348; rejeição da política gradualista 386-7; rejeição da repetição 391-3; representação 376-7; Ser-Mundo-Evento 393-4; tempo vazio de mundanidade 394; verdadeira humanidade 428

Balázs, Béla 149

Balibar, Étienne 410

Balladur, Édouard 317

bálticos, países *ver* países bálticos

Bardach, James: *Man Is Wolf to Man* 57

Bartleby 352-3, 404

base (marxismo) 38-9

Bataille, Georges 256, 372

Beatty, Warren 77, 90

Becker, Ulrich 80

Beckett, Samuel 26, 360; *O inominável* 107, 196, 428; *Pioravante, marche* 215

Beethoven, Ludwig van 30, 242; "Ode à alegria" da Nona Sinfonia 273-7

Beistegui, Miguel de 133, 137

Bielo-Rússia 189

Belo, o 341, 344

Bell, Daniel 20

Bem, o 343-5

Benjamin, Walter 139, 442; carta de Adorno a 240; noção de história natural 446; "Sobre a linguagem em geral e sobre a linguagem humana em particular" 35; "violência divina" 162, 171-3, 410

Bergman, Ingmar 36

Bergson, Henri 223

Beria, Lavrenti Pavlovitch 228, 232-4

Berlim 163, 421; *ver também* Muro de Berlim

Berman, Paul 148

Bernstein, Eduard 196

Billy Bathgate (filme) 322-4

biocapitalismo 356

biocosmismo 193-4, 217; e igualitarismo 217

biogenética 131; ameaça de intervenção capaz de provocar catástrofe 417-8; e o fim da natureza 430-1, 435, 445-7; problemas éticos e jurídicos 417, 418; produção de riqueza pela 428; tendências implacáveis da China e a questão da 198

biomecânica 218

biomoralidade 63, 65

biopolítica 218, 355-7, 360

biorrobótica híbrida 64-5

Blackburn, Robin 330

Blade Runner (filme) 95, 176

Blair, Tony 20, 196-7

bobajada 19-20

Böhme, Jakob 156

Bohr, Nils 302

bolchevique, movimento: humor nos debates 238; quadros 234; relação com a medicina e as doenças 233-4; terror 236-7; vitória no contexto da Revolução de Outubro 317

Bolívia 123

Bolsa de Valores de Londres 303-4

bombas atômicas: rejeição da ameaça por Mao 178, 194

Boothby, Richard 329

Borat (filme) 37

Borges, Jorge Luis 188, 313-4

bósnios: *Top Lista Nadrealista* 329-30

Bourdieu, Pierre 43-4, 186

Bradley, A. C. 44-5

Branagh, Kenneth 95

Brasil 330-1

Brazil (filme) 75

Brecht, Bertolt 81, 134, 158, 204, 215, 228; *A medida* 227-9; observação sobre os julgamentos de Moscou 105; *A ópera dos três vinténs* 110; stalinismo 122

Breen, Joseph 247

Brejnev, Leonid Ilitch 255

Brown, Dan 84

Brown, John 181-2

Brown, Wendy 117-21, 400

Browning, Robert 313

Buchanan, Ian 235

Índice Remissivo / 459

budismo 34, 251, 63, 332, *ver também* zen-budismo japonês

budismo tibetano 332

Bukharin, Nikolai Ivanovitch 100, 238-40

Burke, Edmund 93-4, 115

burocracia 41

Bush, George W. 270-1, 274, 317, 360-2

Cameron, James (diretor de cinema) 76-7

campesinato: ameaça de revolta na China 206; atitude de Lenin e Stalin para com o 187; na revolução de Mao 186

campos de concentração 175, 251, 263, *ver também* Auschwitz; Kolima

capitalismo: análise de Negri 349-61; China 198, 201, 204, 204-8, 210; desaparecimento da própria palavra 189, 337; descrição de Marx 351-5, 429-30; deslocamentos múltiplos 348; dialética do fetichismo 302-3; dinâmica 20, 120, 303, 353-4, 401, 447-8; efeito "desterritorializador" 23, 351, 394; espectralidade 303; gestos de autonegação 372; e a hegemonia da ciência na modernidade 52; indestrutibilidade 339, 348; naturalização do 400-11, 416; o nazismo não consegue perturbar o 162; noção de crise econômica 386; "pano de fundo" naturalizado na visão de Badiou 399, 402; perda da função produtiva 350; premissa do marxismo 187-6, 205, 303; produção de lixo 445-6; psicanálise no contexto do 42; reapropriação da dinâmica revolucionária 202; sociedade da informação 353; "universalidade concreta" 188; uso de *sweatshops* em nome do "trabalho cognitivo" 358, *ver também* anticapitalismo; capitalismo global

capitalismo digital 352

capitalismo global 19-20; antagonismos dentro do 416-9, 423; base que gera excessos e lugares de resistência 416; ecologia do medo 434; fim da história para 401; e o fim da política do partido de classe 402; geração de favelados 419-20; modos de reação da esquerda ao 337-8; múltiplos centros 360-1; necessidade de intervenção política 191-2; negação da responsabilidade por crimes 452; como reinado do Senhor do Desgoverno 204

capitalismo virtual 302-5

caridade: doações de grandes figuras do capitalismo 372-3

carnaval/carnavalesco: nos filmes de Eisenstein 256, 257; explosões de vontade popular 419; Mao como Senhor do Desgoverno 254-5; em Shostakovitch 250; no terror stalinista 251-2, 255, 257, 261; totalitarismo 342

Carnegie, Andrew 372

cartismo 281

Casablanca (filme) 26, 82, 245-8

casamento 48

Castoriadis, Cornelius 454

Castro, Fidel 222-4

catástrofe: ameaça de a intervenção subjetiva provocar 416; nossa percepção da 449-51; proposta de Dupuy para enfrentar a 454

catástrofe ecológica 369, 416, 440, 451, 454-5

catolicismo romano: conselho proverbial ao marido promíscuo 48; culto do martírio adotado pela política revolucionária 148; envolvimento da Igreja com o Solidariedade 130; mensagem de defesa da vida contra a biogenética 432; pedofilia de padres 57

causa/causalidade: tese de Lacan 19, 291-2

Causas: na época pós-moderna 19, *ver também* Causas perdidas

Causas perdidas 20, 24-5

Cavell, Stanley 385

CERN 431

César, Júlio 162, 197, 316

Chamberlain, Lesley 236

Chandler, Raymond 444

Chang, Gordon 212

Chávez, Hugo 283, 326, 360; avaliação de Negri 362; "ditadura do proletariado" 377-8; politização dos favelados 422; regime populista 268

Cheney, Dick 67

Chernobyl, acidente de 449

Chesterton, G. K. 49, 62; conversão ao cristianismo 152; *O homem que era quinta-feira* 192; *The Napoleon of Nothing Hill* 35; proposta irônica de policiais-filósofos 113-4; "O sinal da espada partida" 111-3, 148

Chiaureli, Mikhail 78

China: campanha para ressuscitar o marxismo 205-6, 210, 213; crescimento explosivo de favelas nas megacidades 419; desenvolvimento do capitalismo 197, 201, 204-5, 210, 215, 362, 363; manutenção das ideologias tradicionais 205; como metafisicamente idêntica aos Estados Unidos 277; mortes por fome e escravidão causadas por Mao 195; segredo de Estado 208; sob a ocupação japonesa 190; tradução do final de *Casablanca* na República Popular da China 26, *ver também* Revolução Cultural maoista

Chirac, Jacques 269

Christie, Agatha 305

Chu En-Lai 167, 211, 397

Churchill, Winston 120

CIA (Central Intelligence Agency) 89, 130-1

460 / Em defesa das causas perdidas

ciberespaço: como o grande Outro 53; declaração de
Gates sobre propriedade de *software* 417-8; identidades múltiplas 209-10

ciborgue 176

Cidade do México 419

ciência: crítica feminista 97; crítica de Habermas 431,
443; estabelecimento da verdade 50; hegemonia
51; ideologia 440-1, 450-1; interesse de fundamentalistas religiosos na 50; poder de substituir/
destruir a religião 441; verdadeira vitória sobre a
Igreja 196

ciência cognitiva: abordagem da felicidade 63

cinema: afastamento de Eisenstein do modernismo
217; Deleuze 366-7; títulos de filmes e nomes de
diretores, *ver também* Hollywood, filmes

cinismo 342

civilidade 37-41, 44

civilização ocidental: problematização esquerdista global da 113

classe: no comunismo 402; favelados como contraclasse
da classe simbólica emergente 422-1; negligenciada
na política multicultural 400

classe média: relação com a política 284-5

classe operária: criação de maioria na revolução soviética 312; diferença dos favelados de hoje 420;
Laclau e Marx 288-9; noção marxista clássica 415

Clinton, Bill 267, 269, 419

Cobbett, William 282

Código de produção de Hollywood 247

Código Da Vinci, O (Brown) 85-7

Cohen, Gerald A. 415, 423

Coisa, a (Lacan) 34, 66, 139, 175, 290-1, 328, 344-5

Coleridge, Samuel Taylor 92

"comissões de ética" 452

Commentary (revista) 212

computadores: pseudoconcretude dos ícones 283; trocas virtuais 53, *ver também* ciberespaço; internet

comunicação: áreas comuns 424

comunidades paleolíticas: tese de Sahlins 330

comunidades "tribais" 375

comunismo: Badiou 399, 402; comparação com fas-
cismo/nazismo 263-5; compromisso nominal do
regime stalinista com 255; dinâmica autodestrutiva
da *nomenklatura* soviética 252-4; e a escolha política do nazismo de Heidegger 131-2; na Eslovênia
415; esquerdistas ocidentais durante a Guerra
Fria 32; fórmula da posição proletária 423; pensamento dialético de Mao 193-4; potencial emancipador 83, 130; queda de regimes 25, 130, 168,
190, 454; responsabilidade atribuída pelos crimes
do 452; ressuscitamento pela noção de áreas co-

muns 424; "síntese" com o capitalismo na China
198, 215

confucionismo 204-5

Congo Belga 452

conhecimento: exploração do 339; e fetiche 302; inconsciente 451; oposição à fé 20, 51; e reprodução no capitalismo atual 350-1

Conrad, Joseph 84

Constituição Europeia: o não de franceses e holandeses 269-70, 272-3, 275, 279

consumidores, auto-organização dos 371

consumismo: na pós-democracia 325; sustentado pelas instituições democráticas liberais 340

consumo: no capitalismo 372; fundido na ação política 435

contingência: e ideologia 401; e necessidade (dialética
hegeliana) 317, 62

contradição: texto de Mao 190-3, 297

Cook, Nicholas 274-5

Copjec, Joan 296, 328, 331

coragem (Badiou) 163

Corão 50-1

Coreia do Norte 262

coreografia/apresentação em massa 150

corpos: coreografia/apresentações em massa 150; ideologia da classe operária de treinamento dos 150;
obsessão da *new-age* com 150

crença: confiança do capitalismo na 304-5; fetichismo
301; perda da 50; verdadeira vitória da ciência
sobre a 196

Criação 164

Crichton, Michael: palestra "Ambientalismo como religião" 437; realismo capitalista 71-2; *Presa* 72-5

criminosos "legais" e "ilegais" 67-8

crise econômica 386

crise dos mísseis em Cuba 179, 220-4, 417

cristianismo: abolicionismo radical de John Brown
181-2; antissabedoria 114; fundamentalismo 56,
60-1, 278, 332; individualidade abstrata 143;
reinterpretado em O código Da Vinci 85; valores
antimodernos na Polônia 60

Cristo: elevado a fetiche 302; encarnação 145, 316-7;
como fonte da nossa liberdade 427-8; humanidade de Deus em 24; traição de Paulo 184-5

Critchley, Simon 338-49, 402

Cromwell, Oliver 124, 167, 171

Cuba 123, 428

culpa: o supereu lacaniano 106, 342-3, *ver também*
"culpa objetiva"

"culpa objetiva" 228-30

cultura burguesa: Hitler fracassa ao tentar perturbar 163; postura de Arendt contra a 135-6; problemas da crítica atual 136

crítica/estudos culturais 113, 338

cultura: as áreas comuns da 424; mundos locais de Heidegger 445; percepção de Freud do mal-estar na 430

cultura popular 62; personagem do alienígena/ciborgue 176

Dalai Lama 63, 89, 332

Danton, Georges Jacques 176-7, 410

darwinismo 49, 436

Davis, Bret 155-9

Davos, Fórum de 358-9

De Quincey, Thomas 65, 349

Debord, Guy 283

Declaração de Helsinque 454

Deleuze, Gilles 210-1, 339, 366-7, 121; *Anti-Édipo* 352, 367; "diferença mínima" 389; "diferença pura" 321; a economia como "pseudocausa" social 288; *A imagem-tempo* 369; ontologias 365-6, 367-8; o real saído do virtual 312, 313, 314-15; tornar-se pós-humano 443; repetição 320, 322, 324, 396; o tornar-se revolucionário 124, 313

democracia: antagonismos políticos 325; aspecto terrorista/totalitário 413; Badiou e a luta contra 191, 418-19; condições criadas pelo trabalho cognitivo 350-1; defesa da 120; desconfiança de Heidegger 147-8; e ditadura 378, 407-8, 411-2; Grécia Antiga 410; ideia de Brown a respeito do conteúdo antidemocrático necessário 118; ideias lacanianas 175-6; integração da luta antagônica no espaço institucional 284-6; legalismo formal 267; legitimação dos nossos atos 312-3; ligada por Miller ao grande Outro de Lacan 413; como núcleo do capitalismo global 191-2; populismo de Laclau 281, 283; práticas atuais de "democracia direta" 375--396; processo eleitoral 41; proposta de Stavrakakis 325, 331; nos "soviets" 375; a "verdadeira democracia" de Critchley 346-7; viés de classe 378; e "a voz do povo" 268

"democracia absoluta" 338, 349, 355, 364

democracia liberal: ameaça da "vontade do povo" 268; crítica de Heidegger 134; déficit motivacional 340, 346, 347; designação de Lenin a 407; direitos humanos e política de identidade 117; fim da história para a 401; luta contemporânea contra 191; modos de reação da esquerda a 337-8; objetivo de "defesa das causas perdidas" para expor problemas da 25-6; opinião de filósofos que se metem em política 113; oposição ao fundamentalismo religioso 60, 332, 378, 384, 384; oposição de Heidegger a 134-5, 141, 147-8; política de

Arendt em relação a 135-6; proposta de representação de Negri 374-5

Deng Xiaoping 201

Dennett, Daniel 442

Derluguian, Georgi M. 186

Derrida, Jacques 116, 155, 304, 380; condição de impossibilidade 360; "desconstrução como justiça" 230; "loucura" do ato de decisão 311, 312

Dershowitz, Alan 65

desmentido fetichista 33-4, 302, 311, 339

Descartes, René 418

desconstrução 118; Derrida 230, 380; Foucault 123

desejo: lei lacaniana do 64, 106; na lógica freudiana dos sonhos 47-8, 90, 290-1, 297, 297

desenvolvimento científico: como antagonismo ao capitalismo global 417; ineficácia das "comissões de ética" 452

desenvolvimento econômico: noção de Marx 294-5, 303

desidentificação 209

desmatamento 437

desobediência civil: Gandhi 371

"desterritorialização" 23, 351, 422

determinismo: incompatibilidade com o livre-arbítrio 442

determinação opositiva (Hegel) 280

Deus: encarnação em Cristo 133; leibniziano 453; rebelde prometeico contra 433; como significante 413

Diabo a quatro, O (filme) 342

dialética materialista (Badiou) 170, 379, 381

Diana, princesa de Gales 340, 349 *Diários de motocicleta, Os* (filme) 148

Dick Tracy (filme) 90

Diderot, Denis 373

"diferença mínima" (Deleuze) 386-7, 406

diferença ontológica (Heidegger) 137-41

Dimitrov, Giorgi 225

dinheiro: fetichismo 303-4; Kant sobre o conceito de 304; mediação de relações intersubjetivas 42

direita: paixão 116; populismo mobilizado pela classe média 285; postura oficial do "não" à Constituição Europeia 272

direitos humanos: apoio de Foucault a iniciativas 127; Declaração de Helsinque 454; defensores contra o terror totalitário 174; na política pós-moderna de identidade 117; "universais" 50

disciplina: Badiou 88; corporal 150

disciplina militar 89

dispositivo: Foucault 127; populismo 290-1

462 / Em defesa das causas perdidas

dissidência: breve experiência do Solidariedade 403-4; debate sobre Shostakovitch 241, 243-4, 249; principais escritores soviéticos 242-3; resistência ao regime comunista na Alemanha Oriental 262

distância: psicanalistas 42; e a Queda da bondade divina (Heidegger) 156-7;

ditadura: descrição de Rosa Luxemburgo 378; no funcionamento da democracia 378, 407-8, 411-2; rompimento com a lógica da representação 408-9

ditadura do proletariado 412-19; Comuna de Paris 171-2; excesso totalitário do poder 377; tentativas stalinistas de impor 25; violência divina 171-2

DNA: análise 35, 50-1, 86; "lixo" 436

Doctorow, Edgar 322

Donnersmarck, Henckel von 80

doxa (opinião acidental/empírica) 20, 53

Dreyfus, Hubert 445

Dryden, John 99

Ducrot, Oswald 246

Dufresne, Todd 22

Dumont, Louis 441

Dupuy, Jean-Pierre 43, 317, 447-50, 453-4

Durkheim, Émile 139

Dzerjinski, Felix 235

Eagleton, Terry: *Holy Terror* 115

ecologia: como antagônica ao capitalismo global 416-7, 423, 425; do medo 433-4, 442-3

economia: homologia com a psicanálise 297; "papel determinante" marxista 287, 292-3, 298; na política da luta de classes 296; como "pseudocausa" social (Deleuze) 291

economia global: trabalhadores marginalizados 419

economia política 43, 399-400

égaliberté (Balibar) 410

egoísmo: e altruísmo 345

Eichmann, Adolf 231

Eckhart, Meister 21, 156, 158

Eisenhower, Dwight 20

Eisenstein, Serguei 217; *Ivan, o Terrível* 255-8; *Traição na campina* 255-6

Eisler, Hanns 228, 240

eleições 41; aparelho jurídico/estatal 407; interpretação sociológica dos resultados 448; e a mercantilização da política 286-7; "vontade do povo" na democracia 268, *ver também* votar

Eliot, T. S. 120, 278-9, 314

emancipação universal: ponto de vista "messiânico" de luta pela 24; traída pelo "dia seguinte" da realidade do mercado 152

"empiricismo transcendental" (Deleuze) 365

encarnação 145

Engels, Friedrich 184, 390; descrição da dinâmica capitalista 429; exemplo de ditadura do proletariado 171-2; polêmica de Mao contra 195

Enron, escândalo da 455

entusiasmo: coletividades diferentes 129; depois da queda dos regimes comunistas 129; envolvimento de Foucault com a Revolução Iraniana 122-3

enunciação e enunciado: Lacan 284; naturalização-redução cognitivista 441; pessimismo ecológico 434

Erdogan, Recep Tayyip 276

Esclarecimento: dialética do 337, 366, 454; dialética de Mary Shelley 96

Escola de Frankfurt 23, 337

escravidão: abolicionismo radical de John Brown 181-2, 431-2 (Hegel)

escrita: crítica de Platão 380; lema de Brecht na *Ópera dos três vinténs* 110; o "quase nada" de Kafka 107

Eslovênia 405

Esparta 88-9, 361

Espártaco 392-3

espectralidade: capitalismo autogerado 303; Evento revolucionário 391

Espírito, o: leitura do *Geist* de Heidegger por Derrida 155; Hegel e a "tecedura silenciosa do" 373-4; a "imaginação transcendental" de Kant 394; e a Letra 151, *ver também* "espírito objetivo" (Hegel)

"espírito objetivo" (Hegel) 53 68, 448

esquerda: crítica a Mao 370-1; atitude para com os judeus 23; criminalização da civilização ocidental 113; envolvimento no governo 116; ignorância do "renascimento liberal" no Irã 378; importância de Maio de 1968 169; modernização liberal *versus* antimodernismo 59; necessidade de propor histórias "e se" 237; política da melancolia 390-1; política *versus* econômica 191; postura oficial diante da Constituição Europeia 272-3; problema da herança jacobina 169-70; problema dos mecanismos capitalistas 399-400; reações ao capitalismo global e à democracia liberal 337-9; recusa de reconhecer o desenvolvimento social pós-moderno 339; rejeição de Heidegger do envolvimento radical com a 134; saudade da antiga política de reocupação 326

esquerdismo 205; ambiguidade de políticas contrárias à modernização capitalista 52

Ésquilo: *Eumênides* 425-6

Estado, o: atuar dentro do 398; e os excluídos 425; ideias de Heidegger e Hegel 141-4; política para os favelados 420-6; política de resistência ao 346-7; política de subtração do 398, 402-4, 415-6; relação com o povo na democracia 119-20; relação da

Índice Remissivo / 463

verdadeira democracia com o 346; "representação" 366-7, 407-8; uso privado da razão 424-5

Estado de bem-estar social, ideologia do: Europa 277, 361; rejeição hoje do 452; tentativa de defender vestígios do 338

Estados Unidos: declínio do império 361-2; doença que ameaça a sobrevivência das abelhas 451; eleições presidenciais de 2000 267, 317; fronteira com o México 419; ideologia de busca da felicidade 64; e o governo sandinista nicaraguense 87; legalização da situação dos imigrantes mexicanos 270; luta anticapitalista contra os 399; luta contra a escravidão 181; luta da música e da cultura popular 292; mensagem desafiadora de Kruschev aos 255; como metafisicamente idênticos à China 277; movimento contra a segregação 287; neoconservadores 60; oposição dos democratas aos republicanos 347; proposta de Negri para romper a hegemonia dos 358, 362; pauta do Pentágono para a dominação militar global 278; populismo e governo pós-político 271; prática de torturar suspeitos de terrorismo 66-9; revoltas tributárias 287; soldados atacam a distância segura do Golfo Pérsico 87, *ver também* CIA

estupro 68

ET (filme) 75

ética: aceitar a monstruosidade de ser-humano 175; alto stalinismo da década de 1930 217-9; biogenética 423; chamado ético de Critchley 340-1, 344-5; cisão 431; convicção dos partidários do socialismo soviético 33; desmentido fetichista 33-4; diferença da moralidade 229; lacaniana 230-1, 342; noção do próximo de Levinas 175; utilitária 345

ética universal 33-4

etnicidade: identidades mutáveis hoje 429-30

eu ideal (Lacan) 105

Europa oriental, países da: falecimento do socialismo 411; a música como expressão da luta cultural-popular 292; tentativa pós-comunista de criminalizar o comunismo 400, *ver também* Hungria; Polônia

eutanásia 40

Eu-Supereu-Isso (Freud) 393

Evento: autoapagamento 390; Badiou 128, 130, 138, 140, 201, 384, 390-3, 413, 454; diferença ontológica de Heidegger 138; envolvimento de Foucault com a Revolução Iraniana 124, 126-9; revolução 158-9, 390-1

Evento-amor 385

Evento/luta local 399

evolução: e sofrimento 63-6

excluídos, os 424-5

Exterminador do futuro, O (filme) 176

sweatshop 358

fala: efeito da escrita 380

falta 327; no Outro 307-8, 325, 327, 413

Falun Gong 205

família: na noção de sexo feminino de Hegel 185-6

fantasma/fantasia: atravessar o/a 115, 325, 328-9; justaposto/a à realidade em *Presa* 75

fascismo: comparação com o comunismo 263-5; comunistas presos combatendo o 175-6; criado pela "letra" 150; identificar Heidegger com o 148; noção de distúrbios sociais 386; oposição entre a lógica antagônica e meta política 284; poetas modernistas tendendo ao 150-1; populismo 281-2; revolução fracassada por trás do 384; rompimento com a lógica da representação 409-10; na visão de Arendt, inerente à sociedade burguesa 135-6, *ver também* nazismo

favelados: nas novas megalópoles 419-20, 423; politização por Chávez 422

favelas 377-9

fé: oposição ao conhecimento 20, 50; em *Stalker*, de Tarkovsky 61

felicidade 43-5

feminismo: leitura do *Frankenstein*, de Shelley 97

Ferry, Luc 151, 174

fetiche/fetichismo 298; no capitalismo virtual 302-3; caso de Koch, policial da Stasi 298-300; no conto de Highsmith 299; dimensão de populismo 285; reificação do rei 145-6, *ver também* fetichismo da mercadoria

fetichismo da mercadoria 209, 298, 301, 303, *ver também* fetiche/fetichismo

Figes, Orlando 248

figuras de Mestre: modos simbólico e secreto 103-4; substituídas pelo "grande Outro" 55

Filipinas 419

filme *ver* cinema; Hollywood, filmes; títulos de filmes e nome de diretores

filosofia: luta de classes 379-80; percepções diferentes do campo 408

Finkelkraut, Alain 22

Fischer, Joschka 150, 270

Fitzgerald, Gerald 267

Flórida: eleições presidenciais norte-americanas de 2000 267, 317

Fogo persa (filme) 87-8

Fonda, Jane 150

Ford, John 112

fordismo 351, 358

Foucault, Michel 25; análises do poder moderno 120; dispositivo 127; "duplo empírico-transcendental" 179, 441; envolvimento com a Revolução Ira-

464 / Em defesa das causas perdidas

niana 122-30; preocupações humanitário-liberais 127

Foxman, Abraham 56-8

fracasso: máxima de Beckett 26, 215, 360

França: acontecimentos de Maio de 1968 168; desejo de manter o antigo Estado de bem-estar europeu 277; eleições presidenciais de maio de 1995 317; "não" à Constituição Europeia 269, 272-3, 276, 279; Partido da Ordem depois da revolução de 1848 248-9; passagem dos eleitores para o populismo de direita 281, 285; radicais igualitários do século XVIII 89

Franco, Francisco 40

Frank, Anne 50

Frankenstein (Shelley) 92-8, 433; versões cinematográficas 95

Frankfurt, Harry 20

Fraser, Antonia 170

Freiburg, Universidade de 154

Frente Nacional 272, 281, 285

Freud, Sigmund 12; agência do eu 105-6; essencialismo sexual 297; o estranho (*Unheimliche*) 97; Eu--Supereu-Isso 393; *Liebesstörer* (obstáculo à relação de Amor) 107; mito edipiano 94-5; narcisismo e imersão na multidão 54; objeto de fetiche 285; "Outra cena" 291-2, 298; paranoia da loucura 257; presentes e trocas 41; problema com o islamismo 128; pulsão de morte 73, 342, 344, 391; pulsões 342; reações ao Evento-Freud 384; relutância em endossar o "Amai o próximo" 34, 175; repetição 321; responsabilidade nos sonhos 230-1; sobre o mal-estar na cultura 430; sexualidade feminina 277; sobre a teoria como prática fracassada 21, 320-1; sonho e texto onírico 90-2, 290, 297, 386-7; sublimação 341

Fried, Gregory 156

Fry, Stephen 435

Fukuyama, Francis 20, 349, 430, 443; *O fim da história* 401, 416, 418

Fuller, Steve 132-3

fundamentalismo: antimodernista 347-8; campo de oposição com o multiculturalismo liberal 382, 384; falsa paixão do 333, 340; *jouissance* 325; movimentos islâmicos 384, *ver também* fundamentalismo religioso

fundamentalismo religioso: cristãos antissemitas 56; cumplicidade com o pós-modernismo 50, 53, 55; e a democracia liberal 60, 378; interesse na ciência 50-1; niilismo 61, 404-5; oposição ao humanismo secular 50-1; nos países pós-comunistas cristãos 278; como reação à modernidade 53; terrorismo 332-3; na vida social das favelas 421-2, *ver também* fundamentalismo

fundamentalistas muçulmanos 170, 332

Funder, Anna 299-300

Furet, François 168

Furtwängler, Wilhelm 220

Gadamer, Hans-Georg 434

Gandhi, Mahatma 371

Gardner, Erle Stanley *ver* romances de *Perry Mason*

Garthoff, Raymond 221

Gastev, Alexei 218

Gates, Bill 352, 356, 361, 373, 417, 422, 424-5

Gauchet, Marcel 413

Gauguin, Paul 450

Gautier, Théophile 154

Gray, John 61

Gaza 56

genoma 430, 435-6, 441

Gibson, Mel 55-8

Giddens, Anthony 378

Gide, André 154

Gilliam, Terry 75

Gladkov, Fiodor 71

globalização: importância das "massas desestruturadas" 422; pós-moderna 381; e o problema da União Europeia 278

Godwin, William 93-4

Goebbels, Joseph 19

Goering, Hermann 88, 148

Gogol, Nikolai: "O nariz" 250

Gorbachev, Mikhail 287

Gorki, Máximo 194, 233

Gould, Stephen Jay 150, 436

governança: fórmula de Negri 369, 373-6

gozo *ver jouissance*

grande Outro: discurso do inconsciente 230-1; efeito de não votar sobre o 415; embasamento do stalinismo no 229-33; falta de 437-8, 447-8; filosofia de Rorty 53-4; como instituição simbólica 104; lacaniano/de Lacan 55, 105-6, 115, 122, 230-1, 246, 312, 412; medo de perder ou terror da nulidade 429; necessidade que o pequeno Outro o substitua 54-5; percepção pelos terroristas muçulmanos 163; o "povo" 232-3, 268; regras eleitorais da democracia 267

Guardas Vermelhos 370, 396, 398

Guattari, Pierre-Félix 210-11, 351, 365-6

guerra: descrição de Heidegger 160; discurso de Robespierre sobre a 171; necessidade norte-americana do estado de guerra permanente 361; como policiamento militar hoje 360

Guerra dos mundos, A (filme) 76

Guerra Fria 32, 81, 454

Guerra do Iraque: alusão em *300*, de Snyder 87; "desconhecidos desconhecidos" de Rumsfeld 451

guerra ao terror 68, 361, 383

Guerrilha sem face (filme) 82-4

Guevara, Che 179, 224, 428; em *Os diários de motocicleta* (filme) 148

gulag 57, 113, 263-5

Guzman, Abimael 274

Habermas, Jürgen 116, 135, 151, 286, 325, 366, 378, 403; crítica da ciência 430-1, 443; neokantismo 151

hackers 50, 375

Hailey, Arthur 71

Haiti *ver* Revolução Haitiana 214, 389

Hall, Stuart 118

Hallward, Peter 315, 317, 405, 413, 421

Han-Pira, Eric 225

Hardt, Michael 338, 351-3, 424

Harris, Sam: *A morte da fé* 65-6

Hayek, Friedrich August von 20

hedonismo 340, 345

Hegel, Georg Wilhelm Friedrich: aparência e realidade 389, 390; crítica da "liberdade abstrata" jacobina 390; crítica de Marx 170, 349; defesa da monarquia 42, 144-7, 312; determinação opositiva 279, 280; dialética da contingência e da necessidade 62, 317, 343; "espírito objetivo" 53, 68, 448; o Estado como negatividade institucionalizada 309; *Fenomenologia do espírito* 341, 373, 424; *Filosofia da natureza* 447; infinidade espúria 319; liberdade e necessidade 38-9, 141-2; negação da negação 196, 403, 405, 411; negação determinada 337-8, 403-4; e a noção de Estado de Heidegger 141, 143-4; a noção de sexo feminino 185, 257; olhar da Bela Alma 112; a palavra como homicídio da coisa que designa 320; palavras sublimes sobre a Revolução Francesa 213-4; papel hegemônico da ciência 52; "poder absoluto" 394; realidade temporal e o Absoluto eterno 324; referências de Negri a 352-3; retorno de Lenin a 368; Revolução Cultural 202; senhor e escravo 427, 429; sociedade civil 48-9; "universalidade concreta" 188-9, 408

hegemonia: discurso científico 51; luta política pela 280-1; "valor marciano"/significante vazio de Laclau 296, 423

Heidegger, Martin: alergia a moralidade 154-5; ameaça "asiática" ao Ocidente 185; análise de Davis 155-9; anedota sobre a preparação para uma sociedade de estilo soviético 161; carta a Marcuse 195, 264; como antidemocrático 113, 118, 119, 286; confronto interpretativo 277; *Dasein* 155; defesa de Hegel 141; diferença ontológica 137-40, 443, 444; envolvimento com o nazismo 122-3, 129, 129-34, 136-7, 140-1, 151, 153-4, 161, 162, 163-4; estudo de Nolte 263-5; identificado como fascista 113, 148; lugar estrutural da revolução nazista para 396-7; mundos locais 445; sobre a necessidade do terror 426; opinião sobre a ciência 441; opinião sobre a democracia 147-8, 278; oposição às noções de Hegel sobre o Estado 143-6; sobre os perigos inerentes à tecnologia moderna 430, 442-5; política extrema 24-5; ponto de vista de "só Deus ainda pode nos salvar" 338; como reitor da Universidade de Freiburg 154; relação de Arendt com 134-7; violência ontológica 161-4

Heine, Heinrich 114

Helsinque *ver* Declaração de Helsinque

Heráclito 160-1

Herrmann, Bernard 250

Hesíodo 160

Heydrich, Reinhard 30, 154

Hezbollah 384, 404

Highsmith, Patricia 299

história: ameaça de intervenção capaz de provocar uma catástrofe ecológica 416; conceito de Shelley 391; dialética com a natureza 161; drama familiar em *Frankenstein*, de Shelley 92; "fim da" 400-1, 416, 418; e ideologia 400; importância da Revolução Francesa 167-8; limitação da noção linear do tempo 453-4, 455; noção de destino de Heidegger 140; proposta de "história alternativa", de Lenin 359

história natural (de Benjamin) 446

Hitchcock, Alfred *ver Psicose*

Hitler, Adolf 30, 88, 123, 273, 378; defesas de 162-3; fracasso da tentativa de mudar a ordem das coisas 163-4; trama de Von Kluge para matá-lo 36; uso do sobrenome da mãe 101

Hoens, Dominiek 307

Hoffmann, E. T. A. 107

Hölderlin, J. C. Friedrich 132, 153, 162

Holland, Tom 87-8

Holloway, John 370-1

Hollywood, filmes: comédias de segundas núpcias 385; filmes de conspiração crítico-social 191-2; finais traduzidos em outras línguas 26; ideologia familiar 71; tema da autoridade paterna perdida e recuperada 75; tema do casal 76-7

Holocausto (judeus) 30, 195; culpa dos sobreviventes 342; filmes sobre 45; indiferença de Heidegger para com 140, 157; tentativa de Eichmann de justificar papel no 231

homo sacer 68

466 / Em defesa das causas perdidas

Hopper, Edward 90

Horkheimer, Max 23, 113, 454

humanismo: Althusser 175; alto stalinismo 220, 224, 250; Merleau-Ponty sobre o terrorismo e o 174; e/ou terror 174-5, *ver também* humanismo secular

humanismo secular: oposição ao fundamentalismo religioso 50, *ver também* humanismo

humor: supereu 341-3

Hungria 130, 244, 278, 400

Husserl, Edmund 178-9

Idade Média: senhores do desgoverno 200; tortura como espetáculo público 69

eu ideal: freudiano 105; lacaniano 105-7; lei simbólica 246-7

Idealistas alemães 342

idealismo: *versus* materialismo 367

identidade europeia: debates recentes 325; situação difícil hoje 277

identidades *ver* identidades múltiplas; identidade sociossimbólica

identidades múltiplas 210

ideologia: mito familiar 71, 90-1; perturbação do equilíbrio 385-8; modo fetichista 298; naturalização do resultado do processo histórico 401; e as normas não ideológicas do senso comum 39; como regulação do não fechamento 48; sujeito althusseriano 343; versão "mais suave" que substitui a original 25

ideologias tradicionais: China 204

Iejov, Nikolai 252

igualitarismo: compromisso nominal do regime stalinista ao 255; na democracia 268-7, 412; institucionalização como terror democrático-revolucionário 183, 269; limitação da política jacobina 182; política revolucionária (Badiou) 397, 455; e a renúncia 332-3; nas revoluções 213-4; visão ideológica do biocosmismo 217-8

ilhas gregas: deportação de judeus (1944) 195

Ilyenkov, Evald 241

Iluminado, O (King) 34

Imaginação: noção romântica de monstruosidade 92-3

imaginação/idealismo transcendental (Kant) 394, 438

Imaginário-Simbólico-Real (Lacan) 32, 104, 106, 393

imortalidade 391

Impacto profundo (filme) 79-80

imperialismo: atitude de Mao para com 177-8; crítica antiglobalização 189-90; e a emancipação progressiva secular 384

Império do Sol, O (filme) 75

incesto 97

inconsciente: conhecimento 451; desejo em sonhos 90-1, 290-1, 297-8; e livrar-se da responsabilidade 231; na teoria da causa de Lacan 290-1

Índia: crescimento explosivo das favelas nas megalópoles 419; resistência aos britânicos 371

indígenas: movimentos por seus direitos 347-8

individualismo: ética 345; na modernidade 143; papel da civilidade no surgimento do 38

Indonésia 419

Ingolstadt 93

Instituto da Língua Russa (Academia Soviética de Ciências) 226

Instituto Serbsky, Moscou 55, 58, 66

intelecto geral: no capitalismo hoje 350, 360-3; Marx 353-4, 357

intelectuais ocidentais: entusiasmo pelas revoluções em "Outro Lugar" 123, 129

inteligência artificial 64, 97, 431

internet 30-2

intolerância 20

inveja 63, 345

Irã: alusão às Termópilas em obras 87-8; "renascimento liberal" 378

Iraque *ver* Guerra do Iraque

Irlanda 58

islamismo: e ciência 50; e o envolvimento de Foucault com a Revolução Iraniana 126, 128; reação da *Leitkultur* ocidental a elementos do 39

"islamo-fascismo" 60, 382, 384

Islândia: subjectivação do Outro em "bibliotecas vivas" 30

Israel, Estado de: apoio de fundamentalistas cristãos a 56; ateísmo dos cidadãos 232; conceituação de guerra urbana contra os palestinos 210-1; construção de muro de segurança 419; judeus que se recusam a serem identificados com 24; ponto de vista de *Munique* 29

Iugoslávia: perseguição a escritores e jornalistas 208; ponto de vista de Negri sobre a desintegração da 362-3, *ver também* Sarajevo; Sérvia

Ivan, o Terrível 220, 259

Ivan, o Terrível (filme) 255-7

Izvéstia 225

jacobinos 89, 167; fracasso 183, 214-5, 390; igualitarismo 182; propostas criativas 203; terror revolucionário 169-71, 174, 381, 410

James, Henry 36

James, William 323

Jameson, Fredric 202, 444

Japão: autoisolamento a partir do início do século XVII 452-3; ocupação da China 190; papel de liderança na indústria e na manufatura hoje 362; posição da "Ode à alegria", de Beethoven 273; questões ligadas à modernização 138; *shindogu* 446; tradução do final de *E o vento levou* 26

Jdanov, Andrei 245

João Paulo II, papa 340

Johnson, Paul 121-2

Johnston, Adrian 385-8

Josefowicz, Leila 244

Jouissance 49, 86, 117, 325-7, 333, 343, 391; feminina 310, 330-1

Journal of Happiness Studies 63

judeus: ateus 24, 232; debates intelectuais recentes sobre a situação dos 23; designação nazista 263, 383; "judeu" como significante vazio 319; homicídio cometido por Hitler 163; imagem populista no fascismo 282-3, 389; luta pela identidade 23-4; mostrados em *A lista de Schindler* 76; política nazista de aniquilação dos 265; privilegiados protegidos por alemães 148; *ver também* antissemitismo; Holocausto

julgamentos stalinistas de Moscou (década de 1930) 105, 219, 225, 261, 342-3; Bukharin 238-40; e *A medida*, de Brecht 227-8

Jurassic Park (filme) 75-6

justiça *ver* política de justiça revolucionária

justiça revolucionária *ver* política de justiça revolucionária

Kafka, Franz: carta ao pai 98, 100-1, 107-110; *Um médico rural* 392; criação de antecessores 188, 313-14; parábola da Porta da Lei 100-1, 110; primeiro interrogatório de Josef K em *O processo* 239

Kahlo, Frida 237

Khalid Sheikh Mohammed *ver* Mohammed, Khalid Sheikh

Kant, Immanuel: antinomias 139, 372; condições de experiência do objeto 384; *O conflito das faculdades* 33, 122; definição de beleza 284; determinação causal 315; distinção entre numenal e fenomenal 129; ética da autonomia 231, 418; a ética e a busca da felicidade 64; identificações públicas e privadas 206-7, 424-5; imaginação/idealismo transcendental 365, 394, 438-9; interesse de Foucault em 122; modos de repetir 151-2; noção de Mal 345; rejeição da prova ontológica da existência de Deus 304; e Sade 215

Karatani, Kojin 372

Kautsky, Karl 264, 312-3, 374-5

Kennedy, John F. 49, 293; e a crise dos mísseis em Cuba 220-1, 223

KGB 235-6, *ver também* Instituto Serbsky, Moscou

Kierkegaard, Soren 117, 151-2; Estético-Ético-Religioso 393; leitura que Derrida faz de 311

Kim Jong-il 262

King, Martin Luther 287

King, Stephen: *O iluminado* 34, 175

Kinnock, Neil 223

Kipling, Rudyard 77

Klee, Paul 309

Kluge, marechal de campo Günther von 36

Koch, Hagen 299-300

Kolima (campo stalinista) 57

Krupskaia, Nadejda 256

Kruschev, Nikita: e a crise dos mísseis em Cuba 222-4; entusiasmo com a missão soviética 255

Kundera, Milan 32

kung fu, filmes 150

Kusturica, Nemanja 61, 363

La Boétie, Étienne 371

Lacan, Jacques: agências do eu 105-6; alvo e meta da pulsão 327, 399; causa e causalidade 291; Causas perdidas 25; a Coisa 34, 175; comentário sobre Antígona 306-7; conceito de revolução 312; conhecimento inconsciente 451; desejo 64; "discurso nazir" 224; sobre o ecumenismo 432; estudo de Stavrakakis 115, 306-11, 319-21, 326-9, 331; ética 230-1, 344; fórmula 1+1=a 382; gozo 331, 342-3; "grande Outro" 53, 115, 127, 412-3; Imaginário-Simbólico-Real 32, 104, 106, 393; sobre a inumanidade do próximo 175; "Kant com Sade" 215; lamela 73; "litturaterre" 110; "le père ou pire" 220; noção de angústia 55; objeto *a* 326-8; psicanálise 42-3; referências de Critchley a 340-41; retorno a Freud 385; Real 55, 115-6, 139, 290, 294, 319-21, 344; Significante-Mestre 42-3, 146; situação da ciência 55, 441; o sujeito 66, 341, 343-4; sujeito da enunciação e do enunciado 284; supereu 105-6, 342-3; teoria/crítica da democracia 115-6, 115, 117; verdade 19, 31

Laclau, Ernesto 311-2, 328, 338; determinação do antagonismo 139, 289, 293, 319; "marcianização"/significante vazio 296, 423; populismo 279-85, 287-8, 325-6

Lafontaine, Oskar 270

Lagos 419

LaHaye, Tim 60

lamela (Lacan) 73

Lautréamont, conde de (Isidore Ducasse) 62

Le Carré, John 82

Leder, Mimi 79

Lefort, Claude 41-2, 115, 176, 287, 412

468 / Em defesa das causas perdidas

lei: judaica 23-4; kafkiana 104; supereu 55, 247; transgressão inerente 48, 62, 109, 200, *ver também* lei simbólica

lei simbólica: ideal de eu 246; pai/Mestre como agência da 103

Leibniz, Gottfried Wilhelm 204, 453

Leitkultur (cultura dominante) 39, 40

lenda heroica 112

Lenin, Vladimir Illitch: ABC do comunismo 402; cartas a Gorki 233; conceito de revolução 312-3; consciência da anomalia da revolução 187-8, 359-60; consciência do significado objetivo 235-6; designação de democracia liberal 407; discurso de Stalin no funeral de 234; filosofia da luta de classes 379; marxismo 184, 186-7; *Materialismo e empiriocriticismo* 229; noção de duplo poder 404; oposição à conclamação à revolução de 389; repetir/recuperar 153, 191-2, 196, 326; retorno a Hegel 368; sonho de Trotski sobre 233-4; teoria materialista-dialética do conhecimento 313; teoria do "elo mais fraco da corrente" 187, 360; visão incompatível com o stalinismo 237

leninismo: mudança para o stalinismo 236-7, 238, 261, 324, 359; passagem para o maoismo 188

Lennon, John: "Working Class Hero" 36

Leopoldo II, rei da Bélgica 452

Le Pen, Jean-Marie 272, 285

Letra, a: e o Espírito 151

"leveza do ser" 369

Levi, Primo: culpa por ter sobrevivido ao Holocausto 349; *É isto um homem?* 254

Lévi-Strauss, Claude 43, 83,, 87, 94, 289-90, 330

Levinas, Emmanuel 34, 114; noção de próximo 175, 340-1; referência de Critchley a 340-1; sobre o conflito sino-soviético 185

Líbano 404

liberalismo: conservador 20; democrático inglês 147; paixão negativa do ressentimento 333

liberalismo democrático "inglês" (Heidegger) 147

liberalismo econômico 20

liberalismo de mercado 382, 414

liberdade: e causalidade 291-2, 314-5; conceito de Hallward 315-6; Cristo como fonte de 427, 428; definição de Espinosa 39; e o desejo de autoridade paterna de Kafka 107-8; deslocamento sob o capitalismo 348; ideias de Hegel 39, 141-2; incompatibilidade entre o livre-arbítrio e o determinismo 441; mantida pela "base" 38-9; Marcuse 203, 343; e necessidade 89, 315; percepção de Eagleton 115; produção de trabalhadores cognitivos 349--50; retroatividade inerente 315

liberdade de expressão 41, 95

Líder: na ideia de Estado de Heidegger 143-4, 146; no totalitarismo 376-7

Liebknecht, Karl 393

Liga da Juventude Comunista (KSM), República Checa 400

Lih, Lars T. 231

linguagem: Benjamin sobre a linguagem geral e particular 35

Lista de Schindler, A (filme) 75

Livro negro do comunismo, O 22

Livro negro da psicanálise, O 22

lixo: produzido pela indústria capitalista 455-6

Locke, John 64, 374

Lory, Hillis 179

L'Ouverture *ver* Toussaint L'Ouverture

Lubitsch, Ernst 420

luditas 97

Luís XVI, rei da França 411-2

Lukács, György 195

Lukashenko, Alexander 189

Lula da Silva, Luiz Inácio 361-2, 399

luta de classes 161, 297, 324; econômica marxista 294; na filosofia 379-80; percepção de Laclau sobre 280; política da economia 295; e o populismo racista 270; reformulada no modelo de Mao 185, 187-8; *versus* populismo 287-96

luta política: esfera da economia 183, 293; expressa na música 292; pela hegemonia 293; inutilidade 338; tópicos diferentes 388

Lutero, Martinho 113

Luther King, Martin 287

Luxemburgo, Rosa 237, 360, 378, 393

Lynch, David 104

McCain, John 20

McKibben, Bill 443

Mágico Mau/Gênio 103-4

Maio de 1968 168, 268

Major, John 197, 286

Mal: "Coisa" lacaniana 345; no pensamento de Heidegger 154-5, 156; ignorado pela ética utilitária 345; espírito de sacrifício 53; sistêmico 452; Malevitch, Kazimir 234-5

Malibu 55-6

Malkovitch, John 75, 82

Mallarmé, Stéphane 25, 110

Maltby, Richard 245-7

Mandela, Nelson 399

Manifesto Comunista 429, 452

Índice Remissivo / 469

Mao Tsé-tung: crítica de Mao a Stalin 167, 187, 191; deflagração da Revolução Cultural 211-2; filosofia da luta de classes 379; lema "de derrota em derrota" 360, 389; medo de rendição ao capitalismo de mercado 387; mensagem aos oprimidos 177-8; mobilização da ameaça "asiática" 185; ponto de vista cósmico 193-4; reação à ameaça da comuna de Xangai 369; reflexão sobre a possível aniquilação da raça humana 194, 224; rejeição da "negação da negação" 195, 198; rejeição da "síntese dialética" dos opostos 195-9; como "senhor do desgoverno" 200, 255; "Sobre a contradição" 190-2, 297; terror revolucionário com 24, 184; transposição do marxismo de Lenin a 184-5, 187-9; sobre a verdade por meio da luta de classes 413

Marchart, Oliver 289

Marcuse, Herbert 158; carta de Heidegger a 264, 195; fórmula da liberdade 203, 343

martírio: política revolucionária e culto católico do 148-9

Marx, Karl 22, 24; avaliação da dialética de Hegel 170; comentários sobre a Revolução Francesa 152, 213, 391-2; crítica da economia política 43, 294-5, 303, 399; crítica de Hegel 346; defesa pelos marxistas 113; dinâmica do capitalismo 120, 197, 303, 304, 339, 353-4, 394, 429-30; distinção entre classe operária e proletariado 288; distorção stalinista de 119; essencialismo econômico 297; evocação da determinação reflexiva 145; fetichismo da mercadoria 209, 301-4; *Grundrisse* 351, 353-5; leitura do Partido da Ordem francês 248-9; sobre a limitação "burguesa" da lógica da igualdade 182; proximidade e diferenças entre Negri e 357-8; relações de produção e mão de obra 43-4, 350-1; visão de Napoleão II 409

Marx, Irmãos 342

marxismo: adesão de Negri ao 349, 351, 353; Badiou 402-3; busca do momento de virada errada 184-5; na China contemporânea 205, 206-7, 210; contribuição central de Mao ao 190; crítica da sociedade de escolhas 449-50; e desenvolvimento do stalinismo e do maoismo 188; "determinação de última instância" 292; distinção do esquerdismo 205; livros de Heidegger sobre 161; luta política nas relações sociais 183, 293-4; noção de classe operária 415; noção de crise econômica 386; observações de Wendy Brown sobre 400; passagem de Marx a Lenin e de Lenin a Mao 184, 187-8; reações ao Evento 385; teoria e fracasso da prática 21-2; versão superficial de Hollywood 77

Massumi, Brian 204

"massas desestruturadas" 422

"*masturbate-a-thon*" 54

materialismo: *versus* idealismo 367

materialismo democrático (Badiou) 379, 381

materialismo dialético: Badiou 379, 381; livro didático soviético da Segunda Guerra Mundial 226-7; propagação de Lenin da teoria do 313

Matrix (filme) 379

Mauss, Marcel 42-3

medo: ecologia 433-5, 442-3; escolha entre terror e 428-9; da nanotecnologia 431-3, *ver também* política do medo

meios de comunicação: realidade virtual 369-70, *ver também* meios de comunicação interativos

meios de comunicação interativos 356-7

Meir, Golda 356

mencheviques 389

mercado: o grande Outro funcionando como 447-8; ponto de vista de Hegel 143; e o resultado do Evento revolucionário 152

Merleau-Ponty, Maurice 174, 229

Metzinger, Thomas 64

México: crime de globalização no século XVI 452; fronteira com os Estados Unidos 419; movimentos pelos direitos dos índios 347-8, *ver também* movimento zapatista; Cidade do México

Microsoft 356

Mikoyan, Anastas 226

Miller, Frank 89

Miller, Jacques-Alain 23, 267, 327, 385, 412-3

Milner, Jean-Claude 23

Milošević, Slobodan 30, 130, 362-3

Milton, John: *Paraíso perdido* 345, 433

minorias étnicas: "bibliotecas vivas" na Islândia 30

minorias sexuais: "bibliotecas vivas" na Islândia 30

mitos tradicionais 115

modernidade: "alternativa" 189; hegemonia do capitalismo e do discurso científico 51; nas ideias de Hegel sobre sociedade civil 141-3; e o niilismo 136

modernismo: compositores 249-50; rompimento soviético com o 217; na Rússia 220

modernização: impacto sobre as sociedades muçulmanas 52-3; projeto europeu 52, 269, 277, 279

Mohammed, Khalid Sheikh 67-8

Molotov, Viatcheslav 225

monarquia: defesa de Hegel da 42, 144-5, 312

Mondrian, Piet 309

monstruosidade: ideia de Wollstonecraft sobre a 96; e narrativa familiar de *Frankenstein*, de Shelley 91-2, 97; noção burkiana da Revolução Francesa 93-4, 115; noção romântica de 92; do próximo 175; como a Revolução Francesa em *Frankenstein* 93-6

470 / Em defesa das causas perdidas

Monteverdi, Claudio: *Orfeu* 448

Monty Python 251

Morales, Juan Evo 377

moralidade: alergia de Heidegger à 154, 162; diferença da ética 229; e o "espírito objetivo" 68; e o moralismo na política da identidade 117; sorte moral 450; stalinismo 229; e transgressão 62

Mossad 29

Mouffe, Chantal 117, 284, 286, 306

movimentos populares de saída única 287

movimentos sociais 347, 356, 360, 364

movimentos de trabalhadores: apropriação pelo nazismo de apresentações de massa dos 150; na China de hoje 198, 205-6; explorados pelo potencial revolucionário 130-1

Mozart, Wolfgang Amadeus 45, 242, 275

mulheres: perplexidade de Freud com a sexualidade das 273; poder público e privado das 185-6, 257

Müller, Heiner 69

multiculturalismo: abandono da teoria de classes 400; atitude para com os judeus 23; "bibliotecas vivas" na Islândia 30; campo de oposição com o fundamentalismo 382; e a *Leitkultur* 39-40; oposto ao racismo populista 270; paixão perversa de ressentimento 333; rejeição pela "velha Europa" 269-70

Munique (filme) 29

Murdoch, Rupert 425

Muro de Berlim, queda do 418

Muselmann 172

música: afastamento russo do modernismo 217; debate sobre a obra de Shostakovitch 240; linha melódica da *Humoresque* de Schumann 322-4; livre circulação de 417; luta cultural-popular 292-3

Nablus 211

nanotecnologia 431-2; em *Presa*, de Crichton 72-5

Napoleão I 145

Napoleão III 409, 419

Napster 417

narrativa edipiana: autoridade paterna perdida e recuperada 76; em *Frankenstein*, de Shelley 94-5

narcisismo 54

narrativa familiar: em *Frankenstein*, de Shelley 90-1, 94, 97; como mito ideológico 71, 90; nos filmes de Spielberg 75-6; no "realismo capitalista" 71-5

narrativas locais 52

natureza: as áreas comuns da 424; a biogenética trazendo o fim da 430-1, 435-6; decomposição da relação do homem com a 442; Em-si da 439; e terror 436-7

natureza humana: Fukuyama 418

nazismo: análise de Nolte 263-4; comparação com o comunismo 263-5; "coragem" do 163-4; desjudeização 265; designação do inimigo judeu 383; documentários de Riefenstahl 148-9; fascínio dos observadores ocidentais pelo 123; Heidegger 122-3, 129, 135-6, 140-1, 151, 153, 161, 163-4, 396-7; *slogan* nos portões de Auschwitz 341; não consegue perturbar a estrutura capitalista 163; "revolução" 127-30; solução final 149; e a teoria nietzschiana 119, 121; visão de Arendt 136, *ver também* fascismo

necessidade: e contingência (dialética hegeliana) 62, 317; na definição espinosana de liberdade 39; e liberdade 89, 315;

"negação da negação" 196, 403-5, 411; em livro didático soviético sobre materialismo dialético 227; rejeição de Mao da 195-6, 198; subsunção da produção pelo capitalismo 351;

negação determinada (Hegel) 337, 338, 353, 403-4, 415

negatividade: e o ato 317-8; conceito dos idealistas alemães de âmago inumano 342; institucionalização da 309; lacaniana 320; liberalismo multicultural 333; pulsão de morte freudiana 342, 344

Negri, Antonio 200, 210, 330, 338, 402, 424; *Adeus, sr. Socialismo* 339, 449-58, 362-5, 369-70, 375, 377

Neill, Sam 75

New Deal 387

Nicarágua 87, 123

Nietzsche, Friedrich 23, 61, 175, 265, 286, 441; aulas de Heidegger sobre 147, 155; filosofia da ética imoral 229; Wendy Brown e a teoria de antidemocracia de 117-9, 121

Nigéria *ver* Lagos

niilismo: fundamentalismo religioso 61; na modernidade europeia 136; nazismo 131-2; pensamento de Heidegger sobre o Mal 156-7; ponto de vista de Arendt sobre o rótulo de 134-5; resistência política anárquica 347; sustentado pelas instituições democráticas liberais 340; da tecnologia moderna 154-5; terroristas com identidade religiosa 404-5

Nixon, Richard Milhous 292-3

Nolte, Ernst 131-2, 263-5

Nome-do-Pai 51, 101, 104-5, 107

Nostalgia (filme) 364

new-age: afastamento meditativo 404; ecologia 434; mito da autorrealização 150; e preocupações científicas cognitivas 63; reinterpretação do cristianismo em *O código Da Vinci* 85

o numenal 126

Olesky, Josef 59

olhar: Deleuze 368

Índice Remissivo / 471

o ôntico e o ontológico: Arendt 137; capitalismo global 338; nazismo de Heidegger 132, 134, 137-8, 158, 162-4; e a sobrevivência dos seres humanos 443

Onze de Setembro de 2001 418-9

Orchidégartneren (filme) 31

Orwell, George 412

L'Osservatore Romano (jornal) 40-1

Ostalgie 80, 83

OTAN 113

Outro: falta no 307-8, 325, 327, 413; noção de 337; subjetivação do 29-30; subordinação do 209, *ver também* grande Outro

"Outro Lugar" 123

Outubro (filme) 256

Ovo da serpente, O (filme) 36

paganismo 114

pai *ver* Nome-do-Pai; autoridade paterna

Holanda: "não" à Constituição Europeia 269-70, 275, 279

países bálticos 278

países muçulmanos: impacto da modernização 52

Palavra, a: e o Ato 164; fala e escrita 380

paleolíticas, comunidades *ver* comunidades paleolíticas

palestino, *ver* territórios palestinos, terroristas palestinos

"paradoxo democrático" 118, 121, 284

paranoia: e a dissolução do stalinismo 252-3, 261-2

Paris: Comuna de 121, 171; eventos em torno da Revolução Francesa 33, 122

Partido Comunista Francês 281

Pascal, Blaise 21, 174, 229

Paulo, são 184

pedofilia 57-8

perestroika 387

permissividade 88; relações sociais pós-modernas 209; solidariedade com o fundamentalismo 53, 55

Perry Mason, romances (Gardner) 100

pharmakos 115

Pinochet Ugarte, Augusto 40

Pippin, Robert 37-8, 135-6

Planeta proibido, O (filme) 80

Platão 21, 113-4, 118-20, 122; leitura que Heidegger faz de 154; referência de Badiou a 379-80

Platonov, Andrei 202

Pluth, Ed 307

"poder absoluto" (Hegel) 394

poder estatal: objetivo da esquerda de solapar o 338-9, 369-70; a ditadura como campo inteiro do 407; interação com os conselhos 374; movimentos com relação ambígua com 404-5; política de resistência a (Critchley) 340-1; e a política revolucionária 397; ponto de vista de Badiou 376; tensão/diálogo com a multidão auto-organizada 369; tomada de Chávez do 422; tomada revolucionária do 373, 396

policiais-filósofos 113-4

polidez/boa educação 35-6

pólis: Hegel 141-3; Heidegger 147; "sovietes" 375

partidos políticos: modelo comunista de insurreição 402, 404; representação e expressão 376-7

política: avanço pela distorção 289, 297; deleuziana 368-9; da diferença mínima 387-8; como expressão da luta de classes 295; importância da morte do comunismo 399; oposição ao populismo 279-80, 284; tensão com a teoria 118-9, 119

política emancipatória: antagonismo com a oposição entre multiculturalismo e fundamentalismo 382; anticapitalismo como meta suprema 399-400; atitude dos liberais progressistas 389-90; fora das instituições democráticas 347; ponto de vista de Critchley 398; pontos "falsos" e "verdadeiros" 383-4; principais tarefas nos últimos três séculos 422

política da identidade: pós-moderna 117; renaturalização do capitalismo 400-1

política de justiça revolucionária (Badiou) 167, 175, 347-8, 397, 455

política do medo 24, 72; populismo 306

política de resistência: ao Estado 346-7; ponto de vista pós-moderno 399; proposta de Critchley 340

política revolucionária: e o culto católico do martírio 148-9; e o poder do Estado 397-8; vínculo com a dialética hegeliana 403-4

política de subtração 398, 402-7

política universal 399

politicamente correto 38, 117, 182, 332

Polônia 59-60, 269, 278, *ver também* Solidariedade

Popper, Karl 114

populismo 267-8; Laclau 279-80, 288-9, 325-6; política do medo 306; pós-político 284-5; *versus* a luta de classes 287-296

"pós-desconstrucionista", pensamento 175

pós-ideologia 298, 301, 340

pós-modernidade: capitalismo 349, 353; consciência do lixo 445; consenso subjacente 19; cumplicidade oculta do fundamentalismo com 50; declínio do Significante-Mestre 49; dinâmica da globalização 381; como fim das narrativas grandiosas 52; ideias de Critchley no contexto da 339-40; a Lei e

472 / Em defesa das causas perdidas

sua transgressão inerente 48; múltiplas formas de luta político-ideológica 338; recusa da esquerda a aceitar novos avanços sociais da 339; visão do paradigma jacobino no contexto da 169

pós-modernismo: Eagleton 115; política de identidade 117

pós-política: consumismo 325-6; culturalização do que é político 349; libertação das ideologias 296; e a política populista 271-2; visão da nova elite europeia 273

potlatch 39, 42-4, 48

Pound, Ezra 150

poder: análises de Foucault 119-20; e a autoridade paterna 103; democracias como vazias de 287, 412; "excesso totalitário" 377-8; Mao Tsé-tung 370; "poder-fazer" rompido pelo "poder-sobre" 370-1

o povo: concepção de Kant 412; confiança no 455; grande Outro 232-3, 268; oposição com o proletariado 409-10; voz na democracia 232-3

Pravda 225, 250

predestinação 316-7

Premiere (revista) 26

presentes: *potlatch* 42-3; recebidos pelo Mestre 42, 44

Primeira Guerra Mundial: sentimento de Bergson sobre a declaração de guerra 323-4

princípio feminino: em *O código Da Vinci* 85

processo de produção: descrição de Marx das relações capitalistas 350-1; diferenças entre Marx e Negri 357; e o valor no consumo 371-2

produtividade material: e o fluxo virtual do sentido de Deleuze 365-6, 368-9

projeto europeu: não consegue inspirar paixão 116

Prokofiev, Serguei 242-4, 248-9

proletariado: distinção de Marx entre classe operária e 288; favelados nas novas megalópoles 419-22; necessidade de posição/modelo para o 423

proletarização: campesinato na União Soviética 187-9

propriedade intelectual 417, 423, 425

prosopopeia 448

protofascismo: coreografia/apresentação de massa 150; filmes de Riefenstahl 149; populismo 279

Proudhon, Pierre Joseph 411

Proust, Marcel 315

próximo 34-5, 175; Lacan sobre a inumanidade do 175; proximidade do sujeito torturado 65-6; surgimento do sujeito como resultado do encontro com o 340-1

Psicose (filme) 250

psicanálise: conteúdo sexual dos sonhos 295, 297; ética da 34, 230; fetichismo 298; homologia com a economia 297; ideia de Stavrakakis 306-9; pulsão

de morte e imortalidade 391; Reich 331; revelação do impacto da modernidade 52; teoria e fracasso da prática 3-4, 320; e trocas 24, 24-5, *ver também* Freud, Sigmund; Lacan, Jacques

pulsão de morte 203, 317-8, 344; freudiana 73, 342, 344, 391; lacaniana 320

Púchkin, Alexander 217, 219

al-Qaeda 347

"qualidade de vida" 63

Queda de Berlim, A (filme) 78

racismo: construções populistas 270, 280; e defesa dos direitos dos trabalhadores 269-70; disposição espontânea 57-8; e fundamentalismo 332; pretensões ocidentais relativas às Termópilas 88

Rákosi, Mátyás 226

Rancière, Jacques 130, 288, 413

Rand, Ayn 427-8, 452

Razão: Kant 206, 424; crítica de Wendy Brown 119; na metafísica ocidental 113; rejeição de mitos tradicionais 115

"razão instrumental" 183, 338, 357, 366

Reagan, Ronald 87

Real, o: na análise de Lévi-Strauss sobre o espaço social 290-1; concepção de Stavrakakis 319-20; dialética do *pharmakos* 115; espectralidade da realidade capitalista 303; função de filtragem do supereu 342; ideologia da narrativa familiar 71; lacaniano 55, 115-6, 139, 290, 294, 319-21, 344; e o Simbólico 318-9, 320-1

real e virtual 151-2, 313, 315-6, 365, 373

"realismo capitalista": narrativas familiares 71-2

realismo socialista 219, 249

recursos naturais 434, 452

Reds (filme) 77

Regnault, François 23

Reich, Wilhelm 331

relações sociais: no capitalismo pós-moderno de hoje 356; marxismo 183, 400; mudança com o surgimento do capitalismo 209-10

relativismo 40

religião: Eliot sobre a única maneira de salvar a 278-9; na era pós-moderna 19; louvada na China por sustentar a estabilidade 204-5; movimentos políticos baseados na 404; poder da ciência de substituir/destruir 441; como resposta ao Real científico 432; substituição pela ecologia do medo 434, *ver também* budismo; cristianismo; islamismo

Renaut, Alain 174

Rendell, Ruth 444

repetição: rejeição por Badiou da 391; conceito de Deleuze 321, 323-4, 392; *Dasein* de Heidegger 152-3; ideia de Kierkegaard 151; recuperação da identidade europeia por meio da 278; revoluções 151

represa do rio Amarelo 207

representação: ponto de vista de Badiou sobre o poder estatal 376-7; proposta de Negri 374, 376; *versus* expressão 363-4, 369

República Democrática Alemã (Alemanha Oriental, RDA): *Adeus, Lenin* 81-2; caso do policial Koch da Stasi 299-300; controle policial 262; mapa de Berlim 421; revolta antissoviética (1953) 130

República Checa 399

resistência *ver* política de resistência

resistência nômade 339

"ressurreição" (Badiou) 392-3

revolta (Foucault) 123, 125

revolução: admoestação de Robespierre aos que querem a "revolução sem revolução" 202-3, 196, 173; aparência e realidade no processo de 389-90; aspectos factual e virtual 373; conceito de Kautsky 312; designação de Foucault 125; como Evento 390; nos filmes de Eisenstein 255-6; nível de monstruosidade 93; "manhã seguinte" 152, 203, 390; momento de 135; tentativas "prematuras" 360, 389, *ver também* Revolução Francesa; Revolução Haitiana; Revolução Cultural Maoista; Revolução de Outubro

revolução cultural (Hegel) 202

Revolução Cultural maoista 123, 154, 183, 253, 273; análise de Badiou 201, 203-4, 395-9; necessidade da 203; processo histórico e fracasso final 211-12, 374, 398-9; relação com o capitalismo chinês de hoje 215; resultado negativo 201-4, 211-3, 339, 396, 398; solapa as ideologias tradicionais 204-5; vínculo com a Revolução Francesa 184

Revolução Francesa: comentários de Marx sobre 390-1, 213, 390; crítica de Burke 93-4, 115; Danton e a passagem para a violência do Estado 410; entusiasmo de Kant com a 33, 122; em *Frankenstein*, de Shelley 93-6; humanismo e terror 174; identificação do *troisième état* com a Nação 411; importância histórica 167-8; as palavras sublimes de Hegel sobre 213-14; a Revolução Haitiana como repetição da 389; a Revolução de Outubro como repetição da 151; vínculo com a Revolução Cultural maoista 167, 184

Revolução Haitiana 214, 389, 392-3

revolução da informação 353, 356

Revolução Iraniana: envolvimento de Foucault com 121-8, 129-130

Revolução de Outubro: "elo mais fraco da corrente" 187; lacuna entre o Evento e a situação resultante 152, 390; momento decisivo do processo revolucionário 128, 184; necessidade histórica 317; repetição da Revolução Francesa 151; representada em *Reds* 77-8; e surgimento do stalinismo 237

revolução social 93, 202

Riefenstahl, Leni 149, 150

Rio de Janeiro 172

Rivera, Andrea 40

Robertson, Pat 56

Robespierre, Maximilien Marie Isidore de 14, 184; admoestação aos que querem a "revolução sem revolução" 171, 173-4, 196, 202, 390; conjunção de virtude e terror 174, 180-1; discurso na Assembleia Nacional (março de 1794) 176-7; discurso sobre o julgamento do rei 411; discurso na véspera da prisão e execução 213; pacifismo 171; política da verdade 167, 169-70, 172-3

Rodésia 273

Rolland, Romain 273

Romênia 278

romantismo 124; entusiasmo pela Revolução Francesa 391; noção de monstruosidade 92-3

Roosevelt, Franklin D. 387

Rorty, Richard 53, 378

Rousseau, Jean Jacques 89, 97, 114, 122, 322-23, 345, 452

Rozental, Mark 226-7

Rumsfeld, Donald 278, 451

Rushdie, Salman 40

Rússia: condições impossíveis para o socialismo 360; império caótico 220

Sabedoria 20, 114, 440

sacrifício, espírito de 87

Sade, marquês de 215, 230, 345

Sahlins, Marshall 44, 330

Saint-Just, Louis 170, 411

Sangue de heróis (filme) 112

Santner, Eric 31, 101

Sarajevo 329-30

Saramago, José: *Ensaio sobre a lucidez* 305, 405

Sarkozy, Nicolas 168

Sartre, Jean-Paul 122, 364, 433

Schelling, Friedrich Wilhelm Joseph von 154, 157, 186, 366

Schmitt, Carl 141, 162, 286

Schoenberg, Arnold 149, 249

Schumann, Robert: *Humoresque* 322, 324, 387

474 / Em defesa das causas perdidas

Schwarzenegger, Arnold 176

Scott, Ridley 95

Scurr, Ruth 170

secularismo: como principal inimigo em romance de LaHaye 60-1; e relativismo 60

secularização: no capitalismo virtual 302

Segunda Guerra Mundial: atitude dos soldados japoneses diante da morte 179

Sendero Luminoso, movimento 83-84, 274

Sêneca 179

senso comum: limites na época pós-moderna 20-1; *versus* a mente científica 440-41, 450

senso histórico (Eliot) 314

sentido: fluxo virtual do (Deleuze) 365-6, 367-8

"sentido objetivo" 235, 240

Separados pelo casamento (filme) 37

Ser: "leveza do ser" 369; o Mal e a essência ontológica 158; multiplicidades (Badiou) 381, 438-439; noção de destino histórico de Heidegger 140, 152-3; *versus* o Tornar-se 364, 365

Ser-Mundo-Evento (Badiou) 393

Ser ou não ser (filme) 420

Sérvia: anedota sobre Milošević, antes da prisão 30; derrubada do regime de Milošević 130

sexo: "masturbate-a-thon" 54; psicanálise dos sonhos, 295, 297

sexualidade: alcance metafórico 295; identidades mutáveis hoje 429-430; narrativa em *Frankenstein*, de Shelley 92, 94

Shakespeare, William: *Hamlet* 45, 48, 238, 307; *Romeu e Julieta* 244, 406; *A tempestade* 45; *Troilo e Créssida* 44-5, 99-100

Shanib, Musa 186

Sharon, Ariel 56

Shelley, Mary: *Frankenstein* 92-8, 433

Shelley, Percy Bysshe 93; poema "England in 1819" 97-8; poema "A máscara da Anarquia" 199; poema "A revolta do Islã" 391

Shin Dong-hyuk 262

shindogu 446

Shostakovitch, Dmitri: condenação stalinista de 249--50; debate sobre a verdadeira mensagem das obras 240-1, 243-5, 245-7; interrogatório pela KGB 251-2; leitura na linha de *Casablanca* 245-6; obras melancólicas privadas 219, 248; opereta *O nariz* 250-1; e Prokofiev 242, 249; retorno posterior a formas mais tradicionais 217

significado: ameaça de planejamento biogenético 443-4; desintegração do vínculo com a verdade 52, 340, *ver também* "sentido objetivo"

Significante-Mestre (Lacan) 41-2, 146, 441; declínio do 49; democracia como 192, 412-3; na ideia de Evento de Badiou 393, 395; do populismo 282-3; soberania 376

simbólico, o: e o ato 307; autoridade paterna 51; ontologia de Stavrakakis 325; e o Real 318-9, 321; significante 318-9; suspensão pelo discurso científico 52, *ver também* o sociossimbólico

Simônides 234

sindicatos 339

Singer, Bryan 179

sionismo 23-4, 56

Skulason, Pall 438-9

Sloterdijk, Peter 113, 372-3

Snyder, Zack 87

socialismo: condições impossíveis na Rússia 360; coreografia/apresentação de massa 150; democracia direta dos "sovietes" 375; desintegração do 453; governos europeus hoje 40; ideia de vitória de Kautsky 312; do Leste europeu 411; piada polonesa sobre o 319; sementes de solidariedade nos coletivos de favela 421

social-democracia da terceira via 20, 196-7, 337, 339, 398, 453

sociedade: alienação 375; de escolhas 450; lugar dos favelados na 420; noções individualista e organicista 139; "sociedade do espetáculo" de hoje 413; universalidade 410-1

sociedade civil: ideias de Hegel 141-3; ideia de espaço público em Kant 206; visão negativa oficial da China 206-7

sociossimbólico, o: na autoridade paterna 57-8, 103; identidade 31; violência 39

Sócrates 117

sofistas 137

Sófocles *ver Antígona*

Solaris (filme) 364

Solidariedade 130, 281, 403-4

Soljenitsyn, Alexander 81, 219, 241, 454

sonhos: conteúdo sexual 295, 297; lógica freudiana dos 90-1, 92, 290-1, 297, 286; noção freudiana de responsabilidade 230

Sontag, Susan 149

Sorensen, Ted 221

Soros, George 373

"sovietes" 375

Der Spiegel 147

Spielberg, Steven 75-6

Espinosa, Bento de 24, 315, 319, 366, 413; definição de liberdade 39; ponto de vista sobre democracias 118

Índice Remissivo / 475

Stalin, Josef 124, 184, 100; consciência do "sentido objetivo" 235; crítica de Mao a 167, 187, 191; discurso no funeral de Lenin 234; formulação da ética imoral 229; e Ivan, o Terrível 220, 259-60; lei de coletivização forçada 163, 308; natureza de sua crença 231; "Sobre o materialismo histórico e dialético" 161, 195, 227; sobre a verdade através da luta de classes 413

Stalingrado: derrota alemã (1943) 88

stalinismo 24, 33; burocratismo em vez de burocracia 261-2; campos 57, 175; contrarrevolução cultural 217-20, 224, 250-1; debate sobre as origens do 188; destrutividade e natureza totalitária 163; dever para com a Humanidade 233; dimensão carnavalesca 251-2, 254-5, 257, 261; ética imoral/moralidade 229; expurgos 208, 229, 237, 252-5, 257, 261; humanismo e terror 174, 220-1, 224-5; importância de manter as aparências 208-9; intelectuais enganados pelo 122, 123; natureza industrial dos homicídios 195; kremlinologia 224-7; e marxismo 113, 119; e a música de Shostakovitch 241-2, 247-8; narrativa da luta antifascista em campos de concentração 175; paranoia e dissolução do 253, 261; passagem do leninismo para o 235, 238, 257, 324, 359; política para com dissidentes importantes 242; proclamação do fim da "classe" 409-10; em *A queda de Berlim* 78; rejeição da música de Prokofiev 243, 248, 249; romances clássicos do 71; violência da deskulakização 265; visão de economia planejada 308

Stalker (filme) 61, 445

Starbucks 425

Stasi: caso de Hagen Koch 299-300; terror em *Adeus, Lenin* 80

Stavrakakis, Yannis 115, 306-12, 317-21, 325-31.

Sternberg, Josef von 247

Stoppard, Tom: *Rosencrantz e Gildenstern estão mortos* 45

Strauss, Leo 83

Stravinsky, Igor 220

subjetividade: althusseriana 343-4; análise de Heidegger 155, 156-7; Foucault 127; lacaniana 66, 341, 343, 344; liberdade e civilidade 38-9; medo do abismo da 426; não histórica 159; e a prática política 346; relato de Critchley 340, 343-5; subjetividades múltiplas sob o capitalismo 348; vida interior 30-31, 343

sublimação estética (Lacan) 341

Sublime, o (Kant) 439

subtração *ver* política de subtração

sudário de Turim 50

supereu 339-40; Critchley 342, 349; gozo 49; história da suposta observação de Brecht sobre os julgamentos de Moscou 105; imagem de Gênio Mau

104; lacaniano 104, 105, 341, 342-3; da Lei 55, 246; oposição ao ideal de eu 246; o pai de Kafka como imagem do 104, 106-7; na permissividade e no fundamentalismo pós-modernos 53; stalinista 243

Suspeitos, Os (filme) 179-80

Talibã 87

Tanner, Michael 244

Tarkovsky, Andrei: *Nostalgia* 364; *Solaris* 364; *Stalker* 61, 445

taylorismo 218

Tchaikovski, Piotr Illitch 217, 274

tecnologia: e o capitalismo global 338, 418; frenesi desenfreado pela 277; ineficácia das "comissões de ética" 452; niilismo 131, 155; percepção de Heidegger a respeito do perigo da 430, 442-3, 444, o progresso determinando nossas vidas 447-8, 449; e terror 447, *ver também* inteligência artificial; biogenética; tecnologia cibernética

tecnologia cibernética 356

televisão: "cobertura ao vivo" 277

tempo *ver* temporalidade

temporalidade: dialética com o Absoluto eterno 324; limitação da noção histórica de 453

teoria: alcance universal da 186; e o fracasso da prática 21, 91, 119, 320-1; e a prática da política populista 269; tensão com a política 119-21; "transubstanciação" radical 188

teoria pós-moderna: bobajada 19-20; sobre o princípio da "razão instrumental" 182-183, 357-58

terceira via *ver* social-democracia da terceira via

terceirização 358

Terceiro Mundo: crescimento explosivo das favelas 419; e a realização de Mao 185, 187

Termópilas, batalha das 87-88

termos freudianos e lacanianos 106

territórios palestinos 378

terror: aceitação da natureza 437, 446-7; escolha entre medo e 428-9; dos excluídos 425; Heidegger sobre a necessidade do 426; humanismo e/ou 174; na "Ideia eterna" de justiça revolucionária de Badiou 455; justificativa do 168, 228; e a tecnologia 446, *ver também* terror emancipatório; terror revolucionário

terror emancipatório 182

terror revolucionário: na "defesa das causas perdidas" do autor 24, 25, 26; duração histórica 184; entusiasmo dos intelectuais pelo 123; excesso de igualitarismo leva ao 182-3, 269; jacobinos 167-71, 174, 182-3, 381, 410; justificativa do stalinismo de Merleau-Ponty 229; movimento do Sendero

476 / Em defesa das causas perdidas

Luminoso 83; passagem da pureza revolucionária para o 236

terrorismo: acusações do Vaticano contra Andrea Rivera 40; aspecto da democracia 413; fundamentalismo 332-3, 404-5; tortura norte-americana de suspeitos 66-7, *ver também* terrorismo muçulmano; terroristas palestinos

terrorismo muçulmano 332; atentados suicidas 163; opiniões de Sam Harris 65; em romance de LaHaye 60-1

terroristas palestinos: conceituação das Forças de Defesa de Israel de guerra urbana contra os 210-11; ponto de vista de *Munique* 29

thatcherismo: institucionalização pelo governo do Novo Trabalhismo 197

Thoreau, Henry David 181

Tibete 89

Time (revista) 455

Titanic (filme) 76-77

Tocqueville, Alexis de 118

Todd, Emmanuel 361

tolerância 20, 25, 30,49-50

Top Lista Nadrealista (grupo de rock) 329-30

devir: noção de evento revolucionário de Deleuze 124, 366-7; *versus* o Ser 366-8

tornar-se revolucionário (Deleuze) 124

tortura: defesa por Harris 65-6; de Khalid Sheikh Mohammed 67-8; evitar a 34; de terroristas suspeitos pelos Estados Unidos 66-7; em *24 horas* 69; vista como tema legítimo de debate 68

Toscano, Alberto 395

totalidade: antagonismo com o indivíduo 139; noção de Estado de Heidegger 143-4; e totalitarismo 114

totalitarismo: e apresentações de massa 150; carnaval em *O diabo a quatro* 342; no comunismo e no nazismo 263-4, 453; e democracia 116, 120, 413; gozo 325; ideia da esquerdista pós-moderna a respeito do 182-3; leitura do discurso de Robespierre na Assembleia Nacional 176-7; Líder 376-7; e a noção filosófica de totalidade 114; e o perigo dos movimentos emancipatórios radicais 23-4; potencial na sociedade autotransparente 375; retorno das filosofias do 22; stalinismo 163, 255; a verdade como universal 381

Toussaint L'Ouverture 289, 392-3

trabalhadores imigrantes 269-70

trabalho cognitivo 338, 349, 351, 355, 357-8

tradições: Eliot sobre o vínculo com a mudança 314; sustentando revoluções 127-8

Traição na campina (filme) 255-6

transgressão: inerente à Lei 48, 62, 109, 200; e moralidade 61-2; em *Titanic* 76-7

trauma 158

300 (filme) 87-90

Trier, Lars von 31-2

troca: *potlatch* 42-4

Trotski, Leon 71; defesa da dualidade no governo 375; divergência do stalinismo 237; sonho com Lenin morto 233-4; sobre a necessidade de aprimorar o Homem 217-8; sobre a criação de uma maioria no regime soviético 312-3

Truman, Harry 20

Turguêniev, Ivan 219, 256

Turquia 60, 276-8

Ucrânia 265

"Um": brigas filosóficas recentes a respeito do 23

Um e Dois (debate da década de 1950) 196

Um passo da eternidade, A (filme) 80

Unger, Roberto 330

União Europeia: muros em torno 419; problema da Turquia 276-8

União Soviética: defendida por esquerdistas ocidentais 32-3; defesa de Merleau-Ponty ao comunismo na 174; durante a época do "comunismo de guerra" 89, 237; ideias inventivas sobre a vida cotidiana 203; como "império dos sinais" 225-6; lei de coletivização forçada de Stalin 163; preparação de Heidegger para a nova sociedade do pós-guerra 161, *ver também* stalinismo

universalidade: e a luta judaica 23-4; "parte de parte alguma" da 425; "o povo" 281, 409-10; e sua representação distorcida 297-8; sociedade 410; teoria 186; questão do populismo *versus* a luta de classes 287, *ver também* "universalidade concreta" (Hegel)

"universalidade concreta" (Hegel) 188-9, 408

universo "pós-humano" 438, 444

Uris, Leon 71

utopias 311

utopismo: biomecânica de Gastev 218; "cuidado do mundo" como prática política 135; elementos contidos na Revolução Cultural 211-2; Jameson sobre o processo de realizar desejos 202

V de vingança (filme) 200

valor: produção e consumo 371-2

Varela, Francisco 63

Vaticano: ataque a Andrea Rivera 40-1; condenação de *O código Da Vinci* 84-5

Veenhoven, Ruut 63

Venezuela 268, 362

Vento levou, E o (filme) 26

Índice Remissivo / 477

verdade: e concretização da teoria 119-20; desintegração do vínculo com o sentido 52, 340; Lacan 20-1; como nunca imposta 308; política de Robespierre da 167, 169; totalitária 381; no universo científico 51

Versagung (renúncia) 42

Vida é bela, A (filme) 83

Vida dos outros, A (filme) 80, 82

24 horas (seriado) 69

violência: ato de privatizar as áreas comuns 423-4; fascismo 284; populista 306; sem sentido 409; sociossimbólica 39, *ver também* "violência divina"

"violência divina" 171-2, 410

virtual, o: concepção de Deleuze 313, 322, 365, 367-8; e o real 151-2, 313-4 316-7, 365-6, 373; produtividade expressiva 369; a realidade em que vivemos 369-70; sonho de seres humanos como *software* 23, 369

Virtude e Terror, conjunção de (Robespierre) 174, 180-1

Vontade, a: no pensamento de Heidegger 155-9

vontade coletiva: entusiasmos revolucionários diferentes 129; envolvimento de Foucault na Revolução Iraniana 123-5

voluntarismo: na "Ideia eterna" de justiça revolucionária de Badiou 455

votar: em *Ensaio sobre a lucidez*, de Saramago 405, *ver também* eleições

voz: representada pela escrita 380

Wagner, Richard 244, 257, 391, 121

Walicki, Andrzej 255

Walpole, Horace 94

Wayne, John 112

Webern, Anton 249

Weimar, República de 162

Welby, Piergiorgio 40

Welles, Orson 255

Whale, James 95

Whole Foods 425

Williams, Bernard 174, 450

winnebago (tribo dos Grandes Lagos) 289

Wolf, Christa 81, 421

Wollstonecraft, Mary 94, 96

Wrathall, Mark 132,

Xangai, comuna de 369, 397

Yamamoto Jocho 179

Ye Xiaowen 204

Yeats, William Butler 150, 332

zapatista, movimento 338, 403, 422

zen-budismo japonês 155, 204

Zinneman, Fred 80

OUTROS LANÇAMENTOS DA BOITEMPO EDITORIAL

Diários de Berlim, 1940-1945
Marie Vassiltchikov
Tradução de **Flávio Aguiar**
Quarta capa de **Antonio Candido**

Feminismo e política
Flávia Biroli e Luis Felipe Miguel

História, estratégia e desenvolvimento
José Luís Fiori
Orelha de **José Gabriel Palma**

Pilatos e Jesus
Giorgio Agamben
Tradução de **Patricia Peterle e Silvana de Gaspari**
Revisão técnica de **Selvino J. Assmann**

Quando o Google encontrou o WikiLeaks
Julian Assange
Tradução de **Cristina Yamagami**
Orelha de **Slavoj Žižek**
Apresentação de **Sérgio Amadeu da Silveira**

Rap e política
Roberto Camargos
Prefácio de **Adalberto Paranhos**
Orelha de **Pedro Alexandre Sanches**
Fotos de **Thiago Nascimento**

📖 COLEÇÃO TINTA VERMELHA

Brasil em jogo
Andrew Jennings, Raquel Rolnik et al.
Apresentação de **João Sette Whitaker Ferreira**
Quarta capa de **Gilberto Maringoni e Juca Kfouri**

📖 COLEÇÃO MARX/ENGELS

O capital, Livro II
Karl Marx
Tradução de **Rubens Enderle**
Prefácio de **Michael Heinrich**
Orelha de **Ricardo Antunes**

📖 COLEÇÃO ESTADO DE SÍTIO
Coordenação de Paulo Arantes

O novo tempo do mundo
Paulo Arantes
Prefácio de **Marildo Menegat**
Orelha de **Pedro Rocha de Oliveira**

📖 COLEÇÃO MARXISMO E LITERATURA
Coordenação de Leandro Konder

O capitalismo como religião
Walter Benjamin
Organização de **Michael Löwy**
Tradução de **Nélio Schneider**
Orelha de **Maria Rita Kehl**
Quarta capa de **Jeanne Gagnebin**

📖 COLEÇÃO MUNDO DO TRABALHO
Coordenação de Ricardo Antunes

O mito da grande classe média
Marcio Pochmann
Prefácio de **Marilena Chaui**

A montanha que devemos conquistar
István Mészáros
Tradução de **Maria Izabel Lagoa**
Prefácio de **Ivana Jinkings**

Sem maquiagem
Ludmila Costhek Abílio
Prefácio de **Leda Paulani**
Orelha de **Ursula Huws**

Riqueza e miséria do trabalho no Brasil III
Ricardo Antunes (org.)
Orelha de **Marco Aurélio Santana**

📖 COLEÇÃO CLÁSSICOS BOITEMPO

Tempos difíceis
Charles Dickens
Tradução de **José Baltazar Pereira Júnior**
Orelha de **Daniel Puglia**
Ilustrações de **Harry French**

📖 SELO BARRICADA
Conselho editorial Gilberto Maringoni, Luiz Gê,
Rafael Campos Rocha e Ronaldo Bressane

Cânone gráfico
Russ Kick (org.)
Tradução de **Magda Lopes e Flávio Aguiar**

Claun
Felipe Bragança
Arte de **Daniel Sake, Diego Sanchez e
Gustavo M. Bragança**

Este livro foi composto em Adobe Garamond Pro
11/13,2 e reimpresso em papel Pólen Soft 80 g/m²
na gráfica Sumago para a Boitempo Editorial, em
março de 2015, com tiragem de 1.500 exemplares.